M. KRÜGER/C. KUTHE/H. SCHÖNWEITZ/K. SELLE (HRSG.)
VORBEREITUNG DER STADTERNEUERUNG
FALLSTUDIEN/FOLGERUNGEN

D1641789

DORTMUNDER BEITRÄGE ZUR RAUMPLANUNG
Herausgegeben vom Institut für Raumplanung (IRPUD)
Abteilung Raumplanung, Universität Dortmund

Wissenschaftlich-redaktionelle Beratung der
Schriftenkommission für den vorliegenden Band:
Franz Pesch

Redaktion:
Ursula v. Petz (Bereich Dokumentation IRPUD)

Typoskript:
A. Brenneken, M. Schäfer

Reprotechnik:
W. Kirsten, M. Kamm, R. Linneke (Reprozentrum IRPUD)

Druck:
Schadel, 8600 Bamberg

Vertrieb:
Informationskreis für Raumplanung e.V. (IfR),
Universität Dortmund, Postfach 500 500, 4600 Dortmund 50

Dortmund 1980
ISBN 3-88211-028-7

DORTMUNDER
BEITRÄGE
ZUR
RAUMPLANUNG

BAND

22

MARGRIT KRÜGER / CHRISTIAN KUTHE / HORST SCHÖNWEITZ /
KLAUS SELLE (HRSG.)

VORBEREITUNG
DER STADTERNEUERUNG

FALLSTUDIEN / FOLGERUNGEN

IRPUD
INSTITUT FÜR RAUMPLANUNG
ABTEILUNG RAUMPLANUNG
UNIVERSITÄT DORTMUND

Der vorliegende Band ist ein Teilergebnis des
Forschungsprojekts »Bestandsaufnahme und Bestands-
bewertung innenstadtnaher Wohn- und Mischgebiete . . «,
das von 1977-1980 von der Arbeitsgruppe Bestands-
verbesserung (Fachgebiet Städtebau und Bauleitplanung/
Institut für Raumplanung) in Kooperation mit Gruppen aus
Aachen, Bremen und Hannover durchgeführt wurde.
Das Forschungsprojekt wurde von der DEUTSCHEN
FORSCHUNGSGEMEINSCHAFT mit Sachbeihilfen unter-
stützt.

Die Titel-Zeichnungen zu den Beiträgen sind von
Rolf Escher, Sixten Haage, Hermann-Josef Keyenburg,
Barbara Reuter, Gebhard Schwermer und Georg Tokarz.
Sie wurden dankenswerterweise von der
W1 Galerie & Edition Hungerland zur Reproduktion
zur Verfügung gestellt.

VORBEMERKUNG

(1) Trotz aller Unkenrufe, trotz "Nachruf" und "Grabrede" auf die vorbereitenden Untersuchungen (vgl. Jessen u.a. 1979, Krüger u.a. 1979): Bestandsanalysen
zur Vorbereitung und Abstützung von Maßnahmen der Stadterneuerung werden weiter
angefertigt werden. Zweifellos ändern sie dabei ihre Form, wie die Stadterneuerung insgesamt neue Formen annimmt.

Um aber richtige Antworten auf diese Formveränderungen entwickeln zu können ist
es zweifelsohne notwendig, zunächst zu überprüfen, ob denn das Verständnis von
der Aufgabe - Stadterneuerung im Allgemeinen, ihre Vorbereitung im Besonderen -
noch ausreichend tragfähig ist.
Dieser Überprüfung war ein Forschungsprojekt gewidmet, das von 1977 bis 1980
die Praxis der "Bestandsaufnahme und Bestandsbewertung innenstadtnaher Wohn- und
Mischgebiete" aufarbeitete. Die Schwerpunktsetzung auf den Bereich der Erneuerungsvorbereitung - insbesondere Bestandsanalysen - bedeutete jedoch nicht, daß hier
ein isolierbarer Planungsschritt für sich untersucht werden sollte.
Gerade dieses traditionelle Verständnis einer "wertfreien Bestandsanalyse" zu Beginn eines sequenziell gedachten Planungsschemas, auf die dann gleichsam deduktiv die Maßnahmenableitung und -durchführung zu folgen hatte, erschien uns un-
geeignet, die tatsächliche Einbindung der Vorbereitungsphase in einen (politischen) Aushandlungsprozeß zwischen vielen verschiedenen Beteiligten, abzu-
bilden.

Versteht man Bestandsanalysen jedoch als durch die Handlungsmöglichkeiten im
jeweiligen Erneuerungsfall wesentlich vordefiniert, ergeben sich forschungsmethodisch Konsequenzen, die in einen recht komplizierten Untersuchungsaufbau
münden:

● wesentlich ist zunächst, daß empirische Beobachtung und theoretisch-analy-
tische Verarbeitung eng miteinander verwoben sind: nur so ist Kontrolle von Ansatz und (Zwischen-)Ergebnissen, Modifikation der ursprünglich geplanten Vorgehensweise, mithin überhaupt so etwas wie ein projektinterner Lernprozess herzustellen;

● die empirischen Untersuchungen können sich nicht auf einige relativ leicht ab-
fragbare Verhaltensweisen etwa der Planenden Verwaltung und der mit ihr koope-
rierenden Büros und Institute oder gar die schriftlich fixierten Ergebnisse von
Bestandsanalysen (z.B. den Berichten zu vorbereitenden Untersuchungen gemäß
Städtebauförderungsgesetz) stützen: Die Beantwortung der vielen notwendigen "Wa-
rum-Fragen" - warum wurden die Ergebnisse der Bestandsanalyse im weiteren Planungsprozess nicht verwendet etc. - macht detaillierte Fallstudien notwendig.
Fallstudien zudem, die nur bedingt unmittelbar miteinander vergleichbar sind,da
jeweils unterschiedliche Schwerpunkte zu setzen waren etc.

● zugleich werden im Diskussionsprozess zahlreiche Fragen aufgeworfen, die theoretisch weiter verfolgt oder konzeptionell gewendet werden sollten. Je breiter
ein Projekt angelegt ist umso vielfältiger wird das Spektrum dieser neu-erzeug-
ten Forschungsfragen.

Im vorliegenden Band haben wir den Versuch unternommen, die 'Hauptlinie' des
Projektes zusammenzustellen: es sind dies vor allem die empirischen Analysen und
der unmittelbar auf sie bezogene Theorierahmen.(Die nebenstehende Übersicht zeigt
die einzelnen Arbeits- und Ergebnisbestandteile des Projektes "Bestandsaufnahme
und Bestandsbewertung").

Gerade die detaillierte Fallbeschreibung macht plastisch deutlich, wo das traditionelle Verständnis der "Einmal-Bestandsaufnahme" versagt, wo Veränderungen
- nicht nur im planungsmethodischen Konzept sondern vor allem in der konkreten
Planungspraxis - einsetzen müssen.
Wenn Einigkeit über die Notwendigkeit eines neuen Verständnisses von Bestandsanalysen, veränderte Formen und neue Inhalte besteht, dann vermögen vielleicht die in

VORBEMERKUNG

(1) Trotz aller Unkenrufe, trotz "Nachruf" und "Grabrede" auf die vorbereitenden Untersuchungen (vgl. Jessen u.a. 1979, Krüger u.a. 1979): Bestandsanalysen
zur Vorbereitung und Abstützung von Maßnahmen der Stadterneuerung werden weiter
angefertigt werden. Zweifellos ändern sie dabei ihre Form, wie die Stadterneuerung insgesamt neue Formen annimmt.

Um aber richtige Antworten auf diese Formveränderungen entwickeln zu können ist
es zweifelsohne notwendig, zunächst zu überprüfen, ob denn das Verständnis von
der Aufgabe - Stadterneuerung im Allgemeinen, ihre Vorbereitung im Besonderen -
noch ausreichend tragfähig ist.
Dieser Überprüfung war ein Forschungsprojekt gewidmet, das von 1977 bis 1980
die Praxis der "Bestandsaufnahme und Bestandsbewertung innenstadtnaher Wohn- und
Mischgebiete" aufarbeitete. Die Schwerpunktsetzung auf den Bereich der Erneuerungsvorbereitung - insbesondere Bestandsanalysen - bedeutete jedoch nicht, daß hier
ein isolierbarer Planungsschritt für sich untersucht werden sollte.
Gerade dieses traditionelle Verständnis einer "wertfreien Bestandsanalyse" zu Beginn eines sequenziell gedachten Planungsschemas, auf die dann gleichsam deduktiv die Maßnahmenableitung und -durchführung zu folgen hatte, erschien uns un-
geeignet, die tatsächliche Einbindung der Vorbereitungsphase in einen (politischen) Aushandlungsprozeß zwischen vielen verschiedenen Beteiligten, abzu-
bilden.

Versteht man Bestandsanalysen jedoch als durch die Handlungsmöglichkeiten im
jeweiligen Erneuerungsfall wesentlich vordefiniert, ergeben sich forschungsmethodisch Konsequenzen, die in einen recht komplizierten Untersuchungsaufbau
münden:

● wesentlich ist zunächst, daß empirische Beobachtung und theoretisch-analy-
tische Verarbeitung eng miteinander verwoben sind: nur so ist Kontrolle von Ansatz und (Zwischen-)Ergebnissen, Modifikation der ursprünglich geplanten Vorgehensweise, mithin überhaupt so etwas wie ein projektinterner Lernprozess herzustellen;

● die empirischen Untersuchungen können sich nicht auf einige relativ leicht ab-
fragbare Verhaltensweisen etwa der Planenden Verwaltung und der mit ihr koope-
rierenden Büros und Institute oder gar die schriftlich fixierten Ergebnisse von
Bestandsanalysen (z.B. den Berichten zu vorbereitenden Untersuchungen gemäß
Städtebauförderungsgesetz) stützen: Die Beantwortung der vielen notwendigen "Wa-
rum-Fragen" - warum wurden die Ergebnisse der Bestandsanalyse im weiteren Planungsprozess nicht verwendet etc. - macht detaillierte Fallstudien notwendig.
Fallstudien zudem, die nur bedingt unmittelbar miteinander vergleichbar sind,da
jeweils unterschiedliche Schwerpunkte zu setzen waren etc.

● zugleich werden im Diskussionsprozess zahlreiche Fragen aufgeworfen, die theoretisch weiter verfolgt oder konzeptionell gewendet werden sollten. Je breiter
ein Projekt angelegt ist umso vielfältiger wird das Spektrum dieser neu-erzeug-
ten Forschungsfragen.

Im vorliegenden Band haben wir den Versuch unternommen, die 'Hauptlinie' des
Projektes zusammenzustellen: es sind dies vor allem die empirischen Analysen und
der unmittelbar auf sie bezogene Theorierahmen.(Die nebenstehende Übersicht zeigt
die einzelnen Arbeits- und Ergebnisbestandteile des Projektes "Bestandsaufnahme
und Bestandsbewertung").

Gerade die detaillierte Fallbeschreibung macht plastisch deutlich, wo das traditionelle Verständnis der "Einmal-Bestandsaufnahme" versagt, wo Veränderungen
- nicht nur im planungsmethodischen Konzept sondern vor allem in der konkreten
Planungspraxis - einsetzen müssen.
Wenn Einigkeit über die Notwendigkeit eines neuen Verständnisses von Bestandsanalysen,veränderte Formen und neue Inhalte besteht,dann vermögen vielleicht die in

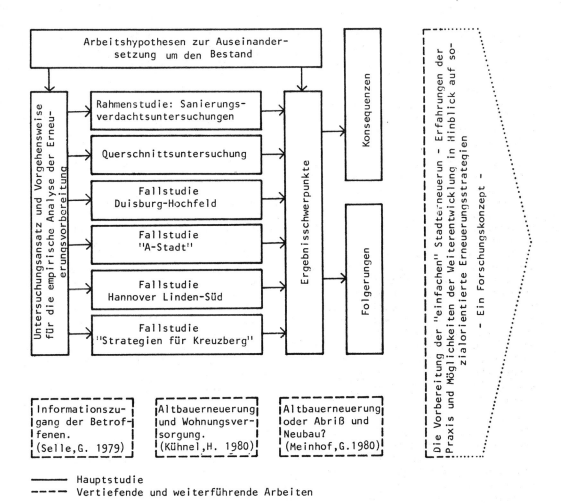

	Rahmenstudie: Sanierungs-verdachtsuntersuchungen			

Arbeitshypothesen zur Auseinander-setzung um den Bestand

Untersuchungsansatz und Vorgehensweise für die empirische Analyse der Erneuerungsvorbereitung

Rahmenstudie: Sanierungs-verdachtsuntersuchungen

Querschnittsuntersuchung

Fallstudie Duisburg-Hochfeld

Fallstudie "A-Stadt"

Fallstudie Hannover Linden-Süd

Fallstudie "Strategien für Kreuzberg"

Ergebnisschwerpunkte

Konsequenzen

Folgerungen

Die Vorbereitung der "einfachen" Stadterneuerun - Erfahrungen der Praxis und Möglichkeiten der Weiterentwicklung in Hinblick auf sozialorientierte Erneuerungsstrategien - Ein Forschungskonzept -

Informationszugang der Betroffenen. (Selle,G. 1979)

Altbauerneuerung und Wohnungsversorgung. (Kühnel,H. 1980)

Altbauerneuerung oder Abriß und Neubau? (Meinhof,G.1980)

————— Hauptstudie
----- Vertiefende und weiterführende Arbeiten

diesem Band zusammengefaßten empirischen (und theoretischen) Analysen,sowie die in ihnen enthaltene Kritik Voraussetzungen für die notwendige Neudefinition bereitstellen.

(2) Zum Aufbau dieses Bandes:

Vor die Einzeluntersuchungen ist zunächst eine zusammenfassende Darstellung von Untersuchungsgegenstand, Zielsetzungen und Vorgehensweise gestellt.

Nicht nur als Vorstudien bzw. begriffliche Vorklärung der folgenden Empirie sind die "ARBEITSHYPOTHESEN zur Auseinandersetzung um den Bestand" zu verstehen. Diese Zusammenfassung und Fortschreibung einer ausführlichen Struktur- und Funktionsbestimmung von Bestandsanalysen (vgl. K.Selle 1980) verarbeitet vielmehr zugleich auch - entsprechend dem oben genannten Ineinandergreifen von empirischer und theoretischer Arbeit - Anregungen aus der Praxisanalyse im Hinblick auf eine umfassende Neudefinition zentraler Aspekte der Auseinandersetzung um den Bestand.

Mit der Studie von Margrit KRÜGER - ebenfalls die Zusammenfassung und Fortschreibung einer wesentlich umfangreicheren Analyse (vgl. Krüger 1978) - werden die empirischen Studien eingeleitet. Entsprechend unserem Ausgangsverständnis

von der städtebaulichen Bestandsanalyse beginnen wir hier auf der Ebene der
Stadt(teil)entwicklungsplanung: welche tatsächliche Bedeutung haben die auf
dieser Planungs- und Entscheidungsebene angesiedelten Sanierungsverdachtsuntersuchungen? Wie ist die Tatsache, daß sie im Prozeß der detaillierteren Politikformulierung häufig unter den Tisch fallen,zu erklären? Margrit Krüger geht
diese und andere Fragen empirisch durch Quer- und Längsschnittanalysen an, ein
Methodenmix, der angesichts fehlender Kontrolluntersuchungen im Projekt notwendig wurde, wodurch diese Studie einen eigenständigen Aussagen- und Ergebnisbe-
reich begründet.

Als Kurzfassung einer Kurzfassung sind die in diesem Band enthaltenen Ergebnisse der Querschnittsuntersuchung zu verstehen. Ursprünglich als ein Hauptunter-
suchungsstrang im Projekt geplant - und entsprechend mit Material zu ca. 5o Fällen ausgestattet - führte die erste Auswertungswelle zu der Erkenntnis, daß dieser methodische Zugang zum Gegenstand notwendig gerade die uns wesentlich interessierenden Einblicke versperrte. Die Erfahrungen aus der Querschnittsuntersuchung und die daran geknüpfte theoretische Reflexion führten also zu einer präzisen Sicht unseres Erkenntnisinteresses und damit auch zu einer methodischen
Umorientierung: die intensiven Einzelfallstudien gewannen an Gewicht, der Quer-
schnitt wurde auf wenige Einzelfragen reduziert, bzw. als laufendes Kontrollin-
strument eingesetzt. Es versteht sich, daß ein so komplizierter Erkenntnispro-
zess in einem Ergebnisbericht kaum einzufangen ist.Der Beitrag von Achim HABENEY,
Margrit KRÜGER und Christian KUTHE verfolgt denn auch lediglich das Ziel, einige
der in den Einzelfallstudien so nicht beantwortbare Fragen (etwa die Einbindung
von Bestandsanalysen in vorgeordnete Planungsstufen, anknüpfend an die einführen-
de Studie von M.Krüger) bzw. spezifische Querschnittsaufgaben (Funktion der Berichte über vorbereitende Untersuchungen im Rahmen der Betroffenenbeteiligung)
aufzugreifen. Auf die ausführlichere Darstellung (vgl. Habeney u.a.198o) sei
verwiesen.

Die Reihe der Einzelfallstudien beginnt mit zwei "normalen" Fällen: Kunibert
WACHTEN beschreibt den Sanierungsfall Duisburg Hochfeld vor allem aus der Perspektive der Verwaltung und des ihr zuarbeitenden Gutachters. Er vermag auch zu
zeigen, wie Sanierungsziele durch den (un-)mittelbaren Einfluß der ortsansässigen Schwerindustrie über Jahrzehnte gleich bleiben - und wie sich das zu den
Bestandsanalysen verhält. Die hinter solcher Persistenz steckenden "Wertberücksichtigungsmuster selbst sind jedoch, auch bei detaillierter Kenntnis von Ver-
waltungsinterna, nur bedingt greifbar zu machen.
Direkt greifbar werden verwaltungsinterne Entscheidungsmuster in der teilnehmenden Beobachtung: Horst SCHÖNWEITZ beschreibt die Durchführung vorbereitender Untersuchungen in einer Ruhrgebietsstadt. Im Zusammenspiel von Planungsbüro und den
verschiedenen Dienststellen der Verwaltung wird der Alltag bürokratischer Entscheidung, wird aber auch die Verwendung und Verwendbarkeit der Bestandsanalysen
in diesem Zusammenhang deutlich.

Bewußt von den gängigen Sanierungsprozessen abweichen sollten die beiden folgenden Fallstudien. Da unseres Erachtens die Qualität der Beteiligung der betroffenen
Nichtinvestoren wesentlich für die Qualität des gesamten Vorbereitungsprozesses
ist, wählten wir zwei Fälle, die hinsichtlich ihres besonderen Demokratisierungs-
grades sozusagen bereits 'forschungsnotorisch' sind: Hannover Linden und Berlin
SO 36.
Die ARBEITSGEMEINSCHAFT FÜR STADT- UND ALTBAUERNEUERUNG rekonstruiert einen Vorbe-
reitungsprozeß, der insgesamt über 2o Jahre andauert. Die politisch, von unten,
erzwungene Qualität der Beteiligung - mündend in ein Anwaltsplanermodell - führt
hier zu wesentlich veränderten Planungsergebnissen. Wobei zugleich deutlich wird,
daß diese anderen Ergebnisse (statt Flächen- und Verkehrssanierung nun ein hoher Anteil erhaltender Erneuerung mit ausdrücklich sozialer Orientierung) auch
erst vor dem Hintergrund ökonomischer Veränderungen denkbar waren.

Dieser doppelte Hintergrund gilt auch für die Beschreibung des z.Zt. noch lau-

fenden Verfahrens in Berlin Kreuzberg SO 36: Daß hier ein Modell der Beteiligung,
der Aktivierung von Artikulation in der Quartiersbevölkerung selbst von Anfang
an in die Praxis umgesetzt werden konnte, ist zweifellos nicht nur dem Engagement einzelner Gruppen zu verdanken. Die zugespitzt Situation im Altbaubestand
Berlins, vor allem aber die Problemkonzentration in Kreuzberg verweisen auf die
Notwendigkeit neuer Lösungsansätze. Christiane DITTRICH und Achim HABENEY von
der Architekturfabrik Aachen zeichnen die Chronologie der Ereignisse um SO 36
nach und konzentrieren sich dabei vor allem auf die Organisationsformen, in die
Beteiligungsangebote und -aktivitäten umgesetzt werden.

Die Fallstudien stehen für sich, beschreiben plastisch Entstehungs- und Verwendungszusammenhänge von Bestandsanalysen und beantworten damit auch viele der im Untersuchungsansatz aufgeworfenen Fragen aus der Perspektive des einen Falles. Sie
geben damit dem Leser möglicherweise konkretere und präzisere Hinweise und Anregungen als dies eine zusammenfassende Ergebnisdarstellung vermöchte. Diese ER-
GEBNISSCHWERPUNKTE fallen hinter die Konkretion des einzelnen Falles, die Augen-
fälligkeit der einzelnen Beobachtung zurück und versuchen Gemeinsamkeiten herauszuarbeiten. Die theoretische Begleitarbeit (Arbeitshypothesen) und die Zusammenfassung empirischer Arbeit nähern sich daher nicht nur zufällig auch im Abstrak-
tionsgrad an dieser Stelle einander an.
Die FOLGERUNGEN gehen über das unmittelbar aus der empirischen und theoretischen
Analyse Gewinnbare hinaus, sie formen deren Ergebnisse um und beziehen sie auf
- allerdings sehr unterschiedliche - Tätigkeitszusammenhänge. Die Notwendigkeit
zur Erweiterung, Öffnung und Verstetigung der Bestandsanalysen in einer - auch
instrumentell - veränderten Praxis wird hier in verschiedenen Aspekten konkretisiert.
Das "schießt ins Kraut", geht weit über das hinaus(alles in allem genommen) was
etwa der einzelne Planer in seiner konkreten Aufgabe verarbeiten könnte - diesen
Zweck sollen die Folgerungen auch nicht erfüllen: sie sind, wie schon die kritische Fallanalyse, Anregungen zur Reflexion der eigenen Situation und damit zu
deren Veränderung, nicht Abbild dieser Situation und Anleitung zu ihrer Veränderung.
Mit den, den Folgerungen angeschlossenen KONSEQUENZEN wagen wir uns etwa weiter
in das Feld der Empfehlungen hinein: bezogen auf das aktuelle Spektrum der Stadt-
erneuerungsaktivitäten ("mittlere Intensität", "feinverteilte Stadterneuerung")
werden einige - aus unserer Sicht wichtige - Vorschläge für eine veränderte Konzeption der Erneuerungsvorbereitung benannt. Auch dies nicht als geschlossenes
Konzept sondern wiederum nur als Anregung, zugespitzt allerdings auf das Handlungsfeld des kommunalen Planers.
Wie bereits eingangs erwähnt sind in diesem Band nicht alle Ergebnisse der Pro-
jektarbeit enthalten. Versucht wurde vielmehr eine möglichst geschlossene Darstellung des eigentlichen Tätigkeitsschwerpunktes: der Auseinandersetzung mit
der Praxis der Erneuerungsvorbereitung.
Aus dieser 'Hauptlinie' unserer Arbeit ergaben sich Vertiefungen:

● so vor allem die ausführliche Auseinandersetzung mit den rechtlich gegebenen
Zugangsmöglichkeiten zu Informationen in der Phase der Erneuerungsvorbereitung
(vgl. G.Selle 1979 sowie als Kurzfassung Selle&Selle 1980)

● parallel zum Projekt setzten sich unsere Hannoveraner Kollegen mit den aktuellen Förderungsstrategien bzw. den Möglichkeiten eines (im Hinblick auf Be-
lastungssenkungen) alternativen Instrumenteneinsatzes (Kühnel 1980) und den
kleinteiligen baulich-technischen Analysen von Wohnungen und Gebäuden (Meinhof
1980) auseinander.

Zu nennen sind zudem noch vor allem die auf instrumentelle Veränderungen gerichtete Diskussionsbeiträge (zur Beschleunigungsnovelle Selle 1979, den Folgen für
die Vorbereitung: Krüger u.a. 1979; zur Mittleren Intensität Selle 1979c und
Selle 1980).

Geplant ist zudem eine Aufarbeitung der gesamten Ergebnisse dieser Forschungsarbeit als "Lesebuch für Betroffene" - gerade dieser Versuch soll dazu beitragen,
wissenschaftliche Ergebnisse auch für Nicht-Planer, aber sehr wohl von Planung
Betroffene, verwendungsfähig zu machen. Es zeigt sich jedoch, daß ein solches
Unterfangen nicht nur Neuschreiben sondern auch Neudenken erfordert (eine Veröffentlichung ist für 1981 vorgesehen).

(3) In diesem Band sind die einzelnen Beiträge jeweils einzelnen Autoren oder
Autorengruppen zugeordnet. Dies besagt jedoch nicht, daß es sich hierbei um eine
lose koordinierte Aufsatzsammlung o.ä. handelt. Alle Einzelarbeiten gehen vielmehr auf einen nahezu 3-jährigen gemeinsam getragenen Arbeitsprozeß zurück.
Wenn auch die Ausformulierung und die Akzentuierung bestimmter Aussagenschwer-
punkte bewußt in die Entscheidungsfreiheit des einzelnen Autors gelegt wurde, so
ist der kollektive Lernprozeß doch eigentliches Rückgrat der gesamten Arbeiten.
Daß dieser Lernprozeß möglich wurde ist umso erstaunlicher, als:

● Bearbeiter aus 4 Städten (Aachen,Bremen,Dortmund,Hannover) miteinander koope-
rierten,

● die materiellen Grundlagen (Förderung) nur einen kleinen Teil der tatsächlich
geleisteten Arbeit tragen konnten - das verbleibende Defizit also mit reiner
inhaltlicher Motivation kompensiert werden mußte.

Wichtig für die inhaltliche Entwicklung des Projektes war zudem die Tatsache,daß
- über die im wissenschaftlichen Austausch vereinzelt möglichen, punktuellen Kontakte mit anderen Forschern - die Kollegen von der Oldenburger Arbeitsgruppe
Stadtforschung (Johann Jessen, Walter Siebel, Lothar Trinter, Jens-Uwe Walter),
die an einem thematisch verwandten Projekt arbeiteten (vgl. Jessen u.a. 1979/8o)
sich über 2 Jahre in einen intensiven inhaltlichen Dialog mit uns einließen.

Unser Dank gilt allen, die sich über lange Zeit die Lust an der Zusammenarbeit
bewahrt haben.

Soweit zum Verlauf der inhaltlichen Diskussion.
Nach deren Abschluß erst und mit nicht unerheblicher Verzögerung - ein Großteil
der Mitarbeiter mußte sich mit neuen Aufgaben auseinandersetzen - begann die
Produktion dieses Buches.
Dabei konnte zwar zurückgegriffen werden auf die bis dahin vorliegenden 9 ERGEB-
NISBERICHTE zum Forschungsprojekt. Eine schiere Aneinanderreihung erschien uns je-
doch ebensowenig lesbar wie inhaltlich sinnvoll.
Wir konzentrierten uns daher auf die empirischen Studien, überarbeiteten und
kürzten vor allem zahlreiche Teile (insbesondere Querschnittsanalyse) und aktuali-
sierten die Folgerungen und Konsequenzen. Zeichnungen mußten verändert werden,
Illustrationen - vor allem Fotografien aus den Fallgebieten - wurden neu aufgenommen, um neben dem Text andere Zugangsmöglichkeiten zum Gegenstand unserer Arbeit zu eröffnen.
All das hat wiederum viel mehr Arbeit und Zeit gekostet, als vorher kalkuliert
wurde und damit den Zeitraum zwischen inhaltlicher Zäsur (Fertigstellung der Ergebnisberichte) und Veröffentlichung um ein weiteres verlängert.
Vollends unvollendet wäre diese Arbeit geblieben, hätten uns nicht verschiedene
Kollegen und Kolleginnen bei der technischen Endfertigung geholfen. Wir möchten
uns insbesondere bedanken bei Anne Brenneken und Magdalene Schäfer (die sich
nachsichtig mit unseren Manuskripten herumschlugen), Silvia Rimkus (die bei den
Zeichnungen half, Frau Linneke, Herr Kamm und Herr Kirsten (die die Repros an-
fertigten).

Die Herausgeber

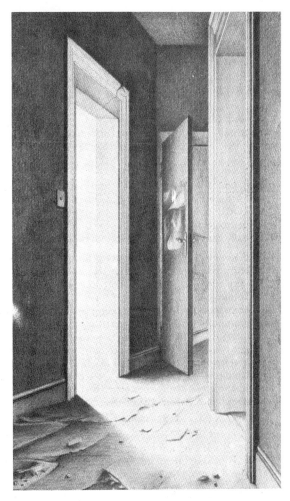

UNTERSUCHUNGSANSATZ UND VORGEHENSWEISE FÜR DIE EMPIRISCHE ANALYSE DER ERNEUERUNGSVORBEREITUNG

zusammengestellt von Horst Schönweitz und Klaus Selle

Was ist gemeint, wenn von "Vorbereitung der Stadterneuerung" die Rede ist und was ist daran überhaupt untersuchenswert? Diesen Fragen geht der erste Teil dieses Abschnitts nach. Es wird unterschieden zwischen formellen und informellen Bestandsanalysen und dargestellt, daß sich im Projektverlauf unser Verständnis vom Untersuchungsgegenstand entwickelt hat: von der Bestands'fotografie' zur interessengebundenen Auseinandersetzung um den Bestand. Im zweiten Teil werden Arbeitsziele und erkenntnisleitende Fragestellungen dargestellt: Um Material zur Transparenz der Vorbereitung von Erneuerungsmaßnahmen zusammenzutragen werden Fragen zur Planungs- und Implementationsstrategie, zum Zielsetzungsprozeß und zur Wahrnehmung der allgemeinen und besonderen Handlungsvoraussetzungen einerseits und der internen Kriterien andererseits gestellt. Der dritte Teil dieses Abschnittes befaßt sich mit der Vorgehensweise, deren wesentliches Merkmal ein 'Methodenmix' ist: die Verknüpfung mehrerer Fallstudien und einer Querschnittsuntersuchung, sämtliche gesteuert durch ein gemeinsames Korsett von "Arbeitshypothesen zur Auseinandersetzung um den Bestand".

1. Gegenstand und Aufgabe

Gegenstand der Untersuchung sind - zunächst unscharf gefaßt - Verfahren von Bestandsanalysen im Praxiszusammenhang städtebaulicher Erneuerung.

Was aber meint das? Die erste falsche Assoziation bei einer solchen Gegenstandsbestimmung wäre die, daß "städtebauliche Erneuerung" mit kommunaler, öffentlicher Planung gleichgesetzt wird. Damit wird auch der Konnex Bestandsanalyse/Erneuerung fragwürdig. Und somit - von hinten aufgerollt - auch die Bezeichnung "Verfahren": meint das regelhaftes, methodengeleitetes Vollziehen oder doch eher Prozess, Entscheidungsdschungel etc....??

Diesen Fragen soll zunächst nachgegangen werden:

Außen und Innen: formelle und informelle Bestandsanalysen

Stadterneuerung vollzieht sich ständig. Technische und ökonomische Alterung der Substanz, Reinvestitionen in den vorhandenen Bestand als Instandhaltung, Instandsetzung oder Modernisierung ebenso wie Abriß und Neubebauung sind alltägliche Prozesse städtischer Entwicklung.

Vor die physische Manifestation dieser Entwicklung, vor den Abriß, die Umnutzung, die Modernisierung ist im Einzelfall eine Entscheidung gesetzt über Art, Umfang und Zielsetzung der die Dinge bewegenden Investitionen. Diese Entscheidung bezieht sich auf den Zustand des Gebäudes und den der Nachbarschaft, auf notwendige Instandsetzungsmaßnahmen, erzielte und erzielbare Mieten, Boden- und Baupreis- sowie Kapitalmarktentwicklung u.v.a.m.:
Eine auf die grundgesetzlich garantierte Bau- und damit auch Abrißfreiheit gestützte private Bestandsaufnahme und Bestandsbewertung.
Neben dem durch Eigentumstitel privilegierten (potentiellen) Investor nehmen auch andere Nutzergruppen (Mieter, Pächter etc.) auf ihre Weise ständig den räumlichen Bestand ebenso wie ihre Handlungsmöglichkeiten wahr, beurteilen ihn entsprechend ihren Interessen und bauen darauf Entscheidungen auf.

Unter bestimmten Bedingungen tritt vor, neben oder hinter diese private Tätigkeit eine öffentliche (oder auch administrative) Auseinandersetzung mit dem Bestand. Wo der - der Verwertungslogik folgende - Naturwuchs von Alterung und (Re-)Investition Störungen aufweist, wird Stadterneuerung und deren Vorbereitung zur Aufgabe kommunaler bzw. staatlicher Steuerung.

Die Bedingungen, unter denen dies geschieht, ändern sich - wie zur Zeit deutlich wird: andere Konflikte evozieren staatliche Intervention ("Enträumlichung der Stadterneuerung" i.S. einer sektoralen und gesamtwirtschaftlichen Steuerung an den Kommunen vorbei, (vgl. Krüger u.a. 1979)) neue Akteure gewinnen (prima vista!) an Bedeutung etc..

Dieser Formwandel bezieht auch die Ansprüche an die Vorbereitung der Stadterneuerung mit ein: vergleicht man etwa die Begründungen zu den Inhalten des § 4 StBauFG bei Einführung dieses Gesetzes mit den Relativierungen aus Anlaß der Beschleunigungsnovelle 1977 (s.u.) so wird ein erheblicher Sinneswandel deutlich.

Mit dem Einspringen staatlicher Steuerung weitet sich auch der Kreis jener Personen (Akteure) aus, die sich "von Amts wegen" mit dem Bestand auseinanderzusetzen haben: der Verkehrsplaner bewertet das bestehende Verkehrssystem, der Denkmalpfleger nimmt Stellung zur historischen Bausubstanz, der Stadtplaner bildet sich seine Meinung zur Qualität des räumlich funktionalen Bestandes.
Diese auf unterschiedliche "Bestände" gerichteten Analysen, geprägt durch die jeweiligen Handlungsfelder, Aufgabenstellungen und individuellen Problemperzeptionen der wahrnehmenden Personen und Gruppen verbleiben zunächst - ähnlich wie im Fall des Investors - im internen (nun verwaltungsinternen) Planungs- und Entscheidungsprozess.

Die Einleitung bestimmter staatlicher,respektive kommunaler Maßnahmen sind nun aber - im juristischen wie im politischen Sinne - begründungspflichtig: Stadterneuerung ist gegenüber den Betroffenen ebenso zu legitimieren wie die Sanierungsbedürftigkeit eine Grundlage für die gesetzlich vorgeschriebene "förmliche Festlegung" eines Sanierungsgebietes und die Aufstellung von Sanierungsbebauungsplänen darstellt. Diesen Nachweis der Notwendigkeit und Dringlichkeit einer Erneuerung, die Herleitung und Auffüllung eines übergeordneten Nutzens (Gemeinwohl etc.) als Gegengewicht zu betroffenen "kleinen" Rechten und Interessen haben Bestandsanalysen zu erbringen, die formell vordefiniert sind. Mit ihnen müssen bestimmte - etwa rechtliche - Standards erfüllt werden, um z.B. gegenüber höheren Verwaltungsbehörden die Förderungswürdigkeit der geplanten Maßnahmen nachzuweisen etc. Im Gegensatz zu den zunächst an Einzelpersonen, Verwaltungsstellen oder Interessengruppen gebundenen privaten oder internen Bestandsanalysen sind die formellen Bestandsanalysen auf eine einheitliche und zusammenfassende Darstellung des Bestandes gerichtet. Zu dieser Kategorie sind insbesondere die vorbereitenden Untersuchungen gem. § 4 StBauFG zu zählen.

Die verschiedenen formellen und informellen (seien es die privaten oder die verwaltungsinternen) Aufnahme- und Bewertungsprozesse sind kaum voneinander zu trennen. Sie überlagern und durchdringen sich vielmehr.

Ausgangspunkt für empirische Auseinandersetzung mit diesem Teilbereich der Praxis von Erneuerungsmaßnahmen sind jedoch notwendigerweise jene Bestandsanalysen, die (von außen) identifizierbar sind; d.h. etwa in Form von Berichten, Gutachten etc. in Entscheidungs- bzw. Planungsprozessen dingfest gemacht werden können.

Solche Berichte werden allerdings nur angefertigt, wenn sie Zwecke erfüllen sollen, die über die schiere Beschreibung eines Bestandes hinausgehen. Wenn sie also zur Ableitung und Begründung von Maßnahmen der Stadterneuerung gegenüber Dritten dienen, liegt es nahe, anzunehmen, daß diese zusätzliche Aufgabenstellung solcher Berichte auch ihre Inhalte bzw. deren Präsentation prägt. Um also Art und Qualität der Bestandsanalysen beurteilen zu können, ist es notwendig, den Untersuchungsgegenstand über die formellen Bestandsanalysen hinaus in den informellen Bereich hinein auszudehnen. Soweit und sofern das für - von Außen kommende - Forschung möglich ist (s.u.).

Sind Bestandsanalysen überhaupt untersuchenswert?

Ein kurzer Blick über das Diskussionsfeld um Bestandsanalysen macht deutlich, daß offensichtlich sehr widerstreitende Auffassungen über die Tauglichkeit und Relevanz wissenschaftlicher Auseinandersetzung mit diesem Gegenstand bestehen:

● Insbesondere von seiten der kommunalen Planungspraxis wird immer wieder betont, daß sich Bestandsanalyseverfahren allein am konkreten Fall entwickeln lassen, daß es somit keine allgemeingültigen, respektive fallunspezifischen Bewertungsansätze geben kann. Dieser Auffassung entsprechend wäre Bestandsbewertung kein sinnvoller Gegenstand wissenschaftlicher Arbeit.

● Aus einer weiteren Perspektive erscheint die städtebauliche Bestandsaufnahme hinreichend erforscht: "Ihrer Bedeutung entsprechend nimmt die Diskussion über Ausmaß, Notwendigkeit und Aufbau der Bestandsaufnahme einen breiten Raum in der Fachliteratur ein u.a. auch darum, weil es sich hier um eines der wenigen verhältnismäßig abgesicherten Felder der Stadtplanung handelt... Die relative Sicherheit auf diesem Arbeitsgebiet hat darum vielfach zu einer Überbewertung der Aufgabenstellung geführt. Es wird oftmals beinahe willkürlich mit hohem Aufwand Bestand aufgenommen, mit dessen Umfang und Aussagewert die Maßnahmenformulierung dann bei weitem nicht Schritt halten kann." (Baldauf u.a. 1976, 52)

• Dem Zug der Zeit folgend scheint es ohnehin opportun, das Thema gleich fallen zu lassen: § 4 Absatz 1 Satz 1 des durch das "Gesetz zur Beschleunigung von Verfahren und zur Erleichterung von Investitionsvorhaben im Städtebaurecht" vom 6. Juli 1979 novellierten StBauFG besagt, daß vor der förmlichen Festlegung eines Sanierungsgebietes vorbereitende Untersuchungen von der Gemeinde nur dann durchzuführen oder zu veranlassen sind, "... soweit nicht bereits hinreichende Beurteilungsunterlagen vorliegen...". Dabei kann die Entscheidung über die Notwendigkeit vorbereitender Untersuchungen unabhängig von der Zustimmung der höheren Verwaltungsbehörde erfolgen. Dies kann einer Streichung der vorbereitenden Untersuchungen gleichkommen.

• Allein die Forschung hält an ihrem Gegenstand fest. Schon zu Urzeiten bundesdeutscher Sanierungspraxis wurden Aufnahme- und Bewertungsverfahren angedient (Hollatz 1958, Schuster 1969). Parallel zur Diskussion um das StBauFG, vor allem aber nach dessen Wirksamwerden schwoll die einschlägige Literaturwoge an - überwiegend Ausfluß staatlicher Auftragsforschung (Gewos 1968, Bundt/Roosch 1972, AED 1974, Unger/Werdigier 1974, Bohr u.a. 1976, Baldauf u.a. 1976, DIFU 1977, PROGNOS 1978, Jessen u.a. 1979, 1980).

Verwendungszusammenhang und inhaltliche Ausrichtung der meisten dieser Forschungsarbeiten machen deutlich, daß hier nicht eigenständige, wissenschaftliche "Thematisierungskompetenz" (Häußermann/Siebel) auslösend und lenkend wirksam wurde, sondern praktischer wie politischer Beratungsbedarf.

Es legt dies die Vermutung nahe, daß die hier referierten Positionen sehr unterschiedliche Auffassung über Gegenstand und Zielsetzung der auf Bestandsanalysen gerichteten Forschung zum Hintergrund haben.

Gemeinsam ist den Positionen jedoch die Auslagerung des Planungsschritts Maßnahmenvorbereitung in einen scheinbar neutralen Handlungsbereich - und damit die Herauslösung der Bestandsanalyse aus dem politischen Aushandlungs- und Legitimationsprozeß. Der Schwerpunkt der bisherigen Diskussion lag folgerichtig im methodisch-technischen Bereich (Optimierung der Informationsgewinnung und -verarbeitung, Verfeinerung der Planungsorganisation etc.).

Dieser Betrachtungsweise muß sich allerdings z.B. eine Erklärung der Tatsache verschließen, daß in konflikthaften Sanierungsfällen häufig mehrere Anläufe zur Bestandsanalyse deshalb notwendig wurden, weil die jeweils ersten Versuche in Maßnahmenbegründungen mündeten, denen von den Betroffenen nachhaltig widersprochen wurde.

Ebenso unerklärlich mußte bleiben, warum der Gesetzgeber 1970 mit viel politischem Aufwand äußerlich auf Demokratisierung gerichtete Verfahren zur Vorbereitung von Stadterneuerungsmaßnahmen - umfassende Bestandsanalysen inbegriffen - gesetzlich installierte, um sie 1979 als scheinbar ärgerliches Hemmnis wieder abzuschaffen. Ganz offensichtlich wirken also politische - und in diesem Fall ökonomische - Funktionszuweisungen auf Bestandsanalysen ein.

Allein auf Methodenkritik gerichtete Ansätze vermögen ebenfalls nicht zu erklären, warum z.B. 1970 ein Altbaugebiet als überwiegend abrißbedürftig und wenige Jahre später als weitestgehend erhaltungsbedürftig (in beiden Fällen auf die technische Beurteilung der Bausubstanz ohne Hinzuziehung ökonomischer Kriterien gestützt) eingestuft wird (vgl. z.B. die Linden-Studie in diesem Band; sowie Selle 1980, 288 ff.).

Ganz offensichtlich wird - trotz vorgeblicher Beschränkung - mehr wahrgenommen als nur der Substanzzustand.

Zur Entwicklung unseres Verständnisses vom Untersuchungsgegenstand: von der Bestandsfotografie zur Auseiandersetzung um den Bestand

Im ersten Forschungskonzept (1976/77) lag das Hauptaugenmerk auf der Frage, wie Bestandsanalysen den aus einer veränderten Praxis der Stadterneuerung resultierenden Anforderungen entsprechend zu erweitern, zu modifizieren, vor allem aber zu differenzieren seien.
Dies vor dem Hintergrund veränderter Rahmenbedingungen der Stadterneuerung:

● Rückgang der Tendenz zur Umnutzung innerstädtischer Bereiche und damit der mit der "klassischen Flächensanierung" verbundenen Zerstörung von Wohnraum;

● Abnahme der Neubauwohnungsproduktion, Hinwendung zur Reinvestition in vorhandene Wohnungsbestände, unterstützt durch staatliche Programme und Gesetze;

● Veränderung der Qualität der Wohnungsversorgung durch Neubaumietenentwicklung und Zerstörung von billigem Wohnraum;

● Nicht zuletzt durch verschlechterte Wohnbedingungen ausgelöste klein- und großräumige Abwanderungen und dadurch entstehende städtebauliche, fiskalische und sozialpolitische Probleme.

Vor dieser allgemeinen Ausgangssituation und dem Ziel einer erhaltenden Erneuerung - so die Annahme - würde sich zwingend die Notwendigkeit einer intensiveren Auseinandersetzung mit dem Bestand ableiten. Wurde vermutet, daß bis dato vorherrschenden Verfahren primär auf flächenhafte Umstrukturierung städtischer Bereiche ausgerichtet gewesen seien und daher zur Vorbereitung von Erneuerungsmaßnahmen, die verstärkt vorhandene Ressourcen nutzen, Bestände verbessern sollen (Bestandssicherung, Bestandsverbesserung, Modernisierung etc.), kaum tauglich sein könnten, müßten problemangemessenere Ansätze dazu führen, genauer, detaillierter den Bestand wahrzunehmen, um zu einer entsprechend differenzierten Maßnahmenableitung zu gelangen: die Unterscheidung und Abwägung von "Mängeln" und "Chancen", Begriffe wie "gebietsspezifische Ressourcen", "Mitwirkungs- und Investitionsbereitschaft" etc. drücken dieses Verständnis aus.

Es ging uns also hier noch um eine verbesserte Abbildung des Bestandes: die Photografie (die Aufnahme) des Bestandes sollte feinkörniger werden und auch mal die Perspektive wechseln. Es bestand durchaus Einsicht in die Tatsache, daß Mängel für den einen im Kalkül des anderen Chancen sein können, mithin, daß unterschiedliche - konfligierende - Interessen in die Bestandsbewertung einfließen. Daß weiter Aufnahme und Bewertung des Bestandes im Hinblick auf diese verschiedenen Interessen aufgefächert und transparent gemacht werden müßten.

Sinnhaft war ein solcher Ansatz nur, solange wir davon ausgehen konnten, daß

● ein unmittelbarer und gradliniger Zusammenhang zwischen Bestandsanalyse und Maßnahmenableitung besteht,

● somit die Verbesserung der Indikatorenkataloge (Sanierungs-/Erneuerungsbedürftigkeit) oder der methodischen Integration der Bestandsanalyse in den Planungsprozeß eine Verbesserung der Planung und der Planungsergebnisse nach sich zieht.

● das, was als Bestandsanalyse ausgegeben wird (z.B. ein Bericht über vorbereitende Untersuchungen gemäß § 4 StBauFG) auch wirklich die Auseinandersetzung mit dem Bestand widerspiegelt.

Im Verlaufe der empirischen Arbeit und der darauf gerichteten theoretischen Diskussion zeigte sich jedoch, daß diese Annahmen durchweg nicht zutreffen:

● Ein Zusammenhang von Maßnahmenplanung und Bestandsanalyse ist kaum oder gar nicht auszumachen; vielmehr sind im Verlaufe eines Planungsprozesses sehr unterschiedliche Phasen der Auseinandersetzung mit dem Bestand festzustellen, die untereinander überwiegend unverbunden sind und auf z.T. widersprüchliche - jedenfalls intransparente - Weise Planung bestimmen. (Lucius Burkhardt ersetzt daher plastisch den Schritt "Synthese" in der Folge "Analyse-Synthese-Planung-Ausführung..." durch die Bezeichnung "Hokus-Pokus").

● Zugleich ist das, was als Bestandsanalyse - in der "Außendarstellung" von Planungsprozessen - firmiert, ganz offensichtlich nur ein kleiner Teil der realen Informationsverarbeitungs- und -bewertungsprozesse. Zudem dient sie überwiegend anderen Zielen als denen der Maßnahmenvorbereitung im bisher verwendeten Sinne: wie in den Ergebnissen zum Projekt ausführlicher darzustellen ist, liegt eine Aufgabenstellung solcher Berichte etwa in der Erfüllung formaler Förderungsvoraussetzungen, in der Herstellung von Rechtssicherheit u.ä..

● Steigerung der "Rationalität" der Maßnahmenvorbereitung als Beitrag zu "besserer" Planung kann also nicht auf differenzierte Indikatorenkataloge und subtile methodische Konstrukte beschränkt bleiben (wie etwa bei Deutsche Akademie 1975 oder Baldauf u.a. 1976) - ist möglicherweise bereits als Anspruch obsolet.

Diese Veränderungen im Verständnis von Bestandsanalyse bedeuteten zugleich einen Bruch mit dem zu Anfang von uns gedachten und in der städtebaulichen Diskussion vorherrschenden Begriff vom Untersuchungsgegenstand..

Es galt nun, die Perspektive, unter dem der Untersuchungsgegenstand wahrzunehmen ist, auszuweiten:

Es erschien uns notwendig, nach den Filtern zu fragen, die zwischen Bestand - Aufnehmenden und aufgenommenen Bestand geschoben sind, Selektivitäten und Standortgebundenheiten aufzuarbeiten.
Die Bedeutung der von Außen auf den Prozeß der Bestandsaufnahme und -bewertung einwirkenden Faktoren (politische Ziele, Planungskapazität, ökonomische Ressourcen) ebenso wie die Rolle der verschiedenen am Prozeß der Bestandsanalyse Beteiligten oder von ihr Betroffenen (Verwaltung, externe Planer, Träger öffentlicher Belange, Interessierte...) müssen demnach aufgegriffen und - in einem prozessualen Verständnis vom Untersuchungsgegenstand - selbst mit zum Gegenstand der Analyse gemacht werden.

Die veränderten Fragen lauten also z.B.: warum werden diese oder jene Merkmale des Bestandes als relevante angesehen und in einer spezifischen Weise meßbar gemacht?
Was löst Bestandsanalysen aus, auf welche Ziele sind sie jeweils gerichtet? etc..
Mit anderen Worten: was beeinflußt die Wahrnehmung, Darstellung und Verwertung des Wahrgenommenen im Prozeß der Erneuerungsvorbereitung? (vergl. den folgenden Abschnitt).

Aus der Photographie des Bestandes wurde so begrifflich die Auseinandersetzung mit dem Bestand, die - unter Berücksichtigung der unterschiedlichen Standorte und Perspektiven der Beteiligten - als Auseinandersetzung um den Bestand zu fassen wäre.

2. Ziele und Fragen

Im Forschungsantrag zu diesem Projekt wurde als Oberziel genannt: "Differenzierung der Maßnahmenvorbereitung in der kommunalen Planungspraxis".
Als Voraussetzung hierfür wurde die "Zusammenfassung bisher eher isoliert behandelter Teilprobleme der wissenschaftlichen Auseinandersetzung um Fragen der Bestandsverbesserung" angesehen.

Wenn von "Differenzierung der Maßnahmenvorbereitung" die Rede war, so bedarf dies einer näheren Erläuterung: angestrebt ist hier nicht ein Rezeptbuch, eine Anleitung zur Anfertigung "besserer" Voruntersuchungen oder dergleichen.

Bisher vorliegende Forschungsarbeiten mit dieser Zielsetzung unterschlagen u.E. die Funktion, die z.B. scheinbar unmethodische oder unangemessen aufwendige Untersuchungen für den Erneuerungsprozeß haben können; sie nehmen auch nicht Bezug auf Restriktionen, die einer "Rationalitätssteigerung" entgegenstehen und vermeiden eine Problematisierung des Verwendungszusammenhangs - verharren mithin in einer gewissen Beliebigkeit. (s.o.)

Zur Auflösung solcher Unverbindlichkeit erscheint es daher notwendig, Relationen und - wo möglich - Abhängigkeiten aufzuhellen, somit insgesamt Material zur Transparenz (die Voraussetzung ist für Kritik) der Vorbereitung von Erneuerungsmaßnahmen zusammenzutragen.

Die Forderung nach Transparenz an sich kann jedoch nicht hinreichend sein. Sie ist vielmehr zu sehen vor dem Hintergrund einer wertsetzenden Neubestimmung von Maßnahmenvorbereitung:

Zu kritisieren ist eine Praxis, die Vorabentscheidungen durch Bestandsaufnahme zu legitimieren sucht oder Unterwerfung unter vermeintliche Sachzwänge durch Zahlenberge rechtfertigt, allemal aber die Dichotomisierung von Planenden und Betroffenen vertieft. Demgegenüber muß die Maßnahmenvorbereitung als ein Anlaß zur expliziten Austragung konfligierender Interessen verstanden werden. Daß ein solches Konzept in der Praxis nur vereinzelt zu finden ist, bzw. daß einer breiteren Übertragung wesentliche Restriktionen entgegenstünden, muß selbst Gegenstand der Fragen sein. Es kann nicht ausreichen, lediglich unterschiedliche Interessen zu lokalisieren, sondern es muß zugleich dargestellt werden, welche Handlungsspielräume etwa der einen Position zugleich Restriktionen der anderen darstellen.

Transparenz also,

● um zu verstehen, warum Bestandsaufnahme und -bewertungsprozesse so sind wie sie sind,

● um Handlungsalternativen herauszuarbeiten, die zur Kritik jeweils konkreter Ansätze einerseits und zur modifizierten Praxis andererseits dienen können. Dabei kommt es darauf an, Positionen zu benennen, wobei zu unterscheiden ist nach solchen, die Handlungsspielräume grundsätzlich determinieren, und solchen, die im Ermessensspielraum der jeweiligen Handelnden liegen, also im konkreten Fall (politisch) veränderbar wären.

Mit dieser Arbeitszielsetzung sollte die Vorgehensweise öffentlicher und privater Planungsinstitutionen bei der Aufnahme und Bewertung insbesondere innenstadtnaher Wohn- und Mischgebiete herausgearbeitet werden. Dabei war insbesondere das Bedingungs- und Abhängigkeitsgefüge zwischen der Bewertung der Merkmale des Objektbereiches einerseits und den von Außen auf den Prozeß der Maßnahmenvorbereitung einwirkenden Faktoren, Ziele, Instrumente sowie der Rolle der verschiedenen Akteure im Prozeß andererseits aufzuhellen.

Das Ziel, das Bedingungs- und Abhängigkeitsgefüge zwischen den genannten Dimensionen herauszuarbeiten, erfordert ein Fragenraster, das nicht nur auf eine statische Struktur der Bestandsaufnahme und -bewertung gerichtet ist (wie sie in der Regel in Außendarstellungen erscheint), sondern darüber hinaus Fragen nach Stellung und Funktion der Bestandsanalyse im gesamten Planungsprozeß beinhaltet.

Bevor wir also Fragen zur Binnenstruktur von Bestandsanalysen - etwa Fragen nach dem "Wie" der Wahrnehmung externer und interner Kriterien - stellen, machen wir die Einbindung der Bestandsanalyse in den gesamten Planungs- und Implementationsprozeß zum Thema - warum ist die Bestandsanalyse so wie sie ist?

Auf die methodischen Schwierigkeiten eines so umfassenden Analyseansatzes werden wir in einem späteren Abschnitt eingehen (Vgl. 3).

Die empirische Arbeit orientierte sich an vier Hypothesen-/Fragenkomplexen:

1. Planungs- und Implementationsstrategie als Rahmen für Bestandsaufnahme und -bewertung.

2. Verhältnis von Bestandsaufnahme und -bewertung zum Zielsetzungsprozeß und die Rolle von Beteiligung in diesem Zusammenhang.

3. Allgemeine und besondere Handlungsvoraussetzungen als Bestimmungsmoment aber auch als Gegenstand von Bestandsaufnahme und -bewertung.

4. Analyse der internen Kriterien.

Im einzelnen lagen der Untersuchung folgende Hypothesen und daraus abgeleitete Fragen zugrunde:

Planungs- und Implementationsstrategie (zu 1)

Wir gehen davon aus, daß sich die Funktionen von Bestandsanalysen im Rahmen von Erneuerungsplanungen häufig über die Ermittlung von Anlaß und Auslöser bestimmen lassen: auf der Grundlage der Hypothesen,

● daß Bestandsanalysen bei suprakommunaler Verursachung häufig an den Nachweis bestimmter Förderungsvoraussetzungen gebunden sind,

● daß Bestandsanalysen bei "interner" Verursachung (naturwüchsiger Entwicklungs- druck bedarf - z.B. ausgelöst durch Implementationsrestriktionen/politischen Widerstand - der expliziten Überformung durch kommunale Planung) häufig Reak- tionen auf bzw. Antizipation von Legitimationsdefiziten sind,

fragen wir danach,

● was (wer) den Prozeß der Auseinandersetzung mit einem konkreten Stadtgebiet ausgelöst hat. War dies ein spezifisches Instrumenten- oder Förderangebot oder eher ein aus dem Gebiet selbst resultierender Problemdruck?

●. wer mit welcher Aufgabenstellung mit der Planungsaufgabe betraut wird,

● und welche Funktion bei welcher Zielgruppe das vorliegende Material und ggf. dessen Publikation hat.

Eine zweite Hypothese ist, daß Voruntersuchungen zur Stadterneuerung häufig le- diglich in losem - nicht selten nur objektivierendem - Zusammenhang zu anderen kommunalen Planungen stehen. Bei unterstelltem Zusammenhang zur Maßnahmenablei- tung wäre damit die Gefahr unkoordinierten Handelns und inhaltlicher Konkurrenz angelegt. Die entsprechenden Fragen lauten:

● Welcher Bezug besteht zu anderen (sektoralen/übergreifenden) Planungen der Kommune?

● Welchen Stellenwert hat die vorliegende Planung (Untersuchung) im Rahmen sonstiger städtischer Planungen?

Eine zentrale Hypothese bezüglich der Stellung und Funktion der Bestandsanaly- se im Planungsprozeß lautet, daß die Bestandsanalyse häufig von der Ziel- und Maßnahmenbestimmung losgelöst ist und lediglich punktuell herausgegriffene In- formationen als Argumentationsstützen herangezogen werden ("Datensteinbruch").

Dies äußert sich oft schon darin, daß den spezifischen Problemlagen unangepaßte Verfahren in Form vorgegebener (Runderlaß zur Konkretisierung der Bestandsana- lysen im Kontext StBauFG) oder eingefahrener Bestandsanalyse-Schemata (Routine großer, "freier" Büros etc.: LEG NRW, GEWOS...) angewendet werden.

Die Behauptung, daß Anlage des gesamten Planungsprozesses ebenso wie Integration und Strukturierung der Bestandsanalyse in der Regel nicht problemadäquat sind, soll durch folgende Fragestellungen überprüft werden:

● In welcher Weise determiniert der Anlaß den Verlauf und die Methode der Untersuchung?

● Welche Arbeitsschritte (Phasen) umfaßt die Gesamtstruktur des Prozesses einerseits und die Binnenstruktur des untersuchten Bestandsaufnahme und -bewertungsprozesses andererseits, in welcher zeitlichen und inhaltlichen Beziehung stehen sie zueinander?

● Welche planungsmethodische Orientierung liegt der Gestaltung dieses Prozesses zugrunde? Ist der Prozeß als abgeschlossener (Einmalplanung) oder kontinuierlich (entsprechend den sich verändernden Ausgangsbedingungen) veränderbarer angelegt? Ist eine rein deduktive oder induktive Stufung des Prozesses festzustellen, konkret: werden z.B. kleinere Untersuchungseinheiten problemorientiert und zielgesteuert durch vorherige Phasen untersucht, erfolgt in Kenntnis kleinräumiger, spezieller Probleme eine umfassendere Rahmenplanung/Rückkopplung?

Neben vermuteten methodischen Unzulänglichkeiten sehen wir in der Stellung und Funktion der Bearbeiter in bzw. gegenüber der Verwaltung einen wesentlichen Einfluß auf Anlage, Struktur und Wirkung des gesamten Planungsprozesses:

● Welche Verwaltungsstellen sind unmittelbar an der Erarbeitung der Bestandsanalyse beteiligt? Welche Qualifikation, welchen Einfluß und welche Stellung innerhalb der Verwaltung haben die Bearbeiter der Bestandsanalyse oder die verantwortlichen Planer für den gesamten zugehörigen Planungsprozeß?

● Besteht eine ablesbare Interessengebundenheit der Verfasser?

Zielsetzungsprozeß und Bestandsanalyse (zu 2)

Die wesentliche Annahme besteht darin, daß Bestandsaufnahme- und -bewertungsprozesse in der Regel nicht von expliziten Zielannahmen, Zielvorgaben u.ä. geleitet werden und die Zielbildung im Prozeß weitestgehend undurchsichtig bleibt.

Konkret bedeutet dies, daß Untersuchungen häufig von impliziten Zielen geleitet werden, die einer Diskussion nicht zugänglich sind. Die hinter den Zielen liegenden Interessen im gesamten Planungsprozeß bleiben verdeckt, sie lassen sich bestenfalls durch Merkmalsauswahl und Bewertung rekonstruieren. Hinzu kommen die Einflüsse der jeweiligen Verfasser auf die Bestandsaufnahme- und -bewertungsprozesse, die ebenfalls einer Auseinandersetzung nicht zugänglich sind: persönliche Präferenzen, verwaltungsinterne Denkmodi und verbindlich erklärte (etwa städtebauliche) Leitbilder.

Aus diesen Annahmen resultieren folgende Fragen:

● Welche Ziele (Planungs-/Arbeitsziele) liegen der Untersuchung zugrunde? Sind Zusammenhänge zwischen Zielen und den Bestandsaufnahme- und -bewertungsprozessen ablesbar? (hinsichtlich: Merkmalsauswahl, Bewertung, Maßnahmenableitung)

● in welcher Form liegen die Ziele vor? Wo werden sie im Rahmen der Bestandsanalyse benannt? An welcher Stelle und in welchem Zusammenhang kommen implizite Ziele zum Vorschein? Läßt sich die Herkunft dieser Ziele rekonstruieren? (Bearbeiter, Verwaltungsmeinung, sonstige Interessen...)

● Welche Bedeutung kommt den Verfassern der Untersuchung und deren persönlichen Präferenzen bei der Zielbildung und/oder Strukturierung des Bestandsaufnahme- und -bewertungsprozesses zu?

In diesem Zusammenhang lautet eine weitere Hypothese, daß explizite Zielangaben in der Regel leerformelhaft bleiben. Die Funktion konsensfähiger Leerformeln sehen wir in der Entschärfung möglicher - im Planungsprozeß verborgener - Konflikte. Wenn Ziele operationalisiert werden, verbleiben sie untereinander soweit unverbunden, daß echte Inkompatibilitäten und Konkurrenzen nicht offengelegt werden.

Zur weiteren Konkretisierung dieser Hypothese stellen wir folgende Fragen:

● In welcher Weise erfolgt die Operationalisierung von Zielen?

● Wird die Zielrealisierung zeitlich und/oder räumlich präzisiert?

● Werden die Ziele im Verlaufe oder als "Ergebnis" der Bestandsanalyse konkretisiert?

Neben der Operationalisierung wollen wir nach Möglichkeiten von Zielmodifikationen fragen. Unsere Annahme lautet, daß Zielmodifikationen bzw. unscharfe Zielbestimmungen strukturell notwendig sind: eingeschränkte Voraussehbarkeit im Bereich der allgemeinen Handlungsvoraussetzungen (etwa Gesetze: so ändert sich seit 1973 die Modernisierungsförderung mindestens einmal pro Jahr), sowie prinzipiell unzureichende Informationen begründen einen spezifischen Flexibilitätsbedarf.

Die entsprechenden Fragen lauten:

● Sind Zielmodifikationen vollzogen worden? Sind Zielmodifikationen im Verlauf der Bestandsanalyse sowie nach deren Abschluß noch möglich (ohne daß die Bestandsaufnahme wiederholt werden müßte)?

● Wer oder was bewirkt Modifikationen? Wie wirkt sich die explizite/implizite Bezugnahme auf die Ziele bzw. Zielbildung aus?

Eine zielbezogene Integration der Bestandsanalyseprozesse in das übrige Verwaltungshandeln findet in der Regel - so nehmen wir an - nicht statt. Insbesondere fehlt der Bezug zu übergeordneten Planungen. Es sind jedoch zwei grundsätzlich verschiedene Typen zu unterscheiden:

● teilräumlich isolierte Konzeptbildung

● durch externe Vorgaben bestimmte, jedoch auf einen dominanten Handlungsbereich ausgerichtete Planung, die i.d.R. ohne echte Rückkopplung zur Ausgangsebene verläuft.

In diesem Zusammenhang fragen wir:

● Welche Zusammenhänge bestehen auf der Zielebene zu anderen Planungsebenen (insbesondere Stadtteilentwicklungsplanung), zu anderen Planungsinstanzen auf der gleichen Ebene (horizontale Koordination)?

● Sind Ziele nur auf die Lösung von gebietsbezogenen Problemen orientiert oder existiert ein umfassendes kommunales Zielsystem? (pragmatischer bzw. systematischer Ansatz); welche Bezüge werden vom STEP hergestellt?

Mit der Verarbeitung von Zielkonflikten befaßt sich die folgende Hypothese: Bestandsanalyseprozesse sind i.d.R. nicht so strukturiert, daß eine Austragung von Zielkonflikten in diesem Bereich möglich wäre. Dahinter steht ein formales Planungsverständnis, das Bestandsaufnahme und -bewertung als reine Entscheidungsvorbereitung versteht. Zielkonflikte werden nur soweit andiskutiert, wie legitimatorischen Anforderungen Genüge getan werden muß.

Dieser Hypothese entsprechen die Fragen:

● Ermöglicht die Bestandsanalyse die Perzeption spezieller Konfliktsituationen und deren Integration in das Verfahren?

● Werden Ziel- (Wert-)alternativen vorgelegt? In welchem Stadium des Prozesses geschieht dies?

● Werden spezifische Betroffenheiten einzelner Gruppen aufgezeigt?

In der letzten Hypothese zum Punkt (2) fragen wir nach den praktizierten Beteiligungsformen. Wir vermuten, daß in der Regel die Betroffenenbeteiligung nicht über den Rahmen der gesetzlichen Mindestanforderungen hinausgeht. Innerhalb dieses Rahmens hängt die Beteiligungsstrategie von den involvierten Interessen und deren Durchsetzungspotential ab. Dabei lassen sich zwei grundsätzlich verschiedene Haltungen kommunaler Verwaltungen zur Beteiligung feststellen:

● Im-Dunkeln-Halten = Verschieben der Konflikte in die unmittelbare Implementation,

● Integration durch Partizipation.

Dieses Aussagenbündel werden wir anhand folgender Fragen überprüfen:

● Wer wird in welcher Phase des Prozesses beteiligt?

● Welche Beteiligungsformen werden praktiziert, wie schlägt sich die Beteiligung im vorliegenden Material nieder?

● In welcher Weise schlagen sich die gesetzlichen Anforderungen an die Beteiligungsformen nieder? Werden die Mindestanforderungen erfüllt, überschritten, in welcher Weise?

● Hat die Bestandsanalyse in ihrer Intention eine Beteiligung aktivierende Funktion?

● Welche Ausgangspositionen nehmen die verschiedenen Betroffenengruppen zu Beginn der Bestandsanalyse ein? Verändern sich Organisationsformen und Durchsetzungsdruck einzelner Betroffenengruppen im Verlaufe der Bestandsanalyse?

Allgemeine und besondere Handlungsvoraussetzungen (zu 3)

Der Einfluß allgemeiner und besonderer Handlungsvoraussetzungen auf Struktur und Zielsetzung von Erneuerungsprozessen ist in den Hypothesen im Punkt (1) schon angesprochen worden. Dieser Aspekt soll hier noch vertieft und erweitert werden.

Die Hypothese lautet, daß Bestandsaufnahme und -bewertung in der Regel unmittelbar durch bestimmte Förderangebote ausgelöst (resp. ermöglicht) und in ihrer Zielsetzung und Struktur bestimmt werden. Eine Problematisierung dieser Vorgaben im Hinblick auf ihre Anwendbarkeit für das konkrete Problem erfolgt nicht.

Diesen Annahmen soll unter folgenden Fragestellungen nachgegangen werden:

● War ein konkretes Förderangebot Anlaß für den Bestandsanalyseprozeß?

● Auf welche allgemeinen Handlungsvoraussetzungen wird Bezug genommen? Sind die Untersuchungen ausdrücklich auf die Implementation mit bestimmten Instrumenten ausgerichtet? Welche außerhalb des engeren Objektbereichs liegenden Handlungsvoraussetzungen werden von den Verfassern explizit genannt?

● Werden allgemeine und/oder besondere Handlungsvoraussetzungen problematisiert? insbesondere hinsichtlich ihrer Veränderbarkeit oder alternativen Verwendbarkeit?

● Wird der Planungsprozeß (Ziel- und Verfahrensplanung) vor dem Hintergrund der Handlungsvoraussetzungen problematisiert?

● Bestehen unmittelbare Verbindungen zwischen der Situation der kommunalen Ressourcen (finanziell/personell) der Gemeinde und Anlaß/Struktur/Ziel der Untersuchung?

● Sind Auswirkungen der Handlungsvoraussetzungen auf die Bestandsanalyse insbesondere hinsichtlich Zielbildung, Merkmalsauswahl etc. festzustellen? Wie wirken sich etwa die in den Anwendungsvoraussetzungen von Instrumenten angelegten Kriterien (z.B. beim StBauFG) auf die Bestandsanalyse aus? (zu unterscheiden ist nach formalen Anforderungen (Sanierungskriterien des StBauFG) und nach inhaltlichen (Investitionsneigung der Hauseigentümer beim ModEnG).

Interne Kriterien, Merkmalsauswahl und -verarbeitung (zu 4)

Unsere erste Hypothese befaßt sich mit der Ableitung der Merkmalsauswahl aus dem Untersuchungszusammenhang und den Gebietsproblemen. Wir nehmen an, daß in der Regel die Auswahl der erhobenen Merkmale nicht begründet und in den Zusammenhang der Untersuchung gestellt wird. Erhobene Informationen sind im Hinblick auf Ziele und spätere Maßnahmen oft disfunktional und unvollständig. Sie nehmen zudem in den seltensten Fällen Bezug zum konkreten Gebiet und explizierten Erklärungsmodellen über dessen Entwicklung.

Daraus folgen die Fragen:

● Wird die Merkmalsauswahl insgesamt begründet? Entspricht die konzeptionelle Breite des Untersuchungsansatzes der Merkmalsauswahl und -zusammenstellung?

● Werden Bezüge zu Zielen sichtbar? Welche Bedeutung haben die einzelnen Informationen im weiteren Prozeß der Maßnahmenableitung? Welche werden - in welcher Form - weiterverwendet?

● Werden Bezüge zur Einschätzung der Gebietsproblematik deutlich (etwa in Form spezifischer Anforderungen an die Merkmalsauswahl)?

Eine weitere Hypothese lautet, daß die Erhebung und Zusammenstellung der Informationen ungleichgewichtig und lückenhaft und zudem methodisch fehlerhaft ist. Insbesondere fehlen in aller Regel Hypothesen über Entwicklungsmechanismen und Entwicklungslinien der zu untersuchenden Gebiete. Entsprechend ist die Kriterienselektion angelegt auf eine status-quo-Erfassung des Erscheinungsbildes weniger Merkmale.

Die auf diese Annahme abgestimmten Fragen lauten:

● Welche Merkmale werden erfaßt? In welchem Verhältnis stehen quantitative zu qualitativen Merkmalen? Welche Kriterienbereiche (Bewertungsaspekte) sind besonders stark vertreten?

● Ist anhand der erfaßten Informationen ein Rückschluß auf die Gebrauchsfähigkeit von z.B. Wohnung und Wohnungsumfeld für die konkreten Nutzer möglich? Können Betroffenheiten abgelesen werden?

● Wie werden die ausgewählten Elemente des Objektbereiches beschrieben? Anhand welcher Merkmale (Indikatoren) werden Zustände gekennzeichnet? Wie werden diese Merkmale erhoben (Begehung - Augenschein, Messung)? Welche fachliche Qualifikation haben die Begeher?

● Werden die zur Situationsanalyse relevanten Merkmale adäquat abgebildet? Werden qualitative in quantitative Informationen umgeformt? In welchen Bereichen wird mit Umformungen in monetäre Größen gearbeitet?

● Werden gleiche Merkmale aus unterschiedlichen Perspektiven erhoben und bewertet (etwa Ausstattungen von Wohnungen)?

● Werden bestimmte Merkmale im Hinblick auf spezifische Erklärungsansätze in-

terdependent gesehen und entsprechend zusammen bewertet? (Grundstücksverkehr,
soziale Segregation als Beispiel)

● Können mit den verwendeten Informationen Entwicklungen resp. Entwicklungstendenzen abgebildet werden?

● Werden in irgendeiner Form über die Erfassung des unmittelbaren Erscheinungsbildes hinaus Ursachen analysiert? Werden zur Stützung einer solchen Analyse
spezifische Informationen nachgefragt?

Mit Bewertungsfragen befaßt sich das folgende Hypothesenbündel:
Schwellenwerte bleiben verdeckt (Qualitätseinstufungen werden unvermittelt vollzogen) oder werden nicht näher begründet. Desgleichen ist die Gewichtung der
Merkmale untereinander intransparent. Bezüge zu den etwaigen Zielsetzungen bestehen kaum. Das Erkenntnisinteresse ist primär auf die Erfassung negativer Abweichungen von Schwellenwerten (Mängeln) gerichtet.

Die hieraus abgeleiteten Fragen lauten:

● Welche Schwellenwerte/Standards liegen der Bewertung zugrunde? Wie werden sie
abgeleitet und begründet?

● Werden positive und negative Abweichungen bei einzelnen Kriterien erfaßt?
(Substitutionsüberlegungen)

● Werden unterschiedliche Bewertungsstandpunkte dargestellt?

Die Anzahl und der Detaillierungsgrad der Fragen deuten darauf hin, daß es uns
in unserer Untersuchung nicht darauf ankam, entsprechend einer strengen Metho-
dik eine oder wenige Variablen auszugrenzen, um eben diese Variable in ihrem
Bedingungsgefüge zu untersuchen.
Vielmehr schien es uns aufgrund unseres zentralen Erkenntnisinteresses und einer weitgehend fehlenden Theoriebildung zu diesem Thema notwendig, den Untersuchungsgegenstand in seiner ganzen Komplexität wahrzunehmen, freilich auf Kosten
von Aussagenschärfe und unbedingter methodischer Stringenz im Detail.

3. Zur Vorgehensweise

Das vorliegende Forschungsprojekt war Lernprozeß. Nicht nur in dem Maße, wie jede Auseinandersetzung mit einem Gegenstand a u c h Lernen ist. Sondern darüber
hinaus. In diesem Fall hat das Wissen aller Beteiligten vom Untersuchungsgegenstand, der hierzu gebildete Begriff, ja der Untersuchungsgegenstand selbst wesentliche Veränderungen erfahren.
Forschung also hier nicht als gleichsam einmalige, statische Komposition präziser Hypothesen, rigoroser Methodenvorgaben, linearer Falsifizierung/Verifizie-
rung (wobei die Inhalte im Extrem nur noch zur Illustration der Methode werden)
auch nicht - wie uns aus der Gutachten-Forschung bekannt - implizite aber klare
Ergebnisvorgabe mit der Freiheit, den Weg dorthin "wissenschaftlich" aufzufüllen ...
Statt dessen heuristischer - partiell durchaus "formloser" - Prozess im engen
Wechselspiel theoretischer und empirischer Arbeit.

Nach dem Abschluß einer solchen Arbeit die Vorgehensweise darzustellen ist natürlich stets auch face-lifting, Systematisierung durchaus unsystematischer
Ereignisse, Abstraktion von personalen Faktoren, von Wissenschaft als Gruppen-
prozeß, Reduktion auf Idee und Methode.
Auch besteht die Gefahr, daß das aus dem sozialwissenschaftlichen Bereich in
die städtebauliche Forschung eingesickerte neue Methodenbewußtsein - ein zwei-

fellos notwendiger Reflexions-"Schub" - in einen Methodenzwang umschlägt, und
damit Rechtfertigungsdruck produziert wird, aus dem heraus einer durchgeführten Arbeit Strukturen unterlegt werden, die de facto nicht oder kaum wirksam
waren.

Daher der Versuch in der Verknüpfung inhaltlicher Entwicklung und der Struktur
der Arbeit, wie sie sich heute darstellt, etwas vom und über den Arbeitsprozeß
auszusagen.

Schon im Abschnitt 1 (Gegenstand und Aufgabe) haben wir dargestellt, wie sich
im Verlaufe unserer Arbeit das Verständnis von Bestandsanalyse und damit auch
die Fragestellung an den Untersuchungsgegenstand verändert haben: Von der ursprünglichen Frage, wie Bestandsanalysen den aus einer veränderten Praxis der
Stadterneuerung resultierenden Anforderungen entsprechend zu modifizieren und
differenzieren seien hin zu mehr grundsätzlichen Fragen nach Selektivitäten
und Standortgebundenheiten bei Bestandsanalysen, mithin der Frage nach den Filtern zwischen Bestand Aufnehmenden und aufgenommenen Bestand.

Der Rückzug auf ein Verständnis von städtebaulichen Bestandsanalysen, das erneut
fragt, was das eigentlich sei, und warum ... löste notwendigerweise mögliche Be-
zugspunkte zur bisherigen Diskussion auf und mußte in ein suchendes Vorgehen bei
Konzipierung und Verwertung der empirischen Arbeit münden.

Genügten für das anfängliche Themenverständnis vergleichende Inhaltsanalysen
und ggf. sekundäranalytische Auseinandersetzungen mit einschlägigen Bestandsanalysen, die über eine theoretische Diskussion der Indikatorentauglichkeit in
konzeptionelle Erprobungen an Beispielfällen münden sollten, so bedurfte das
prozessuale Verständnis einer prozessbegleitenden oder -nachvollziehenden
Vorgehensweise. Fallstudien nahmen daher eine zentrale Bedeutung in unserer empirischen Arbeit ein. Komplementär gestützt auf die Querschnittsuntersuchung
einer relativ kleinen Zahl von Bestandsanalysen und in ständiger Rückkopplung
mit der theoretischen Arbeit.

Zu Fallstudien ist - insbesondere im Zusammenhang mit der Entwicklung methodischer Anforderungen an Evaluations- und Implementationsforschung - in letzter
Zeit wesentliches Material zusammengetragen worden (Vgl. Hellstern/Wollmann
1979, 1978 a, 1978 b, Wollmann 1979, vgl. als Beispiel einer methodischen Erläuterung in vergleichbarem inhaltlichen Kontext: Herlyn u.a. 1976). Eine breite
Darstellung ist an dieser Stelle daher verzichtbar.
Versucht man, die wesentlichen Qualitäten der Fallstudien zusammenzufassen,
läßt sich mit Hellstern/Wollmann (1979, 142) etwa resümieren: "Die Fallstudie
als die bekannteste Form von Felduntersuchungen wird ... in der Regel als ein
relativ unkontrolliertes, methodisch eher fragwürdiges Verfahren betrachtet,
zumindest dann, wenn verallgemeinerungsfähige und übertragbare Aussagen angestrebt werden. Der fehlenden wissenschaftlichen Validität und dem mangelnden
methodischen Rigorismus steht jedoch die inhaltliche·Problemdichte und heuristische Relevanz von Fallstudien gegenüber, die durch eine flexible Vorgehensweise, durch die Kombination unterschiedlicher Ansätze sowie durch die Nutzung
unterschiedlicher Techniken ermöglichen, dringliche und komplexe Problemstellungen in ihrer jeweiligen Verflechtung zu analysieren und Problem- und Wirkungszusammenhänge in ihrer "natürlichen" Einheit zu erfassen."

Um scheinbare und tatsächliche methodische Unzulänglichkeiten von Fallstudien
zu mindern und damit die "externe Validität" ihrer Ergebnisse zu mehren, werden verschiedene Konzeptionen und Forschungsdesigns angeboten (quantitative
Kontroll- und Folgestudien, vergleichende Fallstudien etc.).

Der von uns gewählte Ansatz ist - mit einer gewissen Unschärfe - als "Mehrere-Fälle-Studie" (in "block-building-technique") zu bezeichnen: jede der von uns durchgeführten Fallstudien setzt sich mit dem Untersuchungsgegenstand in jeweils leicht veränderter Weise - mit anderen Frageschwerpunkten und methodisch unterschieden - auseinander.

Gemeinsames Korsett ist dabei der in der Vorstudie entwickelte "Handlungsraum" (mit den Dimensionen: externe Kriterien, interne Kriterien, Subjekte).

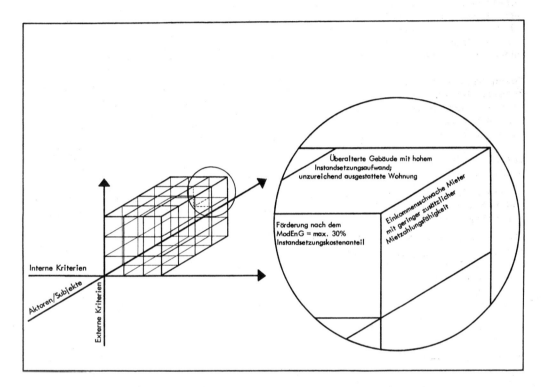

Abb. 1: Handlungsraum

Mit diesen Dimensionen, die jeweils Gruppen von Variablen umfassen, die auf die Praxis der Bestandsanalyse als abhängiger Variable einwirken, -

● z.B. umfassen die externen Kriterien den Einfluß der Förderungsangebote zur Stadterneuerung ebenso wie zahlreiche Handlungsvoraussetzungen im planungsrechtlichen Bereich,

● beinhaltet die Gruppe der internen Kriterien Fragen nach der Bedeutung verschiedener "Raum-Problemtypen" (innenstadtnahe Wohn- und Mischgebiete; mittelstädtische Kerne etc.) usf.

- lassen sich die einzelnen Teiluntersuchungen im Hinblick auf die jeweils interessierenden Variablen kennzeichnen. Die Isolierung oder Neutralisierung verschiedener Variablen ist hier jedoch nur bedingt möglich. "Allerdings zeigt sich in der Regel, daß die rigorosen methodischen Anforderungen entsprechenden

Untersuchungsbedingungen forschungspraktisch nur unzureichend hergestellt werden können. Zum einen ist es infolge unzureichenden Theoriewissens (wobei zu fragen wäre, wann das überhaupt zureichend sein kann, d.Verf.) in der Regel nicht möglich, diejenigen Variablen zu bestimmen, die möglicherweise relevant und deshalb zu "kontrollieren" sind.

Zum anderen kann die Homogenisierung in den angezielten Dimensionen (etwa durch "matching") in der Regel nur unzulänglich gelingen." (Baestlein/Hunnius/Konukiewitz 1978, 13).

Die Komplexität, die Fallstudien damit a priori belastet und notwendig zu unscharfen und nur bedingt interpretierbaren Teilergebnissen führt, hat jedoch selbst Methode - sie ist Fallstudien offensichtlich per definitionem eigen: "Heuristische Fallstudien haben die Aufgabe, komplexe Zusammenhänge aufzuhellen, eine Vielzahl unterschiedlicher Wirkungen, unterschiedlicher Wirkungszusammenhänge und -verknüpfungen nachzugehen." (Hellstern/Wollmann 1978a 62).

Bezug nehmend auf diese Funktion der Fallstudien ließe sich unser Vorgehen im Bereich der empirischen Analysen mit der Anlage einer "heuristischen Kette" kennzeichnen. Jeweils unterschiedliche Variablen bzw. Akteure werden aus verschiedenen Beobachtungspositionen auf methodisch unterschiedliche Weise untersucht, wobei neben dem eigentlichen Fokus der Teiluntersuchungen relativ breite, im Ergebnis unscharfe oder punktuelle Beobachtungs- und Aussagenbereiche bestehen bleiben. Bestehen bleiben müssen, um nicht den engeren Analysegegenstand von seiner "natürlichen Umgebung" zu isolieren.

Um ein Bild zu wählen: wir wandern gleichsam um den Untersuchungsgegenstand und betrachten ihn aus je unterschiedlicher Perspektive mit unterschiedlicher Intensität etc.

Die ausgesuchten Fälle - es sind dies
● Hannover Linden-Süd
● Duisburg-Hochfeld
● Berlin Kreuzberg
● A - Stadt
sind dabei nicht nach dem Gesichtspunkt möglichst großer Ähnlichkeit resp. Vergleichbarkeit ausgesucht worden. Vielmehr war von Interesse, ob bestimmte Aspekte des Gegenstandes in besonderer Deutlichkeit sichtbar gemacht werden können bzw. ob bereits gegebene Beobachtungspositionen (indem etwa Mitglieder unserer Gruppe bereits seit Jahren in der Bürgerinitiative eines Fall-Gebietes mitarbeiten) fruchtbar einzusetzen wären - im Sinne einer Analysemethode, die über teilnehmende Beobachtung in den Bereich der Aktionsforschung hineinragt (vgl. zu den hier lauernden Methodenproblemen z.B. Moser 1978).

Für die Fälle heißt dies im einzelnen:

● In Hannover konnte auf eine mehrjährige Kooperation von Mitarbeitern unserer Gruppe mit der Bürgerinitiative, aktive Teilhabe an Sanierungsvorbereitungen in diesem Bereich u.v.m. zurückgegriffen werden. Schwerpunkt der Betrachtung war dabei notwendigerweise der Modus der Konfliktaustragung bei der Bestandsanalyse unter den Bedingungen eines Anwaltplaner-Modells.

● Während in Hannover Betroffenenbeteiligung im politischen Konflikt nach mehr als 15-jähriger Sanierungsgeschichte erst institutionalisiert wurde, haben wir es bei den "Strategien für Kreuzberg" mit einer Beteiligung a priori zu tun. Dieser Sonderfall wird hier von "Außen" unter besonderer Gewichtung der Organisation der Beteiligung und ihres Einflusses auf die Vorbereitungsprozesse nachgezeichnet.

● In die Verwaltung hinein, vor allem die Aushandlungsprozesse zwischen beauftragtem Planer und verschiedenen Verwaltungsstellen beobachtend, geht die

A-Stadt-Studie - die, wegen des überwiegend "inoffiziellen" Materials, das hier verwertet wurde, zu verschlüsseln war.

Hintergrund dieses Falles ist zudem der Einfluß allgemeiner Handlungsvoraussetzungen in Form des sog. ZIP-Programmes, der eine 3-monatige Kurzbearbeitung vorbereitender Untersuchungen erforderte.

Die Analyse, die wesentliche Merkmale einer teilnehmenden Beobachtung trägt, wurde von einem Bearbeiter der vorbereitenden Untersuchung, der für die Beobachtungszeit (4 Monate) im Planungsbüro angestellt wurde, durchgeführt.

● Flächiger werden die Ziele und Interessen eines breiteren Spektrums von Akteuren am Beispiel der Sanierungsvorbereitung in Duisburg-Hochfeld beschrieben. Der Beobachtungsschwerpunkt lag hier vor allem bei der Verwaltung - unter besonderer Berücksichtigung der hier feststellbaren spezifischen "Wertberücksichtigungsmuster" (Prägende Bedeutung der Industrie-Interessen für die Entwicklung des Sanierungsfalles).

Deutlich wird, daß die Fallstudien oder Längsschnitte die Sanierungsvorbereitungen über unterschiedlich lange Zeiträume intensiv nachzeichnen (Hannover 22 Jahre, A-Stadt 3 Monate); es wird jedoch - mit unterschiedlich scharfen Rändern - allemal der prozessuale Charakter der Bestandsanalysen herausgearbeitet (eines Prozesses der überwiegend erheblich länger dauert als der formale Zeitraum zur Anfertigung der vorgeschriebenen "vorbereitenden Untersuchungen").

Diese historische Dimension muß den Querschnittanalysen - der vergleichenden Auswertung von Material zu etwa 15 Planungsfällen - verborgen bleiben. Insofern kamen der Querschnittsauswertung selbst, wie der kontinuierlich fortgesetzten - auf ca. 4o weitere Fälle sich beziehenden - Materialauswertung überwiegend Orientierungs- und Korrekturfunktionen zu. Bei dem Versuch, in vergleichender Übersicht, Organisation und inhaltliche Ausgestaltung des Bestandsanalyseprozesses vor dem Hintergrund unterschiedlicher Planungskontexte zu beschreiben, stützen sie sich primär auf das von den jeweiligen Kommunen herausgegebene Material. So ist eine relativ große Breite und - in gewisser Weise - inhaltliche Repräsentativität gegeben, die aber von spezifischen Lücken gekennzeichnet ist.

Bedingt durch die von dem zur Verfügung stehenden Material dokumentierten Ausschnitten aus den realen Planungsprozessen ebenso wie durch die Unterwerfung unter die jeweils besondere Problemwahrnehmung der Untersuchungsverfasser ist hier eine zeitliche und sachliche Einengung der Aussagenbreite gegeben.
Die Überlagerung von Quer- und Längsschnitten führt dann allerdings zu einer zusätzlichen Absicherung der Gültigkeit zentraler Aussagen des Gesamtprojekts.

Der mit der Untersuchung angelegte Lernprozeß wird jedoch erst vollständig durch die enge Verknüpfung von empirischer und theoretischer Arbeit: "Die Bedeutung, die hierbei der ständigen methodischen Reflexion, dem Ineinandergreifen der Untersuchungsschritte und der ständig synthetisierenden und korrigierenden Auswertung zukommt, kann gar nicht überschätzt werden. Während der gesamten Untersuchung bis in die besonders wichtige Schlußphase hinein haben sich methodische, konzeptionelle und empirische Arbeit ständig zu durchdringen und voranzutreiben." (Hellstern/Wollmann 1979a, 144)

Eben diese Durchdringung macht jedoch die Dokumentation der wechselseitigen Befruchtung von Analyse und Reflexion problematisch. In unserem Forschungskontext ist nur ein Teil der theoretischen und methodischen Auseinandersetzungen zusammengefaßt dargestellt (vgl. den Beitrag von Klaus Selle in diesem Band).

Ein weiterer Teil floß unmittelbar in die empirische Arbeit ein. Beides macht in summa den eingangs beschriebenen Lernprozeß aus.

Angemerkt sei noch, daß auch Durchdringungen mit Bereichen außerhalb der durch das Projekt gezogenen Grenzen von erheblicher Bedeutung für die inhaltliche Entwicklung sein können. In unserer Gruppe war jedes Mitglied in Tätigkeitsfelder eingebunden, die jeweils zu unterschiedlich großen Teilen durch Forschung gekennzeichnet sind. Der jeweils andere Teil der individuellen Tätigkeitsspektren war in wenigen Fällen durch Lehrtätigkeit an einer Universität in der Mehrzahl jedoch durch Arbeit in Architektur- und Planungsbüros mit unterschiedlichen Aufgabenschwerpunkten gekennzeichnet. Die Durchdringung solcher "Empirie" - der Bauleitung bei einem Modernisierungsprojekt, der Beratung einer Bürgerinitiative, der Mitarbeit an vorbereitenden Untersuchungen etc. mit der empirischen Arbeit im Forschungsprojekt oder der theoretischen Reflexion über diese führte nicht selten zu Brüchen und Spannungen, die allerdings - vor allem über die Relevanzfrage - fruchtbar für inhaltliche Entwicklungen innerhalb und außerhalb des Projektes wurden.

Dies nur ein Teil der - methodisch nicht "kontrollierbaren" - Einflußgrößen für Erkenntnisentwicklung in einem Forschungsprojekt.

Abschließend muß das Problem, das sich jeder auf die Praxis gerichteten Untersuchung stellt, angesprochen werden: die Überlagerung von strukturellen und akzidentiellen Determinanten, von - in unserer Terminologie - allgemeinen und besonderen Handlungsvoraussetzungen ist analytisch nur bedingt aufzuhellen. Die Zurückführung einzelner Feststellungen aus der Prozeßbeobachtung auf kommunaler Ebene hin zu "systemischen" Determinanten (konkreter Schritte in der Sanierungsvorbereitung in X-Stadt auf das System der gespaltenen Wohnungsmärkte vor dem Hintergrund der 1973er Bauwirtschaftskrise etwa) ist ohnehin nur sehr bedingt leistbar und wohl häufig auch nicht sinnvoll.

Wir haben allerdings versucht durch die Auswahl der Fälle und der Beobachtungszeiträume vor dem gemeinsamen Hintergrund der sog. Tendenzwende in der Städtebaupolitik (die wir an anderer Stelle ausführlicher dargestellt haben; vgl. Pesch & Selle 1979) zu operieren. Zugleich herrschten sich uns bestimmte Entwicklungen im ökonomischen Bereich gleichsam auf: die Konjunkturankurbelungsversuche über das Zukunftsinvestitionsprogramm bis hin zu bauordnungs- und planungsrechtlichen Investitionsbeschleunigungen schlugen in die Beobachtungsphasen der empirischen Studien durch.

Dennoch bleiben erheblich Unschärfen bei der Identifikation von Vor-Entscheidungen, von Selektivitäten auf verschiedenen Ebenen (vgl. zu den methodischen Problemen etc.: Offe 1972). Wir können uns auch hier nur einschlägigen Feststellungen Hellstern/Wollmanns (1978a, 75) anschließen:

"Wie in methodischer ist auch in konzeptioneller Hinsicht die Rigorosität des für die Untersuchung zu entwickelnden Designs teilweise von dem Ziel anwendungsorientierter Wirkungsforschung abhängig, in überschaubarer Zeit und in vertretbarem Aufwand anwendungsorientiertes Wissen zu erzeugen, woraus sich das Erfordernis pragmatischer Abstriche an der Rigorosität des Untersuchungsdesigns in methodischer, aber auch in konzeptioneller Hinsicht ergeben kann."

Es war hier und ist in der ausgewerteten Literatur zu Fallstudien nun häufig die Rede von "Abstrichen in der Rigorosität", von "flexiblem Vorgehen", von "Methodenmix", insgesamt von der relativ geringen methodischen "Härte" dieser Forschungsvorgehensweise. Es bringt dies sicherlich zum einen einen Rechtfertigungszwang der praxisorientierten Sozialwissenschaftler gegenüber ihren nachwievor dem Methodenzwang verhafteten Kollegen zum Ausdruck. Zum anderen wird jedoch das unter dem Verwendungszusammenhang konkret-politischer Praxis bedeutsame relevante Dilemma von methodischer Absicherung der Forschungsergebnisse und deren Relevanz sichtbar. Dies wird in der Selbstkritik eines Psychologen in anderem Zusammenhang bösartig-präzis so ausgedrückt: "Es hat den Anschein, daß ein hoher Prozentsatz der berichteten Forschungsvorhaben sauber, methodisch einwandfrei und wirkungsvoll durchgeführt wurde und strengen, unverdrossenen Fleiß und experimentelle Gewissenhaftigkeit widerspiegelt; darüber hinaus sind sie aber von einer bemerkenswerten Bedeutungslosigkeit gekennzeichnet." (Smith zit. n. Maikowski u.a. 1976, 274)

Als Abschlußkommentar hierzu soll das - nach eigenem Bekunden - "große Maul" des Paul Feyerabend zu Wort kommen:
"Es gibt keine 'wissenschaftliche Methode'"; es gibt keine einzige Prozedur, Regel, es gibt keinen Maßstab der Vortrefflichkeit, der jedem Forschungsprojekt unterliegt und es 'wissenschaftlich' und daher vertrauenswürdig macht. Jedes Projekt, jede Prozedur, jede Theorie muß für sich und nach Maßstäben gemessen werden, die an die relevanten Prozesse angepaßt sind. Die Idee einer universellen und stabilen Methode und die entsprechende Idee einer universellen und stabilen Rationalität sind ebenso unrealistisch wie die Idee eines Meßinstruments, das jede Größe in allen nur möglichen Maßstäben mißt..." (Feyerabend 1979, 17o).

Klaus Selle

ARBEITSHYPOTHESEN ZUR AUSEINANDERSETZUNG UM DEN BESTAND

Der folgende Beitrag hat zunächst die Aufgabe, die in der empirischen Arbeit unseres Projektes enthaltenen und im vorangegangenen Abschnitt nur kurz angesprochenen zentralen Kategorien unserer Analyse und damit einige der erkenntnisleitenden Hypothesen herzuleiten. Dabei bietet sich zugleich die Gelegenheit, theoretische Fäden, die über den Aussagebereich der empirischen Studien reichen, weiterzuspinnen.

Im Verlauf der historischen Entwicklung der Bestandsanalyse-Diskussion werden zunächst vor allem Fragen nach dem Verhältnis von Inhalt und Funktion der Bestandsanalysen aufgeworfen:

● von Breite oder Enge des Begriffs von Stadt und Wohnverhältnissen handelt der 1. Abschnitt;

● danach wird am Beispiel der Bewertungsverfahren der 6oer Jahre das Problem der Bestimmung 'objektiver Sanierungsbedürftigkeit' angesprochen,

● um dann - die vorbereitenden Untersuchungen gem. §4 StBauFG zum Gegenstand nehmend - die Verwendungszusammenhänge (und damit Funktionen) solcher formellen Bestandsanalysen zusammenzufassen.

Der letzte Abschnitt kehrt wieder zu den Objekten und Inhalten von Bestandsanalysen zurück: was - so wird hier gefragt - wird bei der Auseinandersetzung mit und um den Bestand aufgenommen und verarbeitet.

Wir haben uns ganz demokratisch
ein Gutachten bestellt,
damit uns für den Abriß
die Begründung nicht fehlt...

wir schlagen Schaum
wir seifen ein
und waschen unsere Hände wieder rein.

(aus dem Lied einer Bremer Songgruppe zur Auseinandersetzung um
den Schlachthof)

0. Vorbemerkung

Die im Textauszug der Bremer Songgruppe zum Ausdruck kommende Alltagserfahrung
zur Verwendung von Bestandsanalysen bei der Erneuerungs- hier: Abriß-vorberei-
tung findet keinen wissenschaftlichen Begriff in der einschlägigen städtebaulichen Diskussion. Hier ist lediglich von 'Planungsinformationsbedarf' oder 'objektiver Ermittlung der Sanierungsbedürftigkeit' die Rede. Bestandsaufnahmen und
Bestandsbewertung wurden und werden behandelt als technisch-methodische Aufgabenstellung. Als "Diagnose" mit den nachfolgenden Schritten "Prognose"-"Therapie"
(Göderitz) verharrten Bestandsanalysen auf der Ebene scheinbar neutraler Pla-
nungsvorbereitung, gestützt auf den Sachverstand des Gutachters oder die Objektivität eines elaborierten Verfahrens. Bestandsanalysen wurden damit per definitionem aus dem politischen Aushandlungsprozeß ausgeklammert. Eine wesensfremde
Ausgrenzung: Wie anders als über die Stellung innerhalb der Politikformulierung
ließe sich etwa erklären, daß
● Bestandsaufnahmen "mißliebig" sind und von den Verwaltungen selbst in den Pa-
pierkörben abgelegt werden, ·
● in konflikthaften Sanierungsfällen häufig mehrere Anläufe zur Bestandsanalyse
deshalb notwendig wurden, weil die jeweils vorherigen Versuche in Maßnahmenbegründungen mündeten, denen von den Betroffenen nachhaltig widersprochen wurde,
● ein und dasselbe Gebiet innerhalb eines Jahrzehnts mehrfach, mit z.T. kontra-
ren, immer aber wesentlich abweichenden Resultaten aufgenommen und bewertet wird,
● nicht zuletzt der Gesetzgeber 1970 mit viel politischem Aufwand die "wissenschaftliche Vorbereitung" von Stadterneuerungsmaßnahmen gesetzlich installiert,
um sie 1979 als Investitionshemmnis wieder abzuschaffen.

Forschungsansätze, die am Verständnis von der "objektiven Diagnose" festhalten,
müssen demnach notwendig auch dessen analytische und konzeptionelle Beschränkung
weitertragen. Das Verlassen der eingefahrenen Gleise wird andererseits jedoch
mit Orientierungslosigkeit geahndet. Ein Projekt wie das unsrige, das einen Beitrag zur Herstellung von Transparenz bei der Erneuerungsvorbereitung leisten
will, überschreitet schon mit diesem Erkenntnisinteresse notwendig die begrifflichen Schranken der bisherigen städtebaulichen Diskussion: es galt also für
analytische und theoretische Arbeit einen Begriffsrahmen zu konstruieren, der
sowohl zur Ableitung von Arbeitshypothesen wie zur Einordnung von Ergebnissen
taugt. Die Erarbeitung dieses Rahmens erfolgte nicht isoliert am Anfang des Projektes: eng verzahnt mit der empirischen Arbeit wurde unser Begriff von Bestandsanalysen weiterentwickelt. Insofern ist das im folgenden Darzustellende ebenso
Voraussetzung wie (ein) Ergebnis unserer Arbeit. Der vorliegende Teil faßt einen
ausführlichen Teilbericht unserer Forschungsergebnisse (vgl. Selle 1980), der
Struktur und Funktion von Bestandsanalysen gründlich zu bestimmen suchte, zusammen. Ziel der Darstellung soll es hier sein:

● die in den Fallstudien selbst nicht mehr angesprochenen aber implizierten Begriffs- und Hypothesenklärungen kurz wiederzugeben und
● einige theoretische Fäden, die über den Aussagebereich der empirischen Studien reichen, weiterzuspinnen.

Der Aufbau dieses Textes verläuft entlang einer einfachen Fragenfolge:

● Wie unterscheiden sich eigentlich Bestandsanalysen, so wie wir sie heute kennen von jenen "surveys" etwa der Jahrhundertwende?
Ist die vermeintlich gewonnene Breite nicht einem engeren Begriff vom Untersuchungsgegenstand geschuldet? Welche Bedeutung hat dieser Begriff für die Qualität der Bestandsanalysen?
● Neben der Ausweitung der Datenkataloge ist die Sanierungsvorbereitung in der BRD seit den 50er Jahren vor allem durch Objektivierungsbemühungen gekennzeichnet. Läßt sich Sanierungsbedürftigkeit objektiv messen, lassen sich überhaupt "wertneutrale" und explizit wertende Bestandteile der Bestandsanalyse voneinander trennen?

● Lassen sich Verengung und Objektivitätsbemühen auf bestimmte Funktionen der Bestandsanalyse zurückführen? Welchen Einfluß hat in diesem Zusammenhang die gesetzliche Normierung der Erneuerungsvorbereitung (StBauFG) gehabt?
Welche Bedeutung hat insbesondere die auf Legitimationsbeschaffung gerichtete Funktion der Bestandsanalysen im aktuellen Formwandel der Stadterneuerung?

Im Verfolg einer Kette historischer Beispiele steuern die ersten Abschnitte vorrangig auf die Funktionsbestimmung zu. Der 4. Abschnitt unterbricht diese Kette und beginnt von vorn; diesmal auf der "Innenseite".
● Wie schlagen sich die Funktionszuweisungen, die Beteiligungsanforderungen etc. in der Struktur der Bestandsanalysen nieder? Was sind die zentralen Elemente eines idealtypischen Bestandsanalyseprozesses und wie hängen sie voneinander ab?

Beide - Funktions- und (die hier nur sehr verkürzte) Strukturbestimmung -
münden in der Frage nach der Qualität von Beteiligung bei der Erneuerungsvorbereitung: eine gradlinige und notwendige Konsequenz aus beiden Arbeitssträngen
- wenn auch die praktischen Folgerungen hieraus der aktuellen Stadterneuerungspolitik gegen den Strich gehen.

1. Breite Enge
oder: von den "Lebensverhältnissen der kleinen Leute in den großen Städten" zur disziplinären Datenhuberei

1.1 Verengung und Segmentierung der Problemwahrnehmung

Der erste Abschnitt, der Bestandsanalysen an einigen ihrer Wurzeln zurückverfolgt, beginnt mit einer etwas unglaubwürdigen Hypothese
● *Bestandsanalysen haben sich - gemessen an einigen Ursprüngen - wesentlich verengt. Erstaunlich ist diese Behauptung, wenn man sie gegen die schier unendliche Datenfülle heutiger Sanierungsvorbereitung hält. Sollte vormals doch mehr erhoben worden sein? Um einer Antwort auf diese Frage näher zu kommen - vor allem, um zu bestimmen, was eigentlich "mehr" oder "weniger" im Erhebungszusammenhang heißen mag - ist ein Blick zurück hilfreich: wie sahen frühere Auseinandersetzungen mit Stadt aus?*
Die Frage richtet sich bewußt noch nicht auf die Auseinandersetzung mit Sanierungsgebieten; denn die Bestimmung des Zurückbleibens hinter eine - wie auch immer näher gekennzeichnete - "normale" Entwicklung setzt eben die Charakterisierung des Stadtganzen und seiner Entwicklung voraus.

Die ersten Untersuchungsansätze, die ich als "Kontrastmittel" gegen die heutige
Praxis setzen will, werden gemeinhin in der Geschichtsschreibung zu Bestandsanalysen unterschlagen: die Mitte des 19. Jahrhunderts - parallel zur Expansion der
industriellen Zentren und der Zusammenballung von Arbeitskräften - einsetzende
Beschreibung, Kritik und Beschönigung der Lebens- besonders aber Wohnverhältnisse
der "kleinen Leute in den großen Städten" (Huber): In Deutschland veröffentlichte
1837 Victor Aimé Huber seine Schrift über die "Wohnungsnot der kleinen Leute in
den großen Städten", in England folgte 1842 der Bericht von Sir Edwin Chadwick
über die hygienischen Verhältnisse in Arbeiterwohnquartieren, in Frankreich gibt
1855 Fréderic Le Play eine detaillierte Schilderung der Lebensumstände der Arbeiter in großen Städten. Gegen Ende des Jahrhunderts erscheint die umfassende Darstellung von Charles Booth "Life and Labour of the People in London" (17 Bde.
1889 ff.).
Gemeinsam ist diesen Untersuchungen, daß sie nicht nur Wohnverhältnisse beschreiben, sondern diese auch (sozial-)politisch einordnen (vgl. E. Spiegel 1970
Sp. 2953). Besondere Bedeutung ist in diesem Zusammenhang einer - 1845 erstver-
öffentlichten - Arbeit Friedrich Engels über "Die Lage der arbeitenden Classe in
England" beizumessen: hier werden Lebensverhältnisse, also Menschen in all ihren
Tätigkeitsbereichen (Fabrik und Wohnung, Krankheit und Kriminalität, Verkehrsfor-
men etc.) beschrieben. Die Analyse erschöpft sich mithin in der Kennzeichnung
einzelner Ausschnitte von baulichen Substraten gesellschaftlicher Verhältnisse
(z.B. der Wohnungen); sie ordnet vielmehr die Wohnung dem Wohnen, das Wohnen bestimmten Bewohnern, die Bewohner ihrer Arbeit, die Arbeit der historisch-konkre-
ten Gesellschaftsformation zu.
Selbst ein längeres Zitat macht diese vielfältigen Bezüge - den zugleich synoptischen und analytischen Blick - nur unzureichend deutlich: "Fassen wir nun zum
Schluß die angeführten Tatsachen nochmals kurz zusammen: die großen Städte sind
hauptsächlich von Arbeitern bewohnt, da im günstigsten Fall ein Bourgois auf zwei,
oft auch drei hier und da auch vier Arbeiter kommt; diese Arbeiter haben selbst
durchaus kein Eigentum und leben von dem Arbeitslohn, der fast immer aus der
Hand in den Mund geht; die in lauter Atome aufgelöste Gesellschaft kümmert sich
nicht um sie, überläßt es ihnen, für sich und ihre Familien zu sorgen und gibt
ihnen dennoch nicht die Mittel in die Hand, dies auf eine wirksame und dauernde
Weise tun zu können; jeder Arbeiter, auch der beste, ist daher stets der Brotlo-
sigkeit, d.h. dem Hungertode ausgesetzt, und viele erliegen ihm; die Wohnungen
der Arbeiter sind durchgehend schlecht gruppiert, schlecht gebaut, in schlechtem
Zustand gehalten, schlecht ventiliert, feucht und ungesund; die Einwohner sind
auf den kleinsten Raum beschränkt, und in den meisten Fällen schläft wenigstens
eine Familie in einem Zimmer; die innere Einrichtung der Wohnung ist ärmlich in
verschiedenen Abstufungen bis zum gänzlichen Mangel auch der notwendigsten Möbel;
die Kleidung der Arbeiter ist ebenfalls durchschnittlich kärglich und bei einer
großen Menge zerlumpt; die Nahrung im allgemeinen schlecht, oft fast ungenieß-
bar und in vielen Fällen wenigstens zeitweise in unzureichender Quantität, so
daß im äußersten Falle Hungertod eintritt. Die Arbeiterklasse der großen Städte
bietet uns so eine Stufenleiter verschiedener Lebenslagen dar - im günstigsten
Fall eine temporär erträgliche Existenz, für angestrengte Arbeiten guten Lohn,
gute Wohnung und gerade keine schlechte Nahrung - alles natürlich vom Arbeiter-
standpunkt aus gut und erträglich - im schlimmsten bitteres Ende, das sich bis
zur Obdachlosigkeit und dem Hungertode steigern kann; der Durchschnitt liegt
aber dem schlimmsten Fall weit näher als dem besten..." (Engels, zit. nach einer
Textauswahl 1970, 94/95).

Daß die Wohnungsnot überhaupt zum Gegenstand umfassender Analysen wurde, hatte
mannigfache Ursachen: einerseits riefen Epidemien und Seuchen in den Arbeitervierteln Besorgnis auch bei nicht-proletarischen Stadtbewohnern hervor; zum anderen brach die Konkurrenz zwischen den einzelnen Arbeitern angesichts des geringer werdenden Drucks der "industriellen Reservearmee" zugunsten erster soli-
darischer Aktionen des städtischen Proletariats auf (vgl. Faßbinder 1975). Der

Kampf gegen die miserablen Lebensbedingungen richtete sich zunächst auf den Produktionsbereich, bezog jedoch auch die Wohnungen mit ein, so daß - wie etwa im "Neuen Social-Demokrat" 1872 - von "Wohnungsrevolten" die Rede ist. "Drei Tage lang war Berlin fast ohne Unterbrechung im Zustand der Revolte, die bald hier, bald dort in den einzelnen Stadtvierteln sich geltend machte. Am Donnerstag ward ein armer Tischler in der Blumenstraße exmittiert, und es entstand ein Auflauf, der bis tief in die Nacht hinein andauerte. Nach 7 Uhr sammelten sich besonders zahlreiche Scharen vor dem betreffenden Haus 51c. Einige Steinwürfe gegen die Fenster der Kellerwohnung sowie die Schutzleute bedrohende Rufe gaben in der neunten Straße das Signal zu einer gewaltsamen Säuberung der Straße... welche durch Berittene und Schutzleute zu Fuß bewirkt wurde." (zit. nach Enzensberger 1972, 66)

War in der Studie Engel's die Wohnungsnot noch als eine Erscheinungsform der Widersprüche im sich entfaltenden Kapitalismus verstanden und entsprechend beschrieben worden, so wurde in anderen (vor allem nachfolgenden) Arbeiten dieser Zusammenhang aufgelöst und die Beschreibung zunehmend eingeengt. In der oben verwendeten Kette Wohnung-Wohnen-Bewohner-Arbeit-Gesellschaft blieben dann nur noch Beschreibungen der Wohnung, punktuelle Kennzeichnungen der Wohnweisen (etwa Belegung) und gelegentlich Verweise auf z.B. Einkommen (Lohn) übrig. Ausdruck solcher Reduzierung sind etwa die um die Jahrhundertwende in Deutschland angefertigten Wohnungsuntersuchungen (vgl. Eberstadt 1903, May 1903).

"Zunächst (wurde) der Kausalnexus zwischen Ausbeutung und Wohnungsnot ideologisch zerschlagen, nicht selten Ursache und Wirkung vertauscht. Man substituierte begrifflich Armut durch Pauperismus und verstand unter Pauperismus nun nicht mehr die materielle Armut selbst, sondern ausschließlich deren sichtbare Folgen. Damit schrumpfte das Problem der sozialen Fürsorge bereits auf einen schmaleren Ausschnitt des Elends zusammen. Aus diesem Ausschnitt wählte man als eklatantes Exempel die Wohnungen, deren Mißstände zu beseitigen zur gesellschaftspolitischen Aufgabe erhoben wurde." (Janssen 1970, 54) Hier wird deutlich: ein grundlegendes Problem (Lebensverhältnisse der Arbeiter wurzelnd in den Produktionsverhältnissen) wird reduziert auf das gesellschaftspolitisch "Bearbeitbare" (Wohnungsmißstände). Die Segmentierung der Problemwahrnehmung erfüllt damit zugleich ideologische, d.h. hier: entpolitisierende Funktionen.

Wenn also eingangs von "Verengung" der Bestandsanalyse die Rede war, dann mag die Entwicklung der Wohnungsuntersuchung ein Hinweis auf das "Warum" dieser Verengung geben.

Ein zweites Beispiel für Verengung und Verarmung findet sich auf bereits verengter Basis: städtebauliche Bestandsanalyse beschränkt schon in der Bezeichnung den Untersuchungsgegenstand auf die oben erwähnten baulichen Substrate gesellschaftlicher Verhältnisse. Lebensverhältnisse erscheinen hier nur noch vermittelt - als Zustand von Stadt, Gebäude, Wohnung. Aus der Perspektive des Städtebauers sind auch nur diese Erscheinungsformen "bearbeitbar", vielleicht in der Hoffnung, so - das Pferd vom Schwanze zäumend - auf Lebensverhältnisse einzuwirken.

Für das Handlungsfeld Städte-Bau findet die Bestandsanalyse ihre wohl umfassendste Grundlegung in den Arbeiten Patrick Geddes'.
Der nahm sich das Motto "Savoir pour prévoir, prévoir pour pouvoir" (Auguste Comte) zu Herzen und formte es um in "Survey before Plan " Mit seinem erstmals 1915 erschienenen Buch "Cities in Evolution" plädiert er für eine vertiefte Auseinandersetzung mit dem Bestand der Städte, für ein Mehr an Verständnis bevor technische und formale Realisierungsüberlegungen einsetzen.

(Es soll nicht verschwiegen werden, daß schon vor Geddes Grundsätze für städtebauliche Bestandsanalysen formuliert wurden. Zu erwähnen ist beispielsweise Camillo Sitte's "Städtebau" von 1889. Auch Sitte steht erschrocken vor dem ungestümen Städtewachstum und versucht Grundlagen für eine geordnete Stadt-Ent-

wicklung vorzuschalten. Dies aber bereits verkürzend: beschränkt auf Fragen
der Stadt- vor allem Stadtraum-Gestaltung).

Der Geddes'sche Ansatz ist im wesentlichen durch folgende Aspekte gekennzeichnet:
● Die Kenntnis der Stadt, ihrer Entwicklungsgeschichte und entwicklungsbe-
stimmenden Faktoren ist wesentliche Grundlage für konkretes Handeln.
● Aber: es darf dies kein fragmentiertes Betrachten und Analysieren sein. Notwendig ist vielmehr ein "synoptic view" eine Zusammenschau aller wesentlichen
Aspekte des komplexen Ganzen.
Illustrierend kann verwiesen werden auf die in Kapitel II seines Buches entwickelte Gesamtsicht städtischer Räume, die sich nicht beschränkt auf konven-
tionelle, administrative Stadtgrenzen, sondern Verflechtungsräume als "Conurba-
tions" einbezieht - etwa als Greater London. "Instead of the old lines of divi-
sion we have new lines of union" Verbindungslinien als Infrastrukturachsen, die
als Ausdruck der Industrialisierung Conurbationen konstituieren.
Ähnlich komplex ist sein Verständnis vom Stadt-Land-Zusammenhang (vgl. Kap. V),
das in heutiger Terminologie als "ökologisch" bezeichnet werden könnte.
● Dieses Wissen über die Stadt und ihre Entwicklung, von der "new complexity"
ist nicht als Abstraktion oder theoretisches Wissen ("book knowledge") zu verstehen ("it should not lead to a narrow abstract approach") sondern als konkrete Erfahrung. Diese allerdings gilt es erst wiederherzustellen, da Bücherwissen
die Orientierung an der "Realität" verschüttet hat und selbst Politik in abge-
hobenen Sphären agiert.
"So bookish has been our past education, so strict our school drill... and so
well-nigh complete our lifelong continuance among them, that nine people out of
ten, sometimes even more, understand printing better than pictures and pictures
better than reality."(S. 16)
● Es nimmt daher nicht wunder, daß Geddes eben nicht nur die Experten, die
professionellen 'Planer' sondern auch die Laien, die "non-experts" in den Prozess des Verstehens der Stadt einbeziehen will.
Nicht ohne Emphase schildert er Ansätze zur Selbstorganisation der Stadtbürger
mit dem Ziel der Verbesserung von Wohn- und Lebensverhältnissen.(vgl. S. 1o2
und S. 138 f.) Geddes war also ohne Zweifel auf der Suche nach einem Begriff
von Stadt, der geeignet war, ihre Entwicklung zu verstehen, antizipierbar zu
machen, um sie zu beeinflussen. Beeinflussen aber nicht ex cathedra, also Pro-
fession einiger Weniger sondern als Aufgabe aller citizen, wenn auch in dieser
Vorstellung vom Stadtbürger und dessen tatsächlichen Einflußmöglichkeiten ein
Gutteil (politischer) Realitätsverkennung steckt.

Daß in diesem Begriff von Stadt auch gesellschaftliche Grundstrukturen verarbeitet werden müssen, scheint in einigen Textpassagen auf. So, wenn Geddes darauf verweist, daß anlagewilliges Kapital nur dann in den Wohnungsbau fließt,
wenn dort eine Mindestprofitrate gesichert ist, oder, daß Desinvestition (das
Vernachlässigen der Gebäudeinstandhaltung) eine profitable Strategie sein
kann - dann nämlich, wenn der ständige Zuwachs des städtischen Proletariats
die Vermietung auch der miserabelsten Wohnungen sichert. Mit den entsprechenden
Konsequenzen für die Wohnbedingungen der Bevölkerung; "Thus squalor, over-
crowding, and exaction had all to be accepted by the people..." (147).

Eine breitere Vermittlung dieser Begriffsebene zur Geddes'schen Linie des praktischen, tätigen Bemühens um ein Verständnis der Stadt findet jedoch nicht
statt.

Patrick Geddes hielt sich zurück mit einer konkreten Auflistung dessen, was
einen survey ausmachen könnte. Er nennt lediglich Beispiele für einzelne Verwendungszusammenhänge (etwa Freiflächenkartierung). Es ist dies konsequent.
Der Sprung von der selbstgestellten Forderung nach synoptischer Betrachtungsweise muß bei unspezifischer Fragestellung und nicht abgeschlossener Kenntnis

über Ursachen- und Wirkungszusammenhänge städtischer Entwicklung in prinzipiell unendlicher Reihung wünschbarer Information enden.
Anders Geddes' Zeitgenossen und Rezipienten.

Sie beginnen mit dem Katalogisieren zu erhebender Sachverhalte.
So etwa Unwin (1910) mit seiner Forderung: "Ehe ein Plan für eine Stadt oder für das Projekt einer Stadtentwicklung klugerweise begonnen werden kann, muß eine genaue Aufnahme aller zu berücksichtigenden Umstände stattgefunden haben" (S.84). Zu berücksichtigen ist Unwin's Katalog zufolge Mannigfaches: Bevölkerungsdichtigkeit, Einteilung in Wohn-, Geschäfts- und Industrieviertel, Verteilung der Parks. Aufnahme des allgemeinen Verkehrs, Verkehrseinrichtungen und deren Kapazität, öffentliche Gebäude, Gebäude und Plätze von historischem Wert... Be- und Entwässerungssysteme sowie deren Fassungsvermögen,Tendenzen der Stadtentwicklung (Anwachsen), Besitzverhältnisse, "örtliche Bedingungen, Gewohnheiten oder Vorurteile, welche die wünschenswerte Größe & Gestaltung der verschiedenen Zwecken dienenden Bauplätze berühren und so den Abstand von den neuen Straßen beeinflussen", "Erfassung der ortsüblichen Baumaterialien und Bauarten, vorherrschende Baum- und Sträuchertypen... "und jegliche andere Eigentümlichkeiten, welche die Individualität, Volkswirtschaft, Geschichte und das künstlerische Gepräge der Stadt ausmachen"; Bedarfsermittlungen für Schulen und weitere öffentliche Einrichtungen; Benennung von Stellen besonderer Naturschönheit, geschichtlicher oder sagenhafter Bedeutung, besondere Aussichten auf einen See ... oder Blicke auf schöne Gebäude oder Gebäudegruppen, die erhalten oder erschlossen werden können... Kartierung aller erhaltenswerter Räume... (in der Reihenfolge der Nennung referiert; S. 86-91).

Hier ist die synoptische Betrachtungsweise aufgehoben. Ohne eine Frage nach dem Warum und Wozu wird die Oberfläche der Stadt zerlegt und erfaßt: Begründungen für die Berücksichtigung einzelner Sachverhalte können - da ein Begriff für das, was Gegenstand der Untersuchung sei, fehlt - ebensowenig vermittelt werden wie (kausale) Beziehungen zwischen den einzelnen Aspekten (vgl. ähnlich die Ansätze von Gurlitt, Brunner,Hoepfner und - mit Einschränkungen - Fassbender).

Daß uns Heutigen dennoch solche Kataloge vertraut sind, müßte zu denken geben. Offensichtlich haben wir seither - außer terminologischen Verschiebungen und systematisierenden Umgruppierungen - wenig verändert. Obwohl solch akribisches Inventarisieren kaum als survey im Geddes'schen Sinne verstanden werden kann, berufen sich in der Tat Standardarbeiten zum Thema städtebauliche Bestandsanalyse stets auf ihn.
Seine Kategorien "Folk-Place-Work" gaben und geben Anlaß zu Katalogisierungen. Nach dem zweiten Weltkrieg wurden im Zusammenhang mit der Erstellung des Bundesbaugesetzes in einer vor Arno Mittelbach besorgten Schrift des Bundesministers für Wohnungsbau (1958) Grundsätze für eine "Städtebauliche Bestandsaufnahme" entwickelt, die nichts anderes darstellen als Erweiterung, Systematisierung und partielle Quantifizierung des von Unwin vorgelegten Katalogs.
1975 wird das gleiche wiederholt. Eine Arbeitsgruppe der Deutschen Akademie für Städtebau und Landesplanung macht sich erneut ans Katalogisieren. Für jedes "Sachgebiet" (= Disziplin bzw. Handlungsfeld, also nicht weiter hinterfragte "Zuständigkeit" für Teile von Stadt) wird sektoraler Informationsbedarf angemahnt. Konsequenterweise finden sich am Schluß dieser Arbeit Hinweise auf die Verwendung elektronischer Datenverarbeitung zur Abarbeitung der gewaltigen Datennachfrage. Geddes - obwohl in der Einleitung herbeizitiert und mit "Raum-Bevölkerung-Wirtschaft" Grundleger einer den Stoff dieser Bemühungen strukturierenden Matrix - ist ferner denn je.

Es muß sich hier um ein gezieltes Mißverständnis handeln: Geddes hatte durchaus davon gesprochen, daß des survey nicht genug sein könne: "We cannot too fully survey and interpret the city.." (S.xxvi) Gemeint war damit jedoch keinesfalls:

wir können die Erscheinung der Stadt nicht weit genug atomisieren; sondern: um an das Wesen der Entwicklung einer Stadt zu gelangen bedarf es intensiven Bemühens, mit dem Ziel gemeinsamer Veränderung: "Eutopia, then, lies in the city around us; and it must be planned and realised, here or nowhere, by us as its citizens - each a citizen of both the actual and the ideal city seen increasingly as one." (S. xxvii)

Bei den neuen und alten Buchhaltern der Stadt geht es jedoch nicht mehr um Veränderung, schon gar nicht in so emphatischem Sinne wie Geddes dies propagiert, sondern um Verwaltung, Verwaltung eines Prozesses, einer Geschichte, auf die niemand Einfluß zu haben scheint.

Steckte bei Engels ein Begriff von Gesellschaft und ihrer Entwicklung hinter der Beschreibung und Analyse von Lebens- und Wohnverhältnissen, vermochte sich Geddes noch auf ein Ziel - das der Veränderung der (schlechten) Zustände in Richtung auf eine neue Stadt (Eutopia) - zu beziehen, so fehlt den hier erwähnten (und lediglich unwesentlich modifiziert ins Heute hineinragenden) Katalogen jeder Bezugspunkt, der geeignet wäre, die Unterscheidung zwischen relevanten Informationen und Fliegenbeinzählerei begründbar zu machen.

Ausgehend von einem nicht mehr befragten Handlungsfeld räumlicher Planung (Städte-Bau) wird der Untersuchungsgegenstand und die Art der Auseinandersetzung mit ihm bestimmt. Die Enge des Begriffs von Stadt wird dann kompensiert durch die Menge an Daten. Die Ausweitung der begriffslosen Informationsflut wird noch befördert durch die Unterteilung des Handlungsfeldes und - vice versa - des Untersuchungsgegenstandes: Verkehrs-, Grün- Schul-, Kindergarten-, Gewerbeplaner, Städtebild- und Denkmalpfleger, sie und zahlreiche andere "Sonderfachleute" erheben "ihren Teil", der sich bestimmt aus den durch wissenschaftliche Disziplin oder Handlungsfeld gegebenen Zuständigkeiten.
"... später wurde dieser "survey" dann ad absurdum geführt" - schreibt Fehl (1976) und verweist auf die zweifache Perversion des Geddes'schen Ansatzes:

● die Auseinandersetzung mit dem Bestand - als gemeinsame Leistung aller citizen konzipiert - wird arbeitsteilig ausgeführt: einer macht Bestandsaufnahme, ein anderer plant und - wäre zu ergänzen - wieder andere wohnen, nutzen, leben.
● "Bestandsaufnahme wurde zum sinnentleerten Ritual leitbildorientierter Stadtplanung bzw. bei verwissenschaftlicher Stadtplanung zur Gelegenheit für spezialisierte Planungsberater gegen gutes Entgelt gesammelte Daten umeinanderzuschaufen - in der Planersprache: "auszuwerten", "Planungsmodelle zu entwickeln"."

Die Schlußfolgerung, daß durch verschärftes Nachdenken dieser Mißstand überwunden werden könnte, greift allerdings zu kurz. Die Herausbildung der Disziplin Städtebau, die Arbeitsteilung in der räumlichen Planung, mithin also die auch die EDV-geschützte Datenhuberei hat ihren Ursprung und erfüllt ihre Funktion in der Struktur gesellschaftlicher Problembearbeitung. Die Entwicklung der Wohnungsuntersuchungen mag dies ein wenig verdeutlicht haben. Am Beispiel der Bestandsanalysen bei der Erneuerungsvorbereitung werden wir diesen Abhängigkeiten weiter nachspüren.

Zwischenbilanz 1:
Eingangs war von einer Verengung und Verarmung der Bestandsanalyse die Rede, war die Frage formuliert worden, ob denn früher "mehr" erhoben worden sei. An zwei Wurzeln heutiger Bestandsanalysen sollte gezeigt werden, daß dieses "mehr" nicht die Quantität der Daten meint, sondern die Qualität des Verständnisses vom Gegenstand. "Mehr" heißt also: ein vielfältiger (komplexer) Begriff vom Untersuchungsgegenstand, ein "Mehr" an Nachdenken und damit ein "Weniger" beim Zählen. Verengung der Bestandsanalysen heißt damit:

● begriffliche Auflösung des Wirkungszusammenhangs von Gesellschaftsstruktur/

Lebensverhältnissen/gebauter Umwelt (Stadt, Gebäude, Wohnung)
* *Reduzierung der Betrachtung auf bauliche Substrate gesellschaftlicher Ver-*
hältnisse
* *Verzicht auf eine angemessene Begriffsbildung auch für diesen Teilbereich*
* *darauf folgt: additives und nicht mehr begründbares Katalogisieren von Sach-*
verhalten in prinzipiell unendlichen Listen.

Diese Entwicklung der Bestandsanalysen geht einher mit der Herausbildung von
Handlungsfeldern staatlicher Steuerung (Städte-Bau) bzw. entsprechenden wissen-
schaftlichen Disziplinen. Es ist zu vermuten, daß Handlungsfeld und Problem-
wahrnehmung sich gegenseitig bedingen, daß die Verschiebung und Verengung der
Problemwahrnehmung politische, ideologische Funktionen erfüllt.

1.2 Zur Bedeutung der Operationalisierung (Begriffsbildung)

Im vorstehenden Abschnitt war oft vom fehlenden "Begriff von Stadt" oder von
dessen Verkürzung die Rede. Da es sich hierbei sowohl für die kritische Ausein-
andersetzung mit Bestandsanalysen wie auch für deren praktische Ausgestaltung
um einen zentralen Punkt handelt, soll den folgenden Fragen ausführlicher nach-
gegangen werden:

* *was eigentlich heißt Begriffsbildung im Zusammenhang mit Bestandsanalysen ?*
* *welchen Einfluß hat die Begriffsbildung auf die Auseinandersetzung mit dem*
Bestand ?

Bestandsanalyse ist im herkömmlichen Verständnis zuallererst Bestandsaufnahme.
Dabei wird von der Vorstellung ausgegangen, daß ein Subjekt (hier: der Planer)
einem Objektbereich (hier: dem "sanierungsverdächtigen" Stadtteil) gegenübertritt, um ihn im Hinblick auf die gestellte Aufgabe (hier: Stadterneuerung zu
betreiben) aufzunehmen. Da der Objektbereich jedoch in eine nahezu unendliche
Vielzahl von Elementen zergliederbar ist (Gebäude, Wohnungen, Straßen, Menschen,
Grünzonen etc. aber auch - weiter untergliedert - Fassaden, Fenster, Gehsteige,
Ausländer, Bäume), die wiederum mit sehr verschiedenen Merkmalen näher zu
kennzeichnen sind (Größe, Farbe, Ausdehnung, Alter, Entwicklung, Gestalt) bedarf es einer Eingrenzung. Der Untersuchungsgegenstand und damit die Bestandsaufnahme müssen operationalisiert, d.h. handhabbar gemacht werden. Diese
O p e r a t i o n a l i s i e r u n g läßt sich grob in zwei Teilschritte zer-
gliedern, die allerdings ineinander übergehen:

* die Gesamtmenge aller Element-Merkmalsrelationen ist zu untergliedern in
einen für die gestellte Aufgabe relevanten und einen vernachlässigbaren Teil.
Diese Einschränkung der Informationsströme kann mit Klaus (1969, 9o) als Ergebnis einer B e g r i f f s b i l d u n g oder (nach Friedrichs 1978, 15)
einer Hypothesenbildung über den zu untersuchenden Gegenstand bezeichnet werden.
* die so gewonnenen Kriterien (ausgewählte Element-Merkmalsrelationen) müssen
beschreibbar ggf. meßbar gemacht werden (z.B. wird die Wohnungsausstattung durch
das Vorhandensein eines WC's in der Wohnung gekennzeichnet).

In der Begriffsbildung scheint also der Schlüssel für die Art der Bestandsaufnahme zu liegen (vgl. zum zweiten Schritt der Operationalisierung - der Mess-
barkeits-Frage - den folgenden Abschnitt). Allerdings finden sich in der Literatur zu Bestandsanalysen kaum Hinweise auf das Zustandekommen der Kriterienkataloge. Typisch für die Behandlung dieser Frage mag das folgende Zitat sein:
"Die Fülle der räumlichen Gegebenheiten, mit denen es die Planung zu tun hat,
kann nur durch ihre Unterordnung unter gewisse Ordnungsprinzipien überschaubar
und handhabbar gemacht werden." (Albers 1975,9).

Begriffsbildung scheint sich hier im Zuordnen der Informationsfülle zu einzelnen Schubladen zu erschöpfen. Schubladen, die bei Albers - unter Anrufung Geddes' - "Place, Folk, Work - also Raum, Bevölkerung und Wirtschaft" (Ebd.) heißen.

Bei genauer Betrachtung des Zitats zeigt sich jedoch, daß hier sehr wohl nicht nur zugeordnet, sondern auch ausgesondert wird: von Bedeutung sind offensichtlich nur Informationen über "räumliche Gegebenheiten, mit denen es die Planung zu tun hat". Aber warum dieser Filter?

Da der Begriff von "räumlichen Gegebenheiten" (Stadt) und "Planung" (Handlungsfeld des Planers), der in diesem Filter versteckt liegt selbst nicht erklärt wird, bleibt zunächst nur die allgemeine Antwort: selbst Bestandsaufnahmen, die vorgeblich Informationen nur "unterordnen", implizieren ein bestimmtes Verständnis von der Verwendbarkeit der Informationen innerhalb eines (vorgegebenen) Rahmens.

Mit der Begriffsbildung wird jedoch nicht nur über eine Reduktion der Informationsströme entschieden. Vielmehr müssen hier zugleich Grundannahmen über die Verbindungen der Einzelinformationen zueinander getroffen werden: was hat das eine (etwa Bevölkerung) mit dem anderen (etwa Wirtschaft) zu tun und was beides mit der 'Planung' um die es im konkreten Fall geht?

Auch hier ein Beispiel:

"Die Wohnungen sind nach heutigen Begriffen meist ungünstig eingeteilt, schlecht belichtet und belüftet, hygienisch unmöglich ausgestattet, durch Störungen aller Art beeinträchtigt. So sinken diese Wohngebiete immer mehr ab, werden weitgehend zu Vierteln für wirtschaftlich schwache Bevölkerungsschichten, die Mieterträge erlauben kaum mehr den primitivsten Bauunterhalt. Wenn nichts grundlegendes geschieht, wird schleichender Verfall diese Altbaugebiete verschwinden lassen" (Städtebauliches Seminar 1962, o.S.). Hier werden nicht nur Wohnungen (Elemente) durch z.B. Ausstattung (Merkmale) gekennzeichnet. Diese Element-Merkmal-Relation wird zudem in einen Erklärungszusammenhang eingeordnet:hygienisch unmöglich ausgestattete Wohnungen führen zum Absinken der Wohngebiete, das wiederum macht sie zu Vierteln für wirtschaftlich schwache Bevölkerungsschichten, das erlaubt keinen angemessenen Bauunterhalt mehr, das wiederum macht Eingreifen der Planung notwendig..

Letztlich läßt erst der Erklärungszusammenhang - hier ein bestimmter Begriff von der Entstehung erneuerungsbedürftiger Gebiete - die Auswahl der Informationen und die Art der Bestandsaufnahme verständlich werden.

Auch dieser Hintergrund der jeweils verwendeten Merkmalskataloge wird im Regelfall nicht offengelegt.

Begriffsbildung im Zusammenhang von Bestandsanalysen dient also der Strukturierung des Untersuchungsgegenstandes in zweifacher Hinsicht:

● *Selektion der Information (d.h. Abgrenzen der relevanten von den vernachlässigbaren Informationen)*
● *Einordnung der Informationen in einen Erklärungszusammenhang.*

Es erscheint daher sinnvoll Bestandsanalysen, hier zunächst: Bestandsaufnahmen, nicht wie das im Regelfall geschieht über die Art der verwendeten Informationen (Daten, Aussagen, historische Analysen, vgl. Fehl 1976 und den umfassenden Ansatz von Rittel 1973), sondern über die Qualität der begrifflichen Verarbeitung des Aufgenommenen zu unterscheiden. Orientiert an dem wahrnehmungspsychologischen Übergang vom "Sehen" zum "Erkennen" ergäben sich für die Auseinandersetzung mit dem Bestand folgende qualitative Stufen:

● Erste Stufe: die Realität wird - scheinbar - passiv fotografiert; in diesem Punkt sind sich alle Unterscheidungen einig: Das Fakten-Wissen (Rittel) und die 'phänomenologische Bestandsanalyse' (Fehl) sind in eins zu setzen mit dem Abfotografieren einer Erscheinung, für deren Wesen der Begriff fehlt, resp. nicht erkennbar wird. In der Wahrnehmungspsychologie wäre dieses Sehen Wahrnehmen i.S. der Perzeption, der puren Reizaufnahme.

● Stufe zwei: "In dem Maße, wie in der Wahrnehmungstätigkeit die Möglichkeiten zu analytisch-synthetischer Isolation wirklicher Dingeigenschaften und zur Optimierung der Wahrnehmungsbedingungen bewußt ausgenutzt werden, sprechen wir vom Beobachtungscharakter der Wahrnehmung." (Holzkamp 1973, 31). Hier handelt es sich zunächst um eine Auflösung der unmittelbaren Wahrnehmung, der Oberfläche der Dinge, um den Blick freizumachen für eine tiefer liegende Ebene, die näher am Wesen der Dinge liegt - etwa im Sinne des "Bruchs mit dem Unmittelbaren" (Merleau-Ponty 1966, 343)

● Die Loslösung aus den "Befangenheiten der unmittelbaren Wahrnehmungs-Evidenzen mündet letztlich in begreifende Erkenntnis". (Holzkamp 1973,336) Die den Menschen umgebende sinnliche Welt wird z.B. als geschichtliches Produkt verstanden, als "Resultat einer ganzen Reihe von Generationen, deren jede auf den Schultern der vorhergehenden stand, ihre Industrie und ihren Verkehr weiter ausbildete, ihre soziale Ordnung nach den veränderten Bedürfnissen modifizierte" (MEW 3,43). Eine solche auf Erkennen gerichtete Wahrnehmung fragt mithin nach Bewegungsgesetzen, steckt politische Positionen ab, benennt Konfliktlinien und macht diese zum Gegenstand der Analyse.

Um diese drei Stufen, die allerdings auf einer als Übergang zwischen zwei Polen (der puren Aufnahme und der vollständigen begrifflichen Durcharbeitung) gedachten Geraden mehr oder minder willkürlich festgesetzt sind, ihrer Abstraktheit ein wenig zu entkleiden sei ein Beispiel herangezogen, das sicherlich nur zu Teilen die angestrebte definitorische Breite abdeckt:

● In der Bestandsaufnahme der ersten Stufe würden z.B. die üblichen Wohnungs- und Gebäudemängel erfaßt: der Planer richtete also sein Augenmerk auf die durchfeuchteten Kellerwände, die versotteten Schornsteine oder die ausgetretenen Treppenstufen.

● Die "Optimierung der Wahrnehmungsbedingungen" würde sich in diesem Beispiel so auswirken, daß der bestandsaufnahmende Planer Gebäude- und Wohnungsmängel nicht isoliert abzählt, sondern sie z.B. ins Verhältnis zum Investitionsverhalten setzt. So erschienen etwa Desinvestitionen oder Überbelegungsstrategien im Blickfeld, die wesentliche erklärende Hinweise für das Entstehen spezifischer Mängel oder das Nichtvorhandensein spezifischer Qualitäten sein können.

● In der begrifflichen Durcharbeitung würde dann die Wohnung als Ware erscheinen, die der Vermieter - seiner eigenen ökonomischen Rationalität notwendigerweise folgend - möglichst renditeträchtig zu vermarkten sucht. Zugleich geraten Lohnabhängigkeiten als Folie für Wohnabhängigkeiten (vgl.Hübner, Krau, Walz 1978) ins Blickfeld und damit Interessengegensätze zwischen Mietern und Vermietern, die im jeweiligen Planungsfall nicht aufhebbar - bestenfalls befriedbar - bleiben.

Betrachtet man die zahlreichen Untersuchungen zur Vorbereitung von Maßnahmen der Stadterneuerung so sind sie nahezu ausnahmslos der "ersten Stufe", der Qualität des puren Abzählens zuzuordnen. Nur vereinzelt finden sich Versuche, das, was da abgezählt wurde, in einen Erklärungszusammenhang einzuordnen. Solche Erklärungsansätze sind jedoch nicht der Bestandsaufnahme vor- sondern ihr nachgeordnet: aus einem scheinbar willkürlich gehäuften Informationsberg werden einzelne Daten zu einem Bild zusammengefügt, das - da die Herleitung entsprechender Hypothesen fehlt - beliebig (und damit nicht überprüfbar) bleiben muß. Die vorbereitenden Untersuchungen gem. § 4 StBauFG - die als "wissenschaftliche Programmierung städtebaulicher Maßnahmen" (Walter 1971, 23) gedacht waren - erfüllen bereits insofern durchweg nicht die Minimalstandards wissenschaftlichen Arbeitens.

Es wäre jedoch eine falsche Schlußfolgerung aus diesen Überlegungen, wollte man umstandslos die Einführung solcher Standards als Allheilmittel zur Verbesserung der Erneuerungsvorbereitung propagieren. Wenn explizite Hypothesenbildungen nicht vorhanden sind, heißt dies keinesfalls, daß die der Begriffsbildung zuge-

schriebenen Funktionen (Kriterienselektion und Einordnung in Interpretationszu-
sammenhänge) damit entfallen. Allein die Tatsache, daß gängige Bestandsanalysen
tatsächlich nicht mit einem - mehr oder minder eng umgrenzten - Ausschnitt dieser potentiell zu verarbeitenden Informationsströme "auskommen", deutet darauf
hin, daß auch hier Auswahlverfahren wirksam werden. Wenn zudem festzustellen
ist, daß etwa in vorbereitenden Untersuchungen gem. § 4 StBauFG durchgängig ein
bestimmter Datensatz als Minimalausstattung verwendet wird (vgl. Jessen u.a.
1979), daß also für sehr unterschiedliche Sanierungsfälle gleiche Informationen
nachgefragt werden, dann verweist auch das auf (gemeinsame) Grundlagen für die
Merkmalsselektion.

Im letztgenannten Fall (Vorbereitende Untersuchungen) liegt die Vermutung nahe,
daß die - gesetzlich geronnenen, wenn auch unscharfen - Kriterien der Erneue-
rungsbedürftigkeit als eine Vorgabe für die einzelnen Untersuchungen dienen.
Hier, wie in formell nicht gebundenen Verfahren wirken weitere Einflußfaktoren:

● zunächst dürfte von entscheidender Bedeutung die Aufgabenstellung für die je
konkrete Untersuchung sein: ob eine Strukturuntersuchung lediglich Aufschluß
über die Möglichkeiten zur Verkehrsberuhigung in verschiedenen Altbauquartieren
liefern oder ob eine auf die Aufwertung innenstadtnaher Wohngebiete gerichtete
Erneuerungsstrategie durch umfassende Untersuchungen vorbereitet werden soll,
hat sicherlich wesentlichen Einfluß auf die Kriterienselektion. Aufgabenstellung
oder 'issue' sind jedoch zumeist noch weiter gefaßt: die Untersuchungen dienen
eben nicht nur der verwaltungsinternen Maßnahmenvorbereitung sondern sie sind
auch (z.B.) Grundlage für Ratsentscheidungen. Möglicherweise wollen sie zugleich
in der Öffentlichkeit zur Begründung geplanter Maßnahmen verwendet werden...
All diese Funktionen haben zweifellos Rückwirkungen auf die Auswahl der Kriterien
und ihre nachfolgende Interpretation.

● Ähnliches gilt für das Handlungsfeld des Planers, der mit einer solchen Untersuchung betraut wird: dieses Handlungsfeld mag sich zum einen aus dem Organisa-
tionsplan einer Behörde ergeben - hiernach fallen bestimmte Informationen aus
dem Untersuchungsgebiet in den Zuständigkeitsbereich anderer Verwaltungsstellen
und werden folglich nicht erhoben. Erinnert sei an die eingangs zitierte
Eingrenzung "räumliche Sachverhalte, mit denen es die Planung zu tun hat."
Handlungsfelder werden aber auch grundsätzlicher vorbestimmt: in der Anwendung
eines Gesetzes kommen bereits Auswahlkriterien zum Ausdruck. So werden in der
Sanierung nach StBauFG - das explizit als "Bau"-Gesetz bezeichnet wurde - bauliche Sachverhalte in den Mittelpunkt der Betrachtung gestellt. Soziale Aspekte
interessieren hier nur als Folge ('soziale Härten') baulicher Veränderungen.
Zugleich - so wurde nachgewiesen (vgl. Wollmann 1975) - verzerrt das StBauFG
(allerdings, so ist zu ergänzen, unter bestimmten historisch gebundenen ökonomischen Voraussetzungen) die Wahrnehmung der Handlungsmöglichkeiten: seiner Struktur nach ist es zunächst auf Flächensanierung angelegt.

● Eng mit dem Aufgabenfeld zusammen hängen Faktoren, die im einzelnen Indivi-
duum, das hier allein oder mit anderen als handelndes Subjekt auftritt, begründet sind. Zu nennen wären insbesondere berufliche Ausbildung, Kenntnisstand der
aktuellen Diskussion sowie vor allem das professionelle Selbstverständnis: so
hat der aus Resignation oder Überzeugung zu der Ansicht gelangte Planer, daß er
ohnehin nur wenige physische Strukturen verändern könne und auf soziale Voraussetzungen und insbesondere Wirkungen keinen Einfluß habe, einen - praktisch
wirksamen - Begriff von Stadt und Planung, der sich zweifelsohne, z.B. in der
Dominanz physisch-technischer Daten (Nutzungsintensitäten, -arten, etc.) auf
die Bestandsaufnahme auswirkt. Anders jener Planer, der davon ausgeht, "daß
es notwendig ist, schon am Anfang des Planungsprozesses, in der Phase der ersten
Untersuchungen, die politischen Verbündeten zu suchen" (Kooperierende Lehrstühle 1976, 235) und vor diesem Hintergrund schon die Problemerkennung, denn zu
der soll ja die BA und insbesondere die Operationalisierung beitragen, als politischen Prozeß begreift.

(Die Restriktionen aus Aufgabenstellung und Aufgabenfeld wirken sich allerdings auch auf die Möglichkeiten einer entsprechenden politischen Positionsbestimmung aus).

● Wesentlich in diesem Zusammenhang ist auch die gesellschaftliche Stellung und Herkunft der professionell Planenden: Raum ist gelebter Raum (Sozialraum); er hat damit Gebrauchswert und Symboleigenschaften, die sich von verschiedenen gesellschaftlichen Standorten aus unterschiedlich erschließen. Wie in empirischen Untersuchungen deutlich wurde (vgl. Fried und Gleicher 1967) vermögen Planer tatsächlich nicht, die reale Bedeutung, die ein Stadtquartier (wenn es - wie bei Sanierungsgebieten häufig - überwiegend von Arbeitern bewohnt wird) für dessen Bewohner hat, zu erfassen (vgl. ausführlicher 2.2)

● Der Wissensstand, den Stadt- resp. Raumplanung als Wissenschaft bzw. angelagerte Wissenschaftssektoren bilden, stellt sicherlich eine weitere wichtige Voraussetzung für die Begriffsbildung dar: so hat lange Zeit kaum Bewegung in dem Forschungsbereich stattgefunden, der sich mit der Entstehung von Sanierungsgebieten befaßt. Die in den USA bereits in den 20er Jahren entwickelten sozialökologischen Erklärungsmuster finden erst in jüngster Zeit z.B. im Rahmen der Suburbanisierungsdiskussion Wiederaufnahme und damit auch Modifikation bzw. Widerspruch (vgl. Westphal 1979). Hinzu kommt noch, daß der Transfer sozialwissenschaftlicher u.ä. "Grundlagen"-Forschung in konkrete planerische Aktivitäten - sieht man einmal von den eher unter legitimatorischen Gesichtspunkten zu verstehenden eklektizistischen Verwertungen z.B. in Gestalt des Urbanität-Begriffs u.v.a.m. ab - nachwievor nicht reibungslos verläuft.

● Abschließend muß noch auf eine banale aber wirkungsvolle Determinante der Konzept- und Begriffsbildung verwiesen werden: Bestandsaufnahmen kosten Geld - sei es unmittelbar als Honorar für einen externen Gutachter oder mittelbar in Gestalt von Verwaltungskapazität, die gebunden wird. Damit wird zumindest der Umfang der zu erhebenden und verarbeitenden Informationen ebenso wie die Art ihrer Verarbeitung wesentlich mitbestimmt. Zugleich führt dieser Sachverhalt auch zur Bevorzugung etwa solcher Informationsquellen, die unmittelbar zugänglich sind, besser noch: fertig aufbereitet vorliegen. Daß damit nicht immer die auf der Basis der Begriffsbildung notwendigen, sondern häufig die im Verwaltungsvollzug greifbaren Kriterien Verwendung finden ist eine naheliegende Konsequenz.

Begriffsbildung erscheint hier nicht mehr als bewußt vollzogene Gewinnung von Hypothesen über den Gegenstand und nachfolgende - begründete - Auswahl relevanter Informationen. Ausschlaggebend für die Kriterienselektion und deren Verwendung in Bestandsanalysen sind vielmehr zahlreiche Faktoren, die vorgegeben sind und selbst nicht mehr zum Gegenstand der Analyse werden. Sie wirken wie Filter, die zwischen das wahrnehmende Subjekt und den Objektbereich geschoben werden und die Auseinandersetzung mit dem Bestand selektiv prägen. Will man also Bestandsanalysen verstehen und der Frage näherkommen, warum sie so sind, wie sie sind, dann ist die Suche auf diese Selektivitäten zu richten. In den folgenden Abschnitten (vgl. insbesondere 3) soll versucht werden, die hier nur umrissenen und nicht gewichteten Filter unter besonderer Berücksichtigung der Funktion von Bestandsanalysen präziser zu bestimmen.

Zwischenbilanz 2:
Bestandsanalyse ist in ihrer Qualität wesentlich bestimmt durch den Prozeß der Selektion relevanter Informationen und die Einbettung der Informationsnachfrage in Erklärungszusammenhänge (im Stadterneuerungskontext etwa über: naturwüchsige Gebietsentwicklung und Steuerungspotential räumlicher Planung).
Die Herausbildung eines Begriffs vom Gegenstand und seiner Steuerbarkeit kann idealtypisch zwar gedacht werden als Reflexionsprozeß im Sinne "begreifender Erkenntnis" - empirisch ist die Begriffsbildung im Rahmen der Stadterneuerung

(da explizite und tragfähige Begründungen der Merkmalsauswahl fehlen) nicht un-
mittelbar dingfest zu machen. Daß dennoch nur bestimmte Element-Merkmals-Sätze
verwendet werden, deutet auf Selektivitäten hin (Filter zwischen Bestand und
Wahrnehmung), die näher zu bestimmen sind.

2. Die Macht der Zahlen, oder: von der objektiven Bedürftigkeit

2.1 Versuche, Sanierungsbedürftigkeit messbar zu machen

Ende der 50er, Anfang der 60er Jahre kam in der Bundesrepublik Deutschland ein
Sondergesetz zur Stadtsanierung ins Gespräch. Im Rahmen des Gesetzgebungsverfah-
rens wurden Forschungsaktivitäten ausgelöst, die auf die Benennung von "Kriterien der Sanierungsbedürftigkeit" gerichtet waren. Wesentliche Anforderungen
an diese Kriterien: sie sollen objektiv sein, "Sanierungsbedürftigkeit auf die
wissenschaftlich erforschten fundamentalen Lebensbedürfnisse ...gründen".
Die im Abschnitt 1 beschriebene Herausbildung breiter Katalog städtebaulicher
Sachverhalte findet hier ihre Fortsetzung im Versuch der Quantifizierung und
Messung der Sanierungsbedürftigkeit.

Zu fragen ist, wie die angestrebte Objektivität hergestellt werden soll und ob
- methodenimmanent betrachtet - dieser Anspruch überhaupt aufrecht erhalten wer-
den kann.

Als Ausgangspunkt der Bemühungen um Objektivität ist die 1958 erschienene Arbeit von Hollatz ("Beurteilung der baulichen Sanierungsbedürftigkeit von Wohngebieten") anzusehen. Hollatz geht von den Begriffen Gesundheit und Sicherheit
aus, die als "objektive Bedürfnisse der Bewohner" Grundlage für die Auswahl von
Merkmalen   baulicher Sanierungsbedürftigkeit sein sollen.
Gefährdung der 'Gesundheit' ist in diesem Zusammenhang z.B. dann gegeben, wenn
die Atmung durch sauerstoffarme und verunreinigende Luft beeinträchtigt wird,
was seine baulichen Ursachen in mangelhaften Belüftungsmöglichkeiten der Wohn-
räume etc. haben kann.
Gefährdung der 'Sicherheit' ist - nach Hollatz - dann gegeben, wenn bestimmte
- gesetzlich vorgeschriebene - Mindestanforderungen hinsichtlich Bauausführung,
Zustand der Wohngebäude und betriebliche Ausstattung der Wohnungen nicht erfüllt werden. Aus den Anforderungen, die sich aus den "Grundbedürfnissen Sicherheit und Gesundheit" ergeben, leitet Hollatz die Definition eines Wohnstandards
resp. einer Norm-Wohnung ab.
Als Beispiel seien einige der so abgeleiteten Standards für 'Aufenthaltsräume'
wiedergegeben:

● alle Aufenthaltsräume müssen mindestens 6 qm Wohnfläche besitzen und dürfen
nicht weniger als 2,25 m lichte Höhe aufweisen.
● Die Fußbodenkante jedes Aufenthaltsraumes muß mindestens 4o cm über dem höch-
sten Grundwasserstand liegen.
● Alle Aufenthaltsräume müssen unmittelbar ins Freie führende Fenster (oder
Fenstertüren) haben, die ihrer Beschaffenheit, ihrer Lage und Größe nach geeig-
net sind, dem Raum genügend Tageslicht und Außenluft zuzuführen.
● Usf.

"Um das Maß der Sanierungsbedürftigkeit, also den Grad der Abweichungen nun vom
Wohnungsstandard objektiv beurteilen zu können, soll ein Meßpunktverfahren verwendet werden. Die verschiedenen Abweichungen vom Wohnungsstandard werden dabei
punktmäßig bewertet. Der Punktbewertung wird eine hundertteilige Skala zugrundegelegt, so daß die minderwertigste Wohnung, die keine der Grundforderungen auch
nur annähernd erfüllt, 1oo %ig nach der Wohnungsqualität sanierungsbedürftig
ist." (Hollatz 1958, 49)

Grob lassen sich drei Qualitätskategorien bilden:

● Wohnungen mit bis zu 25 Minuspunkten sind verbesserungsbedürftig
● 25 - 75 Minuspunkte indizieren eine dringende Sanierungsbedürftigkeit und
● Wohnungen mit 75 - 1oo Minuspunkten sind nach Auffassung des Verfassers zum
Bewohnen ungeeignete Elendsquartiere.

Grundzüge des Meßpunktverfahrens sind: anhand einer Tabelle werden im Rahmen von
Begehungen Vorhandensein oder Nicht-Vorhandensein bestimmter Mängel festgestellt
und die dafür vorgesehenen Mängelpunkte notiert. Die "fehlende Wasserspülung bei
Abortanlagen" wird z.B. ebenso mit einem Mängelpunkt bewertet wie die fehlende
Spüle in der Küche oder "nicht waagerechte Fußböden oder "nicht ordnungsgemäß ge-
deckte Dächer" hingegen bedeuten 4 Mängelpunkte. Außerhalb der Wohnung - also
im Gebäude oder im Quartier liegende Mängel werden als Durchschnittswerte den
einzelnen Wohnungen zugeschlagen. Die solchermaßen ermittelte Wohnungsbewertung
wird dann grundstücks- bzw. blockbezogen aggregiert, indem die Wohnungsfläche
als Gewichtsfaktor mit eingeht. So entsteht der Ausdruck für einen durchschnittlichen Wohnungswert im Betrachtungsgebiet (Grundstück, Block etc.)
Die einzelnen Gewichte der in der Meßpunkttabelle enthaltenen Merkmale werden vom
Autor nicht hergeleitet. Er läßt zwar die grundsätzliche Möglichkeit offen, die
Werte dann zu reduzieren, wenn "die zur Bewertung führenden Tatbestände nur zum
Teil vorliegen oder wenn durch örtliche Gegebenheiten die Mißstände teilweise
wieder ausgeglichen werden" (S. 81) - will ein solches Vorgehen aber auf Ausnahmen begrenzt wissen. Das Verfahren bleibt also in seinem wesentlichen bewerten-
den Schritt auf Plausibilität beschränkt.
Wichtig ist zudem noch, daß Hollatz selbst mit Nachdruck darauf verweist, daß
"die technischen und wirtschaftlichen Schwierigkeiten bei der Beseitigung der
Mißstände sowie die möglichen Ursachen für die Entstehung dieser Mißstände unberücksichtigt bleiben." Verbesserungsmöglichkeiten und die Feststellung, wer für
die Mängel und Mißstände verantwortlich ist, ergäben keine Gesichtspunkte für
die Qualitätsbewertung. Die Meßpunktbewertung wolle ausschließlich die Qualität
der Wohnverhältnisse beurteilen.

An diesen Punkten setzt die Gewos (1966) mit ihrem 'Bewertungsrahmen' an. Weitestgehend dem Hollatz'schen Ansatz verpflichtet unterscheidet sich das gleichfalls auf Objektivität angelegte Verfahren der Gewos doch in wesentlichen Punkten:

● die Abweichung von der Norm - bei der Gewos 'kritische Marke' - wird nicht in
Mängelpunkten sondern unter Zugrundelegen des durchschnittlichen wirtschaftlichen
Gewichts des Aufwandes, den die Behebung jedes einzelnen festgestellten Mangels
voraussichtlich verursachen würde, ausgedrückt.
"Mit jeweils 8 Punkten für eine Wohnungseinheit wird der ungefähre wirtschaftliche Aufwand bezeichnet, der etwa 3o % der Baukosten einer Neubauwohnung mit
einer Größe von 7o qm entspricht. Das Punktegewicht 8 bezeichnet damit die ange-
nommene Grenze, bei der die Modernisierungsfähigkeit einer Wohnungseinheit aus
wirtschaftlichen Gründen fragwürdig wird und der Verdacht der Abrißnotwendigkeit
beginnt. Bei wesentlicher Überschreitung dieses Grenzbereiches kann somit in
aller Regel davon ausgegangen werden, daß die betreffenden Substanzen abrißbedürftig sind."

● damit sind die eingesetzten Gewichte ableitbar - ihre Herkunft liegt in dem
wirtschaftlichen Vergleich zum Neubau. Durch diesen ökonomischen Vergleichsmaßstab ist die Frage der Maßnahmenableitung - zumindest aus der betriebswirtschaftlichen Sicht eines Bauherrn oder Bauträgers (vgl. Ihlenfeld/Limann 1973,
889) - prinzipiell beantwortbar.

Auch dieses Verfahren der Gewos wurde weiterentwickelt: zum einen von Schuster
(1969), der nicht mehr fixe sondern variable Standards (in Form der sog. kompre-
hensiven Linien) verwendet. Zum anderen von der Gewos selbst, die parallel zur
Entstehung des Städtebauförderungsgesetzes den Bewertungsrahmen vor allem um
Funktions(schwäche)kriterien ergänzt und die prozeduralen Anforderungen des Ge-

setzes (Beteiligung, Sozialplan etc.) einarbeitet (vgl. Bundt/Roosch 1972).

Die grundsätzlichen methodischen Probleme des Ansatzes wurden von diesen Veränderungen jedoch nicht berührt. Einige der in diesem Zusammenhang notwendigen
kritischen Einschätzungen und Fragen sollen im folgenden thesenhaft benannt
werden:

● Die Auswahl der Merkmale ist im Hinblick auf den angegebenen Untersuchungs-
zweck in keinem der vorgestellten Verfahren hinreichend begründet. Die alleinige Legitimation durch gesetzliche Normierungen (Bauordnungsrecht, DIN-Normen
etc.) kann ebensowenig ausreichen wie die unendlichen Kriterienreihen eines
"offenen Verfahrens") (vgl. Schuster).

Hier werden in aller Regel nur Charakteristika einer Normwohnung ausgedrückt
- die Realisierung einer Norm(al)wohnung als Standard ist jedoch eine politische Frage und nicht eine der absoluten Mängelmessung. Insofern wirft Katrin
Zapf (1969, 74/75) den Verfahren einen unpolitischen Ansatz vor und konstatiert, daß die Aufmerksamkeit, die den Verfahren in der Fachdiskussion zuteil
geworden sei, die Beliebtheit unpolitischer Entscheidungen verrate.

● Die Zuordnung einer bestimmten Punktzahl, eines bestimmten Gewichtes zu den
einzelnen Merkmalen ist nicht zu objektivieren. Es muß sich hierbei immer um
eine Wertsetzung des jeweiligen Verfahrensanwenders handeln. Erst auf der Basis
eines Konsens über Merkmalsauswahl und Gewichtung wären weitergehende Schlüsse
zulässig. Es gilt dies sowohl für die Auswahl der Kriterien überhaupt, wie für
die Beimessung einer Punktzahl (absolutes Gewicht) und damit auch für die unterstellte Vergleichbarkeit mit anderen Merkmalen (relatives Gewicht).

● Die einzelnen Kriterien werden auf einer sogenannten Ordinalskala eingeordnet. Dies besagt jedoch noch nichts über die Gleichwertigkeit zahlenmäßig
gleicher Intervalle. Obwohl dies suggeriert wird (so ist etwa bei Hollatz eine
Wohnung, die durch Lärm beeinträchtigt wird einer gleichwertig, deren Trink-
wasserversorgung unzureichend ist).

● Ungeklärt bleibt ebenfalls die Meßbarkeitsfrage: Inwieweit Willküakte bei der
Einstufung bestimmter baulicher Mängel einfließen, wird von den Verfassern der
Verfahren nicht problematisiert - wiewohl in der Praxis zahlreicher Sanierungsverfahren deutlich geworden sein müßten, daß etwa der Zustand von Holzbalken-
decken u.a. durch bloßes Hinschauen nicht zu beurteilen ist.

● Die quantifizierte und objektive Bewertung von Wohnung und Gebäude ist in
allen Verfahren nur ein Teil der Ermittlung der Sanierungsbedürftigkeit. Andere Sachverhalte (explizit werden häufig genannt Denkmalpflege, gesamtstädtische
Verflechtung etc.) entziehen sich einer solchen klaren Erfassung und Bewertung.
Zudem wird die Sanierungsdringlichkeit oder Sanierungsnotwendigkeit stets in
einer gutachterlichen - und eben nicht mehr gemessenen - Zusammenschau ermittelt.
Insgesamt stellt sich damit die Frage, inwieweit es sinnvoll ist, einen Teilbe-
reich mit großem Aufwand scheinobjektiv zu quantifizieren, während die für die
Entscheidungsfindung mindestens gleichwertigen anderen Teilbereiche sowie die
Gesamtbewertung intransparent verbleiben.

Wenn die Verfahren angesichts der - hier nur skizzierten - immanenten Kritik
bereits kaum als objektiv im Sinne einer "wahren" Abbildung der Realität bezeichnet werden können, ist weiter zu fragen, ob sie in eine bestimmte Richtung von der Realität abrücken; hierzu lediglich zwei Überlegungen:

Jene Kritiker an den objektivierenden Bewertungsverfahren, die Sanierungspolitik bei ihrem Anspruch nahmen - daß nämlich Lebensverhältnisse bzw. Wohnsituationen verbessert werden sollten - fragten mit Recht nach dem Zusammenhang der
verwendeten Werte bzw. Kriterien mit den Interessen, die die konkreten Bewohner
haben: "Ein grundsätzlicher Mangel an den Aussagen der Bauforschung über Werte,

seinen es "Wohnwerte", seien es Bewertungen des Erfordernisses und des Nutzens von Sanierungen, besteht in der Tatsache, daß sie fast nie in einem beweisbaren Zusammenhang mit den tatsächlich vorhandenen Wertvorstellungen der Konsumenten von Bauleistungen entstehen. So kann es vorkommen, daß dem durchschnittlichen Wohnungssuchenden unterstellt wird, er bewerte das Vorhandensein und die Qualität eines Schutzraumes in einem Miethaus, ohne dasselbe für die Waschküche ebenfalls zu tun. Das einzige, was von den vorhandenen Richtlinien zur Wertermittlung korrekterweise gesagt werden kann, ist, daß sie die Werthaltungen der Verfasser widerspiegeln.Und damit rückt eigentlich schon ein zweiter Mangel ins Blickfeld: Insofern als (vermeindliche) Durchschnittsvorstellungen, wie sie charakteristisch sind für die soziale Mittelschicht, der auch Bauforscher, Bauplaner, Genossenschaftsfunktionäre in der Regel angehören, absolut gesetzt werden, gehen gruppenspezifische Werthaltungen anderer Bevölkerungsteile völlig unter.
Das bezieht sich im besonderen auf drei Minderheiten: Kinder, Betagte, Gastarbeiter. Man könnte fragen: Hat für diese Gruppen der Parkplatz bei der Wohnung überhaupt eine Bedeutung? Ist für den alten Menschen das Telefon für das Herbeiholen des Arztes nicht "wertvoller" als die wohnungseigene Naßgruppe (die er paradoxerweise auch in einem neugebauten Altersheim nicht zur Verfügung hat, wenn er im Zuge von Sanierungsmaßnahmen dort eingewiesen wird)? Hat der Gastarbeiter Interesse an einer Sanierung, die das Angebot billiger, wenn auch desolater Wohnungen auf die er in jedem Fall angewiesen ist, reduziert, und damit deren Miete erhöht? Schon diese wenigen in Frageform gehaltenen Andeutungen lassen den Wunsch nach einer Vereinheitlichung der Bewertungsgrundlagen somit auch der Kriterien für die Beurteilung irreal erscheinen." (Bramhas 1972, 11o)

Die Reduzierung der Bestandsaufnahmen auf die Erfassung allein der messbaren Größen produziert damit spezifische Abweichungen des so gewonnenen Bildes gegenüber der Realität. Auch diese Abweichungen sind (Ausdruck von) Selektivitäten im oben (vgl. 1.2) beschriebenen Sinne. Sie beinhalten Wertsetzungen, die sowohl den verfahrensanwendenden Subjekten (bei Brehmhas: der sozialen Mittelschicht) wie dem strukturellen Kontext, in den Stadterneuerung eingebettet ist, zuzuordnen sind.

Zur Illustration der in der Quantifizierung angelegten Selektivität ein "nichtwissenschaftlicher Beitrag" - ein Zitat aus Charles Dickens 'Hard Times' (zur theoretischen Diskussion um die Grenzen quantifizierender Ansätze vgl. z.B. Sellnow 1973, Renk 1976).
"Tatsachen, Tatsachen, Tatsachen überall im materiellen Aspekt der Stadt,Tatsachen, Tatsachen, Tatsachen im immateriellen Aspekt der Stadt, Mc. Choakumchilds Schule bestand aus Tatsachen, und die Zeichenschule bestand aus Tatsachen, und die Beziehungen zwischen Herren und Arbeiter bestanden aus Tatsachen, und alles, was zwischen Entbindungsheim und Friedhof lag, bestand aus Tatsachen, und was sich nicht in Zahlen ausdrücken ließ und auf dem billigsten Markt gekauft und auf dem teuersten verkauft werden konnte, das gab es nicht und durfte es bis ans Ende der Zeiten nicht geben, Amen." (zit. nach Fehl 1976)

In dem Dickens-Zitat werden die Tatsachen nicht nur als in Zahlen ausdrückbar gekennzeichnet, sondern einer Verwendbarkeit im ökonomischen Kalkül unterworfen. Damit wird deutlich, daß hinter der ausschließlichen Verwendung solcher "Tatsachen" eine Rationalität eigener Art steckt, ein Begriff von Rationalität vorliegt, der mit "Tauschwertlogik" zutreffend bezeichnet werden könnte. Diejenigen, die mit den "Tatsachen" operieren, sind weniger am Gebrauchswert der Dinge, Institutionen und gesellschaftlichen Beziehungen interessiert, sondern lediglich an deren unmittelbar marktrelevanten Eigenschaften - eben: deren Tauschwert. Dickens liefert hier in nuce einen Erklärungsansatz, der weit über das hinausreicht, was gemeinhin an Analytischem zum Thema Bestandsaufnahme geleistet wird.

Wenn etwa im Gewos-Verfahren konsequent die Gebrauchswerte der analysierten Substanz "übersehen" und lediglich Indikatoren für den Tauschwert, die ökonomische Verwertbarkeit der Bausubstanz (vor dem Hintergrund jeweils aktueller Verwertungsbedingungen... siehe unten) erfaßt werden, so entspricht das der primären Aufgabenstellung der Vorbereitung der Stadterneuerung: (Bau-)Investitionen vorzubereiten.

Wie stark der Einfluß gesellschaftlicher Rahmenbedingungen auf die Erfassung und Bewertung der (Bau)Substanz ist hat Jörn Janssen schon am Beispiel der staatlichen Verwaltung der Wohnungsnot um die Jahrhundertwende verdeutlicht:
"Da die Notleidenden selber ihre Ansprüche nicht in dem gewünschten Maße, wie es dem Zweck der Wohnungssozialpolitik entsprach, anmeldeten, mußten Standards bestimmt werden, an denen die Wohnungsnot zweifelsfrei und objektiv gemessen werden konnte. Diese Standards wurden so manipuliert, daß sich jeweils ein Defizit ergab, das mit den volkswirtschaftlich vertretbaren und wünschenswerten Baumaßnahmen gedeckt werden konnte; sie lagen daher meist über den jeweils vorhandenen Durchschnittsverhältnissen und wurden gehoben, wenn entweder die Standards von den Durchschnittsverhältnissen erreicht waren oder die Wohnungsbauproduktion verstärkt sollte. Da Wohnungsnot überhaupt als Index für die sozialen Verhältnisse, die Notlage der "unbemittelten Klassen" galt, schuf man mit den variablen Wohnungsstandards ein Instrument zur Steuerung des Klassenkampfes..." (Janssen 197o, 65/66).

Am Beispiel der "Kritischen Marken" im Gewosverfahren und ihrer Entwicklung läßt sich möglicherweise eine analoge Anpassung aufzeigen. Unmittelbar jedoch drückt die schrittweise Einschränkung der Aussagefähigkeit dieser Standards eine methodische Selbstkritik aus, die als Schlußwort auf den Objektivitätsanspruch bei der Ermittlung der Sanierungsbedürftigkeit verwendbar ist:

● Im oben erwähnten Bewertungsrahmen von 1966 wird die "kritische Marke" für die Erhaltungsfähigkeit der Bausubstanz bei ca. 3o % der Kosten eines vergleichbaren Neubaus angesetzt;

● 1972 (vgl. Bundt/Roosch) wird die "kritische Marke" in Abhängigkeit von der Restnutzungsdauer der Substanz gesehen: bei 1o Jahren Restnutzungsdauer etwa 3o % Neubaukostenanteil, bei 4o Jahren 9o %, etc. Selbst diese Schwellenwerte werden noch in ihrer Aussagefähigkeit beschränkt auf "rein betriebswirtschaftliche Sicht". Konzediert wird zudem, daß, wenn man von der Mietzahlungsfähigkeit der bisherigen Bewohner ausgehe, ein Abriß "umso weniger lohnend" würde.
Diese Einengung wird von den Autoren auf ihr gesamtes Bewertungssystem bezogen:
"Dieser Wirtschaftlichkeitsvergleich ist geeignet, für die Sanierungsplanung Entscheidungskriterien zu liefern, ohne jedoch eine Entscheidung über die zu treffenden Maßnahmen vorwegnehmen zu können. Eine Überbewertung solcher Entscheidungskriterien darf allein deshalb nicht erfolgen, da die Betrachtungsweise ausschließlich auf die ö k o n o m i s c h e n Aspekte rein b a u l i c h e r Sachverhalte eingeengt ist." (Bundt/Roosch 1972, 116; Sperrungen von den Autoren)

● In einer späteren Arbeit der Gewos (Gewos 1974, 5o) wird die Aussagefähigkeit noch weiter zurückgenommen; die Verfasser dieser Studie verweisen darauf, daß die Eingriffe in die Bausubstanz - Abriß oder Modernisierung, soweit sie durch die Mietzahlungsfähigkeit der derzeitigen Bewohner nicht mehr getragen werden können - flankierende Maßnahmen zur Milderung der nachteiligen Auswirkungen erfordern. Ihrer Auffassung nach müßten diese Maßnahmen, respektive deren Kosten mit in eine Rentabilitätsberechnung einbezogen werden: "Die gebäudebezogenen Vergleiche zwischen Abrißnotwendigkeit und Modernisierungsfähigkeit sind jedoch noch ergänzungsbedürftig. Sie müßten zunächst weiterentwickelt werden in Richtung auf eine Wirtschaftlichkeitsberechnung, z.B. die Kosten der Planungsphase, der Ordnungsmaßnahmen (Bodenkosten, Gebäudeentschädigung, Umzugs- und Abräumkosten etc.) sowie die durch die Maßnahmen erzielbaren Erträge. Auch eine solche Kosteneffizienzrechnung erscheint jedoch unzulänglich, weil sie den generellen Nutzen und die sozialen Kosten allenfalls nachrichtlich berücksichtigt."

Hält man diesem Erkenntnisprozeß die Realentwicklung im Bausektor gegenüber, wird deutlich, daß in dem Maße, wie die Neubautätigkeit (Ersatzbedarf) zu Gunsten der Reinvestition in die vorhandenen Bestände zurückgeht, die Modernisierungsfähigkeit im Verfahren flexibler und offener bestimmbar wird: nach der selbstkritischen Äußerung aus dem Jahre 1974 ist - je nach Marktlage und sonstigen externen Faktoren - im Prinzip jede Altbauwohnung erhaltungsfähig. Das genau entspricht der ökonomischen Realität dieser Zeit. (Vgl. als Übersicht zu neueren - modernisierungsbezogenen - Verfahren Meinhof 1980).

Zwischenbilanz 3:
Es zeigt sich, daß unter methodenimmanenten wie grundsätzlichen Gesichtspunkten der Anspruch auf "objektive" Ermittlung von Sanierungsbedürftigkeit nicht aufrecht zu halten ist. Zugleich sind die dargestellten Verfahren in ihrer Beschränkung - im Kern auf (betriebswirtschaftliche) Betrachtung einiger ökonomisch schwer Aspekte baulicher Sachverhalte - keinesfalls für die Vorbereitung einer (notwendig weitergreifenden) öffentlich getragenen Stadterneuerungsmaßnahme geeignet.

Wenn diese Versuche zur Bestimmung der Sanierungsbedürftigkeit weder dem selbstgesetzten Objektivitätsanspruch gerecht werden, noch zur eigentlichen Maßnahmenvorbereitung taugen, dann ist zu fragen, warum diese Art der "objektiven Messung" als notwendig angesehen wurde und - mit zum Teil reduziertem Anspruch nachwievor - wird. Hier verweisen erneut Inhalt und Struktur der Bestandsanalysen auf Verwendungszusammenhänge und Funktionszuweisungen: denen wird in Abschnitt 3 nachgegangen.

2.2 Bestandsaufnahme ist Bestandsbewertung - eine Auseinandersetzung mit dem "Mythos vom reinen Auge"

Die Rede von der "Objektivität" fand und findet ihre Entsprechung in dem Bezeichnungspaar Bestandsaufnahme/Bestandsbewertung. Losgelöst von der Kritik konkreter Verfahren dient der nachfolgende Abschnitt der grundsätzlichen Auseinandersetzung mit dem "Mythos vom reinen Auge" (Bourdieu) und zielt somit auf die begriffliche Kategration von "Aufnahme" und "Bewertung". Diese Verquickung, die mehrfache, wertende Vorprägungen der Bestandsaufnahme wirft jedoch auch Fragen nach Konsequenzen für den Planungsprozeß auf: wer nimmt auf und bewertet, wessen Wertsetzungen fließen in die nur scheinbar 'wertneutrale Photografie' der Realität ein?

In der städtebaulichen Diskussion werden die Termini Bestandsaufnahme und Bestandsbewertung nachwievor mit getrennten Inhalten gefüllt:

● Bestandsaufnahme meint die Erfassung von Informationen aus einem Untersuchungsbereich (räumlich/sachlich),
● ihr nachgeschaltet ist die Bestandsbewertung, die die aufgenommenen Informationen analysieren, gewichten und damit werten soll.

Durch die Zuweisung der Wertung an den zweiten Schritt eines solchen sequenziellen Planungsschemas wird dem ersten Wertfreiheit attestiert. Die Ergebnisse der Bestandsaufnahme bringen - so die Annahme - Sachverhalte zum Ausdruck, die an sich unstrittig sind, Prämissen für die weiteren Schritte des Planungsprozesses setzen. Sachgesetzlichkeiten, Sachzwänge - etwa im Sinne der oben beschriebenen "objektiven Sanierungsbedürftigkeit" - definieren so (scheinbar) die Spielräume für Bewertung und Maßnahmenableitung.

Wie bereits mit der Kategorie "Begriffsbildung" als Sammelpunkt von Selektivitäten - von Filtern zwischen bestandsaufnehmendem Subjekt und Objektbereich -
angedeutet ist Bestandsaufnahme tatsächlich jedoch a priori von Wertsetzungen
und Vorab-Selektionen geprägt. Zur Stützung dieser Argumentation sollen hier
zunächst verschiedene Aspekte aus der sozialwissenschaftlichen und planungstheoretischen Diskussion benannt werden. Der Schwerpunkt liegt hierbei in der kritischen Auseinandersetzung mit der der Bestandsaufnahme zugrundeliegenden idealtypischen Situation: ein mit "reinem Auge" (Bourdieu) ausgestattetes Subjekt
tritt einem (leblosen) Objektbereich gegenüber, um ihn aufzunehmen (vgl. auch
1.2).

● Menschliche Wahrnehmung ist a priori selektiv. Dies drückt sich physiologisch
in der Reduzierung der über alle Sinne wahrnehmbaren Informationsfülle im Rahmen
der bewußten Wahrnehmung aus. (Vgl. zur mengenmäßigen Reduktion der Informationen
Frank 1968). Dies findet seine Entsprechung in der in Psychologie und Philosophie
gleichermaßen bekannten Unterscheidung von Perzeption als nicht bewußte Wahrnehmung und der klaren und bewußten Aufnahme eines Erlebnisinhaltes (sog. Apper-
zeption). Versteht man Wahrnehmung als psychische Widerspiegelung von in der
Realität gegebenen Bedeutungen, so kann dies "nicht außerhalb des Lebens und
der Tätigkeit des Subjektes entstehen. Sie kann nicht unabhängig von der Tätigkeit und den durch diese realisierten Lebensbeziehungen des Subjektes auftreten, und sie kann - ebenso wie diese Beziehung - nicht ohne emotionale Färbung
sein. Mit anderen Worten: Die psychische Widerspiegelung hängt zwangsläufig vom
Verhältnis des Subjekts zum widergespiegelten Gegenstand und vom Sinn ab, den
dieser Gegenstand für sein Leben hat." (Leontjew 1973, 218). Es kann nun, auch
um den Preis einer gewissen Verkürzung an dieser Stelle festgestellt werden,
daß die verschiedenen an einem Planungsprozeß Beteiligten - die Handelnden und
die "Behandelten" - in sehr unterschiedliche Tätigkeitszusammenhänge eingebunden sind und allein schon von daher unterschiedliche Verhältnisse zum wahrzu-
nehmenden Gegenstand bestehen. Dieser Sachverhalt überlagert und prägt die
physiologische Selektion.

● Das wahrnehmende Subjekt ist nicht nur bereits durch seinen Tätigkeitszu-
sammenhang (u.a. das oben genannte Handlungsfeld) und seine gesellschaftliche
Stellung geprägt und damit zugleich von anderen Subjekten (etwa den Bewohnern
eines Stadtquartiers) geschieden - auch die scheinbar abzählbaren Sachverhalte
einer räumlichen Gegebenheit sind gesellschaftlich geprägt: "räumliche und soziale Umwelt sind nur unter einem begrenzten analytischen Aspekt zweierlei...
Die meisten räumlichen Elemente einer konkreten Umwelt sind ... in ihrer materiellen Tatsächlichkeit nicht ohne Zutun von Menschen so, wie sie sind, und
ohne Orientierung über diesen menschlichen Eingriff gar nicht verständlich.
Und ihr Stellenwert in unserem Leben ist von vornherein dadurch bestimmt, daß
sie Bedeutung für interagierendes oder konfligierendes soziales Verhalten"
(Bahrdt 1974, 2o/21).
Es werden also Gegenstandsbereiche untersucht, die durch handelnde Subjekte bereits vorinterpretiert (Berger) oder in ihren Gegenstandsbedeutungen unterschiedlich angeeignet worden sind (Holzkamp).

Für die Sozialforschung stellt Berger (1974) fest: "Die Meßkategorien (der Sozialforschung) werden nicht aus intensiver Analyse der "alltäglichen" begrifflichen Gliederung der Untersuchten gewonnen, sie sind entweder soziolegalen
Ordnungssystemen bürokratischer Verwaltungen entnommen (vgl. etwa die Ableitung der Sanierungskriterien aus Bauordnungen etc., ks) oder stellen eine Ver-
allgemeinerung der standortspezifischen Sozialorientierung der Wissenschaftler
und ihrer begrifflichen Gliederung dar."
(Vgl. zur Überwindung dieses Dilemmas der Sozialforschung im Rahmen der sog.
Aktionsforschung insb. Horn 1979).

● Vor diesem Hintergrund werden Aussagen verständlich, die im Zusammenhang der

Stadterneuerung Wertdominanzen gesellschaftlicher Gruppen und damit zugleich
Unterdrückung wenn nicht Zerstörung der sozialen Wertsetzungen schwächerer
Gruppen erkennen. So ist auch der Hinweis zu verstehen, "daß die Sanierungen
der "Oberschicht" dazu dient, der "Unterschicht" ihre Werthaltungen aufzuzwin-
gen" (österreichisches Institut 1975, 113).
Insbesondere in amerikanischen Untersuchungen wurde dieses Gewaltverhältnis,
das mündet in die Zerschlagung spezifischer Unterschichtkulturen im Zuge von
Slumsanierungen (vgl. Gans 1962; sowie die Beiträge von Pfeil, Fried & Gans in:
Büro für Stadtsanierung 1971, 73-133; ähnlich Fehl 1970b) empirisch nachgewiesen. In einer viel zitierten Studie zum Verhältnis der Bewohner eines Bostoner
Arbeiterviertels zu ihrem Quartier stellen Marc Fried und Peggy Gleicher fest:
"... the greatest proportion of this working-class group (...) shows a fairly
common experience and usage of the residential area. This common experience
and usage is dominated by a conception of the local area beyond the dwelling
unit as an integral part of home. T h i s   v i e w   of an area   a s   h o m e
and the significance of local people and local places   a r e s o   p r o f o u n d-
l y   a t   v a r i a n c e   w i t h   t y p i c a l   m i d d l e-c l a s s
o r i e n t a t i o n s   that it is difficult to appreciate the intensity of
meaning, the basic sense of identity involved in living in the particular area.
Yet it seems to form the core of the extensive social integration that cha-
racterizes this (and other) working-class slum populations." (Fried & Gleicher
1967, 134/135; vgl. auch Feldhusen in: Kießler & Korte 1975,98).
Es versteht sich, daß die Vernichtung dieser Quartiere nicht nur in der Wert-
dominanz bestimmter sozialer Gruppen begründet ist, sondern daß hier ganz wesentlich auch ökonomisch-strukturelle Momente wirksam wurden (Beides: Norm und
ökonomisch-politische Rationalität kann jedoch mit Fug und Recht zusammen gesehen werden).

Es ist im Einzelfall durchaus nicht unproblematisch, diese selektiven und vor-
eingenommene Wahrnehmung empirisch dingfest zu machen. Lediglich Planeräuße-
rungen, in denen von "Schuppen", von "Hütten" gar von "Ställen" die Rede ist,
in denen Menschen "hausen", verächtliche Bemerkungen, die aus einem anderen als
dem eigenen Sauberkeits- und Ordnungsverständnis "Verwahrlosung" und "Herunter-
kommen" machen, deuten dies an.

Am Planungsfall Hannover Linden (vgl. die entsprechende Teilstudie unseres Projektes) könnte im Streit um die Erhaltung oder Zerstörung der Hinterhäuser das
"Übersehen" bestimmter für die Betroffenen existentieller Sachverhalte deutlich
werden: entsprechend der üblichen kleinteiligen "Segregation" konzentrieren sich
auch in Linden in den Hinterhäusern die jeweils unteren oder "randständigsten"
Gruppen, deren primäres Merkmal jedoch zunächst ihre relativ zur übrigen Gebietsbevölkerung nocheinmal niedrigere Zahlungsfähigkeit ist.
Der Beschluß, die Hinterhäuser abzureißen, da sie "unzumutbar" seien wurde von
allen Gremien getragen - auch und gerade die Bürgerinitiative, die ohnehin eine
recht harte Haltung etwa gegenüber Gastarbeitern einnimmt, stimmte zu. Hier wird
- angesichts des Unvermögens adäquaten billigen Wohnraum anderenorts zur Verfügung zu stellen (vgl. den Nachweis für Linden bei Bunse & Osenberg 1979) -
deutlich, daß "unzumutbar" sich auf die deutsche Bevölkerung und die Planer
bezieht. Das Verwiesensein auf diesen Wohnraum wird nicht wahrgenommen; auf dieser
Grundlage zu entwickelnde Strategien unterbleiben.

Ein anderes Beispiel sind die Arbeitersiedlungen im Revier: deren Qualität wurde
bis in obere Ministerialetagen ebenfalls als "katastrophal" und "unzumutbar"
angesehen. Erst politischer Widerstand und ein demonstrativer Auffang-Schwenk
des Innenministers führten zur Modifikation der ursprünglichen Vorurteile: dies
aber nur graduell. Denn die neueren Strategien sind zwar nicht auf Vernichtung
wohl aber auf Ästhetisierung und Historisierung dieser Substanz gerichtet. Insofern bedeutet die Politikänderung durchaus nicht, daß die "ethnozentrische"
Blindheit der Planer & Politiker aufgehoben ist. Zugleich entzieht die Privati-

sierung einem Teil der Bewohner die Möglichkeit zur weiteren Nutzung der - inzwischen höher bewerteten - Quartiere.

● In der planungstheoretischen Diskussion finden sich analog zum dargestellten Diskussionsstand der Sozialwissenschaften Hinweise auf die begrenzte Aussagefähigkeit der "informativen Sätze" (also etwa die bei einer Bestandsaufnahme erhobenen Sachverhalte) und ihre Verquickung mit "normativen" Vor-Entscheidungen: "Die strukturelle Ähnlichkeit der Zustandsanalyse im Kontext eines Planungsprozesses mit den Problemstellungen anderer, an der Erfassung, Beschreibung und Erklärung empirischer Sachverhalte interessierter Wissenschaften hat dazu geführt, daß Techniken der empirischen Sozialwissenschaften relativ schnell Eingang in den Bereich der Zustandsanalyse gefunden haben. So sehr jedoch zu begrüßen ist, daß städtebauliche Bestandsaufnahmen ... heute vielfach über die reine Kartierung hinausgehen, so dürfen zwei Aspekte einer wie weit auch immer verwissenschaftlichten Zustandsanalyse nicht übersehen werden; diese sind zum einen die logische Unmöglichkeit, aus Zustandsdaten quasi deduktiv Handlungen ableiten zu können, zum anderen die Selektivität bzw. Begrenztheit jeder noch so umfassenden Beschreibung des Zustands. Auch hier grenzen Sachzusammenhänge den Handlungsbereich zwar ein, sie schreiben konkrete Handlungen jedoch nicht zwingend vor. Hinzu kommt, daß Zustände im Bereich der Stadt- und Landesplanung immer Zustände komplexer sozioökonomisch-technischer Systeme sind. Eine Zustandsbeschreibung ist also erst möglich, nachdem das System definiert ist. Jede Systemabgrenzung beinhaltet aber Relevanzentscheidungen, die stets normative Aussagen sind. Selbst wenn also eine Zustandserfassung sich durch eine Folge informativer Aussagen ausdrücken ließe, so wäre ihre Gültigkeit von Anfang an nur innerhalb des Rahmens gegeben, der durch die normativen Vorentscheidungen, die zur Systemabgrenzung geführt haben, abgesteckt ist." (Heidemann 1971, 292)
Die "informativen" Sätze, in denen das "instrumentelle Wissen" abgebildet wird, können noch so sehr erweitert und verfeinert werden, die Präferenzen und Maximen, nach denen innerhalb der einzelnen Planungsschritte gehandelt wird, sind nicht wissenschaftlich begründbar.

● Eine unseren Sachverhalt unmittelbar treffende Analogie findet sich im Verwaltungsrecht und dort im Kontext der sog. Rechtmäßigkeitsprüfung von Plänen.
Trotz der für die verschiedenen Planarten geltenden je besonderen Vorschriften lassen sich Grundsätze formulieren, zu denen die Abwägung der Planungsziele und der von der Planung berührten Belange (Interessen) als zentraler Aspekt gehört. Es wird hier planungsprozedural zwischen der Auswahl und Zusammenstellung des Abwägungsmaterials einerseits und dem Abwägen andererseits unterschieden, womit eine direkte Vergleichbarkeit zur - theoretischen - Trennung von Bestandsaufnahme und Bestandsbewertung vorliegt. Nun weist jedoch Hoppe (1977, 139 f.) darauf hin, daß beides realiter kaum voneinander zu trennen sei. Würde die Gemeinde beispielsweise bei einem Bebauungsplan vorweg sämtliche Gesichtspunkte des § 1 Abs. 6 des BBauG als Abwägungsmaterial konkret zusammenstellen, so wäre die Fülle der anfallenden Gesichtspunkte, Materialien, Daten und Fakten nahezu grenzenlos. Also ist eine "Reduktion auf wesentliche Gesichtspunkte und die Selektion von planungsrelevanten Gesichtspunkten nach Maßgabe der Planungsziele" (ebd.) erforderlich. Damit wird de facto die Abwägung zur Bezeichnung des Gesamtprozesses, die Zielsetzung jedem weiteren Schritt vorgeschaltet, die Bewertung der Aufnahme inhärent und umgekehrt.
Insofern sind die von Bürgerinitiativen geführten Prozesse, in denen es um Abwägungsdefizite, -disproportionalitäten und -fehleinschätzungen geht, nicht nur letztlich, sondern a priori Prozesse um planungspolitische Ziele.

Die Bestimmung der Daten ist also eine Operation, "die getränkt ist mit der Fülle der Absichten, die derjenige, der die Daten bestimmt, verfolgt und sie ist getränkt mit all seinen eigenen Erfahrungen und Vorstellungen der Gesellschaft, deren Mitglied er ist" (Ackhoff, zit. nach Fehl 1976, 96)

Ein Vorverständnis über das was ist, warum es so ist und wie es werden wird (wenn der Planer nicht eingreift) liegt als Verarbeitung sehr verschiedener Einflußfaktoren vor der eigentlichen Bestandsaufnahme; konkret z.B.: ein Stadt-gebiet, in das immer mehr "sozial Schwache" (hier deckt bereits die Sprache Wertdominanzen auf) "einsickern" wird bald vollends"verslumen" ... etc.

Das "Soll-Bild" im Kopf des Planers könnte man - in Anlehnung an Rittel (1973) - als "deontische Prämisse" bezeichnen. Es wäre dies das Gegenstück zu den bereits angesprochenen strukturellen Selektivitäten; genauer: der Niederschlag dieser "gesellschaftlichen Interessenberücksichtigungsmuster" (vgl. Wollmann 1975, 222) beim handelnden Subjekt. Das Soll-Bild verbirgt sich allerdings hinter einem "Objektivitätsanspruch, mit dem gewissermaßen ex cathedra Planungsideen, Lösun-gen und Strategien mit dem Anspruch nüchterner Richtigkeit verkündet werden." (Rittel 1970, 7o)

Eben hier liegt der entscheidende Erklärungsansatz dafür, daß - trotz der schwer-wiegenden (und seit langem bekannten) Einwände gegen den "Mythos vom reinen Auge" - an der (schein)objektiven, wertfreien Bestandsaufnahme als selbständigem Pla-nungsschritt festgehalten wird: Bestandsaufnahmen erfüllen Funktionen, denen sie nur unter Aufrechterhaltung des Objektivitätsanspruchs gerecht werden können. Vor allem die Herstellung von Rechtssicherheit über die "objektive" Füllung der unbestimmten Rechtsbegriffe "Gesundheit und Sicherheit" (der Bevölkerung) ist hierauf verwiesen... sofern und soweit öffentliche Eingriffe in private Rechte (etwa Eigentum) die Stadterneuerung tragen (vgl. ausführlicher 3.1).
Daß also in der städtebaulichen Diskussion nachwievor die Herstellbarkeit einer objektiven Erneuerungsvorbereitung (vgl. als neuere Beiträge mit gleicher Grund-annahme: Leder 76, Schulze-Fielitz 1979, und - in der Diskussion um die einfache Stadterneuerung: Heimstätten 1979) unterstellt wird ist demnach kein Problem des Theorie-Praxis-Transfer sondern begründet in der Funktionalisierung der Bestands-aufnahme - etwa auch zu politisch legitimierenden Zwecken: solang und soweit eine Situation zu etwas zwingt, die harten Fakten nichts anderes zulassen bleibt poli-tischer Widerspruch im Abseits. Durch den Verweis auf die Dinge, die nun einmal so sind, wird die Frage verstellt, ob es überhaupt um jene Dinge geht und - wenn dem so sei - ob sie wirklich so sind, wie sie zu sein scheinen. Beides: Selektion der Kriterien, wie deren Operationalisierung und Messung ist aber - wie nachzu-weisen war - an die handelnden und wertsetzenden Subjekte ebenso gebunden wie an (ggf. über sie vermittelte) Vorab-Selektionen von Wahrnehmungs- und Handlungs-möglichkeiten (durch allgemeine politisch-ökonomische wie konkrete gesetzlich fixierte Vorgaben). Damit ist zugleich von Anfang an die Möglichkeit und Notwen-digkeit kritischen Hinterfragens dieser Perspektivenverengungen gegeben.

Aus diesen Feststellungen resultiert (Zwischenbilanz 4)
● *Die Selektion von relevanten Kriterien aus dem Untersuchungsbereich ist bereits wertgeprägt. Gleiches gilt für die Auf- und Verarbeitung dieser Informationen im Rahmen von Verfahren zur Feststellung der "Sanierungsbedürftigkeit".*
Gunnar Myrdal hat diese Feststellung in eine klare Formel gefaßt: "N i c h t-w i s s e n   i s t ,   w i e   W i s s e n ,   i m m e r   z i e l g e r i c h t e t ."
(1971,33) Die zur Herstellung von Wissen benötigten Informationen werden folg-lich ebenfalls zielgerichtet selektiert.

● *Um die implizite Selektivität jeder Bestandsanalyse zu mildern ist es unum-gänglich, den Beteiligtenkreis während der gesamten Vorbereitungsphase zu er-weitern: sollen - auch im rechtlichen Sinne - Defizite bei der Erfassung der betroffenen Belange nicht vorprogrammiert werden, müssen die Belange der Be-troffenen (und dazu gehört auch deren Bestandswahrnehmung und Bewertung) von diesen selbst eingebracht werden können.*

● *Wenn Wertsetzungen a priori den Planungsprozess bestimmen, dann ist es falsch*

eine"open ended" Planung zu fordern, eine, die also nur noch innerhalb gesetzter
Grenzen Modifikationen zuläßt (Rittel verweist etwa darauf, daß schließlich die
Betroffenen die "besten Experten zur Beisteuerung deontischen Wissens" seien).
Stadterneuerung - und nicht nur die - muß demnach offen beginnen, im Konflikt
der beteiligten Interessen und Wertsetzungen, wobei zu berücksichtigen ist, daß
dies kein herrschaftsfreier Diskurs zwischen Gleichen sein kann.

3. Funktionen der Bestandsanalyse: Begründungs- und Realisierungszusammenhänge

In vorangegangenen Abschnitten habe ich nachzuweisen versucht, daß

● *Bestandsanalysen wesentlich geprägt sind von der Begriffsbildung über den Ge-*
genstand, den es zu untersuchen gilt und zugleich über (da es sich nicht um
rein analytische Aufgabenstellung sondern um auf Planungs- und Realisierungspro-
zesse ausgerichtete Auseinandersetzungen mit dem Bestand handelt) Art der Aufg-
abenstellung und Verwendungszusammenhang der Maßnahmen:

● *diese Begriffsbildung damit zum Sammelbecken struktureller und akzidentieller*
(etwa an die einzelne Person, das einzelne Amt gebundene) Selektivitäten wird.

● *somit jegliche Auseinandersetzung mit dem Bestand a priori wertorientiert ist*
- orientiert auf die Werte, die im Rahmen der gesellschaftlichen "Wertberück-
sichtigungsmuster" verarbeitet werden.
Die Frage, warum trotz der längst bekannten methodischen und planungstheoreti-
schen Zweifel an einer wertneutralen Bestandsaufnahme festgehalten wird,wurde
vorläufig mit dem Hinweis auf Funktionen der Bestandsanalyse insgesamt, die ein
Festhalten am Neutralitätsprinzip erzwingen,beantwortet. Diesen Funktionen soll
im folgenden nachgegangen werden. Im Fortschreiben der historischen Linie dienen
hier die vorbereitenden Untersuchungen gemäß StBauFG § 4 a.F. als Beispiel. Der
vertiefende Abschnitt (3.2) ist einer etwas ausführlicheren Darstellung des Be-
gründungszwangs, dem staatlich betriebene Stadterneuerung unterliegt und den
hieraus resultierenden,widersprüchlichen Ausgangspositionen für die Betroffenen-
beteiligung, gewidmet. Dabei soll zugleich versucht werden, die historische Li-
nie bis in die aktuelle Auseinandersetzung um neue Formen der Stadterneuerung
("mittlerer Intensität", "einfache Stadterneuerung") zu verlängern.

3.1 Begründungs- und Realisierungszusammenhänge am Beispiel der Vorbereitenden Untersuchungen gemäß Städtebauförderungsgesetz

Mit dem StBauFG vom 27. Juli 1971 wurde für die staatlich betriebene Stadterneuerung, die bis dato auf die offensichtlich unzulänglichen Steuerungsinstrumente
des allgemeinen Bau- und Planungsrechts verwiesen war, ein zeitlich und räumlich
begrenzt anzuwendendes Sonderrecht geschaffen. Neben erweiterten Eingriffs- und
Steuerungsmöglichkeiten bietet das StBauFG jedoch auch die Grundlage für die Inanspruchnahme öffentlicher Mittel von Bund und Land, mit denen der kommunale Anteil an den unrentierlichen Kosten der Sanierungsmaßnahme auf durchschnittlich
ca. 3o % gesenkt werden konnte.
Bis 1978 wurden insgesamt 544 Sanierungsprojekte aus dem Bundesprogramm nach dem
StBauFG gefördert. Mehr als 3oo Maßnahmen kamen aus Länderprogrammen (insbesondere NRW) hinzu. Krautzberger (198o) schätzt zudem, daß nahezu 8oo Gemeinden
noch auf eine Förderung in diesem Rahmen hoffen.

Mit den Verfahrensregelungen des StBauFG wurden erstmalig auch einheitliche Vorschriften für die Gestaltung des Vorbereitungsprozesses der Stadterneuerung aufgestellt. Im § 4 a.F. heißt es:
"Die Gemeinde hat vor der förmlichen Festlegung eines Sanierungsgebietes die
vorbereitenden Untersuchungen durchzuführen oder zu veranlassen, die erforderlich
sind, um Beurteilungsunterlagen zu gewinnen über die Notwendigkeit der Sanierung,

die sozialen, strukturellen und städtebaulichen Verhältnisse und Zusammenhänge
sowie die Möglichkeiten der Planung und Durchführung der Sanierung. Sie soll dabei auch die Einstellung und Mitwirkungsbereitschaft der Eigentümer, Mieter,
Pächter und anderer Nutzungsberechtigten im Untersuchungsbereich zu der beabsichtigten Sanierung ermitteln, sowie Vorschläge hierzu entgegennehmen. Die vorbereitenden Untersuchungen sollen sich auch auf nachteilige Auswirkungen erstrecken, die sich für die von der beabsichtigten Sanierung unmittelbar Betroffenen in ihren persönlichen Lebensumständen, im wirtschaftlichen oder sozialen Bereich voraussichtlich ergeben werden. Die Gemeinde soll, sobald dies nach dem
Stand der Vorbereitung der Sanierung möglich ist, Vorstellungen entwickeln und
mit den Betroffenen erörtern, wie nachteilige Auswirkungen möglichst vermieden
oder gemildert werden können... Das Ergebnis ist in dem Bericht über die vorbereitenden Untersuchungen aufzunehmen."
Die in Abs. 1 des § 4 erwähnte "Notwendigkeit der Sanierung" ergibt sich aus den
in § 1 genannten Zwecken städtebaulicher Erneuerung: "Städtebauliche Sanierung
und Entwicklungsmaßnahmen in Stadt und Land, deren einheitliche Vorbereitung und
zügige Durchführung im öffentlichen Interesse liegen, werden nach den Vorschriften dieses Gesetzes vorbereitet, gefördert und durchgeführt...
Sanierungsmaßnahmen sind Maßnahmen, durch die ein Gebiet zur Behebung städtebaulicher Mißstände, insbesondere durch Beseitigung baulicher Anlagen und Neubebauung oder durch Modernisierung von Gebäuden wesentlich verbessert oder umgestaltet wird. Sanierungsmaßnahmen umfassen auch erforderliche Ersatzbauten oder
Ersatzanlagen...
Sanierungs- und Entwicklungsmaßnahmen dienen dem Wohl der Allgemeinheit."
Die in § 1 genannten städtebaulichen Mißstände werden im § 3 ausführlicher definiert. Die Beurteilung der Mißstände stützt sich dabei nicht mehr nur auf die
Wohn- und Arbeitsverhältnisse oder die Sicherheit der im Gebiet wohnenden und
arbeitenden Menschen (vgl. Hollatz, Abschnitt 2.1), sondern nimmt mit § 3 Abs. 3,
Nr. 2 ausdrücklich die Funktionsfähigkeit des Gebietes mit in die Liste der Sa-
nierungstatbestände auf.
Über die vorbereitenden Untersuchungen ist ein Bericht anzufertigen, der Grundlage für die Genehmigung der förmlichen Festlegung eines Sanierungsgebietes
seitens der höheren Verwaltungsbehörden ist.

Die hiermit gegebene erstmalige Vereinheitlichung von prozeduralen und inhaltlichen Anforderungen an die Erneuerungsvorbereitung wurde zur Verabschiedung des
StBauFG euphemisch so bewertet: "eine neue Städtebaupolitik macht es auch erforderlich, städtebauliche Maßnahmen schon vor der Planungsphase aufgrund wissenschaftlicher und praktischer Untersuchungen in umfassender Weise zu programmie-
ren" (Walter 1971). Bereits dieses Zitat macht ein Mißverständnis deutlich, auf
das weiter unten eingegangen werden soll: nicht die Programmierung der städtebaulichen Maßnahmen ist Aufgabenstellung der Sanierungsvorbereitung, sondern
ausdrücklich der Nachweis der Notwendigkeit der Sanierung. Mit anderen Worten
dienen die vorbereitenden Untersuchungen (im Sinne des StBauFG) dazu:

● das Vorhandensein von städtebaulichen Mißständen im Sinne des § 3 Abs. 4 festzustellen
● und damit das öffentliche Interesse an einer Beseitigung dieser Mißstände
nachzuweisen.

Wenn wir am Beispiel der Vorbereitenden Untersuchungen nach StBauFG die Funktionen der Bestandsanalysen kennzeichnen wollen, so ist hier zunächst eine Unterscheidung zu treffen, die für die weitere Betrachtung ebenso wie für die Gestaltung unseres Forschungsansatzes wesentlich ist: es muß unterschieden werden
zwischen

● einem formell definierten Bestandsanalyseprozess und dessen Ergebnis (in diesem
Fall die vorbereitenden Untersuchungen, der Bericht über diese Analysen und die
daraus resultierenden Rechtsfolgen) sowie

● einem informellen Bestandsanalyseprozess, der getragen wird von denjenigen, die mit der konkreten Maßnahmenvorbereitung und -implementation befaßt sind. Von diesem Prozeß der Auseinandersetzung mit dem Bestand ist anzunehmen, daß er nur vermittelt in die formell definierten Bestandsanalyseprozesse eingeht. Die personengebundenen oder verwaltungsinternen Bestandswahrnehmungen und -bewertungen sind damit einer empirischen Erfassung nur bedingt zugänglich - auf die hieraus resultierenden forschungstechnischen Probleme wird noch einzugehen sein.

Die Kennzeichnung der Funktionen geht im folgenden also von den formellen Bestandsanalyseverfahren aus, nähert sich allerdings über diese den dahinterliegenden Auseinandersetzungsprozessen.

Die erste, wesentliche Funktion der Bestandsanalysen hat bereits Hollatz benannt: die bei einer Sanierung in der Regel unvermeidbaren Eingriffe in Eigentumsrechte (Informationspflichten, Veränderungssperren, Vorkaufsrechte, Gebote etc. bis hin zur Enteignung) ebenso wie die verwaltungsinternen Verfahrensschritte bedürfen der rechtlichen Absicherung: "Die genannten Rechtswirkungen zeigen sehr eindringlich, wie notwendig eine objektive, rationale Feststellung der Sanierungsbedürftigkeit im Interesse der allgemeinen Rechtssicherheit ist. Wenn Behörden in das Eigentum und die Rechte einzelner Bürger eingreifen müssen und wenn öffentliche Mittel für die Sanierung aufgewendet werden sollen, so muß in jedem Fall gewährleistet sein, daß dies im öffentlichen Interesse liegt." (Hollatz 1958, 51)

1968 heißt es in einem Rechtsgutachten: "Die Bedeutung dieser Untersuchung (die dem Ziel diente, den Bewertungsansatz der Gewos rechtlich zu durchforsten, ks) liegt vor allem darin, daß die verwaltungsmäßige Praktikabilität der einschlägigen Vorschriften des vorhandenen und künftigen Rechts sowie die Rechtssicherheit für Staatsbürger und Verwaltung verbessert werden. Die Abgrenzung zwischen Sozialpflichtigkeit des Eigentums und Enteignung wird klargestellt und im einzelnen konkreter verdeutlicht..." (Gewos 1968, 12)

Erst der Nachweis öffentlichen Interesses - präzisiert in der Kennzeichnung städtebaulicher Mißstände - rechtfertigt die mit dem StBauFG erweiterten Eingriffe in bestehende Eigentums- und sonstige Nutzungsrechte. Es bedeutet dies, daß für einzelne Verfahrensabschnitte und ihre satzungsmäßigen Ergebnisse (z.B. die förmliche Festlegung oder später die Sanierungsbebauungspläne) Material zur Verfügung gestellt wird, das die Abwägung zwischen den Belangen der Allgemeinheit und denen der einzelnen Betroffenen - insbesondere der Eigentümer - gestaltet.
Dem so definierten Verfahren der Vorbereitung und dem Bericht über die vorbereitenden Untersuchungen kommt demnach die zentrale Rolle bei der rechtlichen Absicherung der öffentlichen Eingriffe zu, indem der unbestimmte Rechtsbegriff des öffentlichen Interesses "anhand der Verhältnisse des Einzelfalls konkretisiert" (Gewos 1974, 59) und so die Durchführung der Sanierung "rechtssicher vorbereitet" wird (Bundt/Roosch 1972, 98). Für diejenigen, deren Rechte im Zuge der Erneuerung (vor allem bei Flächensanierung) tangiert werden (kleine Eigentümer im Gebiet) bieten damit die vorbereitenden Untersuchungen eine gewisse Mindestgarantie für die Berücksichtigung ihrer Interessen: "§ 4 StBauFG gehört zu den Normen, die das Gesetz nicht nur als Eingriffs- sondern gleichzeitig auch als Schutzgesetz zu Gunsten der Betroffenen charakterisieren. Sie sind deswegen sorgfältig zu beachten und so konkret wie möglich auszufüllen." (so der Mustererlaß der ARGEBAU in: Bielenberg Rd.Nr. 56 zu § 4)

Eine weitere unmittelbare Funktion der Erneuerungsvorbereitung nach StBauFG ist die Beschaffung öffentlicher Mittel für die Durchführung der Sanierungsmaßnahmen. Der Bericht über die vorbereitenden Untersuchungen ist Grundlage für die Genehmigung der förmlichen Festlegung eines Sanierungsgebietes durch die höheren Verwaltungsbehörden und damit Voraussetzung für die Aufnahme in das Förderungsprogramm. Die Gemeinden also sind nicht frei in der Vorbereitung der Erneuerung sondern angewiesen auf die Zustimmung suprakommunaler Instanzen. Die vorbereitenden Untersuchungen bzw. der Bericht über die Untersuchungen sind der Fahrschein für die nachfolgende Förderung. Daß daraus Anpassungsdruck und Ausrichtungszwang resultieren, ergibt sich bereits aus der grundsätzlichen Einbindung kommunaler Planung in die Zielsysteme von Raumordnungspolitik und Landesplanung:

● Bereits 1971 machte der Hauptausschuss der Ministerkonferenz für Raumordnung deutlich, daß die Auswahl von Sanierungs- und Entwicklungsmaßnahmen nach Gesichtspunkten der Raumordnung getroffen werden soll: "Die vom Bund zu fördernden städtebaulichen Maßnahmen sollen nach Vorliegen des Bundesraumordnungsprogramms die dort festgelegten Ziele unterstützen. Insbesondere sollen sie den Ausbau von Entwicklungsschwerpunkten und Entwicklungsachsen fördern und so zur Verbesserung der Siedlungsstruktur beitragen...

● Bei der Verteilung der Bundesmittel muß wesentlich auf einen größtmöglichen Effekt bei der Verbesserung der Siedlungsstruktur abgestellt werden. Dies ergibt sich aus dem Raumordnungsgesetz mittelbar aber auch aus Art. 1o4 Abs. 4 GG." (Bielenberg zu § 71 StBauFG; vgl. zur Erfolgskontrolle dieser Zielsetzung BMBau 1975, 16)

● Für die Konretisierung dieser Zielsysteme sorgen landesrechtliche Bestimmungen in unterschiedlicher Weise. Von besonderer Wirksamkeit war etwa der Runderlaß des Innenministers Nordrhein-Westfalen (vom 25.4.1972, SMBl 231o, Allgemeine Einführung in das StBauFG) in dem es u.a. heißt, daß bei der durch die Gemeinde zu treffenden Festlegung der Rangfolge und Dringlichkeit von Sanierungen im Gemeindegebiet die sog. vorläufigen Richtlinien für die Aufstellung von Standortprogrammen zu beachten sind. Mit diesem Erlaß wird die Konzentration von Förderungsmitteln des Landes NW in Siedlungsschwerpunkten bzw. Standorten vorgesehen, die ihrem Charakter nach an den Knotenpunkten der öffentlichen Nahverkehrssysteme anzuordnen und damit weitestgehend mit den Hauptzentren in den Kommunen identisch sind. Es ist Korte zuzustimmen, wenn er vermutet, "daß die Gemeinden bei der Inangriffnahme von Sanierungsvorhaben bereits im Rahmen der Voruntersuchungen auf die Prinzipien der Landesplanung und auf die Landesentwicklungspläne hingewiesen werden sollen. Rangfolge und Dringlichkeit richten sich in erster Linie nicht nach der objektiven Sanierungsbedürftigkeit, sondern nach dem Standortprogramm und den Prinzipien der Standortförderung gemäß den Landesentwicklungsplänen." (Korte, 1975, 32/33; vgl. empirische Untersuchungen, die diese Aussagen unterstreichen etwa bei Fritz-Vietta/u.a. 1975 sowie Fassbinder u.a. 1977).

Die über das StBauFG-Programm zur Verfügung gestellten Mittel werden jedoch nicht nur nach siedlungsstrukturellen Gesichtspunkten vergeben . Sie sind auch den Konjunktursteuerungsbemühungen des Bundes untergeordnet: "Aus der Erfahrung wissen wir, daß sich der Wohnungsbau aufgrund seiner Schlüsselposition innerhalb der Bauwirtschaft als wirksamer Stabilisierungsfaktor erwiesen hat. Nun ist in den nächsten Jahren jedoch mit einem allmählichen Rückgang des Wohnungsbauvolumens zu rechnen. Es geht u.a. darum, den dadurch bedingten Auftragsrückgang auf andere Weise aufzufangen. Sanierungsmaßnahmen sollen und können den Rückgang des Wohnungsbaus bisheriger Prägung weitgehend kompensieren... Der vor Ihnen liegende Gesetzesentwurf ermöglicht es, soviele Projekte vorzubereiten, sie gewissermaßen in Reserve zu halten, daß neue Investitionen schnell möglich sein werden. Andererseits können aber auch in Durchführung befindliche Maßnahmen jederzeit, noch vorsichtig, gestreckt werden, wenn dies zur Dämpfung der Konjunkturüberhitzung notwendig ist. Der Städtebau ist also ebenso wie der Wohnungsbau durchaus ein geeignetes und wirkungsvolles Mittel der Wirtschaftspolitik." (Lauritzen zit.nach Wollmann 1974,21o)

Nicht nur die Konjunktur an sich, vor allem das Baugewerbe, das Anfang der 70er Jahre einer stark eingeschränkten Auftragslage entgegensah, war Orientierungspunkt der vom Staat in die Hand genommenen Städtebauförderung: "Wenn sich aber bis

1975 die jährliche Wohnungsbauleistung, die Mitte der 60er Jahre noch bei rd.
6oo.ooo Wohnungen lag ohne zusätzliche Impulse auf etwa 4oo.ooo Wohnungen ein-
spielen sollte, muß die dadurch auftretende Lücke durch anderweitige Investitionen geschlossen werden, um eine langfristige Stabilität der Bauwirtschaft si-
cherzustellen. Eine Voraussetzung für die Verstetigung der Baukonjunktur wird
durch das Städtebauförderungsgesetz geschaffen werden, dessen Entwurf dem Parla-
ment inzwischen zur Beratung vorliegt." (Breuer, H 197o Sp. 3846)
Es mag dies verständlich machen, warum das StBauFG zu seiner Entstehungszeit
als "Lex Neue Heimat" tituliert wurde.

Als verwaltungsinterne Vorstufe von struktureller und sektoraler Konjunktursteuerung bzw. als deren bürokratischer Niederschlag ist das schlichte Interesse
suprakommunaler Instanzen an einer vorausschauenden Finanzplanung zu sehen: hier
geht es zuallererst um quantitative (investive) Haushaltsansätze - nachrangig
um deren Qualität (siedlungsstrukturell, konjunkturell). Auf verblüffende Konsequenzen aus diesem Interesse verweisen Jessen/Siebel/Walther (198o,29): das
Land Baden-Württemberg verlangt auch nach Reduzierung der Anforderungen an die
vorbereitenden Untersuchungen im Zuge der 1979er Beschleunigungsnovelle von den
Kommunen eine möglichst exakte finanzielle Kalkulation vor dem eigentlichen Beginn der Maßnahme: "um den eigenen finanziellen Spielraum längerfristig kalku-
lieren zu können schiebt das Land Planungsunsicherheiten auf die Gemeinde".

Die kommunale Stadterneuerung ist damit wesentlich eingebunden in die suprakommunale Mittelvergabe und Haushaltsplanung und damit auch abhängig von den
in diesem Zusammenhang jeweils zum Ausdruck kommenden siedlungsstrukturellen
und konjunkturellen Steuerungsimpulsen. Zuletzt besonders drastisch dokumentiert
wurde das durch die kommunale Hatz auf Mittel aus dem Zukunftsinvestitionsprogramm, zu deren Vergabe im städtebaulichen Bereich vorbereitende Untersuchungen (bzw. förmlich festgelegte Sanierungsgebiete) als Voraussetzung galten.
(vgl. Selle 1979a, Krüger 198o und den Bericht von H. Schönweitz in diesem
Band).

Eine dritte Funktion der formellen Erneuerungsvorbereitung ist in der Legitimationsbeschaffung zu sehen: eingesetzt als Bestandteil kommunaler Öffentlichkeitsarbeit ist es Aufgabe z.B. der vorbereitenden Untersuchungen, "die Zustimmung
der Öffentlichkeit zu den Ergebnissen interner Zielfindungsprozesse zu suchen."
(Gewos 1974, 18) Durch möglichst "objektive" Begründung der Erneuerungsbedürftig-
keit wird Stadterneuerung und Stadtumbau tendenziell aus dem politischen Kontext
gelöst und auf die Ebenen des Sachverstandes und der Sachgesetzlichkeit gehoben
(vgl. 2.1). Dies etwa um bei den Betroffenen den Verdacht zu vermeiden, "irgend-
welche hinter der Sanierung stehende Gruppen verfolgten private Interessen"
(Dieterich/Farenholz 1972,63).Dieser Aufgabenstellung entspricht das methodische
Konzept zahlreicher Beiträge zur Ausgestaltung von Bestandsanalysen: hier macht
der Bestand offensichtlich Ziel und Konzept. Aufgabe der vorbereitenden Untersuchungen ist etwa nach Bundt (197o,1), "aus einer Bestandsaufnahme der bestehenden
sozialen, wirtschaftlichen, verkehrlichen, infrastrukturellen, baulichen Strukturen und Entwicklungstendenzen unter Berücksichtigung der Verflechtungen mit
dem Umland sowie der auf das Verflechtungsgebiet bezogenen Programme und Pläne
sowohl der öffentlichen Hand als auch der privaten Entscheidungsträger Neuord-
nungsziele für das Untersuchungsgebiet abzuleiten und alternative Sanierungs-
programme zu entwickeln und diese aufgrund der voraussichtlichen Kosten, Erträge
und Finanzierungsmöglichkeiten zu vergleichen und zu bewerten, wobei die Entscheidung über die zu realisierende Alternative den politischen Gremien offenbleibt." Gemäß einem solchen Verständnis bleibt für politische Entscheidungen
nur noch die Auswahl zwischen zu realisierenden Alternativen - ansonsten wird
der objektive Bestand objektiv erfaßt und führt scheinbar zu objektiven Ergebnissen.

Herstellung von Objektivität und Beschaffung von Legitimation als zentrale Auf-

gabe der formellen Bestandsanalysen wird verdeutlicht und verstärkt durch die
Tatsache, daß ca. 9o % aller vorbereitenden Untersuchungen von externen Gutachtern allein (mehr als 7o %) oder in Zusammenarbeit mit der Verwaltung durchgeführt werden." Die Erhebungen... erscheinen dem Bürger objektiver und weniger
kommunalpolitisch ausgerichtet, wenn außerhalb der Verwaltung Tätige diese Arbeit übernehmen." (Köpple und Schwantes, 1977, 35) Zugleich sind die Gutachter
über das Auftragsverhältnis sowie die finanzielle Abhängigkeit in ihren Verhal-
tensmöglichkeiten erheblich eingeengt. Damit ist gewährleistet, daß das Untersuchungsergebnis eine ausreichende Breite aufweist, um Platz zu lassen für die
interne Zielbildung. Die Herstellung von Legitimation noch im Verfahren selbst
hat auch eine rechtliche Seite. Nachdem deutlich wurde, daß eine Kontrolle des
Verwaltungshandelns ex post d.h. nach Abschluß des Verwaltungsverfahrens etwa
durch rechtlichen Angriff gegen den Verwaltungsakt oder die Satzung angesichts
der im Vorfeld bereits geschaffenen zahlreichen Fakten nur noch einen bedingten
Rechtsschutz gewährt, setzte sich in der juristischen Diskussion die Einsicht
durch, daß eine verstärkte Verfahrensteilhabe für die Betroffenen als Kompensa-
tion für die Rechtsschutzdefizite nach Abschluß des Verfahrens dienen kann (vgl.
Häberle 1972, bezogen auf das StBauFG Battis 1976, Gestefeld 1978 und zusammenfassend Selle & Selle 1980). Dieser Diskussionsstrang ist einer der Hintergründe
für die Rezeption der Beteiligungsangebote im StBauFG und die aktuelle Diskussion
um die Frage, ob Erörterungspflicht und Beteiligungsgebot auch nach der Beschleunigungsnovelle von 1979 fortbestehen (vgl. Selle 1979 b und Sperling 1980).
Festgehalten werden kann jedoch zweifelsohne, daß im Prozeß der Politik - und
Gesetzesformulierung Beteiligungsangebote in dem Maße zurückgenommen werden,
wie sie sich disfunktional für die ökonomische Aufgabenstellung eines Gesetzes
- in diesem Fall das StBauFG - auswirken. Ob sich demgegenüber selbständige
Rechte auf Verfahrensteilhabe für nichtinvestierende Betroffene behaupten
können muß vorläufig als offene Frage angesehen werden (vgl. 3.2).

Wenn wir die bislang aufgeführten drei Funktionen:
● Rechtssicherheit herstellen,
● Mittel beschaffen
● Legitimation herbeiführen
unter der Bezeichnung Begründungsfunktionen zusammenfassen, so stünde dem die
Realisierungsfunktion der Bestandsanalysen gegenüber.
Die Vorbereitung konkreter Maßnahmenplanung ist in der bislang vorliegenden
Literatur ebenso wie in der Auffassung der Planungspraktiker die zentrale wenn
nicht alleinige Aufgabenstellung für Bestandsanalysen. Wie oben bereits an einem
Zitat deutlich wurde (Bundt 1970) wird im deduktiven Planungsverständnis davon
ausgegangen, daß aus der Erhebung des physischen und sozialen Bestandes ggfs.
unter Berücksichtigung der sonstigen Planungen einer Kommune gradlinig Ziel und
Maßnahme resultieren. Stellt man dem die Realität von Sanierungsfällen gegenüber
so wird unschwer deutlich, daß in aller Regel häufig bereits vor Beginn der
offiziellen Bestandsanalysen wesentliche Ziele formuliert und Interessen for-
miert waren, wenn nicht gar erste Maßnahmen bereits eingeleitet wurden. So weist
Wollmann (1974) für die Altstadtsanierung in Heidelberg nach, daß in Absprache
von Investor und Stadtverwaltung lange vor den ersten politischen Beschlüssen
und der Einleitung formeller Bestandsanalysen wesentliche Grundstückskäufe bereits getätigt waren, so daß sämtliche Rahmenbedingungen für die erst noch zu
beschließende Altstadtsanierung bereits gesetzt waren.
Ein anderes Beispiel: In der Fallstudie zur Anwendung des StBauFG in Osnabrück
(Gewos 1978,36) finden sich im Zusammenhang mit der Erläuterung der Ausweitung
von Untersuchungs- und Sanierungsgebiet folgende aufschlußreiche Hinweise:
● "Obwohl die Stadt zu diesem Zeitpunkt über ein Strukturkonzept für die Innenstadt verfügte - das viele Vorstellungen enthält (z.B. den Parkring), die später
im Konzept der Gewos und der Neuen Heimat wiederkehren - liegt ihr daran, der
Öffentlichkeit gegenüber einen unabhängig erarbeiteten Vorschlag vorweisen zu
können."

● "Dieser Gedanke einer Überprüfung, bzw. Bestätigung eigener Ergebnisse durch den Gutachter, spielt auch bei der Abgrenzung und Bewertung der Sanierungsverdachtsgebiete eine Rolle; die praktische Ortskenntnis der örtlichen Planer bedarf der Absicherung durch "objektive" Untersuchungsmethoden..."

● Von einem Obergutachter wird ein Teilkonzept in Frage gestellt (Standort für weitere Entwicklung von Einzelhandel und Dienstleistungssektor); dies führt zur Ausdehnung des Untersuchungsgebietes. Der entsprechend übergreifende Untersuchungsbericht der Gewos bestätigt drei Jahre später die Richtigkeit des Teilkonzepts - die Priorität des Standorts Altstadt, "wo zu diesem Zeitpunkt aufgrund der weiterführenden Arbeiten von Stadt und Sanierungsträger längst für Teilgebiete die förmliche Festlegung nach § 5 StBauFG erfolgt ist".

Hier wird nachdrücklich die o.a. Legitimationsfunktion durch die Herstellung von "Objektivität" unterstrichen: während scheinbar noch Untersuchungen laufen, schaffen Träger und Verwaltung bereits die relevanten Fakten.

Daß die vorbereitenden Untersuchungen nach StBauFG eben primär Begründungsfunktionen erfüllen und in noch näher zu untersuchender Weise bestenfalls am Rande oder mittelbar auf Realisierungsvorbereitung ausgerichtet sind, verdeutlicht auch die Handhabung des § 93 StBauFG, der die Überleitungen von vor 1971 begonnenen Sanierungsverfahren regelt. Auch für diese Fälle wird eine Erstellung vorbereitender Untersuchungen bzw. eine Komplettierung des vorhandenen Materials verlangt. In einer Querschnittsuntersuchung des Instituts Wohnen und Umwelt (1974,3o) wird hierzu festgestellt, daß dabei bestenfalls "nachbereitende Untersuchungen... die eine bereits angelaufene Sanierung in ihrer Substanz nicht beeinflussen" können herauskommen, und so weder die Wahrnehmung der Beteiligungschancen als auch die Berücksichtigung materieller Belange der von der Sanierung Betroffenen garantiert werden (vgl. auch Fritz-Vietta u.a. 1975, 156 sowie Prognos 1978).

Daß diese Untersuchungen angefertigt werden, verweist auf ihre Begründungsfunktion und belegt bereits im Anspruch des Gesetzgebers die geringe oder nicht vorhandene Bedeutung der formellen Bestandsanalyse für die eigentliche Maßnahmenvorbereitung. Eine nähere Betrachtung der Angaben etwa zu den Sanierungszielen in den Berichten über vorbereitende Untersuchungen macht zudem deutlich, daß mit solch vagen Aussagen eine gezielte Bestandserhebung und -bewertung ebensowenig möglich wird wie das Verdeutlichen von Betroffensein für die Quartiersbewohner. Vorgeblich Bestandteil des Entscheidungs- und Auseinandersetzungsprozesses sind formelle Bestandsanalysen statt dessen nur das Aushängeschild interner Auseinandersetzungen mit dem Bestand ebenso wie interner Zielbildung und Maßnahmeneinleitung.

Was wunder, wenn im Regelfall die Konflikte erst nach der förmlichen Festlegung bei Beginn der konkreten Baumaßnahmen aufbrechen: "Die 1967 formulierten und politisch nachträglich abgesicherten Erneuerungsziele sind so allgemein gehalten, daß sie damals wie heute unstrittig sind. Eine Offenlegung der darin enthaltenen Zielkonflikte... blieb dem Durchführungsprozess überlassen." So die Gewos in ihrer Einschätzung des "Modellvorhabens" Alsfeld (1978a, 166)

Ähnliches wird am Modell Osnabrück beobachtet: "Die mit dem Antrag auf förmliche Festlegung abschließend formulierten Ziele können als praktikabler Rahmen für die Erneuerungsplanung gewertet werden. Als Ratsvorlage sind sie politisch abgesichert; daneben sind sie so allgemein gehalten, daß sie einerseits unstrittig, und leicht auf andere innerstädtische Sanierungsgebiete übertragbar andererseits - wie sich im Laufe des Verfahrens gezeigt hat - jederzeit neu interpretierbar sind. Die auf der Ebene der Maßnahmenziele ausgetragenen Konflikte sind allerdings schon in diesen generellen Zielen angelegt (z.B. zwischen verbesserter Erreichbarkeit und Wohnumfeldverbesserung in der Altstadt). Eine Offenlegung solcher Konflikte und ihrer Lösung,z.B. durch differenzierte räumliche Zuordnung der Einzelziele oder durch Prioritätensetzung, ist nur zum Teil erfolgt, bzw. blieb der Durchführungsphase überlassen. Entsprechend hat es auch keine ausgewogene Zieldiskussion bezogen auf die generellen Sanierungsziele gegeben." (Gewos 1978, 177).

Überspitzt formuliert: die formellen Bestandsanalysen liefern Plazebo-Informationen. Scheinobjektive Zustandsbeschreibungen und ebensolche Bewertungsverfahren sollen Eingriffe begründen helfen, deren Zielrichtung nebulös bleibt. Während der Begründungszusammenhang sich in der Verschiebung bzw. Verdrängung politischer Auseinandersetzung niederschlägt (Legitimationsfunktion), reicht der Restinformationsgehalt für die verwaltungsprozedurale und rechtliche Begründung der Einleitung einer Sanierungsmaßnahme.
Der Plazebo-Charakter der bei formellen Bestandsanalysen zusammenzutragenden Informationen erweist sich bereits bei näherer Betrachtung der hier (seit Hollatz) dominierenden Argumentationsfigur:
● Die Einleitung von Stadterneuerungsmaßnahmen setzt Mißstandsfeststellung voraus, da die Beseitigung dieser Mißstände im "öffentlichen Interesse" liegt. Es reicht also für die Beschaffung öffentlicher Mittel und die rechtliche Abschirmung des Sanierungsverfahrens, mit Hilfe "quantifizierbarer, relevanter und objektiver Merkmale" (Bohr u.a. 1976,13) die Kriterien für Substanzmängel und Funktionsschwächen des § 3 StBauFG, die sich in jedem Stadtgebiet in unterschiedlicher Formation ausfindig machen lassen (die mithin also ubiquitär sind) ausfindig zu machen.
Damit ist das Verfahren eröffnet.
● Was dann an die Stelle der zu beseitigenden Mißstände tritt ist nicht mehr Gegenstand der Erneuerungsvorbereitung. Schon ihrem Charakter nach sind die erhobenen Informationen nicht geeignet, auf Lösungen für die in den Mißständen zum Ausdruck kommenden Probleme hinzuweisen: sie beschreiben nur - begrifflos - Erscheinungsformen: so können Stadtautobahnen und Bankgebäude oder "gehobenes Wohnen" an die Stelle von (z.B.) als mißständig gekennzeichneten Wohngebieten treten.
Es reicht Mängel zu beseitigen. Nicht Inhalt der Maßnahmenableitung und -begründung ist die Frage, wie die realen Ursachen etwa"unzumutbarer Wohnverhältnisse" verbessert werden können: die Realisierungsvoraussetzungen für bessere Wohnverhältnisse der jetzt in den Sanierungsgebieten lebenden werden nicht behandelt - entsprechend werden die Ursachen für die beobachteten Mißstände nicht erhoben. Die mit der Bestandsaufnahme begründeten Mißstandsbeseitigungen können daher für die vorherigen Bewohner eine reale Verschlechterung ihrer Wohnsituation bedeuten.

● Diese Argumentationsfigur ist der ökonomischen Struktur der Sanierungsförderung wesensgleich: sie macht mit öffentlichen Maßnahmen das Feld frei (Übernahme der unrentierlichen Kosten). Argumentative und ökonomische tabula rasa für private Bauinvestitionen.

Hätte es noch eines abschließenden Belegs für die Funktion formeller Bestandsanalysen bedurft, so wurde er anläßtlich der Novellierungsvorschläge für Bundesbaugesetz und Städtebauförderungsgesetz im Rahmen der sog. Verfahrensbeschleunigung zur Verfügung gestellt. Dem ökonomischen Primat unterworfen werden Anforderungen an die Qualität von Vorbereitenden Untersuchungen dann zurückgenommen, als Anlaß zu "überflüssiger Mehrarbeit" diskreditiert, wenn die Konjunktur ein zügiges Verbauen von Investitionen im "leading sector" der Volkswirtschaft verlangt (vgl. Selle 1979a).
Besonders deutlich wurde die Außendarstellungs- und Legitimationsfunktion der Bestandsanalysen beim Vorschlag der ARGEBAU (1979) zur Verfahrensbeschleunigung. Demnach sollte in dem neuzufassenden StBauFG-Gesetz unterschieden werden nach "einfachen Erneuerungsmaßnahmen" (entspricht weitestgehend den bisherigen Substanzsanierungen) und "klassischen Sanierungsmaßnahmen" (Flächensanierung). Für die einfachen Erneuerungsmaßnahmen sollen keine vorbereitenden Untersuchungen vorgeschrieben werden. Flächensanierung (ihrem Charakter nach auf Zerstörung des Bestandes gerichtet) bedarf jedoch - diesem Vorschlag entsprechend - weiterhin der Bestandsanalyse als Voraussetzung zur förmlichen Festlegung des Sanierungsgebietes. Es scheint dies eine Verkehrung aller aus der aktuellen Praxis der Stadterneuerung in kleinen Schritten bekannten Grundsätze zu sein: gerade

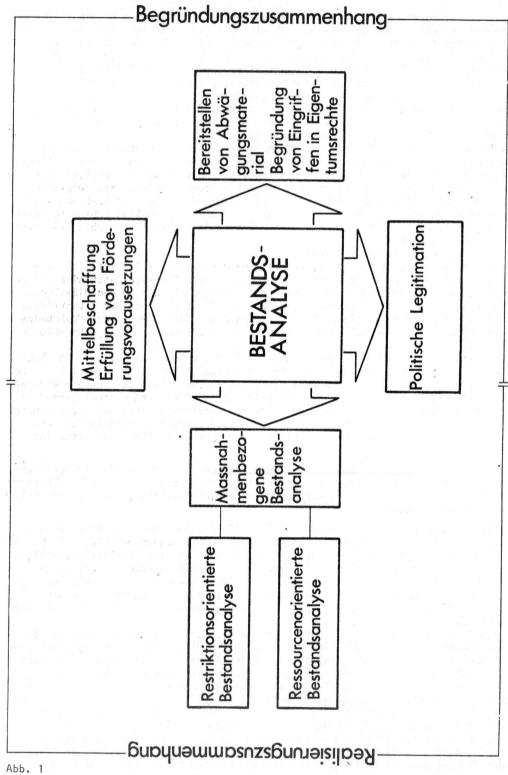

Abb. 1

58

jene Erneuerungsstrategien, die vom vorhandenen Bestand und der Überprüfung
seiner Verbesserungsmöglichkeiten ausgehen, sind im besonderen Maße auf intensive Vorbereitung, auf detaillierte Bestandsanalysen angewiesen. Zugespitzt
wurde dies z.B. in der Formulierung: "Je geringer die Eingriffe umso ausführlicher und intensiver die Vorbereitung."
Die ARGEBAU sah dies, stärker noch als die Bundesregierung in ihrem Novellie-
rungsvorschlag, anders. Eine Substanzsanierung greift nicht oder kaum in Eigentumsrechte ein und ist zudem für eine eigentümerzentrierte, subsidiäre Steuerung
geeignet. Insofern wird Vorbereitung und Durchführung der Erneuerung individualisiert und durchaus im rechtlichen Sinne privatisiert. Eine juristische Begründung für öffentliche Intervention ebenso wie eine politische Legitimation
kommunaler Planung wird somit verzichtbar. Anders bei der Flächensanierung:
hier wird in Eigentumsrechte eingegriffen (vor allem Bodenordnung). Hier sind
die Bewohner unmittelbar von kommunaler Planung betroffen etc.. Hier gilt es
also, den bislang entwickelten Thesen entsprechend Rechtssicherheit herzustellen und politische Befriedung durch Sachgesetzlichkeit und Objektivitätsfigur zu betreiben, kurzum: formelle Bestandsanalysen durchzuführen.

Zwischenbilanz 5:
*"Durch die vorbereitenden Untersuchungen gemäß § 4 StBauFG soll wesentlich fest-
gestellt werden,ob eine Sanierung überhaupt notwendig ist" (Bielenberg § 4
Rd.-Nr.21) "Empirisch sind...die wissenschaftlichen Voruntersuchungen für die
Entscheidungen, ob saniert werden soll, regelmäßig bedeutungslos. Sie legitimieren verwaltungsintern vorgefaßte und von der Gemeindevertretung bestätigte
Entscheidungen" (Schulze-Fielitz 1979,139).
Hier stehen sich rechtliche Auffassungen und empirische Beobachtungen gegenüber:
formelle Bestandsanalysen dienen dem Nachweis der Eingriffsberechtigung, sie
begründen das "Ob". Für die tatsächliche Entscheidungsfindung, für den Aushandlungsprozeß nicht nur über das "Ob" sondern auch über das "Wie" und "Wozu"
sind sie bedeutungslos. Der relevante Entscheidungsfindungs- und Maßnahmenvor-
bereitungsprozeß verläuft verdeckt durch die auf die Begründungsfunktion ausgerichteten formellen Bestandsanalysen und ist somit auch öffentlicher Kontrolle
nicht zugänglich.*

*Bei einem solchermaßen zugespitzten Ergebnis theoretischer Überlegungen und bis-
lang vorliegender empirischer Erfahrung stellt sich allerdings für die Konstruktion einer auf Praxisbeobachtung gerichteten Forschungsstrategie die Frage,
welche Bedeutung dann der Analyse der vorbereitenden Untersuchungen überhaupt
zukommen kann. Da deutlich geworden ist, daß eine alleinige (inhaltsanalytische)
Auseinandersetzung mit den formellen Bestandsanalysen nichts über die jeweils
untersuchten Gebiete oder über den realen Prozeß der lokalen Politikformulierung
auszusagen in der Lage ist, sondern lediglich die Begründungsanforderungen,die
aus gesetzlichen und Verfahrensvorschriften sich ergeben, widerspiegeln, liegt
das eigentliche Erkenntnisinteresse hinter den formellen Bestandsanalysen, also im internen Entscheidungsfindungsbereich. Den Zielsetzungen dieses Projektes
entsprechend kommt es also darauf an, Verknüpfungen der internen Entscheidungsfindung mit der formellen Außendarstellung deutlich werden zu lassen, um so der
Forderung nach Herstellung von Transparenz näherzukommen.
Forschungsmethodisch setzt das Fallstudien und Planungsbegleitungen oder teilnehmende Beobachtungen voraus.
Für die Rekonstruktion von Bestandsanalysen erscheint es notwendig, diese mit
Blick auf die verschiedenen Funktionalisierungen zu betreiben; gelingt es - bei
gegenüber den Betroffenen geöffneten Verfahren - die realisierungsbezogene, auf
eine schrittweise Maßnahmenkonkretisierung gerichtete Auseinandersetzung mit
dem Bestand von den Mittelbeschaffungs- und formale Verfahrensschritte begrün-
denden Funktionen abzukoppeln ist auch eine wissenschaftliche Kritik und praktische Auseinandersetzung mit den Informationsbedürfnissen in der Erneuerungs-*

vorbereitung sinnvoll. Zweierlei grenzt diese Betrachtungsrichtung jedoch ein:

● *an strukturellen Selektivitäten (z.B. baulich-räumliche Orientierung der Stadterneuerung) wird sich auch unter diesen Prämissen nichts ändern; wohl aber würden sie (bei "geöffneten" Verfahren) schon in der Vorbereitung der Maßnahmen in ihrem konkreten Niederschlag veränderbar.*
● *Ein "Öffnen" der Verfahren, ein Verzicht auf die Abschirmungsfunktion durch Scheinobjektivierung der Erneuerungsgründe und -ziele setzt jedoch voraus, daß historische Formveränderungen oder aber politischer Druck im Einzelfall den Verwaltungen den Verzicht auf formelle Bestandsanalyse als Legitimationsinstrument nahelegt.*

Ob dies eine realistische Perspektive sein kann, wird im folgenden Abschnitt untersucht.

Die nebenstehende Übersicht auf S.58 faßt noch einmal die Funktionszuweisungen an formelle Bestandsanalysen zusammen. Der Realisierungsaspekt ist, lediglich, um die aus dem Formwandel der Stadterneuerung resultierenden unterschiedlichen Ansprüche auszudrücken, unterteilt in die Alternativen:

● Restriktionsorientiert (etwa dann, wenn eine Funktionssanierung auf vorhandene Eigentumsstrukturen stößt)
● Ressourcenorientiert (zur Zeit etwa die Suche nach anlagewilligem Kapital, konkret: mitwirkungsbereiten Hauseigentümern).
(Vgl. auch die Unterscheidung in negative/positive Entscheidungsprämissen bei Jessen/Siebel/Walther 1980).

3.2   Begründungszwang und Beteiligung

Eine der zentralen Funktionen der formellen Bestandsanalysen ist - wie oben dargestellt - die Legitimationsbeschaffung. Während die anderen Verwendungszusammenhänge (Mittelbeschaffung, Rechtssicherheit) eindeutig zu sein scheinen, ist die Beschaffung von Legitimation zunächst relativ undeutlich. Was ist Legitimation und warum muß sie beschafft werden?
Einige Aspekte zur Beantwortung dieser Frage sollen hier kurz benannt werden, um vor diesem Hintergrund dann das Problem der Betroffenenbeteiligung an der Sanierungsvorbereitung bis in die jüngsten Formveränderungen zu betrachten (vgl. ausführlich zum Legitimationsproblem Rodenstein 1978, Ebbinghaus 1976 sowie grundlegend Habermas 1973). Legitimation im hier relevanten Kontext wird überwiegend verstanden als Zustimmung zu oder Hinnahme von Herrschaft: "Herrschaft ist nicht als dauerhafte historische Form denkbar ohne das affirmative Bewußtsein derer, die zwar herrschen, ihr aber zustimmen und sie unterstützen, zumindest dulden (Offe 1972,109).
Aber warum ist kommunale Planung als unterste Ebene staatlicher Politik und Planung legitimationsbedürftig?
Die in der Literatur zu dieser Frage vorgehaltene Antwort lautet zunächst: die Staatstätigkeit hat sich stark erweitert, der Staat muß zunehmend in die Funktionslücken des Marktes einspringen und diese zu kompensieren versuchen. Damit ist bereits rein quantitativ der Umfang des staatlichen Handelns, das der Zustimmung oder der Duldung bedarf, größer geworden. Nicht zuletzt deshalb, weil Wirkungen dieser Politik der jeweiligen staatlichen Instanz oder dem Staat insgesamt zugeschrieben werden. Diese Zuschreibung macht sich nun besonders auf der kommunalen Ebene bemerkbar, die für viele staatliche Politiken die Erscheinungsebene von Problemen und das Feld der Problembewältigung abgibt bzw. abgeben muß.
Aus der Legitimationsbedürftigkeit wird in einem kapitalistischen Staat dadurch ein Legitimationsproblem,   die Investitionsentscheidungen der privaten Wirtschaft die entscheidende Voraussetzung für Erfolg oder Mißerfolg staatlicher Politik darstellen. Andererseits muß sich diese Politik und Planung an den Investitionsinteressen eben der Unternehmen orientieren, will sie erfolgreich sein - dies

heißt unter den derzeitigen Bedingungen vor allem: will sie Wachstum erhalten bzw. stabilisieren.
"Da es in vielen Fällen einen Gegensatz zwischen Profitinteressen und den Interessen abhängig Beschäftigter (und das ist die große Mehrheit der Bevölkerung) gibt bedeutet dies, daß diese Politik zwischen die widersprüchlichen Imperative von Massenloyalität und Kapitalverwertung gerät" (Gotthold 1978,51)
Habermas (1973b) benennt die Punkte, an denen Legitimationsprobleme auftreten können: "Wir können den Staat als ein System auffassen, welches legitime Macht verwendet. Sein Output besteht in hoheitlich durchgesetzten administrativen Entscheidungen; dafür benötigt es ein Input von möglichst unspezifischer Massenloyalität. In beiden Richtungen kann es zu krisenhaften Störungen kommen. Outputkrisen haben die Form der Rationalitätskrise: Es gelingt den administrativen Systemen nicht, die Steuerungsimperative, die es vom Wirtschaftssystem übernommen hat, kompatibel zu machen und zu erfüllen. Daraus ergibt sich die Desorganisation von Lebensbereichen. Inputkrisen haben die Form der Legitimationskrise: es gelingt dem legitimatorischen System nicht, in Erfüllung der vom Wirtschaftssystem übernommenen Steuerungsimperative das erforderliche Niveau von Massenloyalität aufrechtzuerhalten." (S.21/22)

In dem bisher Dargestellten lassen sich alle wesentlichen Elemente der Problematik von Stadterneuerung wiederfinden. Wie schon von den ersten bundesdeutschen Bestandsbewertern (Hollatz und Schuster) und vielen anderen dargestellt, ist der Markt nicht in der Lage, eine angemessene Regeneration von Stadt zu ermöglichen. Hier muß der Staat in eine Funktionslücke springen: die Stadtstruktur bedarf der ständigen staatlichen "Wartung" (vgl. Jessen/Siebel/Walther 1980). Daß diese Funktionslücke sich weniger darin ausdrückt, daß der Markt nicht in der Lage wäre, angemessene Lebensbedingungen für einkommensschwache Bevölkerungsgruppen herzustellen, als vielmehr eine kontinuierliche Kapazitätssicherung für die Bauwirtschaft zu betreiben, kennzeichnet den Steuerungsimperativ, der nicht nur von einem Wirtschaftssektor, sondern gesamtökonomisch ausging und (in veränderter Form) ausgeht.
Naturwüchsige Umstrukturierungen überlagert durch die geplante Stadterneuerung führten jedoch zu Output-Krisen. Es gelang nicht, Desorganisation von Lebensbereichen zu vermeiden. Dies wiederum bewirkt Inputdefizite: Stadterneuerung und deren Vorbereitung stießen auf zunehmenden politischen Widerstand nicht nur der unmittelbar Betroffenen. Die Vorbereitung der Stadterneuerungsmaßnahmen erscheint als besonders geeigneter Ort, Legitimationsdefizite im Sanierungskontext abzubauen. Dies aus mehreren Gründen:

● Zunächst gestattet die frühe Planungsphase eine relativ gefahrlose Kontrolle der Realisierungsbedingungen bestimmter Interessen - gefahrlos insofern, als noch kein Kapital im wesentlichem Umfang eingesetzt wurde. Zum anderen ist dies der Ort, an dem die Autorität des Sachverstandes und die Autorität der professionellen Werte - beides wesentliche "traditionelle Quellen der Legitimität stadtplanerischen Handelns" (Rein 1973) ihre bevorzugte Anwendung erfahren.
● Sachverstand und professionelle Werte dienen zur Neutralisierung, zur Objektivierung staatlichen Handelns. Die Reizworte, denen wir insbesondere bei der Darstellung der verschiedenen Verfahrensansätze zur Bestandsanalyse immer wieder begegnen (vgl. Abschnitt 1 und 2) lauten "Objektivität" und "öffentliches Interesse".
"Es muß gewährleistet sein, daß Sanierung im öffentlichen Interesse geschieht". Das geht aber nur dann, wenn "subjektive Erfahrungen und Projektionen privater Lebensbedürfnisse ausgeschaltet und durch wissenschaftlich fundierte Bestandsaufnahmen ersetzt werden" (Hollatz 1958,52 ; ausführlich zum Gemeinwohl als einem Konstituens des öffentlichen Interesses: Fach in: Fach/Degen 1978,200f) Warum diese Form der Neutralisierung notwendig ist, beschreibt Offe: "Der Sachverhalt der Funktionalisierung von Souveränität nötigt den Staatsapparat seine klassengebundenen Funktionen unter dem Vorwand der Klassenneutralität wahrzunehmen ... Diese permanente Nötigung ergibt sich ... funktional aus dem Erfordernis,

im Namen des allgemeinen Wohls die gesellschaftlichen Existenzbedingungen des Kapitals gegen den empirischen Widerstand der einzelnen Kapitale durchsetzen zu müssen und umgekehrt aus der Gefahr, daß der offen praktizierte,kenntlich gemachte
Klassencharakter politischer Herrschaft das Risiko der Klassenpolarisierung und
der Politisierung des Klassenkampfes bewirkt... nur der gewahrte Augenschein der
Klassenneutralität erlaubt die Ausübung politischer Herrschaft als Klassenherr-
schaft." (Offe 1972,92/93)

Dieses Objektivitätsprinzip zu Legitimationszwecken dauert heute in der Praxis
noch an. Datenfriedhöfe in Hochglanzbroschüren, gutachterlicher Sachverstand und
die Bezugnahme auf legal definierte Normen (z.B. Mißstandskriterien des § 3 StBauFG)
sichern die eigentliche Zielsetzung der einzelnen Erneuerungsmaßnahmen gegenüber Einwendungen ab.
Mit dem StBauFG kam jedoch zu dieser, den formellen Bestandsanalysen ohnehin eigenen Objektivitätsfigur ein neues Instrument der Legitimationsbeschaffung hinzu:
mit § 4 Abs.1 Satz 2 wurde (unter Bezugnahme auf § 1 Abs.4) eine Erörterungspflicht
für die Erneuerungsvorbereitung konstituiert: "sie (die Gemeinde) soll dabei
(bei der Durchführung vorbereitender Untersuchungen, ks) auch die Einstellung
und Mitwirkungsbereitschaft der Eigentümer, Mieter, Pächter und anderen Nutzungsberechtigten im Untersuchungsbereich zu der beabsichtigten Sanierung ermitteln
sowie Vorschläge hierzu entgegennehmen."
Diese Einführung verdankt sich einerseits einem legitimationsheischenden Demokra-
tisierungsversprechen: "die betroffenen Bürger müssen die Gewißheit haben, daß sich
die bauliche Gemeindeentwicklung mit den genannten Folgen (Eingriff in menschliche Lebensumstände) nicht über sie hinweg von Amtswegen vollzieht. Es muß Vorsorge getroffen werden, daß ihre Vorstellungen über die Zielsetzung und Durchführung der Sanierung in die gemeindlichen Gesamtüberlegungen einfließen, daß die
Bereitschaft zu ihrem persönlichen Engagement gewertet wird und daß etwa zu erwartende Spannungen im wirtschaftlichen und sozialen Bereich vermieden oder gemildert werden. Mit der Verwirklichung dieses Gedanken einer stärkeren Demokratisierung der Sanierungsvorgangs... muß nach übereinstimmender Überzeugung des Ausschusses bereits bei der Vorbereitung der Sanierung begonnen werden." (Bericht
des 14.Bundestagsausschusses zit.nach Bielenberg Rd.Nr.6 § 4)

Zu nennen sind jedoch auch unmittelbare rechtliche und ökonomische Ursachen:
Ein zentrales rechtliches Argument für die Einführung einer möglichst frühzeitigen Beteiligung der Betroffenen liegt in der zunehmenden Bindungslosigkeit planender Verwaltung: mit der Ausdehnung der staatlichen Eingriffe auf neue Interventionsbereiche und die Zunahme der Regelungsgegenstände war eine wachsende Unschärfe der gesetzlichen Imperative gegeben: an die Stelle monokausaler wenn-dann-
Regeln traten weniger stringente Verfahrensvorschriften,die eher als Rahmenrege-
lungen zu charakterisieren sind. Der für die Planungsfunktionen notwendige Handlungsspielraum der Verwaltung geriet damit aber weitestgehend außer (gerichtliche)
Kontrolle. Die durch Artikel 19 Abs.4 GG gegebene Rechtsweggarantie und ihre
Konkretisierung etwa durch verwaltungsgerichtliche Kontrollmöglichkeiten war ge-
fährdet.Eine ex-post Kontrolle - etwa in der Auseinandersetzung um Sanierungsbebauungspläne etc. - setzt deutlich zu spät an und vermag wesentliche Vorentscheidungen nicht mehr zu korrigieren.
Dies war zusammen mit verschiedenen anderen hier nicht weiter dargestellten Argumenten (vgl. ausführlich Selle&Selle 1980) ein wesentlicher Ausgangspunkt für
die Konstruktion eines "Status activus prozessualis", der den Betroffenen im Verwaltungsverfahren selbst Beteiligungsmöglichkeiten einräumt und so eine rechtzeitige Kontrolle des Verwaltungshandelns ermöglichen soll (vgl. den diese Diskussion erneut forcierenden Beitrag von Redecker 1980).
Die Beteiligungsvorschriften des StBauFG und die später eingesetzten des BBauG
(§ 2a) sind in diesem Zusammenhang zu sehen.

Daß diese Rechtssituation entstehen konnte hatte auch ökonomische Ursachen:
gerade in der Frühphase der durch das StBauFG forcierten Sanierungstätigkeiten

prallten bei der Umstrukturierung vor allem der Stadtkerne verschiedene Kapitalfraktionen aufeinander: "die Dienstleistungsbetriebe suchen und finden ihre Standorte vorwiegend in den Städten und innerhalb der Städte in den Stadtkernen. Hier
konzentrieren sich mehr und mehr die gehobenen und höchsten Dienstleistungen.Die
Betriebe beanspruchen neuere und größere Flächen. Der Bedarf ist oft nur dadurch
zu befriedigen, daß die Unternehmen auf angrenzende d.h. citynahe Wohngebiete
ausweichen. Sie fügen sich in diese Gebiete aber nicht organisch ein und verändern die Funktionen der angrenzenden Wohngebiete allmählich insgesamt... Die
Vermehrung der Arbeitsplätze im tertiären Sektor, der Dienste leistende Berufe
sowie die Zunahme der Verkehrsvorgänge treffen auf Stadtstrukturen, die den an
sie gestellten Anforderungen nicht gewachsen sind. Im Ergebnis führen diese Vorgänge zu einer Überlastung und damit einer wachsenden Funktionsschwäche der
Stadtkerne. Sie sind nicht mehr in der Lage, den vermehrten und verschiedenen-
artigen Aufgaben zu genügen, die ihnen nach ihrer Lage und Funktion innerhalb
ihrer Gemeinde oder nach der wirtschaftlichen, sozialen und kulturellen Bedeutung
der Gemeinde im Verflechtungsraum zufallen. Die Beschleunigung, mit der sich die
Strukturveränderungen vollziehen, zwingt deshalb zu rechtzeitigen, planmäßigen
und nachhaltigen Bemühungen um eine städtebauliche Erneuerung... In den Verdichtungsräumen bestehen die Ordnungsziele vor allem darin, dem Strukturwandel
in den Stadtkernen durch Umbau des überkommenen städtebaulichen Gefüges Raum zu
geben." (Bundesratsdrucksache 530/68,30-31).

Die dem Tertiärisierungsdruck ausgesetzten Stadtstrukturen sind durch kleinteilige Eigentumsverhältnisse gekennzeichnet. Diesen "kleinen" Wohnungs- und Geschäfts-
inhabern geht die Stadtsanierung an die Existenz. Hier war ein Ausgleich zwischen
den verschiedenen ökonomischen Interessen - bei denen die "Parteinahme" der staatlichen Planung auf Seiten der naturwüchsig Stärkeren liegen mußte - herzustellen.
Dieser Ausgleich lag zum einen in der Privatisierungspflicht und zum anderen in
einer sehr frühzeitigen Abstimmung zwischen allen Beteiligten: in diesem Zusammenhang nannte die ARGEBAU den § 4 eine Schutzvorschrift. Bielenberg macht in seinem
Kommentar deutlich,wer hier geschützt werden soll: "§ 4 schreibt aber ausdrücklich vor, daß die Gemeinde den Eigentümern im Rahmen der vorbereitenden Untersuchung möglichst frühzeitig Gelegenheit zur Stellungnahme geben soll. Denn eine
Sanierung erfordert, wie die Erfahrungen gezeigt haben, eine besonders enge
Fühlungnahme und Zusammenarbeit zwischen Eigentümern und der Gemeinde..."

Während also die formellen Bestandsanalysen u.a. dazu dienen, das Begründungsma-
terial für Eingriffe in Eigentumsrechte zusammenzustellen und rechtlich abzusichern dient die Beteiligung u.a. dazu einen rechtzeitigen und möglichst reibungslosen ökonomischen Ausgleich zwischen den verschiedenen beteiligten Investoren und
Eigentümern herzustellen. Dies war - wie gesagt - die Kennzeichnung der Ausgangssituation zu Beginn der 7oer Jahre.

Die hier nur kurz skizzierten Determinanten von Städtebauförderungsgesetz und Sanierungspraxis sind veränderlich und im Zeitablauf einem Formwandel unterworfen.
So stellt sich heute sicherlich die Frage der Kapazitätsstabilisierung bei der
Bauindustrie - eines der zentralen gesamtwirtschaftlichen Momente bei der Etab-
lierung des StBauFG (s.o.) - anders als etwa 197o. Nachdem gegenüber 1973 eine
fast 5o%ige Reduzierung des Bauvolumens stattgefunden hat und freifinanzierter
wie sozialer Mietwohnungsbau gleichermaßen "tot" zu sein scheinen,konzentriert
sich die Förderungspolitik heute auf das Mobilisieren der vorhandenen privaten
Kapitalreserven - also insbesondere der kleinen Kapitale der einzelnen Haus- und
Grundbesitzer durch steuerliche Anreize und unmittelbare Zuschüsse, um überhaupt
noch Investitionen im Wohnungssektor in Bewegung zu bringen. Auch ist die Tertiärisierung der Innenstädte so verlangsamt worden, daß sich der naturwüchsige Um-
nutzungs- und Neustrukturierungsprozeß tendenziell selbst zu regulieren vermag
(allerdings mögen die Mittelzentren weiterhin eine Ausnahme bleiben, deren Kern-
bereiche durchweg noch mit dem StBauFG saniert werden).

Absatzprobleme auf dem Wohnungsmarkt, mangelnde Leistungsfähigkeit des StBauFG
bzw. des in ihm angelegten Finanzierungssystems im Hinblick auf großflächige Regeneration vorhandener Wohn- und Mischgebiete, Probleme selektiver Migration in
den Stadtregionen und verschiedene andere Faktoren (vgl. ausführlich Pesch/Selle
1979) haben für die Stadterneuerung eine wesentlich veränderte Ausgangsbedingung
geschaffen, die inzwischen auch ihre ersten gesetzlichen Auswirkungen hatte
(WoModG 1976, Veränderung baurechtlicher Bestimmungen 1978, Novellierung von Bundesbaugesetz und Städtebauförderungsgesetz 1979) und in Zukunft haben wird (Umstrukturierung des Rechts der Stadterneuerung im Hinblick auf die sog. einfache
Stadterneuerung vgl. hierzu ausführlicher Selle 1979b, 1980b Krüger u.a. 1979,
Krautzberger 1980).

Um die aktuellen Ausgangsbedingungen für die Vorbereitung der Stadterneuerung
vor diesem Hintergrund deutlicher werden zu lassen sollen drei verschiedene Typen von Sanierungsverläufen bzw. Sanierungsmaßnahmen kurz umrissen werden:

● marktvermittelte Stadterneuerung
die Entscheidung über Abriß, Neubau oder Modernisierung eines Wohngebäudes steht
zunächst in der alleinigen Verantwortung des jeweiligen Investors/Eigentümers.
So vollzieht sich die feinverteilte, marktvermittelte Stadterneuerung. Allerdings sind die Einzelentscheidungen abhängig von z.B. gesamtwirtschaftlich gesetzten ebenso wie stadtstrukturellen Rahmendaten. Zur Zeit des Tertiärisierungsdrucks war es aus der betriebswirtschaftlichen Sicht des einzelnen Gebäudeeigen-
tümers am Cityrand sinnvoll, die bei Umnutzung realisierbare Grundrente anzupei-
len, sein Gebäude auf Restnutzung zu setzen (d.h. Reinvestitionen unterlassen),
um es dann ggfs. abzureißen und das Grundstück mit tertiären Nutzungen ökonomisch
rentabler zu bebauen. Unter den aktuellen Bedingungen verbleiben dem Wohnungs-
eigentümer in innenstadtnahen Wohn- und Mischgebieten z.B. kaum Alternativen als
in den Bestand zu reinvestieren, um zumindest so eine maximale Verwertung des vor-
geschossenen Kapitals zu erreichen. Genau diese Reinvestitionstätigkeit ist seit
ca. 5 Jahren Gegenstand zunehmend verstärkter staatlicher Förderung. Dabei nehmen die direkten Modernisierungssubventionen (etwa nach dem ModEnG) nur einen
geringeren Teil ein. Von entscheidender Bedeutung sind insbesondere die jährlich
nahezu 4,5 Mrd. DM Steuervergünstigungen - das sind ca. 50% der insgesamt vom
Bund jährlich für die Städtebauförderung aufgewendeten Mittel. Sie fließen zu
einem großen Teil gerade auch in die Altbaubestände (durch die Ausweitung des
§ 7b sowie durch das Absetzen von Modernisierungsmaßnahmen nach § 82a EStDVO).

Förderung wie Investitionstätigkeit verläuft allerdings weit unterhalb der Reak-
tionssensibilitätsgrenze öffentlicher Planung bzw. des sog. Planvorbehalts, der
der Baufreiheit gegenübergestellt wird. Rechtliche Kontrolle ebenso wie planerische Beeinflussung fallen hier aus. Kommunale Steuerungskompetenzen bei der
Lenkung räumlicher und sozialer Prozesse werden somit um ein weiteres ausgedünnt,
indem über den Kopf der Gemeinden hinweg Art und Umfang der Stadterneuerung lediglich noch nach Konjunktur- und Krisensteuerungsgesichtspunkten gelenkt wird.
Der Zugriff auf lokale Investorengruppen - unmittelbar durch Förderangebote
und Steuervergünstigungen vollzogen - untergräbt den bislang in kommunaler Auto-
nomie gehandhabten Aufgabenbereich. Bezeichnend ist, daß nicht einmal präzise
Aussagen über den Umfang der Modernisierungstätigkeit in den Gemeinden vorliegen bzw. vorliegen können, da mit den Freistellungsverordnungen (die Modernisierungsmaßnahmen von der Anzeige- und Genehmigungspflicht befreien) jegliche
Kontrolle über bauliche Veränderungen im Bestand entfällt. Immerhin ist aufgrund der Wohnungsstichprobe 1978 (vgl. Bundesbaublatt 1980 H.7) davon auszugehen,
daß von 1973 bis 1980 ca. 8 Millionen Wohnungen von der Modernisierungsförderung
direkt oder indirekt erreicht wurden. Aus der Sicht der Betroffenen bedeutet dies,
daß in einer Vielzahl von Fällen z.T. gravierende Veränderungen der Lebensumstände (verschärfte Duldung der Maßnahmen gemäß § 20 ModEnG, durchführungsbedingte
Entmietung, Modernisierungsverdrängung durch Erreichen der Zahlungsfähigkeits-

64

grenze) stattfanden, ohne daß irgendeine Kontrolle der Erneuerungsvorbereitung, Einflußnahme auf die Maßnahmenbestimmung oder zumindest ein Anspruch auf Härteausgleich möglich gewesen wäre. Was bleibt sind lediglich privatrechtliche Auseinandersetzungsmöglichkeiten,die gerade im Modernisierungsbereich keine günstigen Ausgangsbedingungen haben.

● weiche Stadterneuerung
Die oben als marktvermittelt bezeichnete Erneuerungstätigkeit wird in bestimmten Bereichen überformt durch kommunale Steuerungsversuche. Viele Bezeichnungen für diese Art der Stadterneuerung sind z.Zt. im Umlauf: Stadterneuerung... im Vorfeld des StBauF, ...ohne StBauFG, ...in kleinen Schritten, Gebietsmodernisierungen oder - im Zusammenhang mit den neuerlichen Novellierungsüberlegungen zum StBauFG: "einfache" städtebauliche Erneuerung. Gemeint ist im Wesen das Gleiche: Initiierung und Lenkung der privaten Reinvestitionstätigkeit. Die atomisierten Investitionsentscheidungen der Einzeleigentümer sollen "städtebaulich wirksam" gebündelt werden. An die Stelle der zunächst erprobten gesetzlichen Regelungen (z.B. Modernisierungsschwerpunkte nach ModEnG) bzw. flankierend zu diesen treten heute vor allem kommunale Planungsvorleistungen und Sonderförderungsprogramme. Vor allem die Attraktivierung der Altbauquartiere im Zuge der Wohnungsumfeldverbesserung (vgl. Pesch u.Selle 1979) und die daraus resultierende Lagewertanhebung sind Instrumente dieser Steuerungsversuche.
In wesentlichen Bereichen verläuft diese Form der Stadterneuerung jedoch auch außerhalb der öffentlichen Kontrolle: auf das Aufstellen von Bebauungsplänen wird weitestgehend verzichtet, die Vereinbarungen mit Hauseigentümern und Investoren werden unmittelbar zwischen diesen und der Verwaltung ausgehandelt, eine Kontrolle der Verwaltungstätigkeit kann bestehenfalls noch über die Haushaltsansätze erreicht werden. Schon strukturell erscheint unter den gegebenen ökonomischen Bedingungen hier die kommunale Planung auf ein "Klinkenputzen" bei Investoren ausgerichtet. Versuche, in das "Investitionsreizklima" Sozialbindungen einzulagern scheiterten: Modernisierungsmittel, die an Belegungsbindungen geknüpft sind,werden nicht angenommen (vgl. Bauwelt (198o) H.31 mit einem Beispiel aus Köln). Selbst seit langem etablierte Belegungsbindungen,wie die an den § 17 des II.Wohnungsbaugesetzes geknüpften, werden - etwa im Rahmen des Ruhrprogramms der Landesregierung Nordrhein-Westfalen - in Frage gestellt. Der Angstgegner der Stadterneuerungsplaner wird mit der Bezeichnung 'Investitionshemmnis' belegt. Zauberwort für die Lösung zahlreicher Probleme scheint 'Investitionsbeschleunigung' zu sein.
Auch in diesem zunehmend bedeutsamer werdenden Planungszusammenhang ist eine formelle Vorbereitung der Maßnahmen im Sinne der oben beschriebenen Funktionalisierung nicht notwendig: Eingriff in Eigentumsrechte finden nicht statt, eine Vermittlung zwischen den Interessen verschiedener Kapitalfraktionen entfällt,etc. Eine Legitimation gegenüber den Betroffenen ist deswegen nicht notwendig, weil alle Maßnahmen (Modernisierung, Wohnungszusammenlegung etc.) vom jeweiligen Hausbesitzer/Investor ausgelöst werden.
So stiehlt sich also die öffentliche Planung aus der Verantwortung für die Folgen dieser Form von Stadterneuerung: angeregt werden die Investoren durch öffentliche Maßnahmen (Steuern, direkte Förderung, sachliche Vorleistungen, privatrechtliche Verträge zwischen Stadt und Investor). Was sie, wie investieren und wer davon betroffen ist bleibt dem Binnenverhältnis zwischen Mieter und Vermieter überlassen. Dieser Rationalität entsprechend werden denn auch Sozialpläne für eine solche Stadterneuerung für überflüssig erklärt (vgl. Sperling 198o). Soweit öffentliche Planung auf Widerstand stößt, weicht sie dem aus: wie zahlreiche Beispiele zeigen "hüpft" die Stadterneuerung in kleinen Schritten so von Haus zu Haus, umgeht widerstrebende Investoren oder Mieter, um sie von den "Nachbarschaftseffekten" einer geglückten Quartiersaufwertung wegspülen zu lassen.
Selbst manche in den Planerstuben ausgebrütete sozialorientierte Stadterneuerungsstrategie verkommt unter den kalten Winden des Wohnungsmarktes zur unkon-

trollierten Aufwertung.

Das verweist auf Gegensteuerung gerichtete Ansätze an die regionale Wohnungs-
marktebene: die Steuerungsmöglichkeiten an diesem Punkt entscheiden heute über
die Wirkungen der Stadterneuerung (im Sinne der ersten beiden Typen).

Die Annahme, daß marktvermittelte und "weiche" Strategien ihrer eigenen Rationalität gemäß auf präzise Vorbereitung angewiesen wären, scheint weder theoretisch noch empirisch verifizierbar. Die Sanierungsvorbereitung verläuft hier
nach dem Versuch und Irrtum-Prinzip: beißt an den staatlichen Förderungsspeck
kein Investor an, bessert man das Angebot auf, streut es möglichst breit, um
alle Investitionswilligen zu erreichen und legt ggf. noch ein wenig kommunalen
Schinken dazu - allein der Mittelabfluß entscheidet über die Qualität der Programme. Soziale und stadtstrukturelle Konsequenzen sind Nebenfolgen dieser Kö-
der-Strategie.

Die Informationsströme haben sich scheinbar umgekehrt: nicht die Planer werden
mit Informationen versorgt sondern alle Informationsarbeit richtet sich darauf,
die Eigentümer zu massieren: das Medium (Förderung) ist die Botschaft.

● harte Stadterneuerung

Dort, wo Stadterneuerung mit dem höchsten Maß an öffentlicher Intervention verbunden ist - nämlich bei der Anwendung des StBauFG - haben sich auch Änderungen
ergeben, die dem Fetisch Investitionsbeschleunigung zu danken sind. Für den Bereich der Vorbereitung der Stadterneuerung wurde mit der Beschleunigungsnovelle
vor allem die vorbereitende Untersuchung dann für überflüssig erklärt, wenn bereits andere Beurteilungsunterlagen vorliegen. Ob damit auch die Erörterungspflicht in der Vorbereitungsphase entfällt ist zur Zeit umstritten. Wortlaut und
Syntax des § 4 Abs.1 n.F. legen dies nahe. Die Kommentierung (vgl. Bielenberg)
hält jedoch an einer Erörterungspflicht fest. Außerdem ergibt sich aus der
neueren Rechtssprechung des Bundesverfassungsgerichts - insbesondere unter Bezugnahme auf die Rechtsschutzgarantie des Art. 19 Abs.4 GG (siehe oben) - offensichtlich eine tendenzielle Ausweitung der rechtlichen Anforderungen an die
Qualität frühzeitiger Betroffenenbeteiligung. Insofern sind - aus juristischer
Perspektive - die Folgen der Beschleunigungsnovelle für die Erneuerungsvorbereitung als nicht so gravierend anzusehen,wie zunächst vermutet (vgl. ausführlich
Selle&Selle 1980).

Es ändert dies jedoch nichts an der grundsätzlichen Beurteilung der Tendenzen im
Formwandel der Stadterneuerung. Die angestrebte erneute Novellierung des StBauFG
im Sinne der sog. einfachen Stadterneuerung wird, soweit es z.Zt. abzusehen ist,
ganz wesentlich Elemente des zweiten Stadterneuerungstyps beinhalten (vgl. auch
v. Einem 1980, Difu 1980).

Zwischenbilanz 6:
Es besteht wenig Aussicht,daß "eine technokratische Position,die Sozialplan und
Beteiligung zusammen mit den dazu notwendigen Erhebungen und Verfahrensschritten
als Firlefanz abtun möchte, bald an ihren nicht vorhergesehenen Folgeproblemen
scheitern (wird)." (Jessen/Siebel/Walther 1980,4f) Es ist vielmehr wesentliches
Kennzeichen der aktuellen Stadterneuerung, daß dieser Firlefanz - unter dem Etti-
kett Investitionshemmnis - beiseitegeschoben wird: da bei der Wohngebietser-
neuerung kaum gravierende Interessensgegensätze zwischen den Investierenden klaf-
fen und die Nicht-Investierenden vereinzelt von den Investitionsentscheidungen
der Eigentümer (und nicht den Planungen der Stadt) getroffen werden, ist auch mit
Input-Krisen (Legitimationsdefiziten) nur vereinzelt zu rechnen.
Damit entfallen wesentliche Funktionsvorgaben für Bestandsanalysen und - wie sich
abzeichnet - auch ein Teil der Bestandsanalysen im Stadterneuerungskontext selbst.
Begründungszwang und Beteiligungsnotwendigkeit, wie sie sich für die Erneuerungs-
vorbereitung exemplarisch in den Vorschriften des § 4 StBauFG niederschlugen,sind
demnach emminent von der Veränderung der jeweiligen ökonomischen Situation ab-
hängig, deren gesamtwirtschaftliche Grundstruktur im einzelnen lokalen Fall noch

einmal von den besonderen ökonomischen Konstallationen der jeweiligen Gemeinde
beeinflußt wird.
Analytisch ist dieses Hypothesenbündel am ehesten durch Längsschnittanalysen zu
verdeutlichen - die Beschreibung des Sanierungsprozesses in Hannover Linden ist
hierfür ein gutes Beispiel. Für die Rekonstruktion von Forderungen an die Vorbereitung der Stadterneuerung folgt zunächst die nach der größtmöglichen öffentlichen Kontrolle der einzelnen Verfahrensschritte; sie ist jedoch unmittelbar
zu verbinden mit der Frage nach aktiven Informationszugangsmöglichkeiten für die
Betroffenen. Ansonsten wird in diesem Bereich sehr schnell die Grenze sinnvoller
Forderungen für die Erneuerungsvorbereitung erreicht: insbesondere im Hinblick
auf den Typ 1 (marktvermittelte Steuerung) sind Rahmenbedingungen der Wohnungsversorgung anzusprechen,die eben nicht mehr nur auf Stadterneuerung zu beziehen
sind, sondern bislang ungelöste wohnungspolitische Probleme einbeziehen. Aber
auch die Erneuerung des Typs 2 muß - verfolgt sie sozialpolitische, auf die
Sicherung der Wohnungsversorgung gerichtete Ziele - Stadterneuerung als Wohnungsmarktintervention begreifen und hier gegenzusteuern versuchen.
Es heißt dies alles nicht, daß die Bestandsanalysen im herkömmlichen Einsatzbe-
reich keine Verbesserungen mehr wert wären: wenn auch ihr Stellenwert zurückgeht,
so bleiben sie doch für alle räumlich gebündelten, öffentlich getragenen Stadt-
erneuerungen relevant - und können (unter veränderten ökonomischen Vorzeichen)
wieder an Relevanz gewinnen. Die Beteiligungsangebote bestimmen sich - ebenso
wie die Qualität der formellen Bestandsanalysen - hier dann wieder über das Be-
gründungsbedürfnis der öffentlichen Planung - die Beteiligungsmöglichkeiten
sind jedoch von Betroffenenseite durch extensive Anwendung grundrechtlich gefestig-
ter Rechtspositionen zu erweitern. Die Forderungen müssen - in dieser Logik -
bis zu völligen Aktenöffentlichkeit reichen.

4. Bestandsanalyse als Auseinandersetzung um den Bestand

4.1 Zu den Dimensionen des Handlungsraumes

Nach dem in den vorangegangenen Abschnitten die Funktionalisierung von Bestandsanalysen, insbesondere den formell definierten, beschrieben wurde und dabei die
Inhalte, die konkrete Gestaltung der Auseinandersetzung mit dem Bestand weitestgehend unscharf blieben, gilt es nun, diese Inhalte weiterzustrukturieren.
Dabei wird die zuvor (Abschn.2) eingeführte Trennung der formellen von den informellen Bestandsanalysen wieder aufgehoben: ich gehe jetzt von einem idealtypischen Prozeß der Auseinandersetzung mit dem Bestand aus und untersuche, was
wahrgenommen, verarbeitet und bewertet wird. Diese Analyse wird an dieser Stelle
nur sehr verkürzt wiedergegeben: die Vielzahl der Wahrnehmungs- und Verarbeitungs-
schritte und der jeweils an sie gebundenen Selektivitäten erfordert eine sehr viel
umfassendere Darstellung (vgl. Selle 1980). Hier soll es nur darum gehen, die Verknüpfung der eigentlichen Bestandswahrnehmungen mit anderen Gesichtspunkten
- also z.B. dem Eindringen der zuvor abgehandelten Funktionen in die Struktur -
aufzuzeigen.

● Interne Kriterien
Das Vorverständnis von Bestandsanalysen ist geprägt durch die Vorstellung von
einem Subjekt (Planer), der einem räumlich mehr oder minder vordefinierten städtischen Bereich gegenübertritt, um ihn aufzunehmen. Dabei wird dieser Objektbereich in Elemente und beschreibende Merkmale zergliedert. Wir nennen diese Elemente (z.B. Gebäude) und die sie kennzeichnenden Merkmale (z.B. Gebäudealter)
interne Kriterien.

Warum was aufgenommen wird, wie es gemessen und mit welchen Schwellenwerten es
bewertet wird, ist nicht aus dem Bestand abzuleiten, sondern Ergebnis einer Begriffsbildung, einer Operationalisierung, in die bereits zahlreiche äußere Faktoren eingreifen (Auf diesen Zusammenhang wurde in Abschn.1.3 bereits hingewiesen).

● Externe Kriterien

Diese äußeren Faktoren lösen bereits den Prozeß der Bestandsanalyse aus und bestimmen ebenso wesentlich seine konkreten Inhalte. Das Aufgabenfeld des mit der Bestandsanalyse befaßten Planers, dessen konkrete Aufgabenstellung und die von ihm wahrgenommenen - z.B. instrumentellen - Handlungsmöglichkeiten wären solche Faktoren, die für die Ausgestaltung der Auseinandersetzung mit dem Bestand wesentlichen Auschlag haben. Wir nennen diese äußeren Faktoren externe Kriterien.

Wenn wir von einer kommunalen Handlungsebene ausgehen, so erscheint es sinnvoll, diese externen Kriterien hinsichtlich ihrer Beeinflußbarkeit durch den auf der kommunalen Planungsebene agierenden zu differenzieren. Es kann daher unterschieden werden zwischen:

→ allgemeinen Handlungsvoraussetzungen (es wären dies strukturelle Funktionsimperative des Systems, politisch-ökonomische Gesamtentwicklung und deren Niederschlag etwa in Gesetzen, Förderungsbestimmungen etc.) und

→ besonderen Handlungsvoraussetzungen (Finanzsituation der Kommune, Planungsziele der Kommune als z.B. eine Vorgabe für die Definition von Erneuerungsgebieten, Organisation der Planungsaufgabe, Stadterneuerung im Kontext der kommunalen Verwaltung, Investitions- und Nachfragesituation auf den relevanten Wohnungsteilmärkten etc.) De facto überlagern sich allgemeine und besondere Handlungsvoraussetzungen im konkreten Fall. So zwingt die strukturelle, finanzielle Unselbständigkeit der Gemeinden sie zunächst jedes Förderungsangebot mitsamt dessen konkreten Förderungsbedingungen aufzugreifen. Soweit dann z.B. durchsetzungsstarke lokale Investorengruppen sich diese Förderungen zunutze zu machen verstehen - wie dies insbesondere in den Anfangsjahren der Modernisierungsförderung (1974/75) geschah, als die kommunalen Wohnungsgesellschaften den Großteil der Förderung abschöpften - werden dann Förderungsangebot und Investitionsinteresse zu einem gleichsam unabwendbaren Sachzwang mit allen weiteren Konsequenzen für etwa die Festlegung von Sanierungs- (und d.h. hier eben Förderungs-)gebieten, Modernisierungszonen etc..

Im lokalpolitischen Kontext werden häufig die allgemeinen Handlungsvoraussetzungen - etwa Anfang der 7oer Jahre die Vergabekriterien für Mittel des StBauFG in der Konkretion der Nordrhein-Westfälischen Standortprogrammplanung- mit dem Gewicht von Sachgesetzlichkeiten auf der Grundlage der jeweils herrschenden Meinung über ihre Anwendung und Anwendbarkeit argumentativ eingesetzt. Dies auch zur Objektivierung von Sanierungsabsichten und als Mantel für interne Sanierungsziele. Auch für den konkreten Verwaltungsangehörigen, der mit einer Erneuerungsaufgabe betraut ist, bedeuten diese Vorgaben im Regelfall klare Handlungsanweisungen, die - überwiegend undiskutiert - das weitere Verfahren steuern.

Erst starke Organisationen der Beplanten begannen, Handlungsvoraussetzungen gegen den Strich zu analysieren, aufzuzeigen, daß eine ihren Bedürfnissen und Zielvoraussetzungen entsprechende Planung auch mit und im Rahmen der herrschenden Handlungsvoraussetzungen realisierbar ist. Beispiele für diese parteiliche Gegeninterpretation der Handlungsvoraussetzungen - und damit der Versuch der tatsächlichen Ausschöpfung der verbliebenen Handlungsspielräume im Interesse der Betroffenen - finden sich insbesondere im Kontext der Konflikte um die Arbeitersiedlungen im Ruhrgebiet (vgl. z.B. Boström und Günter 1976 sowie Ernst u.a.1978)

● Zusammenhang von internen und externen Kriterien

Lassen wir den konkreten Vermittlungsprozeß von Handlungsvoraussetzungen zur Auseinandersetzung mit dem Bestande eines sanierungsbedürftigen Gebietes - es handelt sich hier im Prinzip um verschiedene Qualitäten von Selektivitäten, wie sie etwa bei Offe (1972,79f) beschrieben werden - außer Acht und wenden uns lediglich dem Ergebnis des engen Zusammenhangs von internen und externen Kriterien zu. Dies soll an einem der vielen Beispiele für eine völlig unterschiedliche Bewertung ein und derselben Substanz im Abstand weniger Jahre geschehen.

1970 führte die Prognos-AG im Auftrag der Stadt Wuppertal für den Bereich der Elberfelder Nordstadt - einem 76 ha großen Gründerzeitviertel in Cityrandlage -

eine vorbereitende Untersuchung durch (vgl. Prognos 1971). Sechs Jahre später
war das gleiche Gebiet Gegenstand einer Bestandsbewertung im Rahmen eines For-
schungsauftrags des Innenministers Nordrhein-Westfalens (vgl. Michaeli u.a.
1977). Beide Untersuchungen kommen - vergleicht man ihre Ergebnisse an einem
Block des Objektbereichs - zu sehr unterschiedlichen Resultaten:
- Im gesamten Untersuchungsgebiet sind "zwei Drittel aller zum Wohnen dienenden
Gebäude für diese Funktion mit erheblichen oder gar untragbaren Mängeln belastet"
(Prognos S.39). Für den hier zum Vergleich herangezogenen Block gilt, daß er als
Mängelschwerpunkt besonders herausragt (vgl. Prognos S.38; Tab . S.36). Konse-
quenterweise sieht ein Baustrukturplan der Stadt Wuppertal aus dem Jahre 1972,
der auf dem Prognos-Gutachten basiert, einen vollständigen Abriß dieses und der
angrenzenden Blöcke sowie aufgelockerte Neubebauung vor (vgl. Ahlemann und
Friedrich in: Kooperierende Lehrstühle 1975,75)
- Grundsätzlich alle Gebäude in Block 11 (Ausnahme 6% der Fachwerkbauten) sind
instandsetzungsfähig und - unter Berücksichtigung förderungstechnischer Gesichtspunkte - instandsetzungswürdig (vgl. Michaeli u.a. S.71-1o4).

Um diesen gravierenden Unterschied zu erklären seien zunächst die Handlungsvoraussetzungen, vor denen die beiden Gutachten entstanden, näher betrachtet:
- 197o, zur Entstehungszeit des StBauFG, erfreute sich die Anlagesphäre Wohnungs-
neubau ungebrocher Beliebtheit. Seinen Ausdruck findet das in Wuppertal im Bau
großer Siedlungen am Stadtrand - in die (nach Berliner Muster) Sanierungsver-
drängte "umgesetzt" werden können - und zugleich geringer Investitionstätigkeit
in bestimmten Teilen der Altbausubstanz (vgl. zum Zusammenhang von Stadtsanierung und Neubau: Institut Wohnen und Umwelt 1974,157f)
Zugleich war mit der Erwartung auf das StBauFG die Hoffnung auf einen 66%igen
Finanzierungsanteil von Bund und Ländern verknüpft: damit die Chance unter Zu-
hilfenahme fremder Gelder im großen Umfang Probleme im Stadtgebiet angehen zu
können. Wie sehr das Prognos-Gutachten geprägt sein konnte von ungebrochener
öffentlicher und privater Investitionslust mag durch die Tatsach unterstrichen
werden, daß finanzielle Aspekte in der gesamten Untersuchung an keiner Stelle
problematisiert werden. Vor dem Hintergrund dieser ökonomischen sind dann einige
der besonderen Handlungsvoraussetzungen zu erklären: die Planungsziele der Stadt
z.B., die durchschnittliche GFZ auf 1,2 zu senken und zugleich die Bevölkerungszahl des Gesamtgebietes um 6.1oo EW zu reduzieren,setzen voraus, daß unrentierliche Kosten in hohem Umfang gedeckt werden können und auf der anderen Seite
der notwendige Ersatzwohnraum (der auch dann notwendig wird, wenn man von einer
"natürlichen" Bevölkerungsreduzierung im Untersuchungsgebiet ausginge) problem-
los zu erstellen ist.
Demgegenüber hatte sich die Situation 1976 wesentlich verändert: die sogenannte
Tendenzwende im Wohnungsbau und damit auch der staatlichen Wohnungs- und Städtebaupolitik war voll entfaltet. Aus konjunktur- und strukturpolitischen Erwägungen ebenso wie angesichts der Probleme in der Wohnungsversorgung einkommensschwacher Gruppen wurde eine verstärkte Wohnungsbestandsapolitik unabweisbar.Da-
bei mußte zudem von einer besonders angespannten Haushaltslage der öffentlichen
Hände insgesamt wie der Kommunen (die zunehmend häufiger nicht einmal mehr zur
Komplementärfinanzierung von Sanierungsmaßnahmen nach StBauFG in der Lage waren)
im besonderen ausgegangen werden, die es notwendig machte, mit einem Minimum an
öffentlichen Investitionen ein Maximum an wohnungspolitischer Breitenwirkung zu
erzeugen. Diesen Zielen sollte die verstärkte Modernisierungsförderung dienen.
Es zeigte sich jedoch, daß "bestimmte Teile des Wohnungsbestandes von den Subven-
tionen nicht erreicht wurden bzw. bestimmte Gruppen der Hauseigentümer (eben jene,
die in Gebieten wie der Elberfelder Nordstadt massiert auftreten: etwa 3o% der
Eigner waren objektiv nicht im notwendigen Umfange investitionsfähig; ks) auf
die Förderungsanreize nicht mit Reinvestitionen in ihren Althausbesitz reagieren." (Michaeli u.a.7)Vor diesem Hintergrund mußte es Ziel der Studie sein,nach
Wegen zu suchen, die neben der notwendigen Breitenwirkung "den schmalen Grad

zwischen Rentabilität der Maßnahmen (aus der Sicht der Eigentümer) und Mietzahlungsfähigkeit der derzeitigen Nutzer" einhalten. Diese allgemeine Kennzeichnung
der Handlungsvoraussetzungen ließ sich zum Zeitpunkt der zweiten Untersuchung
auch in Wuppertal konkretisieren: seit der Prognos-Untersuchung waren nur in
einem verschwindend kleinen Teilbereich der Nordstadt (ca. 1% der Fläche) Erneuerungsmaßnahmen (nach StBauFG) eingeleitet worden, während der überwiegende
Teil der Wohnungen nicht einmal in seinem Bestand gesichert war. Gleichzeitig
war das Wohnungsneubauvolumen so weit reduziert, daß die verbliebenen Einheiten
Gegenstand verwaltungsinterner Auseinandersetzungen über den angemessenen Standort wurden - sie hätten jedoch keinesfalls ausgereicht, um ernsthaft an die Umsetzung der sich aus dem Prognos-Gutachten ergebenden Konsequenzen zu gehen.

Es liegt nahe, daß die dargestellten Handlungsvoraussetzungen und die darin ein-
gebetteten Untersuchungsziele auch zu einer sehr verschiedenen Operationalisierung
der Nachfrage nach Informationen zum Wohnungs- und Gebäudezustand führen mußten:

- Die Prognos stützt ihre Bestandsbewertung im wesentlichen auf eine Begehung,
bei der primär die Außenfassade berücksichtigt wurden (ergänzend: Zustand des
Treppenhauses und Stockwerkshöhen). Zudem wurde das Gebäudealter verwertet,"weil
es in der Regel ein Indiz für den Zustand der technischen Anlagen (z.B. Rohr-
leitungen) und der Decken darstellt." Abgesehen von der Frage der konkreten Meß-
barkeit dieser Kriterien (wann etwa ist ein Außenmauerwerk als feucht zu bezeichnen?) der Berechtigung der Merkmalsauswahl (Stockwerkshöhe) oder der Art der Informationsbeschaffung (wer hat die Begehung durchgeführt, war der Begeher in der
Lage einen Indikator wie Schwamm erstens richtig zu identifizieren und zweitens
die korrekten Schlußfolgerungen auf den Zustand der befallenen Bauteils zu ziehen?) ist das Ergebnis dieser Auseinandersetzung mit dem Bestand interessant:
47% der Gebäude weisen nach den Ergebnissen des ersten Gutachtens "konstruktive
Mängel" auf. Vergleicht man diese Aussage mit der des zweiten Gutachtens und berücksichtigt um der Vergleichbarkeit willen lediglich die Qualität der Außenwän-
de (die für das Prognos-Gutachten entscheidend waren) dann steht dem ersten Ergebnis die Aussage, daß 94% aller Gebäude im Untersuchungsgebiet keine schweren
Mängel aufweisen, gegenüber.

- Die auf erhaltende Erneuerung gerichtete Studie versuchte den o.g. Zielsetzungen
dadurch gerecht zu werden,daß auf der Grundlage einer sehr detaillierten bau-
teilbezogenen Bestandsaufnahme unterschieden wurde in Instandsetzungssockel und
gesamten Instandsetzungsaufwand, d.h. zunächst allein die Frage der Instand-
setzungsfähigkeit der Gebäude, ausgedrückt in der Dringlichkeit der Schadensbe-
seitigung (z.T. in Abhängigkeit von alternativen Restnutzungsdauerannahmen) von
Bedeutung war. Damit war die Standardfrage (die bei der Prognos im bautechnischen
Bereich offenbleibt und im wohntechnischen am sozialen Wohnungsbau ausgerichtet
ist) im ersten Schritt auf die pure Sicherung des Bestandes sowie Gefahrenabwehr
und Vermeidung von baulichen Folgeschäden ausgerichtet. Alle darüberhinausgehen-
den Maßnahmen konnten dann auf der Grundlage einer gestuften Standardhierarchie
in Abhängigkeit von Investitionsfähigkeit und Mietzahlungsbereitschaft bestimmt
werden. Orientiert war diese Art der Bestandsbewertung unmittelbar an den Erfordernissen der späteren Modernisierungsfinanzierung: da das Wohnungsmodernisierungsgesetz nur bestimmte Instandsetzungsanteile förderungsfähig macht, war
eine direkte Koppelung von Erhaltung und Verbesserung der Gebrauchsfähigkeit gegeben, der durch die Bestandsbewertung entsprochen werden mußte.
Selbstverständlich operierten beide Gutachten auf unterschiedlichen organisatorischen Grundlagen und verfügten zweifellos über verschiedene - auch personelle -
Kapazitäten: so war es Aufgabe der Prognos das gesamte Untersuchungsgebiet
zu erfassen, während in der Modernisierungsstudie primär ein Block untersucht
wurde.
Gerade aber auch Aufgabenstellung, finanzielle und personelle Ausstattung bedingen jeweils unmittelbar die Erhebungsmethode, damit das Ergebnis und sind so im
Umkehrschluß Ausdruck der Handlungsvoraussetzung:

- ob auf der einen Seite für einen auf 7o ha bezogenen Planungsansatz Realisierungschancen gegeben sind, wie diese hinsichtlich der finanziellen und pla-
nungskapazitativen Ressourcen einzulösen sind und inwieweit man Interessen und
Bedürfnisse (von z.B. 6 ooo umzusetzenden Bewohnern) übergehen kann... die Einschätzung dieser Fragen führt zu einer spezifischen Bestandsaufnahme und -be-
wertungskonzeption.
- Auf der anderen Seite ist die detaillierte baulich-technische Analyse im Hinblick auf die exakte Bestimmung eines Instandsetzungssockels nur dann sinnvoll
und vertretbar, wenn etwa für die Betroffenen keine Möglichkeiten bestehen, ihre
in der Tat (gemessen an dem unter den derzeitigen Bedingungen gegebenen durchschnittlichen Reproduktionsniveau) unter Standard liegenden Wohnverhältnisse
zu finanziell und prozedural (Standortwechsel unter welchen Bedingungen?) angemessenen Konditionen zu verbessern, wenn es darauf ankommt, tatsächlich eine
Verschlechterung zu verhindern (durch Sicherung der Gebrauchsfähigkeit der von
ihnen zur Zeit genutzten Substanz) etc.

Es zeigt sich, daß Bestandsanalysen damit unmittelbar an die Handlungsvoraussetzungen gebunden bleiben und mit deren Veränderung auch ihre Gültigkeit verlieren. Daraus folgt,daß ebenso wie die Kriterienselektion im Bereich der internen Kriterien auch die Handlungsvoraussetzungen selber zum ausdrücklichen
Gegenstand der Analysen werden müssen, um ggfs. alternative Handlungsmöglichkeiten in die Auseinandersetzung mit dem Bestand einbeziehen zu können. "Das Wech-
selverhältnis zwischen Zielen und Handlungsspielraum besteht nicht nur darin,
daß der angeblich enge kommunale Handlungsspielraum jedem Zielplanungsprozeß
Grenzen setzt, sondern auch darin, daß ein Handlungsspielraum niemals allgemein,
sondern immer nur in Abhängigkeit von bestimmten Zielen definiert werden kann.
Darüberhinaus läßt sich der kommunale Handlungsspielraum kaum definitiv und endgültig bestimmen, vielmehr ist er allein durch politische,rechtliche, finanzielle, organisatorische und andere Rahmenvorgaben einer ständigen Entwicklung ausgesetzt. Aus beiden Gründen wird hier empfohlen, den konkreten Handlungsspielraum in jeder einzelnen Planung in Abhängigkeit von den jeweiligen Zielvorstellungen ... zu untersuchen." (Difu 1977,1.3, S.4)
Die Herstellung der hier als notwendig angesehenen Verbindung von externen und
internen Kriterien hat zwei unterschiedliche Rationalitäten als Hintergrund:
- Zum einen kann die Effizienz des Verwaltungshandelns - etwa durch abgestimmten
und differenzierten Mitteleinsatz gesteigert werden
- zum anderen liegt hier ein Ansatzpunkt zur Herstellung von Transparenz des
Entscheidungs- und Bewertungsvorgangs, der diesen erst politisch nachvollziehbar und kritikfähig macht.
Diese Rationalitäten sind nicht ohne weiteres kompatibel. Vielmehr wird in der
Auseinandersetzung um Ziele und Handlungsmöglichkeiten politischer Konflikt
selbst zum Ausdruck kommen.

● Subjekte
Die im Untersuchungsgebiet erfaßten und bewerteten Elemente sind nicht einfach
nur Dinge an sich. Sie sind vielmehr Bestandteil der Lebenspraxis der mit ihnen
umgehenden Menschen. Um diesen Sachverhalt grob zu kennzeichnen, können wir auf
eine begriffliche Zergliederung von Friedrichs (1977,94f) zurückgreifen: er
unterscheidet zwischen Gelegenheiten, das sind die von den räumlichen Planern
oder auch einzelnen Investoren etc. geschaffenen Nutzungsmöglichkeiten (z.B.
Freiflächen jeglicher Art, Infrastrukturangebote aber auch Wohnungen)einerseits
und Aktivitäten (den realen Tätigkeiten,die die Nutzer auf oder mit den Gelegenheiten verrichten) andererseits.
Der Gebrauch und die Auseinandersetzung mit den Gelegenheiten ist zugleich Ausdruck der Aneignungstätigkeit der Nutzer. Der Bestandsaufnehmer oder Bestands-
bewerter sieht in aller Regel nur die Gelegenheit. Die konkreten Aktivitäten
bleiben ihm weitestgehend verborgen, bzw. unterstellt er - seinem Wertsystem entsprechend - (vgl. Abschn.2.2) bestimmten Gelegenheiten entsprechende Aktivitäten
(vgl. Obermaier 1979)

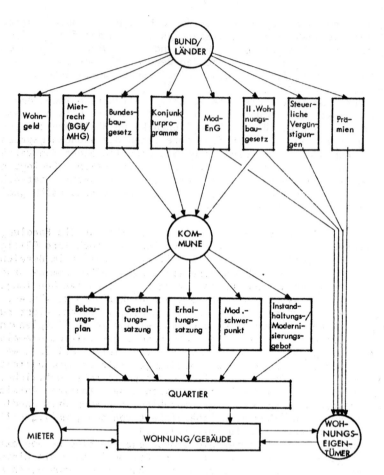

Abb. 2: Instrumente im Vorfeld des StBauFG und ihre jeweiligen "Adressaten"

Daraus resultieren Mißverständnisse - wie das von Fried beschriebene Unvermögen der mittelständischen Planer, die Benutzung des Quartiers als home zu verstehen - ebenso wie Zerstörung. Unter Bezugnahme auf das oben (in 2.2) Gesagte läßt sich zusammenfassen, daß in der Aufnahme und Bewertung von städtischen Umwelten somit auch Vorstellungen über Verhaltensstile (seitens der Nutzungssetzer) enthalten sind, die in dem Augenblick, wo sie gebunden sind an die ökonomisch bewegenden Kräfte zu Herrschaft werden: "im Zeichen der Stadtsanierung aber wird über den Menschen verfügt. Jede stadtplanerische Entscheidung hat gesellschaftliche Auswirkungen, die schwer überschaubar sind" (Pfeil, in: Büro für Stadtsanierung 1971,77)

Um also Bestandsanalysen analytisch umfassend in den Griff zu bekommen, ist es notwendig zu den miteinander verflochtenen Dimensionen interne Kriterien und externe Kriterien auch noch die der Subjekte miteinzuführen.
Diese Subjekte sind voneinander geschieden: zunächst einmal durch die grundsätzliche Wahrnehmungsschranke zwischen jenen, die ihre Außenwelt zur Umwelt sich angeeignet haben - also den Bewohnern eines Viertels - und jenen, die von außen diese Außenwelten planen.

Verbunden mit dieser Trennung ist zugleich - insbesondere bei der Stadterneuerung ein Gewaltverhältnis: die,die investieren und planen üben strukturelle Gewalt aus gegenüber jenen die wohnen und nutzen.
Wie sich dies für die Wahrnehmung darstellt macht Lucius Burckhardt an einer "Partei" deutlich: "Unsere Umwelt,die Stadt... besteht nicht aus Mauern und Türmen, nicht aus Beton und Asphalt,sondern aus unsichtbaren Strukturen: aus Besitzverhältnissen, aus Bauvorschriften, aus Servituten aus Mietzinsen, Hypothekenzinsen, Steuern,Vereinbarungen, Verboten und Geboten. Dieses ist die Stadt,die der Bürger "sieht": vermittels einer Hypothek kann er jene Parzelle arondieren; sie ist dreigeschossig, an der Ecke sogar viergeschossig überbaubar, jedoch mit einem Gewerbeverbot belegbar, wobei abzuklären wäre, ob eine einstöckige Garage Gewerbe sei; würde diese zugelassen, so könnte die Differenz zwischen Passivzinsen und den zu erwartenden Mietpreisen, selbst angesichts der erhöhten Steuern noch einen Gewinn bringen... was dann sichtbar wird an Gebäude ist nichts als der Abguß dieser unsichtbaren Bedingungen."(Burckhardt 1972,181). Stadtgestalt ist sicherlich nicht unsichtbar, in dem was sichtbar ist steckt als Bedeutung das, was Burckhardt als Unsichtbares unterstellt. Die Verwendung von Gebäuden nach kapitalistischer Rationalität ist Bestandteil der Gegenstandsbedeutung dieser Teile der städtischen Umwelt, die allerdings in sehr unterschiedlicher Weise d.h. von sehr unterschiedlichen Ausgangspunkten angeeignet wird. Jener spezielle Bürger, den Burckhardt im Auge hat, sieht sein Grundstück in genau dieser Weise, während der Mieter der vielleicht noch in dem Altbau, der jetzt auf der Parzelle steht, wohnt, dieses sein Kalkül in der ständigen Gebrauchswertminderung (der neubauinteressierte Eigentümer hält das Gebäude nicht mehr ausreichend instand) erfährt.Für ihn sind die günstigen Mieten, das, was ihm an Lohn zur Verfügung steht, die Nähe zum Arbeitsplatz und ähnliche Dinge wesentlich. Der Investitionsentscheidung des Eigentümers steht er nahezu ungeschützt gegenüber. Seine Handlungsmöglichkeiten sind ebenso unterschiedlich zu denen des Eigentümers, wie ihre Wahrnehmung des gleichen Gegenstandes.
Dies verweist darauf, daß die Subjekte nicht nur den internen Kriterien gegenüber unterschiedlich definiert sind sondern zugleich auch gegenüber den Handlungsvoraussetzungen jeweils unterschiedliche Stellungen einnehmen. Dieses wird in der nebenstehenden Abbildung für einen kleinen Ausschnitt der normierten Handlungsvoraussetzungen illustriert.
Wie die jetzt gebildeten drei Dimensionen ineinandergreifen, sei an einem stark vereinfachenden Beispiel verdeutlicht: für eine Strategie bestandsbezogener Gebrauchswertverbesserungen könnte sich u.a. folgende Kriterienkonstellation ergeben (vgl.auch Abb. auf S.21):
● interne Kriterien (überaltertes Gebäude mit hohem Instandsetzungsaufwand, unzureichend ausgestatteten Wohnungen etc.)
● externe Kriterien: Förderungsmöglichkeiten nach dem Modernisierungs- und Energieeinsparungsgesetz (ModEnG). Das bedeutet u.a. maximal 3o% Instandsetzungskostenanteil an den förderungsfähigen Gesamtkosten.
● Als Subjektposition sei hier ein Bewohner unterstellt, der lediglich eine geringe zusätzliche Mietzahlungsbereitschaft äußert und am Verbleib in der Wohnung interessiert ist.
Aus dieser Konstellation müßte also eine Bestandsanalyse resultieren,die insbesondere den zur Bestandssicherung des Gebäudes notwendigen Aufwand im Hinblick auf die komplementär förderbare Modernisierung und die daraus sich ergebende Miete erfaßt. Um das hier gemeinte in eine griffige Formel zu übersetzen: eine aus wohntechnischen Gründen zu versetzende Wand "wird" umso tragender, je niedriger die für diese Maßnahmen anzuwendende Förderung respektive die Mietzahlungsbereitschaft der Nutzer liegt (vgl. auch Gewos 1974 und Abschn.2.1)

Zugleich wird deutlich, daß in dem Augenblick, wo eine der Dimensionen anders gefüllt wird (z.B. Subjektposition durch einen an steuerlichen Abschreibungen interessierten Investor ausgewechselt wird) völlig neue Konstellationen sich ergeben, die im Ergebnis eine ebenfalls andere Bestandsanalyse produzieren müßten.

Das Beispiel verdeutlicht,daß es nicht jeweils d i e eine (richtige) Bestandsanalyse geben kann. Aus dem traditionallen Konzept der gleichsam fotografischen
Bestandsaufnahme wird im 'Handlungsraum' die Auseinandersetzung mit dem Bestand: die internen Kriterien eines Untersuchungsgebietes erscheinen - bezogen
auf das Handlungsziel eines Subjektes - vor verschiedenen externen Kriterien
in jeweils neuem Licht. Das aber ist noch nicht alles, da am Erneuerungsprozeß
verschiedene Subjekte beteiligt sind, die sowohl gegenüber internen wie externen Kriterien unterschiedliche Positionen innehaben. In dem konflikthaften Prozeß zwischen den Subjekten (mit den ihnen jeweils eigenen Wahrnehmungs- und
Deutungsmustern, ihrer Verfügungsgewalt oder Abhängigkeit, ihren unterschiedlichen Artikulations- und Durchsetzungsvoraussetzungen etc.) liegt also der
wesentliche Inhalt der Erneuerungsvorbereitung. So verstanden wird die Auseinandersetzung mit ... zur Auseinandersetzung um den Bestand.

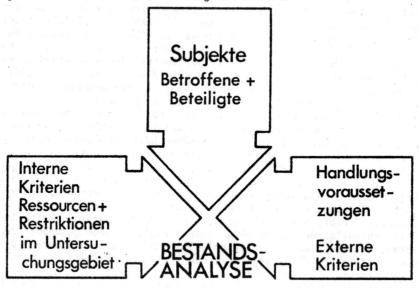

Abb. 3
Dimensionen der Bestandsanalysen im Zusammenhang städtebaulicher Erneuerung

Zwischenbilanz 7:
Das Dickicht von Elementen und Relationen in der Struktur der Bestandsanalysen
läßt sich auf einen "Handlungsraum" mit folgenden drei Dimensionen reduzieren:
- interne Kriterien (Elemente des zu untersuchenden Bereichs)
- externe Kriterien (Rahmenbedingungen, Ressourcen und Instrumente der Stadt-
erneuerung differenziert hinsichtlich ihrer Beeinflußbarkeit von der Ebene kom-
munaler Politik in allgemeine und besondere Handlungsvoraussetzungen)
- Subjekte, die im Prozeß der Bestandsanalyse mit je spezifischen Stellungen
zum Objektbereich (etwa unterschieden nach Interessierte und Betroffene mit
Planungs- und Produktionsmitteln und abhängigen Betroffenen) agieren.

Das Ineinandergreifen dieser Dimensionen konstituiert Selektivitäten. Es heißt
dies für die Analyse von Bestandsanalysen, daß die Frage warum was, wie vom Be-
stand wahrgenommen wurde nur über die Berücksichtigung der externen Kriterien
und die Rolle der beteiligten (und ausgeschlossenen) Subjekte beantwortbar ist.

Die reale Ausdehnung eines "potentiellen Handlungsraumes" wäre, da Selektivi-
täten nicht vollständig benennbar, identifizierbar sind, (Offe 1972) nicht ab-
schließend zu bestimmen.
Öffnung und Erweiterung der Bestandsanalyse hieße ,auf das hier Gesagte angewen-
det, zunächst Abbau von Filtern, Verhindern von Vorab-Selektionen, Vermeiden von
frühzeitigen Fixierungen auf eine Handlungsperspektive.
Dies sei am Beispiel erläutert: über nahezu 1o Jahre schien es in der Bundesre-
publik nur die Alternative Wildwuchs oder Sanierung nach Städtebauförderungsge-
setz zu geben. Insbesondere zu Zeiten der Flächensanierungen bedeutete dies für
die Bewertung des physischen Bestandes entweder Abriß oder naturwüschsige Des-
investition. Mittlerweile hat sich, von der Praxis als notwendig "entdeckt" und
vom Förderungs- und Gesetzgeber erweitert eine breite Palette an Maßnahmen und
Instrumenten ergeben, die grundsätzlich eine differenzierte und eben nicht früh-
zeitig verengende Auseinandersetzung mit den externen Kriterien ermöglichten.
Da somit auch eine feinteiligere Auseinandersetzung mit dem physischen Bestand,
den internen Kriterien möglich würde, wären die Voraussetzungen für eine komplexere
Maßnahmenvorbereitung gegeben - dies allerdings nur aus der Sicht eines Akteurs
oder einer agierenden Institution.
Der qualitative Sprung von der Effizienzsteigerung bei der Maßnahmenableitung
- das bedeutet eine differenzierende Gebiets-Strategie-Zuordnung allemal - zu
einer Handlungsraumanalyse setzt jedoch die Beteiligung der - auf sehr verschie-
dene Standorte verwiesenen (vgl. den folgenden Abschnitt) - Subjekte voraus.

4.2 Standpunkt, Perspektive und Prozeß: konfliktorientierte Bestandsanalyse

"Das Entstehen interindividueller Verschiedenheiten der Wahrnehmungskompetenz
(kann) nur dann richtig begriffen werden, wenn man erkennt, daß die relativ über-
dauernden subjektiven Unterschiede der Wahrnehmungsweisen nicht die Ursache,
sondern die Folge unterschiedlicher Wahrnehmungstätigkeit des Subjektes sind und
daß die unterschiedliche Wahrnehmungstätigkeit, die schließlich zu verschiedenen personellen Wahrnehmungsmodi führt, auf standortbedingte Unterschiede objektiver Bedeutungsstruktur in der durch die gesellschaftliche Arbeit des Menschen
geprägten Welt zurückgeht. Der "Lernprozeß" muß demnach je nach der vom gesellschaftlichen Standort abhängigen Verschiedenheit von Bedeutungsstrukturen die
im Zusammenhang mit der Tätigkeit des Menschen relevant werden, in seinem Resultat, der funktionalen Eigenart individueller Wahrnehmungskompetenz, verschie-
den sein" (Holzkamp 1973,273) Dieser Standort ist für die Individuen und gesellschaftlichen Klassen bzw. Schichten nicht nur an eine Tätigkeit gebunden; vielmehr beinhaltet diese Standortzuschreibung auch eine räumliche Komponente "so
sind die Arbeiter - je nach der Schicht des Proletariats, der sie angehören,
auf unterschiedliche Weise und unterschiedlichem Maß - an eine bestimmte Art der
bebauten Umwelt, den "Arbeiterbezirk" "das Arbeiterviertel" die "Arbeitersiedlung" etc., damit an eine bestimmte Anordnung und Beschaffenheit der Bauten wie
der Wohnungen gebunden, was den alltäglichen Aufenthalt in andersgearteten Ausschnitten bebauter Umwelt ausschließt. In den Bauten und Wohnungen der Arbeiterbezirke etc. sind bestimmte gesellschaftliche Konzeptionen darüber, wie Arbeiter
leben und wohnen sollen vergegenständlicht. Von der Entwicklung solcher Konzeptionen ist der Arbeiter als der Betroffene ausgeschlossen. Er kann so wenig wie
über seine Produktion über die Beschaffenheit der Welt, in der er sein außerbe-
rufliches Leben verbringen will, in bewußter Planung bestimmen, sondern ist
durch Regulationsmechanismen wie das Mietpreisgefälle etc.auf den für ihn "bestimmten" Wohnbereich verwiesen. In der bebauten Welt der Arbeiterbezirke ist
objektiv ein gewisser Aspekt des Kapitalstandpunktes, von dem aus über den Arbeiter auch im außerberuflichen Leben unmittelbar verfügt wird, zur gegenständlich-
bedeutungsvollen Wirklichkeit geworden. Der einzelne Arbeiter findet diese Welt
als für ihn "normale" und "natürliche" Umgebung vor. Die objektiven gesellschaft-

lichen Widersprüche, die sich in den "Zumutungen" jeder Straßenzeile, jedes Hauses, jeder Wohnung verkörpern, sind durch die scheinhafte Evidenz der selbstverständlichen Wirklichkeit der sinnlich gegebenen Lebenswelt "unsichtbar". (Holzkamp a.a.O., vgl. Bahrdt 1974, 47/48).

Die Unterscheidung so verstandener Standorte und Perspektiven scheint mir eine wichtige Anregung zu sein, um dem Durcheinander der empirisch vorzufindenden Subjekte und Akteure bei der Stadterneuerung eine gewisse Grundstruktur zu verleihen. Den objektiven Gegenstands-und Symbolbedeutungen des Objektbereichs ebenso wie den gesellschaftlichen Handlungsmöglichkeiten (externe Kriterien als Ausfluß einer gegebenen Herrschafts- und Verfügungsstruktur) können demnach Bewertungsstandpunkte gegenübergestellt werden, in denen u.Umständen verschiedene Subjekte zusammengefaßt sind. Das Wort Bewertungsstandpunkt (vgl. eine ähnliche Bezeichnung bei Österreichisches Institut 1975,119) soll begrifflich Standort und Perspektive im Holzkamp'schen Sinne umfassen.
Es ist dies ein analytischer Versuch: analog zu den Stufen der Begriffsbildung (vgl. Abschn. 1.2) gehe ich davon aus, daß hinter den auftretenden, interessenartikulierenden, bündnisschließenden Handelnden, ebenso wie den abhängig Betroffenen gesellschaftliche Standorte auszumachen sind... diese Standorte sind aber nicht nur gekennzeichnet durch die konkrete Rolle der Aktoren innerhalb des Sanierungsprozesses, sondern über die gesamte Tätigkeit der Subjekte zu begreifen: so ist also der Mieter in einer Ruhrgebietsnordstadt nicht nur als dem Vermieter gegenüberstehender Abhängiger zu sehen, sondern gleichzeitig vor dem Hintergrund seiner Tätigkeit in der Produktion, der Art der Beanspruchung seiner Arbeitskraft dort und der sich nicht zuletzt daraus ergebenden Anforderungen an die Reproduktion. Eine solche umfassende Betrachtungsweise hat m.E. einen wesentlichen Erklärungswert für das Verhalten dieser vordergründig vereinzelten oder paktierenden Subjekte und läßt Dimensionen des Betroffenseins erst deutlich werden. Argumentativ schließt sich damit der Kreis: wir wären wiederum angelangt bei dem Versuch, Bestandsanalysen zu begreifen als eine komplexe Beschreibung von Lebenszusammenhängen. "Die Beseitigung "städtebaulicher Mißstände" ansich ist ein unsinniges Unterfangen, wenn damit nur Gebäude und Kapitalien saniert, nicht aber Lebensverhältnisse modernisiert werden." (Zapf, 1969 ,56f). Was das konkret heißt macht das folgende plastische Beispiel deutlich "Zu Beginn einer Versammlung über Probleme der Sanierung eines Wohnblocks auf der New Yorker Westside erhob sich eine Frau, um ihre Erwartungen hinsichtlich des Gemeindeerneuerungsprogramms zu formulieren.Sie habe keine Arbeit, aber sie brauche Arbeit. Anders hätte sie nichts zu leben. Die Frau sprach weiter, bis jemand sie unterbrechen konnte: 'Pinky Mae, sei ruhig; diese Versammlung ist nicht der Ort, um nach Arbeit zu fragen'. Aber auch andere Leute stellten ähnliche Fragen, für die kein Platz im Programm war. Schließlich mußte der Vorsitzende die Fremden auffordern, endlich ruhig zu sein, damit die Versammlung mit ihrem eigentlichen Thema beginnen könne.Als das Gespräch über Schulen, Wohnungen und nähere Wohnumgebung begann, verließen die Neger leise den Raum, jeweils einer oder zwei zugleich. Schließlich waren nur noch Pinky Mae und der Mann in der ersten Reihe, der sie ermahnt hatte, da und dann gingen auch sie und niemals wieder wurde einer dieser Leute bei irgendeiner Versammlung an irgendeinem Ort gesehen." (Peatty L.R. zit. nach Körber und Siebel 1971,156f)

Verfolgt man den hier angelegten Gedankengang weiter, dann erscheint in der Tat die einzig grundsätzliche Lösung der in der Vorbereitung der Stadterneuerung eingebauten Selektivitäten in einer von allen Beteiligten konflikthaft ausgetragenen, umfassenden,d.h. auf Lebensverhältnisse gerichteten Auseinandersetzung zu liegen. Vorbereitung der Stadterneuerung würde - so verstanden - die individuelle Lebens- (und nicht nur Wohn-)situation der Betroffenen umfassen und zugleich deren gesellschaftlichen Hintergrund, der die Struktur der im Untersuchungsgebiet perzipierten Probleme wie deren Lösungsmöglichkeiten bestimmt, in die Analyse mit einbeziehen müssen.

Gemessen an den bestehenden Handlungsmöglichkeiten in der aktuellen kommunalen Planungspraxis - verschärft durch die derzeitige Ausformung der Stadterneuerung (vgl. 3.2) wäre dies aber ein resignativer Schluß, wenn er nicht kleingearbeitet wird.
Es ist zweifellos falsch, die Konflikte um Erhalt und Erneuerung von Wohngebieten, damit auch Erfolg und Nichterfolg möglicher Strategien einer konfliktorientierten Vorbereitung von Erneuerungsmaßnahmen daran zu messen, welchen Beitrag sie zur Auflösung der die schlechten Wohnbedingungen produzierenden gesellschaftlichen Struktur leisten. Selektivitäten etwa können immer nur reduziert - bei Fortdauer der derzeitigen gesellschaftlichen "Wertberücksichtigungsmuster" keinesfalls grundsätzlich aufgehoben werden.
Insofern kann das, was Walter Siebel in seiner Selbstkritik der Kritik der Anwaltsplanung ausführt, erweitert werden:"Das Kriterium für den Erfolg anwaltsplanerischer Arbeit liegt...weniger in der Entwicklung politischen Bewußtseins, als in der Verteidigung erreichter und der Realisierung durchschnittlicher Reproduktionsbedingungen. Im Vergleich zum hohen politischen Anspruch vieler engagierter Planer sind das bescheidene - zäh zu verteidigende und zu erweiternde Möglichkeiten der Stadtplaner in der Praxis". (Siebel 1978, 256)

Folgerungen in diesem Sinne sind, soweit sie sich aus der Arbeit des Forschungsprojektes ableiten ließen, am Ende dieses Bandes zusammengestellt.

An dieser Stelle soll lediglich ein auf die Problematik der voneinander geschiedenen Bewertungsstandpunkte bezogener Gedanke "kleingearbeitet" werden; Bestandteile dieser Problematik lassen sich in verschiedenen Bereichen angehen:
● zunächst ein juristischer Aspekt: bereits mehrfach wurde auf die Bedeutung des "status activus processualis", der aktiven Verfahrensteilhabe eines breiten Betroffenenkreises verwiesen (vgl. Abschn. 3.2). Daß diese aktive Teilhabe nicht nur mit Informationsangeboten seitens der Verwaltung erfüllt werden kann, sondern aktive Informationsmöglichkeiten seitens der Betroffenen voraussetzt ist eine naheliegende Konsequenz aus diesem sich verfestigenden Rechtsanspruch. Um eine Planung "erörtern" zu können - wie das BBauG und StBauFG vorsehen - müssen verschiedene Positionen zur Artikulation kommen, was wiederum die Kenntnis der den jeweiligen Positionen zugrundeliegenden Informationen voraussetzt. Mayer-Tasch (1976,64) erinnert daran, daß der Begriff Erörterung auf den Wortschatz der klassischen Rhetorik zurückgeht: in den Rhetorikschulen lernen die Schüler, Probleme von verschiedenen "Topoi", also von unterschiedlichen Orten (Standort & Perspektive) zu behandeln, sie zu er-örtern. Mayer-Tasch folgert: "Daß überhaupt ein derart ausführlicher Austausch in Argumenten und Gegenargumenten erfolgen kann, setzt...voraus, daß den Opponenten in ausreichendem Maße Gelegenheit zur Information über die Einzelheiten des Projekts gegeben wurde. Das heißt aber, u.a. auch, daß den Opponenten die Gelegenheit zur Einsicht in den Behörden vorliegende Gutachten...ermöglicht werden muß. Wird das alles verweigert, so werden damit zugleich auch die tatsächlichen Voraussetzungen einer sinnvollen Erörterung untergraben."
"Kleingearbeitet" ergäbe sich die Konsequenz: die Berücksichtigung der verschiedenen Bewertungsstandpunkte in der Erneuerungsvorbereitung i.S. der Er-Örterung eines Problems setzt umfassende Information aller Beteiligten voraus. Eine Information zumal, das wurde noch nicht angesprochen, die für die Beteiligten verständlich, d.h. auf ihre jeweilige Alltagssituation übertragbar sein muß (vgl. den folgenden Aspekt).
● Das Problem der Sprache, das Planer und Beplante trennt, ist Widerspiegelung ihrer unterschiedlichen Lebenszusammenhänge, ihrer verschiedenen Stellung zu dem, was dem einen Untersuchungsgebiet, dem anderen Lebensraum ist etc... Auseinandersetzung mit dem Bestand ist zur Zeit dadurch geprägt, daß Planer die aus ihrer Perspektive relevanten Sachverhalte erheben und in ihre Terminologie umformen, um daraus dann die ihren Handlungsfeldern entsprechenden Schlüsse zu ziehen. Die Gebietsbewohner werden zu Objekten, zu Stückzahlen. Paulo Freire hat das analoge Verhalten der Sozialwissenschaftler so gebrandmarkt: "Indem er

(der Forscher, aber auch der Planer; ks) den...Menschen zu passiven Untersuchungs-
objekten macht, um zu geschliffenen Modellen zu gelangen, verrät er seinen Charakter als Mörder des Lebens." (zit. nach:Kramer,Kramer & Lehmann 1979,21).

Zur Auflösung dieses - besonders im Sanierungskontext nicht nur metaphorischen -
Gewaltverhältnisses bietet die Aktionsforschung statt der bislang dominierenden
monologischen Konzepte den Dialog zwischen Forscher (Planer) und Betroffenen
an. (Vgl. hierzu unsere Folgerung 6):"An die Stelle der Distanz zwischen Forscher und Untersuchungsgruppe (zwischen Planer und Beplanten;ks),wie sie in der
traditionellen Sozialforschung gefordert wird, tritt aktive Interaktion.Dies bedeutet für den Forscher, mit der Untersuchungsgruppe über eine längere Zeit zu
arbeiten, vielleicht sogar mit ihr zu leben und dem bereits genannten Ziel, Hand-
lungsperspektiven zu erarbeiten und solidarisches Handeln erfahrbar zu machen,
das auch nach Abschluß eines solchen Projektes weiterbesteht." (Kramer u.a. 1979
27 unter Verwendung eines Zitats von Moser 1975)

Es bestehen also Forschungsstrategien, die seit langem - vor allem in der Päda-
gogik (vgl. auch Schneider 1980) - in der Erprobung sind und geeignet wären,
wesentliche Grundanforderungen aus der Kritik an der Bestandsanalyse klassischen
Typus (hier: die Berücksichtigung der verschiedenen Beteiligtenpositionen als
wesentlicher Dimension des Handlungsraums) einzulösen. Es gilt, die zu übertragen und anzuwenden.

Damit ließen sich sogar - dies nur als Abschlußschlenker - die traditionellen
Objektivitätsansprüche an die Bestimmung der Sanierungsbedürftigkeit erfüllen:
Gstettner (1979) verweist darauf, daß erst die gegenseitige Wahrnehmung von Forscher und "Beforschtem" relevante "Daten" produziere. Objektivität im Sinne möglichst unverzerrter Widerspiegelung ließe sich nur herstellen, wenn klargestellt
ist, wie die "Daten" produziert worden sind. Die relevantesten Daten sind demnach jene, die im Dialog, in der Auseinandersetzung selbst hervorgebracht werden.

Zwischenbilanz 8:
Die Subjekte im "Handlungsraum" sind voneinander durch unterschiedliche Standorte
und Perspektiven geschieden (Bewertungsstandpunkt). Diese Standorte sind aller-
dings nicht durch die jeweilige Rolle der Aktoren innerhalb eines Sanierungspro-
zesses sondern nur über die gesamte Tätigkeit der Menschen zu begreifen.
Es führt dies zurück auf die Forderung (vgl. Abschn. 1.1/1.2) nach synoptischen
Bestandsanalysen, nach der komplexen Beschreibung von Lebenszusammenhängen und
damit weit über das hinaus, was kurzfristig in der Planungspraxis umsetzbar scheint.
Dennoch lassen sich konkrete Folgerungen ableiten: die Erörterung eines Sanie-
rungsproblems von verschiedenen Standorten, in der Sprache, die den Wahrnehmungs-
weisen der Beteiligten entspricht und unter vollständigem wechselseitigen Infor-
mationszugang ist eine dieser rechtspolitisch wie forschungsmethodisch wendbaren
Folgerungen.Grundsätzlich ist bei den Folgerungen zur konfliktorientierten Bestands-
analyse etc. zu berücksichtigen, daß nicht wir (als Autoren eines Fachbuches)
- und auch nicht staatliche oder kommunale Erneuerungspolitik - die Auseinander-
setzung um die bei der Stadterneuerung und Wohnungsbestandspolitik aufbrechenden
Konflikte gestalten können. Wohl aber die Verhältnisse, unter denen dies geschieht.
Und da sind Rechte für die betroffenen Nicht-Investoren ein Merkmal dieser Ver-
hältnisse.

Margrit Krüger

VORBEREITUNG VON STADTERNEUERUNGSMASSNAHMEN IM RAHMEN DER STADT(TEIL)ENTWICKLUNGSPLANUNG

Die folgende Studie beschäftigt sich mit gesamtstadtbezogenen Voruntersuchungen der Stadterneuerungsplanung, die unter den Fragestellungen analysiert werden:

- Bestimmung von Problemgebieten, Instrumenten- und Maßnahmeneinsatz
- Abstimmung der Stadterneuerungsprojekte untereinander und mit anderen Planungen und Maßnahmen
- Bedeutung und Funktion solcher Voruntersuchungen im Rahmen der Stadtentwicklungsplanung.

Eingegrenzt wird der Untersuchungsgegenstand auf die Bestandsanalyseprozesse von Sanierungsverdachtsuntersuchungen, Verfahren zur Auswahl von Modernisierungszonen und neueren Verfahrenskonzepten einer umfassenden Stadterneuerungsplanung. Dabei soll veranschaulicht werden, inwieweit das vorhandene Stadterneuerungsinstrumentarium sowie die Stadtentwicklungsplanung einen Einfluß auf den jeweiligen Bestandsanalyseprozeß ausüben.

1. Einleitung

Ungeachtet der unzähligen, rein auf politischen Aushandlungsprozessen beruhen-
den Entscheidungen für ganz bestimmte Interventionsgebiete (etwa aufgrund der
Stigmatisierung solcher Bereiche, des Einflusses bestimmter Interessengruppen
etc.) bilden die in der Praxis vorfindlichen Ansätze (Verfahren) einer systematischen Problemgebietsbestimmung hier den Untersuchungsgegenstand. Dabei
stehen im Mittelpunkt dieser Studie Sanierungsverdachtsuntersuchungen und Verfahren zur Auswahl von Modernisierungszonen. Sie waren bis etwa Mitte der 70er
Jahre die einzigen Verfahren der Stadterneuerungsplanung, mit denen (in größeren Städten) eine Problemgebietsbestimmung auf Stadtgebietsebene durchgeführt
wurde. Erst in jüngster Zeit werden - z.T. auch als Ausfluß einer kritischen
Überprüfung jener Ansätze in der Praxis - neuere, explizit auf die Einbindung
in die Stadtentwicklungsplanung ausgerichtete Verfahrenskonzepte einer umfassenden Stadterneuerungsplanung entwickelt. Die Gegenüberstellung dieser Ansätze mit den Sanierungsverdachtsuntersuchungen und Verfahren zur Auswahl von
Modernisierungszonen (resp. -Schwerpunkten) mündet schließlich in Folgerungen
in Hinsicht auf die Anlage eines in die Stadtentwicklungsplanung eingebundenen
Planungsprozesses der Stadterneuerung.

Die Auswahl der hier erörterten Untersuchungsansätze ist sicherlich in stati-
stischem Sinn nicht als repräsentativ zu bezeichnen - dazu fehlt es bereits
an einer hinlänglich präzisen Bestimmung der Grundgesamtheit. Aus dem uns bekannten Spektrum gesamtstadtbezogener Voruntersuchungen zur Stadterneuerung
sind jedoch wesentliche und zugleich für verschiedene Vorgehensweisen typische
so ausgewählt worden, daß eine inhaltliche Repräsentativität beansprucht werden
kann.

Die Vorgehensweise der vorliegenden Studie ist primär Inhaltsanalyse: Berichte
über Voruntersuchungen wurden aufgearbeitet und z.T. durch gezielt angeforder-
tes weiteres Material ergänzt. Um jedoch nicht allein auf das publizierte
Schrifttum verwiesen zu bleiben, wurden eine breit angelegte Fallstudie in Bremen (ausführlich dokumentiert in Teil III der eingangs erwähnten Arbeit) sowie
einige Expertengespräche in anderen Städten durchgeführt. Auf diese Weise war
es insbesondere möglich, auf die Fragen zur Bedeutung und Funktion jener Ansätze im Rahmen der Stadtentwicklungsplanung näher einzugehen.

2. Darstellung von Sanierungsverdachtsuntersuchungen und Verfahren zur Aus-
wahl von Modernisierungszonen

2.o Vorbemerkung

Die folgende Beschreibung bezieht sich auf ausgewählte typische Beispiele gesamtstadtbezogener Voruntersuchungen zur Stadterneuerungsplanung.
Es sind dies die Sanierungsverdachtsuntersuchungen aus Köln (Köln, Stadtverwaltung, Arbeitsgruppe Stadterneuerung 1972) und Düsseldorf (Düsseldorf, Arbeitskreis Sanierung 1973). Zum Vergleich wurde zusätzlich eine etwas anders
strukturierte Untersuchung aus Berlin (Arbeitsgruppe Stadtstruktur: Aust u.
Mitarbeiter/Planungsgemeinschaft Berlin Gehrmann u. Partner 1973) herangezogen.

Der Analyse zu den Verfahren zur Auswahl von Modernisierungszonen lagen die
Ansätze aus Bremen (Bremen, Der Senator für das Bauwesen, Referat 32 1975a/
1975b), der Stadt Kiel (Kiel, Amt für Wohnungsbau und Wohnungswesen 1975) sowie
wiederum aus Düsseldorf (Düsseldorf, Stadtplanungsamt 1974) zugrunde.

Die Beschreibung der Ansätze gliedert sich jeweils in zwei Segmente:
Zunächst wird der den Verfahren zugrunde liegende Planungsprozeß dargestellt
(Struktur des Planungsprozesses), um dem Leser Anlaß, Aufgabenstellung, Ziele
der Untersuchung (Planungszusammenhang) und die Arbeitsschritte und deren Beziehungen zueinander sowie die Bedeutung und Bezüge der einzelnen Prozeßteile
für das Untersuchungsergebnis (Struktur der Untersuchung) zu verdeutlichen.
Gesondert wird dann auf die Merkmalsselektion und -verarbeitung in den Voruntersuchungen eingegangen. Hier soll der Leser v.a. einen Einblick erhalten
über das ausgewählte Informationsmaterial zur Bestimmung von Problemgebieten,
über die Teilschritte des angewandten Bewertungsverfahrens und die Methode
der Auswahl- und Prioritätenentscheidung.

2.1   Sanierungsverdachtsuntersuchungen

2.1.1 Struktur des Planungsprozesses

● Planungszusammenhang

Die hier dargestellten Sanierungsverdachtsuntersuchungen sind, was den Entstehungshintergrund anbelangt, in direktem Zusammenhang mit dem Stadterneue-
rungsinstrument Städtebauförderungsgesetz zu sehen: Ihr explizites (Arbeits)
Ziel ist das Auffinden von Problemgebieten im Stadtganzen, in denen einmal
vorbereitende Untersuchungen gemäß §4 StBauFG durchgeführt werden sollen. Diese Problemgebiete bzw. Sanierungsverdachtsgebiete sollen mithilfe eines Aus-
wahlverfahrens abgegrenzt und in eine Prioritätenskala überführt werden (zeitliche Stufe nach Dringlichkeitserwägungen). Dies v.a. deshalb, weil in Anbe-
tracht beschränkter kommunaler Planungs- und Investitionskapazitäten eine
(einstweilige) Beschränkung auf einige wenige Sanierungsvorhaben für notwendig
erachtet wird.
Den Verfahren liegt der implizite Anspruch zugrunde, durch die (zunächst) vom
Gesamtstadtgebiet ausgehende Untersuchung einen "rationalen" und eindeutigen
Beleg dafür zu bieten, weshalb das Instrument StBauFG gerade in den letztlich
ausgesonderten Gebieten eingesetzt wird. So wird z.B. in der Kölner Untersuchung darauf hingewiesen, daß "... mit der Verabschiedung des StBauFG...
- teilweise ausgelöst durch private Initiativen - die Durchführung von Sanierungsmaßnahmen in anderen Bereichen (als den bislang in Sanierungsüberlegungen
einbezogenen, d. Verf.) ... in die Diskussion gekommen (sind)", aber "die Auswahl solcher Gebiete ... nur unter objektiver Wertung bestimmter für die Beurteilung relevanter Faktoren erfolgen (kann)". (Köln, Stadtverwaltung 1972, 6f).

Als Bearbeiter der Sanierungsverdachtsuntersuchungen treten sowohl in Düsseldorf als auch in Köln eigens für den Problembereich Stadterneuerung gebildete
interdisziplinäre Arbeitsgruppen auf. Sie sind mit Vertretern aus Planungs-
gruppen zur Stadtentwicklungsplanung und mit Vertretern des Stadtplanungsamtes,
Bauverwaltungsamtes sowie des Statistischen Amtes besetzt; in Köln wurden darüber hinaus Vertreter des Forschungsprojektes Kommunale Planung und von Datum
e.V. beteiligt.
Vor allem aufgrund der Projektbesetzung könnte man eine von vornherein inten-
dierte kooperative Bearbeitung unter besonderer Berücksichtigung stadtentwicklungspolitischer Zielvorstellungen, von Planungen und Untersuchungsergebnissen
der beteiligten Ämter erwarten. Jedoch werden die Sanierungsverdachtsuntersuchungen ausschließlich von ihrer Arbeitszielsetzung geleitet, ein Bezug etwa
zur spezifischen kommunalen Problemsituation (oder anderer besonderer Handlungsvoraussetzungen) wird nicht hergestellt, stadtentwicklungspolitische
Zielvorstellungen werden erst zum Abschluß der Verfahren (siehe auch unten)
aufgegriffen. Insgesamt spiegelt die Anlage des Planungsprozesses deutlich
den ganz erheblichen Einfluß des Statistischen Amtes wider.

● Struktur der Untersuchung

Den zentralen Bestandteil der Verfahren stellt ein statistisch/mathematisches
Auswahlverfahren dar, der gesamte Planungsprozeß ist dadurch sehr linear selektiv angelegt. Dabei sind im wesentlichen zwei Phasen zu unterscheiden:
Zunächst erfolgt eine sektorale Einschätzung der Gesamtstadt mithilfe ausgewählter Datengruppen aus der Gebäude- und Wohnungszählung (GWZ 1968) und der
Volkszählung (VZ 1970), auf deren Grundlage die sog. Sanierungsverdachtsgebiete ausgesondert werden. In die zweite Untersuchungsphase, die die Prioritätensetzung zum Ziel hat, gehen dann nur noch diese ausgesonderten "Problemgebiete" ein. Dabei werden zunächst unter Hinzunahme weiterer Beurteilungskriterien schrittweise weitere Gebietsaussonderungen getroffen. Beispielsweise werden in Köln für diese ausscheidenden Gebiete z.T. als zusätzliche Argu-
mentationsstütze private und/oder kommunale Aktivitäten (z.B. geplante Neubebauung, Verkehrsmaßnahmen, "Prosperität des örtlichen Wirtschaftsgefüges"),
die als Indiz für Selbsterneuerungskräfte gelten, herangezogen.
Nachdem das statistisch/mathematische Auswahlverfahren schließlich keine weiteren Aussonderungsmöglichkeiten mehr zuläßt, aber immer noch mehrere (relativ) gleich "schlechte" Gebiete als potentielle Sanierungsgebiete in Frage
kommen, werden landes- und stadtentwicklungspolitische Planungen und Zielvorstellungen aufgegriffen, um die endgültige Prioritätensetzung vorzunehmen.
Ausschlaggebend sind hier im Beispiel Köln die landesplanerischen Ziele der
Verdichtungskonzeption NW (Überprüfung, ob die Sanierungsverdachtsgebiete den
städtischen Siedlungsschwerpunkten zugeordnet werden können) sowie wachstums-
politische Ziele der Stadtentwicklung: "Notwendigkeit und Zweckmäßigkeit von
Erneuerungsmaßnahmen in diesen Bereichen (gemeint sind die letztlich übrig
gebliebenen Problemgebiete, d. Verf.) müssen nach der Bedeutung für die Ge-
samtentwicklung der Stadt beurteilt werden. Dabei wird davon ausgegangen, daß
für die Gesamtentwicklung der Stadt und ihrer Region eine funktionsgerechte
City von ausschlaggebender Bedeutung ist." (Köln, Stadtverwaltung 1972, 24).
Im Ergebnis soll für die höchst priorisierten Gebiete auf den Beschluß zur
Einleitung der vorbereitenden Untersuchungen nach StBauFG gedrängt werden.
Für die auf diese Weise nicht erfaßten "übrigen" Sanierungsverdachtsgebiete
werden vage Angaben bezüglich einer später einmal einzuleitenden Sanierung
nach StBauFG gemacht. Die Nutzbarmachung der Verfahren z.B. in Hinsicht auf
eingehendere Untersuchungen ausgeschiedener Gebiete ohne Blick auf die StBauFG-
Anwendung wird jedoch nicht diskutiert. Der bemerkenswerte (einzige) Kommentar
zu den fünf Kölner Gebieten, die im letzten Auswahlschritt des Verfahrens aus-
schieden: "Für die übrigen sanierungsrelevanten Gebiete in der Stadt wird davon ausgegangen, daß dort auch mit relativ geringem Mitteleinsatz beachtliche
Strukturverbesserungen erzielt werden können (z.B. Modernisierungsmittel, verkehrliche und infrastrukturelle Verbesserungen)." (Köln, Stadtverwaltung 1972,
24).

2.1.2 Merkmalsselektion und -verarbeitung

Bei allen Untersuchungen stellt sich gleichermaßen das Problem, das eigentlich
erforderliche Informationsmaterial mit den zeitlichen und finanziellen Be-
schränkungen angemessen abzustimmen. Den Städten Düsseldorf und Köln dienen
zur Begrenzung des - wegen der Größe des Gesamtuntersuchungsgebietes ganz erheblichen - Untersuchungsumfanges
● die angesprochene Teilung des Bestandsaufnahme- und bewertungsprozesses in
2 Phasen,
● der Rückgriff auf die statistisch zugänglichen Daten der GWZ 68 und VZ 70,
die in EDV- bzw. ADV-verarbeitungsfähiger Form vorliegen und somit eine compu-
tergestützte Datenaufbereitung ermöglichen.
In Köln werden darüber hinaus die baublockbezogen aufbereiteten Daten der

Großzählungen angesichts der differierenden Baublockgrößen in Rasterflächen
von 500 m Seitenlänge überführt, wodurch einmal ein Vergleich von Absolutwer-
ten bezüglich bestimmter Merkmale, gleichzeitig aber auch eine wesentliche Reduktion der Untersuchungseinheiten (3.500 Baublöcke) ermöglicht wird.
Das Finden von Sanierungsverdachtsgebieten (erste Untersuchungsphase) beruht
auf folgenden Faktoren:

Abb. 1

BEISPIEL KÖLN			
Merkmale	Begründung	Schwellenwerte	
		Absolut (25 ha)	Relativ bei min. 100 Fällen/25 ha
1. Wohneinheiten ohne Bad mit WC	Die als "normal" be- trachtete sanitäre Ausstattung ist nicht gegeben	ab 301 WE	über 5o % aller WE
2. Wohneinheiten ohne Bad und WC	Als Notwohnungen be- zeichnet	ab 301 WE	über 2o % aller WE
3. Wohnungen in vor 1919 er- richteten Gebäuden	Als Hinweis auf ver- gleichsweise schlechte konstruktive Qualität und damit verbundenen Mängeln in der Grund- rißgestaltung, Belich- tung und Besonnungs- verhältnissen	ab 501 WE	über 4o % aller WE
4. Wohnungen in vor 1919 er- richteten Gebäude ohne Bad und ohne WC	Als Gebäude bezeich- net, die allenfalls mit extremem Moderni- sierungsaufwand ver- bessert werden können	ab 201 WE	über 7o % aller Altbauten vor 1919
5. Wohnparteien, deren Haus- haltsvorstand Ausländer ist	Als Hinweis auf un- günstige Einkommens- verhältnisse und In- diz für einen Prozeß des "Auswohnens"	ab 151 HH	über 10 % aller HH

Überschreiten die Merkmale die entsprechenden Schwellenwerte, so gelten sie
als Sanierungsverdachtskriterien. Eine Begründung der Schwellenwerte im einzelnen wird nicht vorgenommen. Die zusätzliche Berücksichtigung des Relativ-
wertes dient dazu, auch Gebiete mit geringerer Bebauungsdichte in die Betrachtung einzuschließen.
Obwohl auch der Düsseldorfer Untersuchung die GWZ 68 und VZ 70 zugrunde liegen, sind bei der Merkmalsauswahl bereits Unterschiede auszumachen: die Merkmale 1. und 2. (Köln) werden zusammengefaßt und dafür zusätzlich "Unterkünfte"
erfaßt, das Gebäudealter wird weiter differenziert (WE in Gebäuden, die vor
1919 und zwischen 1919 und 1948 errichtet wurden) und als zusätzliches Sozial-
strukturmerkmal wird der Anteil der Rentnerhaushalte berücksichtigt, Merkmals
"komplexe" wie das 4. (Köln) treten nicht auf. Schwellenwerte werden in Düssel-

dorf mittels Streuungsanalyse gewonnen; die baublockbezogenen Standardabwei-
chungen gegenüber dem auf das Gesamtuntersuchungsgebiet bezogenen arithmeti-
schen Mittel einzelner Merkmalsausprägungen lassen eine Einordnung der Blöcke
je nach Durchschnittsnähe zu, Werte in extremen Streuungsbereichen gelten
schließlich als Kriterien für den Sanierungsverdacht.
Während das Kölner Verfahren durch die merkmalsbezogen unterschiedlichen
Schwellenwertfestsetzungen indirekt eine Kriteriengewichtung vornimmt, wird
im Düsseldorfer Ansatz die Bedeutung einzelner Kriterien in Hinsicht auf die
Sanierungsbedürftigkeit mittels direkter Kriteriengewichtung veranschaulicht.
Auffälligerweise wird in beiden Untersuchungen der Sanitärausstattung der Woh-
nungen die größte Bedeutung beigemessen.
Die somit über die Schwellenwertbildungen gewonnenen Sanierungsverdachtskriterien bilden die Grundlage zur Abgrenzung von Sanierungsverdachtsgebieten
aus dem Stadtganzen. Treten im Planquadrat bzw. Baublock mindestens 2 dieser
Kriterien auf, so wird der entsprechende Bereich als sanierungsanfällig eingestuft, durch Aggregation mehrerer zusammenhängender sanierungsanfälliger
Bereiche kommt man schließlich zu den Sanierungsverdachtsgebieten (in Köln 19
und in Düsseldorf 16 an der Zahl).

*In Köln wurde die Gebietsabgrenzung durch Aufschlüsselung der sanierungsan-
fälligen Planquadrate in die einzelnen Baublöcke bei gleichzeitiger Berücksichtigung angrenzender Bereiche (städtebauliche Zusammenhänge!) vorgenommen.*

Da in der anschließenden 2. Phase ausschließlich die bereits abgegrenzten
Sanierungsverdachtsgebiete in Betracht gezogen werden, was mit einer beträchtlichen Reduktion des potentiell aufzunehmenden Datenumfanges verbunden ist,
finden durchweg auch zusätzliche Informationen Eingang in die weitere Untersuchung. So werden zur Kennzeichnung städtebaulicher Situationen in Düsseldorf
Baudichte (GFZ) und Wohndichte (EW/ha), in Köln Wohnfläche/Person und Wohndichte (EW/ha) erfaßt. Im Rahmen eines abermaligen Selektionsschrittes fügt
man in Köln schließlich noch die statistisch erfaßten Größen "Haushalte, deren Vorstand Empfänger von Rente, Pension etc. ist" sowie "Haushalte, deren
Vorstand Arbeiter ist" hinzu, wobei in der "Begründung" auf die des öfteren
anzutreffende Entsprechung von einkommensschwacher Bevölkerung und der Sanierungsbedürftigkeit der Realstruktur hingewiesen wird.
Mithilfe z.T. verschärfter Schwellenwerte und einer (in Köln) etwas veränderten mathematischen Vorgehensweise (s. Anmerkung) kommt man - unter Aussonderung der als weniger "problematisch angesehenen Gebiete - zu einem Gesamturteil
der jeweiligen Sanierungsverdachtsgebiete.

*In aufeinanderfolgenden Arbeitsschritten werden die Untersuchungsgebiete nach
Häufigkeiten von Baustrukturkriterien und dann nach negativen Sozialstruktur-
kriterien ausgewählt, dabei verteilt man die oben benannten Kriterienausprä-
gungen absolut wie auch prozentual in 3 Klassen, wobei z.B. bezüglich des Fak-
tors "Wohneinheiten ohne Bad und ohne WC"*
mehr als 3o %   in die schlechteste Klasse (1)
25 - 3o %   in die mittlere Klasse   (2)
weniger als 25 %   in die beste Klasse   (3) fallen.

Je nach Kumulation der Sanierungsverdachtskriterien bzw. der "Wertigkeit des
Sanierungsverdachts" gemäß Gesamturteil wird die Prioritätenskala erstellt,
welche dann - wie beschrieben - unter stadtentwicklungspolitischen Gesichtspunkten modifiziert und schließlich endgültig festgesetzt wird.

2.1.3 Modifikationen - Das "SVG-Gutachten Berlin" zum Vergleich

Eine im wesentlichen veränderte Aufgabenstellung kennzeichnet Gutachten zu
den Berliner Sanierungsverdachtsgebieten gegenüber den beschriebenen Sanierungsverdachtsuntersuchungen: dem verwaltungsextern bearbeiteten Gutachten

liegen seitens der Verwaltung bereits Vorschläge zur Auswahl und Abgrenzung
von Sanierungsverdachtsgebieten (vgl. Deutsches Institut für Urbanistik 1975,
61) zugrunde. Diese relativ fixe Vorgabe der Untersuchung muß im übrigen hier
als nicht nachvollziehbare Vorentscheidung gewertet werden.
Ziel der Arbeit ist die Überprüfung der vorgeschlagenen SVG-Abgrenzungen. Dazu sollen Empfehlungen zur Abgrenzung dieser Gebiete für die Beschlußfassung
gemäß §4 (3) StBauFG und Vorschläge zur Bildung von Planungsabschnitten erarbeitet werden sowie gegebenenfalls dringliche Abschnitte, in denen gezielter
Grunderwerb getätigt werden soll, bezeichnet werden.
Der entscheidende Unterschied zu den oben dargestellten Verfahren besteht dann
darin, daß es nicht allein um das Erstellen einer Liste mit Abgrenzungen, Prioritäten etc. der Sanierungsverdachtsgebiete geht, sondern diese Vorunter-
suchung dazu dienen soll, eine möglichst detaillierte Kenntnis der potentiellen
Sanierungsgebiete zu erwerben, um dann problemorientiert und damit gezielter
und weniger zeitaufwendig an die später einmal folgenden vorbereitenden Untersuchungen herangehen zu können. Da die (mögliche) Langfristigkeit der zu erwartenden Maßnahmen eine sehr weitgehende Differenzierung des Untersuchungsgegenstandes als unangebracht erscheinen läßt, soll die Arbeit als ein Nach-
schlagewerk der notwendigen Daten in fortschreibungsfähiger Form fungieren.
Unter diesen Bedingungen ist die Untersuchung auch nicht darauf ausgelegt,
eine jeweils vergleichende Analyse der ausgewählten Problemgebiete mit anschließender Aussonderung der unter Relativitätsgesichtspunkten nicht derart
"problematischen" Bereiche anzustellen. Zwar wird eine gewisse Vergleichbarkeit
der Gebiete untereinander ermöglicht, indem in ihnen jeweils dieselben Erhebungen und Bewertungen vorgenommen werden, doch eine vergleichende Bewertung in
Hinblick auf die Bildung eines "Gesamturteils" erfolgt nicht. Vielmehr werden
im Ergebnis für jedes Sanierungsverdachtsgebiet Maßnahmenvorschläge zu einzelnen Problembereichen (Nutzung, Verkehr, Bevölkerung, Wohnsituation, soziale
Infrastruktur, Stadtbild, Baustruktur) unterbreitet, die in ihrer Aussagenschärfe wie: "Ausbau, Verbesserung, Veränderung, Schaffung, Erhaltung...von
Straßenzug x, Altenwohnheimplätzen, wohnungsnahen Grünflächen in Blockinnen-
bereichen..." den Feinuntersuchungen die gezielte Klärung der konkreten Bedingungen ihrer Durchführung überlassen.
Mit insgesamt 16 zu untersuchenden Sanierungsverdachtsgebieten, einer Fläche
von rd. 420 ha mit über 60.000 Wohnungen (1968) und rd. 118.000 Einwohnern
(1970), ist im Vergleich zur 2. Untersuchungsphase der oben beschriebenen Verfahren ein eher noch ausgedehnterer Untersuchungsumfang gegeben.

Die Sanierungsverdachtsgebiete liegen in den Bezirken Tiergarten, Wedding,
Kreuzberg, Charlottenburg, Schöneberg, Neukölln und der Altstadt Spandau.
Das Gutachten wurde innerhalb eines Jahres von Aust/Gehrmann unter (aufgaben-
bezogener zeitweiliger) Mitarbeit weiterer 32 Personen erstellt. Bei den Be-
arbeitern handelt es sich im übrigen um Geographen, Architekten und Stadtpla-
ner.

Dennoch wird hier mit einem erheblich breiteren Merkmalsspektrum und beträchtlich stärkerer Merkmalsdifferenzierung gearbeitet. Die selbstverständlich auch
für diese Bearbeitergruppe geltenden zeitlichen, finanziellen wie auch durch
unzureichende offizielle Statistiken bedingten Restriktionen laufen auf den
Kompromiß hinaus, daß zwar das Spektrum der internen Kriterien möglichst umfassend erfaßt werden soll, aber letztlich von einer in Einzelfällen detaillierten Analyse abgesehen und die Erhebungsmethoden dem möglichen Rahmen angepaßt
wurden.

Beispielsweise konnte die Bestandsaufnahme und -bewertung zur Bausubstanz le-
diglich durch Begehung der entsprechenden Grundstücke sowie Hausflure und Ein-
schätzung mittels "Hilfskriterien" erfolgen.

In textlicher, kartographischer und tabellarischer Form wird eine relativ dif-

ferenzierte Bestandsanalyse zur gebietlichen Lage in der Gesamtstadt, zu Nutzung und Verkehr, Bevölkerung, Wohnsituation sowie der sozialen Infrastrukturausstattung, zur Stadtgestaltung und Bausubstanz *(Baustruktur, -alter, Nutzbarkeit, Gestaltung der Straßenfassaden, bautechnischer Zustand, sanitäre Ausstattung)* durchgeführt. Als Erhebungsformen werden neben der Auswertung des vorhandenen statistischen sowie in Karten und Plänen vorliegenden Materials *(z.B. Bauleitpläne, Betriebsstättenerhebung, Straßenverkehrszählung, ÖV-Streckenbelastung, Zählungen von Fußgängerkonzentrationen, genehmigungspflichtige Gewerbebetriebe)* Begehungen und Befragungen von Schlüsselpersonen *(Kindergärtnerinnen, Bedienstete der Bezirksämter, Polizeibeamte, Pfarrer, Einzelhändler, Hauswarte u.a.)* angewandt. Je nach Art der Informationsaufnahme differiert die Bezugsgröße; wenn irgend möglich wird versucht, den Bezug zum Grundstück herzustellen.
Neben einer reinen Ansammlung von Informationen wird ebenso - wenn auch verkürzt - nach den Ursachen für einen vorfindlichen Zustand der Baustruktur und ihrer potentiellen Nutzbarkeit (bei unterstellten planerischen Eingriffen) gefragt, überdies werden auch Merkmale erfaßt, die Chancen einer Verbesserungsmöglichkeit anzeigen sollen.
Die Bewertung der eingehenden Informationen erfolgt ebenfalls über Gewichtungen und Schwellenwertbildungen, für jeden Bewertungsaspekt wird ein zusammenfassendes Urteil abgegeben.

In der nachstehenden Übersicht 2 wurde versucht, die zahlreich eingehenden Bewertungen in ihren Zusammenhängen darzustellen, auf die Beschreibung der Beurteilungsgrundlagen im einzelnen und deren Quantifizierung wurde dabei verzichtet.

Auf die Subjektivität der Gewichtungen und Schwellenwertfestsetzungen, die auch hier fast regelmäßig unbegründet bleiben, wird mehrmals hingewiesen. Eine - ausnahmsweise - völlig nachvollziehbare Schwellenwertfestsetzung erfolgt für den Bewertungsaspekt "Soziale Infrastruktur". Hier werden sie nämlich aus den jeweiligen Ressortentwicklungsplänen bzw. den darin festgelegten Zielsetzungen abgeleitet, so daß wenigstens diesbezüglich für den Außenstehenden der eingenommene Bewertungsstandpunkt (hier: die Zielvorstellungen der kommunalen Ressorts) deutlich wird.

2.2   Verfahren zur Auswahl von Modernisierungszonen

2.2.1 Struktur des Planungsprozesses

● Planungszusammenhang

Den Entstehungshintergrund der hier zur Darstellung kommenden Verfahren zur Auswahl von Modernisierungszonen bildet ebenso wie bei den Sanierungsverdachtsuntersuchungen ein spezifisches Instrumentarium der Stadterneuerung: das vor Inkrafttreten des WoModG (heute ModEnG) ausgegebene Bund/Länder Modernisierungsprogramm bzw. die diesbezüglichen Richtlinien der jeweiligen Länder. Arbeitsziel ist das Finden und Abgrenzen der im Gesamtstadtgebiet vorhandenen Modernisierungszonen, welche der den Richtlinien zugrundeliegenden Definition von Modernisierungszone entsprechen, sowie eine diesbezügliche Prioritätensetzung im Hinblick auf die Anerkennung und Aufnahme der Modernisierungszonen in das jeweilige Landesprogramm.

Das sind zusammenhängende Gemeindeteile mit mindestens 300 WE
- die einen Anteil von über 50 % modernisierungsbedürftiger Wohnungen haben, wobei als modernisierungsbedürftig alle *Wohnungen gelten, die kein WC oder kein Bad oder (!) keine Sammelheizung haben,*
- in denen die Modernisierungstätigkeit bislang unzureichend war und

Abb. 2

(Zusammengestellt nach Angaben aus: AUST UND MITARBEITER (ARBEITS-GRUPPE STADTSTRUKTUR)/GEHRMANN UND PARTNER (PLANUNGSGEMEINSCHAFT BERLIN): Sanierungsverdachtsgebiete in Berlin (West) – Gutachten SVG (3 Bde.) i. Auftrag des Senators für Bau- und Wohnungswesen Berlin, Berlin 1973)

(Die in Klammern angeführten Zahlen stellen die Kriteriengewichtung für die entsprechende Zwischenaggregation dar)

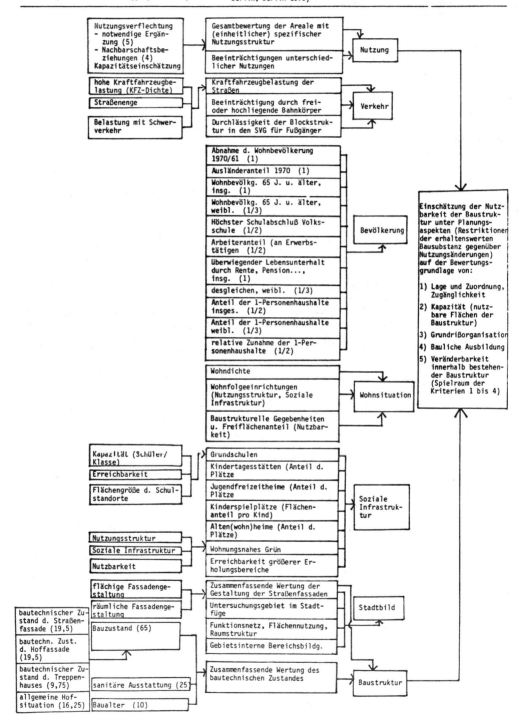

- ein großer Anteil leistungsschwacher oder am Wohnungsmarkt benachteiligter Haushalte wohnen, hierzu zählen insbesondere kinderreiche Familien, ausländische Arbeitnehmer und Rentner.

Die Bestimmung von Problemgebieten basiert hier also maßgeblich auf den richtliniengemäßen Beurteilungskriterien zur Abgrenzung von Modernisierungszonen, also auch gleichzeitig auf den grundsätzlichen Zielen des Bund/Länder-Modernisierungsprogramms.

Zur Anregung von Modernisierungsmaßnahmen sollen Förderungsmittel aus öffentlichen Haushalten gezielt schwerpunktmäßig eingesetzt werden, um
- den Wohnwert erhaltungswürdiger Wohnungen zu sichern und zu erhöhen,
- die Wohnverhältnisse v.a. einkommensschwacher Mieter zu zumutbaren Bedingungen zu verbessern und
- die städtebauliche Funktion v.a. älterer Stadtviertel zu erhalten oder zu verbessern.

● Struktur der Untersuchung

Ähnlich den SVU kann man hier (vereinfacht, von einer 2-Phasenteilung des Planungsprozesses sprechen.
Zunächst werden alle die Gebiete aus dem Stadtganzen ausgewählt, die der (interpretierten) Richtliniendefinition von Modernisierungszone genügen. In einem Fall (Beispiel Bremen) wird zudem eine Stufung nach dem "Ausmaß der Modernisierungsbedürftigkeit" vorgenommen, was einer vorläufigen Prioritätensetzung dient.
Die im zweiten Schritt folgende Prioritätensetzung bzw. (im Fall Bremen) Prioritätenmodifikation läßt sich in allen untersuchten Beispielen insgesamt nur sehr bedingt nachvollziehen. Diese Prioritätensetzung trägt im Unterschied zu den Sanierungsverdachtsuntersuchungen jedoch nicht den Charakter eines "Aussonderungsinstrumentes", da bei den Verfahren davon ausgegangen wird, daß sämtliche im ersten Schritt ausgewählten Modernisierungszonen in absehbarer Zeit Aufnahme in das entsprechende Landesprogramm finden. Dies sind z.B. in Kiel 9, in Bremen 18 und in Düsseldorf 17 Zonen. Damit liegen (nach eigenen Berechnungen aufgrund der Angaben in der Untersuchung) immerhin 109.667 Düsseldorfer Wohnungen in Modernisierungszonen.
Im Ergebnis werden die vorrangig zu berücksichtigenden Gebiete mit Nachweis der richtliniengemäß notwendigen Gebietsangaben der zuständigen Landesbehörde zur Genehmigung vorgelegt und später offiziell bekannt gemacht.
Die Überprüfung und Fortschreibung der Konzepte ist vorgesehen.

2.2.2   Merkmalsselektion und Verarbeitung

Da die Richtlinien bereits Angaben über die Kriterien zur Auswahl von Modernisierungszonen enthalten, treten hier Fragen zur Abstimmung des nach Art und Umfang notwendigen Beurteilungsmaterials gar nicht auf. Allen Untersuchungen liegt für diesen ersten Arbeitsschritt ein relativ einheitlicher Kriterienkatalog zugrunde: auf der Basis der GWZ 1968 und VZ 1970 werden baublockbezogen bzw. ortsteilbezogen (Bremen) ermittelt:
● Die Wohnungen, die über kein WC und/oder kein Bad und/oder keine Sammelheizung verfügen (modernisierungsbedürftige Wohnungen).
Die Nichtberücksichtigung anderer Ausstattungsmerkmale wie Lärm- und Wärmedämmung, elektrische Anlagen etc. wird (in Bremen) auf fehlende statistische Unterlagen zurückgeführt.
● Das Gebäudealter (abgesehen von Bremen, wo das Baualter deshalb nicht berücksichtigt wird, weil es nicht als zuverlässiger Indikator für die Modernisierungsbedürftigkeit angesehen wird).
● Außer in Kiel, wo man sich wegen des Fehlens statistischen Materials über

die Höhe der Haushaltseinkommen auf die o.g. Kriterien beschränkt und einfach
unterstellt, daß in den modernisierungsbedürftigen Wohnungen ein "größerer Anteil leistungsschwacher oder am Wohnungsmarkt benachteiligter Haushalte" wohnt)
Daten zur Bevölkerungsstruktur wie Ausländer, Rentner, kinderreiche Familien
bzw. der Anteil der Jugendlichen unter 18 Jahre und darüber hinausgehend in
Bremen noch der Anteil der Arbeiter und der Personen mit Volksschulabschluß.
- Hier wird die Merkmalsauswahl auch begründet: die Faktoren, die erfahrungs-
gemäß mit dem Haushaltseinkommen negativ korrelieren, stellen einen Indikator
für den "Anteil leistungsschwacher oder am Wohnungsmarkt benachteiligter Haushalte" und damit für die "subjektive Modernisierungsbedürftigkeit" dar.
Beachtenswert erscheint die übergroße Ähnlichkeit mit den Kriterien aus den
Sanierungsverdachtsuntersuchungen, was - formal betrachtet - ganz selbstverständlich auf die in beiden Verfahren gleichermaßen verwendete Informationsgrundlage, die Großzählungen, zurückzuführen ist, dennoch - inhaltlich gesehen - zu denken gibt.

Zur Abgrenzung der Modernisierungszonen kommt man hier schließlich durch Zusammenfassung mehrerer Baublöcke, wobei berücksichtigt wird, daß bei mindestens 300 WE eines zusammenhängenden Bereiches über 50 % dem Kriterium "Modernisierungsbedürftigkeit" entsprechen.
Wie diese Bewertung von "Modernisierungsbedürftigkeit" im einzelnen vonstatten
geht, wird im Kieler Verfahren gar nicht transparent. Der Düsseldorfer Ansatz
erwähnt lediglich, daß nur die Baublöcke Berücksichtigung fanden, die für alle
erhobenen Kriterien (d.h. "modernisierungsbedürftige Wohnungen, vor 1918 er-
richtete Gebäude und Daten zur Sozialstruktur) gleichzeitig Werte unter dem
Düsseldorfer Durchschnitt aufwiesen. Allein das Bremer Modernisierungskonzept
enthält eine eingehendere Darstellung des diesbezüglichen Bewertungsverfahrens:
Zunächst werden auf der Basis der erhobenen Merkmale ein Ausstattungsindikator
und ein Sozialindikator gebildet. Der Ausstattungsindikator (A_i) gibt für jeden Ortsteil die relativen Anteile der gewichteten und additiv verknüpften vier
möglichen Ausstattungskategorien (d.h. WE ohne WC/Bad/Sammelheizung, WE mit
WC ohne Bad/Sammelheizung usw.) im Verhältnis zur Summe dieser Anteile aller
Ortsteile an (das entspricht einer Standardisierung mit Bezugspunkt Gesamt-
stadtdurchschnitt). Die Gewichtung erfolgt durch einen standardisierten Wert,
der sich auf die realen Bestände der einzelnen Ausstattungskategorien bezieht,
wodurch man in etwa den Nutzen bzw. die Wertschätzung dieser Ausstattungskategorien ausdrücken will.

*Beispiel: in Bremen haben 91,83 % aller WE ein WC, 76,89 % ein Bad und
50,78 % eine Sammelheizung; damit gilt für die Ausstattungskategorie WE ohne
WC/Bad/Sammelheizung: 91,83 + 76,89 + 50,78 = 219,50; für die nächste Kategorie 76,89 + 50,78 = 127,67 usw.*

Die Berechnung des Sozialindikators (S_i) erfolgt unter Bezugnahme auf die So-
zialstrukturmerkmale - allerdings ohne ihre jeweilige Gewichtung - in der
gleichen Weise.
Aufgrund der vorgenommenen Standardisierung läßt sich dann jeder Ortsteil bezüglich des Ausstattungs- und des Sozialindikators mit der Gesamtstadt vergleichen. Als modernisierungsbedürftig gelten alle die Ortsteile, die hinsichtlich beider Indikatoren "schlechter" als die Gesamtstadt erscheinen,
weil "in diesen Ortsteilen...objektive Modernisierungsnotwendigkeit und subjektive Modernisierungsunfähigkeit (unterdurchschnittliches Einkommen) zu-
sammen(fallen)" (Bremen, Der Senator für das Bauwesen, Dezernat 32 1975 b, 5)
Entsprechend dem Ausmaß dieser Modernisierungsbedürftigkeit (Größenordnung
von A_i und S_i, wobei A_i eine etwas größere Bedeutung zukommt) wird eine vorläufige Rangfolge unter den modernisierungsbedürftigen Ortsteilen gebildet.
Für die ausgewählten modernisierungsbedürftigen Gebiete werden im Hinblick
auf die Prioritätensetzung zusätzliche Informationen erhoben:
● In Kiel beschränkt man sich dabei auf die Angaben der Wohnungsbauunterneh-

men zu ihren Modernisierungsabsichten.

● In Düsseldorf werden unter Verwendung von Angaben aus dem Einwohnermeldeamt, Schulverwaltungsamt, Kulturamt, Sozialamt, Jugendamt, Bauverwaltungsamt, Stadtplanungsamt, Vermessungs- und Katasteramt, Amt für Wohnungswesen, Hochbauamt, Tiefbauamt, Garten- und Friedhofsamt, den Stadtwerken und dem Planungsstab Stadtentwicklung entsprechend der im Runderlaß des Innenministers NW geforderten Darstellung zusätzlich Aussagen gemacht zu:
- Lage im Stadtgebiet
- Anschluß an Kanalisation, Gas, Fernheizwerk
- vorhandene Infrastruktur (IV, ÖPNV, Ladenversorgung und soziale Infrastruktur) und beabsichtigte Verbesserungen
- den baulichen und sozialen Entwicklungsprozessen, die eine Förderung dringlich erscheinen lassen
- der städtebaulichen Funktion der Modernisierungszone sowie
- allgemein zum Wohnungsbedarf (aus 2 Prognosevarianten bis 1980 und Wohnungsbauprogramm 1974 - 1980) und zur Funktion der Kommune im Rahmen des Bundesraumordnungsprogramms, den Landesentwicklungs- und sonstigen Förderungsprogrammen.

● In Bremen werden für die modernisierungsbedürftigen Ortsteile weiterhin Angaben gemacht zu:
- Anteil der Eigentümerwohnungen
- Anteil der Gebäude mit Kanalanschluß
- Anteil der Zu- und Fortzüge 1971 - 1974 an den Bewohnern von 1971.

Darüber hinaus erfolgt eine globale Beschreibung zu Funktionsbeeinträchtigungen durch Gewerbe- und Verkehrsemissionen; die geplanten Maßnahmen anderer Fachplanungsträger werden nachrichtlich übernommen.

Zur präzisen Abgrenzung der auszuweisenden Modernisierungszonen im Ortsteil werden mittels entsprechender Aufschlüsselung in Planbezirke die räumlichen Schwerpunkte der modernisierungsbedürftigen Wohnungen festgestellt.

Der Vorgang der Prioritätensetzung bleibt - wie erwähnt - intransparent. Es können allenfalls einige Faktoren ausgemacht werden, die Einfluß auf die Prioritätensetzung ausgeübt haben:

● vorhandene Modernisierungswilligkeit in größerem Umfang (so werden im Fall Kiel Prioritäten unter Berücksichtigung der mitgeteilten Modernisierungsabsichten der gemeinnützigen Wohnungsbaugesellschaften gesetzt)

● Kombinationsfähigkeit von Maßnahmen der Stadtentwicklung und Modernisierung.(In Düsseldorf und Bremen werden alle geplanten Maßnahmen der einschlägigen Ressorts angeführt. Aufgezählt werden - am Beispiel Bremen wird dies besonders deutlich - die ohnehin geplanten Maßnahmen einzelner Ressorts. Maßnahmen, die bei ihrer Bestimmung in keiner Weise auf die Vereinbarkeit mit der Modernisierungsstrategie überprüft werden. Was als positive Koordination erscheint, ist lediglich ungewichtete Sammeltätigkeit).

Zur Veranschaulichung, daß die aufgelisteten geplanten Maßnahmen völlig zusammenhanglos zur Zonenauswahl stehen, mag folgendes Beispiel aus dem Bremer Konzept zur Auswahl von Modernisierungszonen dienen: (Bremen, Der Senator für das Bauwesen, Referat 32 1975 b, 12)

● *Zum modernisierungsbedürften Ortsteil Hastedt wird angeführt:*
"Das Wohnen ist nicht in Frage gestellt. Beeinträchtigt wird das Wohnen in Teilbereichen durch Industrie, Gewerbe u. Hauptverkehrsstraßen".
Und zu den geplanten Maßnahmen:
"-Ausbau des Verkehrsknotens Malerstraße mit Anbindung an BAB-Zubringer Hemelingen
- Aufbau des Gewerbegebietes Steubenstraße/Neidenburgerstraße
- Ausbau Georg-Bitter-Straße mit Anschluß an Werderbrücke
- Männerwohnheim."
● *Ähnlich zum modernisierungsbedürftigen Ortsteil Rönnebeck:*
"Das Wohnen ist nicht in Frage gestellt. Beeinträchtigt werden kann d. Wohnen

durch das gepl. Gewerbegebiet Striekenkamp."
Geplante Maßnahmen:
"-Aufbau des Gewerbegebietes Striekenkamp
- Ausbau der Straßen Kreinsloger, Dillener Straße."

(Hervorhebungen durch den Verfasser)

● Schließlich wird - zumindest dem Anspruch nach - die Übereinstimmung mit Zielen der Stadtentwicklung als ein wesentliches Entscheidungskriterium für die Prioritätensetzung verkündet.
- Im Fall Kiel soll dies z.B. zur Bevorzugung innenstadtnaher Bereiche führen, um der Bevölkerungsmigration Einhalt zu gebieten. Inwieweit dies mit den Kriterien "Modernisierungswilligkeit" übereinstimmt, wird nicht diskutiert.
- Auch in Bremen sollen Bevölkerungsfluktuationen und Abwanderungstendenzen geschwächt werden und deshalb durch Modernisierungsmaßnahmen die Funktion eines Ortsteils als Entwicklungsschwerpunkt und die Entwicklung wohnungsnaher Versorgungszentren gefördert werden.
- Im Düsseldorfer Ansatz macht sich dies z.B. in einer Prioritätensetzung entsprechend der Rangfolge zu den Standortprogrammen bemerkbar.
Daß Modernisierungsförderungsmittel auch in Wohngebiete, die bereits als attraktiv gelten, gelenkt werden, mag im Zusammenhang mit einer migrationshemmenden Strategie der Stadtentwicklungspolitik zu sehen sein (vgl. Düsseldorf, Stadtplanungsamt 1974, 48 u. 55). Allerdings findet man in der Untersuchung keinerlei Erläuterungen, weshalb z.B. in - mit Infrastruktur - angeblich unterversorgten Bereichen keine, in angeblich ausreichend versorgten Bereichen zusätzliche Maßnahmen im Infrastruktursektor vorgesehen sind.

Insgesamt läßt sich feststellen, daß die in der 2. Phase (Prioritätensetzung) zusätzlich aufgenommenen Informationen nur zu einem geringen Teil überhaupt verarbeitet werden. So ließe sich beispielsweise die reine Aufzählung der nachrichtlich übernommenen geplanten Maßnahmen anderer Fachplanungsträger v.a. dadurch erklären, daß man der Richtlinienklausel: "Mit Vorrang werden Zonen aus Gemeinden berücksichtigt, die in den Modernisierungszonen Verbesserungen der kommunalen Infrastruktur durchführen" möglichst genügen wollte.

3.   Analyse der instrumentenorientierten Voruntersuchungen als Mittel der Problemgebietsbestimmung und der Vorbereitung von Maßnahmen zur Stadterneuerung.

3.1 Einige Aspekte zum Verfahren der instrumentenorientierten Voruntersuchungen

● Vorabfestlegung von Instrumenten - Gebietsauswahl bei unzureichendem Gebietsbezug.

Zunächst einmal sollte festgehalten werden, daß den vorgestellten Ansätzen zur Bestimmung von Sanierungsgebieten bzw. Modernisierungszonen gar nicht der Anspruch zugrunde liegt, einen möglichst umfassenden Überblick über den Problemumfang im Stadtgebiet zu erlangen. Es wird also nicht etwa gefragt: wo haben wir welche Art von Problemgebieten und mit welchem Instrumentarium können wir dort Verbesserungen einleiten. Vielmehr bildet ein ganz bestimmtes Instrumentarium der Stadterneuerung den Ausgangspunkt der Untersuchungen, es wird nach den diesbezüglich "passenden Problemgebieten" gefragt.
Damit werden prinzipiell noch keine mehr oder minder vorab definierten Problemgebiete selektiert. Denn was als "passendes Problemgebiet" anerkannt wird, ist letztlich eine Frage der (politischen) Entscheidung über die einzubeziehenden Kriterien, und die könnten sich nach Art und Umfang von den oben dargestellten Katalogen auch erheblich unterscheiden. Vorab festgelegt werden damit aber im weitesten Sinne die anzuwendenden Strategien, und dies in den erst noch auszuwählenden Gebieten.

Problematisch erscheint diese instrumentenorientierte Problemgebietsbestimmung v.a. wegen ihres fehlenden Bezugs zur jeweiligen Gebietscharakteristik: Eine detaillierte Zielbildung, möglichst in Konfliktaustragung der unterschiedlichen Interessengruppen, die Fragen nach den Realisierungsbedingungen bestimmter angestrebter Verbesserungen und nach dem notwendigen Maßnahmenumfang, nach den Folgewirkungen einzelner Maßnahmen etc. - als u.E. bei der Formulierung von Erneuerungsstrategien wesentlich zu beachtende Momente - lassen sich erst aus dem spezifischen Gebiet selbst heraus klären. Mit der instrumentenorientierten Problemgebietsbestimmung wird dagegen den Gebieten, v.a. den jeweiligen Bewohnern, eine vorabdefinierte Verbesserungsstrategie gleichsam "von oben herab" verordnet. Dies ist umso problematischer, als daß gemäß der Stellung dieser Verfahren im Planungszusammenhang für die einmal ausgewählten Bereiche keinerlei alternative Instrumente mehr diskutiert werden. Eine Ausnahme stellt hier das Berliner SVG-Gutachten dar, das aufgrund seiner Aufgabenstellung und Untersuchungsanlage durchaus noch eine Überprüfung in Hinsicht auf alternativ einzusetzende Instrumente und Strategien zuläßt.

Die instrumentenorientierten Voruntersuchungen treffen des weiteren eine Selektion in Hinsicht auf die Anzahl der Interventionsbereiche, jener Bereiche, die letztlich als "wirkliche Problemgebiete" anerkannt werden. Bestimmte Handlungsvoraussetzungen, v.a. die Begrenzung öffentlicher Fördermittel, werden von vornherein mitbedacht und schlagen sich in den oben beschriebenen Aussonderungsverfahren, die nur eine mehr oder minder (vorab) festgelegte Anzahl von "Problemgebieten" zulassen, nieder. So verweist auch das DIFU darauf, "... daß die bisherigen Untersuchungen... stark normativ bestimmt sind, also unausgesprochen von der Zielsetzung ausgehen, daß die kommunalen Aktivitäten auf den jeweils 'negativsten Fall' konzentriert werden müssen" (Deutsches Institut für Urbanistik 1977, II.1). Eindrucksvolles Beispiel hierfür liefern die Sanierungsverdachtsuntersuchungen mit ihren mehrfachen Aussonderungsschritten bis hin zur (angestrebten) möglichst eindeutigen Auswahl (meist nur) eines Gebietes, während die Verfahren zur Auswahl von Modernisierungszonen wohl wegen der kontinuierlich fortlaufenden Jahresprogramme zur Modernisierungsförderung eher darauf ausgerichtet sind, möglichst alle Gebiete, die den vorgegebenen Richtlinien entsprechen, auszuwählen.

Kritisch zu beurteilen ist dieses Aussonderungsprinzip v.a. in zweierlei Hinsicht:

● Abermals findet hier bei der Bestimmung von Interventionsgebieten die Gebietscharakteristik keinerlei Berücksichtigung. Andererseits wird aber im Aussonderungsverfahren implizit unterstellt, im Ergebnis eine Skala der verbesserungsbedürftigsten Gebiete und damit eine Rangfolge des jeweiligen Interventions-/Investitionsbedarfes zu erhalten: über Schwellenwertbildung und Gewichtung der einbezogenen Kriterien mit anschließender zusammenfassender Bewertung (nachfolgend als "Gesamtbewertungsmethode" bezeichnet) kommt man schließlich zu einem Gesamturteil einzelner Gebiete, dem angeblich Maß der Verbesserungsbedürftigkeit resp. dem Dringlichkeitsmaß eines öffentlichen Eingriffs. Zwei Beispiele mögen die angesprochene Kritik veranschaulichen:

- Gehen miteinander korrespondierende Kriterien in das Gesamturteil ein (z.B. geringe Abstandsflächen und schlechte Belichtungsverhältnisse; Baudichte und Wohndichte), so können Mängelsituationen beträchtlich überbewertet werden, zumindest wenn man - wie in der "Gesamtbewertungsmethode" unterstellt - zugleich auf den notwendigen Interventionsbedarf folgert. Unter Umständen wäre aber das Beheben eines einzigen sog. Mißstandes (wie z.B. Abriß eines Gebäudes zur Verbesserung der Belichtungsverhältnisse, der Zugänglichkeit etc.) zur Situationsverbesserung ausreichend.

- Schwellenwerte und Kriteriengewichte werden, der übergebietlichen Vergleichbarkeit wegen, einheitlich für sämtliche betrachteten Gebiete festgelegt. Gerade gebietsspezifische Substitutionsüberlegungen (z.B. Wohnungsumfeldverbesserung ohne Wohnungsmodernisierungsgebote bzw. verstärkte -anreize, Mehr-

fachnutzung von vorhandenen Infrastruktureinrichtungen anstatt Bausubstanzabriß zur Erstellung von vielfachen Infrastruktureinrichtungen, "Spielstraße"
anstatt Schaffung von Freiflächen durch Blockentkernung etc.) kommen wegen
der o.g. Implikationen der Gesamtbewertungsmethode indes nicht zum Tragen.
Der Ansatz wird damit spezifischen, v.a. nutzerspezifischen Belangen nicht
gerecht.

● Wurde eben insbesondere aus der Perspektive der Bewohner/Betroffenen eines
Gebietes Kritik an den Verfahren geübt, so seien zum anderen einige Punkte
aus stadtentwicklungspolitischer Perspektive angeführt.
Die erwähnte Ausrichtung der Verfahren auf den "negativsten Fall" engt die
Perzeption von Art und Umfang möglicher Erneuerungsprobleme im Stadtgebiet
von vornherein ein.
Zurecht bemerkt der Verband Deutscher Städtestatistiker (1974, 30) beispielsweise: "Nach diesem Verfahren werden Entwicklungen immer erst dann erkannt,
wenn sie bereits ein sehr kritisches Stadium erreicht haben." Gebiete, die
möglicherweise allein eines stabilisierenden Eingriffes zur Verbesserung z.
B. ihrer Wohnverhältnisse bedürfen (etwa Verkehrsberuhigungsmaßnahmen), werden also völlig außer Acht gelassen. Oder, um es anhand der "Gesamtbewertungsmethode" zu verdeutlichen: Je mehr Kriterien aus verschiedenen Merkmalsberei-
chen in die Gesamtbewertung eingehen (vgl. etwa SVG-Berlin), desto stärker
würden einzelne Beeinträchtigungen, seien sie auch ganz erheblich, nivelliert.
Andererseits würde aber erst ein breites Kriterienspektrum die Wahrnehmung
der unterschiedlichsten Erneuerungsprobleme begünstigen.
Jedoch stellt sich dieses Problem bei den oben beschriebenen Verfahren meist
gar nicht mehr in dieser Weise: jene Verfahren beschränken sich schon von
vornherein auf ein äußerst begrenztes Kriterienspektrum, so daß Stadterneue-
rungsprobleme etwa in den Bereichen Verkehr, Umweltschutz, Soziale Infrastruktur etc. überhaupt nicht zur Disposition stehen. Darüber hinaus kann es wegen
der oben erwähnten möglichen Fehleinschätzungen des notwendigen Interven-
tions-/Investitionsbedarfes hinsichtlich verteilungspolitischer Erwägungen zu
einem unangemessenen Einsatz öffentlicher Ressourcen kommen.

Festzuhalten wäre also, daß die instrumentenorientierte Problemgebietsbestimmung sowohl für die letztlich ausgewählten "Problemgebiete" als auch für andere problembehaftete Gebiete, die aber außerhalb des weiteren planungspolitischen Interesses verbleiben, folgenschwere Ergebnisse impliziert. Mit Modifikationen des Verfahrens in einzelnen Teilen (z.B. Erweiterung des Krite-
rienspektrums) werden - wie dargelegt - keine Verbesserungen erzielt. Die Frage des Einsatzes von Erneuerungsinstrumenten Im Rahmen der Stadtentwicklungsplanung müßte vielmehr neu gestellt werden (vgl. hierzu Pkte. 5 u. 6).

● Zur Relevanz der Entscheidungskriterien

Unter den für Grobanalysen geltenden besonderen Handlungsbedingungen, wo neben den wohl generell zu beachtenden personellen, zeitlichen und finanziellen
Restriktionen die erhebliche Größe des Gesamtuntersuchungsgebietes als ver-
schärfender Faktor hinzutritt und darüber hinaus - wegen der nicht unmittelbar auf die Planungsdurchführung abgestellten Analyse - mit einer in relativ
kurzer Zeit eintretenden Datenveralterung gerechnet werden muß, werden durchweg die Ansprüche bezüglich der Informationsbasis bewußt reduziert. Bestehen
bleibt indes der Anspruch, die relevanten Faktoren zu erfassen. Ein Vergleich
des Berliner SVG-Gutachtens mit den anderen Sanierungsverdachtsuntersuchungen
veranschaulicht bereits sehr deutlich, wie beträchtlich die Auffassungen über
"bewußt reduzierte Ansprüche an die Informationsbasis" bei beanspruchter Erfassung der relevanten Faktoren differieren. Indes ist das Untersuchungsspek-
trum des Berliner Gutachtens durchaus nicht üblich, in aller Regel bedient
man sich im Zuge der Voruntersuchungen des gesamtstadtbezogenen statistischen
Datenmaterials und diesbezüglich vor allem der Großzählungen. Will man nun

den gestellten Relevanz-Anspruch näher diskutieren, so sind u.E. zwei Dinge zu unterscheiden:

(1) Die Aussagekraft massenstatistischer Daten aus den Großzählungen allgemein für die Bestimmung von Problembereichen

(2) Die Relevanz solchen Datenmaterials bezogen auf die Instrumentenorientierung der Verfahren (also hier StBauFG bzw. WoModG-Einsatz).

(1) Hier seien die Probleme nur stichwortartig benannt:

- Mangelnde Aktualität der Datenbasis und differierende Bezugszeitpunkte von GWZ und VZ (so wurden bei den geschilderten Verfahren Daten von 1968 (GWZ) und 1970 (VZ) verwandt).

- Eine ausschließlich stichtag-(zeitpunkt-)bezogene Datenbasis, deren Fortschreibung nur in großen Zeitintervallen vorgesehen ist, macht eine Überprüfung des Informationsmaterials im Zeitablauf unmöglich. Die Entwicklungstendenzen der Gebiete lassen sich somit nicht verfolgen.

- Problematik der Datenbezugsgröße: Die Großzählungen sind baublockbezogen aufbereitet. Sowohl aufgrund der sehr unterschiedlichen Größe einzelner Baublöcke als auch ihrer häufig sehr inhomogenen Substanz (v.a. sind teilweise erhebliche Unterschiede zwischen den an Hauptstraßen liegenden und diesen abgewandten Baublockseiten auszumachen) haben solche Datenaggregationen verzerrenden und nivellierenden Charakter. Die Überführung in Planungsquadrate (wie etwa im Kölner Beispiel) löst zwar das Problem der Vergleichbarkeit (gleiche Flächenbezugsgröße). Jedoch sind damit (je nach Rasterfläche) entweder größere Nivellierungserscheinungen oder aufwendigere Erhebungen verbunden. Die Zerschneidung städtebaulicher Einheiten läßt sich - wie das Kölner Beispiel zeigt - nur durch zusätzlich baublockorientierte Disaggregation vermeiden.

- Zumindest bei den Großzählungen Beschränkung auf relativ grobe und einseitig baulich- und wohnungsausstattungsbezogene sowie sozialstrukturelle Merkmale.

(2) Bereits der letzte Punkt, das begrenzte Merkmalsspektrum, läßt die Relevanz derartiger Datenbasen bezüglich der instrumentenorientierten Verfahren äußerst zweifelhaft erscheinen. Zwar reicht das Informationsmaterial der Großzählungen für die Auswahl von Modernisierungszonen entsprechend den vorgegebenen Richtlinien durchaus noch aus, wenn es auch fraglich ist, ob damit Gebiete auszugrenzen sind, in denen später die Fördermittelangebote auch wirklich greifen (vgl. 3.2). Bedenklich wird es dagegen bei der Ausgrenzung von StBauFG-Einsatzgebieten. Jedenfalls den Kriterien des § 3 (2) StBauFG zufolge bleibt hier ein wesentlicher Teil an "Mißstandskriterien" (so etwa das gesamte Spektrum der "funktionsbezogenen" Kriterien) unbeachtet. Überspitzt formuliert könnte man aufgrund der Merkmalsselektion und -verarbeitung der Verfahren konstatieren, daß es lediglich eine Frage der Schwellenwerte ist, ob nun ein Gebiet zur Modernisierungszone oder zum Sanierungsverdachtsgebiet erklärt wird, der Informationsfundus zur Auswahl dieser Bereiche weist schließlich nur marginale Unterschiede auf.

Wir können also feststellen, daß mit den Kriterien zur Auswahl von Sanierungsverdachtsgebieten weder ein Maßnahmenbezug hergestellt wird noch die formalen Anwendungsvoraussetzungen des Instrumentes ausreichend berücksichtigt werden (im einzelnen zu den formalen Anwendungsvoraussetzungen von StBauFG insbes. gegenüber dem WoModG vgl. Krüger, M. 1978, I, Kap. 1.).

So kritisiert schon der Verband Deutscher Städtestatistiker: "Da die Bausubstanz (einschließlich der Wohnungsausstattung) in dem...Katalog der Sanierungsmerkmale eine sehr zentrale Rolle einnimmt, müßte die bauliche Erneuerung als die therapeutische Maßnahme zur Lösung der Sanierungsprobleme zwangsläufig angesehen werden." (1974,29)

Was die Beachtung der Anwendungsvoraussetzungen anbelangt, so treiben manche Untersuchungen vom Aufwand her gesehen kuriose Blüten: so mußte man z.B. in Köln im Zuge der endgültigen Prioritätensetzung feststellen, daß einige Sanierungsverdachtsgebiete keinem städtischen Siedlungsschwerpunkt zugeordnet und wegen der damit entfallenden StBauFG-Landesförderung nicht mehr in Betracht gezogen werden konnten. Auch in einer Bochumer Sanierungsverdachtsuntersuchung werden zunächst über das Gesamtstadtgebiet entsprechende Erhebungen vorgenommen, zum Schluß aber konzentriert sich das Interesse auf die für StBauFG-Sanierungen relevanten Standortbereiche gemäß dem Nordrhein-Westfalen-Programm 1975 (Bochum Planungsamt 1974).

Es stellt sich die Frage, weshalb man Sanierungsverdachtsuntersuchungen nicht von vornherein auf eben diese Siedlungsschwerpunkte bzw. Standortbereiche beschränkt, wenn man ohnehin den Forderungen der Landesplanung in diesem Punkte Rechnung tragen will bzw. muß.

Weitere allgemeine und besondere Handlungsvoraussetzungen, die im Rahmen der Verfahren nicht perzipiert bzw. verarbeitet werden, für die Auswahl von StBauFG-Anwendungsbereichen aber schon zu Anfang beachtet werden müßten, wären insbesondere die Ziele der Stadtentwicklungspolitik zur Bestimmung der Sanierungsdringlichkeit u.a. auch in Abhängigkeit von der kommunalen Haushaltslage, die Frage der Verhältnismäßigkeit des Mitteleinsatzes und der Notwendigkeit der StBauFG-Anwendung entsprechend den Vorschriften des § 3 StBauFG etc. (vgl. hierzu Krüger, M. 1978, 14-19).

Jedenfalls verursacht die Mißachtung externer Kriterien schon zu Beginn der Verfahren erheblichen Mehraufwand bei der Bearbeitung solcher Untersuchungen. Und werden sie dann in einem späteren Stadium der Verfahren z.T. doch noch eingebracht, so führt dies - wie wir unten zeigen werden - allein zu offensichtlichen Widersprüchlichkeiten mit folgenden erhöhten Legitimationsbedarfen.

● Implizite Zielsetzungen, Widersprüchlichkeiten und Willkür

Die Problemgebietsauswahl soll "unter objektiver Wertung bestimmter für die Beurteilung relevanter Faktoren" erfolgen, heißt es in einer Sanierungsverdachtsuntersuchung (vgl. oben S. 2). Es mag dies der Hintergrund dafür sein, daß sämtliche Verfahren allein von ihrer Arbeitszielsetzung gesteuert werden, einige - eher unvermittelt eingebrachte - Zielsetzungen der Stadtentwicklung allein der Prioritätensetzung bzw. -modifikation dienen sollen, ansonsten aber eher Stillschweigen geübt wird über Wertsetzungen, die da einfließen, bei der Merkmalsselektion, Schwellenwertsetzung, Gewichtung und dem Entscheidungskalkül des endgültigen Auswahlschrittes. Immerhin läßt sich eine Untersuchung, das Berliner SVG-Gutachten, noch darauf ein, auf die Subjektivität solcher Festsetzungen zu verweisen, Begründungen der Schwellenwerte, Gewichte etc. bleiben aber auch hier aus.

Die Anzeichen für unbewußt oder bewußt gesetzte implizite Zielvorstellungen sind vielfältig:

● Warum etwa werden trotz gleicher Informationsgrundlage (Großzählungen) in der Kölner Untersuchung "Wohneinheiten ohne Bad mit WC" und "Wohneinheiten ohne Bad und ohne WC" unterschieden, in Düsseldorf dagegen eine Trennung von "Wohneinheiten ohne Bad/WC" und "Unterkünfte" vorgenommen, oder in Köln allein die "Wohnungen in vor 1919 errichteten Gebäuden", aber in Düsseldorf die "Wohnungen in Gebäuden, die zwischen 1919 und 1948 errichtet wurden", erfaßt?

● Das Gebäudealter als Kriterium der Sanierungs- wie auch Modernisierungsbedürftigkeit wird in nahezu jeder Untersuchung unterschiedlich differenziert.

● Weshalb werden keine Kriterien wie etwa Verkehrsbelastung, Umweltbelastung, Defizite im Bereich der Sozialen Infrastruktur u. dergl. zur Kennzeichnung eines sanierungsverdächtigen Zustandes herangezogen? Das Berliner SVG-Gutachten jedenfalls offenbart, daß diesbezüglich durchaus Möglichkeiten einer gesamtstadtbezogenen (statistischen) Erhebung bestehen.

● Bleibt die Schwellenwertfestsetzung in der Kölner Sanierungsverdachtsuntersuchung völlig intransparent, so läßt sich aus dem Düsseldorfer Verfahren immerhin noch schlußfolgern, daß hier ganz offenbar die Zielvorstellung "Angleichung problembehafteter Gebiete an den - je nach Kriterium - entsprechenden gesamtstädtischen Standard" eine Rolle gespielt hat.

● Warum wird bei Sanierungsverdachtsuntersuchungen - laut Gewichtung - gerade der Sanitärausstattung die größte Bedeutung zugemessen, wo doch gerade die Ziele der Modernisierungsförderung auf die Behebung von Ausstattungsdefiziten ausgerichtet sind, während der Einsatz des StBauFG entsprechend dem Ziel "Behebung schwerwiegender städtebaulicher Mißstände" sich vornehmlich auf die sog. Ordnungsmaßnahmen richtet?

● Sanierungsverdachtsuntersuchungen sowie die Verfahren zur Auswahl von Modernisierungszonen bedienen sich nahezu der gleichen Kriterien zur Einschätzung von Sanierungs- bzw. Modernisierungsbedürftigkeit, gelangen dann aber bei der (verfahrenstechnischen) Verbindung von baulichen und sozialstrukturellen Kriterien zu einer ganz unterschiedlichen Kennzeichnung des Problems: Auf der einen Seite wird das Zusammentreffen von alter Bausubstanz, unterdurchschnittlich ausgestatteter Wohnungen und einkommensschwächerer Bevölkerung als Hinweis auf einen sich selbst verstärkenden Verfallsprozeß eines Gebietes betrachtet, auf der anderen Seite wird dies als eine Möglichkeit gesehen, Wohnverhältnisse für benachteiligte Bevölkerungsschichten zu verbessern.

Die Intransparenz von solchermaßen gesetzten Zielvorstellungen birgt v.a. die Gefahr in sich, daß Manipulationen bei der Auswahl von Stadterneuerungsgebieten ohne weiteres vorgenommen werden können. Zudem stellen sie in manchen Fällen den Hintergrund für markante Widersprüchlichkeiten dar. Zwei Beispiele seien angeführt:

● In der Kölner Sanierungsverdachtsuntersuchung werden die Sanierungsverdachtsgebiete in der ersten Arbeitsphase durch bauliche, wohnungsausstattungsbezogene und soziale Kriterien ermittelt. Die Merkmalsselektion ist also wesentlich durch die immanente Erneuerungszielsetzung der Bausubstanzsanierung geprägt. Die somit ausgegrenzten Bereiche werden indes im Rahmen der Prioritätensetzung in Kriterien gemessen, die eindeutig aus dem Zielzusammenhang der sog. Funktionsschwächesanierung kommen.
Abgesehen von dieser methodisch "unsauberen" Vorgehensweise ist hier besonders die Irreführung des Lesers/potentiell Betroffenen bedenklich. Immerhin kommt jenen funktionalen Kriterien die ausschlaggebende Bedeutung zu für die Entscheidung, in welchem Gebiet zuförderst vorbereitende Untersuchungen gemäß StBauFG durchgeführt werden sollen. Und ist intendiert, Bereiche mit Zentrumsfunktionen vorrangig zu sanieren, so müßte man in der ersten Auswahlphase des Verfahrens lediglich darauf achten, daß derartige Bereiche im Ansatz bleiben (u.U. durch Manipulation von Schwellenwerten, Gewichten etc.). Sie würden dann trotz einer Ausrichtung der Merkmalsselektion auf die Bausubstanzverbesserung (im ersten Schritt) im Rahmen der Prioritätenfestlegung den ersten Rang einnehmen. Unter diesen Bedingungen ist es auch kaum verwunderlich, daß im Ergebnis des Kölner Verfahrens, Sanierungsverdachtsgebiete zur Disposition stehen, von denen zumindest ein Teil durch Mischnutzung und bereits erkennbaren Funktionswandel gekennzeichnet ist. So weisen diese Gebiete einen verhältnismäßig hohen Anteil an Wohngelegenheiten (die v.a. berufstätigen Einzelpersonen zeitweilig eine Unterkunft bieten) mit überwiegend unzureichend sanitärer Ausstattung auf. Das Friesenstraßen-Viertel in Köln stellt hier ein Beispiel dar (vgl. Köln, Statistisches Amt 1971).

● Die Entwicklung des oben (unter 2.3) geschilderten Bremer Verfahrens zur Auswahl von Modernisierungszonen bis hin zur endgültigen politisch verabschiedeten Fassung zeigt recht plastisch die zunehmende Ausblendung gesetzter Zielvorstellungen in dem entsprechenden Berichtswesen. Erwähnenswert ist hier vor allem der erste Entwurf zum Zonenkonzept vom 11.3.74 (Bremen, uv. Manuskr. 1974). Hier soll die Auswahl von Modernisierungszonen wesentlich unter dem Aspekt erfolgen, Stadterneuerungsplanung und Stadtentwicklungsplanung stärker miteinander zu verknüpfen: "Aus Gründen der Koordination und Effektivität von Stadtentwicklungsmaßnahmen wurden solche Stadtteile vorrangig behandelt, für die bereits ein langfristiges Entwicklungskonzept besteht (Woltmershausen) oder in Aussicht genommen ist (Steintor)." (ebenda, Anlage 1.3) Für zwei weitere Stadtquartiere wird die vorrangige Erarbeitung von langfristigen Entwicklungskonzeptionen im Zusammenhang mit einer Modernisierungsausweisung vorgeschlagen mit der Begründung: "Dazu kommt, daß durch die Industrienähe auch die Wohnumwelt starken Belastungen ausgesetzt ist. Die lokale Qualität wird also sowohl durch die unzureichende Wohnungsausstattung als auch durch die Umweltbelastung negativ beeinflußt, so daß die sozialpolitische Notwendigkeit zur Verbesserung der Lebensqualität in diesem Bereich sehr groß ist." (ebenda, 9) Hier wird für die Verbesserung eines Bremer Stadtteils (Walle) plädiert, der in der Tat - hinsichtlich der Wohnungsumfeldsituation - zu einer der benachteiligtesten Zonen Bremens gehört. Ganz offensichtlich war aber diese Argumentationsweise (weil offen die Entscheidungskriterien benennend?) in der Verwaltung nicht gefragt. Denn schon der 2. Entwurf des Konzeptes ist geprägt von dem Versuch, durch ein quantifiziertes Verfahren möglichst jeden Zweifel an der Richtigkeit der Zonenwahl auszuräumen. Dies drückt sich u.a. auch darin aus, daß nunmehr sämtliche (!) Ortsteile Bremens, also auch solche, die fast ausschließlich gewerblich/industriell genutzt werden, hinsichtlich der oben genannten Ausstattungs- und Sozialindikatoren untersucht und nach Prioritäten eingestuft werden.

Aus der endgültigen Fassung des Konzeptes (Deputationsvorlage) sind schließlich fast nur noch implizite Zielvorstellungen abzulesen. Nach der indikatorenmäßigen Auswahl von Modernisierungszonen werden zur Prioritätenmodifikation nur noch wenig aussagekräftige Fragen gestellt wie:

"1. Gibt es in dem jeweiligen Ortsteil Planungen oder Entwicklungen, die die Wohnfunktion selbst in Frage stellen?

2. Werden durch die Modernisierungen über die Verbesserung der Wohnungen hinaus Stadtentwicklungsziele besonders gefördert?

3. Kann die Modernisierung mit anderen geplanten Maßnahmen der Stadtentwicklung kombiniert werden, um eine umfassende Verbesserung der Lebensverhältnisse oder der Stadtqualität zu erreichen?" (Bremen, Senator für das Bauwesen, Referat 32, 1975 b, 9)

Beantwortet werden diese Fragen mit immer wiederkehrenden allgemeinverbindlichen Floskeln wie:

zu 1. "Das Wohnen ist nicht in Frage gestellt. Beeinträchtigt wird das Wohnen in Teilbereichen durch Industrie, Gewerbe u. Hauptverkehrsstraßen."

zu 2. "Durch Modernisierungsmaßnahmen können folgende Stadtentwicklungsziele bes. gefördert werden

- Zuordnung von Wohnen, Arbeiten, Erholen, Erschließung durch ÖPNV
- Stärkung d. Selbsterneuerungsfähigkeit ält. Wohngebiete
- Abschwächung d. Fluktuation sowie d. Abwanderungstendenz
- Entwicklung wohnungsnaher Versorgungszentren
- Ausgleich sozial einseitiger Strukturen".

zu 3. "Mit den folgenden geplanten Maßnahmen können die Lebensverhältnisse verbessert werden:

"...Ausbau des Versorgungszentrums...
- evtl. Neubau Grundschule.
- Inbetriebnahme eines Kindertagesheims
- Aufbau einer Pflegestation b. Sozialzentrum West." (ebenda, 1off)

Eine Prioritätenänderung aufgrund dieses Verfahrens konnte dann aber nicht vorgenommen werden. Trotzdem wurden Modifikationen durchgeführt. In einem Fall handelt es sich um die Herausnahme eines Ortsteils, der in Bremen allgemein zu den besseren Wohnlagen gezählt wird. Allein aufgrund des Verfahrens hätte der Bereich als Modernisierungszone anerkannt werden müssen. So brach man schließlich das Verfahren ab und legitimierte die Herausnahme mit unvermittelt

eingebrachten zusätzlichen Informationen (Baudichte, Anteil der Eigentümerwohnungen, Zahl von Wohnungen pro Gebäude, Fluktuation, Kanalanschluß). "Die Be-
bauungsstruktur und die Eigentumsverhältnisse erlauben die Folgerung, daß hier
die Betroffenheit durch Ausstattungsmängel sich nicht so stark auswirkt wie in
dichter bebauten Ortsteilen mit einem hohen Anteil von Geschoß- und Mietwohnungen. Der Eigentümer kann und wird eher seine Wohnung modernisieren, z.T.
in Selbsthilfe, als der vom Eigentümer abhängige Mieter". (ebenda, 17) Und in
einem anderen Fall lautet die Begründung: "Außerdem soll der Ortsteil Südervorstadt mit einer überdurchschnittlichen Zahl an Wohnungen pro Gebäude, an
Mietwohnungen und einer hohen Fluktuation in der Priorität höher eingeordnet
werden." (ebenda, 18)
Das Beispiel legt die Vermutung nahe, daß durchaus recht konkrete Zielvorstellungen hinter solchen Verfahren stehen, auch wenn sie in den Publikationen
nicht von vornherein expliziert werden. Anzunehmen ist sogar, daß etwaige Zielvorstellungen, im beschriebenen Beispiel etwa "keine Mitnehmerförderung von
Einzeleigentümern, zumal in besseren Wohnlagen", nicht einmal verwaltungsintern offengelegt werden, sondern allein "in den Köpfen" der Bearbeiter, Entscheidungsträger in der Verwaltung etc. bestehen. Unter diesen Bedingungen erfolgt dann auch keine Operationalisierung solcher Zielvorstellungen für das
Verfahren zur Auswahl von Modernisierungszonen, es werden - wie erwähnt - im
wesentlichen die Ziele des Bund/Länder-Modernisierungsprogramms zugrunde gelegt.
Nur wenn die Ergebnisse des Verfahrens dann völlig im Widerspruch zu den nicht
explizierten Zielen stehen sollten, also z.B. dennoch Gebiete ausgewählt wurden, in denen man ganz offensichtlich Mitnehmerförderung hätte betreiben müssen,
sieht man sich schließlich auch dazu gezwungen, nachträglich die Ziele in das
Verfahren einzubringen. Dies führt - wie wir oben gesehen haben - wiederum zu
Begründungsverpflichtungen. Scheinbar werfen also diese nachträglichen, ziemlich unvermittelten Begründungen für verfahrensmäßig abweichende Entscheidungen weniger Legitimationsprobleme auf, als ein von vornherein expliziertes
Zielsystem für die Verfahren.
Im Beispiel Bremer Modernisierungskonzept muß schließlich noch hinzugefügt werden, daß letztlich gar nicht sämtliche Änderungen gegenüber dem Ergebnis des
Verfahrens legitimiert wurden: In den Durchführungsbestimmungen zu den Richtlinien für das Bund/Landes-Modernisierungsprogramm (in die das Ergebnis des
Verfahrens zur Auswahl von Modernisierungszonen einging) wird sowohl ein weiterer, laut Zonenkonzept nicht berücksichtigter Ortsteil als Modernisierungszone anerkannt als auch für zwei Modernisierungszonen die Priorität geändert
(vgl. Krüger, M. 1978, 152f) Versuche, die offizielle Begründung für die geschilderten Abweichungen vom Modernisierungskonzept zu erhalten, blieben er-
folglos.

Die vorgetragene Kritik mag an Bedeutung gewinnen, wenn man sich vergegenwär-
tigt, daß in aller Regel weder im Rahmen von Sanierungsverdachtsuntersuchungen
noch im Rahmen der Verfahren zur Auswahl von Modernisierungszonen eine sog.
Bürgerbeteiligung bzw. öffentliche Diskussionsveranstaltung über solche Voruntersuchungen vorgesehen ist. Verordnete Erneuerungsplanung, fragwürdige, z.T.
willkürlich oder manipulativ gesetzte Entscheidungskriterien und intransparente Zielvorstellungen bleiben damit zunächst einmal unangetastet von öffentlicher Diskussion und Kritik. Allein die abgefaßten Berichte sind zugänglich für
den Rat, der letztlich über die Untersuchungsergebnisse entscheiden soll, und
für die interessierte Öffentlichkeit, die weiß bzw. darüber informiert ist,
daß man solche Untersuchungsberichte erhalten kann.
Die Kritik mag andererseits, zumindest für die Sanierungsverdachtsuntersuchungen, an Bedeutung verlieren, hält man sich die reale planungspolitische Bedeutung jener Verfahren vor Augen. Im folgenden sei darauf näher eingegangen.

3.2 Bedeutung und Funktion der Verfahren im Rahmen der Stadtentwicklungsplanung

● Probleme der Einbindung von Voruntersuchungen zur Stadterneuerung in die Stadtentwicklungsplanung

Die Ergebnisse der Sanierungsverdachtsuntersuchungen und Verfahren zur Auswahl von Modernisierungszonen (also die Prioritätenliste künftiger StBauFG-Anwendungsbereiche bzw. Programme der jährlich zu fördernden Modernisierungsschwerpunkte) stellen relativ starre Programme dar. Sie lassen schon von daher allenfalls eine negative Koordination seitens anderer Planungsträger zu. Einige, hier eher punktuell aufgegriffene Probleme, die sich dadurch für die Integration von Stadterneuerungsplanung und Stadtentwicklungsplanung ergeben, seien im folgenden am Beispiel des Bremer Konzeptes zur Auswahl von Modernisierungszonen angeführt.

Wie wir oben (in 2.2.2) darlegten, wurde die Prioritätensetzung für die Bremer Modernisierungszonen u.a. nach der Kombinationsfähigkeit von Maßnahmen der Stadtentwicklung und zur Modernisierung vorgenommen. Daß in diesem Zusammenhang lediglich die - vom Sachbearbeiter telefonisch erfragten - ohnehin geplanten Maßnahmen der einzelnen Ressorts aufgelistet wurden, führte schließlich dazu, daß z.T. wohnfunktionsbeeinträchtigende Maßnahmen als kombinationsfähig in die entsprechende Liste aufgenommen wurden. Nicht einmal eine negative Koordination etwa - bezüglich der angeführten Beispiele - im Sinne einer alternativen Verkehrsplanung oder anderer Standortüberlegungen für das geplante Gewerbegebiet wurde hier vorgenommen. So waren - zumindest zu jener Zeit - die Chancen, eine Abstimmung von Modernisierungskonzept und anderen Planungen in Hinsicht auf zusätzliche, die Modernisierungsförderung begünstigende und die Wohnfunktion verstärkt stabilisierende kommunale Maßnahmen noch weiter geringer.
Nicht zuletzt in diesen teilweise konkurrierenden Planungen unterschiedlicher Fachplanungsträger muß auch ein Grund für die großenteils erfolglose Investitionsanreizpolitik des Modernisierungskonzeptes gesehen werden:
So ergibt sich für die modernisierungsbezogenen Antragstellungen der Jahre 1975 und 1976 folgendes Bild (vgl. Krüger, M. 1978, 152f):
● Von den ca. 5.000 modernisierungsbedürftigen Wohnungen (laut offiziellem Konzept) in den bereits 1974 festgelegten 5 Modernisierungszonen wurde die Modernisierungsförderung nach dem Bund/Landesprogramm
- 1975 für 274 WE (vorläufig) bewilligt - davon 10 eigengenutzte WE.
Mit 255 modernisierungsgeförderten Mietwohnungen trägt eine Zone (in Burg-Grambke) noch am meisten zum angegebenen Umfang bei.
- 1976 für 11o WE (vorläufig) bewilligt - davon 23 eigenengenutzte WE.
- Hinzu kommen hier noch insgesamt 4 nach dem Landes- und 2o nach dem städtischen Modernisierungsprogramm geförderte Wohnungen.
● In den laut Deputationsvorlage 1975 (Bremen, Senator für das Bauwesen, Referat 32, 1975b)mit der 1. Priorität versehenen 5 Modernisierungszonen wurden 1975/76 (zusammen) für 24 WE (!) Bund/Landesmittel (vorläufig) bewilligt.
● In den 4 Modernisierungszonen der 2. Prioritätsstufe wurden ausschließlich 1976 dagegen Bund/Landesfördermittel für insgesamt 234 WE - davon 232 WE einer Wohnungsbaugesellschaft in der Südervorstadt gehörend - (vorläufig) bewilligt.
● In den Modernisierungszonen der 3. Prioritätsstufe wurden, abgesehen von einer nach dem Landesprogramm geförderten Wohnung, keine Anträge gestellt.
● Demgegenüber sind 1975/76 für 337 WE (davon 12 eigengenutzt) Mittel aus dem Bund/Landesprogramm in den Ortsteil Woltmershausen geflossen, obwohl dieser laut Modernisierungskonzept nicht berücksichtigt werden sollte (siehe oben).
Ebenso sind in 2 weitere Ortsteile, die nicht als Modernisierungszone gelten, Bund/Landesmittel - allerdings in weit geringerem Umfang - geflossen.
Als Reaktion auf die starke Zurückhaltung bei der zonengebundenen Fördermittelbeantragung wurde in den ersten beiden Programmjahren lediglich eine verstärk-

te "Anpreispolitik" (über Zeitungen, Informationsbroschüren etc.) betrieben.
Anlaß zu einer Überprüfung des Konzeptes, zu einer Überprüfung der Notwendigkeiten und Voraussetzungen für Stabilisierungsmaßnahmen in den Modernisierungszonen und diesbezüglichen Strategieüberlegungen war es indes nicht. So wurde
auch die Zonenausweisung nicht explizit, sondern - wie erwähnt - "unter der
Hand", unter Berücksichtigung der modernisierungswilligen Wohnungsbaugesellschaften, geändert. Jedenfalls soll - so ein Interviewter - "Modernisierungszone" auch nur als Bezeichnung für ein Gebiet stehen, in dem lediglich öffentliche Fördermittel angeboten werden. Aktionsbereiche, in denen querschnitts-
orientiert z.B. Maßnahmen zur Verbesserung der Wohnsituation insgesamt geplant
werden, sollen demgegenüber über die Stadtteilkonzepte definiert werden. Das
Programm zur Modernisierungsförderung dagegen ist nicht flexibel genug für die
kontinuierliche Stadtentwicklungsplanung. So ist auch das Modernisierungskonzept nur rein formal in die Bremer Stadtentwicklungsplanung eingebunden: zusammen mit den Einzelprogrammen "Wohnungsbauprognose", "Mittelfristige Woh-
nungsbauprogramme", "Eigenheimerschließungsprogramm", "Orientierungshilfe für
die räumliche Verteilung des Wohnungsbaus" bildet das Modernisierungskonzept
zusammen mit den Sanierungsmaßnahmen das "Teilentwicklungsprogramm Wohnen"
(Wohnungskonzeption 1977, vgl. Bremen, Senator für das Bauwesen 1977). Aus
den Teilentwicklungsprogrammen der einzelnen Ressorts (Aufgabenplanung) sollen - regionalisiert - die Stadtteilkonzepte entwickelt werden, eine kontinuierliche gegenseitige Rückkoppelung ist vorgesehen.
Ein Bezug zum Modernisierungskonzept wurde nun allein dadurch hergestellt,
daß die Prioritätensetzung für die Bearbeitung der Stadtteilkonzepte durch
Umrechnung der ortsteilbezogenen Ausstattungs- und Sozialindikatoren des Modernisierungskonzeptes (vgl. 2.2.2) auf den Stadtteil durchgeführt wurde und
man somit von offizieller Seite darauf verweisen konnte, daß man vorrangig
für die erneuerungsbedürftigen Wohnviertel Stadtteilkonzepte erarbeiten würde.
Die Programme der jährlich zu fördernden Modernisierungszonen stehen allerdings fest und sollen, soweit wir informiert sind, zunächst auch nicht geändert werden. So werden die Stadtteilkonzepte inhaltlich auch völlig unabhängig vom Modernisierungskonzept entwickelt.
Starre, räumlich sowie finanziell fixierte Programme wie das Modernisierungskonzept, das immerhin nur ein Exempel für die vielfachen Ressortprogramme
wie etwa zur Gewerbeflächenplanung, Verkehrserschließung, Eigenheimerschlie-
ßung etc. darstellt, werden gegenüber etwaigen Änderungsvorschlägen, die etwa aus der konkreten Stadtteilentwicklungsplanung sinnvoll wären, mehr oder
minder resistent. Dies insbesondere deshalb, weil die Zuständigkeiten, fest
umrissen sind, der ressortinterne Abstimmungsaufwand beachtlich ist und eine
Reproblematisierung verabschiedeter Programme von seiten anderer Ressorts
nicht nur einen Eingriff in andere Zuständigkeiten, sondern darüber hinaus
einen immensen, konfliktträchtigen Koordinationsaufwand bedeuten würde. So
werden derartige "Rückkoppelungen" weitgehend vermieden, wenn auch - wie es
in Bremen der Fall ist - das Planungssystem ausdrücklich die Modifikation
ressortinterner Planungen im Rahmen der regionalisierten ressortübergreifende Entwicklungsplanung - sofern nötig - fordert.
Andererseits versucht man in jüngster Zeit durch Aufbau anderer Programme der
Aufgabenplanung zugleich auch die zonenbezogene Modernisierungsförderung wirksamer zu gestalten. So soll ein erstmals Ende 1977 entwickeltes Konzept der
Verkehrsberuhigung in Wohngebieten u.a. vorrangig in Modernisierungszonen zum
Einsatz kommen (vgl. Bremen, Senator für das Bauwesen, Stadtplanungsamt, Amt
für Straßen und Brückenbau, Senator für Inneres 1977). Städtische Erfahrungen
mit dem Modernisierungskonzept ebenso wie die damals zunehmend lauter werdende Kritik an der Reichweite der Modernisierungsförderung mögen den Hintergrund
für diesen neuen Ansatz zur Stabilisierung von Wohngebieten mithilfe von Woh-
nungsumfeld- und Modernisierungsfördermaßnahmen bilden.
Die Strategie mag nunmehr dazu beitragen, daß die Investitionsanreizpolitik

mehr Erfolge verzeichnen kann, sie mag gleichfalls dazu beitragen, daß in Modernisierungszonen, in denen aufgrund der Eigentümer- und Mieterstruktur keine Modernisierungsinvestitionen getätigt werden, zumindest durch Maßnahmen im Wohnungsumfeld eine Verbesserung der Wohnsituation eintritt. Indes sei vermerkt, daß in diesem Beispiel immer noch zwei Ressortprogramme die Strategie ausmachen, deren Einbindung in die ressortübergreifende Stadtteilentwicklungsplanung nicht minder Probleme aufwirft, wie wir sie bei dem Modernisierungskonzept allein kannten. Darüber hinaus erscheinen 2 Ressortprogramme für eine Stadtentwicklungspolitik, die auf eine breitenwirksame und auf eine auf die jeweils spezifischen Problemgebiete abgestimmte Strategie der Wohngebietsstabilisierung zielt, wenig geeignet, weil eine Umverteilung der Finanzmittel wohl kaum reale Durchsetzungschancen hat.

● Zur Relevanz von Sanierungsverdachtsuntersuchungen im planungspolitischen Alltag

Am Beispiel der Düsseldorfer Sanierungsverdachtsuntersuchung wollen wir nunmehr kurz veranschaulichen, daß den Ergebnissen der Sanierungsverdachtsuntersuchungen in der konkreten Planungspraxis keinerlei Bedeutung zukommt.
Um es vorweg herauszustellen: in einem einzigen Sanierungsverdachtsgebiet entsprechend der Untersuchung wurden überhaupt vorbereitende Untersuchungen gem. StBauFG durchgeführt. In diesem Bereich in Unterbilk soll nunmehr eine klassische Bausubstanzsanierung durchgeführt werden.
Die übrigen 5 Sanierungsgebiete gemäß StBauFG (2 davon sind bereits förmlich festgelegt) wurden durch gänzlich andere Entscheidungsgrundlagen als die der Sanierungsverdachtsuntersuchung ausgewählt (vgl. Karte).
Laut Interview handelt es sich dabei um sogenannte Struktursanierungen:
- im Hafenbereich soll der Landtag gebaut werden;
- östlich des Hauptbahnhofes wird auf dem Gelände eines stillgelegten Stahlwerkes ein Neubaugebiet geplant;
- ein drittes Sanierungsgebiet befaßt sich mit einer Gewerbeerweiterung, aufgrund derer eine "Insel an Wohnbebauung" verlagert werden soll;
- die "Funktionsstärkung" der Altstadt Nord ist zudem Ziel der Sanierungspolitik;
- in einem Teilbereich Oberbilks sind neben Modernisierungsmaßnahmen die Auslagerung des städtischen Fuhrparks sowie eine Erweiterung des Hauptbahnhofes vorgesehen.

Wie kam es zu diesen beachtlichen Änderungen gegenüber den Ergebnissen der Sanierungsverdachtsuntersuchung, warum war nicht die Sanierungsverdachtsuntersuchung maßgebliche Grundlage für alle nachfolgenden Entscheidungen über Sanierungsprojekte?
Im Anschluß an die Sanierungsverdachtsuntersuchung ging man zunächst daran, mithilfe von detaillierten Untersuchungen in den ausgewählten Gebieten eine kleinteilige Sanierungsvorbereitung vorzunehmen. Wie ein Gesprächspartner vermerkte, hätte die Sanierungsverdachtsuntersuchung mit ihrer Datenbasis aus den Großzählungen zwar Problemgebiete aufgezeigt, doch erst die kleinteilige Untersuchung hätte verdeutlicht, daß eigentlich ganz andere Probleme viel entscheidender waren. Da galt es etwa einen neben dem eigentlichen Sanierungsverdachtsgebiet (gemäß der Sanierungsverdachtsuntersuchung) gelegenen Betrieb zu verlagern, andere Bereiche mit Gewerbe zu überbauen etc. Und solche Maßnahmen waren finanziell derart aufwendig, daß man sich der Fördermittel des StBauFG bedienen wollte. Auf diese Weise kam es schließlich beispielsweise zu einer "räumlichen Verschiebung" des Untersuchungsgebietes in Oberbilk (vgl. Bsp.3).
Fördermittelgesichtspunkte spielten bei den anderen Sanierungsprojekten gleichfalls die bedeutende Rolle. Östlich des Hauptbahnhofes ging es z.B. darum, die kostenaufwendige Beseitigung des stillgelegten Stahlwerkes zu finanzieren oder bei der Wohnbauverlagerung ist neben dem Bausubstanzabriß der "Ausgleich von Härtefällen" nicht zuletzt auch ein beträchtlicher Kostenfaktor.

Abb. 3:   Beispiel Düsseldorf: Bedeutung von Sanierungsverdachtsuntersuchun-
          gen für die Festlegung von Untersuchungsgebieten gemäß StBauFG

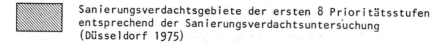
Sanierungsverdachtsgebiete der ersten 8 Prioritätsstufen
entsprechend der Sanierungsverdachtsuntersuchung
(Düsseldorf 1975)

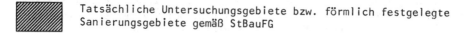
Tatsächliche Untersuchungsgebiete bzw. förmlich festgelegte
Sanierungsgebiete gemäß StBauFG

Quellen: Düsseldorf, Arbeitskreis Sanierung 1975 und eigene Erhebungen

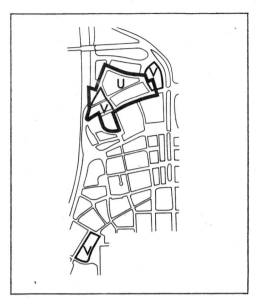

Abb. 4: Gebiet 1 (Altstadt/Karlstadt)

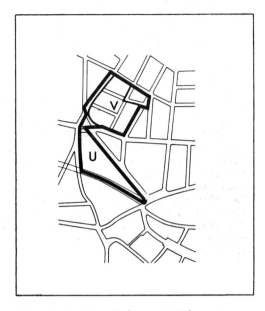

Abb. 5: Gebiet 2 (Unterbilk)

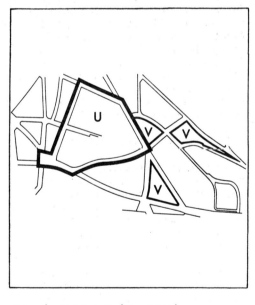

Abb. 6: Gebiet 3 (Oberbilk)

—— Sanierungsverdachtsgebiet
V entsprechend der Sanierungsverdachtsuntersuchung

—— Untersuchungsgebiet
U gemäß StBauFG

∧
N   0 100 200   500m

Aber trotz der Fördermittel von Bund und Land stößt die Stadt, insbesondere infolge des "Hafen-" und "Hauptbahnhof-"Projektes auf finanzielle Grenzen. Die Maßnahmen belasten den kommunalen Haushalt derart stark - so ein Interviewter - daß an noch weitere Sanierungsprojekte gem. StBauFG kaum zu denken ist. Unter diesen Bedingungen müssen auch die einstigen Sanierungsverdachtsgebiete außerhalb des kommunalen planungspolitischen Interesses bleiben. In ihnen wurden bislang keinerlei Verbesserungsmaßnahmen durchgeführt und in absehbarer Zeit wird dort auch nicht eingegriffen werden. Dies insbesondere auch deshalb, weil anderweitige Förderprogramme, etwa das ModEnG oder das nordrheinwestfälische Programm zur Förderung städtebaulicher Einzelmaßnahmen als die wesentlichen zusätzlichen "Fördermitteltöpfe", bereits räumlich fixiert sind: mit dem Düsseldorfer Verfahren zur Auswahl von Modernisierungszonen wurden die Modernisierungsschwerpunkte festgelegt und fortgeschrieben und in diesen Bereichen sollen auch die Mittel zur Förderung städtebaulicher Einzelmaßnahmen fließen.
Hat also die Sanierungsverdachtsuntersuchung im Rahmen der kommunalen Planung Düsseldorfs so gut wie keinen Stellenwert erlangen können, so konnte immerhin die planende Verwaltung einige - wenn auch negative - Erfahrungen dadurch gewinnen. Die Sanierungsverdachtsuntersuchung ist jedenfalls schon lange zu den Akten gelegt.

4. Die Anwendung instrumentenorientierter Voruntersuchungen aus der Perspektive der planenden Verwaltung - Ansatzpunkte einer Erklärung.

Der eher geringe Stellenwert der instrumentenorientierten Voruntersuchungen im Rahmen der kommunalen Stadtentwicklungspolitik gibt Anlaß zu der Frage, warum die Kommunen überhaupt noch solche Untersuchungen durchführen, sich diesem nicht gerade als gering zu bezeichnenden Aufwand unterwerfen. Und weiterhin: warum sie bei all den eher negativen Erfahrungen mit diesen Untersuchungen (vgl. etwa den geringen Erfolg mit den Modernisierungszonen in Bremen) keinerlei Verfahrensänderungen ins Auge fassen. Warum also sind und bleiben die Voruntersuchungen so - kritikbedürftig - wie sie sind? Im folgenden wird versucht, unter zwei Aspekten, der Mittel- und der Legitimationsbeschaffung, Ansatzpunkte einer Erklärung zu finden.

4.1 Erklärungsaspekt Mittelbeschaffung

Kommunale Stadterneuerungsplanung ist in hohem Maße finanziell abhängig von suprakommunalen Fördermitteln, d.h. von programmgebundenen Haushaltsmitteln (etwa der Städtebauförderung oder Modernisierungsförderung), die Bund und Land als Steuerungspotential, insbesondere zur Konjunktursteuerung, nutzen. Für die Kommunen stellen sie keinesfalls nur "Angebote" dar, angesichts der vielzitierten kommunalen finanziellen Misere gilt es, auch nur jede Möglichkeit wahrzunehmen, um die fest umrissenen Fördermitteltöpfe soweit wie möglich für die Gemeinde auszuschöpfen.
Es mag dies zunächst einmal die begrenzte Perzeption der Kommunen hinsichtlich des einzusetzenden Erneuerungsinstrumentariums, die Begrenzung auf die StBauFG- und WoModG-Förderung erklären (ausführlich zu handlungsfeldbezogenen Selektivitäten vgl. Ergebnisberichte zum Forschungsprojekt Bestandsaufnahme und Bestandsbewertung Heft 2, insbes. 2.2, 2.3, Exkurs 2 u. 3).
Die Aussicht, für Sanierungsgebiete oder Modernisierungszonen Fördermittel zu erhalten, veranlaßte viele Kommunen dazu, nach den dazu "passenden Problemgebieten" zu suchen, insbesondere dann, wenn nicht schon vorab (allgemein anerkannte) Problemgebiete ausgewiesen bzw. diskutiert waren. Die Angabe einer möglichst großen Anzahl solcher Bereiche (erinnert sei hier z.B. an die 19 in Köln und 16 in Düsseldorf ausgesonderten Sanierungsverdachtsgebiete) mag in den Augen der Kommunen einen Beleg für den immensen Erneuerungsbedarf bieten,

ein Faktor, der sich unter Umständen auf die Prioritätenliste der Fördermittelvergabe auswirkt. Auch die langen - z.T. als fortschreibungsfähig deklarierten -
Listen ausgewählter Modernisierungszonen können als eine Art Vorsorgeprogramm
für die in späteren Programmjahren der Modernisierungsförderung anzumeldenden
Fördermittel angesehen werden. Zudem scheint hier beeinflussend zu sein, daß
im Unterschied zur Beantragung von Sanierungsfördermitteln die Kommunen nicht
veranlaßt werden, selbst finanziell etwas zur Modernisierungsförderung beizu-
steuern. Unter diesen Umständen können die Kommunen auch bedenkenlos sämtliche
Bereiche zu Modernisierungszonen erklären, die der vorgegebenen Richtliniendefinition   entsprechen.
Weiterhin scheint die Angabe möglichst vieler Problemgebiete auch eine "Schubladenfunktion" zu erfüllen: die Erfahrungen zeigen, daß nicht selten sehr kurzfristig auf punktuelle Förderangebote zu reagieren ist. Als typisches Beispiel
aus jüngster Zeit läßt sich das Zukunftsinvestitionsprogramm anführen, das
nicht selten zu überschnellen, insgesamt wenig durchdachten Planungsentscheidungen der Kommunen führte (vgl. z.B. Ergebnisberichte zum Forschungsprojekt
Bestandsaufnahme und Bestandsbewertung, Heft 6, 1979). Ein Potential vorweg ausgewählter Problemgebiete bietet den Kommunen also eine gewisse Absicherung,
kurzfristig und u.U. mit Priorität auf angebotene Fördermittel reagieren zu
können. Aber da es eigentlich gar nicht um die Problemgebiete selbst resp. eine
im Rahmen der Stadtentwicklungspolitik entwickelte koordinierte Strategie zu
ihrer Stabilisierung oder Rehabilitierung geht, sondern um die Ausnutzung von
Fördermitteln des Stadterneuerungsinstrumentariums für die - oft ohnehin - anstehenden oder geplanten kommunalen Aufgaben, geraten die Verfahrensergebnisse
der Sanierungsverdachtsuntersuchung schnell in Vergessenheit, wenn konkrete,
kostenaufwendige Erneuerungsprojekte im kommunalen Entscheidungsprozeß ausge-
reift sind, sich also die besonderen Handlungsvoraussetzungen geändert haben.
Der Fall Düsseldorf bietet hier ein typisches Beispiel: die kostenintensiven
Projekte Hafen/Landtagsbau, Bahnhof/Bereinigung des Stahlwerkgeländes, die Wohnbauverlagerung oder Betriebsverlagerung wurden erst nach Abschluß der Sanierungsverdachtsuntersuchung konkret und ließen sich nur über die Nutzbarmachung
von suprakommunalen Fördermitteln realisieren. Verständlich wird da, daß die
Sanierungsverdachtsuntersuchung, deren Ergebnisse aufgrund der Datenbasis v.a.
auf weniger kostenaufwendige Bausubstanzsanierungen hinauslaufen mußten, alsbald zu den Akten gelegt wurde.
Das kommunale Bestreben zur Ausschöpfung angebotener suprakommunaler Fördermittel einerseits und die Bindung dieser Fördermittel an ganz bestimmte "Töpfe"
und Haushaltsjahre bzw. vorgegebene (meist kurzfristige) Antragsfristen andererseits bietet u.E. auch den Erklärungshintergrund für die geringe Relevanz
jener Voruntersuchungen zur Stadterneuerungsplanung im Rahmen der Stadtentwicklungsplanung. Stadtentwicklungsplanung ist längerfristig. Erfordert bereits
der ressortinterne Abstimmungsprozeß Erhebliches an Aufwand, Flexibilität und
Konfliktaustragungspotential (so z.B. in Bremen zwischen den Ämtern für Wohnung
und Städtebauförderung, Stadtplanung, Straßen und Brückenbau im Bauwesen-Ressort),
so stellt sich weit mehr noch die ressortübergreifende Koordination als langwieriger, schrittweiser Aushandlungsprozeß dar. Stadtentwicklungsplanung ist
realiter also auch durch ständige Korrekturen und Modifikation entsprechend
den sich ändernden Handlungsvoraussetzungen geprägt. Punktuell und meist auch
noch kurzfristig abzurufende Fördermittel mit ganz bestimmten vorab definierten Förderungsvoraussetzungen lassen sich in einen solchen kontinuierlichen
Prozeß ebenso schwer einfügen wie ein starres Fördermittelprogramm wie z.B.
das der Modernisierungsförderung. Haushaltsjahr- und zweckgebunden, in seiner
wesentlichen Funktion vornehmlich auf die Konjunktursteuerung ausgerichtet,
kann es allenfalls eine negative Koordination seitens anderer Planungsträger
hervorrufen.
Daß - wie im Fall Bremen - nicht einmal eine negative Koordination zustande
kommt, also z.T. sogar konkurrierende Planungsmaßnahmen durchgeführt werden,
hängt sicherlich auch damit zusammen, daß in ressortbezogene Teilprogramme

resp. Einzelmaßnahmen v.a. zur Konfliktvermeidung nicht eingegriffen wird.
Offiziell würden hier auch keinerlei Sanktionsmöglichkeiten bestehen, so daß
es - das in 2.2.2 angeführte Beispiel aufgreifend - schon auf den "guten Willen" der Gewerbeplaner ankäme, für das wohnfunktionsbeeinträchtigende Gewerbegebiet Striekenkamp einen anderen Standort anzugeben.
Darüber hinaus darf auch nicht verkannt werden, daß eine u.U. wünschenswerte
Korrektur z.B. des Modernisierungskonzeptes bzw. seiner Ergebnisse im Zuge wei-
terentwickelter Zielvorstellungen der Stadtteilplanung ebenfalls Legitimationsprobleme gegenüber der höheren Verwaltungsbehörde erfordern würde. Deutlich
wird hier die enge Verknüpfung mit dem zweiten Erklärungsaspekt, der Legitimationsbeschaffung: sollen die Voruntersuchungen der Mittelbeschaffung dienen,
so müssen sie zugleich stets auch die Begründung für die vorgesehenen Maßnahmen gegenüber der mittelbewilligenden Instanz liefern. Mit einem "Konzept" der
Auswahl von Modernisierungszonen schafft sich die Kommune ein solches Mittel-
beschaffungs- und Begründungsinstrument, indes setzt sie sich gleichsam auch
mehr oder minder harte Grenzen zur Veränderung der Konzeptergebnisse. Wie im
Fall Bremen wird dann trotz schlechter Erfahrungen und neueren Erkenntnissen
in Hinsicht auf einen effizienteren Einsatz des Fördermittelinstrumentes das
Konzept starr weiterverfolgt. Unter diesen Bedingungen erscheint der neuere
strategische Versuch, die Modernisierungsförderpolitik mit anderen Ressortpro-
grammen zu koppeln (z.B. Verkehrsberuhigungskonzept in Bremen), nur konsequent.

4.2 Erklärungsaspekt Legitimationsbeschaffung

Bereits erwähnt wurde die Begründungsfunktion der beschriebenen Voruntersuchungen zur Stadterneuerung gegenüber der zuständigen - fördermittelbewilligenden -
höheren Verwaltungsbehörde. Sie findet bei den Verfahren zur Auswahl von Modernisierungszonen v.a. Ausdruck in einer möglichst präzisen Einhaltung vorgegebener Entscheidungskriterien, etwa der Übernahme der Modernisierungszonen-
Definition oder - wie dargelegt - in der ausführlichen Berichterstattung über
die weiterhin geplanten Maßnahmen anderer Planungsträger in den ausgewählten
Zonen. Bei den Sanierungsverdachtsuntersuchungen läßt sich der Rückgriff auf
die landesplanerischen Zielvorstellungen, in NW z.B. auf die Konzeption der
Siedlungsschwerpunkte/Standorte, als Begründungspflicht gegenüber dem Regierungspräsidenten begreifen.
Doch auch gegenüber Rat und Öffentlichkeit haben die Voruntersuchungen gewisse
Begründungspflichten zu erfüllen. Die Förderung und - nicht selten erhebliche -
Intervention in ganz bestimmten Gebieten bedarf des "öffentlichen Interesses",
bedarf der Legitimation unter Notwendigkeits-, verteilungspolitischen bzw. Ge-
rechtigkeitsaspekten. Und aus der Sicht der Verwaltung erscheinen systematische, als wissenschaftlich objektiv deklarierte Verfahren noch am problemlo-
sesten derartige Begründungsverpflichtungen zu erfüllen. Nicht umsonst wird
in den Untersuchungen gerne darauf hingewiesen, daß die Gebietsauswahl "unter
objektiver Wertung bestimmter für die Beurteilung relevanter Faktoren erfolgt."
Und nicht umsonst wird dann dem Leser meist verschwiegen, was man eigentlich
als "relevant" betrachtet und aus welchem Grunde dies geschieht bzw. weshalb
man sich eigentlich der Großzählungen bedienen kann, weshalb man zu bestimmten
Schwellenwerten kommt usw. So bedurfte etwa die bei Sanierungen nach StBauFG
praktizierte erhebliche und langfristige Mittelkonzentration in einzelnen Gebieten und damit die Vernachlässigung anderer Problemgebiete gerade der Legitimation, daß man sich nach "rationaler Auswahl" auch auf die wirklich bedürf-
tigsten Gebiete konzentriere.
In dem Bestreben, eine wissenschaftlich objektive und damit weder von (wahl-
orientierten) Räten noch von aufmerkenden Bürgern angreifbare Auswahlkonzep-
tion zu bieten, kommt es dann schließlich zu Erscheinungen wie
- der Aufwandtreiberei, obwohl schon - um ein Beispiel aufzugreifen - von vorn-

herein entschieden ist, daß nur sehr, sehr beschränkt Sanierungsmaßnahmen nach
StBauFG durchgeführt werden können oder daß die Sanierungsverdachtsgebiete im
Standortbereich liegen müssen;
- der Quantifizierung ohne qualitativen Bezug zur Gebietscharakteristik;
- dem Verdecken expliziter Zielvorstellungen im Rahmen von Merkmalsselektion,
Schwellenwertfestsetzungen, Gewichtungen, Auswahlkalkülen;
- dem Aufgreifen allgemein anerkannter Normen wie "Anpassung an die allgemeinen
Lebensverhältnisse", indem städtische Durchschnittswerte o.ä. zum Standard erhoben werden.
Sind dann allerdings schon zu Beginn der Verfahren intern gewisse Zielvorstellungen mehr oder minder festgelegt oder gewinnen im Laufe des Verfahrens einzelne Interessen oberhand, die nicht in Übereinstimmung mit den Verfahrenser-
gebnissen stehen, so kann dies entweder zur nachträglichen unvermittelten
Korrektur inklusive der notwendigen Legitimation (vgl. das nachträgliche Heraus-
nehmen einzelner Modernisierungszonen im Bremer Konzept, S.19) oder zu Veränderungen außerhalb des Konzeptes führen. Was die Diskrepanzen von Sanierungs-
verdachtsuntersuchungsergebnissen und den real vollzogenen Entscheidungen zur
Festlegung von Sanierungsgebieten anbelangt, so wird dies in der Verwaltung
so lange keine Legitimationsprobleme aufwerfen, wie von Verwaltungsexternen
diesbezüglich auch keine Kritik geübt wird. Und eine über diese Zusammenhänge
wirklich informierte breite Öffentlichkeit werden wir wohl kaum finden.

5.   Neuere Verfahrenskonzepte einer integrierten Stadterneuerungsplanung

5.o Vorbemerkung

Im folgenden geht es nicht um bereits praktizierte Ansätze der Erneuerungsplanung im Stadtgebiet, sondern um Konzepte, die sich darum bemühen, einen prak-
tikablen Weg für eine in die Stadtentwicklungsplanung eingebundene Stadterneue-
rungsplanung aufzuzeigen.
Es handelt sich einerseits um einen Arbeitsbericht der Stadt Nürnberg
- Nürnberg, Ausschluß für Stadtforschung, Stadtentwicklung und Stadterneuerung
(1977)
Verfahrenskonzept zur Verbesserung der Wohnverhältnisse
Bericht über den Stand der grundsätzlichen Überlegungen und den Modellfall
Gostenhof
sowie zum anderen um einen Ausschnitt des Kölner Stadtentwicklungskonzeptes
- Köln, Stadtverwaltung (wahrscheinlich 1977)
Gesamtkonzept zur Stadtentwicklungsplanung/
Kapitel C3 "Stadterneuerung"
Wir wollen diesen Ansätzen eine eigene kurze Darstellung widmen, weil u.E. hier
wichtige neuere Entwicklungen in Hinsicht auf die Bewältigung der Erneuerungs-
problematik im Rahmen der Stadtentwicklungsplanung zum Ausdruck kommen. Insbe-
sondere der Unterschied zu resp. die Abkehr von den instrumentenorientierten
Voruntersuchungen der Stadterneuerungsplanung mag hier bedeutsam sein.

*Im Fall Köln beispielsweise, wo - wie oben beschrieben - noch 1972 eine Sanie-
rungsverdachtsuntersuchung herauskam, spiegelt sich ein bemerkenswert zunehmen-
der Erfahrungsstand wider: in selbstkritischer Weise wird denn auch im neuen
Konzept die bisherige Planungspraxis der Stadterneuerung analysiert, angesprochen werden v.a. Problemverlagerung durch forcierten öffentlichen Eingriff gerade in jenen Gebieten mit der höchsten Konzentration einkommensschwacher Bevölkerungsschichten, Verschärfung von Disparitäten durch räumliche Konzentration öffentlicher Investitionen zur Steigerung ohnehin vorhandener privater
Investitionsbereitschaft.*

Interessanterweise gehen dabei das Kölner und das Nürnberger Konzept unterschiedliche organisatorische Wege: Während der Kölner Ansatz ein gesamtstädtisches in die Stadtentwicklungsplanung integriertes Erneuerungsprogramm vorsieht, baut das Nürnberger Verfahren auf der integrierten Stadtteilentwicklungsplanung auf (Einbindung der Stadterneuerungsplanung in die Stadtteilentwicklungsplanung, die als integraler Bestandteil der (Gesamt)Stadtentwicklungsplanung verstanden wird.

Nach einer Kurzbeschreibung beider Konzepte wollen wir in der anschließenden Einschätzung diese Vorgehensweisen den zuvor analysierten instrumentenorientierten Voruntersuchungen gegenüberstellen.

Es mag noch herausgestellt werden, daß in beiden Schriften keineswegs ein detailliert ausgearbeitetes Verfahrenskonzept zur Darstellung kommt. Hier handelt es sich vielmehr um einen Versuch, aufgrund der drängenden Problematik im Zusammenhang mit Wohnqualitätsverschlechterungen mithilfe der bereits vorhandenen Erkenntnisse einen Rahmen für die Vorgehensweise bei der Stadterneuerungsplanung zu setzen. Einen Rahmen, an den sich akut einzuleitende Projekte orientieren können und der bei weiteren Erfahrungen ergänzt, konkretisiert und aufgefüllt werden kann.

5.1 Darstellung der Verfahrenskonzepte

5.1.1 Struktur der Verfahrenskonzepte

Beide Konzepte streben für die nächste Zeit eine zweigleisige Vorgehensweise, die Weiterentwicklung des Verfahrenskonzeptes und die Überprüfung bzw. Sammlung von Erfahrungen im Rahmen von Pilotprojekten, an.

● Grundlage der Kölner Stadterneuerungspolitik soll ein gesamtstädtisches Erneuerungsprogramm bilden, in dem alle im Gesamtstadtgebiet ausgewählten und abgegrenzten Problemgebiete (vgl. 5.1.2) mit ihren jeweiligen Funktionen zuzusammengestellt sind.

Es wird davon ausgegangen, daß sich je nach Gebietscharakteristik der abgegrenzten Problemgebiete bestimmte Problemgebietstypen entwickeln lassen, für die jeweils ähnliche Ziele und Strategien maßgeblich würden. Diese "Problemgebietstypisierung" soll ein Mittel darstellen, um auf gesamtstädtischer Ebene (d.h. im Rahmen des gesamtstädtischen Erneuerungsprogramms) zu einer Einschätzung über Ziele, Strategien, Instrumenteneinsatz und Prioritätensetzung zu gelangen. Hierzu wurden bereits Problemgebiete nach den Gesichtspunkten "Veränderungsdruck und hohes Investitionspotential", "ohne Veränderungsdruck in benachteiligten Lagen" und "Sonderfälle des Stadtumbaus" (Gebiete mit starken Umweltbelastungen, Umbau der City und Umbau von Industrie- und Sondergebieten) aufgelistet und als weitere Kategorie (ohne Gebietslokalisierung) "Problemgebiete, die in einer Wartezone liegen" hinzugefügt. "Nach Kriterien der Eignung der Bausubstanz und der städtebaulichen Verhältnisse, der räumlich-funktionalen Entwicklung, der wirtschaftlichen Leistungsfähigkeit der Nutzer und der sozialen Bedingungen..." (Köln, Stadtverwaltung 1977, 24) sowie entsprechend den Ursachen dieses Veränderungs- oder Stagnationsprozesses soll die Problemgebietstypisierung weiter differenziert werden.

Aufgabe des gesamtstädtischen Erneuerungsprogramms ist es, eben jene Erneuerungstypologie zu beschreiben und die grobe Zielsetzung im Rahmen der Stadtentwicklungsplanung festzulegen, eine entsprechende räumliche Festlegung von Modernisierungsschwerpunkten nach WoModG, StBauFG-Anwendungsbereichen, Erneuerungszonen nach BBauG und infrastrukturelle Maßnahmen innerhalb der Stadterneuerungsgebiete) vorzunehmen und die Prioritätensetzung zu bestimmen.

Wegen der Vielzahl von Problemgebieten bei gleichzeitiger tendenzieller Disparitätenverschärfung einerseits und begrenzten finanziellen und personellen Ressourcen andererseits wird für die Prioritätensetzung der strategische Grundsatz aufgestellt, nicht - wie bisher - eine sukzessive Teilgebietserneuerung mit langjähriger Mittelkonzentration vorzunehmen.

Vorerst jedoch sollen die vorhandenen Mittel kurzfristig dort eingesetzt werden, "...wo ein Abgleiten von Gebieten in einen Zustand, der keinerlei Chancen zur Selbsterneuerung mehr bietet, noch verhindert werden kann..., um den Prozeß der Stadterneuerung im Rahmen einer integrierten Entwicklungspolitik überhaupt in Gang zu bringen." (Köln, Stadtverwaltung 1977, 3o)

Vielmehr wird eine Art von Strategie der Trennung von investiver Planung und allgemeiner Rahmenplanung zur Flächennutzung angelegt: für sämtliche ausgewählten Problemgebiete im Stadtgebiet sollen - unabhängig von etwaigem verstärkten kommunalen Engagement in einzelnen priorisierten Problemgebieten - Rahmenplanungen erstellt werden, um Nutzung und Funktion der Gebiete eindeutig festzulegen und damit Entwicklungsunsicherheiten von vornherein abzubauen sowie eine Basis für eventuelle kleinteilige, punktuelle Verbesserungs- bzw. Interimsmaßnahmen zu erhalten.

Um weitere Erkenntnisse und Erfahrungen zur Ausarbeitung des Stadterneuerungsprogramms zu gewinnen, sollen ausgewählte modellhafte Rahmenplanungen und Einzelmaßnahmen eingeleitet werden. Als Ansatzpunkte derartiger Modellfälle wird an die bereits abgegrenzten Sanierungsverdachtsgebiete (aus der alten Untersuchung) und an modernisierungsbedürftige Wohngebiete gedacht. Eine Fortschreibung des Programms ist vorgesehen.

● Auch in Nürnberg soll zunächst noch an den Grundlagen einer Stadterneuerungspolitik gearbeitet werden und parallel dazu sollen in ausgewählten Gebieten praktische Erfahrungen mit der Wohngebietsverbesserung gesammelt werden. Entsprechend der zum Kölner Konzept unterschiedlichen organisatorischen Grundlage, dem Aufbau auf der integrierten Stadtteilentwicklungsplanung, sollen hier jeweils für die einzelnen Stadtteile - unter frühzeitiger Bürgerbeteiligung - Nutzungskonzepte, Verkehrskonzepte, Ausstattungskonzepte und Stadtbildkonzepte sowie das entsprechende Maßnahmenkonzept erarbeitet werden.

Außer der generellen Absicherung dieser Konzepte durch die Finanz- und Investitionsplanung und die Organisationsplanung geht es innerhalb der Maßnahmenplanung dann im wesentlichen darum, die möglicherweise vorhandenen Erneuerungsgebiete abzugrenzen (vgl. 5.1.2), Maßnahmen zur Gebietsverbesserung zu bestimmen und die Prioritätensetzung (Reihenfolge einzelner Maßnahmen innerhalb eines Aktionsbereiches) vorzunehmen.

Auf gesamtstädtischer Ebene soll dann die Rangfolgenbestimmung bezüglich aller Aktionsbereiche (in allen Stadtteilen) erfolgen.

Es wird eine kontinuierliche Erfolgskontrolle angestrebt, die v.a. auch dazu dienen soll, bessere Ausgangsbedingungen für nachfolgende Projekte zu schaffen.

● Anspruch beider Konzepte ist die Einbindung der Stadterneuerungsplanung in die Stadtentwicklungsplanung. Unter welchen konkreten Konditionen z.B. Prioritätensetzung, Abstimmung des Instrumenteneinsatzes und der Investitionsplanung insgesamt erfolgen sollen, bleibt - angesichts des Ausarbeitungsstandes - verständlicherweise noch offen. Angedeutet werden indes Grundsätze über die Zielverknüpfung: Im Zielsystem zur Stadtentwicklung werden außer den Leitlinien zu einzelnen Funktionsbereichen (Wohnen, Arbeiten, Verkehr etc.) bereits Oberziele der Stadterneuerung formuliert (z.B. in Köln: "Stützung der räumlich funktionalen/sozialen Verflechtung durch Verkleinerung der Funktionseinheiten und Einzugsbereiche u. durch Streuung der Lagegunst"). Sie bilden die Grundlage der teilräumlichen Entwicklungsziele für Stadtteile bzw. Problemgebiete indem die Leitlinien eher als verbindliche Zielvorgabe verstanden werden (z.B. in Nürnberg: Ableitung der Gebietsfunktion, GVP als Vorgabe für Verkehrskonzepte der Stadtteilentwicklungspläne), während die sehr allgemein gehaltenen Oberziele der Stadterneuerung eher als ein Orientierungsrahmen verstanden werden, der erst unter konkreter Bezugnahme auf die Gebietscharakteristik und unter verstärkter Mitwirkung der Betroffenen inhaltlich präzis aufgefüllt werden soll.

Beispiel für diesen "Rahmen": "Beispielsweise lassen sich die evtl. abstrakt
widersprüchlichen Ziele 'Erhaltung der bestehenden Sozialstruktur' und 'Ver-
meidung von Ghettobildung' im konkreten Fall dann lösen, wenn man untersucht
hat, ob diese 'Struktur' (z.B. hoher Ausländeranteil) von den Mitgliedern als
angemessen angesehen wird und ob sie, gemessen an gesellschaftlichen Maßstäben
und Stadtentwicklungszielen als erhaltens- und schutzwürdig gelten kann."
(Nürnberg, Ausschuß für Stadtforschung, Stadtentwicklung und Stadterneuerung
1977, 7).

Dahinter steht der Gedanke, daß erst im konkreten Fall konfligierende Ziele
deutlich werden, aber auch offen ausgetragen werden können und damit unter Beachtung des über politische, rechtliche, finanzielle und organisatorische Rahmenvorgaben bestimmten allgemeinen Handlungsspielraumes Lösungsansätze ausgehandelt werden können.

Beide Konzepte enthalten Ansatzpunkte zu einer breitenwirksamen - und einer im
konkreten Erneuerungsprojekt - auf die spezifische Gebietscharakteristik hin
orientierten Erneuerungsstrategie. Dies kommt v.a. in folgenden grundsätzlichen Überlegungen zum Ausdruck:
● Es soll eine eindeutige Gewichtsverschiebung vom StBauFG-Einsatz hin zur Anwendung vielfältiger Instrumente erfolgen (z.T. auch punktueller Einsatz z.B.
des Bundesimmissionsschutzgesetzes, Gaststättengesetzes, Wohnungsaufsichts-
gesetzes etc.) Angestrebt wird ein kleinräumiger, dafür aber mehr Bereiche er-
fassender StBauFG-Einsatz, dabei soll im wesentlichen die Finanzierung unren-
tierlicher Kosten, also die Ausnutzung von Fördermitteln für kostenaufwendige
Maßnahmen, im Vordergrund stehen.
Die kommunalen Steuerungsmöglichkeiten zur Verbesserung der Wohnverhältnisse
werden insbesondere im Bereich des Wohnungsumfeldes gesehen. Damit soll einerseits auf spezifische kommunale Problemsituationen bezüglich der Wohnsituation
reagiert werden (Immissionsbeeinträchtigungen und mangelhafte Gebietsausstat-
tung mit sozialer Infrastruktur waren die am meisten monierten Punkte im Rahmen einer Bevölkerungsumfrage). Andererseits soll damit ein Anreiz zur Beeinflussung der privaten Investitionsbereitschaft in Hinsicht auf die Verbesserung
von Gebäude und Wohnung geschaffen werden, wodurch zugleich Gebote nach § 39 b
bis e BBauG bzw. die Gefahr kostspieliger Übernahmeverlangen vermieden werden
sollten.
● Aufgrund mangelnder Haushaltsmittel zum Bau und Betrieb neuer Einrichtungen
sieht man sich dazu veranlaßt, Verbesserungen in kleinen Schritten vorzunehmen. Die wichtigsten Ansatzpunkte für investive Verbesserungsmaßnahmen sollen
zusammen mit den Betroffenen erarbeitet werden. Dabei sollen Konflikte, die
sich etwa aufgrund der gegebenen Gebietscharakteristik (z.B. erhebliche Baudichte, enge Straßen) und einzelnen Zielen (z.B. Verkehrsberuhigung) ergeben,
mit den Betroffenen diskutiert und nach Übergangslösungen gesucht werden.
Die (beabsichtigte) Berücksichtigung gebietsspezifischer Handlungsvoraussetzungen für die angestrebten Verbesserungsmaßnahmen kommt hier also besonders zum
Tragen.

5.1.2 Auswahl von Problemgebieten

Verglichen mit der entscheidenden Bedeutung, die dem Arbeitsschritt "Bestimmung von Problemgebieten im Stadtganzen" zukommt, sind die Aussagen in den
Konzepten zweifellos sehr oberflächlich, was sich nur dadurch erklären läßt,
daß Fragen zu Merkmalsauswahl und Bewertung erst über die praktischen Erfahrungen mit Modellprojekten Eingang in die Verfahrenskonzepte finden sollen.
Im Kölner Konzept wird beispielsweise zur Abgrenzung von Problemgebieten (die
dann ja Eingang in die Problemgebietstypologie finden sollen) lediglich darauf
verwiesen, daß dies aufgrund der Vielzahl potentieller Problemgebiete mithilfe
eines vereinfachten Planungsverfahrens vorgenommen werden soll. Und zwar "...

aufgrund der fortzuschreibenden Angaben über die Bevölkerungsstruktur und die
Binnenwanderung und einer kleinräumigen Beobachtung des Stadtgebietes." (Köln,
Stadtverwaltung 1977, 3o). Bleibt hier noch die Frage nach der Kriterienselek-
tion und Kriterienverarbeitung im einzelnen offen, so mag dennoch als wesent-
licher Aspekt festgehalten werden, daß bei der Auswahl von Problemgebieten ei-
ne Kombination von kleinräumlicher Gebietsbeobachtung und gesamtstadtbezogener
Prüfung ausgesuchter Schlüsselindikatoren vorgesehen ist.
Das Nürnberger Konzept sieht für die Auswahl der "Gebiete zur Verbesserung der
Wohnverhältnisse" ein stufiges Vorgehen mit einer entsprechend sukzessiv um-
fangreicher und detaillierter werdenden Bestandsanalyse vor: Da die Daten der
Größenzählungen weitgehend als überholt und einseitig gelten, sollen sie zusammen mit den laufenden Statistiken (Bevölkerungsstatistik, Bautätigkeitsstati-
stik etc.) lediglich zur Vorauswahl näher zu untersuchender Gebiete dienen.
Daneben sollen die Ergebnisse einer älteren Untersuchung des Stadtplanungsamtes
zur Ermittlung sanierungsverdächtiger Gebiete sowie der Wohnungsmarktanalyse
herangezogen werden.Anhand eines Kriterienkataloges sollen dann - zunächst unter Aufnahme von sozialpolitischen Kriterien und Kriterien zum Wohnumfeld und
daraufhin durch zusätzliche Erfassung von grundstücks- und gebäudebezogenen
Kriterien - die Problemgebiete weiter eingegrenzt werden.

Folgender Kriterienkatalog ist umfaßt:
● *Sozialpolitische Kriterien: Soziale Schichten, Einkommens- und Erwerbsver-*
hältnisse, Altersstruktur, Anteil der Kinder bei jungen Ehepaaren, Allein-
stehenden, Alten, Ausländeranteil, soziale Verflechtungen und Bindungen, Wan-
derungen, Trends der Bevölkerungs- und Betriebsstruktur.
● *Kriterien zum Wohnumfeld: Grünflächen/Kleingärten sowie, in einzelne Einrich-*
tungen detailliert aufgeschlüsselt, soziale Infrastruktur, Art/Maß und Zustand
der Wohnung und gewerblicher Nutzung, Lärmimmissionen/Verunreinigungen u. Er-
schütterungen, Straßenmäßige Erschließung, Straßenbeleuchtung, vorhandene Ver-
kehrserschließung, fließender u. ruhender Verkehr, Fußgängerzonen, Erreichbar-
keit öffentl. Verkehrsmittel, wirtschaftliche und Versorgungsfunktion.
● *Grundstücks- und gebäudebezogene Kriterien: Konstruktive, funktionale Gebäu-*
demängel, Mängel durch Alterung u. Abnützung, Belichtung/Belüftung, unzurei-
chende Abstandsflächen, Behinderung der Hofnutzung, Notbauten, Bebauungsdichte,
Grünanlagen, Kinderspielflächen, Stellplätze, störende Fremdnutzung.
(vgl. Nürnberg, Ausschuß für Stadtforschung...1977, Anhang 2)

Hinter diesem Konzept einer schrittweise konkretisierenden Bestandsanalyse
stehen Überlegungen zur Aufwandsbegrenzung der Informationsbeschaffung: je
nach Verfügbarkeit der Daten werden die Untersuchungsstufen untergliedert, so
können z.B. für die 2. Stufe zahlreiche Informationsquellen einzelner Dienststellen der Stadtverwaltung zuhilfe genommen werden, während in der kleinsten
Untersuchungseinheit eigene Erhebungen notwendig werden.
Zur Abgrenzung der Problemgebiete selbst wird lediglich gesagt, daß sie unter
Festlegung von Schwellenwerten durch Bewertung der zusammengefaßten Kriterien
erfolgen soll.
Erst in einem gesonderten Schritt soll schließlich überprüft werden, inwieweit
die Problemgebiete als bestimmte Aktionsbereiche (Anwendungsgebiet für StBau-
FG, WoModG, Lärmschutzmaßnahmen etc.) festgelegt werden (in etwa der "Problemgebietstypisierung" im Kölner Konzept vergleichbar). Exemplarisch werden
die diesbezüglich eingehenden Gesichtspunkte angeführt:
- kartenmäßige Überlagerung der Kriterien
- Anwendungsüberlegungen für bestimmte Instrumente
- personeller und finanzieller kommunaler Leistungsrahmen
- erwartete Auswirkungen für die vorhandene Wohnbevölkerung.

5.2 Wesentliche Unterschiede zu den instrumentenorientierten Voruntersuchungen und deren Implikationen

Der wesentliche Unterschied der oben beschriebenen Verfahrenskonzepte zu den instrumentenorientierten Voruntersuchungen drückt sich in der Trennung von Problemgebietsbestimmung und Bestimmung des Instrumenten- bzw. Maßnahmeneinsatzes aus: Ziel der neueren Konzepte ist es also, zunächst einmal Umfang und Art von Problemgebieten im Stadtganzen zu erkennen. In allen, als Problembereiche definierten Gebieten, sollen schließlich auch Maßnahmen zur Verbesserung (hier v.a.) der Wohnverhältnisse eingeleitet werden. Wann welche Maßnahmen und welche Instrumente zum Einsatz kommen, wird letztlich abhängig gemacht von der spezifischen Gebietsproblematik, den Zielen und dem kommunalen Leistungsvermögen.

Auf diese Weise wird die eingeschränkte Perzeption der Handlungsmöglichkeiten, wie sie bei den instrumentenorientierten Voruntersuchungen konstatiert wurde, gesprengt. Darüber hinaus wird - auch im Gegensatz zu der instrumentenorientierten Vorgehensweise - hier der Versuch unternommen, Instrumenten- und Maßnahmeneinsatz auf die spezifische Gebietscharakteristik abzustimmen, wenn auch der jeweilige Einzelfall durch den Aufbau einer Problemgebietstypologie (Köln) oder ähnlichen Zuordnungsregeln (vgl. Nürnberg) nicht ganz zum Tragen kommt.

Andererseits ist die Typisierung von Problemgebieten im Hinblick auf den Einsatz bestimmter Instrumente/Strategien nicht unproblematisch: So ist es z.B. fraglich, ob einheitliche, für alle Problemfälle gültige Schlüsselkriterien gefunden werden können, nach denen sich der Instrumenteneinsatz bemißt. Weiterhin bleiben bei einem Typisierungsverfahren die Meinungen und Interessen der Bevölkerung/potentiell Betroffenen außer Ansatz. Bei einem vorgegebenen Problemgebietstyp für die konkrete Erneuerungsvorbereitung in einem Gebiet kann eine Bürgerbeteiligung lediglich unter der Prämisse einer bereits gefallenen Entscheidung über das anzuwendende Instrumentarium erfolgen. Damit sind also die Grenzen für inhaltliche Auseinandersetzungen durch die Handlungsspielräume eines Instrumentes vordefiniert.

Die Abkehr von der instrumentenorientierten Vorgehensweise bedeutet allerdings nicht, daß die Mittelbeschaffung keine Rolle mehr spielt, sie wird eben nur nicht mit der Problemgebietsbestimmung verknüpft. Vielmehr bieten diese neueren Verfahrenskonzepte eine Grundlage, die oben erwähnte "Schubladenfunktion" in Hinsicht auf kurzfristig oder punktuell angebotene Fördermittel auszuweiten. Dabei wird allerdings nicht allein auf die jeweiligen Fördermittelangebote gewartet, sondern u.U. auch mit Interimsmaßnahmen gearbeitet oder andere Strategien überdacht. Das heißt, daß als notwendig erachtete Eingriffe nicht mehr allzusehr von aktuellen Förderangeboten abhängig gemacht werden. Dennoch wird bewußt darauf abgezielt, Fördermittel möglichst weitgehend auszunutzen. Dies kommt z.B. in den Einsatzüberlegungen zum StBauFG zum Ausdruck, die explizit auf kostenintensive Kriterien ausgerichtet sind.

Insgesamt gesehen beinhaltet ein solches Konzept günstige Ausgangsbedingungen für eine breitenwirksame, zugleich auch fördermittelbeschaffende bzw. -ausnutzende Stadterneuerungsstrategie.

In diesem eher flexiblen System der Zuordnung von Problemgebieten und Instrumenten/Strategien bietet ein umfassendes städtisches Erneuerungsprogramm (Köln) bzw. die integrierte Stadtteilentwicklungsplanung (Nürnberg) gute Möglichkeiten, um bereits auf gesamtstädtischer bzw. teilräumlicher Ebene zu einer Einschätzung über Art und Umfang notwendiger Maßnahmen und damit zur Abstimmung des Mitteleinsatzes insgesamt zu gelangen.

Dies mag wohl auch der Grund dafür sein, daß inzwischen ebenso in anderen Großstädten Gebietstypisierungen als Grundlage zur Einschätzung und Koordination anstehender Erneuerungsaufgaben herangezogen werden.
In Stuttgart beispielsweise werden zur Erarbeitung der teilräumlichen Entwick-

lungsprogramme die jeweiligen Bauflächen entsprechend der vorhandenen und be-
absichtigten Nutzung flächendeckend in Gebietstypen unterschiedlicher Aufgaben-
stellung eingeteilt:

Typ I	*Erhaltung der Wohnnutzung und der Grünflächen*
Typ II	*Sicherung und Aufwertung der Wohnnutzung*
Typ III	*Sicherung und Verbesserung der gemischten Nutzung*
Typ IV	*Erhaltung der gewerblichen Nutzung*
Sonstig	*Sicherung der sonstigen Nutzung und der Freiflächen (z.B. überört-*
	liche Gemeinbedarfs- und Grünflächen, Neubauflächen nach FNP).

Zu jedem dieser Gebietstypen werden Bestand und Nutzung, Probleme, Entwick-
lungsziele, Maßnahmen im einzelnen aufgeführt. Die anzuwendenden Instrumente
werden dagegen dem Einzelfall resp. em jeweiligen kommunalen Aushandlungspro-
zeß überlassen. Innerhalb der Kategorie "Besondere Schwerpunkte der städtebau-
lichen Erneuerung" werden schließlich die einzusetzenden Erneuerungsmaßnahmen
detailliert bezeichnet. Für diese jeweils betreffenden Bereiche sind zusätz-
lich städtebauliche Entwürfe anzufertigen.
(vgl. hierzu z.B. Stuttgart, Arbeitsgruppe Stadtentwicklung und Regionalpla-
nung 1977/ 1978).

Gegenüber dem Nürnberger Verfahren bietet indes das Kölner Konzept u.E. etwas
ungünstigere Voraussetzungen einer integrierten Stadterneuerungspolitik:
- Die Problemgebietstypologie selbst erscheint relativ starr gefaßt (in Nürnberg dagegen werden z.B. bei der Definition von Aktionsbereichen auch gebietsspezifische Faktoren wie "die Auswirkungserwartungen für die vorhandene Wohnbevölkerung" mit berücksichtigt)
- Der interne Koordinationsaufwand eines gesamtstädtischen Erneuerungsprogramms
ist erheblich
- Die Koordination mit anderen Planungsmaßnahmen wird infolge des fachlich
fest umrissenen Programms eher auf eine negative Koordination hinauslaufen. So
wird z.B. das Kölner Erneuerungsprogramm explizit als Teil der Stadtentwicklungskonzeption verstanden, so daß allenfalls die vorgezogenen Rahmenplanungen
in den ausgewählten Problemgebieten zu einer frühzeitigen ressortübergreifenden Abstimmung von Maßnahmen führen könnten.
In Nürnberg demgegenüber begünstigt bereits die Organisationsform der integrierten Stadtteilentwicklungsplanung die ressortübergreifende Koordination.
Die vorgesehenen Aktionsbereiche sind als Teil des Maßnahmenplanes von vornherein eingebunden in die teilräumlichen Einzelkonzepte (Nutzungskonzept, Ver-
kehrskonzept etc.) und damit - unterschiedlich zur Kölner Konzeption - zugleich
in eine flächendeckende Entwicklungsplanung. Unter diesen Bedingungen ist weiterhin die Gewähr einer kontinuierlichen Raumbeobachtung gegeben, die - anders
als bei einer einmaligen Rahmenplanung mit u.U. viel später einsetzenden Aus-
führungsmaßnahmen - die Chance eröffnet, in einer Art Frühwarnsystem auf unerwünschte Veränderungen alsbald zu reagieren.

Die angesprochenen Vorteile dieser neueren Verfahrenskonzepte sprechen dafür,
daß diese - im Gegensatz zu den instrumentenorientierten Voruntersuchungen -
im Rahmen der Stadtentwicklungsplanung, im sog. planungspolitischen Alltag,
einen wirklich bedeutenden Stellenwert einnehmen. Allerdings wird ihre Relevanz im Hinblick auf eine tatsächliche Stabilisierung und Rehabilitierung der
Wohngebiete im Stadtganzen nicht zuletzt von der Art und Weise der Problemgebietsbestimmung abhängen, eine Frage, die in den Untersuchungen noch weitestgehend offen geblieben ist. Beschrieben wird zwar die Vorgehensweise bei der
Auswahl von Problemgebieten (Köln: Kombination von gesamtstädtischen Indikatoren und kleinräumiger Beobachtung/Nürnberg: Schrittweise Eingrenzen bei zu-
nehmender Kriterienvielfalt), jedoch wird es letztlich darauf ankommen, welche
Entscheidungskriterien und welches Entscheidungskalkül maßgeblich werden. Das
Nürnberger Konzept entfaltet z.B. ein breites Kriterienspektrum als Mittel zur
Auswahl von Problemgebieten, fraglich bleibt hier, in welcher Weise sie verar-
beitet werden, wo und wie Prioritäten gesetzt werden etc.

Als grundsätzlich positiv sei vermerkt, daß in den hier vorgestellten Beispielen die Kriterien nicht irgendwie aus dem "luftleeren Raum" abgeleitet werden sollen, sondern die Stadtentwicklungsziele und darunter v.a. die allgemeinen Erneuerungsziele zur entsprechenden Grundlage gemacht werden. Ebenfalls positiv ist zu beurteilen, daß z.B. Köln in diesem Zusammenhang explizit den Bezug zu den besonderen Handlungsvoraussetzungen herstellt: in den Zielprozeß geht eine ausdrücklich auf die Kölner Verhältnisse abgestellte Problemanalyse ein, (und zwar zu den Themen: "Alterungsprozeß der Bausubstanz und deren beschleunigende wirtschaftliche Faktoren", "Nachteilige städtebauliche Einflüsse in Altbaugebieten" und "Soziale Folge- und Wechselwirkungen" - vgl. Köln, Stadtverwaltung 1977, 8 - 15).

Die Ableitung der Entscheidungskriterien für die Auswahl von Problemgebieten aus den Stadtentwicklungszielen beinhaltet prinzipiell die Chance, daß sowohl seitens der Verwaltung als auch seitens der kommunalen Öffentlichkeit überprüft werden kann, welchen Erfolg - gemessen an den Zielen - die Erneuerungspolitik verbuchen kann. Sie bietet weiterhin grundsätzlich die Möglichkeit, die Erneuerungspolitik nicht mehr nur abhängig zu machen von gerade aktuellen bzw. sporadisch ins öffentliche Bewußtsein dringenden Problemen (etwa Konjunkturankurbelung oder migrationshemmende Politiken etc.), sondern sie in der Vorausschau sachlich breiter anzulegen (z.B. Problematik der Wohnungsversorgung einkommensschwächerer Bevölkerungsgruppen). Inwieweit über dieses "Grundsätzliche" hinaus in der Tat auch mithilfe eines stadtgebiets- oder stadtteilbezogenen einheitlichen Verfahrens, also mit bestimmten Kriterien und Auswahlkalkülen, die einheitlich über einen bestimmten Teilraum gelegt werden, jene Breite an Erneuerungsproblemen abgebildet werden kann, ist, wie schon mehrfach angedeutet, eher zu bezweifeln.

6.   Folgerungen

6.1 Ausgangspunkte - Konstanz der programmgebundenen suprakommunalen Förderung
     in der Stadterneuerung.

Wir haben die Problematik der Sanierungsverdachtsuntersuchungen und Verfahren zur Auswahl von Modernisierungszonen, zwei typische instrumentenorientierte Voruntersuchungen zur Stadterneuerungsplanung gekennzeichnet. Ihnen gegenübergestellt wurden zwei neuere Verfahrenskonzepte der integrierten Stadterneuerungsplanung. Konzepte, die auf wesentliche Kritikpunkte der instrumentenorientierten Vorgehensweise eingehen, ohne alle - z.T. in der Struktur planender Verwaltung selbst angelegte - Probleme lösen zu können. Offen mußte zudem bleiben, wie die spezifischen internen Kriterien ebenso wie die konkreten Beteiligten- und Interessiertengruppen in die Zuordnung von Problemgebietstyp und Erneuerungsstrategie integriert werden können/sollen.

Die Sanierungsverdachtsuntersuchungen selbst haben heute allenthalben an Aktualität verloren. Bei de facto gegebener Abhängigkeit kommunaler Erneuerungsplanung von der suprakommunalen Mittelvergabe muß jedoch davon ausgegangen werden, daß der Tatbestand der Instrumentenorientierung für die Praxis der Stadterneuerung fortbesteht.

Konzepte der integrierten Stadterneuerung können hier lediglich die Handlungsspielräume kommunaler Politik offener halten.

Allerdings ändern sich auch die staatlichen Programme - wie überhaupt in der aktuellen planungspolitischen Landschaft eine verstärkte Tendenz zur Programmförderung besteht (vgl. Gahlen 1979, der sogar für einen Ersatz der Städtebauförderung nach StBauFG durch Programme plädiert).

Am Beispiel des sog. 14-Städte-Programms/Baden-Württemberg (Programm zur Verbesserung der Wohnverhältnisse in älteren Wohngebieten der großen Städte, vgl. Innenminister Baden-Württemberg 1978) lassen sich die daraus resultierenden

Entwicklungstrends verdeutlichen:
"Das 14-Städte-Programm entstand 1976 als Teil der Städtebauaktion des Landes Baden-Württemberg. Es verfolgt das Ziel, in den 14 größten Städten des Landes pilotartig die Erneuerung älterer Wohngebiete anzuregen." (Lückefett, H.J. 1979, 2). Dies, um die zunehmende Bevölkerungsabwanderung aus den Städten einzudämmen: "Ziel des Programms ist es, in den auszuwählenden Wohngebieten die Nachteile, die heute mit dem Wohnen in der Stadt verbunden sind, zu beheben oder jedenfalls so deutlich zu mindern, daß das Wohnen dort wieder als Alternative zum Wohnen in den Stadtrandlagen empfunden wird." (Innenminister Baden-Württemberg 1978, 1) Dazu werden mit einem Volumen von insgesamt 60,4 Mio DM alle gemeindlichen Investitionen, die eine Wohnungsumfeldverbesserung und damit eine Wohnwertsteigerung in den ausgewählten Gebieten bewirken, gefördert. Auf der anderen Seite werden die von den Grundstückseigentümern durchzuführenden Maßnahmen der Wohnungsmodernisierung gefördert, wofür insgesamt 37 Mio DM angeboten werden. Die Wohngebiete, denen diese Gelder zugute kommen sollen, sind von den jeweiligen Kommunen auszuwählen unter Maßgabe folgender Richtlinie: "Auszuwählen sind zusammenhängende ältere, in der Regel citynahe Wohngebiete mit ordentlicher Bausubstanz und mäßigem Instandsetzungsbedarf, jedoch einem wesentlichen Anteil modernisierungswürdiger Wohnungen sowie einer verbesserungsbedürftigen und verbesserungsfähigen Wohnumwelt und geringen, allenfalls der Entkernung dienenden Abbrucherfordernissen. Die Wohnnutzung des Gebiets muß auch für die Zukunft gesichert sein. Modernisierungsbereitschaft sollte bei einem Teil der Eigentümer von Wohngebäuden von vornherein vorliegen.
Wohngebiete mit schwerwiegenden und vielschichtigen städtebaulichen Mißständen sollten nicht ausgewählt werden; deren durchgreifende Verbesserung ist nur im Rahmen eines Sanierungsverfahrens nach dem Städtebauförderungsgesetz möglich" (Innenminister Baden-Württemberg 1978, 2).
Ein nennenswerter Entscheidungsspielraum für die Problemgebietsauswahl bleibt den Kommunen demnach nicht, wenn ihnen daran gelegen ist, die angebotenen Fördermittel zu erhalten. Die instrumentenorientierte Vorgehensweise ist sozusagen schon in den suprakommunalen Förderrichtlinien determiniert. Ebenfalls mehr oder minder vorab definiert sind die Bereiche, in denen künftig Stadterneuerungsinvestitionen durchschlagen werden. Und folgt man den Ankündigungen des Landes Baden-Württemberg, so wird sich an diesem System so bald nichts ändern: Für 1980 sieht das "Mittelfristige Programm für Stadt- und Dorfentwicklung des Landes Baden-Württemberg" ein über den pilotartigen Ansatz des 14-Städte-Programms hinausgehendes allgemeines Programm zur Förderung wohnumfeldverbessernder Maßnahmen in den größeren und großen Städten des Landes vor, wobei allein bis 1985 ca. 160 Mio DM eingesetzt werden sollen (vgl. Lückefett, H.-J. 1979, 11f). Auch nach diesem Programm soll es Vorgaben für die Auswahl der Problemgebiete geben. Als Maßgabe werden sogenannte Entwicklungsdaten gesetzt:
- die Bevölkerungsentwicklung der vergangenen Jahre (Abwanderung, Änderungen im Altersaufbau, Zunahme der Haushalte mit geringem Einkommen, Zunahme des Ausländeranteils)
- Zahl der Modernisierungs- und Instandsetzungsmaßnahmen der vergangenen Jahre
- Entwicklung der Infrastrukturausstattung des Gebietes insbesondere bei der Versorgung mit den Gütern und Dienstleistungen des täglichen Bedarfs. (vgl. Lückefett, H.-J. 1979, 13)
Unterstellt, eine solche vorprogrammierte Fördermittelpraxis greift um sich, so wird dies unausweichlich dazu führen, daß ständig ganz bestimmte Problemgebiete gar nicht mehr wahrgenommen und folglich vernachlässigt werden. Insofern ist kein Unterschied zur Selektivität der Instrumente StBauFG und ModEnG gegeben.
Hier wie dort werden vor allem bestimmte Bevölkerungsgruppen zu Opfern kommunaler und staatlicher Erneuerungspolitik. Deutlich wird dies an der Auswahl der Kriterien zur Bestimmung von Fördergebieten i.S. des 14-Städte-Programms:

Stadtbereiche mit steigendem Ausländeranteil und einer Zunahme von Haushalten geringen Einkommens werden zum Problemgebiet *(ein Muster - mit wohnungswirtschaftlichen Hintergründen - das sich im übrigen durch die ganze Geschichte der Erneuerungspolitik zieht. Schon Göderitz (1961) brachte das Argument "ungesunder Sozialstrukturen" im Erneuerungskontext)*. Hier sollen Mittel eingesetzt werden, um - dies ist erklärtes Ziel - innerstädtisches Wohnen für abwanderungswillige, d.h. einkommensstärkere Gruppen attraktiv zu machen. Die Folgen für die derzeitigen Bewohner - langfristig in ihrer Auswirkung - liegen auf der Hand.

Mittelbar ist eine solche Entwicklung schon seit längerem im Gange: die Modernisierung des Altbauwohnungsbestandes (mit z.T. recht hohem Standard) bei gleichzeitig geringem Neubau von Sozialwohnungen, z.T. fehlbelegten Sozialwohnungen etc. führt nach und nach zu einer unübersehbaren Wohnungsnot der Haushalte niedrigen Einkommens (vgl. insbes. Halberstadt, R./Wullkopf, U. 1979). Wenn es nicht gelingt, im Rahmen der Stadtentwicklungsplanung zu einer abgestimmten Stadterneuerungsplanung zu gelangen, die derartige Veränderungen in der Struktur des gesamtstädtischen Wohnungsmarktes und der Wohnungsbelegung erfaßt und vorausschauend in ihre Konzeptionen einbezieht, sind die sozialpolitischen Probleme vorprogrammiert. Die Bemerkung Lückefetts (1979, 15): "Vielleicht gibt es sogar Gebiete, die auf absehbare Zeit von einer Erneuerungsmaßnahme 'verschont' bleiben sollten, obwohl sie aus kommunalpolitischer Sicht dringend der Erneuerung bedürfen", erscheint unter diesen Bedingungen überdenkenswert. Eine Neuorientierung der Wohnungspolitik (wie etwa von Halberstadt/Wullkopf 1979 vorgestellt) und der Stadterneuerungspolitik dagegen sollte eine solche kurzfristige Strategie ersetzen.

Nicht zuletzt sollte vermerkt werden, daß die o.g. Programme Baden-Württembergs die bereits mehrfach benannten Probleme der Gleichsetzung von Problemgebiets- und Strategie-/Maßnahmenbestimmung (vgl. 3.1) erneut aufweisen: ohne detaillierte Kenntnis der speziellen Gebietscharakteristik, ohne Kenntnis oder Verarbeitung der Interessen der potentiell Betroffenen wird bereits mit der Auswahl der Problemgebiete der folgende hoheitliche Eingriff bestimmt.

6.2 Raumbeobachtung, Problemgebietsauswahl und Strategiebestimmung

Zunächst sei betont, daß die zuletzt angeführte Kritik zur Problemgebiets- und Strategiebestimmung sich keineswegs gegen die stadtgebietsbezogene Erfassung von Problemgebieten an sich wendet. Die Kritik richtet sich vielmehr dagegen, für die mittels bestimmter definierter Mißstandskriterien ausgewählten Problemgebiete sozusagen von "oben herab" zugleich eine Beseitigung eben jener selektierter Mißstände zu bestimmen. Um ein einfaches Beispiel anzuführen: Wenn etwa ein gesamtstadtbezogenes Informationssystem über wohnungsbezogene Freiflächen Blöcke mit beträchtlichen Defiziten in diesem Sektor aufweist, so könnte die kleinräumige Planung immerhin zu dem Ergebnis kommen, daß aufgrund der Eingriffe in die vorhandene Bau- und Nutzungsstruktur sowie der negativen Wirkungen auf die Bewohner des Gebietes Maßnahmen vorzusehen sind, die - sozusagen als Ausgleich - der Verkehrsberuhigung zuzuordnen sind. Sie könnte andererseits auch ausschließlich Planungsanforderungen stellen, denen etwa im Rahmen einer flächendeckenden Stadtteilentwicklungsplanung Rechnung zu tragen ist. Die Maßnahmenbestimmung in einem Problemgebiet sollte also das Ergebnis eines Planungsprozesses sein, der sich detailliert und differenziert mit den internen Kriterien des Problemgebietes auseinandergesetzt hat und der möglichst in Zusammenarbeit mit den Bewohnern für die Bewohner den geeignetsten Weg zur Besserung vorfindlicher Wohnqualitätsminderungen sucht.

Demgegenüber ist die (gesamtstadtbezogene) Raumbeobachtung ein bedeutsames Mittel zur Identifizierung von Problemen. Sie könnte etwa durch ressortbezogene Kataster (Lärm-, Luftverschmutzungskataster, Infrastrukturdefizitausweisungen, Frei- und Grünflächensituation, Wohnungsausstattung etc.), unter be-

stimmten Zielsetzungen usw. erfolgen.
In diesem Zusammenhang wäre beispielsweise eine Untersuchung zur Lokalisierung
benachteiligter Wohnsituationen bestimmter Bevölkerungsgruppen außerordentlich
wichtig. Hier würden sich denn auch die (im Kontext der Sanierungsverdachtsuntersuchungen kennengelernten) am städtischen Gesamtdurchschnitt orientierten Standards einzelner ausgewählter Kriterien anbieten als einfacher, aber
äußerst prägnanter Maßstab, um ungleiche gesellschaftliche Bedingungen der
Reproduktion zu veranschaulichen.
Ein Beispiel in diese Richtung stellt etwa die Defizitanalyse/Kassel dar (vgl.
Aminde, H.-J. 1976 u. Plaßmann, H.-U./Lang R.K. 1976):
Gründe für den Stadtumbau sind in Kassel neben der durch Abwanderung und Überalterung zurückgehenden Einwohnerzahl vorhandene Entwicklungsdefizite, die
als Folge der oft ungesteuerten Anpassungsplanung und der Stadterweiterung
der letzten Jahrzehnte erklärt werden. Mit räumlichen Disparitäten "sind erhebliche Ungleichheiten und Benachteiligungen in den Lebensmöglichkeiten der
wohnenden Bevölkerung gemeint. Entsprechende Mängel innerhalb der Wohnstadtteile treffen einkommensschwache Gruppen viel nachhaltiger, denn sie haben
durch ihr geringes Einkommen und ihren begrenzten Aktionsradius wenig Möglichkeiten, das andernorts auszugleichen, so daß hier zusätzlich von sozialen Disparitäten auszugehen ist" (Aminde, H.-J. 1976, 1o3). Angestrebt wird der Abbau
solcher sozial-räumlichen Disparitäten. Mithilfe der Defizitanalyse über
mehrere Schlüsselindikatoren (aus den Bereichen Wohnungsstruktur, Einzelhan-
delsversorgung, Bildungseinrichtungen, Freizeiteinrichtungen, öV, Straßenbahn-
anschluß, Immissionsbelastung) alle Wohnstadtteile Kassels hinsichtlich Struktur und Ausstattung für eine entsprechende Funktionserfüllung bewertet, werden
zunächst Problemgebiete ausgesondert. Diesbezügliche Beurteilungsgrundlagen
sind aus statistischen Vergleichswerten in Kassel, Nutzerbefragungen, Politischen Programmen, gesetzlichen Grundlagen, normativen Richtwerten abgeleitet. Die Überlagerung der ausgesonderten Problemgebiete mit der räumlichen
Verteilung einkommensschwacher Bevölkerung soll schließlich den Hinweis auf
die sozialpolitisch notwendige Prioritätensetzung der Stadterneuerungsplanung
erbringen.
Die Verfahrensergebnisse sind zunächst einmal nur die empirische Darstellung
von ungleichen Wohnverhältnissen in Kassel, von Problemgebieten, die über das
Werturteil "sozial-räumliche Disparitäten" definiert wurden. Aber "da aufgrund der Defizitanalyse jetzt die sozialen wie auch die materiell räumlichen
Lebensbedingungen in einer Reihe von Wohnvierteln und Stadtbezirken nicht
stereotyp, sondern nachvollziehbar als ungleichwertig festgestellt sind, kann
durch eine räumlich koordinierte Infrastrukturplanung von der Verbesserung
der vor- und außerschulischen Bildung bis hin zur Verbesserung der Kanalisation, der Straßenführungen und der Straßenbeläge die Realisierung der zunächst
nur formelartig genannten sozialpolitischen Ziele nachhaltig unterstützt
werden." (Plaßmann/Lang 1976, 1o8). Das heißt nun nicht, daß mit der Benennung
von Problemgebieten zugleich diesbezügliche Strategien/Maßnahmen abzuleiten
sind. Zurecht weisen Plaßmann und Lang darauf hin, daß "...keineswegs kurz-
schlüssig davon ausgegangen werden (kann), daß in den Stadtgebieten mit den
größten Defiziten auch die größten Investitionen notwendig sind. Vom Ergebnis
der Defizitanalyse lassen sich Prioritäten für den Einsatz von Finanzen nur
mittelbar ableiten. Erst wenn die wahrscheinlichen Folgen, die Planungsre-
striktionen sowie die Handlungs- und Einwirkungsmöglichkeiten der Stadt überprüft sind, kann ein Handlungskonzept und ein Maßnahmeprogramm erarbeitet werden, und schließlich müssen auch die Ursachen für Entwicklungsdefizite analysiert werden.
'Sozial-räumliche Disparitäten'...bleiben ein zu kurz gegriffenes Planungskonzept, wenn einerseits die sozialen und materiellen Ursachen, andererseits die
sozialen und materiellen Folgen 'objektiv' erfaßter Entwicklungsdefizite vernachlässigt werden. Solange hierzu die Meinungen der betroffenen Bewohner nicht
beachtet werden, besteht die Gefahr, daß hier wiederum nur ein Planungsverfah-

ren optimiert wird." (ebenda, 1o7)

Die Defizitanalyse ist also nicht zugleich ein Konzept zur Maßnahmenbestimmung, doch kann sie als differenzierte Koordinationsgrundlage für die einzelnen Ressorts, als Beratungsgrundlage zur Abschätzung wahrscheinlicher Folgewirkungen sowie als Basis zur Überprüfung alternativer Handlungskonzepte und Maßnahmenprogramme einen wesentlichen Beitrag zur Stadtentwicklungspolitik leisten. Sie kann darüber hinaus als "Frühwarnsystem" fungieren, eine Weiterentwicklung des Verfahrens vorausgesetzt. Diesbezüglich anzustreben wären v.a. ein regelmäßiges, in kurzen Zeitintervallen durchgeführtes Berichtswesen über Problementwicklung und Stadterneuerung sowie die Erforschung geeigneter Schlüsselindikatoren, damit beispielsweise Entwicklungen nicht immer erst dann erkannt werden, wenn sie bereits ein sehr kritisches Stadium erreicht haben (vgl. Verband Deutscher Städtestatistiker 1974, 3o).

6.3 Folgerungen für die kommunale Stadterneuerungsplanung

Unterstellt, der vorhandene Trend einer zunehmend "Fördertopf"-gebundenen Stadterneuerung bleibt bestehen, so ist aufgrund des bislang Ausgeführten zu folgern, daß die Kommunen zuförderst Veränderungen der Organisationsstruktur ihrer Stadterneuerungs- und Stadtentwicklungsplanung vornehmen müssen. Veränderungen, ähnlich wie sie in den neueren Konzepten aus Köln und Nürnberg erprobt werden, die dem Prinzip der Ausnutzung angebotener Fördermittel nachkommen, dabei aber nicht zum bloßen Reagieren gezwungen sind: Eine veränderte Organisation der Stadtentwicklungsplanung müßte die Voraussetzungen für eine flexible Handhabung von (u.U. kurzfristig angebotenen) Instrumenten bzw. Fördermitteln zur Stadterneuerung in den stadtentwicklungspolitisch definierten Problemgebieten schaffen.

Einen Ansatz in diese Richtung könnte z.B. eine Kombination der Raumbeobachtung auf gesamtstädtischer Ebene und der kontinuierlichen teilräumlichen Entwicklungsplanung darstellen.

Die Raumbeobachtung könnte sowohl zur Aufgabe der einzelnen Ressorts gemacht werden, die ihrem Aufgabenbereich gemäß fortlaufende Informationskataster (Verkehrsimmissionen, Luftverschmutzung, Soziale Infrastruktur, Wohnungsversorgung etc.) erstellen, als auch (zusätzlich) unter der Maßgabe stadtentwicklungspolitischer Zielvorstellungen durchgeführt werden (z.B. Wohnungsmarktanalyse, Entwicklung der Wohnungsversorgung einkommensschwacher Haushalte, Migrationsentwicklung, Tertiärisierungserscheinungen etc.). Funktion eines solchen Instrumentes wäre die (Früh-)Erkennung von Problementwicklungen bzw. die Darstellung zielkonformer oder -widersprechender Entwicklungen im Stadtganzen, wodurch ein grober Umriß von Problemgebieten unterschiedlichster Art gekennzeichnet werden kann.

Aufgabe der teilräumlichen Entwicklungsplanung wäre zunächst einmal das Erstellen einer flächendeckenden Stadtteilentwicklungskonzeption - ähnlich wie wir es im Beispiel Nürnberg kennengelernt haben. Auf dieser Ebene wäre schließlich auch eine Form der kontinuierlichen Bestandsanalyse anzustreben, die unter Herstellung von Öffentlichkeit, unter Berücksichtigung der Ergebnisse des Raumbeobachtungsinstrumentes sowie weiterer stadtentwicklungspolitischer Vorgaben Problemgebiete näher bestimmt und in Zusammenarbeit mit den (Stadtteil)-Bewohnern schrittweise zur Eingrenzung anzugehender Erneuerungsmaßnahmen führt. Kontinuität bedeutet zugleich aber auch, daß ein gewisser Spielraum geschaffen wird, der möglicherweise flexible Handlungsmöglichkeiten eröffnet für unerwartete Problementwicklungen, kurzfristige Handlungsangebote (wie etwa best. Förderinstrumente) etc. In bestimmten Zeitintervallen durchgeführte Wirkungsanalysen würden hier zusätzlich gute Dienste leisten (vgl. z.B. die Ansätze von Bastisch/Wiehagen 1979 u. Bunse/Osenberg 1979). Diesbezügliche organisatorische Voraussetzung wäre eine dezentralisierte Verwaltung auf Stadtteilebene. Dies ist beispielsweise durch eine nicht nach dem Ressortprinzip strukturierte

Arbeitsgruppe erreichbar, die als eine Art "Stadtteilzuständigkeit" fungiert.
Auf diese Weise könnte u.a. gewährleistet werden: die Kontinuität der Bestandsanalyse, die kontinuierliche Präsens eines Ansprechpartners für die Bevölkerung, die fachlich-interdisziplinäre Kompetenz im Hinblick auf alle stadtteilbezogenen Fragen und Probleme, die sich bei der Koordination auf gesamtstädtischer Planungsebene stellen, und nicht zuletzt die Erweiterung des Wahr-
nehmungsspektrums für einzelne Planungsprobleme, den gegebenen Handlungsspiel-
räumen etc. bei den einzelnen Arbeitsgruppenmitgliedern (vgl. Krüger, M. 1978,
IV, 1.2/2.1/2.3)
Werden also bereits auf Stadtteilebene bestimmte Aktionsbereiche und Strategien bestimmt, konzeptioniert und koordiniert, so können damit auch bestimmte
Voraussetzungen, Anforderungen und Wünsche formuliert werden, die auf der ge-
samtstädtischen Planungsebene zur Abstimmung kommen sollen. Der diesbezügliche
Koordinationsaufwand wäre wahrscheinlich erheblich geringer als bei der Ab-
stimmung ganzer Stadterneuerungsprojekte, wie es etwa im gesamtstädtischen
Erneuerungsprogramm Kölns vorgesehen ist.
All diese Wünsche, denkbare Konsequenzen etc. sind nicht neu (vgl. ähnlich
DIFU 1975). Einige der Forderungen sind bereits Praxis (z.B. eigenes Amt für
Stadterneuerung in Köln, Stadtteilbezug der Planung im Rahmen räumlich-funk-
tionaler Stadtentwicklungsplanung in Wuppertal, Nürnberg, Hamburg...).
Daß sich so die Qualität der Planung mancherorts ändern wird, ist zu erwarten.
Ob und inwieweit sich die Qualität der Planungswirkungen - gerade im Hinblick
auf die unter den derzeitigen Wohnungsmarktbedingungen verschärft benachteilig-
ten Gruppen - ändern wird, ist sehr in Frage zu stellen.
Die immer wieder geforderte inhaltliche Neuorientierung der Wohnungspolitik
- keinesfalls eine auf kommunaler Ebene lösbare Aufgabe - steht aus.

6.4 Forderungen in Hinsicht auf die Veränderung der allgemeinen Handlungsvoraussetzungen

Die neueren Bestrebungen, ein Stadterneuerungsinstrumentarium "mittlerer Intensität" einzurichten (vgl. Bundesregierung 1978), ein Instrument, das, angesiedelt zwischen der Städtebauförderung und Modernisierungsförderung, sowohl die
Förderung von umfassenden und zusammenhängenden Aus- und Umbaumaßnahmen (In-
tensivmodernisierung) im Althausbestand als auch die Förderung städtebaulicher
Maßnahmen zur Verbesserung des Wohnumfeldes vorsieht, werden den Kommunen eine
breite Palette von Handlungsmöglichkeiten zur Stadterneuerung bieten. Dennoch
wird der Handlungsspielraum der Kommunen, ihr reales Steuerungspotential, solange beträchtlich eingeschränkt sein, wie es auch weiterhin bei einem Förder-
system bleibt, das "Topf"-gebunden und mit z.T. rigiden Förderungsvoraussetzungen (etwa Vorgabe von Kriterien zur Problemgebietsauswahl wie im 14-Städte-
Programm, vgl. 6.1) vorgesehen ist (vgl. Selle 1979). Die absehbare breite
Instrumentenpalette kann nur dann auch zu einer breiten Handhabung führen,
wenn die Kommunen ebenfalls die Fördermittel flexibel einsetzen können. Und
- dies ist die weitergehende Forderung - die Kommunen müssen v.a. auch über
weit mehr Fördermittel verfügen können, nicht zuletzt, um dem oft folgenschwe-
ren Konkurrenzprinzip Einhalt zu gebieten.
Gegen diese Forderungen sprechen allerdings die aktuellen Entwicklungen in der
Stadterneuerung (vgl. Krüger, Kuthe, Schönweitz, Selle 1979). Zu nennen wäre
hier insbesondere die zunehmende Ausrichtung staatlicher Erneuerungsförderung
gerade auf die privaten Investoren. So werden etwa 5 Mrd. DM, das sind ca.
5o % der insgesamt vom Bund jährlich für die Städtebauförderung aufgewendeten
Mittel, allein über steuerliche Vergünstigungen als Investitionsanreiz zur
privaten Erneuerung zugeteilt. Die Modernisierungsförderung über Darlehen und
Zuschüsse sowie die steuerlichen Abschreibungen nach § 7b EStG und § 82 a
EStDVO nehmen aber auch den Kommunen beträchtliche räumliche, sachliche und

sozialpolitische Entscheidungskompetenzen bezüglich der Stadterneuerungsplanung aus der Hand. Sie machen damit also auch Forderungen nach einer umfassenden, vorausschauenden kommunalen Steuerung der Stadterneuerung und Stadtentwicklung zu einer über die gemeindliche Ebene weit hinausweisenden offenen Problemstellung.

Nachbemerkung

Unsere Darstellungen zur Relevanz von Sanierungsverdachtsuntersuchungen am Beispiel Düsseldorfs (S.1o3 und S.1o4 oben) wurden von Seiten der Düsseldorfer
Verwaltung kritisch kommentiert. Wir möchten kurz auf einige der Anmerkungen
eingehen:
● Es wurde darauf verwiesen, daß die Sanierungsverdachtsuntersuchung sich in
ihren Aussagen hauptsächlich nur auf Gebäudesubstanzmängel bezieht und deshalb
im Rahmen der detaillierten Untersuchung andere Gesichtspunkte (Auswirkungen
einer vorhandenen Mischung von Wohn- und Arbeitsstätten; Zugänglichkeit der
Grundstücke;Einwirkungen durch Lärm,Verunreinigungen etc. sowie funktionale Mängel) herangezogen werden mußten,um den Anwendungsvoraussetzungen des StBauFG gerecht zu werden.Unter diesen Umständen wurden schließlich auch Gebiete für die
Anwendung des StBauFG vorgesehen,die nicht von der Sanierungsverdachtsuntersuchung erfaßt worden waren.
Diese Anmerkung bestätigt prinzipiell die von unserer Arbeitsgruppe gemachte
Feststellung,daß die Sanierungsverdachtsuntersuchungen allein wegen ihres fehlenden Bezugs zu den allgemeinen Handlungsvoraussetzungen faktisch irrelevant sind.
Wollte man nun aber Entscheidungskriterien wie "Auswirkungen einer vorhandenen
Mischung...", "Zugänglichkeit der Grundstücke", "Immissionen","funktionale Mängel" im Verfahren von vornherein berücksichtigen,wäre allein aufgrund der gegebenen Datensituation eine gesamtstadtbezogene Sanierungsverdachtsuntersuchung
nicht mehr anwendbar.
● Als nicht zutreffend wurde die Feststellung bezeichnet, daß die Ausweisung
der Sanierungsgebiete (die in Abänderung zu den Ergebnissen der Sanierungsverdachtsuntersuchung vorgenommen wurde) in der Hauptsache dazu diente,Fördermittel
des StBauFG für die anvisierten finanziell aufwendigen Maßnahmen (Landtagsbau,
Verlagerung des städtischen Fuhrparks,Verlagerung von Wohnbebauung...)in Anspruch zu nehmen.
Es ist dies eine Frage von Intention und Funktion: daß es Absicht der Planer war,
Mittel zu beschaffen, ist nicht Gegenstand unserer Aussage - wohl aber: daß
die tatsächliche Schwerpunktsetzung resp. Gebietsauswahl eben diese Funktion erfüllt.
● Falsch sei zudem die Aussage, daß in den Sanierungsverdachtsgebieten (entsprechend der Sanierungsverdachtsuntersuchung)bislang keinerlei Verbesserungsmaßnahmen durchgeführt wurden:"Inzwischen und auch schon 1975 ist in diesen Gebieten ein beträchtlicher Anteil Wohnungen mit öffentlichen Mitteln modernisiert
worden." Darüber hinaus dient die Sanierungsverdachtsuntersuchung "vielfach
noch als Entscheidungsgrundlage für die Verteilung der öffentlichen Mittel für
Wohnungsmodernisierungen außerhalb der Modernisierungsschwerpunkte."
Hier sollte noch darauf verwiesen werden,daß tatsächlich mehrere Teile der Sanierungsverdachtsgebiete (nach der Sanierungsverdachtsuntersuchung)inzwischen
zu Modernisierungszonen (entsprechend dem jüngeren Verfahren zur Auswahl von
Modernisierungszonen in Düsseldorf) erklärt wurden (so in der Altstadt,in
Gerresheim, Flingern und in geringer Ausdehnung in Oberbilk).Ein kaum verwun-
derliches Ergebnis,wenn man bedenkt, daß die Sanierungsverdachtsuntersuchung
sich weitestgehend eben jener Kriterien bediente,die für die Auswahl von Modernisierungszonen (vgl. Kap. 2.2) ausschlaggebend waren!

Achim Habeney, Margrit Krüger, Christian Kuthe

ZUR STELLUNG UND STRUKTUR DER BESTANDSANALYSEN IM PROZESS DER STADT- ERNEUERUNG - AUSGEWÄHLTE UND KURZGEFASSTE ERGEBNISSE EINER QUER- SCHNITTSUNTERSUCHUNG

Die folgende Teilstudie dokumentiert die Querschnittsanalyse über eine Reihe von Untersuchungsberichten zur Erneuerungsvorbereitung, die vor allem Publikationen zu vorbereitenden Untersuchungen gem. StBauFG, aber auch Berichte über Grobana- lysen, Rahmenplanungen und Stadtteilentwicklungsplanungen erfaßte. Die Ergebnis- se dieser vergleichenden Analyse werden hier in Form einer Materialsammlung vor- gestellt.
Dabei geht es um die Kennzeichnung typischer Bestandsanalyseprozesse und um Fra- gen zum Bedingungs- und Abhängigkeitsgefüge zwischen den Untersuchungsbestand- teilen der Bestandsanalysen und den externen Kriterien sowie den Untersuchungs- bestandteilen untereinander. Zur Strukturierung wurde eine Gliederung in 4 Fra- gen- bzw. Aussagenbereiche gewählt:
1. Formale Einbettung der offiziellen Bestandsanalyse in das sie umgebende Pla- nungsumfeld (Veranlassung u. Aufgabenstellung)
2. Planungsmethodische Orientierung der offiziellen Bestandsanalyse und Funk- tion im Gesamtprozess (Arbeitsschritte und Verknüpfungen)
3. Inhaltlich strukturierende Elemente von Bestandsanalysen (Zielbildung und Betroffenenbeteiligung)
4. Perzeption der internen Kriterien und das Verhältnis der Merkmalsselektion und -verarbeitung zur Ziel- und Maßnahmenbestimmung.

0. Einleitung

Aufgabenstellung und Aussagefähigkeit der Querschnittsanalyse

Im folgenden geben wir eine stark geraffte Fassung eines Quervergleichs verschiedener Arten von vorbereitenden Untersuchungen im Kontext der Stadterneuerungsplanung wider. Diese Teilstudie (die ausführlich in Heft 3 der Ergebnisberichte zum Forschungsprojekt Bestandsaufnahme und Bestandsbewertung nachzulesen ist) übernahm im Rahmen unseres Forschungsprojektes mehrere Funktionen:

● Primär sollte die am Anfang der Arbeit stehende theoretische Diskussion zur Hypothesenbildung, Forschungsfragenableitung und Phänografie der Bestandsbewertung durch empirisches Material befruchtet werden.
● Darüber hinaus galt es, die Breite des vorfindbaren Materials zu erkunden, um so zu einer groben Systematisierung der verschiedenen Arten von Erneuerungsvorbereitungen zu gelangen.
● Im Rahmen der Überprüfung der Forschungsfragen war es zudem Aufgabe der Querschnittsanalyse, spezifische Fragenbereiche systematischer anzugeben. (vgl. unten).

Charakteristikum dieser Querschnittsanalysen ist es, vor dem Hintergrund u n - t e r s c h i e d l i c h e r P l a n u n g s k o n t e x t e Organisation und inhaltliche Ausgestaltung der jeweiligen Bestandsanalyseprozesse vergleichend darzustellen.
Dabei stützt sich die Studie bewußt auf das von verschiedenen Kommunen herausgegebene - also der Öffentlichkeit zugängliche - Material zu entsprechenden Erneuerungsvorbereitungen. Oder deutlicher: Untersuchungsgegenstand der Querschnittsanalyse sind gerade jene Publikationen, auf die sich die Planungsbetroffenen und die "interessierte Öffentlichkeit" im Rahmen eventueller Diskussionsveranstaltungen oder dergleichen beziehen können.
Im Unterschied zu den anderen empirischen Teilstudien dieser Forschungsarbeit konnte somit eine relativ große Informationsbreite und sachliche Repräsentativität bezüglich der nach außen getragenen Vorbereitungen von Maßnahmen der Stadterneuerung erreicht werden. Notwendigerweise ist damit aber auch die Analyse der Planungs- und Entscheidungsprozesse durch spezifische Lücken gekennzeichnet:

● Es wird lediglich ein Ausschnitt aus dem auf das jeweilige Erneuerungsgebiet bezogenen realen Planungsprozeß betrachtet.
Diese zeitliche Einengung der Aussagenbreite ist allerdings je Fall unterschiedlich groß. Einerseits ist dies auf die uns nach Art und Umfang recht unterschiedlich zur Verfügung gestellten Unterlagen zurückzuführen, andererseits resultiert dies aus der Kontinuität unserer eigenen Arbeit. So konnten wir in einzelnen Fällen auf umfangreiche Dokumentationen aus vorgeschalteten Studien zurückgreifen. Vorausgegangene Untersuchungen, Entscheidungen, Planungsvorgaben u.a., Hintergründe und Wirkungen einzelner Untersuchungen und Entscheidungen lassen sich damit jeweils sehr unterschiedlich verfolgen.

● Selbst der verbleibende begrenzte (dokumentierte) Ausschnitt aus dem Gesamtplanungs- und Entscheidungsprozeß ist nur lückenhaft zu rekonstruieren.
Mangelnde Transparenz der Prozeßdarstellung, z.T. erhebliche Verkürzungen und fehlende Begründungen zu einzelnen Arbeitsschritten in den Untersuchungsdokumentationen sind Ursachen hierfür.

Unter diesen Bedingungen bedurfte die Aufgabenstellung dieser Studie von vornherein einer Spezifizierung. Ausgehend von den dargestellten Planungsabläufen ist die Querschnittsanalyse auf die Kennzeichnung typischer Bestandsanalyseprozesse bzw. deren Bestandteile ausgerichtet und nimmt sich insbesondere der Fragen nach dem Bedingungs- und Abhängigkeitsgefüge zwischen den Untersuchungsbestandteilen und externen Kriterien sowie den Untersuchungsbestandteilen untereinander an.

Anders als in den Längsschnittanalysen sind hier notwendigerweise Fragen zur Rolle der verschiedenen Akteure, deren Verhalten und Einfluß auf den Planungsprozeß ausgeklammert.

Kennzeichnung des zugrundeliegenden Materials

Innerhalb des anfangs lediglich punktuell und "suchend" verwerteten umfangreichen Ausgangsmaterials zum Stand in der Auseinandersetzung mit Stadterneuerungsproblemen wurde im Hinblick auf die einfache Querschnittanalyse eine Selektion vorgenommen:

● Gegenstand des Materials sollten - unserem Erkenntnisinteresse entsprechend - überwiegend innenstadtnahe Wohn-/Mischgebiete sein; alternative Sanierungstypen (Mittelstadtkern, umnutzungsbedrohte Arbeitersiedlung, Citybereich eines Ballungskerns) traten lediglich exemplarisch hinzu. Die zugrundegelegten Unterlagen beziehen sich somit im wesentlichen auf Problemgebiete im Cityrandbereich von Großstädten, die wohl am treffendsten mit "ehemals übergangene Gebiete" (oder "graue Zonen") zu kennzeichnen sind: Sie galten lange Zeit als potentielle Cityerweiterungsgebiete oder waren durch ein nahezu vollständiges Fehlen von privater und öffentlicher Investitionstätigkeit geprägt, so daß heute die typischen Gebietschrakteristika wie z.T. erhebliche bauliche und städtebauliche Mängel aber auch "Chancen" (reichhaltiges, vielfältiges Dienstleistungsangebot, Lagegunst...) für die Stadterneuerung zu verzeichnen sind.

● Der Anspruch, möglichst die gesamte Palette der im kommunalen Bereich relevanten Erneuerungsvorbereitungen gleichgewichtig zu erfassen,konnte indes nicht vollständig eingelöst werden: eindeutig ist eine Dominanz der vorbereitenden Untersuchungen nach StBauFG festzustellen. Dies hat u.a. darin seine Ursache,daß den Anforderungen der Städtebauförderung entsprechend zu diesem Erneuerungsanlaß ein auch nach außen zu präsentierender Bericht erstellt werden muß, während andere Planungsarten (die ohnehin für die von uns untersuchten Bereiche noch wenig vorliegen)primär verwaltungsintern vorbereitet werden und als geschlossene (versendbare) Außeninformation nur selten zur Verfügung stehen.

Zur Illustration der dann aufbereiteten Querschnittsanalyse wurde aus dem zugrundegelegten Material schließlich ein Spektrum von u.E.typischen Vorbereitungsuntersuchungen zu Maßnahmen der Stadterneuerung aufgegriffen.Es sind dies die Planungsfälle:

Abb.1: Fallmaterial Querschnittsanalyse	Struktur-, Rahmen- und Stadtteilentwicklungsplanung	Grobanalyse (als 1. Stufe der vorbereitenden Untersuchung gemäß StBauFG	vorbereitende Untersuchung gemäß § 4 StBauFG	sonstige die Sanierung vorbereitende Untersuchung
● Aachen-Rehmviertel 1976			▭	
● Bochum Nördliche Innenstadt 1976		▭	▭	
● Bonn Innere Nordstadt 1977	▭			
● Bremen-Ostertor 1971, 1973 a-d, 1975, o.J.			▭	▭
● Frankfurt-Bockenheim 1974, 1975, 1976 a, b, 1977	▭	▭	▭	
● Gelsenkirchen-Uckendorf 1975			▭	
● Hagen-Haspe 1973 a, b, 1974 a-c				
● Lübeck 1976				▭
● München-Haidhausen 1974, 1976	▭		▭	
● Stuttgart West o.J.	▭			
● Wuppertal-Elberfeld Nord 1971		▭		▭

Gliederung/Fragestellungen

Die Auswertung des Materials orientierte sich primär an dem oben dargestellten Fragenkatalog. Wesentliche Gliederungsaspekte waren:

- Organisation des Planungsprozesses (Abschn. 1 und 2)
- Inhaltlich strukturierende Elemente (Zielbildung und Beteiligung, Abschn.3)
- Perzeption und Verarbeitung der Internen Kriterien.

Das Untersuchungsraster im einzelnen:

Entsprechend unserem Verständnis vom Prozeß der Vorbereitung von Erneuerungsmaßnahmen machen die offiziellen Bestandsanalysen (als Untersuchungsgegenstand dieser Teilstudie) lediglich einen kleinen Teil aus dem gesamten auf das jeweilige Erneuerungsgebiet bezogenen Planungsprozeß aus: sie sind eingebettet in ein Planungsumfeld (suprakommunale Planungen und Ziele, kommunale (Fach)Planungen,Aushandlungsprozesse zwischen planender Verwaltung, Rat und anderen Akteuren etc.) das in vielfältiger Weise mit den offiziellen Bestandsanalysen verknüpft sein kann. Dieses Planungsumfeld wollen wir mit "Gesamtstruktur" des Planungsprozesses bezeichnen, während wir die interne Struktur der offiziellen Bestandsanalysen (deren Arbeitsschritte und Verknüpfungen) als "Binnenstruktur" des Planungsprozesses verstehen.
Im 1.Teil der Querschnittsanalyse sollen nun die Verflechtungen zwischen "Gesamtstruktur" des Planungsprozesses und der "Binnenstruktur" näher untersucht werden. Dabei wird einerseits danach gefragt, in welcher Weise bereits zu Beginn der Vorbereitung von Erneuerungsmaßnahmen das darauf bezogene Bestandsanalyseverfahren formal und inhaltlich bestimmt wird. Hier ist insbesondere der Einfluß externer Kriterien auf Veranlassung und Aufgabenstellung der Untersuchung von Interesse. Andererseits geht es um die Frage,inwieweit Zusammenhänge zwischen verschiedenen, auf ein Erneuerungsprojekt bezogenen Teiluntersuchungen bestehen.

Bestandsanalysen,sollen sie die Funktion einer konkreten Maßnahmenvorbereitung übernehmen, sind als Prozeß eines iterativen Vermittelns zwischen allgemeinen und besonderen Handlungsvoraussetzungen, internen Kriterien und am Erneuerungsprozeß Beteiligten anzulegen (vgl. oben: Arbeitshypothesen zu Bestandsanalysen).Ausgehend von diesem Anspruch untersuchen wir im 2.Teil der Querschnittsanalyse die planungsmethodische Orientierung der Untersuchungen (Folge von Arbeitsschritten und deren Verknüpfungen) und fragen,inwieweit die Prozeßstruktur von externen Kriterien beeinflußt wird. Schließlich geht es um die Kennzeichnung der tatsächlichen Funktion der offiziellen Bestandsanalyse im Gesamtprozeß der Auseinandersetzung mit dem jeweiligen Erneuerungsgebiet.

Neben Bürgerversammlungen oder ähnlichen Veranstaltungen sind es im wesentlichen die publizierten Untersuchungsberichte zu Rahmenplanungen, Stadtteilentwicklungsplanungen, vorbereitenden Untersuchungen gem. StBauFG o.ä., die den jeweils Betroffenen von Erneuerungsprojekten die Möglichkeit geben, Informationen über die geplanten Veränderungen, über Erneuerungsziele u.dgl. zu beziehen. Soll Bürgerbeteiligung nicht nur ein leeres Versprechen sein, so wäre an eben jene Berichte die Anforderung zu stellen, den Zielsetzungsprozeß (verstanden vor der ersten groben Zielformulierung bis hin zur Konzeptionierung) so transparent nachzuzeichnen, daß den Betroffenen die Möglichkeit der Auseinandersetzung um diese Erneuerung gegeben wird.
Um diesen Zusammenhang zwischen Transparenz der Prozeßdarstellung in den Untersuchungsberichten und der Bürgerbeteiligung geht es im 3.Teil.
Zunächst stellt sich die Frage,inwieweit der Zielbildungsprozeß dargestellt wird und in welcher Art und Weise mögliche Zielkonflikte bewältigt werden. Sodann werden die sich vor diesem Hintergrund ergebenden Möglichkeiten, Art und Umfang der Bürgerbeteiligung überprüft, um schließlich der Funktion von Beteiligungsansätzen für verschiedene Erneuerungsstrategien nachzugehen.

Welche Merkmale mithilfe welcher Methode im Rahmen von Bestandsanalysen erhoben und verarbeitet werden, ist durch die Arbeit der Arbeitsgruppe Stadtforschung, Oldenburg zu "Ergebnisse und Methoden vorbereitender Untersuchungen nach §4 StBauFG" umfassend dokumentiert worden. Bislang unterbelichtet blieben indes Fragen zur Abhängigkeit der jeweils konkreten Merkmalsselektion und -verarbeitung von spezifischen Erneuerungsstrategien: unterstellt man, daß maßnahmenorientierte Bestandsanalysen im wechselseitigen Verhältnis zur Ziel- und Maßnahmenbestimmung stehen, so müßte die Bestimmung des Informationsbedarfes wie auch die Verarbeitung desselben immer auch unter gleichzeitiger Berücksichtigung angestrebter Ziele und Maßnahmen erfolgen. Es stellt sich mithin die Frage nach den Bezügen zwischen Merkmalsauswahl und -verarbeitung und Zielen und Maßnahmen in den Untersuchungen. Wir wollen ihr im 4. Abschnitt der Querschnittsanalyse nachgehen.

1. Organisation und Integration ausgewählter Bestandsanalyseverfahren in den kommunalen Planungszusammenhang

Vorgaben für den Bestandsanalyseprozess und Planungsverursachung

Für nahezu sämtliche untersuchten offiziellen Bestandsanalysen liegen von vornherein suprakommunale oder kommunale Zielvorstellungen vor, die auf eine (wenn auch zeitlich unbestimmte) Veränderung des jeweils betreffenden Gebietes hindeuten (z.B. Ausweisung als Sanierungsverdachtsgebiet, geplante Cityerweiterung, überörtliche Verkehrsstraßen etc., Verdichtung um projektierte S-Bahnhaltepunkte). Indes wirken diese generellen Vorgaben erst durch das Hinzutreten aktueller Anlässe planungsauslösend:

● Dabei wird ein Teil der Untersuchungen ausgelöst durch den konkreten Niederschlag der sog. "Tendenzwende" in den innenstadtnahen Wohn-/Mischgebieten: unterlassene Reinvestitionen, ungesteuerte Umnutzungen ebenso wie kommunale Umstrukturierungsprozesse haben zu einer Bestandsgefährdung der Wohnbausubstanz geführt, die es bei stagnierender Tertiärisierung, reduziertem Neubau, anhaltender Stadtflucht etc. aufzuhalten resp. abzuwenden gilt.
Da für die Verursachung dieser Erneuerungsplanung schwergewichtig die Veränderung interner Kriterien verantwortlich ist, bezeichnen wir diesen Typ mit "Veranlassung durch Problemdruck".

● Ein anderer Teil der Untersuchungen wird schwergewichtig durch die instrumentenspezifischen Vorteile des StBauFG (Fördermittelangebote oder erleichterte Vollzugsinstrumentarien) verursacht. Drei (sich hinsichtlich ihrer Funktionalisierung des StBauFG u.U. fallweise überlagernde) Fälle lassen sich unterscheiden:

1. das Instrument dient als Vehikel zur Realisierung bereits (lang) geplanter Erneuerungen;
2. das Instrument gibt den Anstoß, daß latente Problemfälle aktualisiert werden oder etwa nach Problemgebieten "gesucht" wird (z.B. mithilfe von Sanierungsverdachtsuntersuchungen oder als 1.Stufe vorbereitender Untersuchungen gem. StBauFG deklarierte Grobanalysen zur Abgrenzung von Mängelschwerpunkten);
3. Förderindikative determinieren die Instrumentenanwendung (z.B. die ehemals in NW über den "goldenen Zügel" gesteuerte Einbindung von StBauFG-Vorhaben in die Standortprogrammplanung).

Wir bezeichnen diesen Typ von Erneuerungsuntersuchungen mit "Veranlassung durch Instrument", wohlwissend, daß bei der Planungsverursachung allgemeine und besondere Handlungsvoraussetzungen auf der einen Seite sowie die jeweilige Gebietssituation auf der anderen Seite in einer engen Verknüpfung miteinander stehen und die tatsächliche Bedeutung der jeweiligen Handlungsvoraussetzungen im je konkreten Fall differieren kann.

Dieses Gebäude wird im Rahmen
der Reprivatisierung veräussert.

Die Modernisierungsmassnahmen
werden in Kürze von dem künftigen
Eigentümer vorgenommen.

Stadterneuerung
in Bremen-Ostertor

(als ein Beispiel des
untersuchten Fallmaterials)

Planungsverursachung und Aufgabenstellung der Untersuchungen

Die Vorbereitung von Erneuerungsmaßnahmen wird durch die jeweilige Planungsverursachung bereits zu Arbeitsbeginn wesentlich geprägt.
Zunächst macht sich dies an der unterschiedlichen Aufgabenstellung der Untersuchungen fest:

● Untersuchungen vom Typ "Veranlassung durch Problemdruck" werden von vornherein
eher als Problem- oder Vorstudie für nachfolgende, konkretisierende Planungsschritte begriffen. Die ehemaligen Wachstumsziele (s.o.:generelle Vorgaben) werden weitestgehend in Frage gestellt und Möglichkeiten und Probleme einer Planungs-
änderung untersucht.
Wir haben es hier v.a. mit Struktur-/Rahmenplanungen zu tun. Sie lassen in ihrer
Aufgabenstellung mehr oder minder große Unsicherheiten bezüglich der weiteren
Planung erkennen, was letztlich aus der Verschiedenartigkeit der je besonderen
Handlungsvoraussetzungen bei Veranlassung jener Untersuchungen resultiert.

● Untersuchungen vom Typ "Veranlassung durch Instrument" lassen in ihrer inhaltlich recht allgemeingehaltenen Aufgabenstellung einen spezifischen Problem- oder
Gebietsbezug vermissen. Sie sind von vornherein auf die Anwendung des StBauFG
fixiert. Die generellen auf Veränderung zielenden externen Vorgaben dienen sowohl der Legitimation des StBauFG-Einsatzes als auch als Ausgangs- und Bezugspunkt der Auseinandersetzung mit dem Gebiet. Die (explizierte) Aufgabe der Bestandsanalyse besteht dann darin, den Nachweis der Sanierungsbedürftigkeit zu
erbringen.
Diesen Untersuchungstypen, unter Berücksichtigung des Entstehungshintergrundes
definiert, läßt sich eine Unterscheidung von Sanierungsuntersuchungen gegenüberstellen, die sich weitgehend an jenen Aufgabenstellungen von Bestandsanalysen,
wie sie von der planenden Verwaltung formuliert   werden, orientiert. Es sind
dies:

● "Datenbasis-Schaffende" vorbereitende Untersuchungen,die lediglich das Erhebungs-
material zusammenstellen sollen, die Ziel- und Maßnahmenplanungen hingegen einem
eigenen Entscheidungsprozeß vorbehalten bleiben soll.
● Vorbereitende Untersuchungen (meist gemäß StBauFG), die in maßnahmenbezogene Empfehlungen, Strategievorschläge oder Konzepte münden sollen.
● Grobanalysen als 1.Stufe vorbereitender Untersuchungen gemäß StBauFG zur Ausgrenzung von Gebieten mit den "schwerwiegendsten städtebaulichen Mängeln" resp.
"der höchsten Sanierungsdringlichkeit" aus einem größeren Untersuchungsbereich.
In diesen "Mängelschwerpunkten" soll dann im 2.Schritt (Feinanalyse) mit direkter
Ausrichtung auf die förmliche Festlegung nach §5 StBauFG eine konkret durch-
führungsbezogene Sanierungsvorbereitung konzeptioniert werden.
Wie unter Pkt.2 und 4 der Querschnittsanalyse weiter erläutert, prägen beide
Faktoren, Untersuchungstyp und Aufgabenstellung die Anlage der Untersuchungen
(Binnenstruktur).
Auffallend ist, daß die immerhin räumlich begrenzten Erneuerungsprojekte in den
meisten Fällen ohne Einbindung in übergeordnete langfristig orientierte Konzeptionen der Stadt(teil)entwicklung vollzogen werden. Wirkungen der einzelnen Erneuerungsmaßnahmen auf andere kommunale Planungen wie auch Handlungsvoraussetzungen,die von anderen Planungen resp. Entwicklungen auf die Erneuerungsprojekte einwirken, bleiben damit größtenteils unberücksichtigt. In den wenigen Fällen, in
denen übergeordnete Konzeptionen oder Untersuchungen (z.B. Grobanalysen) bestehen,
stellen diese dann verbindliche Vorgaben für die konkreten kleinteiligen Erneuerungsuntersuchungen dar: Gebiets- und Instrumentenvorgaben oder Ziel- und Maßnahmenvorgaben für die nachgelagerten Untersuchungen werden von vornherein von
einer weiteren Problematisierung ausgeschlossen, ein Gegenstrom prinzip wird
völlig außer Acht gelassen. Ausnahme von einer solchen deduktiven Vorgehensweise
bildet allein das Beispiel München-Haidhausen, wo die Vorbereitung der Stadter-

neuerung zugleich als Stadtteilentwicklungsplanung verstanden wird und hier wie
auch zur übergeordneten Strukturuntersuchung aller Innenstadtrandbereich ein
iterativer Planungsprozeß zu installieren versucht wird.

2. Struktur ausgewählter Bestandsanalyseprozesse und ihre Bedeutung für die Vorbereitung von Erneuerungsmaßnahmen

Bestandsanalyseprozeß - Arbeitsschritte und ihre Verknüpfungen

Die interne Struktur der Untersuchungen ist i.d.R. durch eine lineare Abfolge
in sich geschlossener Arbeitsschritte gekennzeichnet: Bestandsanalyse i.e.S.,
Zielbildung und Konzeptionierung.

Damit besteht bereits eine organisatorische Trennung von Bestandsanalyse i.e.S.
auf der einen Seite und der Ziel- und Maßnahmenentwicklung auf der anderen Seite.
Die Analyse der einzelnen Arbeitsschritte Bestandsanalyse i.e.S. (mit den Teil-
schritten Auseinandersetzung mit den internen und externen Kriterien),Zielbil-
dung und Konzeptionierung und ihrer eventuellen Verknüpfungen sollte Aufschluß
darüber geben, inwieweit dennoch (inhaltliche) Bezüge zwischen den einzelnen Arbeitsschritten bestehen, so daß von einer Bestandsanalyse mit der Funktion der
konkreten Maßnahmenvorbereitung gesprochen werden kann.
Als Ergebnis läßt sich festhalten, daß diese Funktion in aller Regel von den
Bestandsanalysen nicht erfüllt wird:

● Im Rahmen der Bestandsanalyse i.e.S. wird die Auseinandersetzung mit den internen Kriterien getrennt von der zeitlich vorgeschalteten Analyse der externen
Kriterien, deklariert als "Voruntersuchungen", "Rahmenplanungen","Analysen zum
übergeordneten räumlich-funktionalen Zusammenhang des engeren Untersuchungsbereiches", vorgenommen. Hier werden aus einem prinzipiell recht breiten Spektrum
an allgemeinen und besonderen Handlungsvoraussetzungen für die Entwicklung von
Erneuerungsstrategien lediglich Ziel- und Maßnahmenvorgaben aus übergeordneten
Plänen (Landesentwicklungs-, Gebietsentwicklungs-, Stadtentwicklungs-, Flächen-
nutzungspläne, spezielle Gutachten) aufgelistet, bei den auf Konzeptionen ausgerichteten vorbereitenden Untersuchungen gem. StBauFG zudem Fragen zu Lage und
Verflechtung des Untersuchungsgebietes im städtischen Zusammenhang, z.T. gekop-
pelt mit Prognosen gesamtstädtischer und teilräumlicher Bevölkerungs-, Beschäftig-
ten-, Wohnraumbedarfs- und Wirtschaftsentwicklung angesprochen. Diese Vorgaben
werden als weitgehend fixiert angesehen. Die nachgeschaltete Auseinandersetzung
mit den internen Kriterien dient nicht einer Überprüfung bzw. Problematisierung
dieser Vorgaben, sie ist eher darauf ausgerichtet, die Vorgaben zu legitimieren
oder etwa Restriktionen zu ihrer Durchsetzung aufzuzeigen.
Bereits aus dieser planungsmethodischen Trennung von Analyse der externen Kriterien einerseits und Analyse der internen Kriterien andererseits wird deutlich,
daß eine iterative Verknüpfung, wie sie als Anspruch einer maßnahmenorientierten
Bestandsanalyse formuliert wurde,nicht gegeben ist.
Inhaltlich bestehen hier nur punktuelle Bezüge. Beispielsweise übernehmen die
analysierten externen Kriterien gewisse Steuerungsfunktionen für den Informationsbedarf bei der Analyse der internen Kriterien. Verknüpfungen über den Bewertungsprozeß (Bewertung der internen Kriterien vor dem Hintergrund der externen Kriterien) erfolgen dagegen meist gar nicht bzw. werden nicht expliziert. Das Ergebnis der Bestandsanalyse i.e.S. stellt sich damit lediglich als katalogartige Auflistung der erhobenen Kriterien dar ("Datenberg"), die zwar in Teilen Wertungen
beinhalten (z.B. wenn bestimmte Kriterien als "Mißstände" bezeichnet werden),
diese aber nicht explizieren. Der "Datenberg" wird als reines Abbild der vorgefundenen räumlichen und sozialen Gegebenheiten aufgefaßt.

● Auch zwischen den schon organisatorisch getrennten Arbeitsschritten Bestandsanalyse i.e.S. und Ziel- und Maßnahmenentwicklung bestehen lediglich punktuelle

GESAMTSTRUKTUR DES UNTERSUCHTEN PLANUNGSPROZESSES

BINNENSTRUKTUR: VORBEREITENDE UNTERSUCHUNGEN

ENTSTEHUNGSHINTERGRUND

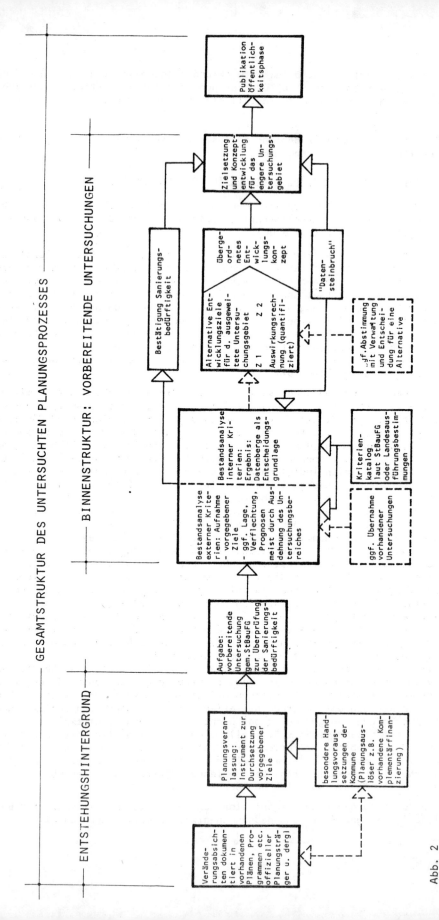

Abb. 2
Planungsprozeß, Untersuchungstyp: vorbereitende Untersuchung gemäß StBauFG, Entstehungstyp: Veranlassung durch Instrument

inhaltliche Verknüpfungen: Einzelne Teile der Bestandsanalyse i.e.S. werden im Sinne eines "Datensteinbruchs" wieder aufgegriffen und dienen der Ziel- und Maßnahmenbestimmung als Informationsstütze. Daraus erklärt sich auch, weshalb es ebenfalls im Rahmen der Ziel- und Maßnahmenbestimmung nur in den seltensten Fällen zu einer Problematisierung externer und interner Kriterien kommt: "unpassende" Informationen werden nämlich gar nicht mehr aufgegriffen. Dagegen werden vielfach vereinzelte zusätzliche Informationen eingebracht: ein Hinweis darauf, daß das vorliegende Material ganz offensichtlich nicht dazu ausreichte, die letztlich erarbeiteten Konzepte zu legitimieren. Diese sich erst im Rahmen der Konzeptentwicklung offenbarenden Defizite der Bestandsanalyse sind augenfälliger Ausdruck einer mangelnden Verknüpfung von Zielbildung und Bestandsanalyse.

● Schließlich wird die Loslösung der Bestandsanalyse i.e.S. von der Ziel- und Maßnahmenentwicklung durch die vorgesehene Einmaligkeit der Folge von Arbeitsschritten geradezu manifestiert. Letztlich enthält man sich damit der Möglichkeit, Erfahrungen aufgrund weiterer Vorbereitungen und konkreter Erneuerungsmaßnahmen sowie Änderungen externer Kriterien in einen kontinuierlichen Prozeß der Erneuerungsvorbereitung und -durchführung - wie dies im Ausnahmefall München-Haidhausen angelegt ist - einzubeziehen. Es sei denn, der Bestandsanalyseprozeß wird grundsätzlich infrage gestellt (vgl. das Beispiel Hannover Linden-Süd in diesem Band), so daß ein fast vollständiger neuer Durchlauf der Untersuchung erforderlich wird.

Einfluß externer Kriterien auf die Prozeßstruktur von Bestandsanalysen und deren Funktion im Gesamtprozeß

Daß demnach die Untersuchungen in aller Regel nicht einen durchgängigen Zielkonkretisierungsprozeß bis hin zur konkreten Maßnahmenbestimmung darstellen, ist zu wesentlichen Teilen durch externe Kriterien begründet:
So werden die Untersuchungen vom Typ "Veranlassung durch Instrument" schon von vornherein durch die verfahrensrechtlichen Vorschriften des StBauFG geprägt und damit auch hinsichtlich der Trennung von Bestandsanalyse i.e.S. und Ziel- und Maßnahmenentwicklung sowie der Erarbeitung von "Datenbergen" (vgl. die vorgeschriebenen Kriterienkataloge zur Durchführung vorbereitender Untersuchungen) geradezu begünstigt. Zudem führt die für diesen Untersuchungstyp immanent angelegte Notwendigkeit, die instrumentespezifischen Vorteile resp. den Einsatz des StBauFG nicht zu gefährden dazu, daß vorgegebene Ziele weitestgehend unproblematisiert wie auch alternativ einzusetzende Instrumente vor dem Hintergrund der internen Kriterien undiskutiert bleiben.

Dagegen wird der Untersuchungsverlauf bei den verfahrensrechtlich nicht determinierten Struktur-/Rahmenplanungen hauptsächlich durch das Ausmaß der vorausgegangenen Zielkonkretisierung beeinflußt. Eine so einseitige Prägung in Richtung auf ganz bestimmte Handlungsmöglichkeiten - wie bei den Sanierungsuntersuchungen - ist hier nicht festzustellen.

Die weitgehende Loslösung der Bestandsanalyse i.e.S. von der Ziel- und Maßnahmenentwicklung trägt dazu bei, daß die Bestandsanalyse kaum noch die Funktion einer konkreten detaillierten Maßnahmenvorbereitung übernehmen kann. Indes ist sie durch die Erstellung von "Datenbergen" und die Ausnutzung des "Datensteinbruchs" in der Lage, die entwickelten Konzepte zu legitimieren.
Zudem eröffnet die Prozeßstruktur eine sehr weitreichende Planungs- und Entscheidungsflexibilität: ein großenteils intransparenter Zielkonkretisierungsprozeß (vgl.3.) ist für Planungsänderungen aufgrund von Wandlungen im Bereich der allgemeinen und besonderen Handlungsvoraussetzungen relativ offen, während mittels "Datenberg" und "Datensteinbruch" die jeweils notwendigen Informationen abgerufen werden können, ohne daß völlig neue Untersuchungen erforderlich wären. Neben jener, hinsichtlich der Konzeptionierung notwendigen Begründungsfunktion der Bestandsanalysen tritt - für die vorbereitenden Untersuchungen gem. StBauFG -

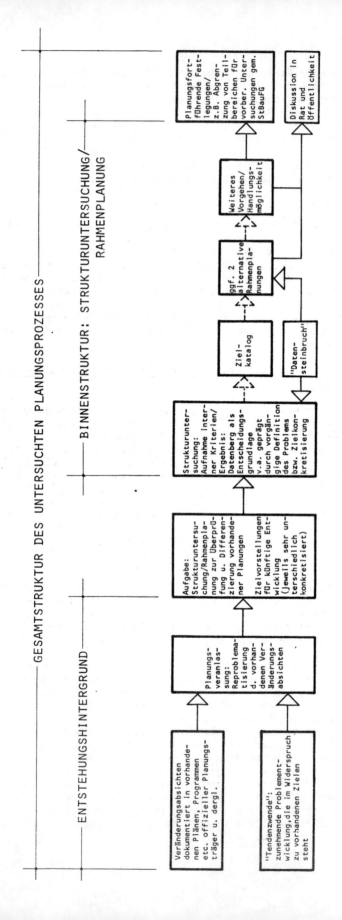

Abb. 3
Planungsprozeß, Untersuchungstyp: Strukturuntersuchung/Rahmenplanung, Entstehungstyp: Veranlassung durch Problemdruck

die Notwendigkeit, den Einsatz des Instrumentariums zu legitimieren, um in den
Genuß der Fördermittel zu gelangen. Diese Mittelbeschaffungsfunktion der
Bestandsanalysen ist ein wesentlicher Grund dafür, daß das Handlungsspektrum
von vornherein auf ein dominantes Instrument eingegrenzt wird.

3. Inhaltlich strukturierende Elemente von Bestandsanalysen - Zielbildung und Betroffenenbeteiligung

3.1 Zielbildung und Zieldarstellung in Erneuerungsuntersuchungen

Zielkonkretisierungsprozeß

In der Regel werden erst nach der Bestandsanalyse i.e.S. Zielvorstellungen bezogen auf die Gebietsproblematik angeführt. Die vorgefundenen Zielbeschreibun-
gen weichen sehr stark voneinander ab. Sie unterscheiden sich hinsichtlich der
Ausführlichkeit, der Konkretheit, ihres Bezugs zu Bestandsanalysen und Maßnahmen-
konzepten, sie erscheinen an verschiedenen Stellen in der Veröffentlichung
und werden unterschiedlich bezeichnet und kenntlich gemacht. Gemeinsam ist allen,
daß der Zielkonkretisierungsprozeß von der ersten Zielformulierung bis hin zur
Konzeptionierung im einzelnen nicht konkret nachvollziehbar gemacht wird:
Stabilisierung des Gebietes und Abwehr des Tertiärisierungsdrucks infolge eines
nahegelegenen Zentrums ist das am häufigsten genannte Oberziel. Typisch für die
Sanierungsgeschichte in den 7oer Jahren in NW ist schließlich die enge Bindung
der Sanierungsziele an das Verdichtungskonzept der Landesregierung.
Zum Teil verbleibt es gänzlich bei der Benennung von Oberzielen, zum Teil werden auch nur "mögliche" Ziele angeführt.
Auch bei vorhandener Differenzierung der Oberziele in Teil- und Unterziele
sind die entsprechenden Formulierungen noch sehr allgemein gehalten, so daß
erst aus den letztlich dargelegten Erneuerungskonzepten etwa räumliche Konkretisierungen hervorgehen. Allerdings bestehen beträchtliche Diskrepanzen in der
Aussagekraft der eigentlichen Zieldarstellung und den ausgewiesenen Konzepten,
so daß der Bezug zwischen beiden Teilen nicht transparent wird.
Es lassen sich lediglich zwei unterschiedliche Vorgehensweisen ausmachen:
Entweder werden aus einem Zielkatalog alternative Konzepte entwickelt, die sich
in einzelnen, aber dominanten Aspekten unterscheiden (z.B. erheblich unterschiedliche Nutzungsanteile oder Modernisierungs-/Neubauanteile). Oder es werden von
vornherein alternative Entwicklungsziele benannt und die Konzeptionierung sodann auf eine ausgewählte Zielalternative der künftigen Gebietsnutzung aufgebaut.
Aufstellung und Wahl der Alternativen sowie die Ableitung der Einzelvorstel-
lungen bleiben hingegen nahezu ausschließlich unbegründet.
Bei den erarbeiteten Konzepten handelt es sich in der überwiegenden Zahl um Planungskonzepte (Nutzungs-,Verkehrskonzepte, seltener Gestaltungs-, Freiflächen-
und Infrastrukturausstattungskonzepte),die flächendeckend für das jeweilige Untersuchungsgebiet aufgestellt werden.Hinsichtlich Art und Konkretheitsgrad der
Planungskonzepte lassen sich zwischen Rahmenplänen, Stadtteilentwicklungsplänen
und den aus vorbereitenden Untersuchungen gem. StBauFG hervorgehenden Konzepten
kaum Unterschiede ausmachen, sie sind durchgängig als verfeinerte Flächennutzungs-
plandarstellungen zu kennzeichnen.Die Konzeptentwicklung geht aber nicht so weit,
daß konkrete und umfassende maßnahmenbezogene Konzepte,die schließlich die Konditionen der Durchsetzung verdeutlichen,erstellt werden. Sie sind zudem nicht
auf Änderungen oder Modifikationen ausgelegt,obwohl die Durchführungsphase mit
einem mittelfristigen Zeithorizont angegeben wird.

Verarbeitung von Zielkonflikten

Wenn Planung verändernd wirkende Eingriffe in die "naturwüchsige" Entwicklung
eines beplanten Gebietes bezwecken soll, so muß dieser Eingriff notwendigerweise

mit dem Bestehenden konfligieren. Dieser Konflikt wird in den Sanierungsuntersuchungen unterschiedlich bewältigt:
Bei Sanierungen,die entsprechend ihrer Oberziele sehr umfassende Änderungen
beinhalten,sind die zu erwartenden Konflikte zahlreich.Die Vergabe der vorbereitenden Untersuchungen an externe Gutachter - nur jede 1o.vorbereitende Untersuchung wird von der Verwaltung allein erarbeitet (Prognos 1978,21) - erweist
sich im zugespitzten Konflikt als günstig, weil sie der Verwaltung die Möglichkeit eröffnet, sich vom Gutachten zu distanzieren. Die Gutachter ihrerseits zi-
tieren bevorzugt übergeordnete Ziele aus Gesetzen, der Bundesraumordnung,der
Landesplanung oder der Flächennutzungsplanung der betreffenden Gemeinde,stellen
aber keine eigenen konkreten Ziele für das Gebiet auf, sondern schlagen allenfalls mögliche alternative Ziele vor.

Im allgemeinen aber werden mögliche Zielwidersprüche durch leerformelhafte Zielformulierungen,durch unvermitteltes,undiskutiertes Nebeneinander konfligierender
Ziele, durch verschleiernde Formulierungen "bewältigt".Die Leerformelhaftigkeit
von Zieldarstellungen zeigt sich sehr anschaulich darin,daß - wie oben erwähnt -
aus einem Zielsystem alternative Erneuerungskonzepte abgeleitet werden können,
also die Ziele ganz erhebliche inhaltliche Konzeptionierungsdifferenzen zulassen.
Nur sehr selten werden Ziele so konkret gefaßt,daß Planungskonsequenzen im einzelnen deutlich werden. Von daher können auch die meist als "Diskussionsgrund-
lage" deklarierten Untersuchungsberichte den Planungsbetroffenen kaum eine Hilfestellung zur Einschätzung ihrer Betroffenheit und zur Diskussion und Kritik des
erfolgten Planungs- und Entscheidungsprozesses geben. Die Intransparenz der Erneuerungsvorbereitung, insbesondere was die Zielbildung im Prozeß und die dahinter stehenden Interessen anbelangt, schränkt eine von vornherein konflikthafte
Auseinandersetzung mit der vorgestellten Erneuerungsstrategie ganz beträchlich
ein.
Den Planungsträgern hingegen eröffnen weitgefaßte Zielfomulierungen und nicht
thematisierte Zielwidersprüche einen weitreichenden Zielkonkretisierungs- bzw.
Entscheidungsspielraum, der je nach politischer Durchsetzungskraft einzelner Interessen und je nach (kurzfristigen) Veränderungen der Handlungsvoraussetzungen
entsprechend gefüllt werden kann. Nach Ansicht der das StBauFG anwendenden Gemeinden sollten Ziele "im Rahmen der vorbereitenden Untersuchungen nur sehr global aufgestellt werden. Darüber hinaus wird gefordert, daß diese Ziele nicht zu
starr sein dürften - wegen notwendiger Anpassungen an veränderte Situationen."
(Prognos 1978,31)Die gleichen Gründe scheinen für die in den meisten Untersuchungen großenteils fehlenden Maßnahmenkonzepte ausschlaggebend zu sein: eindeutige
Prioritätensetzungen, Finanzierungs- und Kostenübersichten,Organisationspläne u.
dergl. würden die Erneuerungsstrategie im einzelnen nicht nur öffentlich angreif-
bar machen,wie würden auch - im Hinblick auf mögliche Änderungen/Modifikationen
der Erneuerungsziele und -konzeptionen - weniger Planungs- und Entscheidungsflexibilität bieten. Es ist aber gerade diese Flexibilität, die über leerformelhafte und damit konsensfähige Zieldarstellungen und einem insgesamt nur punktuell
durchschaubaren Zielkonkretisierungsprozeß erreicht werden soll.

3.2 Beteiligung der Betroffenen bei der Vorbereitung der Stadterneuerung

Art, Umfang und Möglichkeit der Bürgerbeteiligung

Geht man - wie wir - davon aus, daß Information des Bürgers über eventuelle Erneuerungsvorstellungen ein erster und wesentlicher Schritt für eine Bürgerbeteiligung darstellt,indem damit die Möglichkeit zur (konflikthaften) Auseinandersetzung zwischen Planungsbetroffenen und Planungsträgern bestimmt werden,so mag
deutlich werden, welche Defizite - aufgrund der geschilderten regelmäßig fehlenden Transparenz des Planungsprozesses - sich hier offenbaren. Für die verfahrensrechtlich nicht fixierten Planungen (Rahmenplanungen, Stadtteilentwicklungsplanun-

gen etc.) stellen die herausgegebenen Untersuchungsberichte die wesentliche Grundlage zur Formulierung von Stellungnahmen etc. seitens der Betroffenen im Rahmen der in aller Regel nachgelagerten Bürgerversammlung dar. Die Chancen einer Beteiligung in Form einer argumentativen Auseinandersetzung aller Betroffenengruppen sind hier als sehr gering zu bezeichnen. Da allerdings in diesen Fällen die Erneuerungsvorstellungen noch nicht konkret durchführungsbezogen projektiert sind, bestünde immerhin noch die Möglichkeit - etwa mithilfe von Anwaltsplanern - die grundsätzlichen Leitlinien der Stadterneuerung zu diskutieren, ggf. auf diese Einfluß zu nehmen.

Diese Möglichkeit ist jedoch bei den vorbereitenden Untersuchungen, für die - eingebettet in ein formelles Verfahren - inhaltlich wie prozedural bestimmte Beteiligungsminima vorgeschrieben sind, nicht gegeben. Die Leitlinien der Erneuerung, die Anwendung des Instrumentariums, stehen faktisch fest, wenn der Betroffene seine Beteiligungsrechte wahrnehmen kann: individualisierte Meinungsäußerung und Einschätzung zu vielfach standardisierten Fragen im Rahmen der Erhebungen bei den vorbereitenden Untersuchungen, Stellungnahmen in Bürgerversammlungen (die sich meist der Bestandsanalysephase anschließen) sowie Anregungen, Bedenken und Fragen in den oftmals eingerichteten Sanierungskontaktbüros werden den Betroffenen (i.d. R. aufgeteilt nach Mietern, Haus- und Grundeigentümern und Arbeitsstätteninhahabern) als Formen der Beteiligung eingeräumt.

Inwieweit diese Betroffenenvorstellungen die Zielbildung und Konzeptionierung im Prozeß beeinflussen, läßt sich hingegen aus den Unterlagen nicht entnehmen. Indes liegt es - auf der Basis des von uns untersuchten Materials - nahe, anzunehmen, daß die Beteiligungschancen Planungsbetroffener bzw. die Möglichkeiten einer konstruktiven Einflußnahme in dem Maße zurückgedrängt werden wie der auf das Gebiet gerichtete Investitions- oder Umnutzungsdruck steigt: während man sich bei Sanierungen unter dem Oberziel der Funktionsänderung noch auf gewisse Beteiligungsminima wie Befragung und Anhörung beschränkt, werden im Rahmen der "erhaltenden Erneuerung" weitergehende Beteiligungsangebote gemacht, werden Sozial-Beiräte, z.T. auch Betroffenen-Beiräte (in die Eigentümer, Mieter, Pächter und andere Nutzungsberechtigte und Arbeitnehmer jeweils ihre Vertreter wählen, welche die Planungsträger bei der Vorbereitung und Durchführung der Erneuerung beraten) institutionalisiert und werden im Laufe des Planungs- und Durchführungsprozesses mehrere Betroffenenversammlungen abgehalten, die den Betroffenen die Möglichkeit geben sollen, sich konstruktiv zum weiteren Erneuerungsprozeß zu äußern.

Ähnliche Zugeständnisse lassen sich auch in stark konflikthaften Fällen ausmachen, in denen Bürgerinitiativen mit beträchtlichem Engagement auftraten.

Funktion von Beteiligungsansätzen für den Erneuerungsprozeß

Die individuelle Befragung Sanierungsbetroffener im Rahmen der vorbereitenden Untersuchungen gem. StBauFG ermöglicht es, neben der Erhebung eines Grundstockes von Primärdaten zugleich in Form einer Meinungsbefragung die gesetzlich geforderte Beteiligung einzulösen (Steigerung der Effizienz von Bestandsanalyseverfahren). Solche Umfragen können aber ganz unterschiedlichen Stellenwert für die Erneuerungsvorbereitung erhalten:

● Fragen zu Wohndauer, zu Nachbarschaftsbeziehungen, zu Wohnung und Mietvertrag, zu Wohnungs- und Umzugswünschen und -bereitschaften deuten u.a. darauf hin, daß es hier vorrangig um die frühzeitige Erfassung eventueller Restriktionen gegenüber geplanten Erneuerungen geht. So ist es auch i.d.R. eine beabsichtigte Funktionsänderungssanierung, in deren Rahmen solche Umfragen vorgenommen werden.

● Unter anderen Vorzeichen stehen Erneuerungen, die auf die Stabilisierung vorhandener Strukturen abzielen: Im Rahmen der Befragungen gewinnt die Einschätzung der Mitwirkungsbereitschaft erhöhtes Gewicht. Dies richtet sich v.a. auf die In-

vestitionsfähigkeit und -willigkeit betroffener Eigentümer, bezieht aber auch
Mieter (etwa bei Privatisierungskonzepten) mit ein. Beteiligung erhält hier die
Funktion der Integration materieller Ressourcen in ein Konzept der Stadterneuerung,
das mit den prinzipiell begrenzten kommunalen Kapazitäten nicht zur Realisierung
kommen könnte.

Generell ist jedoch festzustellen, daß Betroffenenbeteiligung, wird sie nun
funktionalisiert als Mittel zur Einschätzung von Restriktionen oder aber von Ressourcen für die Sanierungsdurchführung, dazu genutzt wird, allgemeine Zustimmung
zu den kommunalen Erneuerungsabsichten zu erzielen. Um das Konfliktpotential
möglichst gering zu halten, werden Problemvermittlung, Darstellung unterschiedlicher Interessenlagen und eventueller Betroffenheiten weder im Rahmen der Umfragen noch in den Untersuchungsberichten und Bürgerversammlungen thematisiert,sie
werden weder bei Funktionsänderungssanierungen noch bei der "Erhaltenden Erneuerung" aufgegriffen, es sei denn politischer Druck engagierter Betroffenengruppen macht diesbezügliche Auseinandersetzungen unumgänglich.

Auswirkungen aktueller Tendenzen der Stadterneuerung auf die Betroffenenbeteiligung.

Jüngste Entwicklungstendenzen sprechen dafür, daß die umfassende kommunal gesteuerte Stadterneuerung mehr und mehr im Rückzug begriffen ist zugunsten einer
Liberalisierung und marktmäßigen Steuerung der Wohnungsversorgung und der Entwicklung des Altbaubestandes. Subsidiäre "Steuerung" der Stadterneuerung v.a.
über steuerliche Abschreibungsmöglichkeiten sowie kommunale Stadterneuerung im
"Vorfeld des StBauFG"v.a. über Maßnahmen der Wohnumfeldverbesserung als Investitionsanreiz bzw. Abbau investitionshemmender Faktoren für private Altbaumoderni-
sierungen gewinnen zunehmend an Bedeutung (vgl. insb. Krüger,M. u.a. 1979).Unter
diesen Bedingungen werden die Beteiligungsmöglichkeiten abhängig Betroffener,
Betroffener also, die keinerlei materielle Ressourcen einbringen können, noch
weiter als je zuvor zurückgedrängt. Stadterneuerung wird sich weitgehend als Aushandlungsprozeß zwischen Kommune und potentiellem Investor darstellen (vgl.insb.
Selle,K. 1980).
Anfänge einer solchen Entwicklung ließen sich bereits aus einzelnen von uns untersuchten Fällen ablesen:
Indem (ohne stichhaltige Begründung) aus einem weiträumig gewählten Untersuchungsgebiet gem. StBauFG lediglich solche kleinräumigen Bereiche förmlich festgelegt werden, in denen umfassende, flächenhafte und damit kostenintensive Erneuerungsmaßnahmen projektiert sind, werden die Vorteile einer Projektfinan-
zierung über die Fördermittel des StBauFG ausgeschöpft.Zugleich aber entzieht
man sich den Pflichten, für soziale Folgeprobleme, die infolge von Ausstrahlungs-
effekten (in Form von privaten Abriß-, Neubau- und Modernisierungsmaßnahmen) auf
den gesamten Stadtteil wirken können, Sorge zu tragen, Aufgaben wie die Aufstellung der Grundsätze für den Sozialplan, Durchführung von Bürgerversammlungen etc.
wahrzunehmen.
Vorgehensweisen wie diese, die die ohnehin sehr begrenzten Beteiligungschancen
Planungsbetroffener völlig untergraben, mögen vielleicht kurzfristig einer zügigen, nach außen konfliktarmen Stadterneuerung nachkommen, auf weite Sicht allerdings werden sie für eine sozial verantwortliche Stadterneuerungs- und Stadtentwicklungspolitik ganz beträchtliche Probleme hervorbringen.

4. Merkmalsauswahl und -verarbeitung im Rahmen von Bestandsanalysen zur Vorbe-
    reitung von Erneuerungsmaßnahmen

Nur in wenigen Fällen erfüllen die vorbereitenden Untersuchungen die ihnen im
§4 StBauFG zugewiesene Aufgabe, eine wissenschaftlich fundierte und problemorientierte Informationsbasis bereitzustellen:

Unsystematische, lückenhafte Beschreibungen der sanierungsverdächtigen Gebiete ohne erkennbaren Problembezug sind eher der Regelfall bei vorbereitenden Untersuchungen gem. StBauFG. Zudem sind mindestens zwei Drittel sämtlicher bislang durchgeführten vorbereitenden Untersuchungen gem. StBauFG von ihrer methodischen Qualität her als mangelhaft zu bezeichnen. Insbesondere die Transparenz der Informationsgewinnung und -verarbeitung und damit die nachträgliche Kontrollierbarkeit von Erhebung und Bewertung v.a. durch die Betroffenen ist nicht gewährleistet. Minimalvoraussetzungen für eine Demokratisierung der Planung bleiben unerfüllt. Ebenso wird der Anspruch, zu einer sozialen Planung beizutragen, durch die Mehrzahl der Berichte zu vorbereitenden Untersuchungen nicht gestützt. "Nur eine Minderheit bietet ein Minimum von Daten an, die für den Sozialplan bzw. für die Grundsätze eines solchen Plans Bedeutung haben könnten." (Jessen u.a. 1979, 1484).

Dies sind (Teile der) Ergebnisse einer Erhebung sämtlicher vorbereitender Untersuchungen der letzten Jahre, die im Rahmen des Forschungsprojektes über "Ergebnisse und Methoden vorbereitender Untersuchungen nach §4 StBauFG" von der Arbeitsgruppe Stadtforschung, Oldenburg (AGSt), durchgeführt wurde (vgl. AGSt 1978/1979). Da diese Querschnittsanalyse Fragen zu Informationsbasis und -verarbeitung (was wird wie erhoben und verarbeitet?) auf einer statistisch sehr breiten Basis angeht, stützen wir unsere vergleichende Analyse der Erneuerungsuntersuchungen - die zu weitgehend gleichen Ergebnissen kommt - mit den Untersuchungen ab und konzentrieren unser Augenmerk auf den Verwendungszusammenhang von Merkmalsauswahl und -verarbeitung im Rahmen von Bestandsanalysen: Ausgehend von dem Anspruch, daß Bestandsaufnahme und Bestandsbewertung in Hinblick auf bestimmte Erneuerungsstrategien - maßnahmenorientierter Bestandsanalysen also - immer auch eine enge Verknüpfung von Merkmalsselektion und -verarbeitung einerseits und angestrebten Zielen und Maßnahmen andererseits herstellen sollte, geht es um die Frage, inwieweit bei unterschiedlichen Erneuerungsstrategien diese Beziehung hergestellt wird.

Informationsbedarf und Verwendungszusammenhang

Generell gilt, daß in kaum einem der untersuchten Berichte im einzelnen offengelegt wird, welche Operationalisierung der Informationsnachfrage zugrundeliegt. Dies entspricht dem Verständnis der Verfasser/Untersuchenden von der "Bestandsaufnahme" als neutralem Akt, aus dem gleichsam "automatisch" Ziele und Maßnahmen abgeleitet werden können.
Dennoch lassen sich punktuell Bestimmungsgrößen für Art, Umfang und Detaillierungsgrad der selektierten Merkmale interpretieren:

● Die Aufgabenstellung (bzw. Gesamtverwertungsrahmen) der Untersuchung (sollen Rahmenpläne, Grobanalysen, Datenbasen etc. erstellt werden, ist die Untersuchung von ihrem Konkretheitsgrad auf konzeptbezogene oder maßnahmenbezogene Pläne ausgerichtet) verweist auf einen Zusammenhang v.a. zu Umfang und Detaillierungsgrad der Merkmalsauswahl.
Grobanalysen etwa, die zur Ausgrenzung von Mängelschwerpunkten mithilfe von mathematisch-statistischen Bewertungsverfahren gedacht sind, beschränken sich auf quantitative und leicht quantifizierbare Kriterien. Die Praktikabilität dieses Vorgehens wird zusätzlich durch eine geringe Gesamtmenge der zu verarbeitenden Merkmale begünstigt.
Während sich bei den nicht auf eine maßnahmenbezogene Konkretisierung hinauslaufenden Rahmenplanungen die Informationsnachfrage weitgehend auf die Verfügbarkeit vorhandener Datensätze einstellt, kommen z.B. vorbereitende Untersuchungen im Hinblick auf die Ausarbeitung konkreter Einzelmaßnahmen nur mit sehr umfangreichen und detaillierten Primärerhebungen aus.

● Ziel-, Instrumenten- und Maßnahmenvorgaben lassen - neben einer Beeinflussung des Merkmalsumfangs - eher auch einen Zusammenhang zur Selektion unterschiedlicher Merkmale (verschiedene Aussagenbereiche) erkennen.

Vorbereitende Untersuchungen etwa, die - veranlaßt durch die Förderangebote des StBauFG - von vornherein auf die Anwendung des bestimmten Instrumentariums abgestellt sind, lassen eine deutliche Orientierung an den gesetzlich fixierten Mißstandskriterien bzw. den länderspezifischen Anforderungskatalogen zum StBauFG erkennen. Hier wie bei vorab projektierten Maßnahmen (z.B. Straßendurchbruch) wird die Bestandsanalyse wesentlich dazu genutzt, die Notwendigkeit der geplanten Instrumentenanwendung/Maßnahmen nachzuweisen. Besonders charakteristisch dabei ist das Herausstellen allein von Mängeln des Untersuchungsgebietes.

Zudem werden bei Sanierungen mit dem Ziel der Funktionsänderung v.a. Informationen nachgefragt, die Aufschlüsse über mögliche Hindernisse der Zielrealisierung geben ("restriktionsorientierte Bestandsanalyse"), während bei Sanierungen der "erhaltenden Erneuerung" zunehmend Kriterien Bedeutung erlangen, die "Chancen" der Untersuchungsgebiete zur Erfüllung der Ziele indizieren ("ressourcenorientierte Bestandsanalyse").

Wenn hier also - zumindest in Teilen - ein Zusammenhang zwischen Merkmalsauswahl und -verarbeitung und angestrebten Zielen und Maßnahmen unterstellt bzw. interpretiert wird, so mag doch - relativierend - herausgestellt werden, daß in den Bestandsanalysen zumindest zu gleichen Teilen Informationen vermittelt werden, für die ein solcher Bezug nicht hergestellt werden kann, die bei der Formulierung von Zielen und Maßnahmen nicht wieder verwertet werden, die teilweise völlig unsinnig sind (welchen Bezug zum Erneuerungsbedarf des untersuchten Viertels könnten z.B. die erhobenen geographischen Koordinaten 50^o46 nördlicher Breite und 6^o5 östlicher Länge der Stadt Aachen auch haben?).

Darüber hinaus läßt die Mehrzahl der Informationen ganz unterschiedliche Interpretationen der Verwertbarkeit zu: So kann z.B. das Merkmal eines hohen Anteils an Personen über 65 Jahre als sozialer Sanierungsanlaß gewertet werden (Legitimationsfunktion der Bestandsanalyse); ebenso denkbar ist eine Interpretation hinsichtlich der Nachfrage nach spezifischen Infrastruktureinrichtungen oder als Indiz starker habitueller Gebietsbindung.

Während wir tendenziell für die Merkmalsauswahl und -verarbeitung bei Grobanalysen und Funktionsänderungssanierungen eine wesentlich stringentere Ausrichtung auf die vorgefaßten Aufgaben und Teilziele ausmachen konnten, läßt sich bei den übrigen Untersuchungen eine Vielzahl von Merkmalen feststellen, die weder auf der Ebene des jeweiligen Planungsprogramms gebietsspezifische Probleme aus dem Gebiet heraus indizieren und zur Erzeugung der Planungskonzeptionen verwendet werden, noch auf der Durchführungs-/Restriktionsebene Folgeprobleme/Kosten prognostizieren sowie instrumentenrelevante Sachverhalte/Restriktionen aufzeigen, also in keinem plausiblen Verwendungszusammenhang zur Aufgabe der Untersuchung stehen.

Handlungsunsicherheiten und -spielräume als Begründung für Datenberge

Warum werden in vielen Untersuchungen Daten ohne eindeutig ersichtlichen Verwendungszusammenhang zusammengestellt, steht hinter solchen Datenbergen mehr als die (wenig tragfähige) Erwartung, damit zugleich Material für andere, spätere Planungen zu erhalten?

Die Feststellung, daß bei Untersuchungen, denen bei Arbeitsbeginn keine expliziten Ziele oder nur ein sehr diffuses, wenig aussagekräftiges Zielsystem zugrundegelegt werden, die Anhäufung von Daten, die Zusammenstellung eines inhomogenen und unstrukturierten Datenfeldes wesentlich größer ist als in Bestandsanalysen, die über konkretisierte Zielformulierungen gesteuert werden (z.B. Fall München-Haidhausen), deutet darauf hin, daß hier v.a. Unsicherheiten (der Untersuchenden) über die Handlungsmöglichkeiten eine Rolle spielen. Diese Annahme wird unterstützt durch den festgestellten wesentlich stärkeren Ziel- und Maßnahmenbezug der Bestandsanalysen von beabsichtigten Funktionsänderungssanierungen gegenüber jenen der "erhaltenden Erneuerung", die eher noch die Suche nach einen gangbaren Weg der Stadterneuerung widerspiegeln. Wenn hier mit den vorbereitenden Untersuchungen gem. StBauFG vielfach noch weit detailliertere und umfangreichere Erhebungen durchgeführt werden als es die länderspezifischen Kriterienkataloge zum StBauFG vorsehen, so mag dies auch aus der relativen Unsicherheit über den notwendigen Analyseumfang, der die Fördermittelvergabe auf keinen Fall gefährdet, resultieren. Daneben mögen aber auch die eingefahrenen, auf möglichst hohe Honorare ausgerichteten Bestandsaufnahmeschemata der meist mit den Untersuchungen beauftragten Institute Gründe anzeigen.

Mithilfe von Datenbergen und der fast universellen Verwendbarkeit nicht explizit bewerteter Merkmale wird zwar die Problemsicht nicht präzisiert, sondern eher verkürzt, doch für die Konzeptionsphase erhält man sich dadurch einen sehr breiten Handlungsspielraum: aus einem sehr breiten Merkmalsspektrum können die jeweils "passenden" Informationen abgerufen und entsprechend interpretiert werden ("Datensteinbruch"), ohne daß erneute Erhebungen erforderlich würden. Dies entspricht der oben schon mehrfach angezeigten Funktion der Bestandsanalyse, eine weitreichende Planungs- und Entscheidungsflexibilität zu gewährleisten.

Kunibert Wachten

FALLSTUDIE DUISBURG-HOCHFELD
FLÄCHENSANIERUNG IN DEN 80er JAHREN - EIN ANACHRONISMUS? ODER: ÜBER DEN
(UN)MITTELBAREN EINFLUSS DER INDUSTRIE AUF DIE ZIELKONSTANZ

Diese Teilstudie versucht vorrangig zu beschreiben,
● welchen Einfluß die Industrie auf die Ziele der Sanierung Duisburg-Hochfelds
  hatte,
● weshalb diese Ziele über einen Zeitraum von mehr als 25 Jahren Konstanz hatten,
● wie diese Ziele mit Beginn der 70er Jahre mit denen der Landesplanung korrespondieren,
● in welcher Form diese Ziele, die bereits bis zu detaillierten räumlichen Vorstellungen hin konkretisiert waren, die Ergebnisse der vorbereitenden Untersuchungen vorab geprägt haben und
● welche besondere Funktion die vorbereitenden Untersuchungen vor diesem Hintergrund damit zwangsläufig erhielten.
Daß diese Zielkonstanz - als ständige Berücksichtigung der Interessen der Industrie und Vernachlässigung der Bewohner-Interessen - dabei ein spezielles
Muster der Interessenberücksichtigung offenbarte, ist mehr als nur ein Abfallprodukt dieser Teilstudie.

1. Anstelle einer Einleitung: Einiges zum Verständnis

Die Problemlage dieses Sanierungsfalls steht sicherlich stellvertretend für viele ähnliche Problemlagen in schwerindustriell geprägten Gemeinden - das dichte Nebeneinander von emittierender Schwerindustrie und dem Massenwohnungsbau des ausgehenden 19. und des beginnenden 20. Jahrhunderts, ein typisches Problem des Ruhrgebietes. Was diesen Fall atypisch macht, ist die Konstanz der Sanierungsziele, die sich unerschüttert von veränderten, politischen, ökonomischen und planungspolitischen Handlungsvoraussetzungen über 25 Jahre gehalten haben und in den beginnenden 80er Jahren diesen Sanierungsfall beinahe anachronistisch erscheinen lassen: Flächensanierung in einer Zeit, in der selbst der Gesetzgeber behutsamere Erneuerungsstrategien propagiert. Wie es zu dieser Zielkostanz kommt, welche Rollen die einzelnen Prozeßbeteiligten im Sanierungsverfahren gespielt haben, welchen Einfluß sie auf dieses hatten und welchen Einfluß diejenigen hatten,die eigentlich gar keine offizielle Rolle gespielt haben, sind Fragen, die diese Fallstudie zu beantworten versucht.

● Zur Vorgehensweise

Zur Beantwortung dieser Fragen stehen nur geringe und mitunter wenig tiefgründige Informationsquellen zur Verfügung: Ratsvorlagen, Verwaltungsdrucksachen und -niederschriften, Zeitungsartikel und Berichte.
Zwangsläufig folgte die Auswahl dieses Materials weniger den Maximen der Systematik als vielmehr den "Regeln" der Zufälligkeit, nämlich den Zugriffsmöglichkeiten. Damit entbehrt diese Studie sicherlich in großen Teilen der Systematik empirischer Belegarbeit und Beweisführung. Was jedoch bleibt,ist der Versuch, über blosses Beschreiben und beinahe anekdotenhaftes Erzählen Plausibilitäten herzustellen, die die Ausgangsfragen erhellen und den Untersuchungsgegenstand - die Vorbereitung der Stadterneuerung in ihren vielfältigen Abhängigkeiten und Bestimmtheiten - illustrieren.

Es fragt sich ohnehin, ob die fallstudienhafte Analyse im Rahmen politisch-administrativer Entscheidungsprozesse zur "Beweisführung" fähig ist, ob entsprechendes Auswertungsmaterial überhaupt zugänglich existiert und ob sich nicht dieser Bereich der systematischen Nachvollziehbarkeit generell entzieht. "Für uns", so die Erfahrung von Prodosh Aich, "sind die nichtöffentlichen Dokumente eine spannende Lektüre gewesen. (...) Der Bürger hat keinen legalen Zugang zu diesen Dokumenten. Auch nicht die Journalisten, auch nicht die Wissenschaftler. Wir weisen nach, daß die nichtöffentlichen Informationen die wesentlichen sind. Wir weisen nach, daß sich aus den frei verfügbaren Informationen kein Urteil bilden läßt". (Aich 1977,13)

Es wird also sehr viel stärker zwischen den Zeilen als in den Zeilen des verfügbaren Materials zu lesen sein. So sei diesen methodischen Restriktionen etwas Positives abgerungen: frei von rigorosen methodischen Einengungen einfach zu beschreiben und zu erzählen.

● Ein Blick auf die Anfänge

Die Entwicklung Duisburg-Hochfelds ist unmittelbar verbunden mit der industriellen Entwicklung, die sich seit Beginn des letzten Jahrhunderts in dieser Region vollzog. "Mitte des 19. Jahrhunderts siedelten sich im Raume Duisburg die ersten Werke der eisenschaffenden und chemischen Industrie vorwiegend im Bereich des durch die Rheinbettverlagerung zwischen der Stadt und dem Strom vorhandenen freien Raumes, des sogenannten 'Hochfeldes' an" (Boll u.a. 1978,37). Die spezifische Lagegunst Duisburgs - im Schnittpunkt der Rhein- und Ruhrschiene

und in der Nähe der Kohlevorkommen - sowie die Lagegunst Hochfelds im speziel-
len durch den Ausbau der Hafenanlagen, die Fertigstellung des Rheinkanals und
die Inbetriebnahme der "Bergisch-märkischen Hochfeldbahn" und der "Rheinischen
Eisenbahn" beschleunigten den Prozeß der Industrialisierung. Während dieser
Zeit entstanden Werke, die heute noch Hochfeld prägen: z.B. 1837/38 chemische
Fabrik Matthes und Weber, 1844 Borussia-Hütte, erste Duisburger Eisenhütte (heute
Mannesmann-DEMAG), 1851 Niederrheinische Hütte, 1876 Duisburger Kupferhütte u.a.

Die rapide Industrieansiedlung hatte eine ebenso rapide Ansiedlung von Arbeitskräften zur Folge. So zog die Industrie binnen kurzer Zeit tausende Menschen
an: Während Hochfeld 1816 nur 67 Einwohner hatte und 1854 erst etwa 1.700,
waren es 1895 bereits ca. 18.500 Einwohner. Damit war die Bevölkerungsentwicklung Hochfelds direktes Abbild der dortigen Industrieentwicklung.

Bis zum Ende des 19. Jahrhunderts wurde Hochfeld "mit knapp 20.000 Einwohnern
zum bevölkerungsreichsten und dichtest besiedelten Stadtteil des damaligen
Duisburgs" (Stadt Duisburg 1978,152). Mit dem enormen Arbeitskräftebedarf provozierten und förderten die Kapitale die Siedlungstätigkeit im "Rauchschatten
der Industrie"."So schnell wie der Zustrom an Arbeitern erfolgte, konnten keine
ausreichenden Wohnungen gebaut werden. Als erste Unterkünfte wurden provisori-
sche Holzbaracken errichtet. Die Qualität von Werkswohnungen verbesserte sich
zwar relativ, grundsätzlich wurden sie jedoch ohne hygienische Rücksichten aus
praktischen Erwägungen heraus in unmittelbarer Nähe der früher noch wesentlich
stärker emittierenden Werke gebaut. 1873 kaufte Krupp zum Beispiel ein Werksge-
lände in Hochfeld zur Errichtung von Arbeiterwohnungen und zum Ablagern von
Schlacken" (GEWOS 1975b,51). Der Umfang an Werkswohnungsbau war jedoch in Hochfeld im Vergleich zu den übrigen Stadtteilen recht gering, so daß "die Arbeitskräfte der Hochfelder Industrien stärker auf die in unmittelbarer Nähe entstandenen Mietskasernen privater Eigentümer verwiesen" (Hübner/Krau/Walz 1978,1116)
blieben. Die Kupferhüttensiedlung bildet in diesem Zusammenhang als geschlossene
Werkssiedlung eine Ausnahme.
Zwischen 1840 und 1850 wurden zwar in Duisburg Fluchtlinienpläne für die einzelnen Stadtteile aufgestellt, jedoch nicht für Hochfeld. Bei fehlender Bebauungs-
planung und den geringsten Bodenpreisen in der Stadt gab es alle Voraussetzungen
für Bau- und Bodenspekulationen sowie - unter deren Einfluß - für planlose Sied-
lungsentwicklungen mit außerordentlich hohen Bebauungsdichten. Mit der Standort-
gunst der unmittelbaren Nähe zu den Arbeitsplätzen und bei ständigem Wohnungs-
mangel war jede - selbst die schlechteste - Wohnung zu einem hohen Mietzins ver-
mietbar.
Während bereits Mitte des vergangenen Jahrhunderts die Stadt Duisburg, die sich
im Umbruch zur Industriestadt befand, über Fluchtlinienpläne versuchte, die In-
dustrie- und Siedlungsentwicklung planvoll zu gestalten, und 1864 in einer Be-
bauungsplanung für die Außenbezirke für Hochfeld u.a. Grünflächen entlang der
Industriezone vorsah, fielen all diese Bemühungen - noch bevor sie teilweise
gedacht waren - dem "Expansionsdrang der Industrie zum Opfer". 1914 wurde zum
ersten Mal die Schaffung einer Trennzone zwischen Industrie- und Wohngebieten
auf Kosten der Wohnbausubstanz erwogen. Durch eine Ortssatzung sollte "eine
vernünftige Trennung von Industrie- und Wohnvierteln" (GEWOS 1975b,51) geschaffen werden. Auch dieses Bestreben scheiterte. Insgesamt blieben dies auch die
einzigen Versuche, frühzeitig dem potentiellen Mißstand entgegenzuwirken. Auch
"Eingriffe der produzierenden Kapitale in die Wohnstrukturen mit Hilfe des
Werkswohnungsbaus provozierten keine neuen Siedlungsstrukturen sondern paßten
sich in die vorgefundenen ein. Zeugnis davon geben z.B. die recht verstreut
liegenden Werkswohnungen in Hochfeld" (Kastorff-Viehmann 1974,40). Auch die
Chancen der relativ starken Zerstörung Hochfelds im 2. Weltkrieg blieben in
der Wiederaufbauphase ungenutzt. Ebenso groß wie die Notwendigkeit der schnel-
len Inbetriebnahme der Produktionsstätten in der unmittelbaren Nachkriegszeit
war, so groß war auch die Notwendigkeit, für die Arbeitskräfte in gleicher Nähe

zu den Arbeitsplätzen möglichst schnell Wohnraum zu schaffen - abgesehen von
den allgemeinen Problemen der damaligen Wohnungsversorgung. Hinzu kommt, daß
"zwar die Gebäude und Infrastrukturen an der Oberfläche zerstört oder beschädigt waren, aber sowohl konservierte Besitzverhältnisse als Infrastrukturen
wie Wasserleitungen, Kabel, Fundamente etc., die noch gebrauchsfähig in der
Erde lagen, den 'Wiederaufbau' auf ihrer Grundlage" (ebd.,60) auslösten.

Damit wird die alte Konfliktsituation der engen räumlichen Verzahnung von In-
dustrie- und Wohngebieten erneuert und sogar noch weiterhin verstärkt.

2. Fünfzehn Jahre Sanierungsabsichten - Zielvorstellungen für die Sanierung
    Hochfelds

Nach der Wiederaufbau-Phase wurden bei einsetzendem "Wirtschaftswunder" und
steigender kommunaler Finanzkraft in der Mitte der 50er Jahre die ersten Sanierungsüberlegungen angestellt. Begründet wurden diese mit der historischen Entwicklung des Stadtteils, die "unzumutbare Wohnverhältnisse" hervorgerufen habe.
Die herrschenden Mißstände sollten durch Flächensanierung grundlegend beseitigt
werden: Ein riesiges Vorhaben, kurz nach dem Wiederaufbau etwa 50 ha einebnen
zu wollen. Es scheiterte, blieb aber in der Diskussion.

● Flächenansprüche der Industrie werden laut: die Sanierungskonzepte werden
  konkret

Nachdem also die Stadt Duisburg schon seit Mitte der 50er Jahre für Hochfeld
die Sanierungsabsicht stets mit der Begründung der Disfunktionalität der engen
Verflechtung von Wohnen und Industrie, mit der Begründung unzumutbarer Wohnverhältnisse verfolgte, wurde die Sanierung Hochfelds 1966/67 durch die Bestrebung,
den Flächennutzungsplan zu ändern, weil sich die Problematik Hochfelds verschärft habe, zum ersten Mal akut.

Die Krisen der 60er Jahre führten in mehrfacher Hinsicht zu dieser Verschärfung.
Die Kohleabsatzkrise 1966/67 hat zu einem gesunkenen Anteil des Bergbaus an der
Wirtschafts- und Beschäftigtenstruktur Duisburgs geführt. Der strukturprägende
Anteil der konjunkturempfindlichen Eisen- und Stahlindustrie hat sich parallel
dazu entsprechend erhöht. Während die Eisen- und Stahlindustrie 1966/67 sogar
eine geringe Verbesserung ihrer Ertragslage verzeichnen konnte, sanken jedoch
auch in diesem Industriezweig die Beschäftigtenzahlen.

Neben den insgesamt gesunkenen Beschäftigtenzahlen in der Eisen- und Stahlindustrie aufgrund innerbetrieblicher Rationalisierungsmaßnahmen, sind bedeutende
Phänomene jener Zeit das "Freisetzen" und Abwandern deutscher Arbeitnehmer und
ihr Ersatz durch ausländische. So rücken auch gerade in Hochfeld eine Großzahl
ausländischer Arbeitnehmer in die zwar schlechten und erheblich belasteten,
jedoch preisgünstigen und arbeitsplatznahen Wohngebiete nach. Zugleich führen
innerbetriebliche Rationalisierungsmaßnahmen und betriebsmäßige Zusammenfassun-
gen - allgemein: die Konzentration in der Schwerindustrie - zu vermehrten Flä-
chenansprüchen der Industrie.

Damit sind zwei Ausprägungen der verschärften Situation in Hochfeld benannt:
die Zunahme an ausländischen Bewohnern sowie der gestiegene Expansionsdrang der
Industrie.

Die Begründung vermehrter Sanierungsaktivitäten mit der tendenziellen Verschlechterung bereits "unzumutbarer Wohnverhältnisse" verdeckt so einen Teil
des eigentlichen Anlasses. Die Stadt sah sich mehr und mehr genötigt, auf die
Forderungen der angrenzenden Industrie nach Vorrats- und Erweiterungsflächen
für ihre Produktionsstätten, schon allein aus kommunalwirtschaftlichen Gründen
einzugehen.

Abb. 1-5
Die enge Verzahnung von Wohn- und
Industriegebieten ist seit ihrer Entstehung gegen Ende des letzten Jahrhunderts zugleich auch Anlaß für Überlegungen zu ihrer Entflechtung. Die
Chancen der Kriegszerstörung wurden
nicht genutzt: In der Wiederaufbauphase wurde der Konflikt erneuert.

Die Abhängigkeit des kommunalen Haushalts der Stadt Duisburg von der konjunktu-
rellen Entwicklung läßt sich anhand des Gewerbesteueraufkommens insbesondere
vor der Gemeindefinanzreform von 1968/69 nachvollziehen: Bis 1962 steigt das Ge-
werbesteueraufkommen stetig an, fällt danach, beträgt 1966 etwa 20% weniger als
1962 und fällt 1967 nochmals um 10% gegenüber 1966. (Vgl. Kastorff-Viehmann 1974,
100)

Zusätzlich gewann die Notwendigkeit einer Industrieverbindungs- und -andienungs-
straße bei Zunahme des Gütertransports immer mehr Bedeutung. Zugleich verband
man mit dieser Straße, das Verkehrsproblem der (aufgrund der Siedlungsstruktur)
fehlenden Nord-Süd-Achsen mildern und bei verkehrlicher Entlastung der Haupt-
einkaufsstraße (Wanheimer Straße) für diese eine Funktionsverbesserung erreichen
zu können. So verknüpften sich die Interessen der Industrie mit damaligen städtebaulichen Leitbildern zu vorrangigen und sich ergänzenden Teilen eines Zielbün-
dels.

Mit der Flächennutzungsplanänderung sollten die Veränderungsvorstellungen für
Hochfeld seitens der Kommune quasi als planerische Leitlinie und Grundlage für
die zu erstellenden Bebauungspläne Verbindlichkeit erhalten. Wesentliche Bestandteile dieses Konzeptes waren: die Erweiterungsflächen für die Industrie
als GI- und GE-Gebiete, die etwaige Lage der Süd-West-Umgehungsstraße als Trenn-
linie zwischen Industrie- und Wohngebieten und die Ausweisung eines damit notwendigen Sanierungsgebietes in einer Gesamtfläche von rund 90 ha, dessen Abgrenzung die für die Umgehungsstraße und das Gewerbe- und Industriegebiet notwendigen Flächen umschreibt. Ziel war also die Funktionsänderung des westlichen Teils
von Hochfeld verbunden mit der Räumung sämtlicher Wohnbausubstanz in diesem Bereich und der Umsetzung von rund 4.000 Einwohnern.

Damit war zum ersten Mal innerhalb der langjährigen Sanierungsüberlegungen das
Zielbündel für den unmittelbar an die Industrie im Westen angrenzenden Bereich
Hochfelds benannt. Der Osten Hochfelds verblieb dagegen vorerst in der Ungewißheit über künftige Planungsvorhaben: Wird auch dieser Bereich saniert werden und - wenn ja - in welcher Form? Wenn nein - sind dann Einwirkungen aus
dem angrenzenden Sanierungsgebiet zu erwarten? Diese Fragen und Unwägbarkeiten
hatten zur Folge, daß selbst in intakten Bereichen die Unsicherheit bei den Bewohnern wuchs, vor allem bei den Hauseigentümern, die deshalb tendenziell weitere Investitionen in ihr Haus unterließen. In erster Linie waren die zumeist
älteren (55 Jahre und mehr) Hauseigentümer, die teilweise ohnehin nur sehr
zögernd investierten, von dieser Unsicherheit betroffen. Während damit bei der
Vielzahl der Einzeleigentümer die Investitionsneigung gezwungenermaßen sank,
sah das Kalkül der größtenteils werksgebundenen Wohnungsbaugesellschaften und
einiger privater Mehrfacheigentümer schon seit einigen Jahren anders aus: Sie
praktizierten bewußt die Desinvestition, die sich als äußerst rentabel erwies,
und spekulierten schon lange auf Sanierungsmaßnahmen. Das Kalkül der rentablen
Desinvestition erfuhr seine Unterstützung, weil aufgrund der Nahbereichsbindung
der Bewohner Hochfelds (Arbeitsplatznähe, Innenstadtnähe, günstiges Mietniveau)
eine stete Wohnungsnachfrage vorhanden war, die jeder Wohnung - unabhängig von
ihrem Zustand und ihrer Ausstattung - eine Vermietungsgarantie zusicherte.

Die Planungskonzepte und -absichten selbst provozierten so - ganz entgegen
(oder etwa im Sinne?) ihrer eigentlichen Intention - eine Welle weiterer Absin-
kens einiger Teilbereiche Hochfelds, die sich nun nicht mehr aus der entwick-
lungsbedingten Verzahnung zwischen Wohnen und Industrie erklären ließ. Der
Industrie kam dieser Trend gelegen, stagnierten doch so erst einmal die Grund-
stücks- und Bodenpreise. Nach außen hin zeigte die Industrie während dieser
von Ungewißheit geprägten Phase geschickt Desinteresse an Betriebserweiterungen
(über die Flächen hinaus, die sich ohnehin schon in ihrem Besitz befanden), und
versuchte so, ihrerseits die Grundstückspreise niedrig zu halten.

● Konkretisierung der Zielvorstellungen: Flächennutzungskonzept Hochfeld

Um den Abbau der Planungsunsicherheit so schnell wie möglich voranzutreiben,
so die einzige Begründung in einer Sitzungsniederschrift, beantragte die SPD-
Fraktion im Herbst 1970 im Rat die Erstellung eines Generalbebauungsplanes und
eines Sanierungsplanes für Hochfeld. Mit beiden Plänen wurde die Vorstellung
einer möglichst großen Konkretisierung der baulichen und räumlichen Situation
des zukünftigen Hochfeld verbunden, um vor dem Hintergrund konkreter baulicher
Vorstellungen entsprechende Festlegungen im Flächennutzungsplan zu treffen.
Der Sanierungsplan sollte darüberhinaus, schon in Hinblick auf das zu erwartende Städtebauförderungsgesetz, Prioritäten für den Ankauf von Grundstücken sowie
den Versuch, mit bereits vorhandenen Daten (GWZ,VZ) zu ersten Datensystematisie-
rungen und Aussagen über den Umsetzungsprozeß zu kommen, beinhalten.

Der Generalbebauungsplan und der Sanierungsplan markierten für die Folgezeit
zwei Arbeitsstränge, die von der Verwaltung verfolgt wurden:

- mit dem Generalbebauungsplan (Flächennutzungskonzept Hochfeld) der Versuch,
  die räumliche Veränderung und Entwicklung Hochfelds zu fixieren,

- mit dem Sanierungsplan der Versuch, sämtliche Maßnahmen, die nach dem kommenden Städtebauförderungsgesetz für die Sanierung erforderlich sind, vorzubereiten, um alsbald die bodenrechtlichen Möglichkeiten dieses Gesetzes aus-
  schöpfen zu können.

Das Flächennutzungskonzept für den Bereich Hochfeld wurde bis Mitte 1971 vom
Planungsamt erarbeitet und im Juni 1971 dem Planungsausschuß vorgelegt. Damit
waren die Ziele und Entwicklungsvorstellungen für Hochfeld räumlich fixiert,
zugleich war die Orientierungsgrundlage sowohl für Maßnahmen nach dem Bundesbaugesetz als auch für Maßnahmen nach dem Städtebauförderungsgesetz gegeben.
Das Flächennutzungskonzept wurde von der Verwaltung folgendermaßen erläutert:

*"Zur Verbesserung der Verkehrsverhältnisse sieht die dem Generalverkehrsplan
der Stadt Duisburg zugrunde liegende Netzkonzeption vor, die Rheinhauser Brücke
zügig und unter Umgehung des Stadtteils Hochfeld an das übrige Netz insbesondere an die Innenstadt anzubinden. In Verlängerung der Rheinbrücke ist eine
Stadtschnellstraße geplant, die in der Nähe des Marientorplatzes Anschluß an
die geplante Stadtautobahn und an die Innenstadttangente erhält. Darüberhinaus
bildet sie in Verbindung mit der geplanten Südumgehung Hochfeld eine echte Umgehungsstraße für den Nord-Süd-Verkehr und bringt daher die gewünschte Entlastung der Wanheimerstraße.
... Die erwähnten Tangenten werden vierspurig mit Mittelstreifen ... ausgebaut.
Es lag somit nahe, diese Hauptverkehrszüge als echte Zäsuren für die Trennung
der zukünftigen Wohngebiete von den Industrie- und Gewerbezonen anzusehen. Ein
Überspringen dieser Straßen ist weder für die eine noch die andere Funktion
sinnvoll und daher in städtebaulicher Hinsicht nicht zu vertreten.
Es liegt auf der Hand, daß zum Teil als Lärmschutzwälle auszubauende Grünzonen
diese Straßenzüge begleiten werden. Die städtebauliche Forderung nach einer
zukünftig sinnvollen Gliederung bzw. Abstufung der Flächennutzung im derzeitigen Verflechtungsbereich zwischen Wohnen und Gewerbe zwingt dazu, alle Wohngebiete, die westlich bzw. südwestlich der erwähnten Tangenten liegen, entsprechend der schon im Flächennutzungsplan größtenteils vorgenommenen Darstellungen
in planungsrechtlicher Hinsicht nicht als Bauflächen, sondern weiterhin als
Industrie- oder Gewerbeflächen auszuweisen. In diesen Bereichen ist ein ver-
tretbarer Wohnwert weder vorhanden noch herzustellen.*

*Ein wesentliches Planungsziel der Stadt ist es, den Ortsteil Hochfeld unter
allen Umständen lebensfähig zu erhalten, seine Funktionen zu stärken, die Infrastruktur zu verbessern. Dies bedeutet u.a., daß die diesseits der Zäsuren
vorhandene Wohnsubstanz je nach Beschaffenheit zu erhalten, zu verdichten oder
zu erneuern ist.*

147

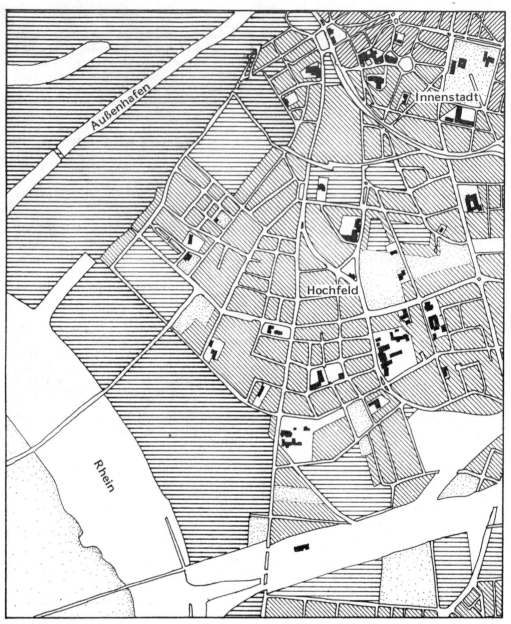

Abb. 6 : Bestand

 Industriegebiet

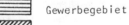 Gewerbegebiet

 Kerngebiet

 Wohn- und Mischgebiet

 Öffentliche Einrichtung

 Grünfläche

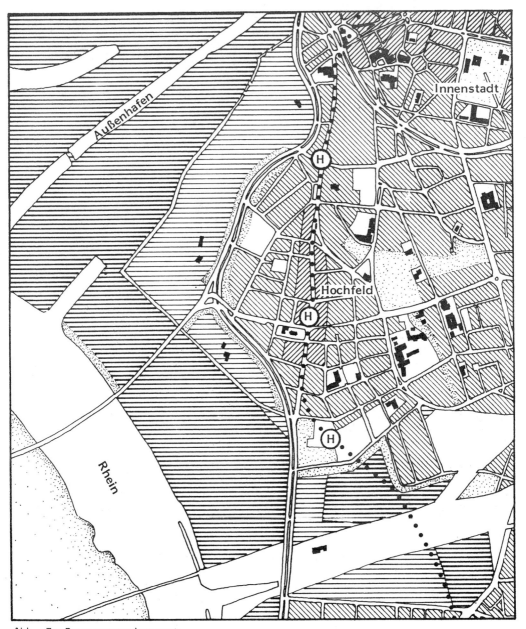

Abb. 7: Erneuerungskonzept

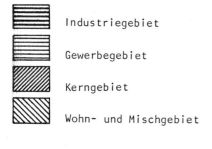

Industriegebiet

Gewerbegebiet

Kerngebiet

Wohn- und Mischgebiet

 öffentliche Einrichtung

 Grünfläche

 Stadtbahn, unterirdisch

Die Notwendigkeit, die vorhandene Kläranlage an der Liebigstraße bis zum Ende der siebziger Jahre mit einer biologischen Klärung zu versehen und Flächen für eine chemische Klärung bereitstellen zu müssen, hat zu Verhandlungen mit Thyssen-Niederrhein geführt, da die vorhandenen Flächen naturgemäß für den Vollausbau nicht annähernd ausreichen.

... Aus der geplanten Konzeption für das Hauptverkehrsnetz ergibt sich die willkommene Möglichkeit, auf weite Sicht den Ausbau eines zusammenhängenden Abschnittes der Wanheimerstraße zu einer fußläufigen Basarstraße ins Auge zu fassen. ... Selbstverständlich kann diese Neuordnung erst nach erfolgtem Umbau des Verkehrsnetzes und nach Abschluß eingehender Untersuchungen bezüglich der Park- und Andienungssituation der Kernzone durchgeführt werden.

Der Anschluß Hochfelds an die Nord-Süd-Stadtbahnlinie, deren Trasse nach neuesten Überlegungen Hochfeld in Tieflage durchqueren wird, ist optimal, d.h. mit Haltestellen im Kernbereich insbesondere an der Wanheimerstraße gegeben."
(Drucksache 1774/1 vom 4. Juni 1971)

Das Konzept erfüllt das Primärziel der Sanierung: Schaffung der Trennzone zwischen Industrie- und Wohngebieten auf Kosten der Wohnbausubstanz zur Entflechtung der Gemengelage von Wohnen und stark emittierender Industrie: zur Verbesserung der Wohnverhältnisse (so die offizielle Sanierungsbegründung), zur Bereitstellung von Flächenreserven für Industrie- und Gewerbeerweiterung (so der eigentliche Sanierungsanlaß). Das Konzept sichert also die Interessen der benachbarten Industrie auf Vorrats- bzw. Erweiterungsflächen. Mit dem Stadtbahnbau und der Nutzungsverdichtung von Tertiärbereichsnutzungen entlang der Wanheimerstraße sowie von Wohnnutzungen in immissionsfreieren Lagen Hochfelds entsprach das Konzept in seinen Grundzügen zugleich auch den Zielen der Landesplanung, die im Nordrhein-Westfalen-Programm 75 programmatisch formuliert sind.

Die primären Sanierungsziele rücken im Verlauf des Planungsprozesses immer weiter in den Hintergrund,während die sekundären oder begleitenden Sanierungsziele immer weiter verfeinert und konkretisiert und immer stärker auf mögliche Durchsetzungsinstrumentarien bezogen werden.

Der Aspekt der notwendigen Umsetzung von rund 4.000 Bewohnern des Räumungsgebietes und ihre Problematik bei Realisierung des Konzeptes fand in der Erläuterung des Flächennutzungskonzeptes Hochfeld keine Beachtung. Vielmehr hatte sich die Verwaltung auf die Darstellung städtebaulich-technischer "Sachrationalitäten" (Zusammenhang zum Generalverkehrsplan, notwendiger Ausbau der Kläranlage, Zusammenhang zur Stadtbahnplanung usw.) beschränkt, wohl um keine spezifischen Betroffenheiten zu erzeugen, jedoch wohl auch,weil die Durchführung der Umsetzung ein völlig ungelöstes Problem darstellt.

Wenn auch die Umsetzungsproblematik nach außen hin nicht dargestellt wurde, so beschäftigte sie doch die Verwaltung intern, da der detailliert geplante Umsetzungsprozeß Voraussetzung für die zügige Realisierung des Konzeptes war. Für die weitere Detaillierung des Umsetzungsprozeßes wurden zwei Bereiche abgegrenzt: das Räumungsgebiet und das Auffanggebiet, um präzise Angaben über den tatsächlichen Umfang der Umsetzung und über disponible Flächen für Neubebauung im Auffanggebiet zu erhalten.

Das Planungs- und das Liegenschaftsamt sollten prüfen, wieviele Wohnungseinheiten im Räumungsgebiet vernichtet werden, wieviele Wohnungseinheiten noch zusätzlich durch den Bau der Stadtbahn beispielsweise entfallen und wieviele demgegenüber insgesamt auf disponiblen Flächen im Auffanggebiet zu erstellen sind und welche dieser Flächen sich für eine verdichtete Wohnbebauung eignen. Diese Daten waren Grundlage für die Begrenzung des Sanierungsuntersuchungsgebietes. Damit spiegelt die Abgrenzung des Sanierungsuntersuchungsgebietes das vorgefaßte Erneuerungskonzept wie dessen Durchsetzungschancen wider.

Das Räumungsgebiet (das von sämtlicher Wohnbebauung geräumt werden sollte) wurde kurze Zeit später in seinen Abgrenzungen so verändert, daß die Industriebereiche herausfielen. "Die Herausnahme des Industriegebietes aus dem Räumungsgebiet erschien zweckmäßig. Die Betriebe sollten im Rahmen der vorbereitenden Untersuchungen zwar gehört, der Bereich aber nicht formell in das Untersuchungsgebiet einbezogen werden. Die Herausnahme des nördlichen Teils ... bot sich an, da das später festzulegende Sanierungsgebiet so weit wie möglich beschränkt werden sollte, um in einem kleineren Bereich die ersten Erfahrungen bei der Anwendung des StBauFG zu gewinnen." (Protokoll der Besprechung über Sanierungs- und Entwicklungsmaßnahmen vom 17.3.1972) Die Abgrenzungen des Auffanggebietes veränderten sich auch geringfügig.

Die Einwohner- und Wohneinheitenbilanz ergab einen Überhang von 2.600 nicht im Auffanggebiet unterzubringenden Einwohnern, was einem Defizit von rund 860 Wohneinheiten entsprach.
Dies ist ein rein quantitatives Defizit, real stünden sich bei Beginn des Umsetzungsprozesses eine erhebliche Nachfrage nach billigen Wohnungen und ein krass vermindertes Angebot gegenüber.

Ergebnis dieser Planungsphase zu Beginn der 70er Jahre war ein weitestgehend detailliertes Erneuerungskonzept, das schon bis in die Durchführungsplanung reichte. Das Erneuerungskonzept folgte im wesentlichen den Interessen der Industrie und orientierte sich zugleich an den Zielen der Landesplanung. Im Kern sah es die Schaffung der Trennzone zwischen Wohn- und Industriegebieten auf Kosten der Wohnbausubstanz, verbunden mit der Umsetzung von rund 4.000 Einwohnern, sowie die Wohnverdichtung in weniger immissionsbelasteten Bereichen im östlichen Hochfeld bei entsprechender Auslagerung von Gewerbebetrieben vor.
Das Erneuerungskonzept war wesentliche Grundlage für die Abgrenzung des Sanierungsuntersuchungsgebietes und leitete in erheblichem Maße die ersten Bestandsanalysen der Verwaltung, die für die Bestätigung des Erneuerungskonzeptes den entsprechenden Beleg der Sanierungsbedürftigkeit des unmittelbar an die Industrie angrenzenden Bereiches in gebietsinternen Mängeln suchte.

● Der Einfluß der Landesplanung auf die Zielvorstellungen zur Sanierung Hochfelds

Die Ziele für die Erneuerung Duisburg-Hochfelds korrespondieren zu einem erheblichen Teil mit den Zielen der Landesplanung (Verdichtungsidee u.a.) vermittelt über die Standortprogrammplanung. Sie resultieren daher zu diesem Teil aus gebiets- und kommunalexternen Ansprüchen an die weitere Entwicklung des Stadtteiles Hochfeld.

Die Orientierung an den Zielen der Landesplanung war u.a. Vorraussetzung für die finanzielle Förderung der Sanierung mit Landes- bzw. Bundesmitteln.

Zu Idee und Ziel der Standortkonzeption soll nur einiges Erläuternde angemerkt werden. Die Konzeption entspringt der wirtschaftlichen Krisensituation Mitte der 60er Jahre, die sich im Ruhrgebiet am gravierendsten zeigte. Als Reaktion darauf bemühte sich die Landesregierung von Nordrhein-Westfalen "im Rahmen einer umfassenden Strategie zur Behebung der konjunkturellen und strukturellen Krisenerscheinungen - um eine Effektivitätssteigerung der staatlichen Investitionen durch ihre räumliche Bündelung" (Fassbinder u.a. 1977,15).

Die Landesentwicklungspläne I und II beschrieben die Entwicklung des Landes über ein gestuftes System von Entwicklungsschwerpunkten und -achsen, das sich kleinräumig in den jeweiligen Gebietsentwicklungsplänen wiederfand. (Vgl. ebd., 15) Der Gebietsentwicklungsplan des Siedlungsverbandes Ruhrkohlenbezirk (SVR) von 1966 formulierte für die siedlungsräumliche Entwicklung u.a. den Leitgedanken der Siedlungsbereiche mit höherer Dichte (Siedlungsschwerpunkte), vor allem Wohngebiete an Haltestellen von leistungsfähigen öffentlichen Schienenverkehrsmitteln. Die Konzeption der Siedlungsschwerpunkte im Ruhrgebiet des SVR ebenso wie das Konzept des Entwicklungsprogramms Ruhr von 1968 führten 1970 zu Standortprogrammen und Standortförderung innerhalb des Nordrhein-Westfalen-Programms 75.

Mit diesem System der Nutzungsverdichtung, vornehmlich von Tertiärbereichs- und Wohnnutzung, im Bereich der Haltepunkte des schienengebundenen öffentlichen Nahverkehrs war ein Modell entwickelt, das verschiedenen Interessen gegen Ende der 60er Jahre Rechnung trug.

- "Industrie und Bergbau an Rhein und Ruhr waren daran interessiert, das im Zuge ihrer tiefgreifenden räumlich-strukturellen Umschichtungsprozesse entstandene Mißverhältnis zwischen Zuordnung von Arbeitsplatz und Wohnung aufzuheben.

- Die tertiäre Wirtschaft stand unter dem Zwang, bei Zunahme der als wirtschaftlich geltenden Größenordnungen ihrer Einrichtungen die polyzentrische Konzentration anzustreben.

- Die öffentliche Hand, die einem zunehmenden Forderungskatalog nach Versorgungseinrichtungen seitens der Bevölkerung gegenüberstand, sah im Abwägungsprozeß zwischen Kosten- und Versorgungsaspekt die Lösung ebenfalls im Rahmen der Konzentration für ausgewählte Zentren.

- Die Bevölkerung stand angesichts der in Aussicht gestellten städtebaulichen Verbesserungsmaßnahmen dem Wohnen in mehr oder weniger verdichteten Stadt-(teil)zentren nicht zuletzt wegen der Nähe zu Versorgungseinrichtungen, Arbeitsplätzen und Haltestellen des schienengebundenen öffentlichen Nahverkehrs durchweg positiv gegenüber." (Stadt Duisburg 1978, IV)

Mit den "Vorläufigen Richtlinien für die Aufstellung von Standortprogrammen" vom 14.6.1971 als inhaltliche und "verfahrenstechnische Präzisierung" des Nordrhein-Westfalen-Programms 75 machte die Landesregierung die Aufstellung von Standortprogrammen ab 1975 zur "Voraussetzung für die Förderung mit Landesmitteln mindestens in den Bereichen Städtebau, Wohnungsbau, Verkehrswegebau, Industrieansiedlung und Bildungseinrichtungen". Damit verließ die Landesförderung das "Gießkannenprinizp" und ging "zum Grundsatz der Schwerpunktförderung über, nach dem die Mittel aus verschiedenen Aufgabenbereichen in ausgewählt günstigen und entwicklungsfähigen Standorten konzentriert werden" (Halbzeitbericht NWP 75), also: Übergang zum Prinzip der räumlichen Bündelung des Mitteleinsatzes. Die Standortidee sollte somit zugleich die "Koordinierung bei mehreren Investitionen zur gleichen Zeit am gleichen Standort" (NWP 75,86) sowie "die Einhaltung der landesplanerischen Ziele zur Ausrichtung der räumlichen Entwicklung auf die Schwerpunkte der Siedlungsstruktur" (Stadt Duisburg 1978,V) gewährleisten.

Dies bedeutete für die Erneuerungsmaßnahmen in Duisburg-Hochfeld:

- vorrangige Förderung mit Landesmitteln nur im Zusammenhang mit der Standortprogrammplanung,

- Abhängigkeitszuwachs gegenüber den übergeordneten Planungsinstanzen in Bezug auf die Entwicklung präziser Erneuerungsvorstellungen.

Nachdem am 22.11.1971 der Rat der Stadt Duisburg den Beschluß über die vorrangige Aufstellung von Standortprogrammen gefaßt hatte, wurde die Standortprogrammplanung in Duisburg "durch die Standortanzeige vom 21.5.1973 (Drucksache 2016/1) eingeleitet. Der Anzeige liegt die Erkenntnis zugrunde, daß in einem stark von räumlichen Zäsuren geprägten Stadtgebiet mit einer Vielzahl auch kleinerer Siedlungsschwerpunkte und bei weitgehender Ausrichtung der Versorgung der Wohnbereiche auf Nebenzentren eine Konzentration der Investitionsmittel der öffentlichen Hand auf ein System von Standorten ausgerichtet sein muß, um trotz selektiver Förderung dem gesamten Siedlungsbereich der Stadt eine langfristige Entwicklungschance zu geben." (Stadt Duisburg 1978,VII)

Das vorgedachte System von Siedlungsschwerpunkten und Standorten wurde in Duisburg modifiziert. Angesichts der erheblichen räumlichen Segmentierung des Duisburger Stadtgebietes und der kontinuierlichen Bevölkerungsabnahme (v.a. Abwanderungsverluste) im Stadtgebiet findet nach Auffassung der Stadt Duisburg eine Konzentration der Investitionstätigkeit mit Mitteln der öffentlichen Hand sowie eine erreichbare Wohnverdichtung in den nur drei Standorten Duisburg-Hauptbahnhof, Duisburg-Marxloh und Duisburg-Süd, die im Nordrhein-Westfalen-Programm 75 vorgeschlagen sind, sehr bald ihre Grenzen; ein derartiges Grundkonzept hielt man in Duisburg mit seinen vielen Stadtteilen (aufgrund der Investitionskonzentration in wenigen) für politisch nicht vertretbar und seiner erheblichen Umstrukturierungen wegen für nicht durchführbar. Deshalb entschied sich 1973 die Stadt Duisburg für ein auf die spezifische Duisburger Situation abgestimmtes innerstädtisches zentralörtliches Gliederungssystem. Dadurch ist die Berücksichtigung der relativen Eigenständigkeit einzelner Stadtteile und die Chance zur Investitionsstreuung in Gebiete mit besonderen strukturellen Problemen, mit hoher Luftverschmutzung aufgrund der direkten Nachbarschaft zur Schwerindustrie gegeben.

Die Grundgedanken für Hochfeld als Standort kommen im Flächennutzungsplanentwurf 72/73 und im Erneuerungskonzept für Hochfeld mit der Ausweisung des Kerngebietes im Bereich des zentralen Haltepunktes der geplanten Stadtbahn an der Wanheimer Straße sowie der Wohnverdichtung in immissionsfreieren Lagen östlich der Wanheimer Straße zum Ausdruck. Damit sind in der Erneuerungsplanung für Hochfeld schon einmal drei grundsätzliche landesplanerische Zielvorstellungen formuliert:

- Schaffung eines schienengebundenen Schnellverkehrsnetzes,

- die Verdichtung der Wohnnutzung sowie

- der Tertiärbereichsnutzung im engeren Umkreis der Haltepunkte des Schnellverkehrsnetzes.

In den "Vorläufigen Richtlinien für die Aufstellung von Standortprogrammen" war bereits das angedeutet, was später mit Inkrafttreten des sogenannten "Abstandserlasses" (vom 25.7.1974) rechtlich fixiert wurde: die besondere Berücksichtigung der Beeinträchtigungen von Wohngebieten durch Industrie- und Gewerbeemissionen im Rahmen der Bauleitplanung. Dahinter steht das Konzept der Entflechtung von Wohnen und Industrie, welches - auf bereits bestehende Gemengelagen angewandt - fast stets die Schaffung von Trennzonen auf Kosten der Wohnbausubstanz zur Folge hat.

Beide Instrumente (Standortprogramme und Abstandserlaß) zielen auf die Umstrukturierung des existierenden Siedlungsgefüges ab, u.a. mit dem Ziel der "Siedlungslenkung: hin zu bevorzugt zu entwickelnden Räumen (was stillschweigend impliziert: weg von bestimmten Räumen). In diesem Sinne ist die Standortprogrammplanung automatisch korrespondierendes Instrument zum Abstandserlaß." (Krau 1976,139)

Die Landesplanung verfolgt also insgesamt "ein mehr oder weniger klares Konzept: Entflechtung von Industrie und Wohnen und Konzentration der Wohnsiedlungsberei-che auf Schwerpunkte" (ebd.). Die Grundidee dieses Konzeptes war bereits in den "Vorläufigen Richtlinien für die Aufstellung von Standortprogrammen" angelegt, wenn sie auch zusätzliche rechtliche Konkretion erst drei Jahre später mit dem "Abstandserlaß" erhielt.

Vor dem Hintergrund dieser landesplanerischen Zielsetzungen und der Förderab-hängigkeit gegenüber dem Land werden die Ziele für die Erneuerung Hochfelds zu-sätzlich plausibel:

WAS SOLL IN HOCHFELD PASSIEREN?

BEGRENZUNG DER INDUSTRIE

Die Industriebetriebe in Hochfeld belasten die Umwelt, sind aber für Duisburg wichtig. Industrieerweiterungen soll es in Hochfeld jedoch nicht mehr geben. Das Industriegebiet soll auf den Bereich westlich der Werthauser Straße/Wörthstraße begrenzt bleiben.

UMGEHUNGSSTRASSE STADT-BAHN FUSSGÄNGERSTRASSE

Die Stadt will den Nord-Süd-Verkehr und den Verkehr von der Rheinhauser Brücke auf einer Umgehungsstraße um Hochfeld herumleiten. Die Straßenbahn auf der Wanheimer Straße soll von einer unterirdischen Stadtbahn abgelöst werden. Damit wird der Einkaufsbereich Wanheimer Straße erheblich entlastet und kann – ähnlich wie der Sonnenwall – zu einem Teil in eine attraktive, zentrale Fußgänger-Basarstraße umgestaltet werden. Das soll Geschäftsleute und Hauseigentümer zu Investitionen anregen.

PUFFERZONE ZWISCHEN INDUSTRIE UND WOHNEN

Es soll niemandem zugemutet werden, zwischen der geplanten Umgehungsstraße und den Industriebetrieben zu wohnen. Dieses Gebiet soll Gewerbegebiet (keine Industriebetriebe) werden und Pufferzone zwischen Industrie im Westen und Wohnen im Osten sein. Hier ist auch der Neubau der Kläranlage vorgesehen. Heute leben in diesem Bereich noch etwa 4000 Menschen. Sie sollen ihre Wohnungen räumen und umziehen, und zwar entweder in die vor-gesehenen Ersatzgebiete oder in Neubaugebiete wie Neumühl und Huckingen (Angerbogen) oder in frei werdende Altbauwoh-nungen.

VERBESSERUNG DER ÖFFENTLICHEN EINRICHTUNGEN

Voraussetzung für gute Wohnverhältnisse sind genügend öffent-liche Versorgungseinrichtungen. In Hochfeld wird bereits 1974 mit dem Bau eines Kindergartens für 120 Kinder begonnen. Die Schule Gitschiner Straße wird zum Schulzentrum für die Sekun-darstufe I ausgebaut. Alteneinrichtungen sind geplant, Grün-flächen und Kinderspielplätze vorgesehen.

BESSERE WOHNUNGEN

Wohnen in Hochfeld ist innenstadtnah und insofern günstig. Es gibt bereits gute Wohnmöglichkeiten, z. B. am Böninger Park, aber ein großer Teil der Hochfelder Wohnungen ist überaltert. Erhaltenswerte alte Wohngebäude sollen vor dem Verfall gerettet und modernisiert werden. Die neue Bebauung in den vorgesehe-nen Ersatzgebieten soll das Angebot an guten Wohnungen ver-größern.

PRIVATINITIATIVE

Die Stadt kann nur einen Teil der notwendigen Veränderungen in Hochfeld beeinflussen. Sie kann zum Beispiel für Straßen, Stadt-bahn, Spielplätze, Ersatzwohnungen sorgen. Der andere Teil hängt von den privaten Eigentümern und Geschäftsleuten ab. Die Stadt hofft, durch ihre Initiative auch die Privatinitiative anzu-reizen.

(Informationsbroschüre der Stadt Duisburg: Duisburg-Hochfeld Stadterneuerung)

Grundsätzlich bleiben die Sanierungsziele im Verlauf dieser 15 und mehr Jahre gleich, sie erfahren jedoch jeweils spezifische Ausformungen, die im wesentlichen instrumentenabhängig sind. Nach außen hin waren die Ziele im Verlauf dieser Zeit nie gleichermaßen deutlich benannt. Sie gewannen in dem Maße an Eindeutigkeit, wie das primäre Sanierungsziel - Vorhaltung potentieller Erweiterungsflächen für die Industrie - mehr und mehr in den Hintergrund und begleitende Ziele in den Vordergrund treten konnten.

3. Die Sanierung wird konkret - das Städtebauförderungsgesetz bietet das entsprechende Instrumentarium

Mit dem Städtebauförderungsgesetz wurde im Juli 1971 das bodenrechtliche Instrumentarium geschaffen, das der Stadt Duisburg die Chance gab, das bis zu räumlichen und organisatorischen Vorstellungen hin konkretisierte Erneuerungskonzept zügig mit Finanzhilfen des Bundes und des Landes durchführen zu können. Es mußte jedoch vorher den Anforderungen des Städtebauförderungsgesetzes nach vorbereitenden Untersuchungen zum Nachweis der Sanierungsbedürftigkeit entsprochen werden.

Welche Funktion die Bestandsanalyse innerhalb der Vorbereitenden Untersuchungen nach § 4 StBauFG für die Zielbildung und -ableitung hatte oder umgekehrt: welche Einwirkungen die bereits präzise gefaßten Zielvorstellungen wiederum auf die Struktur und Funktion der Bestandsanalyse hatten, soll schwerpunktmäßig in diesem Abschnitt beschrieben werden.

● Vorbereitung notwendiger Planungsschritte im Vorgriff auf das Städtebauförderungsgesetz: der Sanierungsplan

Bereits vor Inkrafttreten des Städtebauförderungsgesetzes wurde bei der Stadtverwaltung Duisburg in Hinblick auf das kommende Instrumentarium eine Arbeitsgruppe "Sanierung" gebildet, die im Dezember 1970 erstmals zusammentrat. Die Arbeitsgruppe "Sanierung" ist durch Personal der einzelnen an der Sanierung eines Stadtteiles beteiligten Fachämter besetzt. Formal ist die Arbeitsgruppe dem Liegenschaftsamt angegliedert, das in Duisburg für alle Sanierungs- und Entwicklungsmaßnahmen die Federführung hat. Die Angliederung an das Liegenschaftsamt - mit Beginn des Städtebauförderungsgesetzes in vielen Gemeinden praktiziert - verdeutlicht die damalige Auffassung von Sanierung als Umlegungs- und Ordnungsprozeß und veranschaulicht ebenso die Einschätzung des Städtebauförderungsgesetzes als primär bodenrechtlich orientiertes Gesetzsinstrumentarium.

Die Arbeitsgruppe, die sich auch mit Sanierungsgebieten außerhalb Hochfelds beschäftigt, erarbeitete in Verbindung mit anderen Fachämtern Bewertungskriterien für Sanierungsgebiete und sollte für die Sanierung Hochfelds die Möglichkeiten der Datenauswertung durch die EDV erörtern. Dabei war vorgesehen, daß im Ermittlungsgebiet Hochfeld, das im Süden durch die Bahnlinie, im Westen durch die Industrie, im übrigen Bereich im wesentlichen durch die Heerstraße und Musfeldstraße unter Einschluß der Flächen des städtischen Fuhrparks und der Firma Kanold begrenzt war, die bereits vorliegenden Daten eines Datenkatalogs (GWZ, VZ) nach bestimmten Bewertungskriterien ausgewertet werden sollten. Die Auswertung sollte Aufschluß geben über Bereiche, in denen Flächensanierung, Bereiche, in denen Objektsanierung, und Bereiche, in denen keine kommunale Intervention notwendig ist.

Das Ergebnis der Auswertung sah die unmittelbar an die Industrie angrenzenden Bereiche als Flächensanierungsbereiche und die Bereiche entlang der Wanheimer

Straße als Objektsanierungsbereiche vor. Damit wurden die bisherigen Vorstellungen für die Erneuerung Hochfelds bestätigt: Schaffung der Trennzone zwischen Industrie- und Wohngebieten auf Kosten der Wohnbausubstanz mit der späteren Ausweisung zum Gewerbe- bzw. Industriegebiet. Für eine derartige städtebauliche Entwicklung sah die Stadt eine Sanierungsmaßnahme nach dem Städtebauförderungsgesetz als notwendig an und sah den Bereich des Räumungs- bzw. Flächensanierungsgebietes als Untersuchungsgebiet im Sinne des § 4 StBauFG vor.

Das Erneuerungskonzept für Hochfeld beabsichtigte für die östlichen, weniger immissionsbelasteten Bereiche eine Verdichtung der Wohnnutzung, um Ersatzwohnraum für die Sanierungs- bzw. Umsetzungsbetroffenen zu gewinnen. Diese Gebiete sollten zunächst nicht mit ins Untersuchungsgebiet gezogen werden, weil eine mögliche Inanspruchnahme dieser Bereiche als Ersatz- und Ergänzungsgebiete im Sinne des § 11 StBauFG die Verlagerung der dort ansässigen Gewerbebetriebe zur Voraussetzung hätte und man befürchten mußte, daß die betroffenen Gewerbebetriebe nur schwerlich für eine Verlagerung zu gewinnen seien. Die Ausweisung dieser Bereiche als Untersuchungsgebiete sollte erst erfolgen, nachdem im Rahmen der notwendigen Beteiligung der Betroffenen im vorgesehenen Untersuchungsgebiet die nachdrückliche Forderung nach einem Verbleiben in Hochfeld bei Umsetzung laut würde.

Die Stadt Duisburg entschied sich für ein Sanierungsverfahren nach Städtebauförderungsgesetz, weil Bundes- und Landesmittel beansprucht werden konnten, weil mit dem Städtebauförderungsgesetz das bodenrechtliche Instrumentarium geschaffen war, um Enteignungsverfahren reibungsfrei einzuleiten und weil eine zügige Durchführung der angestrebten Maßnahmen gewährleistet schien. "Ein entscheidender Nachteil" eines Verfahrens ohne Städtebauförderungsgesetz "bestand darin, daß über lange Jahre hinweg das Wohnen aus dem Gewerbegebiet ungeordnet herausgedrängt und die gewerblichen Nutzungen sich weitgehend unkontrolliert entwickeln würden. Es würde also während vieler Jahre ... eine abnehmende Wohnqualität in dem zukünftigen Gewerbegebiet hingenommen werden müssen. Die Betroffenen würden sich nicht auf den Rechtsschutz stützen können, den das Städtebauförderungsgesetz bei Sanierungsmaßnahmen vorsieht (Beteiligung der Betroffenen, Sozialplan)." (Planungsausschußvorlage, Sachstandsbericht vom 1.12.1972,3)

Die Arbeitsgruppe "Sanierung" versuchte in einem Ablaufschema zu veranschaulichen, wie sich der praktische Verlauf Vorbereitender Untersuchungen für eine Sanierung in Hochfeld in den wesentlichen Schritten darstellen könnte.

Nach Ratsbeschluß über den Beginn vorbereitender Untersuchungen und Festlegung des Untersuchungsgebietes könnten die Vorbereitenden Untersuchungen anlaufen, "bei denen es zunächst um zweierlei geht: einmal um die Beteiligung der Betroffenen (Information und Befragung) sowie um die Stellungnahme der Träger öffentlicher Belange, zum zweiten um die Bestandsaufnahme bzw. deren Auswertung.

Die Ergebnisse der Beteiligung (Befragung) und der Bestandsaufnahme sind auszuwerten, deren Konsequenzen für die Planung und Durchführung, die Kosten und Finanzierung, die Abgrenzung des Sanierungsgebietes sowie für den 'Sozialplan' (Ersatz- und Ergänzungsgebiete) zu erarbeiten. Diese Auswertung ist nach Vorberatung durch die Ausschüsse dem Rat zur Entscheidung vorzulegen. Für den Rat stellen sich dann dreierlei Entscheidungsmöglichkeiten:

Es kann bereits zu einer förmlichen Festlegung eines Sanierungsgebietes kommen. Alternativ kann das Ergebnis sein, daß die Absicht, eine Sanierung durchzuführen, aufgegeben wird, Als dritte Alternative kann die Ratsentscheidung lauten, es sind noch vertiefende bzw. ergänzende vorbereitende Untersuchungen notwendig. Eine 'Rückkoppelung' ist vor allem denkbar in der Weise, daß aufgrund der Befragung der Betroffenen die Ersatzgebiete notwendig werden und dann dort gleichfalls vorbereitende Untersuchungen notwendig werden.

Entscheidender erster Schritt für eine Beteiligung der Betroffenen ist eine eingehende Information. Nur Bürger, die informiert sind, können Planungen diskutieren und sich zu ihnen äußern. Je eingehender die Information ist, um so qualifizierter werden die Antworten der Betroffenen sein können, um so eher ist deren Verständnis für die Sanierung zu gewinnen.

Die Information muß Aussagen enthalten über die Notwendigkeit der Sanierung und über die Planung sowie die Durchführung der Sanierung. Zwar werden auch die übergeordneten Zusammenhänge dargelegt werden müssen; entscheidend ist jedoch für die Betroffenen, daß die Information auf die Probleme vorrangig eingeht, die sich für die Betroffenen aus deren Sicht durch eine Sanierung ergeben." (ebd.,4)

Bei der Bestandsaufnahme "geht es vor allem um die Auswertung inzwischen vorliegender Bestandsdaten. Zu den sozialen Verhältnissen wird die Befragung der Betroffenen Bestandsdaten ergeben. Notwendig wird auch eine genaue Bewertung der vorhandenen Grundstücks- und vor allem Gebäudesubstanz." (ebd.)

Die Arbeitsgruppe 'Sanierung' hat nach der Analyse des in seiner Praxis noch unbekannten Instrumentariums Städtebauförderungsgesetz abgeklärt, welche personellen Voraussetzungen in den einzelnen, beteiligten Ämtern gegeben sein müßten, um selbst als Kommunalverwaltung vorbereitende Untersuchungen nach dem Städtebauförderungsgesetz durchführen zu können.

Es wurde hierzu auf den von der Vereinigung der kommunalen Spitzenverbände in Zusammenarbeit mit dem Innenministerium NW ausgearbeiteten Mustervertrag über die Vorbereitung städtebaulicher Sanierungsmaßnahmen, der später dann in den Katalog über Untersuchungen zur Vorbereitung städtebaulicher Sanierungsmaßnahmen mündete, zurückgegriffen. Da die personellen Voraussetzungen nicht vorhanden waren, erschien es der Arbeitsgruppe 'Sanierung' unter diesen Bedingungen nicht vertretbar, einen Ratsbeschluß über den Beginn vorbereitender Untersuchungen herbeizuführen, solange nicht entweder der verwaltungsinterne personelle Fehlbedarf gedeckt ist oder ein geeignetes Fachinstitut eingeschaltet wird.

Deshalb wurden im Mai 1973 erste Informationsgespräche über eine Beteiligung an den vorbereitenden Untersuchungen mit fünf Fachinstituten geführt, die kurze Zeit später Angebote einreichten.

- Instre, Institut für Stadt- und Regionalentwicklung, Bochum-Stiepel:
  Instre unterteilte das Untersuchungsgebiet in die beiden Bereiche östlich und westlich der neuen Umgehungsstraße. Für den Bereich westlich der Umgehungsstraße sah das Institut in Hinblick auf das Flächennutzungskonzept Hochfeld eine Flächensanierung auch als notwendig an, während es für den östlichen Bereich die Überprüfung der Objektsanierungsmöglichkeit vorschlug. Aufgrund dieser unterschiedlichen Sanierungsmöglichkeiten hielt Instre eine Differenzierung des Untersuchungsansatzes für erforderlich.

- Prognos AG, Basel:
  Ausgangspunkt der Untersuchung sollte ebenfalls das vorhandene Flächennutzungskonzept darstellen, wobei sich jedoch erst im Laufe der Untersuchung ergeben sollte, ob aus der Interessenlage der Betroffenen heraus dieses Konzept weiter verfolgt werden könne, oder ob eine Änderung des Konzeptes zu erwägen sei.
  Der methodische Ablauf der Untersuchung war so angelegt, daß durch Rückkopplung (Diskussion mit den Betroffenen und der Stadt) von der Grobanalyse - mit zuerst repräsentativen Aussagen - schrittweise ein sich immer weiter verfeinerndes Konzept für die Sanierung, unter Berücksichtigung der individuellen Probleme und der finanziellen Durchsetzbarkeit, erarbeitet werden konnte. Zur Information der Betroffenen empfahl Prognos u.a. die Einrichtung einer "Informationsstube" im Untersuchungsgebiet.

- LEG, Landesentwicklungsgesellschaft Nordrhein-Westfalen, Düsseldorf:
  Die LEG hatte für die vorbereitenden Untersuchungen in Hochfeld keine besondere Konzeption entwickelt, sondern lediglich allgemeine Angaben zur
  Durchführung der Untersuchungen gemacht. Die Leistungen ergaben sich aus
  einem Mustervertrag der LEG.

- GEWOS, Gesellschaft für Siedlungs- und Wohnungswesen mbH, Hamburg:
  Die GEWOS versuchte in ihrem Angebot sehr präzise auf die Vorstellungen
  und Ziele der Stadt einzugehen, und machte das Flächennutzungskonzept auch
  zur Basis ihrer Untersuchungen.

- Wohn- und Geschäftsbau Sanierungsträger GmbH, Duisburg:
  Diese ortsansässige Gesellschaft hatte von der Abgabe eines Angebotes abgesehen, da der Schwerpunkt ihrer Arbeit bei der Durchführung von Sanierungsmaßnahmen, nicht aber deren Vorbereitung liege.

Alle Fachinstitute machen für die Konzeption ihrer vorbereitenden Untersuchungen das Flächennutzungskonzept Hochfeld als Darstellung der räumlichen
Konkretion städtischer Ziele zum Ausgangspunkt ihrer Untersuchungen. Die darin enthaltenen Ziele werden lediglich in der Untersuchungskonzeption der
Prognos - je nach Interessenlage der Betroffenen - in Frage gestellt und
gelten nicht als unumstößlich. So zeichnet beispielsweise die Aufgabenformu-
lierung der GEWOS bei der Angebotsabgabe bereits recht präzise Ziele vor bzw.
nach:

"Die Nutzung dieses Gebietes mit überwiegend Wohnen widerspricht in ihrer unmittelbaren Angrenzung an die Industriefläche durch außerordentliche Emis-
sionsbelastung (Luftverschmutzung durch Staub und Geruch, Lärm durch Schwer-
verkehr und Betriebe) allen Maßstäben an gesunde Wohn- und Umweltverhältnis-
se. In die Substanz des Gebietes muß aufgrund übergeordneter Verkehrsplanun-
gen überdies erheblich eingegriffen werden. Die neu auszubauenden Trassen
werden die Belastung durch Lärm und Luftverschmutzung noch erheblich erhöhen.
Das Gebiet wird daher ungeachtet der technischen Substanzqualitäten von Wohnen großflächig geräumt und in Gewerbeflächen umgewidmet werden müssen. Die
Stadtverwaltung hat zu diesem Zweck in ihrer Flächennutzungskonzeption für
den Stadtteil Hochfeld geeignete Ersatzbauflächen ausgewiesen."

Trotz Uneinigkeit unter den drei Fraktionen, an welches Institut der Auftrag
vergeben werden solle, entschied sich der Rat auf Empfehlung der Verwaltung
mit der SPD-Mehrheit im Rat für die GEWOS, weil diese "nicht nur gute theoretische, sondern auch praktische Erfahrungen" aufweise. Die CDU-Fraktion hatte
die Prognos AG favorisiert unter dem Hinweis auf die guten Erfahrungen, die
die Stadt Duisburg mit der Prognos AG in Bezug auf das Gutachten für die Ge-
samthochschule gemacht habe. Die Prognos AG wurde jedoch von vorneherein zusammen mit der LEG sowohl in der Verwaltungsempfehlung als auch von der SPD-
Fraktion ausgeschlossen:

- die LEG, weil sie keine überzeugenden Vorschläge gemacht habe,

- die Prognos AG, weil der Sitz des Institutes zu weit vom Untersuchungsgebiet entfernt sei.

Gegenüber Instre hatte die GEWOS den Vorteil, daß die Verwaltung ihr auch die
Bearbeitung "städtebaulicher Probleme" zutraute und sie bei Instre das Schwer-
gewicht in der Bearbeitung "wirtschaftlicher und soziologischer Untersuchungen"
sah.

Darüberhinaus verfügte zum damaligen Zeitpunkt die GEWOS von allen privaten
Instituten zugestandenermaßen über die größten theoretischen und praktischen
Erfahrungen mit den vorbereitenden Untersuchungen nach Städtebauförderungsge-
setz.

Abb. 8-11
Bilder des Hochfelder Alltags:
Die nahen Industrieanlagen überragen
die teils leergezogenen, teils noch
bewohnten Wohnhäuser - Wohnen im
Rauchschatten der Industrie.
Ausländer-Kinder auf dem Heimweg von
der Schule, in der sie in der Über-
zahl sind - der Ausländeranteil in
Hochfeld wächst kontinuierlich.
Aufgebrochene Blöcke und leere, öde
Brachflächen prägen das Erscheinungs-
bild - die in Teilen realisierte
Trennzone.

Auf Seiten der Verwaltung sah man sicherlich in der Vorgehensweise der GEWOS recht zügig die formale Vorbereitung des im Prinzip schon bestehenden Erneuerungskonzeptes gewährleistet.

● Der Einfluß der Standortprogrammplanung auf die vorbereitenden Untersuchungen

Wir haben gesehen, in welcher Weise die Orientierung an der Landesplanung die Ziele für die Sanierung Hochfelds im speziellen geprägt hat. In welcher Form und in welchem Umfang die Standortprogrammplanung bereits vor Beginn der vorbereitenden Untersuchungen Einfluß hatte auf die Struktur und Funktion der Bestandsanalyse, ist eine weitere Fragestellung.

Die Standortprogrammmplanung ist von ihrer Idee her angelegt als ein Prinzip übergreifender koordinierter Planung. In diesem Zusammenhang erhalten die vorbereitenden Untersuchungen nach Städtebauförderungsgesetz als Daten- und Informationsgrundlage eine spezifische Funktion: Sie ersetzen bei der Kombination von Standortprogramm- und Sanierungsplanung die für die Aufstellung von Standortprogrammen notwendige Datenbeschaffung. Der Prozeß der Bestandsaufnahme bei der Erneuerung Hochfelds hatte somit nicht nur den instrumentellen Anforderungen des Städtebauförderungsgesetzes sondern auch der Standortprogrammplanung zu folgen.

"Die vorläufigen Richtlinien für die Aufstellung von Standortprogrammen ... wurden zur Regelung planerischer Inhalte und des Verfahrens herausgegeben. Sie machen neben der Festlegung auf die genannten materiellen Inhalte einen umfangreichen Katalog von Erhebungen und Untersuchungen sowie einen großangelegten Abstimmungs- und Kostenermittlungsprozeß obligatorisch." (Stadt Duisburg 1978, II) Insbesondere sind Bedarfsermittlungen für die einzelnen Nutzungsarten, v.a. für öffentliche Einrichtungen, Aussagen über die funktionelle Verflechtung des Standortes mit der Gesamtstadt sowie Aussagen zur Infrastruktur notwendig, was eine recht breit angelegte Bestandsanalyse erforderlich macht.

Die staatlichen Aufsichtsbehörden bestehen in aller Regel auf der Erfüllung der Anforderungen; die Kommunen sind primär nicht an der Datengewinnung als Entscheidungsgrundlage interessiert, dies ist lediglich ein Vehikel, Voraussetzung für ihr primäres Interesse, einen möglichst günstigen Zugriff zu Fördermitteln zu gewährleisten. Folglich versuchen sie, den Erhebungsaufwand auf das Notwendigste zu reduzieren.

"Die Bestandsanalyse, die als wichtige Grundlage eines jeden Standortprogramms angesehen werden muß, hängt wesentlich vom verfügbaren Datenmaterial und seiner Aufbereitung ab. Der Zeitpunkt vor der nächsten Großzählung wirkt sich insoweit wegen des Alters der vorhandenen Daten (GWZ 1968; VZ,AZ 1970) negativ aus. Daher wurde die Bestandsanalyse auf die Aussagen beschränkt, die noch eine gewisse Aussagekraft haben und für den Planungsprozeß von Bedeutung sind ... Nach dem Vorliegen der neuen Daten 1976 soll überprüft werden, inwieweit eine breiter angelegte Datenanalyse sinnvoll ist." (Stadt Duisburg 1974,9)

Für den Standort Hochfeld wurde im Standortprogramm I (Entwurf) immer wieder in den Bereichen Grunddaten zur Struktur des Standortes, Planung der Gemeinbedarfseinrichtungen u.a. auf die Übernahme der Daten und des Konzeptes der GEWOS verwiesen (vgl. ebd., 10-11). Die vorbereitenden Untersuchungen nach § 4 Städtebauförderungsgesetz ersetzten also in diesem Fall die notwendige Datengrundlage sowie die notwendigen Aussagen im Rahmen der Standortprogrammplanung, was wesentlichen Einfluß auf die Inhalte der vorbereitenden Untersuchungen - gerade im Hinblick auf die Schwerpunktsetzungen des Leistungsverzeichnisses im Allgemeinen und auf die Merkmalsauswahl bei der Bestandsanalyse im Detail - hatte. Hinzu kommt, daß natürlich eine inhaltliche Koordination zwischen Sanierungsvorbereitung und Standortprogrammplanung - schon allein vom Anspruch der Standortprogrammplanung als eine Form übergreifender Planung - stattfinden mußte.

Um die notwendige Koordination aus der Sicht der Landesregierung Nordrhein-Westfalen zu fixieren, hatte sie per Runderlaß des Innenministers vom 25.4.1972 in der Anlage 1 einen "Katalog über Untersuchungen zur Vorbereitung städtebaulicher Sanierungsmaßnahmen" - wenn auch im Umfang dehnbar, so doch - bindend gemacht, der sich in einigen Punkten - sicherlich jedoch in den Punkten: die Gemeinde im Raum, funktionelle Verflechtung des Standortes, Infrastrukturbedarf und Kosten und Finanzierung - zusätzlich an der Standortkonzeption orientiert.

● Die vorbereitenden Untersuchungen nach § 4 Städtebauförderungsgesetz

Im Juli 1973 wurde das Untersuchungsgebiet exakt festgelegt und der Beginn vorbereitender Untersuchungen beschlossen.
Im September 1973 schloß die Stadt Duisburg mit der GEWOS GmbH einen Vertrag über vorbereitende Untersuchungen ab, der in seinem Leistungsbild auf dem Leistungsangebot der GEWOS basierte:

Öffentlichkeitsarbeit
Nach Erarbeitung der Begründung des Sanierungsverdachts und -anlasses des Untersuchungsgebietes sowie einer Darstellung der Entwicklungsziele und Nutzungsverteilung für Hochfeld auf der Basis des Flächennutzungskonzeptes faßt die GEWOS die Ergebnisse als Druckvorlage für eine Informationsbroschüre an alle Betroffenen im Untersuchungsgebiet zusammen. Hierdurch soll eine rechtzeitige Unterrichtung der Betroffenen erreicht werden. Diskussion der Sozialstudie und jetzigen Planungs- und Sanierungsvorstellungen in einer öffentlichen Veranstaltung

Bauliche Bestandsanalyse
Bauliche Bestandsaufnahme (Grobanalyse unter Verwendung der Daten der Gebäude- und Wohnungszählung 1968) im südlichen Teil des Untersuchungsgebietes (Erweiterungsgebiet gemäß Beschluß des Planungsausschusses vom 1.12.1972, Drucksache 3132) nach den Merkmalen Geschoßflächenübersicht, Gebäudezustand, Wohnungszustand, Grundstücksnutzung. Auswertung der vorhandenen städt. Bestandsdaten für das gesamte Untersuchungsgebiet.

Bericht über die bauliche Bestandsanalyse und Kartierung der wichtigsten Faktoren.

Sozialstudie
Befragung der Betroffenen (ca. 2.200 Haushalte, 160 Gewerbetreibende, 220 Grundeigentümer) mit dem Ziel der

- Erfassung der sozialen Verhältnisse und Zusammenhänge

- Erfassung der Einstellung und der Mitwirkungsbereitschaft

- Erfassung der möglichen nachteiligen Auswirkungen der Sanierung auf die Betroffenen.

Analyse der Befragungsergebnisse in schriftlicher und graphischer Darstellung, Grundsätze für den Sozialplan.

Erstellung einer Erörterungskartei als Grundlage für die nach dem StBauFG vorgeschriebene laufende Erörterung mit den Betroffenen während der Sanierung und Einweisung des Erörterers in Hamburg in seine Aufgaben

Planungsziele/Planungsanalyse
Befragung der Träger öffentlicher Belange, Erarbeitung der Planungsziele unter Berücksichtigung der Einstellung der Betroffenen.

Analyse des Planungsspielraums (Kapazitätsanalyse, Strukturkonzepte), Diskus-
sion der Planungsziele und -analyse in einer öffentlichen Versammlung

Funktionsanalyse/Flächenprogramm
Wohnen, soziale Infrastruktur (über das Untersuchungsgebiet hinaus), Wirt-
schaft (über das Untersuchungsgebiet hinaus), Verkehr, Flächenbilanz nach
Nutzungsarten. Begründung der Sanierungsbedürftigkeit aufgrund funktionaler
Mängel

Erneuerungskonzeption
Funktions- und Nutzungsplan, Verkehrsplan, Kartierung aller abzubrechenden Ge-
bäude, Bebauungsentwurf für Wohnnutzung und Wohnfolgeeinrichtungen, Abgrenzung
von Maßnahmeabschnitten

Kosten- und Ertragsübersicht (maßnahmeabschnittsweise)

unrentierliche Kosten, Kosten von öffentlichen Neubaumaßnahmen, Kostenüber-
sicht

Das Flächennutzungskonzept und damit die Zielvorstellungen für die Sanierung
Hochfelds wurden - vertraglich fixiert - zur Grundlage für die vorbereitenden
Untersuchungen.

Das Leistungsangebot entsprach bisherigen Angeboten der GEWOS für andere Gemeinden. Es dokumentierte einen gewissen Erfahrungshintergrund mit dem noch relativ
jungen Gesetz (zum damaligen Zeitpunkt führte die GEWOS in Nordrhein-Westfalen
u.a. in Mönchengladbach-Eicken und in Hagen-Haspe vorbereitende Untersuchungen
durch). Zugleich orientierte sich das Leistungsangebot an dem Katalog über Untersuchungen zur Vorbereitung städtebaulicher Sanierungsmaßnahmen des Innenministers
von Nordrhein-Westfalen, der ebenfalls zu einer Vertragsbindung wurde.

Neben den damaligen praktischen Erfahrungen mit dem Städtebauförderungsgesetz
hatte die GEWOS auch theoretische vorzuweisen. 1972 legte sie eine Forschungs-
arbeit "Sanieren - aber wie?" vor, die im Auftrage des Bundesministers für
Städtebau und Wohnungswesen erstellt wurde. Es handelt sich dabei - so der
Untertitel - um eine Systematik der Vorbereitung städtebaulicher Sanierungsmaß-
nahmen.

Der Aufbau und Ablauf der vorbereitenden Untersuchungen der GEWOS spiegelt die
schon mit Beginn des Städtebauförderungsgesetzes beinahe "klassische" Ablauf-
kette wider: die Bestandsaufnahme und die Auswertung der gewonnenen Daten, nachfolgend die Zielbildung mit der Formulierung des Erneuerungsprogramms, danach
die Erneuerungskonzeption mit einigen Teil-Alternativen sowie abschließend das
Durchführungskonzept mit der Kosten- und Finanzierungsübersicht.

Dabei baut in einem scheinbar linear-logischen Ablauf der jeweils nachfolgende
Untersuchungsschritt auf dem vorherigen auf. In diesem wie in anderen Fällen
wird beim Betrachten der Untersuchungsablauf-Schemata unweigerlich der Glaube
an Planungs-"Rationalität" wachgerufen.

Im Oktober 1973 begann die GEWOS die vorbereitenden Untersuchungen zunächst in
Zusammenarbeit mit Rat und Verwaltung mit einer Informationsphase. Bis Februar
1974 schloß sich die Bestandsaufnahme (baulich-technische Bestandsanalyse und
Sozialstudie) an.

Die GEWOS unterteilte das Untersuchungsgebiet entsprechend den Zielen des Erneuerungskonzeptes in zwei Bereiche:

- in den nordwestlichen, unmittelbar an die Industrie angrenzenden Bereich
  (Extensivgebiet),

- in den südöstlichen, kleineren Bereich (Intensivgebiet).

DUISBURG–HOCHFELD STADTERNEUERUNG

ABLAUFPLANUNG

GEWOS GMBH HAMBURG

STAND AUGUST 1973

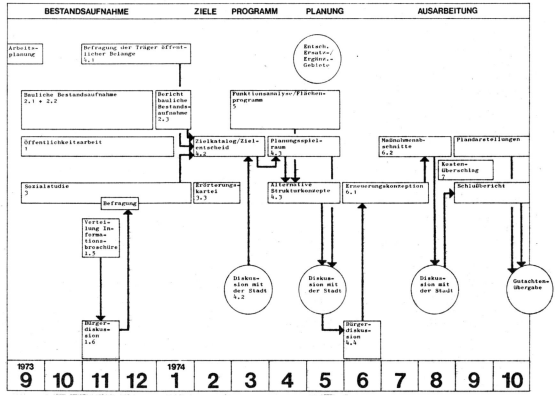

Abb. 12: Ablaufschema der vorbereitenden Untersuchung

Das gesamte Untersuchungsgebiet umfaßte eine Fläche von 43 ha mit etwa 2.500 Wohnungen und rund 5.500 Einwohnern. Auf das Intensivgebiet entfielen davon mit etwa 6 ha ungefähr 1.500 Einwohner.

Für das Extensivgebiet führte die Stadt den Sanierungsverdacht "auf funktionale Mängel, nämlich unzumutbare Wohnverhältnisse durch Industrieimmissionen" (GEWOS 1975b,57) zurück. Aufgrund dieser funktionalen Mängel sollte dieser Bereich von Wohnbebauung geräumt werden, unabhängig von der baulich-technischen Qualität der Bausubstanz im einzelnen. Deshalb erübrigte sich die baulich-technische Intensivuntersuchung nach dem GEWOS-Bewertungssystem, u.a. auch aufgrund eines Hinweises vom Innenministerium und von der Landesbaubehörde Ruhr,daß die Sanierungsbedürftigkeit mit dem Nachweis funktionaler Mängel schon aufgrund der Lage des Untersuchungsgebietes zur Industrie gegeben sei. (Informationsgespräch am 13.09.1973) Die GEWOS verwies für diesen Bereich auf die von der Stadt durchgeführte Baubestandsanalyse, die jedoch lediglich eine Grobanalyse der Daten der GWZ 1968 war.

Die Einschränkung des Erhebungsaufwandes im - als Räumungszone vorherbestimmten - Extensivgebiet erscheint plausibel, fragt Funktionssanierung ja nicht nach dem Zustand der Gebäude,. um die Sanierungsbedürftigkeit festzustellen, sondern allenfalls um im Sinne des Kosten- und Finanzierungsplanes die Sanierungsmöglichkeiten zu erfragen.

Das Intensivgebiet galt als "sanierungsverdächtig im Sinne einer Modernisierung". (GEWOS 1975b,57) Folglich führte die GEWOS in diesem Bereich die baulich-

163

technische Intensivuntersuchung durch, um konkrete Hinweise über Art und Umfang notwendiger Modernisierungsmaßnahmen zu erhalten.

Hierbei orientierte sie sich an dem eigens ausgearbeiteten Bewertungssystem. Mit diesem Bewertungssystem hat die GEWOS die Sanierung in zahlreichen Städten der Bundesrepublik vorbereitet. Die Baubestandsanalyse in Hochfeld basiert auf folgenden Erhebungen: Art und Maß der Grundstücksnutzungen, Verteilung des Grundeigentums und der Grundstücksgrößen; gebäudebezogene Aussagen zum Bauzustand und Brandschutz; Wohnungszustand nach internen und externen Mängeln. Während die Erhebung der grundstücksbezogenen Daten beinahe ausschließlich deskriptiv ist, stecken in den Aussagen zum Wohnungs- und Gebäudezustand eine Reihe normativer Festsetzungen und Bewertungsstandpunkte. Die Gesamtbewertung des Wohnungs- und Gebäudezustandes in Form von Kartierung der Substanz- und Wohnungsindizes ist nicht nachvollziehbar, kennt man nicht die im Verfahren angelegten Bewertungsstandpunkte. Letztendlich ist das Bewertungssystem der GEWOS im wesentlichsten dadurch gekennzeichnet, daß anhand "kritischer Marken" festgestellte Mängel mit dem ungefähren wirtschaftlichen Gewicht ihrer Abstellung bewertet werden. (Vgl. Bundt/Roosch 1972,106ff. und Boll u.a. 1978,89ff.)

"Daß der ökonomische Maßstab beim GEWOS-System für die Mängelbewertung ausschlaggebend ist und das System ausdrücklich und unlösbar mit diesem Bewertungsansatz verkettet erscheint, fordert zur Kritik heraus: Soziale Aspekte werden zwangsläufig in den Hintergrund gedrängt." (Österreichisches Institut für Bauforschung 1975,71)

Die beiden Zielkomponenten, die im Städtebauförderungsgesetz angelegt sind, kristallieren sich für das Intensiv- und das Extensivgebiet heraus: "die Verbesserung der Lebensverhältnisse der wohnenden und arbeitenden Bevölkerung und die Funktionsertüchtigung von Gebieten" (Bundt/Roosch 1972,11).

"Mit diesen beiden Zielvorgaben sind die beiden Sanierungstatbestände angesprochen, die im Städtebauförderungsgesetz definiert sind, Substanzsanierung im Sinne der Wiederherstellung und Modernisierung alter Gebäude und Funktionssanierung im Sinne der Zuweisung neuer Aufgaben an ein Gebiet, die ihm unter übergeordneten Gesichtspunkten zufallen."(Hübner u.a. 1978,1123)

Die Ergebnisse der Baubestandsanalyse waren vorhersehbar. Der überwiegende Teil stark erneuerungsbedürftiger Bausubstanz liegt im Extensivgebiet, "das die Stadt für Flächensanierung vorgesehen hat und in dem die bauliche Bestandsaufnahme von der Stadt selbst durchgeführt wurde. In dem für Modernisierungsmaßnahmen vorgesehenen Intensivgebiet gibt es keinen nennenswerten Anteil erneuerungsbedürftiger Substanzen (...). Die Vorentscheidung der Stadt, das Intensivgebiet als Bereich für Modernisierungsmaßnahmen vorzusehen, erscheint gerechtfertigt." (GEWOS 1975b,69)

Zu einem anderen Erhebungsmerkmal führen die vorbereitenden Untersuchungen aus: "Kleine und damit für Flächensanierung und Reprivatisierung problematische Grundstücke von unter 200 m² tauchen überwiegend im südlichen Teil des Untersuchungsgebietes auf, der ohnehin für Modernisierungsmaßnahmen vorgesehen ist." (ebd.)

Die Baubestandsanalyse verfolgt damit rein durchsetzungsorientiert die Erfüllungsvoraussetzungen der im Erneuerungskonzept vorformulierten Sanierungsziele.

Gleichzeitig mit der Baubestandsanalyse wurde die Befragung der Haushalte, der Grundeigentümer und der Gewerbetreibenden eingeleitet. Die gewonnenen Daten dienten als Grundlage für die durchführungsbegleitende Sozialplanung. Die GEWOS selbst sah die Sozialstudie mit der Erarbeitung von Grundsätzen für den Sozialplan als das Kernstück der vorbereitenden Untersuchungen an. Aus ihrer Sicht sollte sie weniger den Charakter einer Datengrundlage für die Ziel- und Entschei-

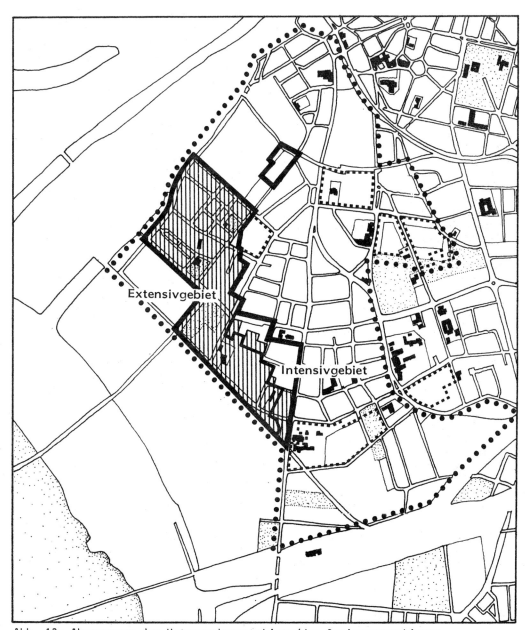

Abb. 13: Abgrenzung der Untersuchungsgebiete/des Sanierungsgebietes

 Ermittlungsgebiet 1970

 Untersuchungsgebiet I
nach §4 StBauFG

Untersuchungsgebiet II
nach §4 StBauFG (Ersatz- und Ergänzungsgebiete)

 Förmlich festgelegtes
Sanierungsgebiet 1977

dungsfindung haben (schließlich standen diese ja bereits fest), vielmehr sollte sie die Grundlage bilden für die Einschätzung sozialer Härten beim Umsetzungsprozeß. Das primäre Sanierungsziel, Schaffung der Trennzone auf Kosten der Wohnbausubstanz wurde damit von vorneherein konstatiert. Es war jedoch sozialpolitisch ohne einen geregelten Umsetzungsprozeß (bei rund 4.000 Betroffenen) nicht denkbar. Deshalb erfüllt die Sozialstudie in diesem Zusammenhang eine wichtige ziel- und durchsetzungsorientierte Funktion.

"Zwar kann die für Duisburg lebenswichtige Industrie nur mit unvertretbaren wirtschaftlichen Konsequenzen aus Hochfeld verlagert werden. Ihre Auswirkungen auf die Wohnverhältnisse können jedoch gemildert werden. Das ist allerdings nur möglich durch einschneidende Sanierungsmaßnahmen, die auch eine Nutzungsumwidmung der schon in ihrer Anlage verfehlten Wohngebiete bedingen, d.h. Flächensanierung. Für die dadurch hervorgerufenen sozialen Probleme bei den Bewohnern der betroffenen Gebiete, deren soziale Verflechtungen nunmehr eine Tatsache sind, gilt es, das vorhandene und noch auszubauende Instrument der vorbereitenden und durchführungsbegleitenden Sozialplanung voll auszunutzen." (GEWOS 1975b,51)

Wesentliches Ergebnis der Sozialstudie ist die starke Nahbereichsbindung der Bewohner Hochfelds. Die GEWOS stellt fest: "61% der Befragten wohnen gern im Gebiet, vorrangig dafür spricht für die meisten die zentrale Lage und der kurze Arbeitsweg (86% weniger als eine halbe Stunde, 51% gehen zu Fuß!). Etwa gleich hoch (63%) ist der Anteil,der auch nach einer Sanierung im Stadtteil bleiben möchte." (GEWOS 1975b,110)

Tatsächlich liegt der Anteil derjenigen, die auch nach der Umsetzung in Hochfeld wohnen bleiben möchten, sehr viel höher. Denn die Frage nach dem Wohnwunsch nach der Sanierung wurde von der GEWOS nie gestellt. Vielmehr lautete die Fragereihe:
- Beabsichtigen Sie, in absehbarer Zeit ihre Wohnung zu wechseln, wenn hier alles beim alten bleibt?
Und nur für diejenigen, die diese Frage mit "Ja" beantwortet haben, galt überhaupt die nächste:
- Wo möchten Sie nach dem von Ihnen beabsichtigten Wohnungswechsel wohnen? ... in Hochfeld?, in einem anderen Stadtteil?, außerhalb von Duisburg?
Damit wurden die Wohnwünsche nach der notwendigen Umsetzung von all denen nicht erfaßt, die eigentlich gar nicht ihre Wohnung verlassen wollten.

Ein weiteres Ergebnis der Sozialstudie: "Das Durchschnittsmonatseinkommen aller Haushalte liegt bei 1.160 DM. Daraus folgt, daß ohne zusätzliche Förderung für einen großen Anteil der Betroffenen eine Neubauwohnung im sozialen Wohnungsbau nicht infrage kommt. (...) Soziale Härten durch die angestrebten Maßnahmen sind nur zu vermeiden, wenn es gelingt, ein sehr großes Volumen von mietgünstigen Wohnungen im Stadtteil anzubieten. Hier liegt das Hauptproblem der durchführungsbegleitenden Sozialplanung." (ebd.)

Insgesamt entstand damit ein Wohnbedarf von rund 1.500 mietgünstigen Wohnungen.

Dieser Wohnbedarf, die starke Nahbereichsbindung und die geringe Mietzahlungsfähigkeit der Bewohner stellen die Stadt Duisburg vor kaum lösbare Probleme beim Umsetzungsprozeß. Die Stadt setzt große Hoffnungen in ein umfangreiches Ringtauschverfahren, wonach zahlungsfähigere Bewohner Hochfelds ihre Altbauwohnungen verlassen und in die angebotenen Neubauwohnungen ziehen sollen. Und die Umsetzungsbetroffenen mit geringer Mietzahlungsfähigkeit sollen in die freigewordenen Altbauwohnungen nachrücken. Eine zweite Hoffnung richtet die Stadt auf den allgemeinen Einwohnerschwund - gerade aufgrund von Abwanderungstendenzen -,der zusätzliche Wohnkapazität freiwerden lassen soll.

Nur der Trend zu beiden Lösungs-Hoffnungen läßt sich in Hochfeld nicht bestätigen. Durchaus feststellbare Abwanderungstendenzen deutscher Bewohner werden durch das unmittelbare Nachrücken ausländischer Einwohner kompensiert. Daher ist die Einwohnerzahl im Sanierungsgebiet beispielsweise in den letzten 10 Jahren annähernd konstant geblieben (jedoch mit einem steigenden Anteil ausländischer Bewohner). "Zudem nimmt wahrscheinlich auch bei den deutschen Bewohnern das Interesse am Wegzug ab, so daß die Hoffnung auf ein umfangreiches Ringtauschverfahren sich nur marginal wird realisieren lassen." (Hübner u.a. 1978,1126)

Daß sich 63% der Betroffenen für ein Verbleiben in Hochfeld ausgesprochen haben, gab der Stadt die Legitimation, in den schon "vorsorglich" ins Auge gefaßten Ersatz- und Ergänzungsgebieten im Sinne des § 11 Städtebauförderungsgesetz ebenfalls vorbereitende Untersuchungen einzuleiten. Mit diesen begann die GEWOS im Juni 1974. Das Erneuerungskonzept sieht in diesen immissionsfreieren und innenstadtnahen Gebieten die Verdichtung der Wohnnutzung (als Ersatzwohnungsbau) nach Auslagerung der Gewerbebetriebe vor.

Was sind wohl die Ergebnisse der vorbereitenden Untersuchungen für diese Gebiete?

Die größtenteils gewerblich genutzten Flächen, "die nach landesplanerischen Zielsetzungen überwiegend in 'Bereichen mit hoher Siedlungsdichte' liegen, sind als fehlgenutzt zu bezeichnen." (GEWOS 1975b,87) "Für ein innenstadtnahes Gebiet ist das Untersuchungsgebiet baulich zu gering genutzt. Das bestätigt die Absicht der Stadt, durch Sanierungsmaßnahmen eine intensivere Nutzung zu erreichen." (ebd.,94) "Diejenigen Grundstücke, die für die vorgesehenen Neuordnungsmaßnahmen von Bedeutung sind, nämlich die großen betrieblichen Flächen, verteilen sich auf wenige Grundeigentümer, eine Tatsache, die die Neuordnungsmaßnahmen erleichtert." (ebd.,87)

Die vorhandene Wohnbebauung, die überwiegend die Blockränder markiert, weist erhebliche Mängel hinsichtlich des Brandschutzes und der Besonnungsverhältnisse auf. "Die Baubestandsuntersuchung hat ergeben, daß das zunächst für Ersatz- und Ergänzungsgebiete vorgesehene Untersuchungsgebiet II in Teilbereichen baulich-technische Mängel aufweist, die als Sanierungskriterien betrachtet werden müssen." (eb.,100)

"Hier ergibt sich der Tatbestand, daß unter dem baulich-technischen Aspekt die Wohnbebauung größtenteils sanierungsbedürftig ist im Sinne von Modernisierung. Die Betriebsgebäude sind aus baulich-technischer Sicht kaum sanierungsbedürftig, sondern aus Gründen der Funktionsfähigkeit des Gesamtgebietes im Sinne des § 3 (3) 2 StBauFG." (ebd.,96)

Insgesamt galten die für ein Bodenordnungsverfahren wenig problematischen großen Grundstücke als prädestiniert für umfangreiche Neubaumaßnahmen.

Die vorbereitenden Untersuchungen wiesen damit für das Untersuchungsgebiet II die gleiche Funktion auf wie für das Untersuchungsgebiet I: primär Konzeptbestätigung.

Es sollen hier nicht kleinteilig die einzelnen Ergebnisse der vorbereitenden Untersuchungen ausgebreitet werden; lediglich Schlaglichter auf die Baubestandsanalyse und auf die Sozialstudie sollen die recht eindeutige Funktionalisierung der vorbereitenden Untersuchungen als vermeintlich "sachrationale" Bestätigung bereits gefaßter politischer Ziele und Entscheidungen verdeutlichen.

Deshalb sei der weitere Untersuchungsverlauf nur eher chronologisch notiert.

Im Juli 1974 wurden im Planungsausschuß die Ziele für die Sanierung Hochfelds "auf der Grundlage der Ergebnisse der Baubestandsanalyse und der Sozialstudie" diskutiert und noch im selben Monat durch den Rat der Stadt Duisburg entschieden.

Im Oktober 1974 erfolgte die Entscheidung des Rates der Stadt für das Erneuerungs-konzept, am 16. Dezember 1974 der Beschluß über die förmliche Festlegung des Sanie-rungsgebietes als Satzung. Neben drei Bürgerversammlungen (zwei zu Beginn der vor-bereitenden Untersuchungen und eine gegen Ende des Untersuchungszeitraumes) und den notwendigen Befragungen im Rahmen der Sozialstudie wurde gar noch zum Abschluß der vorbereitenden Untersuchungen eine Repräsentativ-Befragung im gesamten Stadt-teil durchgeführt.

Daß es sich bei diesen Befragungen und Bürgerversammlungen,bei der Diskussion der Ziele und des Erneuerungskonzeptes um inhaltlich ausgehöhlte, rein formale Akte handeln mußte, gestand sich und nach außen keiner der an den vorbereitenden Unter-suchungen Beteiligten ein.

So sind es nicht nur das Ablaufschema der Untersuchung (als linear-logischer Pro-zeß) und ein mühsam nachvollziehbares Bewertungssystem sondern auch die Aufrecht-erhaltung der Sinnhaftigkeit verschiedener Entscheidungsschritte, die den Schein von "Sachrationalität" sowie "gutachterlicher Distanziertheit und Neutralität" suggerieren sollen. Gewiß: Dieser Schein wie das Streben nach Objektivierung des Entscheidungsprozesses haben eine wichtige Funktion, sind die kommunalen Ent-scheidungsgremien doch bemüht, bereits getroffene politische Entscheidungen auf "sachliche Notwendigkeiten" zurückzuführen, also im nachhinein zu legitimieren.

Die "Bürgerbeteiligung" erfüllt auch eben diese Funktion, "vorab getroffene Entscheidung/Vorentscheidung politisch-legitimatorisch abzusichern und mögliche Proteste und Widerstände kleinzuarbeiten" (Wollmann 1974;202). Nochmals im Kon-kreten: Die "Bürgerbeteiligung" sollte einen reibungslosen und zügigen Befra-gungs- und Planungsablauf während der vorbereitenden Untersuchungen sowie die "Mitwirkungsbereitschaft beim Umsetzungsverfahren" (also eigentlich Auszugswil-ligkeit) sicherstellen.

Insgesamt konnten die vorbereitenden Untersuchungen angesichts eines bis zur Durchführungsplanung detaillierten Erneuerungskonzeptes und der nicht revidier-baren Sanierungsabsicht nach Städtebauförderungsgesetz auch gar nicht mehr den Sinn haben, Aufschluß über·eine eventuelle Sanierungsbedürftigkeit zu geben und Entscheidungshilfen unter Beteiligung der betroffenen Bewohner für die Ziel- und Durchführungsplanung zu liefern. Vielmehr erscheint ihre Funktion aus der Rationalität des gesamten Sanierungsprozesses heraus plausibel: die gewünschte und die vorfindbare Realität im Untersuchungsgebiet zur Deckung zu bringen, um einen "faktischen" Beleg für bereits vorgefaßte Ziele zu erhalten.

Kurzum: Die vorbereitenden Untersuchungen liefern:

- die Bestätigung eines bereits vorhandenen Erneuerungskonzeptes,

- die politisch-legitimatorische Absicherung der Sanierungsziele,

- den nachträglichen Nachweis der Sanierungsbedürftigkeit,

- die Untersuchung auf möglichst reibungslose Durchführbarkeit des Konzeptes und schließlich

- die rechtliche Vorbedingung für ein Sanierungsverfahren nach Städtebauförde-rungsgesetz.

4. Das Verfahren gerät ins Wanken, die Zielvorstellungen nicht

Der am 16. Dezember 1974 beschlossenen förmlichen Festlegung der beiden Untersu-chungsgebiete als Sanierungsgebiete wurde im April 1975 von der Landesbaubehörde Ruhr die Genehmigung versagt. Damit traten in das bis dahin zügig und reibungs-frei verlaufene Sanierungsverfahren Verzögerungen ein: Das Verfahren geriet ins Wanken.

Der Einspruch der Landesbaubehörde Ruhr stützte sich auf das Vorschaltgesetz, nach dem - wegen der damals bevorstehenden kommunalen Neugliederung - u.a. wirtschaftliche Maßnahmen, die längerfristig finanzwirksam waren, bis zum 31. Dezember 1974 grundsätzlich nicht mehr beschlossen werden durften. Die förmliche Festlegung war also durch den neuen Rat der Stadt nochmals zu beschliessen. Dies erfolgte im Juli 1975. Ein zweiter Einspruch basierte auf der Stellungnahme des Gewerbeaufsichtsamtes als Träger öffentlicher Belange, das auf die Problematik der Unterschreitung der notwendigen Schutzabstände zwischen Industrie und Wohngebieten(gem. Runderlaß des Ministers für Arbeit, Gesundheit und Soziales Nordrhein-Westfalen vom 25.7.1974: Abstände zwischen Industrie- bzw. Gewerbegebieten und Wohngebieten im Rahmen der Bauleitplanung, kurz: "Abstandserlaß") hinwies und ein Immissionsgutachten für erforderlich hielt. Dieses wurde im November 1975 von der Landesbaubehörde Ruhr als Genehmigungsvoraussetzung gefordert. Dabei war das Konzept der Räumungszone unstrittig, denn es beinhaltete keine Ausweisung von Wohngebieten. Strittig war hingegen die Neuausweisung von Wohngebieten in dem Teil des Sanierungsgebietes, der für Ersatzwohnungsbau vorgesehen war. Damit war zugleich der gesamte Umsetzungsprozeß infrage gestellt.

Mit dem "Abstandserlaß" werden einige Widersprüchlichkeiten in der Sanierungsdiskussion aufgeschwemmt: Jetzt, wo sich das Sanierungsverfahren erheblich zu verzögern droht, wird von Seiten der Verwaltung und der GEWOS die Notwendigkeit des Immissionsgutachtens mit dem Hinweis auf die Schadstoff-Immunität und die bestehenden sozialen Verflechtungen der in Hochfeld lebenden Bevölkerung relativiert.

Die sozialen Bindungen und der zwangsweise Gewöhnungsprozeß an die Umweltsituation der Bewohner Hochfelds, die bei einem reibungsfreien Verlauf des Sanierungsprozesses mit ihrer baldigen Umsetzung oder Vertreibung hätten rechnen müssen, werden damit zum Argument, um die Ausweisung des Ersatzwohnungsbaus nicht anzweifeln zu lassen und um den Umsetzungsprozeß, der wesentlicher Bestandteil der Sanierungsstrategie ist, nicht zu gefährden. Die Umsetzungsbetroffenen werden also herangezogen, ihre eigene Umsetzung argumentativ zu unterstützen, sich quasi selbst "den Ast abzusägen, auf dem sie sitzen".

Zugleich deckte die Forderung der Landesbaubehörde Ruhr nach einem Immissionsgutachten beinahe das gesamte stadtentwicklungspolitische Dilemma der Stadt Duisburg auf. Denn einerseits konnte "aus gesundheitspolitischen Erwägungen auf die Erstellung eines Gutachtens nicht verzichtet werden", andererseits aber lag "über die Hälfte des Duisburger Stadtgebietes und wohnten über die Hälfte der Bevölkerung der Stadt innerhalb der Abstände". (Hübner u.a. 1978,1124)

Insgesamt leben rund 350.000 Bewohner Duisburgs innerhalb der Abstandsflächen. Für Hochfeld ergibt die Kartierung der notwendigen Abstandsflächen in mehreren Bereichen eine bis zu 8-fache Überlagerung der Schutzabstände von den einzelnen Emittenten.

Es war daher aus politischen Gründen für die Stadt Duisburg äußerst bedenklich, dieses Gutachten erstellen zu lassen. Der Oberstadtdirektor der Stadt Duisburg setzte sich deshalb bei der Landesregierung vehement für eine "Lex-Duisburg" ein, die der Stadt eine Dispensierung von der uneingeschränkten Anwendung des "Abstandserlasses" erteilen sollte, vor allem bei Sanierungsverfahren. Denn für diese Fälle bedeutet die Anwendung des Abstandserlasses immer Abriß der Wohnbebauung. Insgesamt waren mit dem Abstandserlaß kaum noch Erneuerungschancen für Altbaugebiete in Duisburg gegeben, da er in jedes Bauleitplan-Verfahren eingreifen konnte.

Sicherlich hatte die planerische Ausweglosigkeit der Stadt Duisburg innerhalb der Schutzabstände keine Neu- oder auch Wiederausweisung von Wohngebieten vornehmen zu können, auf die Novellierung des Erlasses Auswirkungen; sehr viel eher waren es jedoch Durchführungsverzögerungen bei Planungsvorhaben mit zusätzlichen finanziellen Belastungen sowie Investitionshemmnisse, die letztendlich zu einer flexibleren Anwendung des Abstandserlasses geführt haben. Im Sinne dieser flexibleren Gestaltung sollten die Gewerbeaufsichtsämter künftig nach eigener Sachkunde die Emissionssituation in den einzelnen Planungsfällen beurteilen und entscheiden können. Zusätzliche Orientierungshilfe bietet dabei der "Luftreinhalteplan" für den Raum Duisburg - Oberhausen - Mülheim vom Januar 1978.

Nur: Die Frage des Immissionsgutachtens war rein rechtlich noch immer nicht geklärt und der weitere Sanierungsverlauf in Hochfeld hatte bereits eine ganz andere Konsequenz genommen. Schon im März 1976 regte die GEWOS eine erneute Zieldiskussion an, um das Sanierungsverfahren nicht in "Plan- und Ratlosigkeit" ersticken zu lassen. Sie entwarfen Zielalternativen als Ausschuß-Vorlage:

"Ernsthafte Alternative ist die Umwidmung der Flächen westlich der Wanheimer Straße für nicht wohnliche Nutzung. Konsequenz wäre eine Erhöhung der Umsetzungsbetroffenen von ca. 3.500 auf ca. 10.000 Betroffene, die Anwärter auf die insgesamt begrenzten Wohnbaulandreserven der Stadt wären. (...) Mögliche Nutzungen der freiwerdenden Fläche sind Grünflächen (mit eingeschränkter Nutzbarkeit) und Gewerbenutzung. (...) Konsequenz darüber hinaus wäre die, daß eine Neutrassierung einer Umgehungsstraße Hochfeld nicht erforderlich wird, sondern die Wanheimer Straße, nunmehr in Randlage, diese Funktion erfüllen würde."

Damit überzeichnet die GEWOS das, was mit landesplanerischen Instrumentarien und Zielsetzungen (Abstandserlaß u.a.) diesem Sanierungsverfahren an letzter Konsequenz abgerungen wird: den Verzicht auf die Ausweisung des Ersatzwohnungsbau in Hochfeld, den Verzicht auf die Bewältigung planerisch initiierter, sozialer Folgeprobleme. Denn auf Vorschlag des Regierungspräsidenten wurde das ursprüngliche Sanierungsgebiet in zwei Bereiche aufgeteilt:

- Die für Wohnbebauung vorgeschlagenen Gebiete wurden vom Sanierungsgebiet abgetrennt.

- Die für die Trennzone samt Umgehungsstraße vorgesehenen Flächen sollten als Sanierungsgebiet erneut förmlich festgelegt werden, um zumindest den - im Sinne des Abstandserlasses - unstrittigen Teil nicht allzu großen Zeitverzögerungen auszusetzen.

Im März 1977 wurde die förmliche Festlegung für den Bereich der Trennzone vom Rat der Stadt beschlossen und kurz danach durch die zuständigen Aufsichtsbehörden genehmigt. Damit war die Chance, das Primärziel der Sanierung - Schaffung der Trennzone - noch relativ zügig zu verwirklichen, wieder gegeben. Was jedoch damit weiterhin an politischer Brisanz stieg, war die Umsetzungsproblematik. Als ein vager Versuch, ihr zu begegnen, muß der Bau von ca. 100 Wohneinheiten auf disponiblen Grundstücken in Hochfeld, zumeist Blocklücken, angesehen werden. Diese Maßnahmen wurden nach § 34 BBauG realisiert, um die Einwirkungen des Abstandserlasses zu umgehen.

Das Konzept der Trennzone wird damit konsequent von Stadt und Land verfolgt. Für die Industrie ist dieses Konzept unumstritten, besitzt es doch eine doppelte Rationalität:

- Die Erweiterungsmöglichkeiten der Industrie sind langfristig gesichert, ohne daß sie kurzfristig diese Möglichkeiten wahrnehmen muß.

- Ein Teil möglicher Umweltschutzauflagen wird kommunal durch die Realisierung dieses Schutzabstandes abgedeckt, die Kosten für den Umweltschutz reduzieren sich.

Der "Haushalts-Kollaps" der Stadt Duisburg 1977, der große Schlagzeilen in der Presse machte, hatte unerwarteterweise keinen grundsätzlichen Einfluß auf die

Verzögerungen im Sanierungsverfahren. Die extrem hohe Verschuldung der Stadt
Duisburg hätte jedoch ebenfalls eine vorläufige Teilung der Sanierungsmaßnahmen
erforderlich gemacht, weil der jährliche Kostenanteil zu hoch war. Wie allerdings demgegenüber auch die finanzielle Belastung aus den sozialen Folgekosten
der unkontrollierten Umsetzung ins Kalkül gezogen wird und bewältigt werden
soll, bleibt mehr als fraglich.

5. Anstelle eines Resumées: Auf der Suche nach Erklärungen

Wollte man ein Resumée ziehen aus 25 Jahren ernsthafter Sanierungsüberlegungen
und aus 15 Jahren angestrengtem Sanierungsbemühen, so gäbe es sicherlich schon
die Berechtigung, nach den bisherigen Erfolgen dieser Sanierung zu fragen. Was
ist - zumindest im Ansatz - aus dem Postulat "Verbesserung der Wohn- und Arbeitsverhältnisse" geworden? Augenscheinlich ist nur ein Bild wahrnehmbar, das
fast den Trümmerfeldern der unmittelbaren Nachkriegszeit entspricht. Haus um
Haus wird leergezogen, Türen und Fenster vermauert, weiterem Verfall anheimge-
stellt bis sie nur eines kleinen Anstoßes des Baggers bedürfen und das "Nach-
kriegsbild" verdichtet sich: Flächensanierung. Freilich: In jenen Häusern Hochfelds sind nun die Wohnverhältnisse nicht mehr schlecht; jedoch auch nicht verbessert. Sollten denn aber überhaupt vorrangig die Wohn- und Arbeitsverhältnisse
verbessert werden? Dies galt zumindest immer als Sanierungsgrund und er hätte
auch nach außen hin glaubwürdig aufrechterhalten werden können, wäre dem ursprünglich festgelegten Sanierungsgebiet mit Ersatz- und Ergänzungsgebieten
nicht die Genehmigung durch die zuständigen Aufsichtsbehörden versagt worden
und wäre damit nicht der vorgedachte Umsetzungsprozeß infrage gestellt worden.
Nun jedoch trügt der Vorschein nicht mehr: Die Errichtung der Trennzone ist vor-
rangiges Sanierungsziel. Ob sich dadurch nachhaltig die Wohn- und Arbeitsverhältnisse im übrigen Hochfeld verbessern, bleibt späteren Erfolgskontrollen und
Wirkungsanalysen überlassen. Ob sich die Industrie wirklich nicht in die Trennzone hinein erweitert, bleibt der konjunkturellen Entwicklung überlassen. Zumindest bietet die Trennzone - erst einmal realisiert - diese Möglichkeit.

So bleibt neben diesen Spekulationen vorerst nur die Erfolgsbilanz des bisherigen Sanierungsverfahrens: Die Häuser werden Zug um Zug abgerissen (jüngst Teile
der Kupferhüttensiedlung), der Ausländeranteil an der verbliebenen Bevölkerung
- im Sanierungsgebiet mittlerweile rund 65% - wächst kontinuierlich (offensichtlich für die Restnutzungsdauer der Wohnungen nach wie vor die rentabelste und
anspruchsloseste Belegungsart) und der Umsetzungsprozeß scheint angesichts des
enormen, speziellen Wohnungsdefizits nicht mehr kontrollierbar (weil die Mieten
in den angebotenen Wohnungen für die Umsetzungsbetroffenen nicht finanzierbar
sind).

"Die Stadt Duisburg befindet sich gegenüber diesen Problemen in einer Pattsitua-
tion. Einerseits muß sie den weiteren Niedergang des Gebietes verhindern und
kann andererseits nicht, wie es scheint, frühzeitig ausreichenden Ersatz zur
Verfügung stellen. Es ist daher zu befürchten, daß es zu einem unkontrollierten
Wegzug von Bewohnern in andere potentielle Sanierungsgebiete kommen wird, wie es
amerikanische Erfahrungen berichten. Für Hochfeld wäre damit das Problem der Sanierung oberflächlich "gelöst", aber auf Kosten der Bewohner. In Wirklichkeit
würde es nur verschoben und an anderer Stelle oder in anderer Form wieder auftreten." (Hübner u.a. 1978,1126) Dies jedoch könnte sozialpolitisch wie städtebaulich nicht im Interesse der Stadt Duisburg liegen.

Wollte man ein Resumée ziehen aus dem Prozeßverlauf dieses Sanierungsfalls, zu
welchem Fazit würde man dann kommen? Die langgehegten Sanierungsabsichten, die
Konkretisierung der Sanierungsziele bis hin zu räumlichen Vorstellungen, das
Verharren bis zur Anwendbarkeit entsprechender Förderungs-, Rechts- und Durch-

Abb. 14-18
Bilder der planvollen Zerstörung
eines Stadtteils: Vor kurzem wurden
wieder einige Häuser der Kupferhüttensiedlung dem Bagger geopfert, obwohl
die gesamte Siedlung unter Denkmalschutz steht. Die Beseitigung von
mietgünstigem Wohnraum ist doch wohl
nicht das einzige Resultat des Ent-
flechtungskonzeptes?

führungsinstrumentarien, die Strukturierung dieses Sanierungsprozesses, verwaltungsinterne Vorbereitungen und gutachterliche Tätigkeiten, die Funktion des Gutachtens im weiteren, die Funktion von Bestandsanalyse und Bürgerbeteiligung im engeren Sinne, schlicht: die gesamten Mechanismen dieses politisch-administrativen Entscheidungsprozesses sehen im Grundsatz so aus wie in der Vielzahl der anderen, großen, früh entstandenen und zeitig in Angriff genommenen Sanierungsfälle. Also ein Regelfall? Nicht ganz. Auffällig bleibt die Konstanz der primären Sanierungsziele: Schaffung der Trennzone und Vorhaltung potentieller Industrieerweiterungsflächen, die nie infrage gestellt und nicht durch veränderte Handlungsvoraussetzungen erschüttert wurden. Veränderungen unterschiedlicher Ausprägungen, jedoch nicht grundsätzliche Veränderungen, haben allenfalls die begleitenden Sanierungsziele erfahren. So wirkt sich selbst die damals überall spürbare "Tendenzwende" im Zuge der wirtschaftlichen Depression in der Mitte der 70er Jahre nicht auf die Ziele der Sanierung aus. Der Geist vom "Umdenken" mußte da schon eher andere Planungsvorhaben der Stadt Duisburg erfassen. Selbst das massive formale Wanken des Verfahrensturms nach der 1. förmlichen Festlegung des Sanierungsgebietes im Dezember 1974 hat die Konstanz der Ziele nicht beeinflußt, wenn überhaupt, dann eher geläutert: durch die Einschränkung des Sanierungsgebietes sind die formalen Voraussetzungen für die Trennzone gegeben, ohne daß der durchführungsbegleitende Umsetzungsprozeß überhaupt bewältigbar erscheint. So zeigt sich mit Beginn der 80er Jahre das gar nicht mehr gewohnte und kaum noch vorstellbare Erscheinungsbild der Flächensanierung. Ein Anachronismus also? Nein, die Konstanz des Sanierungskonzeptes und der Sanierungsziele läßt sich erklären.

Zunächst sei jedoch auf eine scheinbare Widersprüchlichkeit hingewiesen, die sich nur dem Verfasser nicht aber dem Leser dieser Fallstudie offenbart. Offensichtlich beinhaltet die Fallstudie - in Umkehrung der methodischen Restriktionen - zuviel Interpretation und zu wenig Beschreibung. Die Einwirkungen der Industrie auf die Zielbildung werden sehr viel eindeutiger aufgezeigt, als sie sich nach außen hin darstellten. Damit wird die Kluft zwischen der Außendarstellung der Einflußnahme der Industrie und der tatsächlichen Binnenwirkung ihrer Interessen auf den Zielbildungs- und Entscheidungsprozeß dem Leser nicht deutlich. So tritt beispielsweise in dem Bericht über die vorbereitenden Untersuchungen der GEWOS die Industrie lediglich bei der Befragung der Grundeigentümer - soweit sie im Untersuchungsgebiet Grundbesitz hatte - und bei der Beteiligung Träger öffentlicher Belange über die Industrie- und Handelskammer auf. Vor der Folie des Berichtes über vorbereitende Untersuchungen, der Sachstandsberichte zur Sanierung und von Pressemitteilungen, also vor der Folie der Außendarstellungen schlechthin müßte man sich daher fragen: Weshalb konnten die Interessen der Industrie immer wieder Beachtung finden trotz - gegenüber den Bürgern - vergleichsweise geringer Beteiligung? Selbst wenn die Beteiligung der Industrie einen relativ geringen Umfang hatte, so finden ihre Interessen - eben völlig anders als bei den Bürgern - ihre Berücksichtigung. Für diese Interessenberücksichtigung bedarf es noch nicht einmal eines formalen Beteiligungsaktes. Denn die Interessen der Industrie sind - nicht nur aufgrund der Abhängigkeit des kommunalen Haushalts der Stadt Duisburg vom industriellen Wohlbefinden - immer schon in den Köpfen der Ratsvertreter und damit in den Entscheidungsgremien verinnerlicht. Oder politisch formuliert: Die "Durchschlagskraft" der Interessen der Industrie scheint "strukturell verbürgt" (C.Offe) zu sein. (Vgl. Wollmann 1974,200) Damit ist im Kern die Frage nach den Gründen für die mehr als 25-jährige Konstanz der Sanierungsziele in Hochfeld - als permanente Berücksichtigung der Interessen der Industrie und tendenzieller Übergangenheit der Bedürfnisse der Bewohner - zugleich auch die Frage nach den Gründen für politische "Interessenberücksichtigungsmuster", die gesellschaftliche Privilegierung und Diskriminierung produzieren (vgl. ebd.,199). Die Suche nach Erklärungen kann sich auch hier wiederum lediglich auf Vermutungsketten stützen.

Dieses Muster der Interessenberücksichtigung sei abschließend anhand von drei Notizen zur "stillen" Einflußnahme der Industrie auf die Sanierungsziele pointiert:

Abb. 19-20
Eine weitere Ausprägung der Zerstörung von Wohnraum: Abgedeckte Dächer
und eingeschlagene Fensterscheiben
machen auf Dauer den Bagger überflüssig.
Der Zerstörung von mietgünstigem
Wohnraum steht kein entsprechender
Ersatz gegenüber. Die Bewohner Hochfelds werden unkontrolliert vertrieben. Die sozialen Folgen des Entflech-
tungskonzeptes scheinen damit kaum
noch bewältigbar zu sein.

- Die Lage der Umgehungsstraße war bei den Bewohnern Hochfelds immer sehr umstritten. Sie argumentierten zu Recht, daß die Verschiebung der Umgehungsstraße nach Westen an den heutigen Rand der Industriegebiete am ehesten ein
  Überspringen der Industrie verhindern würde. Und wenn man tatsächlich eine
  Verbesserung der Wohnverhältnisse im übrigen Hochfeld erreichen wolle, dann
  müsse die Stadt konsequenterweise die Trennzone zwischen der Umgehungsstraße
  im Westen und dem Rand der Wohngebiete als Grünzug ausweisen und auf das Gewerbegebiet verzichten. "Das von der Stadt Duisburg favorisierte Konzept
  mußte demgegenüber von der Überlegung ausgehen, Vorsorge für ein künftig
  vielleicht doch entstehendes Expansionsinteresse zu treffen, selbst wenn dieses Konzept, das von der Industrie unterstützt wurde, sich aktuell und möglicherweise erst recht langfristig gegen die Wohnbedürfnisse der betroffenen
  Bevölkerung wendet." (Hübner u.a. 1978,1126) Fazit: An der Lage der Umgehungsstraße in unmittelbarer Nähe der Wohngebiete änderte sich nichts, sie wurde
  so nah wie möglich an die Wohngebiete geschoben.
- Ebenso umstritten war der Bau der Kläranlage im Gewerbegebiet. Die Bewohner
  Hochfelds sahen auch hierin keine Verbesserung ihrer Wohnverhältnisse. Aus
  Areal- und Standortgründen war jedoch nach Ansicht der Stadtverwaltung keine
  andere Lage der Kläranlage denkbar. Zugleich lieferte der Standort der Kläranlage im künftigen Gewerbegebiet jenseits der Umgehungsstraße ein Argument
  gegen die Verschiebung der Umgehungsstraße nach Westen. Doch die Stadtverwaltung verzichtete auf den angestrebten Standort der Kläranlage; nicht wegen der
  Befürchtungen der Bewohner Hochfelds, nein, die Thyssen-Niederrhein AG wollte
  auf diesem Gelände ihre Drahtstraße erweitern.
- Und schließlich: Daß die Stadt dem Wunsch der Umsetzungsbetroffenen nach einem
  Verbleiben in Hochfeld aufgrund mangelnder Ersatzwohnungsbau-Möglichkeiten
  nicht nachgehen konnte, wurde von der Industrie gestützt durch die Landesregierung als positiv angesehen. Denn schließlich mußte das gewaltige Neubau-
  Projekt "Angerbogen" im Süden Duisburgs mit Menschen gefüllt werden. So kam
  jede Wohnraumreduzierung gelegen. Seinen Ausgangspunkt hatte das "Angerbogen"-
  Projekt in dem Wohnungsbedarf der Mannesmann-Werke von rund 3.500 werksgebundenen Wohnungen. Mit der Durchführung beschäftigt waren überwiegend werksge-
  bundene Wohnungsbaugesellschaften. Dieses Projekt scheiterte: Der Wohnungsbedarf wurde in diesem Umfang von den Mannesmann-Werken nicht mehr aufrechterhalten.

Es wird insgesamt deutlich, wie groß das Interesse der Industrie an der Durchsetzung des Sanierungszieles "Trennzone" war. Zusätzlich korrespondierten die
Interessen der Landesplanung mit denen der Industrie: "Nach den Zielen der Landesplanung sollen (...) die Flächenanforderungen für Betriebe, 'die die Entwick-
lungsvoraussetzungen der Verdichtungsgebiete im Bezirk, insbesondere an der
standortgünstigen Rheinschiene, bestimmen, sichergestellt werden'. Das heißt in
letzter Konsequenz, alles das zu sichern, was die Konkurrenzbedingungen des
Weltmarktes fordern, bei gleichzeitiger Bewältigung aller daraus folgenden regionalen und städtebaulichen Strukturprobleme." (ebd.,1121) Industrie wie Land
verfolgen damit ein Ziel, das für beide eine hohe Rationalität besitzt: industrielle Standortsicherung, ein ökonomisch immer aktuelles Ziel. Die Stadt Duisburg befindet sich demgegenüber in einem politischen Dilemma, trägt sie doch die Ver-
pflichtung, die Arbeitsplätze zu sichern, ebenso wie sie die entsprechenden Repro-
duktionsverhältnisse der Bewohner gewährleisten muß, jedoch für eben diese Gewähr-
leistung auf die Gewerbesteuer der Industrie angewiesen ist.
Sanierung kann in diesem Fall nur als wirtschafts- und strukturpolitisch vorher-
bestimmtes Vehikel angesehen werden, das lediglich unter Ausnutzung der Sozial-
plan-Möglichkeiten des Städtebauförderungsgesetzes auf die "Vermeidung sozialer
Härtefälle" in Folge des Standortsicherungskonzeptes angelegt ist. Die vorbereitenden Untersuchungen haben in diesem Zusammenhang ihre entsprechende Funktion.
Die Bewohner Hochfelds spielen bei all diesen externen Ansprüchen an die Erneuerung ihres Stadtteils die kümmerlichste Rolle, werden sie doch mißbraucht, um in
vielen Beteiligungsakten alles das politisch zu legitimieren, was bereits längst
vorentschieden ist.

Horst Schönweitz

VORBEREITENDE UNTERSUCHUNGEN IN EINER RUHRGEBIETSSTADT, ERNEUERUNGS-VORBEREITUNG AUS DER PERSPEKTIVE PROZESSBETEILIGTER PLANER

Die folgende Teiluntersuchung stützt sich auf die Erfahrungen des Verfassers bei der Mitarbeit an einer vorbereitenden Untersuchung nach §4 StBauFG in einer Ruhrgebietsstadt.

Durch die unmittelbare Teilnahme an den Untersuchungen und die ständigen Interaktionen mit weiteren Beteiligten(gruppen) konnten insbesondere Einflußgrößen auf die Bestandsanalyse beschrieben werden, die sich auf einer mehr informellen Ebene bewegen und aus dem offiziellen, der Außendarstellung dienenden Ergebnisbericht solcher Untersuchungen nicht mehr ersichtlich werden.

Daß diese Determinanten gleichwohl wesentlich die Inhalte und Ergebnisse von Bestandsanalysen prägen, soll in dieser Teilstudie verdeutlicht werden.

Im wesentlichen werden folgende auf die Bestandsanalyse wirkende Einflußgrößen beschrieben:

● Die Bedeutung eines kurzfristigen Förderangebotes (Zukunftsinvestitionsprogramm des Bundes) für die Erneuerungsvorbereitung

● Der unterschiedliche Einfluß der verschiedenen Beteiligten(gruppen) auf die vorbereitenden Untersuchungen, insbesondere der beteiligten Verwaltungsstellen, des mit der Untersuchung beauftragten externen Planerbüros, des Planungsausschusses und der betroffenen Mieter und Eigentümer aus dem Gebiet.

● Der Einfluß der angewandten Datenerhebungsmethode auf die Ergebnisse der Befragung von Mietern, Eigentümern und Arbeitsstätteninhabern im Gebiet.

1. Zum Stellenwert dieses Empirieteils in der gesamten Forschungsarbeit

Die durch die teilnehmende Beobachtung in einer Ruhrgebietsstadt gewonnenen Erkenntnisse ergänzen die aus den Querschnitts- und Längsschnittanalysen gewonnenen Aussagen. In erster Linie richtet sich hier das Erkenntnisinteresse auf
einen besonderen Ausschnitt des vorgegebenen Untersuchungsfeldes, der über die
Methode der Sekundäranalyse nicht und über eine mehr passive Beobachtung wie
in den Längsschnitten nur bedingt zu erfassen ist: Insbesondere sollen in diesem Abschnitt die Fragen nach der Rolle der verschiedenen am Bestandsbewertungs-
prozeß beteiligten Subjekte beantwortet werden.
Die diesen Fragestellungen angemessene Methode ist die "teilnehmende Beobachtung, ... die geplante Wahrnehmung des Verhaltens von Personen in ihrer natürlichen Umgebung durch einen Beobachter, der an den Interaktionen teilnimmt und
von den anderen Personen als Teil ihres Handlungsfeldes angesehen wird."
(Friedrichs, J.: Methoden der empirischen Sozialforschung, Hamburg 1973, S.288)
Nicht alle Interaktionen werden dabei protokolliert, sondern nur die für die
Untersuchungsziele bedeutsamen Teile des Verhaltens.
In A-Stadt ergab sich die Chance, daß Planungsbeteiligte aus dem mit der Erneu-
erungsvorbereitung nach § 4 StBauFG beauftragten Stadtplanungsbüro zugleich die
Rolle von Beobachtern einnehmen konnten. Damit ließen sich wesentliche Einfluß-
größen auf die Bestandsanalyse, auch die auf einer mehr informellen Ebene, be-
obachten und protokollieren.
Untersuchungsziel war, die Entstehungsbedingungen einer vorbereitenden Untersuchung herauszufinden. Dabei sollten in erster Linie drei Determinanten in ihrem
Einfluß auf die Bestandsanalyse untersucht werden:
● Interaktionen und Einflußnahme der planungsbeteiligten Subjekte auf das Bestandsanalyseverfahren.
● der Einfluß der externen Kriterien
● die Erhebung der internen Kriterien über standardisierte Fragebögen.
Ehe wir uns diesen drei Schwerpunkten zuwenden, soll zunächst eine mehr deskrip-
tive Darstellung der einzelnen Untersuchungsphasen erfolgen, um einen möglichst
plastischen Überblick über den gesamten Bestandsanalyseprozeß zu geben.

2. Das Untersuchungsgebiet:
Funktionale, baulich-räumliche und soziale Entwicklung und Planungsansätze bis
zur Einleitung vorbereitender Untersuchungen nach StBauFG.

Das ca. 1o ha große Untersuchungsgebiet liegt in einer als Mittelzentrum ausgewiesenen Ruhrgebietsstadt, im folgenden "A-Stadt" genannt.
In der vorindustriellen Zeit war das Untersuchungsgebiet wirtschaftliches und
kulturelles Zentrum von A-Stadt. Die damalige zentrale Marktfunktion verlor das
Gebiet im Zuge der wirtschaftlichen Entwicklung von A-Stadt. Neue Erschließungs-
systeme - Eisenbahntrassen und Magistralen - führten zu einer Verlagerung des
wirtschaftlichen Zentrums in einen nun verkehrsgünstigeren Bereich. Das Untersuchungsgebiet geriet dadurch in eine Innenstadtrandlage und wurde abgesehen
von sozialen Fürsorgeeinrichtungen (Altenheime, Krankenhäuser) von zentralen
Funktionen entlastet. Am Rande der nach vorwiegend wirtschaftlichen Kriterien
umgestalteten jetzigen City mit ihren großzügigen Erschließungs- und Einkaufs-
straßen und ihren großflächigen zentralen Einrichtungen blieb das Untersuchungsgebiet im wesentlichen von dieser Entwicklung unbeeinflußt und konnte so erst
seine heutige Bedeutung als "historischer Stadtteil" von A-Stadt gewinnen. Enge
Straßenzüge, eine kleinteilige Grundstücksstruktur, eine Mischnutzung aus Wohnen,
kleinen Gewerbebetrieben und Dienstleistungseinrichtungen und eine Bebauung in
Fachwerk- bzw. Ziegelbauweise, die teilweise noch aus dem 18. Jahrhundert, zum
großen Teil aus der Gründerzeit stammt, bestimmen daher noch heute das Erscheinungsbild. Die Innenstadtrandlage forcierte jedoch zugleich negative Entwicklungstendenzen: Die Konzentration von Investitionen an attraktiveren und damit

das Fernbleiben aus weniger gewinnträchtigen Bereichen -, verknüpft mit einem natürlichen Alterungsprozeß der Bausubstanz und einem "moralischen Verschleiß" der Bauwerke, die zum Teil zeitgemäßen Nutzungsanforderungen nicht mehr gerecht wurden, begünstigten einen in Teilbereichen einsetzenden Verfallsprozeß. Diese typischen Verfallstendenzen spezieller innenstadtnaher Altbauquartiere, die zugunsten einer Zentrumsentwicklung "übergangen" und obendrein durch die verkehrliche Erschließung zentraler Bereiche belastet werden, stellen sich hier in vergleichsweise gemilderter Form dar: spezifische Qualitäten, wie die günstige Lage des Untersuchungsgebietes zur Innenstadt mit ihren vielfältigen Dienstleistungs- und Kulturangeboten, die direkte Nachbarschaft zu großzügigen öffentlichen Grünanlagen, die relativ niedrige Einwohnerdichte (ca. 8o Einwohner pro Hektar Bruttowohnbauland) und insbesondere eine teilweise sehr geringe Bebauungsdichte führen zu einer in Teilbereichen qualitativ hochwertigen Wohnlage. Der hohe Anteil von Kleineigentümern, die zu einem großen Teil in den eigenen Häusern wohnen, und die überaus guten Absatzchancen von Mietwohnungen aufgrund der genannten Qualitäten haben in einigen Bereichen zu einer Verstetigung von Investitionen und einer kontinuierlichen Erneuerungstätigkeit geführt, die schon bei einer Begehung für den Gebietsfremden sichtbar wird: gepflegte private Grünflächen und sichtbare Modernisierungstätigkeiten wie Fassadenverschönerung und Einbau neuer Fenster dokumentieren positive Entwicklungen. In anderen Bereichen zeichnen sich jedoch deutliche Verfallstendenzen ab: leerstehende verfallende Häuser und ungenutzte Brachflächen bestimmen hier das Bild.

Konkrete planerische Bemühungen um das Untersuchungsgebiet gibt es seit Beginn der 70er Jahre. Allerdings war schon vorher der Zustand des Gebietes Diskussionsgegenstand in Interessiertenkreisen. Diese waren aber in der Regel weder direkt in ihren Lebensumständen Betroffene, also im Gebiet wohnende oder arbeitende Menschen, noch die mit Planung beauftragten Instanzen der Verwaltung, deren Interesse damals auf andere Planungsgegenstände wie die Cityerweiterung gerichtet war. Einzelpersonen, die an der Stadtgeschichte interessiert waren und Institutionen wie der Heimatverein trugen die Diskussion um den drohenden Verfall und eine wie auch immer geartete Erneuerung des Gebietes. Da damals ein breites Bewußtsein um die Qualitäten historischer Stadtteile noch nicht entwickelt war, blieben ihre Forderungen auf Seiten der planenden Instanzen zunächst ungehört. Ein wirksames Resultat hatte diese von Geschichtsinteressierten getragene Zuwendung gerade zu diesem Gebiet und hier wiederum zu ausgesuchten Einzelprojekten jedoch: Das Gebiet wurde im Laufe der Zeit zum "historischen Stadtteil" gekürt und stand fortan als bevorzugtes Postkartenmotiv für die Geschichte von A-Stadt schlechthin.

Während Anfang der 70er Jahre beginnenden Expansion der City wurden mit Hilfe der neu geschaffenen Instrumente des Städtebauförderungsgesetzes große Innenstadtbereiche flächensaniert. Daß das jetzige Untersuchungsgebiet von dieser Entwicklung weitgehend unberührt blieb, lag neben anderem sicherlich auch an der Zuweisung dieser hervorgehobenen historischen Bedeutung. Ein Respekt, den man anderen Innenstadtbereichen, die natürlich ebenfalls ein Teil der Geschichte von A-Stadt darstellten und darüber hinaus auch kunsthistorisch wertvolle Einzelobjekte - etwa Jugendstilfassaden - beherbergten, nicht entgegenbrachte. Diese zugewiesene Funktion als "historischer Stadtteil" determinierte letztlich alle Planungen auf den verschiedensten Planungsebenen zwischen 1970 und dem Beginn der vorbereitenden Untersuchungen im April 1978.
● Im Oktober 1973 wurde ein Auftrag zur Erstellung einer "Problemstudie zur Erneuerung ..." an ein externes Planerbüro vergeben. Diese Problemstudie ist auf der Ebene des "Rahmenplanes" anzusiedeln. Sie wurde im April 1974 der Stadt A vorgelegt. Der Auftraggeber hatte den Schwerpunkt dieser Arbeit in "städtebaulich-gestalterischen Aspekten" gesetzt, also einmal in Überlegungen zur Funktionszuweisung innerhalb der Gesamtstadt und zum zweiten einer Aufnahme und

Eine Serie von neuen Briefkarten hat der ▐▐▐▐▐▐▐ Maler und Grafiker Daniel Traub gefertigt. Er nahm sich Motive der Stadt vor, wie man sie heute antrifft: Rathaus mit Markt, Schloß Broich, die Altstadt zum Beispiel. Auch dieses Bild von dem berühmten Ensemble am Bogen ▐▐▐▐▐▐▐▐▐▐▐▐▐ gehört dazu. Schon immer hat Daniel Traub als der Chronist mit dem Zeichenstift gegolten. Diese Tradition setzt er mit den Karten fort; vervielfältigt wurden sie in der Druckerei Riehl.

Abb. 1: aus der A-Städter Tageszeitung im Januar 1978

Fortführung historischer Gestaltqualitäten. Die Resultate dieser Arbeit - ein städtebaulicher Rahmenplan und ein Organisationskonzept -, die in enger Zusammenarbeit mit dem damaligen Beigeordneten entstanden waren, haben eine Orientierungsfunktion für weitere Planungen und weiteres Verwaltungshandeln erhalten.

● Entsprechend den Anforderungen der Landesregierung im Nordrhein-Westfalenprogramm 1975 an die Gemeinden, Standortprogramme mit mittel- und langfristigem Zielhorizont aufzustellen, und der Ankündigung, eine Förderung mit Landesmitteln von der Aufstellung eines Standortprogrammes abhängig zu machen, hat A-Stadt 1976 ein "Standortprogramm Stadtzentrum erstellt. Für unser betrachtetes Gebiet werden dabei in expliziter Bezugnahme auf die oben angesprochene Rahmenplanung in Verbindung mit einem Konzept der Anlage von "Fußgängerbereichen als Element einer Strategie der Innenstadtverdichtung", das vom damaligen Beigeordneten getragen wurde, die Entwicklungsziele festgelegt: Das Gebiet wird im Standortprogramm als "Stadtbildpflegerischer Maßnahmenbereich" ausgewiesen, in dem das innerstädtische Wohnen gestärkt werden und dessen Erschließungsstraßen in das innerstädtische Fußwegenetz integriert werden sollen.

● Entsprechend den Vorschlägen des Organisationskonzeptes im Rahmenplan von 1975 schrieb die Stadt A im November 1977 den Wettbewerb "Stadtbaukonzept ..." aus, der im April 1978, also unmittelbar vor der Einleitung der vorbereitenden Untersuchungen, abgeschlossen wurde. Zu diesem Wettbewerb heißt es bezüglich der Zielvorstellungen: "Nach dem städtebaulichen Gutachten von ... sind unter weitgehender Erhaltung der vorhandenen Bausubstanz und unter Berücksichtigung stadtbild- und denkmalpflegerischer Belange zur Regeneration und Stabilisierung ... zwei Entwicklungsmodelle - ggf. in Kombination - zu verfolgen." Im folgenden werden die Entwicklungsmodelle und die daraus resultierenden "miteinander vereinbaren Zielvorstellungen" genannt. In Kürze sind dies:

● Erhaltung als Altstadtgebiet,
● keine Verdrängung der Wohnnutzung,
● Förderung kleinteiliger, nichtstörender Mischnutzungen,
● und schließlich Verkehrsberuhigung

Aus den sehr allgemein gehaltenen Zielen läßt sich jedoch aus im Originaltext
enthaltenen Begriffen wie "funktionale und räumliche Altstadtqualität", "Erholung auf historischen Platzräumen", "Nutzung historischer Baustrukturen durch
spezielle Angebote...", "Altstadtcharakter" oder "maßstäblich ausgewogene
städtebauliche Teileinheiten" die in den Köpfen der Planer vorherrschende Vorstellung von der zukünftgen Entwicklung herausdestillieren. Um Mißverständ-
nissen entgegenzuwirken: Hier geht es uns nicht darum, diese Ziele auf ihre
"Richtigkeit" oder "Verträglichkeit" zu überprüfen und zu kritisieren. Es ist
lediglich festzustellen, daß sich inzwischen eine bildhaft ausgemalte Zielvorstellung im Bewußtsein der planenden Verwaltung verankert hatte, die als Ziel-
prämisse mit in die vorbereitenden Untersuchungen eingebracht wurde.

Parallel zu den Planungsansätzen, die sämtlich auf der Ebene von Zielformulierungen verblieben und keine Maßnahmen zur Folge hatten - Planung, die sich also lediglich in den Köpfen der Planer vollzog nach dem Motto: "... hier könnte
ich mir gut vorstellen ..." und zu Statements führte wie: "... solange ich Beigeordneter bin, wird hier kein Haus abgerissen, ..." - vollzog sich im Gebiet
selbst eine Entwicklung, die fern aller idealen Planungsziele Verfallstendenzen, wie sie weiter oben beschrieben wurden, in Teilen des Gebietes einleite-
te: während sich die maßgebenden Instanzen noch mit der Frage beschäftigten, ob
das historische Stadtbild wie ursprünglich rekonstruiert werden solle oder
nicht, wurde noch vorhandene historische Bausubstanz, sogar im kommunalen Eigentum, aufgrund der Planungsunsicherheit vernachlässigt und einem weiteren
Verfall Vorschub geleistet. Festzuhalten bleibt, daß aufgrund jahrzehntelanger
Unverbindlichkeit der Planung, die auf der Ebene von Zielformulierungen und
Rahmenplänen verharrte, die Entwicklung im Gebiet negativ beeinflußt wurde..

3. Ablauf der vorbereitenden Untersuchungen

3.1 Vom Beschluß, vorbereitende Untersuchungen nach dem StBauFG durchzuführen,
bis zur Auftragsvergabe an ein externes Planerbüro.

In diesem Abschnitt werden wir darstellen, welches der Anlaß für die Einleitung
vorbereitender Untersuchungen war und wie sich die Vertragsgestaltung zwischen
der Verwaltung in A-Stadt und dem später mit der Untersuchung beauftragten externen Planerbüro abwickelten, um deutlich zu machen, unter welchen Ausgangsbedingungen das folgende Untersuchungsverfahren eingeleitet wurde.

In einer Pressemitteilung vom 3.1.1978 werden die vorbereitenden Untersuchungen
angekündigt.

Abb. 2: aus der A-Städter Tageszeitung vom 3.1.1978

Was war passiert?
Was hier als tatkräftiges, zielgerichtetes, kruzfristiges Inangriffnehmen einer "Neugestaltung" durch ein "Sanierungsverfahren" dargestellt wird, erscheint in einer Niederschrift über die Sitzung des Planungsausschusses von A-Stadt am 13. Dezember 1977 in einem anderen Licht: "Herr ... (der Beigeordnete, d.V.) gab einleitend allgemeine Erläuterungen zum mittelfristigen Konkunkturförderungsprogramm des Bundes für Zukunftsinvestitionen (ZIP), das ursprünglich auf eine Dauer von vier Jahren konzipiert war und nunmehr auf zwei Jahre vorgezogen werden soll. Hierdurch hätten sich kurzfristig Anmeldeverpflichtungen ergeben. Förderungsmöglichkeiten bestünden für die Instandsetzung historischer Stadtkerne für Modernisierungsmaßnahmen und für Betriebsverlagerung. Förderungsvoraussetzung sei jedoch in allen Fällen, daß alle Maßnahmen in Sanierungsgebieten liegen. Aus diesem Grunde werde dem Rat vorgeschlagen, die hierzu erforderlichen Beschlüsse für das Gebiet ... zu fassen. Hier seien die Voruntersuchungen bereits soweit gediehen, daß kurzfristig Maßnahmen in Angriff genommen werden könnten." Und weiter: "Auf Anfrage von Herrn ... (Ratsmitglied, d.V.) erläuterte Herr ... (Leiter des Bauverwaltungsamtes, d.V.) ergänzend, daß es für die Zuschußbewilligung ausreichend ist, wenn es sich um einen Untersuchungsbereich handelt. Allerdings müsse ein solcher Untersuchungsstand erreicht sein, daß Fehlinvestitionen ausgeschlossen sind".
Anlaß, aus dem Stadium der "Voruntersuchungen" zu konkreten Maßnahmen zu gelangen, war also eindeutig ein externes Förderangebot, für das ein den Förderungsmodalitäten entsprechendes Gebiet ausgesucht wurde. Dabei war die Höhe der zu erwartenden Förderungssumme noch sehr unbestimmt: ganz sicher könne man mit dem zu erwartenden Geld ein/zwei Betriebsverlagerungen und zwei durchgreifende Modernisierungen finanzieren. Dieser Maßnahmenumfang wurde von der Verwaltung durchaus realistisch genannt und immer wieder in die Diskussion gebracht, wobei man sich wohl auch schon über die Lokalisierung der Maßnahmen im klaren war: Im Anschluß an die Berichterstattung sprach sich der Planungsausschuß für eine Erweiterung des Untersuchungsgebietes (das in seiner Eingrenzung dem Gutachten von 1975 entnommen war, d.V.) um drei kleinere Bereiche aus. Dies waren zwei denk-

malwerte Einzelobjekte (ein Hotel und ein Altenheim), für die schon lange Modernisierungsabsichten geäußert wurden, und die Erweiterungsfläche für einen geplanten Klinikbau.
Ob mit Voruntersuchungen, die "so weit gediehen" seien, "daß kurzfristig Maßnahmen in Angriff genommen werden könnten", nicht nur das städtebauliche Gutachten,
das keineswegs schon aufgrund seines Plancharakters bis zur Maßnahmenreife aus-
gearbeitet war, gemeint war, oder die schon weitgehend durchgeplanten Modernisierungsmaßnahmen an den genannten denkmalwerten Einzelobjekten, wird hier noch
nicht deutlich. Die Vermutung liegt jedoch aufgrund der unbegründeten, aber sehr
gezielten Einbeziehung der Ergänzungsbereiche sehr nahe.
Was in der Presse als großartiges Sanierungsverfahren dargestellt wurde mit einem Bündel an Zielvorstellungen, die in ihrer Realisierung greifbar nahe erschienen, reduziert sich in der Planungsausschußsitzung auf eine Strategie, Zuschüsse für wenige isolierte Einzelmaßnahmen bewilligt zu bekommen.
Dabei war Eile geboten. Die Anträge für die Bewilligung von ZIP-Mitteln mußten
bis zum 1. August beim Regierungspräsidenten vorliegen und, wollte man eine
reelle Chance bei der Verteilung der Mittel haben, einen fortgeschrittenen
Planungsstand dokumentieren. Die politischen Entscheidungsgremien handelten
(unüberlegt ?) schnell: "Mit dieser Erweiterung empfiehlt der Planungsausschuß
dem Rat der Stadt einstimmig,entsprechend der Vorlage zu beschließen. Die Verwaltung wurde beauftragt, möglichst bis zur Ratssitzung einen euen Übersichts-
plan zur Vorlage nachzureichen. Die Bezirksvertretung wird einen Dringlichkeits-
beschluß fassen." (Niederschrift über die Sitzung des Planungsausschusses am
13. Dez. 1977) Zwei Tage nach der Planungsausschußsitzung, am 15. Dezember 1977,
beschloß der Rat von A-Stadt, vorbereitende Untersuchungen nach § 4 StBauFG
durchzuführen.
Die Stadtverwaltung war in der folgenden Zeit daran interessiert, den Auftrag
für die Durchführung der vorbereitenden Untersuchung an Externe zu vergeben,
da die durch die Untersuchung entstehenden Kosten förderungsfähig sind und infolgedessen Verwaltungskapazitäten nicht in Anspruch genommen werden mußten.
Zunächst wurden Angebote von drei in Frage kommende externe Büros mit deren
Leistungsverzeichnis und Kostenaufstellungen eingeholt:
● Zum einen von einer ortsansässigen Aktiengesellschaft, die in Kooperation
mit der Stadtverwaltung schon eine vorbereitende Untersuchung in einem anderen
Stadtteil durchgeführt hatte, deren Arbeitsweise der Stadtverwaltung also ge-
läufig war.
● weiterhin von einer gemeinnützigen, mit Sanierungs- und Entwicklungsmaßnahmen
beschäftigten Gesellschaft aus A-Stadt, für die eine vorbereitende Untersuchung
zwar Neuland war, die aber für eine mögliche Trägerschaft der folgenden Sanierungsmaßnahmen in Frage kam.
● und schließlich von dem Planungsbüro, das schon 1975 den Rahmenplan für das
entsprechende Gebiet erstellt hatte. Sowohl die Verwaltung als auch das Planungsbüro waren daran interessiert, die Inhalte dieses Gutachtens als Grundlage
für die weitere Untersuchung zu verwenden.
Die Verhandlungen über die zu erbringenden Leistungen und die esprechenden Kosten zogen sich bis Ende April hin. In dieser Phase wurde aber schon sehr deutlich, welch unterschiedlichen Ansprüche die einzelnen potentiellen Auftragneh-
mer und die Stadtverwaltung als Auftraggeber an die vorbereitenden Untersuchungen stellten.

Am 6.März 1978 unterbreitete das später mit der Untersuchung beauftragte Stadtplanungsbüro sein erstes Angebot. Erfahrungen aus einer ähnlich gelagerten
Aufgabe in einer anderen Stadt und eine aus dem Gutachten von 1975 stammende
Problemkenntnis bestimmten dabei die geplante Vorgehensweise und angestrebte
Inhalte der vorbereitenden Untersuchung: In einer "Orientierungsphase" sollten
"bereits zu Beginn der vorbereitenden Untersuchungen ... die wesentlichen Zielvorstellungen entwickelt und Rahmenbedingungen zur Erneuerung ... geklärt werden .... Die weiteren Analysen können dann auf wesentliche Untersuchungen be-

grenzt und die Gefahr unbrauchbarer Datenfriedhöfe vermieden werden." Ein ein-
bis zweitägiges Problemseminar wurde angeboten: "... in einer intensiven In-
formations- und Diskussionsfolge können Rat, Verwaltung, wichtige Träger öffentlicher Belange, Planungsbetroffene und Planer gemeinsam die wichtigsten Leitlinien der vorbereitenden Untersuchungen und der Rahmenplanung erarbeiten." (aus
dem Angebot vom 6. März 1978) Die "Voruntersuchungen" sollen flächendeckend
durchgeführt werden: "Unseren Erfahrungen nach bestimmt zwar der Runderlaß des
Innenministers NW vom 25.4.1972 den Ablauf der vorbereitenden Untersuchungen,
jedoch nicht eindeutig genug den Umfang bzw. die Tiefe der Untersuchungen. Wir
haben die Erfahrung gemacht, daß ein Stichproben-Verfahren zur Beurteilung der
Sanierungsnotwendigkeit durchaus ausreicht. Da jedoch die nachfolgende weitere
Vorbereitung der Sanierung und vor allem die Erörterung nach den §§ 8/9 StBauFG
sich auf die kleinste Einheit, den Haushalt, flächendeckend beziehen müssen,
müßten dann die fehlenden Daten nacherhoben werden ... Um Fehler und späteren
Mehraufwand auszuscheiden, haben wir in unseren letzten Aufträgen die vorbeEvi-
tenden Untersuchungen nach § 4 in ihren technischen und sozialen Aussagen flächendeckend erhoben. Vorteil ist zugleich ein Maßnahmenprogramm, das detailliert
pro Gebäude Aussagen trifft; Nachteil der höhere Kostenanteil zu Beginn der Sanierungsuntersuchung."

Nach der Bestandsaufnahme- und -bewertungsphase sollte im Verlauf der Rahmenplanung erneut ein ein- bis zweitägiges Seminar mit Rat, Verwaltung und Betroffenen stattfinden, um alternative Sanierungskonzeptionen zu diskutieren. Sämtliche
Untersuchungsteilschritte, also auch die Befragungsaktion, sollten von qualifizierten Planern ausgeführt werden, um einen Bruch zwischen Bestandsaufnahme und
-bewertung und der Konzeptfindung weitestgehend zu vermeiden. Die vorbereitende
Untersuchung sollte also ihre Schwerpunkte in einer intensiven Öffentlichkeitsarbeit und einer gegenüber den globalen Ansprüchen im Städtebauförderungsgesetz
problembezogenen Untersuchung und einer kleinteiligen, differenzierten Maßnahmen-
abteilung haben. Ergänzt um ein Begleitprogramm, das aus einer Planungs- und
Durchführungsberatung bestand, sollte die Untersuchung ca. DM 8o.ooo kosten.

Diesem ersten Angebot setzte die Stadt A ein eigenes Leistungsverzeichnis mit
einer Kostenvorstellung von ca. DM 45.ooo entgegen. Ganz offensichtlich war dieses Leistungsverzeichnis eine Kopie des Angebotes der Aktiengesellschaft, die
Mitbewerber um die Auftragsvergabe war. In diesem Leistungsverzeichnis wurden
- neben der erwünschten Kostenminderung - die inhaltlichen Ansprüche der Verwaltung deutlich: Die einzelnen Arbeitsteile entsprachen exakt dem Katalog über
Untersuchungen zur Vorbereitung städtebaulicher Sanierungsmaßnahmen. (Anlage 1
zum Runderlaß des Innenministers NW vom 25.4.1972) Das bedeutete einen Verzicht
auf eine über die gesetzlichen Forderungen hinausgehende Beteiligung der Betroffenen, die lediglich im Rahmen der Befragung individuell nach Meinungen,
Wünschen und Mitwirkungsbereitschaft gefragt werden sollten. Das bedeutete weiterhin ein katalogartiges Abhaken von geforderten Daten, ohne auf die spezifische Problematik des Gebietes einzugehen. Das bedeutete aber auch eine Ausweitung der Wirtschaftlichkeitsberechnungen unter Berücksichtigung der Kosten von
alternativen Neuordnungskonzepten. Die Phase III der Untersuchung war über-
schrieben "Alternativenformulierung und Bewertung", wobei die Bewertung allein
auf Grundlage einer Wirtschaftlichkeitsberechnung erfolgen sollte.
Um die Gegensätze noch einmal deutlich herauszustellen: Sollten laut erstem
Angebot des externen Planerbüros alternative Sanierungskonzepte öffentlich diskutiert und die Ergebnisse "bei der Ausarbeitung des städtebaulichen Rahmenplanes berücksichtigt" werden, stellt die Verwaltung lediglich den Anspruch
der Wirtschaftlichkeitsberechnung verschiedener Lösungsmöglichkeiten.
Gezwungen durch die notwendige Kostenminderung und die immer kleiner werdende
zur Verfügung stehende Zeitspanne für die Untersuchungen unterbreitete das
Planungsbüro am 6. April 1978 ein zweites Angebot. Dieses Angebot enthielt
zwei Varianten:

● In einer Variante "A" wurden die Leistungen analog dem Leistungsverzeichnis der Stadtverwaltung kalkuliert. Die Variante "A" wurde mit einem Kostensatz von DM 84.ooo veranschlagt, wesentlich höhere Kosten, als sie von der mitbewerbenden Aktiengesellschaft kalkuliert worden waren. In einem nachträglichen Brief an die Stadt A vom 18. April erklärt das Planerbüro aufgrund einer Rücksprache mit dem Beigeordneten diese Kostendifferenzen folgendermaßen: "Anlaß zur Modifizierung der Variante "A" unseres Angebotes vom 6. April 1978 ist die Notwendigkeit, die der Stadt ... vorliegenden Angebote in allen Punkten voll vergleichbar zu machen. Entscheidende Kostengrößen in unserem bisherigen Angebot waren der Umfang und die Qualität der Befragungen: aufgrund unserer Erfahrungen in vergleichbaren Gebieten legen wir Wert auf eine längere Dauer der Interviews (ca. 1,5 Std.) und auf eine Befragung durch qualifizierte Planer, die ihre Erfahrungen aus Befragung und Begehungen unmittelbar in die Sanierungsplanung einfließen lassen können. Die folgenden Kosten gehen ... von folgenden Vroaussetzungen aus: 1. Die Zeitdauer der Interviews beschränkt sich auf o,5 Stunden. 2. Die Befragungen werden von Hilfskräften (geschulte Studenten, technische Mitarbeiter) nicht von den späteren Planern unternommen."
Unter diesen Voraussetzungen kommt das Planerbüro auf eine Kostengröße von DM 48.ooo, die von dem billigst anbietenden Mitbewerber als maximale Kostenhöhe quasi gesetzt war. Die Billiganbieter konnten ihre sehr günstigen Angebote unterbreiten
● entweder, weil sie über erprobte, standardisierte, aber gebiets-unspezifische Verfahren der Bestandsaufnahme verfügten
  oder weil sie für den Lohn einer späteren Sanierungsträgerschaft durchaus bereit waren, die vorbereitenden Untersuchungen unter den tatsächlichen Kosten anzubieten.
● Mit der Variante "B" versuchte das Planerbüro trotz der restriktiven Bedingungen seinen ursprünglichen Ansprüchen noch bedingt gerecht zu werden: "Unabhängig von dieser Modifizierung (gemeint ist die modifizeirte Variante "A", d.V.) empfehlen wir dringend, einen Auftrag auf der Grundlage unserer Variante "B" zu vergeben, da sie bei gleichem Kostenumfang ein qualitativ wesentlich besseres Ergebnis verspricht."
Wie sah nun die Variante "B" unter den gegebenen Rahmenbedingungen aus? Gegenüber dem ersten Angebot vom 6. März waren folgende Positionen modifiziert worden bzw. entfallen:
● Die flächendeckende Erhebung im gesamten Untersuchungsgebiet wurde aufgegeben: "Nach dem Ergebnis unseres Gutachtens (der Rahmenplan ..., d.V.) und nach den möglichen Förderungsaussichten werden sich Maßnahmen im ... vorrangig auf ca. zwei Betriebsverlagerungen und eine geringe Zahl von "Durchbau" - und Modernisierungsprojekten sowie ferner auf Neubauprojekte im engeren Kirchenbereich und Gestaltungsmaßnahmen und damit auf den Kernbereich... konzentrieren. Dementsprechend können für die vorbereitenden Untersuchungen Schwerpunkt gesetzt werden: a) Grobuntersuchung des gesamten Untersuchungsbereiches (Repräsentativbefragungen), b) Feinuntersuchungen im Kernbereich (... vollständige Befragung)".
● Um das Angebot noch kostengünstiger gestalten zu können, wurde die Betroffenenbeteiligung beschnitten: "Bei Fortfall des Problem- und des Planungsseminars kann dieser Betrag auf (netto) DM 48.ooo reduziert werden."

Dieses Angebot war die Grundlage des Vertragsschlusses zwischen dem Planerbüro und A-Stadt, der Ende April erfolgte. Es hatte also länger als vier Monate gedauert, bis sich die Vertragspartner über Kosten und Inhalte einigen konnten. Dabei waren die vom Planerbüro ursprünglich intendierten Inhalte auf die von dem Gesetzgeber im Städtebauförderungsgesetz geforderten Leistungen geschrumpft:
● Erhebung der erforderlichen Daten laut Katalog...
● minimale Bürgerbeteiligung durch individuelle Befragung
Die Interessen der Verwaltung, kurzfristig an Fördermitteln für Einzelmaßnahmen zu beantragen, schlagen so bis auf den Untersuchungsansatz eines externen Büros durch:

Hauptziel war es, die Sanierungsbedürftigkeit zu bestätigen und möglichst schnell den rechtlichen Status eines förmlich festgelegten Sanierungsgebietes zu schaffen, um dadurch förderungsattraktiv zu werden. Mögliche andere Ziele, wie etwa eine Problemanalyse des Gebietes in Form einer argumentativen Auseinandersetzung zwischen den verschiedenen Beteiligtengruppen, konnten und sollten nicht Ziel der Untersuchung sein, stehen doch Maßnahmenumfang und Maßnahmenlokalisierung schon fest.

3.2 Vorbereitung der "Bestandsaufnahme": Von der ersten Ortsbegehung bis zur ersten Bürgerversammlung

Im folgenden werden wir darstellen, wie sich die ortsfremden Planer in das Planungsproblem einarbeiteten: wie sie sich dem Gebiet, seinen Bewohnern und deren Problemen, aber auch den Planungsproblemen aus gesamtstädtischer Sicht, näherten, und welche Einflüsse ihre erste Problemwahrnehmung auf die weitere Untersuchung hatte.

Zur ersten Orientierung lag umfangreiches Material mit den entsprechenden Bestandsanalysen aus vorangegangenen Planungen vor. Parallel zur Analyse des vorliegenden Plan- und Beschreibungsmaterials versuchten die Projektbearbeiter in einer internen Diskussion erste Ziele zu formulieren. Die eigene Problemsicht, die aus einer abstrakten Beschäftigung mit dem Gebiet resultierte, sollte ergänzt werden durch die Problemsicht der Gebietsbewohner, die über Ortsbegehungen mit Straßengesprächen und eine Bürgerversammlung ermittelt werden sollten.
Die zufälligen Gespräche mit Gebietsbewohnern auf der Straße und die interne Problem- und Zieldiskussion im Büro bewegten sich allerdings auf verschiedenen Ebenen: Diskutierte man am Planertisch mögliche Entwicklungsmodelle, ihre Durchführbarkeit und Konsequenzen, ging es in den Straßengesprächen um aktuelle Alltagsprobleme: "Mich stören der Verkehrslärm und die parkenden Autos ... die Stadt soll endlich selbst ihre verfallenden Häuser reparieren.. ich bin doch letztes Jahr schon befragt worden ..." war der Tenor dieser Unterhaltungen. Im Grunde wurde aus der Sicht der Gebietsbewohner nur noch einmal bestätigt, was seitens der Bearbeiter allein schon durch die Begehungen an Problemen wahrgenommen wurde. Dagegen offenbarte die Diskussion um mögliche Entwicklungen durchaus noch erhebliche Unsicherheiten: Sollte aus dem Untersuchungsgebiet ein reines Wohngebiet werden, sollte sich die vorhandene Mischnutzung halten, sollte das Gebiet weiter tertiärisiert werden! Welche Folgen würde das Modell "B" für die Betroffenengruppe "C" haben? Haben wir überhaupt die Instrumente zur Durchsetzung, wer soll das bezahlen! Das Problem wurde in seiner ganzen Komplexität diskutiert, man schlüpfte aus der Rolle des Soziologen in die des Ökonomen, aus der des Psychologen in die des Planers und Architekten.
Bei der Menge verbleibender Unsicherheiten konnte eine rationale Entscheidung nicht gefällt werden. Am Schluß dieser Diskussion standen sehr globale Entwicklungsziele, deren Entstehung im einzelnen nicht mehr nachzuvollziehen waren. Sie waren im Prinzip einze Mischung aus einer von Fachkenntnissen geleiteten Institution, einem globalen politischen Statement und den bekannten Entwicklungsmodellen aus der drei Jahre zurückliegenden Sanierungsstudie.

Selbstsicherer gingen die Bearbeiter einen weiteren Arbeitsschritt an, der die Problemerkennung ermöglichen sollte. Mit Hilfe der Entwicklungstendenzen zwischen der Problemstudie "75" und dem Beginn der vorbereitenden Untersuchungen im Mai "78" sollten Problemschwerpunkte identifiziert werden. Die Frage war: Wo hat sich am räumlichen Erscheinungsbild in welcher Hinsicht etwas geändert? Als Vergleichsmaßstab dienten Fotos aus dem Jahre 1975.
Über Indikatoren wie Fassadenanstriche, neue Fenster, gepflegte Gärten etc. wurde die Investitionstätigkeit vermutet: Bereiche, in denen in den letzten Jahren Investitionen getätigt wurden, und Bereiche, in denen nicht investiert wurde.

So hatte sich schon in der ersten Woche aufgrund von Begehungen, vereinzelten Gesprächen und interner Diskussion im Bewußtsein der Bearbeiter ein ziemlich fest umrissenes Bild von der Gebietsproblematik und den notwendigen Verbesserungsstrategien festgesetzt. Schon zu diesem Zeitpunkt hatten die Bearbeiter eine relativ klare Vorstellung von der Eingrenzung des förmlich festzulegenden Sanierungsgebietes.

Am Schluß der sogenannten Orientierungsphase fand eine Bürgerversammlung statt. Die Einladung hierzu erfolgte über an die Haushalte verteilte Flugblätter und eine Pressemitteilung: "Die Meinung der Bürger, die betroffen sind, wenn das Gebiet ... Sanierungsgebiet werden sollte, möchte die Stadt in einem Informationsgespräch ergründen ..." Die "Stadt" war vertreten durch den Beigeordneten und den Leiter des Bauverwaltungsamtes.

Die ca. 9o anwesenden Bürger hörten sich zu Beginn ein kurzes Referat des mit der Untersuchung beauftragten externen Planers an. Mit Hilfe von Lichtbildern wurde die Entwicklung des Gebietes in den letzten Jahren verdeutlicht: Eine vergleichende Gegenüberstellung des derzeitigen Gebietszustandes mit dem Zustand, der drei Jahre zurücklag, mit einer Einschätzung der Ursachen und Konsequenzen dieser Entwicklung. Als modifizierbares räumliches Entwicklungskonzept wurde das 1975 als Ergebnis des Sanierungsgutachtens entstandene Modell vorgestellt.

Die folgende Diskussion sollte eine Vertiefung und Konkretisierung der im Referat genannten Probleme zum Resultat haben. Zu diesem Zweck sollte die Diskussion durch ein für alle Teilnehmer sichtbares Wandprotokoll strukturiert und festgehalten werden. Die Bearbeiter hatten vorab Themenbereiche zu verschiedenen Schwerpunkten gebildet: Wohnungen, Gebäude und Wohnungsumgebung; Geschäfte, Betriebe und Gastgewerbe; Verkehr und schließlich öffentliche Einrichtungen. In jedem Themenbereich waren Antwortspalten zu den Fragen: "Was gefällt Ihnen?... Was gefällt Ihnen nicht?... Welche Lösungsmöglichkeiten sehen Sie?" vorgegeben. Am weitaus lebhaftesten wurde die Verkehrsproblematik diskutiert. Während die Packpapierstreifen zu den übrigen Problembereichen lange Zeit leer blieben, füllte sich das Verkehrsprotokoll schnell mit Problemen und Lösungsmöglichkeiten.

Die bevorzugte Behandlung der Verkehrsproblematik ist erklärlich: Ein Problem, von dem beinahe alle gleichermaßen betroffen waren, das fremdverursacht ist, ohne weiteres lösbar erscheint und mit dessen Benennung man nicht Gefahr läuft, selbst sozial diskriminiert zu werden. (wer hat schon von vornherein den Mut, seine schlecht ausgestattete Wohnung zu beklagen, weil er sich eine bessere nicht leisten kann?). Auf der anderen Seite die bereitwillige Aufnahme dieses Problems durch die Planer: hatte sich doch die Strategie "Verkehrsberuhigung, Wohnstraßen etc. " schon vorher in ihren Köpfen herausgebildet. Hier sahen sie auch Mittel und Wege, teilweise anklingende Konflikte zwischen Gewerbe, Dienstleistungen und Wohnen bezüglich der Verkehrsberuhigung zu lösen.

Im Vergleich zur Verkehrsproblematik wurden andere Probleme - wie etwa die private Wohnsituation - kaum diskutiert. Möglich, daß es an der oben vermuteten Redeschwelle bezüglich "privater" Angelegenheiten lag - wahrscheinlicher ist, daß es sich bei den auf der Bürgerversammlung Anwesenden in erster Linie um private Haus- und Grundbesitzer und Gewerbetreibende handelte, was zum Teil aus den Wortmeldungen zu erschließen war. Von den Ausländern, die immerhin 9 % der Gebietsbevölkerung ausmachen, war niemand anwesend, alte Leute (mehr als 2o % der Einwohner sind älter als 65 Jahre) waren nur vereinzelt auszumachen - mit Sicherheit waren sie unterrepräsentiert. Die Probleme dieser in der Regel besonders benachteiligten Gruppen wurden somit in dieser Bürgerversammlung nicht angesprochen.

Ein zweites Mal wurde die Diskussion lebhaft, als das Gespräch auf den städtischen Haus- und Grundbesitz gebracht wurde. In der Vernachlässigung städtischer Gebäude, die nicht instand gehalten, geschweige denn modernisiert wurden, sah

Bilder
aus dem Untersuchungsgebiet

Vorbereitende Untersuchungen, um
"Beurteilungsunterlagen zu gewinnen über die Notwendigkeit der Sanierung" (§4 StBauFG) (linke Seite)
...oder um Entwicklungsziele und
-tendenzen (Umnutzung, Wohnverdichtung und Attraktivierung) zu
rechtfertigen und rechtlich und
finanziell abzusichern (rechte
Seite)?

man die Hauptursachen für das absinkende Image des Gebietes.
Diesbezüglich wurden von den anwesenden Vertretern der Stadtverwaltung keine
Äußerungen gemacht. Es blieb bei dem persönlich gehaltenen Bekenntnis des Bei-
geordneten, daß "kein Haus abgerissen werde, solange er Beigeordneter sei".

Als Resumee zur Phase II bleibt festzuhalten, daß die Bearbeiter der vorbereitenden Untersuchungen gerade in der Anfangsphase einen intensiven Such- und
Lernprozeß durchmachten, aus dem in kürzester Zeit ein relativ deutliches Bild
vom Gebiet und seinen Problemen entstand, das in den Folgphasen lediglich noch
detailliert und in kleinen Teilen ergänzt wurde. Dieser erste relativ unsystematische, aber intensive Lernprozeß war stark vorgeprägt durch Zielprämissen
und motivationale Einstellungen der Bearbeiter. Die Ergebnisse dieser Lern-
phase hatten starke Leitfunktion und strukturierten die weitere "systematische
Bestandsaufnahme" in wesentlichen Teilen vor.

3.3 "Bestandsaufnahme": Befragung aller Haushalte, der Haus- und Grundeigentümer und der Arbeitsstätteninhaber.

In diesem Teil geht es um den "Kern" der vorbereitenden Untersuchungen in
A-Stadt, um die eigentliche Bestandsaufnahme in Form einer standardisierten
Befragung. Warum entschied man sich in A-Stadt für diese Form der Bestandsaufnahme ? Wie stellten sich die Projektbearbeiter dazu? Wie war die Befragungsaktion organisiert? Während diese mehr am Ablauf orientierte Fragen im
folgenden abgehandelt werden, werden wir unter Punkt 4.3 eine genauere Einschätzung dieses wesentlichen Bestandteiles der vorbereitenden Untersuchungen in A-Stadt geben.

Durch eine Auflage der Stadt "A" war die Vorgehensweise für die Bestandsaufnahme von vornherein weitgehend determiniert: Die Informationsbeschaffung
und -verarbeitung mußte EDV-gerecht abgewickelt werden, da die Stadt "A"
interessiert war, einen umfassenden Datenapparat, der langfristig das gesamte Stadtgebiet einbeziehen sollte, für sämtliche raumwirksame zukünftige
Planungen parat zu haben. Dazu war eine Vergleichbarkeit der erhobenen Merkmale geboten: Die Konsequenz für die Erhebungen im Untersuchungsgebiet war,
daß standardisierte Fragebögen zu verwenden waren, die in gleicher Form
und mit gleichen Inhalten auch in anderen Untersuchungsgebieten eingesetzt
wurden.

Die Stadt "A" hatte sich für ein vom Institut für Angewandte Sozialwissenschaft in Bonn erarbeitetes "Konzept für die Datenermittlung und -auswertung
im Rahmen der vorbereitenden Untersuchungen und des Sozialplanes zur Sanierung nach dem Städtebauförderungsgesetz" entschieden. Mit Hilfe der von
INFAS erarbeiteten Fragebögen zur Befragung von sämtlichen Haushalten, den
Haus- und Grundeigentümern und den Arbeitsstätteninhabern sollten die notwendigen Daten und Meinungen ermittelt werden. Die Entstehung dieser Fragebögen stellt INFAS selbst so dar: "Das Institut für Angewandte Sozialwissenschaft hat in den Jahren 1972 und 1973 im Auftrage der Stadt Dortmund in
mehreren Gebieten die Informationsermittlung für die vorbereitenden Untersuchungen organisiert und durchgeführt. Der inhaltliche Rahmen dieser Erhebungen wurde gemeinsam mit den städtischen Dienststellen ... erarbeitet.
Die dabei gewonnenen Erfahrungen sind in ein Konzept für die Datenermittlung und -auswertung eingegangen. Das Konzept ist an den praktischen Erfordernissen der Kommunalverwaltung orientiert und sucht wirtschaftliche,
rasche und effiziente Lösungen.
Zugleich bezieht es Erkenntnisse der sozialwissenschaftlichen und

städtebaulichen Forschung ein. Soweit dies möglich ist, wird auf generelle
Anwendbarkeit Wert gelegt; doch können größere oder kleinere Teile des Konzeptes den jeweiligen örtlichen Gegebenheiten ohne Schwierigkeiten angepaßt
werden." (Inst. für Angewandte Sozialwissenschaft: 1974 S. 1)
Die Abstimmung auf die"örtliche Gegebenheiten" sah im konkreten Fall A-Stadt
folgendermaßen aus:
Aus dem gesamten Fragenkomplex wurden wenige Fragen gestrichen, die offensichtlich unsinnig waren, da sie in einem völlig anderen Sanierungskontext
entstanden waren. Am Konzept, also an der geforderten generellen Anwendbarkeit
und damit an der gebiets- und problemunspezifischen Vorgehensweise, änderte
sich dadurch allerdings nichts.
Diese Defizite wollte das bearbeitende Planerbüro durch einen eigens auf die
spezielle Gebietsproblematik zugeschnittenen ergänzenden Fragebogen für Mieter und Eigentümer ausgleichen. Diese Fragebögen stellten eine zusätzliche
Leistung dar, die von der Verwaltung in A-Stadt nicht gefordert wurde,
schließlich lag ihr auch nichts an der Verwertung dieser zusätzlich erhobenen Informationen.
Dieser in kürzester Zeit konzipierte Fragebogen , der in keiner Weise einem
sozialwissenschaftlichen Standard gerecht werden konnte, war vor dem Hintergrund folgender Ansprüche entstanden:
● Die in der Orientierungsphase gewonnene Problemkenntnis sollte in Einzelinterviews überprüft und vertieft werden.
● Das relativ offen gehaltene Gespräch sollte zugleich Informationscharakter
haben, um die Bewohner aus ihrer Rolle als Datenlieferanten zu einer aktiven
Beteiligung zu bewegen.
Die inhaltliche Konzeption dieser zusätzlichen Fragebögen für Eigentümer
und Mieter basierte auf einem speziellen Erfahrungshintergrund der Bearbei-
ter aus einem zurückliegenden Projekt in einem absinkenden innerstädtischen
Gründerzeitviertel, das im Gegensatz zum behandelten Untersuchungsgebiet
stark immissionsbelastet war und eine wesentlich höhere Bebauungs- und
Bevölkerungsdichte aufwies.
Vornehmlich wurden Fragen zum jeweiligen tatsächlichen Gebrauchswert der
Wohnungen und zum Investitionsverhalten der Eigentümer gestellt, um daraus
Ursachen für Desinvestition und Bedingungen für eine an der Mietmehrzahlungsbereitschaft orientierten Reinvestition der privaten Eigentümer zu ermitteln.
Die Fragen an die Eigentümer bezogen sich in erster Linie auf
● materielle und immaterielle Bindungen an Haus, Grundstück und Mieter
● die Einschätzung des baulich- technischen Zustandes
● den zurückliegenden Investitionsumfang in Form von Instandsetzungs- und
Moedernisierungsmaßnahmen
● und die Bedingungen für weitere notwendige Investitionen.
Die Mieter wurden in der Hauptsache gefragt nach
● der Miete in Bezug zur Wohnungsgröße, - ausstattung und Lage
● Mängeln und Gebrauchswerten der Wohnung
● in Selbsthilfe getätigten Maßnahmen
● und der Mietmehrzahlungsfähigkeit bzw. - bereitschaft.

Diesen speziell auf Eigentümer bzw. Mieter zugeschnittenen Fragen wurden allgemeine Fragen zur Gebietsproblematik vorangestellt.
Zur möglichen Korrelation von Daten aus den INFAS-Bögen (etwa Daten zur Person: Alter, Einkommen etc.) mit Daten aus dem zusätzlichen Bogen wurde eine
identische Verschlüsselung angewandt, die darüber hinaus in der späteren Auswertung die exakte Zuordnung eines jeden Merkmals zum entsprechenden Merkmals-
träger ermöglichen sollte.

Als Vorbereitung für die Befragung sämtlicher Haushalte im Gebiet gab es für die Interviewer eine ca. einstündige "Schulung", die von INFAS veranstaltet wurde. Die Unterrichtung beschränkte sich darauf, die Interviewer in die exakte Anwendung und Ausfüllung des Fragebogens einzuweisen: In welcher Reihenfolge werden die Fragen gestellt ? Nach welchem System werden die einzelnen Haushalte verschlüsselt ? Welchen Härtegrad sollten die verwendeten Bleistifte haben ? Wie stellt man es an, daß man keinen Haushalt vergißt ?

Um Rückfragen der Gebietsbewohner zu ermöglichen, sollte zu Beginn der Befragung ein Sanierungsbüro im Gebiet eingerichtet werden. Die Verwaltung der Stadt "A" bot eine leerstehende städtische Wohnung im Gebiet an, sah sich allerdings nicht in der Lage, diese Wohnung als Arbeitsraum herzustellen. Als Alternative wurde ein eingerichteter Büroraum außerhalb des Gebietes versprochen. Da die Chance, daß sich ein Gebietsbewohner in dieses entfernte Büro "verliefe", von den Projektbearbeitern als sehr gering eingeschätzt wurde, entschieden sie sich für die bestehenden Räume im Gebiet in der Hoffnung, daß die vertraute Umgebung den Bewohnern den Besuch der Informationsstelle erleichtere. Ein paar eilig herangeschaffte Stühle in zudem noch stark verschmutzten Räumen waren allerdings wenig einladend und begrenzten die Arbeitsmöglichkeiten sehr stark. Letztlich waren diese Räume mehr eine Deponie für die ausgefüllten Fragebögen als eine funktionierende Kontaktstelle zwischen den Interviewern und den Gebietsbewohnern. So mußte dann auch das Vorhaben der Projektbearbeiter, die folgende Auswertungs- und Konzeptionsphase ebenfalls vor Ort durchzuführen wegen unzulänglicher Arbeitsmöglichkeiten aufgegeben werden.
Da die Anwendung von standardisierten Fragebögen wesentliche Bestimmungsgröße für das gesamte Bestandsaufnahmeverfahren war, werden wir später noch einmal genauer auf diese Methode der Bestandsaufnahme eingehen.
Die Befragung dauerte insgesamt drei Wochen, 8o % aller Haushalte wurden befragt.
Zusammengefaßt: Das Bedürfnis nach einer umfassenden, fortschreibbaren Datenbasis seitens der Verwaltung führte zu einer EDV-gerechten, standardisierten Erhebungsmethode. Um die Defizite dieser probleminadäquaten Befragung wettzumachen, versuchten die Bearbeiter einen ergänzenden, in Teilen offenen und auf das Gebiet zugeschnittenen Fragebogen zu erstellen. Dieser Zusatzbogen stand jedoch in Anspruch und Wirkung immer dem geforderten offiziellen Fragebogen nach, er hatte für den weiteren Verlauf der vorbereitenden Untersuchung nur eingeschränkte Bedeutung.
Die Schulung der Interviewer beschränkte sich auf Formalia im Hinblick auf eine systematische Erfassung aller zu befragenden Haushalte und einem sauberen Ausfüllen der Bögen, um technischen Schwierigkeiten bei der späteren Auswertung vorzubeugen.

3.4 Auswertung der Bestandsaufnahme durch die Bearbeiter

Aufgrund des Zeitdruckes bestand für die Bearbeiter die Aufgabe, möglichst schnell planungs- und entscheidungsrelevante Schlüsse aus ihrer Bestandsaufnahme zu ziehen. Auf welche Weise dieses geschah und welche Rolle dabei insbesondere die kurzfristig von INFAS aufbereiteten Befragungsergebnisse spielten, wird in folgendem dargestellt.

Im Anschluß an die Befragung der Haushalte im Untersuchungsgebiet wurden die komplett ausgefüllten Fragebögen zusammen mit dem inzwischen eingegangenen Rücklauf der Eigentümer- und Arbeitsstättenbögen an INFAS zur Auswertung gesandt. Die Auswertung von INFAS war in zwei Schritten vorgesehen. Zunächst sollten die Grundergebnisse, d.h. die auf das gesamte Untersuchungsgebiet aggregierten Einzeldaten, dargestellt werden.

Erst in einem zweiten Arbeitsschritt sollten Ergebnisse kleinräumlich ausgewertet und , auf Wunsch der Bearbeiter, planungsrelevante Merkmale verknüpft werden.
Die Zweiteilung der Auswertung war notwendig geworden
● durch einen Engpaß der Arbeitskapazitäten von INFAS, der ein Hinausschieben
der eigentlich planungsrelevanten Feinauswertung notwendig machte.
● durch die für den 26.6. 78 angesetzte Planungsausschußsitzung, zu der die
Kurzfassung der Untersuchungsergebnisse dargestellt werden sollten, da diese
Ausschußsitzung die letzte vor dem Antragstermin für die ZIP-Mittel war.
Für die Bearbeiter stellte sich also die Aufgabe, bis zu diesem Termin die
Bestandsaufnahme "ausgewertet" zu haben und Aussagen zur "Sanierungsbedürf-
tigkeit" des Untersuchungsgebietes zu machen. Als Informationsgrundlage konnte
nur der erste Datensatz von INFAS, die gebietsbezogenen Grundergebnisse der
Befragung, herangezogen werden. Diese unzureichenden Informationsgrundlage
kompensierten die Projektbearbeiter durch ihre bei der Befragung gewonnene
Gebietskenntnis aufgrund subjektiver Eindrücke.
So stützte sich dann das Resultat in Form einer Problembeschreibung einzelner Teilbereiche mehr auf das durch Begehungen und die Befragung gewonnene
Hintergrundwissen als auf die aufbereiteten Daten. Diese wurden erst im
nachhinein zur Begründung der dargestellten Problemsituationen ausgesucht und
dargestellt.
Im Anschluß an die Problembeschreibung stellten die Bearbeiter erste Überlegungen zur Eingrenzung des förmlich festzulegenden Sanierungsgebietes und
einer kurzfristig einzuschlagenden Verbesserungsstrategie an. Lediglich als
"instabil" gekennzeichneten Bereiche mit mangelnder Investitionstätigkeit
sollten förmlich festgelegt werden. Die aber umfaßten nicht die Einzelobjekte, die mit Hilfe von Mitteln aus dem Zukunftsinvestitionsprogramm saniert werden sollten. In der Vermutung, daß die Stadtverwaltung hiermit nicht
einverstanden sein würde, wollten sich die Bearbeiter auf den Schnellbrief
des Regierungspräsidenten in Düsseldorf berufen, nach dem auch Vorhaben
in Untersuchungsbereichen oder gar Vorhaben außerhalb der Erneuerungsgebiete,
die zur Erreichung des Sanierungs- und Entwicklungszieles erforderlich sind,
förderungswürdig seien. Darüber hinaus wollten sie den im Schnellbrief enthaltenen Passus "zur Erreichung des Sanierungszieles" ernst nehmen. Sie
stellten sich vor, daß die ZIP-Mittel, die ja schnell eingesetzt werden
konnten, im Sinne von Sofortmaßnahmen gebietsstabilisierend wirken sollten.
Dies waren in erster Linie verkehrsregelnde und verkehrsberuhigende Maßnahmen
und Maßnahmen auf Schlüsselgrundstücken und an Schlüsselgebäuden, deren herun-
tergekommenes Erscheinungsbild mitverantwortlich war für die Investitions-
unsicherheit bzw. - unlust der privaten Haus- und Grundeigentümer.
Zusammenfassend läßt sich sagen, daß die erste Auswertung der Befragungsergebnisse in Form einer Problembeschreibung und Vorschlägen zur Eingrenzung
des förmlich festzulegenden Sanierungsgebietes mehr durch die bei den Bearbeitern während der Befragung gewonnenen Erfahrungen bestimmt wurde als
durch den ersten bereitgestellten Datensatz, der lediglich partiell zur Begründung herangezogen wurde.

3.5 Diskussion der ersten Auswertungsergebnisse mit der Verwaltung und
Berichterstattung vor dem Planungsausschuß

Die ersten Auswertungsergebnisse waren in einer internen Diskussion unter den
Bearbeitern entstanden. Wie verhielten sich nun die zuständigen Verwaltungs-
stellen zu diesen ersten Ergebnissen und welche Resonanz fanden sie bei der
Darstellung vor dem Planungsausschuß ?

Bevor diese ersten Auswertungsergebnisse dem Planungsausschuß vorgetragen werden sollten, bedurften sie einer Abstimmung mit der Verwaltung. Die Vorberichterstattung beim Bauverwaltungsamt über Ablauf und Ergebnisse der Bestandsaufnahme in Form der Befragung war schnell abgeschlossen, zumal die Bearbeiter auf den Datenkatalog von INFAS verweisen konnten. Man nahm es hin - die Berichterstattung wie den Katalog - schließlich hatte man das ja erwartet: Überalterung, schlechte Bausubstanz, Verkehrsprobleme.
Brisanz kam erst in die Diskussion, als der Abgrenzungsvorschlag vorgestellt wurde.
Mit dem gegenüber dem Untersuchungsgebiet kleiner gewordenen Abgrenzungsvorschlag zum förmlich festzulegenden Sanierungsgebiet war der Leiter des Bauverwaltungsamtes nicht einverstanden.
Inhaltlich sei er mit dem vorgeschlagenen Konzept zufrieden - nur müsse man sich schon die Finanzierungsmodalitäten des Regierungspräsidenten vergegenwärtigen, die für ihn maßgebliches Kriterium für den Eingrenzungsvorschlag seien. Demzufolge lege er unbedingt Wert darauf, das Sanierungsgebiet möglichst weit auszulegen und das aus folgenden Gründen:
● Zum einen bestehe keine Chance, die ursprünglich beabsichtigten Einzelmaßnahmen gefördert zu bekommen, wenn sie außerhalb des förmlich festzulegenden Sanierungsgebietes lägen. Es sei zwar richtig, daß auch Maßnahmen außerhalb von förmlich festgelegten Gebieten förderungswürdig seien, nur ständen diese in einer aufzustellenden Prioritätenliste mit hintenan und die Förderungschance sei gleich Null. Nebenbei sei die zu erwartende Förderungssumme ohnehin geschrumpft, die Millionengrenze sei unterschritten. Außerdem müsse eine Prioritätenliste aller von A-Stadt beantragten Maßnahmen erstellt werden - es gehe also nicht nur um das anstehende Untersuchungsgebiet. Wenn man dann noch die Einzelmaßnahmen außerhalb des förmlich festzulegenden Sanierungsgebietes lege, beraube man sich selbst von vornherein aller Förderungschancen, um derentwillen man ja schließlich unter anderem das Verfahren der vorbereitenden Untersuchungen eingeleitet habe.
● Zum anderen seien grundsätzlich Maßnahmen in förmlich festgelegten Sanierungsgebieten eher förderungsattraktiv als in anderen Gebieten. Und wenn man bedenke, daß in Zukunft möglicherweise eine Krankenhauserweiterung im Untersuchungsgebiet stattfinde, daß möglicherweise irgendwann einmal die Ergebnisse des vorangegangenen Gestaltungswettbewerbes Realität werden sollen oder nur eine Tiefgarage zur Lösung der Verkehrsproblematik in der Innenstadt angelegt wird, dann seien diese Maßnahmen in einem förmlich festgelegten Sanierungsgebiet sicherlich über Bundes- bzw. Landesmittel eher zu finanzieren.

Für punktuelle Maßnahmen in den insgesamt als stabil bezeichneten Bereichen schlugen die Bearbeiter die Anwendung zum Städtebauförderungsgesetz alternativer, kleinteilig einzusetzender Instrumente vor, etwa die Ausweisung zum Modernisierungsschwerpunkt zur Aufnahme und Förderung der in diesem Gebiet grundsätzlich vorhandenen Investitionsbreitschaft der Eigentümer.
Die Stadtverwaltung hatte auch für diesen Bereich die Anwendung des Städtebauförderungsgesetzes vorgesehen. Dahinter stand ein ganz konkretes Interesse: Ein einseitig zu einem Grünbereich geöffneter Block sollte mit einer Wohnbebauung geschlossen werden und dieser auf einer derzeit intensiv genutzten Grünanlage eine Tiefgarage zur "endgültigen Lösung des gesamten Verkehrsproblems" vorgelagert werden. Die Idee der Blockschließung war aufgenommen worden aus dem ersten Sanierungsgutachten, die in diesem aber nur als eine Entwurfsidee, die in keiner Beziehung abgesichert war, verstanden war (Die Entstehung dieser "Idee" ist leicht verständlich: Aus grundrißästhetischen Gründen bedurfte der offene Block einer Schließung. In der Realität freilich ist dieser Block längst geschlossen: mit einer Reihe wuchtiger Kastanien, die den intensiv genutzten Grünbereich von den angrenzenden Wohngebäuden mit ihren privaten Freibereichen abtrennen). Die im Gutachten ausgewiesene

Blockschließung wurde in der Verwaltung aufgegriffen und weitergesponnen:
Bei den Bauvoranfragen waren schon unterschiedliche Gestaltungsvorschläge
für diesen Bereich einzusehen. Die "Idee" war also schon zu einem hand-
festen Planungsprogramm geworden, das sich insbesondere der Beigeordnete der
Stadt A zu eigen gemacht hatte.
Freilich wurden diese Absichten nicht offengelegt, sollten doch erst die
vorbereitenden Untersuchungen diese Blockschließung als Ergebnis formulieren.
Und dessen war sich die Verwaltung wohl sicher: Schließlich hatte das jetzt
mit der Untersuchung beauftragte Büro ja auch die ursprüngliche Idee ge-
liefert.
Der Leiter des Bauverwaltungsamtes war also verwundert, als er die Blockschließung im räumlichen Konzept nicht wiederfand und obendrein dieser Bereich nicht innerhalb des förmlich festzulegenden Sanierungsgebietes lag.
Die Bearbeiter begründeten dies mit der einhelligen Ablehnung der Gebietsbewohner, den als sehr wertvoll empfundenen Grünbereich einer Wohnbebauung
zu opfern. Die Gegenargumentation des Verwaltungsvertreters: Was das Instrument angehe, so sei das Wohnungsmodernisierungsgesetz nicht sozialer als das
Städtebauförderungsgesetz, auch bei dessen Anwendung seien Mietpreisstei-
gerungen und demzufolge eine soziale Umschichtung zu erwarten. Die Ablehnung
der Neubebauung durch die Bewohner sei schließlich auch ganz normal: Fehlende Vorstellungskraft, die Angst vor dem Neuen bestimmen deren Urteil. Wenn
man aber die Blockschließung sehr sorgfältig plane - unter Umständen sollte
man sich mal ein Konzept überlegen, das den vorhandenen Baumbestand schont -,
könne man sicher sein, daß die neue Wohnbebauung in attraktiver Lage, die
ja im übrigen auch im gesamtstädtischen Interesse sei, sehr schnell von den
jetzigen Bewohnern akzeptiert und wahrscheinlich sogar als gut empfunden
werde. In diesem Fall sei es also sicherlich nicht angebracht, sich auf das
Meinungsbild der jetzigen Bewohner zu verlassen, das zu sehr durch das Bestehende und Gewohnheiten geprägt sei.
Die Absicht, gebietsstabilisierende Sofortmaßnahmen über ZIP-Mittel zu finanzieren, wurde als nächster Punkt diskutiert.
Eine so konzipierte Mittelverwendung lag natürlich quer zur intendierten
Modernisierung von zwei Einzelobjekten in privater Hand und ein reger Widerspruch des Leiters der Bauverwaltung war erwartet worden. Einzige Reaktion
auf diesen Vorschlag war jedoch: "Nun wissen wir ja, was wir alles zu beantragen haben". Nun stand allerdings noch der Konflikt mit den unterschiedlichen Abgrenzungsvorschlägen im Raum. Der Planungsausschuß erwartete ein mit
der Verwaltung abgestimmtes Konzept, und was lag näher, als sich zunächst
einmal auf die Darstellung von alternativen Abgrenzungsvorschlägen zu einigen
und den politisch legitimierten Gremien zur Entscheidung vorzulegen. Also
würde man dem Planungsausschuß die beiden extremen Vorschläge mit dazwischen-
liegenden Varianten darstellen in der Hoffnung auf ein eindeutiges Votum.

Am 27. Juni 1978 fand die Sitzung des Planungsausschusses statt, in der die
Zwischenergebnisse der vorbereitenden Untersuchungen zur Diskussion gestellt
wurden.
Zunächst stellten die Bearbeiter die alternativen Abgrenzungsvorschläge dar,
die etwa folgendes Aussehen hatten (vgl. Skizze): In einem Bereich "A" wurde
die Notwendigkeit kommunaler Intervention aufgrund vorliegender städtebaulicher Mißstände gesehen - ein Bereich, der mit dem Instrumentarium des StBauFG
behutsam zu sanieren sei. Die Bereiche "B" und "C" waren nicht oder nicht mehr
überbaute Flächen, die räumliche Ressourcen darstellten für die Anlage von
geplanten Verkehrsbauten (Tiefgaragen) bzw. einer Krankenhauserweiterung.
Die Bereiche "D" und "E" waren die ursprünglich für den Einsatz der ZIP-
Mittel vorgesehenen Modernisierungsobjekte an der Peripherie der Untersuchungsgebiete.

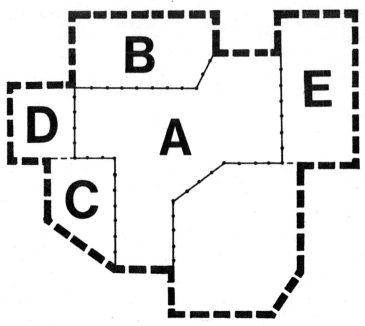

Abb. 3: Schematische Darstellung der unterschiedlichen Abgrenzungsvorschläge.

Die Modernisierungsmaßnahmen tauchten allerdings im Maßnahmenkatalog der externen Bearbeiter erst an letzter Stelle auf, da sie den von den Bearbeitern formulierten Kriterien für den Einsatz der ZIP-Mittel nur bedingt genügten:

Diese Kriterien lauteten:
● Die ZIP-Mittel sollten effektiv eingesetzt werden: die Verträglichkeit mit den langfristigen Sanierungszielen sollte gewährleistet sein und die Maßnahmen sollten auf private Folgeinvestitionen zielen.
● der mögliche kurzfristige Mitteleinsatz sollte ohne langen Planungsvorlauf auf direkt verfügbaren Flächen akute Probleme beseitigen helfen.
● und die Mittel sollten gebietsstabilisierend eingesetzt werden.
Vier Maßnahmenbereiche wurden in der Reihe ihrer Prioritätsstufe vorgestellt:
● Maßnahmen im Straßenraum (verkehrsregelnde Maßnahmen, Fußgängerfreundliche Neugestaltung ...)
● Modernisierung und Instandsetzung städtischer Häuser (Schlüsselprobleme im Gebiet)
●Wohnungsumfeldverbesserung auf blockbezogenen, verfügbaren Freiflächen
● Maßnahmen im denkmalpflegerischen Bereich (zu diesem Maßnahmenkomplex sollten auch die benannten Einzelobjekte gehören).
Im Anschluß stellte der Vorsitzende des Planungsausschusses fest,"daß die ... vorgeschlagenen Maßnahmen weitgehend mit den bisherigen Überlegungen des Planungsausschusses übereinstimmten". Eine weitere Meinungsäußerung erfolgte nicht. Eine sehr vage Stellungnahme wurde bezüglich der Eingrenzungsalternativen abgegeben: "Herr ... (ein Stadtverordneter, d.V.) regte an, die im Lageplan bezeichneten Erweiterungsbereiche "D" und "E" nur einzubeziehen, wenn die Eigentümer bereit sind, ebenfalls zu investieren. Die Einbeziehung des Bereiches "B" müsse noch als fraglich angesehen werden, weil unklar ist, ob die Augenheilanstalt gebaut werden kann. Er sprach sich für die Festlegung der Bereiche "A" und "C" aus. Dieser Meinung schlossen sich zwei weitere Ausschußmitglieder an.

Insgesamt erfolgte vom Planungsausschuß kein eindeutiges Votum , deshalb oblag
der genaue Eingrenzungsvorschlag wiederum dem Aushandlungsprozeß zwischen externen Bearbeitern und der Verwaltung.

Zusammenfassung: In der Auswertungsdiskussion mit der Verwaltung wurde deutlich:
Die Bestandsaufnahme sollte der Verwaltung weitgehend als Legitimation ihrer
Interessen dienen, wobei als wesentliches Ziel die "Förderungsattraktivität"
deutlich wurde. Sehr plastisch wird am Beispiel der blockschließenden Neubebauung die beliebige Verwendung der Ergebnisse der Meinungsbefragung.
Trotz unterschiedlicher Bewertungsstandpunkte zwischen Bearbeitern und Verwaltung werden Konflikte nicht ausgetragen. Der Planungsausschuß, dem die unterschiedlichen Positionen dargestellt wurden, fand sich zunächst nicht in der
Lage, ein eindeutiges Votum für die Weiterarbeit abzugeben.

3.6 Konzeption des Rahmenplanes: Entwurf, Abstimmung mit der Verwaltung
und Vorstellung in der zweiten Bürgerversammlung

In diesem Abschnitt soll gezeigt werden, wie das räumliche Konzept entstanden
ist, welche Interessen die Verwaltung in dieser Phase einbrachte und welche
Rolle schließlich die betroffenen Bürger, für die zusätzlich eine zweite
Bürgerversammlung veranstaltet wurde, dabei spielten.

Nach der Planungsausschußsitzung schlossen die Bearbeiter die Auswertung
vorübergehend ab, um sich der konzeptionellen Arbeit zu widmen. Erstes Arbeitsziel war ein städtebaulicher Rahmenplan. Schon zu Beginn der vorbereitenden
Untersuchungen war vorgesehen worden, den im Gutachten von 1975 erstellten
Rahmenplan weitgehend zu übernehmen und lediglich insoweit zu modifizieren,
wie dies durch die genauere Bestandsaufnahme erforderlich würde. Ein Änderungs-
bedarf gegenüber dem alten Konzept ergab sich nach der Ansicht der Bearbeiter
aufgrund der Befragung der Haushalte. Ein großer Teil der befragten Haushalte lehnte dieses vorliegende Konzept in zwei wesentlichen Punkten ab:
Die Kirche sollte nicht nach den historischen Vorbildern umbaut werden und
ebensowenig sollte der südliche Block baulich geschlossen werden. Als Gründe
waren für beide Bereiche immer wieder die vorhandenen Qualitäten als Grün-
bereiche genannt worden. Demzufolge verzichteten die Bearbeiter auf die Bebauung dieser Bereiche ebenso wie auf einen durch den südlichen Block gelegten
Fußweg, der damals als Verbindung zwischen der City und den innenstadtnahen
Grünbereichen gedacht war, der aber ebenfalls auf die Ablehnung der Anwoh-
ner gestoßen war. Die Bearbeiter beschränkten sich also in ihrem räumlichen
Konzept
● auf die Lokalisierung von Hindernisschwellen als verkehrsregelnde Maßnahme
und einer Tiefgarage zur Aufnahme des ruhenden Verkehrs.
● auf eine Neugestaltung des Kirchplatzes, die die Ergebnisse des Wettbewerbes zumindest zum Teil aufnehmen sollte, sowie die Baumassenverteilung im
Bereich der Krankenhauserweiterung,
● und endlich die Schließung von Baulücken.
Vor der Darstellung dieses Konzeptes in einer zweiten Bürgerversammlung
fand eine Abstimmung mit der Stadtverwaltung statt. Im Gegensatz zum ersten
Abstimmungstermin in der Verwaltung, an dem die Auswertung der Befragungsergebnisse das Thema war, fanden die konzeptionellen Vorstellungen größeres
Interesse in der Verwaltung. Neben dem Leiter des Bauverwaltungsamtes, der
bis dahin für die Bearbeiter entscheidender Ansprechpartner gewesen war,
waren der Leiter des Stadtplanungsamtes und zwei weitere Mitarbeiter
des Stadtplanungsamtes anwesend: Ein Vertreter des Denkmalpflegeressorts und
ein Verkehrsplaner. Über die zurückliegende Planungsausschußsitzung mit den

offen gebliebenen Fragen der Gebietseingrenzung wurde kaum noch geredet.
Der Leiter des Bauverwaltungsamtes betonte lediglich noch einmal, daß er
weiterhin den weitgefaßten Abgrenzungsvorschlag für sinnvoll halte und
leitete dann die Diskussion zu den Konzepten über. An dieser Stelle fand gleich-
sam ein Kompetenzwechsel statt. Die Vertreter des Stadtplanungsamtes wurden
Gesprächspartner für die konzeptionelle Phase der vorbereitenden Untersuchung.
Bei der Begutachtung der räumlichen Konzepte wurden sehr schnell subjektive
Präferenzen deutlich:
● Der Mitarbeiter des Stadtplanungsamtes, der sich als ausgebildeter Architekt
vornehmlich um den Bereich der Denkmal- und Stadtbildpflege kümmerte, war
eifriger Verfechter der historischen Rekonstruktion des Untersuchungsbereiches.
Er hatte an der Ausschreibung und Bewertung des vorangegangenen Gestaltungs-
wettbewerbes teilgenommen und plädierte, nun vornehmlich aus historischen und
formal-ästhetischen Gründen, sowohl für eine Umbauung der Kirche als auch eine
Schließung des südlichen Blockes. Er selbst hatte schon zum Zeichenstift
gegriffen und konkrete Bebauungsvorschläge sowohl für die genannten Bereiche
als auch für einzelne Baulücken gemacht.
● Der Leiter des Stadtplanungsamtes war erst seit wenigen Monaten in der
Verwaltung von A-Stadt beschäftigt und infolgedessen mit dem untersuchten
Gebiet wenig vertraut. Entsprechend seinen in der vorangehenden Anstellung
erworbenen Qualifikationen brachte er seine konzeptionellen Interessen ein:
Er plädierte für eine relativ detaillierte Ausgestaltung der Fußgängerbereiche
und machte konkrete Vorschläge bis hin zur Materialwahl für den Straßenbelag.
In diesem Bereich sollte also eine Konkretionsstufe dargestellt werden, wie
sie in keinem anderen Sektor, etwa im Bereich von Instandsetzungs- oder
Modernisierungsfragen der Altbausubstanz, nur annähernd erreicht wurde. Zum
Vorschlag der Kirchenumbauung verhielt sich der Planungsamtsleiter abwägend-
zurückhaltend. Hier sah er zwar ebenfalls die Chance "guter Architektur",
aber auch die Probleme der Trägerschaft, Kosten und Vermietbarkeit.
Zuletzt wurden noch alternative Verkehrslösungen mit dem zuständigen Verkehrsplaner besprochen, der die Durchführbarkeit verschiedener Modelle aus ver-
kehrstechnischer Sicht einschätzte, ohne eine Lösung zu priorisieren.
Vier Tage nach der Vorabstimmung der ersten konzeptionellen Überlegungen
mit der Stadtverwaltung fand die zweite Bürgerversammlung statt. In der Zwischenzeit waren - aufgrund der Anregungen aus der Verwaltung - die Konzepte
um die gewünschten Alternativen erweitert worden.
Auf der Bürgerversammlung waren nur geringfügig weniger Leute anwesend als
auf der ersten Versammlung, obwohl die Einladung wegen terminlicher Schwierigkeiten relativ kurzfristig erfolgt war. Die Stadtverwaltung wurde dieses
Mal vertreten durch den Leiter des Stadtplanungsamtes, Stadtverordnete waren
nicht anwesend.
Der Ablauf dieser zweiten Bürgerversammlung läßt sich in vier Phasen darstellen, die jeweils unterschiedliche inhaltliche Schwerpunkte hatten:
● Die erste Phase bestand aus einer rückblickenden Darstellung der Befragung, der Befragungsergebnisse und einer Vorstellung der ersten konzeptionellen Alternativen.
● Der erste Diskussionsschwerpunkt bestand, wie erwartet, in einer Auseinandersetzung um die alternativen Verkehrslösungen.
Die gegensätzlichen Positionen waren auf der einen Seite ein rigides Aussperren
des Verkehrs, um eine optimale Wohnruhe zu erreichen, auf der anderen Seite
eine weitgehende Öffnung für den Individualverkehr, um die gute Erreichbarkeit der im Untersuchungsgebiet ansässigen Gewerbe- und Einzelhandelsbe-
triebe zu gewährleisten. Um diese Positionen wurde lange Zeit gerangelt, bis
die Planer mit einem die gegensätzlichen Standpunkte vermittelnden Modell
ihre von vornherein priorisierte Lösung einbrachten. Ein Mischsystem nach
dem Vorbild der holländischen Woonerf könne beiden Parteien gerecht werden.
Zur Veranschaulichung dieser Lösungsidee zeigten sie Lichtbilder aus verkehrs-

beruhigten holländischen Wohngebieten. Damit war der Problembereich Verkehr zunächst einmal abgehandelt.

• Auf einen Zwischenruf, wo denn die Vertreter der Stadt seien, die sich die hier geäußerten Wünsche der Bürger zu Herzen nehmen würden, stellte sich der neue Leiter des Stadtplanungsamtes als der Vertreter der Stadtverwaltung vor. Er gab bei dieser Gelegenheit ein Plädoyer für eine offensive Bürgerbeteiligung bei kommunalen Planungen ab und betonte, daß er versuchen würde, den Bereich Stadtsanierung aus einem Verständnis als reiner Verwaltungsakt, der noch im Kompetenzbereich des Amtes für Bauverwaltung liege, herauszuholen und wieder zum Ressort der Stadtplanung zu machen, die diese Aufgabe kompetent und unbürokratisch in enger Zusammenarbeit mit dem Bürger erledigen könne. In diese Darstellung flossen auch durchaus Animositäten zu anderen Mitgliedern der Verwaltung ein, so daß die Bürger diesen "neuen Mann aus der Verwaltung" sehr schnell auf ihrer Seite wußten, wohlwollend applaudierten, von Fehlleistungen anderer Verwaltungsmitglieder erzählten und die Hoffnung äußerten, daß von nun an ja in ihrem Sinne geplant werde.

• In einem dritten Diskussionsschwerpunkt des Abends ging es um die städtebauliche Gestaltung des Untersuchungsgebietes, insbesondere um die historische Rekonstruktion des Kirchenbereiches. Daß dieser Komplex so breit diskutiert wurde, lang ganz einfach an der Anwesenheit von zwei Personen, die ihre Interessen sehr wohl zu artikulieren wußten: der Vertreter eines "Heimatvereins", der für die Wiederherstellung und kompromißlose Erhaltung der "Geschichte von A-Stadt" im Sinne aller Bürger plädierte, und eines Teilnehmers des Gestaltungswettbewerbes, der als Preisträger die vorgestellten räumlichen Konzepte nach formal-ästetischen Gesichtspunkten zu analysieren wußte und noch einmal die Ergebnisse des Gestaltungswettbewerbes ins Bewußtsein der anwesenden Bürger rückte.

Daß dann keine weiteren Themen in der Bürgerversammlung angesprochen wurden, war nicht zufällig. Die Anwesenheit ganz bestimmter "Betroffenengruppen" und der Interessenschwerpunkt der Planer und des Stadtplanungsamtes bestimmten weitgehend die Inhalte dieser "Bürgerversammlung".

Zusammenfassung: Der Entwurf des Rahmenplanes steht in weiten Teilen unvermittelt neben der Bestandsaufnahme. Das wird allein daraus ersichtlich, daß bezüglich des räumlichen Konzeptes schon vor der vorbereitenden Untersuchung Übereinkunft bestand. Modifikationen infolge der Befragung stießen bei der Verwaltung auf Kritik, wurden aber als Alternative geduldet, zumal noch innerhalb der Verwaltung unterschiedliche Vorstellungen bestanden.. Ähnlich wie bei der ersten Bürgerversammlung drehte sich auch die Diskussion auf der zweiten Bürgerversammlung im wesentlichen um Möglichkeiten der Verkehrsberuhigung.

3.7 Fertigstellung des Endberichtes, Entscheidung über die ZIP-Mittel-Vergabe und zweite Berichterstattung vor dem Planungsausschuß.

Im letzten Abschnitt der Ablaufbeschreibung geht es um die Inhalte des dem Regierungspräsidenten vorzulegenden Endberichtes und dessen Verhältnis zu den real ablaufenden planungspolitischen Entscheidungen.
Da am 1. August 1978 die Anträge für Mittel aus dem Zukunftsinvestitionsprogramm vorliegen mußten, sollte auch die vorbereitende Untersuchung zumindest inhaltlich abgeschlossen sein, um einen möglichst fortgeschrittenen Verfahrensstand dokumentieren zu können. Bis dahin waren von den Bearbeitern im wesentlichen noch zwei Arbeitsschritte zu leisten:
1. Die "Ergebnisse" der vorbereitenden Untersuchungen in Form der Zielbenennung, der Problembeschreibung, der Sanierungsgebietseingrenzung und Konzeption waren soweit fixiert. Diesen Ergebnissen mußte jetzt noch der gesamte über die INFAS-Bögen erhobene Datenberg vorangestellt werden, und zwar möglichst so, daß die Ergebnisse als schlüssige Ableitung dieser "Datenauswertung" erschienen.

2. Zwei notwendige Bestandteile der vorbereitenden Untersuchung mußten noch erstellt werden: die Kosten- und Wirtschaftlichkeitsberechnung und die Grundsätze für den Sozialplan.

Zu 1: Darstellung und Auswertung der erhobenen Daten.
Als Orientierung für die Auswahl und Strukturierung der darzustellenden Daten diente der Runderlaß des Innenministers von NRW. Zu jedem dieser Punkte wurden die notwendigen Daten meist in Form von Tabellen dargestellt. Aggregationsniveau war dabei in der Regel der Baublock, oft wurden - je nach Verfügbarkeit - statistische Vergleichswerte angefügt. Die notwendigen Daten wurden nach Kriteriengruppen geordnet in einem nachgestellten Punkt "Folgerungen" ausgewertet und so der Bogen zur späteren Gesamtbewertung, den Zielen und der Konzeption geschlagen, so daß zumindest formal eine in sich schlüssige Untersuchung entstand. Die "Folgerungen" haben dabei durchaus unterschiedlichen Charakter:
● den Charakter einer Zielableitung
(Beispiel: "Entsprechend den Zielen aus der Landesplanung hat das Gebiet drei Aufgabenstellungen zu erfüllen: ...")
● den Charakter einer Bewertung des Zustandes
(Beispiel: "Das Untersuchungsgebiet weist gerade als Wohnwert für alte Menschen Standortqualitäten auf.")
● in den meisten Fällen schon den Charakter einer Maßnahmenempfehlung:
(Beispiel: " Verbesserungsmaßnahmen vor allem an städtischen Häusern.")
● oder auch schon den Charakter eines sozialplanerischen Grundsatzes:
(Beispiel: "Die Instandsetzung und Modernisierung von Wohnungen ausländischer Haushalte ist auf deren Bedürfnisse auszurichten.")
Sehr unterschiedliche Momente gehen also in diese Folgerungen ein:
Bewertungsstandpunkte der Bearbeiter, Bewertungsstandpunkte von Betroffenen, Möglichkeiten der Durchführung, Zielvorgaben aus übergeordneten Planungen, Standards usw. Die Einzelfolgerungen wurden nicht auf ihre Verträglichkeit untereinander überprüft. So wurden zum Beispiel mögliche Konflikte zwischen den Einzelfolgerungen "Beibehalten der Standortqualitäten für alte Menschen" und "Anregen privater Investitionen" zwar intern auf ihre wahrscheinliche Widersprüchlichkeit diskutiert, diese möglichen Konflikte wurden im Ergebnisbericht aber nicht mehr dargestellt, um nicht den Eindruck ungelöster Probleme zu erwecken.

Zu 2: Kosten und Wirtschaftlichkeitsberechnung und Grundsätze für den Sozialplan.
Diese beiden Arbeitspunkte schoben die Bearbeiter lange Zeit vor sich her, wohlwissend, daß sie Schwierigkeiten mit sich bringen würden. Sie wußten genau, wie beliebig die Maßnahmenbestimmung zustandegekommen war, dementsprechend willkürlich mußten die Veranschlagung der Kosten und die Wirtschaftlichkeitsberechnung ausfallen. Sie bemühten sich, die in den einschlägigen Verwaltungsvorschriften aufgeführten Positionen einzuhalten,und errechneten die Kosten mit Hilfe greifbarer Richtwerte. Um zumindest die Richtwerte auf eine zuverlässige Basis zu stellen, wurde die LEG, die diesbezüglich wohl über die realistischen Daten verfügt, um Unterstützung gebeten. Die LEG wich aus, sie wollte ihren diesbezüglichen Marktvorteil nicht preisgeben.
Die Verwaltung in A-Stadt stand der Kostenberechnung relativ gleichgültig gegenüber. Es reiche hin, sich lediglich an den einschlägigen Verwaltungsvorschriften zu orientieren.
Die erechnete Endsumme schließlich erschien dem Beigeordneten zu niedrig:
Man solle in etwa auf Gesamtkosten von DM 12 Millionen kommen, diese Kosten seien in einem anderen Untersuchungsfall auch errechnet worden.
Jeder Beteiligte wußte, wie willkürlich letztlich die Kosten ermittelt worden waren. Im dargestellten Ergebnis erscheinen die angeblichen "Gesamtkosten der Sanierung" bis auf den Tausender genau.

Ein weiterer heikler Punkt war für die Bearbeiter die Aufstellung der geforderten "Grundsätze für den Sozialplan".
Sie wollten die üblichen Leerformeln vermeiden, fühlten sich aber letztlich im Wissen um die Beliebigkeit der aus diesen vorbereitenden Untersuchungen später abzuleitenden Planungen nicht imstande, die Grundsätze schon weitgehend zu operationalisieren. So blieb es denn bei der Benennung möglicher nachteiliger Auswirkungen für bestimmte Betroffenengruppen und der Aufstellung allgemeiner Postulate zur Vermeidung dieser Auswirkungen.

Parallel zur Fertigstellung des Endberichtes bemühte sich das Bauverwaltungsamt in A-Stadt, termingerecht die ZIP-Anträge fertigzustellen.
Ein vorläufiges Ergebnis der vorbereitenden Untersuchungen war nun, bestätigt durch das Votum des Planungsausschusses, möglichst Maßnahmen im Straßenraum zur Verkehrsberuhigung mit Mitteln aus dem Zukunftsinvestitionsprogramm zu finanzieren. Um Chancen bei der Mittelzuweisung zu haben, mußte für die zu fördernde Einzelmaßnahme ein fortgeschrittener Planungsstand nachgewiesen werden, der in eine genaue Kostenermittlung mündete. Diese lag für die denkmalwerten Einzelobjekte schon lange vor. Für die Maßnahmen im Straßenraum erschien das in der zur Verfügung bleibenden Zeit schier unmöglich. Da der Sachbearbeiter im Bauverwaltungsamt mit dieser Aufgabe überfordert war, schlug er vor, den Planungs- und Kostenermittlungsteil des Antrages dem Tiefbauamt zu überlassen. Das bearbeitende Büro wurde gebeten, dem Tiefbauamt die konzeptionelle Grundidee vorzustellen, damit dieses die exakten Kosten berechnen könne.
Der Leiter des Tiefbauamtes war im Urlaub. Schließlich erklärte sich der Stellvertreter bereit, diese Aufgabe trotz Arbeitsüberlastung noch zu übernehmen, obwohl er- wie üblich - von der planenden Verwaltung wieder erst im letzten Moment eingeschaltet werde. Merklich unwillig hörte er sich schließlich die Vorstellungen zur Verkehrsberuhigung, die zu einem großen Teil auf Ideen des Stadtplanungsamtsleiters aus demselben Haus beruhten, an und konstatierte zum Schluß, daß dieses Konzept aus seiner Sicht als Tiefbauingenieur schlichtweg unmöglich sei. Allein aus verkehrs- und haftungsrechtlichen Gründen dürfe er dieses Konzept nicht vertreten. Er vertrete dieses Konzept aber auch nicht inhaltlich, was ihn jedoch nicht hindern würde, es zu bearbeiten.
Dafür aber sei das einzige, was er tun könne, anhand von Richtwerten die voraussichtlich entstehenden Kosten für eine anzugebende Fläche zur Verkehrsberuhigung auszurechnen. Wenn man von ihm eine Planung verlange, müsse er sich auf die gegebenen rechtlichen Möglichkeiten zurückziehen, egal was die Planer an fortschrittlichen Ideen entwickeln würden.
So nahm schließlich der Antrag für Mittel aus dem Zukunftsinvestitionsprogramm folgende Form an: An erster Stelle wurden Maßnahmen im Straßenraum genannt, die lediglich lokalisiert wurden und für die eine überschlägige Kostensumme angegeben wurde. An zweiter Stelle folgten detailliert geplante und mit exakten Kostenangaben vorgesehene Modernisierungsmaßnahmen. Zu diesem Zeitpunkt erfuhren die Bearbeiter auch, daß eines der beiden ursprünglich zur Modernisierung vorgesehenen Objekte ausfalle, man könne demzufolge diesen Bereich auch aus dem förmlich festzulegenden Sanierungsgebiet ausklammern. Dafür habe man andere Häuser zur Modernisierung mit angemeldet. "Um eine lange Liste zu haben und damit die Dringlichkeit der ersten Positionen zu unterstützen", wurden weitere Positionen beantragt, wohlwissend, daß es hierfür keinen Pfennig gäbe.

Am 22. 8. 78 tagte der Planungsausschuß. Ein Tagesordnungspunkt unter vielen war die Berichterstattung über die Ergebnisse der vorbereitenden Untersuchungen. Da sich seit der letzten Planungsausschußsitzung keine wesentlich neuen Ergebnisse ergeben hatten und in der Zwischenzeit lediglich weitere Daten aufbereitet worden waren, wußten die Bearbeiter nicht so recht, was sie vorstellen sollten. Der Leiter des Bauverwaltungsamtes wußte Rat: "Erzählt das Gleiche wie bei der ersten Planungsausschußsitzung" und unterstrich dabei noch einmal die notwendige Darstellung von Abgrenzungsalternativen. Im übrigen wollte man vornehmlich die neu erarbeiteten räumlichen Konzepte vorstellen. Noch kurz

vor der Planungsausschußsitzung gab der Beigeordnete "unter Kollegen" einen
wohlgemeinten Hinweis: 'Und betont besonders deutlich die Notwendigkeit der
Blockschließung im südlichen Teil des Untersuchungsgebietes". Daß diese
Schließung im Konzept gar nicht enthalten war, konnte zu diesem Zeitpunkt der
Beigeordnete nicht wissen. Er war gerade erst aus dem Urlaub zurückgekehrt.
Nach der Vorstellung im Planungsausschuß war die erste Resonanz eines Stadtverordneten: " Sie haben , wie beim ersten Mal, Abgrenzungsalternativen
dargestellt. Nun wüßte ich gern, welche Alternative Sie als Fachmann bevorzugen ?"
Vor der Sitzung hatte der Bauverwaltungsamtsleiter darauf bestanden, die Alter-
nativen nicht auf den Wunsch der Verwaltung zurückzuführen, sondern als sach-
liche Alternativen darzustellen. Daß dann bei der Beantwortung der Frage des
Stadtverordneten doch "auf Wunsch der Verwaltung" herausrutschte, änderte
nichts an der bleibenden Ratlosigkeit der Stadtverordneten. Man wollte dieses
Problem noch einmal in den Fraktionssitzungen überdenken.
Als diese ca. eine Woche später stattfanden, stellte sich das Problem nicht mehr.
Vom Regierungspräsidenten war durchgedrungen, daß A-Stadt keine Mittel aus dem
Zukunftinvestitionsprogramm erwarten dürfe. Folglich entschied man sich für den
eng gefaßten Eingrenzungsvorschlag. Der Text des Ergebnisberichtes wurde geändert:
Aus Maßnahmen, die "aus Mitteln des Zukunftinvestitionsprogramm zu finanzieren"
seien, wurden "Sofortmaßnahmen". Die im Text "zu stark betonte Rolle des ZIP-
Programmes " (Bauverwaltung) sollte heruntergespielt werden. Der Leiter des
Stadtplanungsamtes machte noch den Vorschlag, Grundzüge für die Aufstellung
einer Gestaltungssatzung gemäß § 1o3 Bauordnung NW einzuarbeiten.
Am 21. 9. 78 beschloß der Rat der Stadt A die förmliche Festlegung zum Sa-
nierungsgebiet.

4. Zusammenfassung und Vertiefung der Schwerpunkte

Die vorausgehenden Abschnitte hatten einen mehr beschreibenden Charakter:
Wir schilderten die Ereignisse um die vorbereitenden Untersuchungen in A-Stadt
in ihrer zeitlichen Abfolge. In den folgenden Teilen werden wir uns mit einem
mehr analytischen Interesse ausgewählten Schwerpunkten dieser vorbereitenden
Untersuchungen zuwenden. Dabei werden wir uns an den Kategorien der Bestandsanalyse orientieren, wie sie in der "Phänografie der Bestandsaufnahme und
Bestandsbewertung" entwickelt worden sind: den internen Kriterien, den externen Kriterien und den im Prozeß agierenden Subjekten. Jede dieser drei Dimensionen wird unter einem für den konkreten Fall wesentlichen Aspekt analysiert:
Unter den externen Kriterien war das Zukunftsinvestitionsprogramm des Bundes
prägend für die vorbereitenden Untersuchungen, bei den Subjekten stehen Planer und die beteiligten Verwaltungsstellen im Vordergrund und schließlich
erfolgte die Bestandsaufnahme der internen Kriterien über eine standardisierte
Befragung, die in besonderer Weise die Ergebnisse dieser vorbereitenden Untersuchungen bestimmte.

4.1 Der Einfluß von externen Kriterien auf die Stadterneuerung:
Das Zukunftsinvestitionsprogramm des Bundes und Stadterneuerungsplanung in
A-Stadt.

In dem oben beschriebenen Verlauf der vorbereitenden Untersuchungen taucht
häufig das Programm für Zukunftsinvestitionen als Bestimmungsgröße auf. In
diesem Abschnitt wollen wir den Einfluß speziell dieses Programmes (als ein
externes Kriterium unter vielen) auf das Verfahren und die Inhalte der Vorbereitung von Stadterneuerungsmaßnahmen im konkreten Fall A-Stadt zusammenfassend darstellen und vertiefen. Dabei bilden wir zwei Aussagenbereiche:

1. Der Einfluß des Zukunftsinvestitionsprogrammes auf die Auswahl des Er-
neuerungsinstrumentes und des zu erneuernden Stadtgebietes.
2. Der Einfluß des Zukunftsinvestitionsprogrammes auf Organisation und Inhalte der vorbereitenden Untersuchungen.

1. Der Einfluß des Zukunftsinvestitionsprogrammes auf die Auswahl des Erneuerungsinstrumentariums und des zu erneuernden Stadtgebietes.
"Herr ... (Beigeordneter d.V.) gab einleitend allgemeine Erläuterungen zum
mittelfristigen Konjunkturförderungsprogramm des Bundes für Zukunftsinvestitionen (ZIP), das ursprünglich auf eine Dauer von 4 Jahren konzipiert war
und nunmehr auf 2 Jahre vorgezogen werden soll. Hierdurch hätten sich kurzfristig Anmeldeverpflichtungen ergeben. Förderungsmöglichkeiten bestünden
für die Instandsetzung historischer Stadtkerne, für Modernisierungsmaßnahmen
und Betriebsverlagerungen. Förderungsvoraussetzung sei jedoch in allen Fällen,
daß die Maßnahmen in Sanierungsgebieten liegen. Aus diesem Grunde werde dem
Rat vorgeschlagen, die hierzu erforderlichen Beschlüsse für das Gebiet ...
und für den ... zu fassen." (Niederschrift über die Sitzung des Planungsausschusses am 13. Dez. 1977, S. 8) Am 15.12.77 faßte der Rat der Stadt "A"
den Beschluß zur Durchführung vorbereitender Untersuchungen. Erst eine Woche
später, am 22. Dez. 77, versandte der Regierungspräsident einen Schnellbrief
an die Oberstadt- und Oberkreisdirektoren des Regierungsbezirkes. Der Rat von
A-Stadt hatte jedoch längst die Weichen gestellt, bevor der "Schnellbrief"
einging. Dieser Schnellbrief betraf das "mehrjährige öffentliche Investitionsprogramm für wachstums- und umweltpolitische Vorsorge (Programm für Zukunftsinvestitionen). "Aus konjunkturpolitischen Gründen hat das Bundeskabinett am
14.o9.1977 beschlossen, die Bewilligung der Mittel für das Zukunftsinvestitionsprogramm, Programmbereich "Verbesserung der Lebensbedingungen in Städten
und Gemeinden" zeitlich vorzuziehen. Nach Abstimmung mit dem Bundesminister
für Raumordnung, Bauwesen und Städtebau führt dieser Beschluß des Bundeskabi-
netts für die Investitionsbereiche "Historische Stadtkerne", "Infrastruktur"
und "Betriebsverlagerungen" im Lande Nordrhein-Westfalen zu folgenden Änderungen: "(Schnellbrief des RP Düsseldorf vom 22.12.1977, S. 1). Aufgeführt
werden die Konsequenzen dieser zeitlichen Vorwegnahme des Förderungsprogrammes,
● daß in den Jahren 1979 und 198o keine Mittel mehr bereitgestellt werden,
also jetzt vorerst die letzte Möglichkeit bestehe, an Gelder aus dem Zukunftsinvestitionsprogramm zu kommen,
● daß für eine Antragstellung des Nachtragsprogrammes neue Antragstermine
gelten: die Vorlage der Anträge der Gemeinden auf dem Dienstwege an den Regierungspräsidenten habe bis zum o1.o8.1978 zu erfolgen.
Als Voraussetzungen für die Auswahl der Vorhaben werden in der Reihenfolge
ihrer Priorität genannt:
1. "Vorhaben in förmlich festgelegten Sanierungsgebieten und Entwicklungsbereichen, die in ein Förderungsprogramm bereits aufgenommen worden sind"
(Schnellbrief S. 3). Dabei soll dieses Vorhaben geeignet sein, die "Durchführung der Sanierungs- oder Entwicklungsmaßnahmen zu beschleunigen oder zum
Abschluß zu bringen" (Schnellbrief S. 3). Der Stand der Planung soll eine
rasche Auftragsvergabe ermöglichen, um die "beschäftigungspolitische Wirksamkeit" zu gewährleisten.
2. "Vorhaben in förmlich festgelegten und noch nicht geförderten Sanierungsgebieten und Entwicklungsbereichen". Dabei sollte die Förderung der Sanierungsmaßnahmen "in absehbarer Zeit im Rahmen eines laufenden Förderungsprogrammes
zu erwarten sein" und das Vorhaben" ... für sich geeignet sein, einen Teil
des angestrebten Sanierungs- oder Entwicklungszieles zu verwirklichen".

Rasche Auftragsvergabe, niedrige Folgekosten und beschäftigungspolitische Wirksamkeit sind auch hier Voraussetzungen.
An dritter Stelle werden für die Auswahl der Vorhaben Untersuchungsbereiche

nach § 4 Abs. 3 StBauFG genannt. Förderungsvoraussetzungen sind dabei die
gleichen wie bei den bereits förmlich festgelegten und noch nicht geförderten
Sanierungsgebieten.
In einem zweiten Schnellbrief des RP vom 13.o3.1978 wird im Rahmen der Priorität enflegung, nach denen die Vorhaben für das Programm für Zukunftsinvestitionen ausgewählt werden, die Begrenzung der Zuschüsse auf "max. 2 Mill. DM,
um möglichst viele Maßnahmen fördern zu können", genannt.
Dieses Förderungsangebot seitens des Bundes wurde also den Oberstadtdirektoren
offeriert. Bei der akuten finanziellen Misere der Städte - so auch natürlich
im konkreten Fall - ist jedwede Förderung durch Land und Bund kaum noch ein
"Angebot", das man nach freier und abwägender Entscheidung annehmen oder ausschlagen kann. "Auch der Untersuchungsauftrag sei mit Zustimmung aller Fraktionen erteilt worden, um finanzielle Vorteile für die Stadt zu erhalten,"
(Niederschrift über die Sitzung des Planungsausschusses am 27. Juni 78, S. 4)
resümierte ein Stadtverordneter. So reichte es dann hin, daß der Beigeordnete,
wie oben im Zitat dargestellt, dem Planungsausschuß eine Förderungschance
in Aussicht stellte, um einen zwei Tage später liegenden Ratsbeschluß vorzubereiten, der für die Stadterneuerungsplanung in A-Stadt aufgrund der Vergabemodalitäten weitreichende Konsequenzen hat:
1. Um bei der Verteilung der Mittel aus dem Zukunftsinvestitionsprogramm berücksichtigt zu werden, galt es bei der Auswahl des Gebietes und der zu fördernden
Maßnahmen die Vergabekriterien möglichst genau einzuhalten. Die Wahl fiel auf
das oben beschriebene Gebiet, das aufgrund vorhandener Voruntersuchungen sehr
schnell förmlich festzulegen war und in dem es darüber hinaus Einzelobjekte
gab, für die schon Modernisierungsplanungen bestanden.
2. Daß die Auswahl des Städtebauförderungsgesetzes als Erneuerungsinstrumen-
tarium nicht auf Grundlage einer konsequenten Abstimmung auf die spezifischen
Gebietsprobleme oder bestimmte Entwicklungsziele erfolgte, wird schon daraus
erkenntlich, daß das Gebiet im Standortprogramm noch als Modernisierungszone
ausgewiesen war.
Die dem Förderungsangebot zugrunde liegenden Kriterien waren also zumindest
bedeutsam für die Auswahl gerade dieses Instrumentes für eben dieses Gebiet.
Gestärkt wurde die Stadtverwaltung in dieser Entscheidung dadurch, daß es
bei den gegebenen Förderungsmodalitäten kein Fehler sein könne, ein Gebiet
förmlich festzulegen, zumal umfangreiche Infrastrukturinvestitionen in Folge
einer Krankenhauserweiterung in dem benannten Gebiet zu erwarten waren.
Die Gebietsstruktur und insbesondere die Lage der Objekte, deren Modernisierung man zu fördern gedachte, bestimmten zwangsläufig die Eingrenzung des
Gebietes (vgl. Skizze).

2. Der Einfluß des Zukunftsinvestitionsprogrammes auf Organisation und
Inhalte der vorbereitenden Untersuchungen.

Mit dem 1. August 1978 war der letzte Antragstermin für Mittel aus dem
Zukunftsinvestitionsprogramm gesetzt. Bis dahin sollten die vorbereitenden
Untersuchungen abgeschlossen sein, um in der Prioritätenskala für die Förderungs-
würdigkeit um eine Stufe zu steigen. Wenn man bedenkt, daß der Auftrag erst
Ende April vergeben wurde, blieben für die "vorbereitenden Untersuchungen"
gerade drei Monate Zeit, gemessen an der in der Prognos-Untersuchung er-
mittelten Durchschnittszeit vorbereitender Untersuchungen in bundesdeutschen
Städten von 1 - 2 Jahren sehr wenig. Dazu kommt, daß die Zeit der vorbereitenden Untersuchungen gerade mit der Urlaubs- und Ferienzeit zusammenfiel.
Die politischen Gremien hatten "Sommerpause", die Verwaltung war entschei-
dungsgehemmt, da der Beigeordnete und verschiedene Amtsleiter Urlaub machten.
Die vorbereitende Untersuchung fiel also in die Kompetenz der "Sachbearbeiter"
zurück. Einmal veranlaßt und vorschriftsmäßig bearbeitet würde auch das
"richtige" Ergebnis herauskommen.

Die äußerst engen Arbeitsfristen und das primäre Arbeitsziel der ZIP-Mittel-
beschaffung bedingten ein Bestandsanalyseverfahren,
● das eine schnelle Abwicklung der im Rahmen der vorbereitenden Untersuchungen geforderten Verfahrensschritte garantierte,
● das möglichst exakt die formalen Anforderungen des Regierungspräsidenten
einlöste
● und dessen Ergebnisse insofern effektiv waren, als sie dem bestehenden
kommunalen Datensystem angepaßt und für weitere kommunale Planungen, insbesondere die Stadtentwicklungsplanung, verwendet werden konnten.
Diesen Ansprüchen genügte ein vom knstitut für angewandte Sozialwissenschaften
in Bonn ausgearbeitetes Konzept zur Datenermittlung und -auswertung, das den
durch das Städtebauförderungsgesetz für die Gemeinden entstandenen "neuartigen
Informationsbedarf" abdeckt und den Kommunalverwaltungen "wirtschaftliche,
rasche und effiziente Lösungen" verspricht. Und zwar Lösungen, die insbesondere
den §§ 4 und 8 des StBauFG entsprechen: das bedeutet, daß insbesondere die
rechtlichen Anforderungen an "Bürgerbeteiligung" mit diesem Verfahren ohne jegliche Reibungsverluste eingelöst werden können. Was die Darstellung "sozialer,
städtebaulicher und struktureller Verhältnisse" angeht, die nach § 4 (1) StBauF
die Beurteilungsgrundlagen über die Notwendigkeit der Sanierung liefern, so sah
man in A-Stadt durch die Anwendung der INFAS-Fragebögen die formalen Anforderungen eingelöst: "Art und Umfang der notwendigen Informationen sind durch
den Runderlaß des nordrhein-westfälischen Innenministers vom 1o.5.1972 in etwa
vorgezeichnet." (INFAS 1974, 3) Daß über diese formalen Anforderungen hinaus
die Informationsbeschaffung weitgehend im Belieben der Bearbeiter stand, belegt
folgendes Zitat: "Für die Gewinnung dieser Daten gibt es keine verbindliche Vor
schrift: Was im einzelnen wie und durch wen ermittelt wird, bleibt Ermessens-
sache". (INFAS 1974, 1)

Die im Gesetzestext (§ 4, 1 StBauFG) geforderte "Einstellung und Mitwirkungsbereitschaft der Eigentümer, Mieter, Pächter ..., " konnte ebenfalls über die
INFAS-Fragebögen erfaßt werden.

Schließlich war die Einarbeitung von "Möglichkeiten der Planung und Durchführun
der Sanierung"völlig beliebig. Es war nicht mehr als ein Zusammentragen
von Ideen. So konnte die Bewertung der Bausubstanz nach Augenschein erfolgen,
ein Modernisierungsbedarf festgestellt werden und die Kosten der Modernisierung
errechnet werden, ohne auch nur im gröbsten den Maßnahmenumfang bestimmt zu
haben und eine Modernisierungskonzeption entwickelt zu haben. Aber eine Aussage zum baulich-technischen Zustand, zum Instandsetzungs- und Modernisierungsbedarf sollte gemacht werden, wenn auch diese Aussagen in einem gewissen Rahmen beliebig waren, für eine Maßnahmenableitung völlig untauglich waren und
zu aus der Luft gegriffenen Kostenansätzen führten. Wer nur etwas Erfahrungen
hat mit den Schwierigkeiten der Bewertung von Gebäuden, der kann einschätzen,
daß bei normaler Arbeitskapazität eine fundierte baulich-technische Bestandsaufnahme in drei Monaten für ein ganzes Untersuchungsgebiet
schlichtweg unmöglich ist. Trotzdem wurden Aussagen gemacht und sogar Kosten
ermittelt. Gerade in diesem Bereich wird die Beliebigkeit der Bestandsaufnahme
überdeutlich. Es gab nur eine Leitlinie für die Bearbeiter: Die Summe aller
unrentierlichen Kosten war vom Beigeordneten unter taktischen Gesichtspunkten
gesetzt.

Herausragendes Ziel dieser vorbereitenden Untersuchung war es demnach, das
Untersuchungsgebiet reibungslos, schnell und formgerecht in ein förmlich
festgelegtes Sanierungsgebiet überzuführen, um dadurch zum einen eher die Chanc
wahrzunehmen, in den Genuß der Förderung mit ZIP-Mitteln zu gelangen und zum
anderen ganz allgemein durch den rechtlichen Status "förderungsattraktiver"
zu werden. Als "Abfallprodukt" der vorbereitenden Untersuchungen bleibt ein
Datensatz, der für andere kommunale Planungen nützlich sein soll.

4.2 Einfluß der am Verfahren Beteiligten auf Verlauf und Ergebnisse der vorbereitenden Untersuchungen

In diesem Teil soll zusammengefaßt werden, welchen Einfluß die unterschiedlichen Beteiligtengruppen auf die Vorbereitung der Erneuerungsplanung in A-Stadt während der Phase der vorbereitenden Untersuchungen hatten. In diesem Zusammenhang nimmt die Darstellung der unterscheidlichen verwaltungsinternen Interessen den breitesten Raum ein, da hier die für diesen Fall wesentlichen Bestimmungsgrößen zu suchen sind.

In der Regel erscheint dem Bürger "die Verwaltung" als eine homogene Organisation mit einer einheitlichen Interessenlage. Den Bearbeitern der vorbereitenden Untersuchungen stellte sich "die Verwaltung" in A-Stadt dagegen äußerst uneinheitlich dar. Durchaus unterschiedliche, zum Teil sogar widersprüchliche ressort- und personengebundene Interessen wurden, ohne daß sie verwaltungsintern ausgehandelt waren, isoliert, unvermittelt, zu unterschiedlichen Zeitpunkten und mit jeweils anders gearteter Taktik in das Verfahren bzw. den Ergebnisbericht der vorbereitenden Untersuchungen eingebracht.
1. Personengebundene Interessen und Präferenzen setzten dabei schon vor Beginn der vorbereitenden Untersuchungen markante Punkte, die sich als richtungsweisend für das folgende Verfahren erwiesen. Der damalige Beigeordnete der Stadt A hatte kraft seiner Qualifikation und Persönlichkeit ein Konzept für die Stadtentwicklung in A-Stadt entworfen, das auf eine Verdichtung der Innenstadtnutzung durch Verkehrsberuhigung und Fußgängerachsen beruhte und die "Wiederentdeckung optisch-räumlicher Qualität der Außenräume" zum Schwerpunkt hatte.

Eine besondere Rolle spielte in diesem Konzept das Untersuchungsgebiet mit seinen noch vorhandenen oder wiederherzustellenden Gestaltqualitäten. Kurz vor seinem Weggang aus A-Stadt verlieh der ehemalige Beigeordnete "seinen" Ideen mit dem Wettbewerb zur städtebaulichen Gestaltung noch einmal Nachdruck, bevor die Wettbewerbsunterlagen auf dem Schreibtisch des Nachfolgers im Amt übergingen. Damit war zugleich das neue Aufgabenfeld des Amtsnachfolgers vorgezeichnet.
Der neue Beigeordnete ging seine Tätigkeit eher hemdsärmelig - pragmatisch an. Nicht die Grundsatzdiskussion und die mögliche Stadtentwicklung stand für ihn im Vordergrund, sondern die Ausführung von Maßnahmen, schlichtweg das "Machen", wo sich eine Chance dazu bietet.
Dieser pragmatischen Grundeinstellung entsprach dann auch das Forcieren der ZIP-Mittelbeantragung. Hier waren Gelder in Aussicht gestellt, die man nicht ausschlagen durfte.
Gepaart mit dieser unbedingten Ausführungseinstellung bewies der Beigeordnete im Verfahren eine hohe Durchsetzungskraft in Form von diplomatisch-taktischem Geschick:
● das zeigte sich bei der Auftragsvergabe, bei der er seine Vorstellungen über Ziele und Inhalte der vorbereitenden Untersuchungen vermittelt über die Kostenhöhe einbrachte.
● das zeigte sich in der ersten Bürgerversammlung, in der er - geschickt mit leerformelhaften Statements den Beifall der Bürger auf sich zog:"Solange ich Beigeordneter in A-Stadt bin, wird im Untersuchungsgebiet kein Haus abgerissen".
● das zeigte sich an seinem vordergründig freundschaftlich-kollegialen Verhältnis zum externen Planerbüro, das er dazu nutzte, seine konkreten Vorstellungen etwa zur Neubebauung im Untersuchungsbericht unterzubringen.
● das zeigte sich schließlich in seiner sehr zielgerichteten Anpassung des Untersuchungsberichtes im Hinblick auf seine Genehmigungsfähigkeit beim Regierungspräsidenten (so eine aus taktischen Gründen eingesetzte Kostensumme).

Ein Teil des Untersuchungszeitraumes deckte sich mit der Urlaubszeit des Beige-

ordneten. Mit großer Wahrscheinlichkeit hätten anders zumindest die konzeptionellen Ergebnisse ein verändertes Gesicht bekommen. Das wurde sehr deutlich,
als der Beigeordnete bei seiner Rückkehr mit Erstaunen das Fehlen der südlichen Blockschließung im Erneuerungskonzept feststellte.

2. Die Zuständigkeit für die Sanierungsplanung liegt in A-Stadt beim Bauverwaltungsamt. Schon daraus wird ersichtlich, daß Sanierungsplanung dem Verständn
nach mehr eine Verwaltungsaufgabe als eine Planungsaufgabe im weitesten Sinne
ist. So war das Bauverwaltungsamt auch im Fall dieser vorbereitenden Untersuchung im wesentlichen daran interessiert, das Verfahren formal exakt durchzuführen und dieses auf keinen Fall durch Reibungsverluste aufgrund von Bürgerbeteiligung oder Zieldiskussionen zu stören. Bürger hätten, aufgrund der
Komplexität des Gegenstandes verständlich, keinen Sachverstand, argumentierte
der Leiter des Bauverwaltungsamtes.
Dieses technokratische Verständnis von Sanierungsplanung kam besonders stark
zum Ausdruck, weil das Bauverwaltungsamt ebenfalls für die ZIP-Mittelbeantragung zuständig war und somit eine ausgesprochen starke Position, was Entscheidungen anbelangt, innehatte. Dieser wesentlichen Funktion entsprach allerdings
nicht die zur Verfügung stehende Arbeitskapazität des Amtes: Ein Sachbearbeiter
hatte zwei parallel durchgeführte vorbereitende Untersuchungen zu betreuen und
darüberhinaus die ZIP-Anträge termingerecht fertigzustellen.
Das explizite Interesse des Amtsleiters für die Ergebnisse der vorbereitenden
Untersuchungen lag im wesentlichen darin, daß der Vorschlag zur Abgrenzung des
förmlich festzulegenden Sanierungsgebietes nach förderungstechnischen Gesichtspunkten erfolgte. Für ihn war die Einbeziehung der Bereiche mit den nach dem
Zukunftsinvestitionsprogramm zu fördernden Einzelobjekten in das förmlich
festzulegende Sanierungsgebiet ungeachtet der städtebaulichen Situation quasi
selbstverständlich, da die beabsichtigten Maßnahmen ja "schließlich Auslöser
für das gesamte Verfahren waren". Zudem stellte sich kurz vor Abschluß der
Untersuchung heraus, daß eine Umpolung der Mittel aus dem ZIP-Programm im Sinne
einer Stützung der Sanierungsziele nicht mehr möglich war, da die Anträge für
die Förderung der ursprünglich intendierten Einzelmaßnahmen schon fertiggestellt waren und wegen der Zeitknappheit keine neuen Maßnahmen bis zur An-
tragsreife vorbereitet werden konnten. Ein an dieser Stelle auftauchender
Konflikt zwischen der Bauverwaltung und dem die Untersuchung führenden Büro
wurde von der Bauverwaltung erst kurz vor Untersuchungsabschluß offengelegt
verbunden mit dem Anspruch, ihre Vorstellungen zur Eingrenzung des förmlich
festzulegenden Sanierungsgebietes und zur Bestimmung der aus ZIP-Mitteln
zu finanzierenden Maßnahmen zumindest als gleichwertige Alternative in den
Untersuchungsbericht aufzunehmen. Der fortgeschrittene Planungsstand der ZIP-
Maßnahmen wurde als unumstößlicher Sachzwang dargestellt. Anderenfalls müsse
man gänzlich auf das Förderungsangebot verzichten.
Mit der Taktik der Informationszurückhaltung bis kurz vor den Antragstermin
konnten so die ursprünglichen Interessen durchgesetzt werden. Der Leiter
des Bauverwaltungsamtes konnte sich auf einen selbst gesetzten Sachzwang
zurückziehen.
Fühlte sich das Bauverwaltungsamt vornehmlich für verfahrensrechtliche Fragen
verantwortlich, so verwies es in konzeptionellen Fragen direkt auf die zuständigen Planer und Architekten in den entsprechenden Ämtern.

3. So fand die erste Diskussion mit dem Stadtplanungsamt erst in der Phase
des räumlichen Konzeptionsentwurfes statt.
In einer so strukturierten Verwaltung mit der entsprechenden Aufgabenverteilung ist noch deutlich das Berufsbild des Stadtplaners als "Städtebauer" zu
identifizieren. Wenn auch dieses Berufsbild vom Leiter des Stadtplanungsamtes
in A-Stadt, der ebenfalls neu im Amt war, nicht akzeptiert wurde, so war er
doch in eine Verwaltungsstruktur eingebunden, die ihn in diese Rolle drängte.
So war der Einfluß des Leiters des Stadtplanung samtes letztlich auf gestal-

terische Fragen begrenzt. Erst in der Konzeptionsphase hinzugezogen (oder besser: zugelassen), blieb ihm nur der Vorschlag zur detaillierten Gestaltung des Fußgängerbereiches und der Bereiche für die Neubebauung. Gleichwohl insistierte er immer wieder, vornehmlich in Gesprächen mit den Bearbeitern und in der Bürgerversammlung, auf Neudefinition von Sanierungsaufgaben und dementsprechend eine neue Aufgabenverteilung innerhalb der Verwaltung.

Aus solchen Kompetenzstreitigkeiten waren Rivalitäten, insbesondere mit dem Beigeordneten und dem Bauverwaltungsamt erwachsen, die so weit gingen, daß externe Bearbeiter und der Leiter des Stadtplanungsamtes sich gegenseitig Unterstützung zur Durchsetzung ihrer Interessen zusagten.

Ein ganz anders geartetes Interesse brachte ein Mitarbeiter des Stadtplanungsamtes ein, der sich hauptsächlich mit dem Themenbereich "Stadtgestaltung und Denkmalpflege" befaßte, in engem Zusammenhang mit dem Kulturamt arbeitete und zur Zeit der vorbereitenden Untersuchungen Mitarbeiter bei der Aufstellung einer Denkmälerliste für A-Stadt im Auftrage des Landeskonservators war. Doch sein Interesse lag weniger im möglichen Umfang mit der noch vorhandenen Altbausubstanz, als vielmehr in einer Neubebauung aller Restflächen und der Rekonstruktion des historischen Stadtbildes. Als ausgebildeter Architekt hatte er für einige Bereiche schon selbst detaillierte Entwürfe angefertigt. Die Betonung lag also im ästhetisch-formalen Bereich.

Fragen der Durchsetzbarkeit waren für ihn noch nachrangig.

Dagegen bestimmte die technische, rechtliche und finanzielle Machbarkeit einer Planung von vornherein das Denken des verantwortlichen Ingenieurs im Tiefbauamt.

Als Ingenieur sei er gewohnt, funktionierende, technische Lösungen anzubieten. Er sei weder "ein Verwaltungsmensch" noch ein "versponnener Gestalter", der etwa ohne Rücksicht auf Kosten und funktionelle Qualitäten heute noch ein Kopfsteinpflaster plane. Er wehrte sich gegen Lösungen, die nicht gängigen technischen und rechtlichen Normen entsprächen, schließlich müsse er als Fachingenieur die Verantwortung tragen.

Diese Zusammenfassung der wesentlichen Interessen aus der Stadtverwaltung verdeutlicht, daß keine verwaltungsintern koordinierte Arbeitsweise vorlag. Die Interessen bezogen sich jeweils auf unterschiedliche, isolierte Teilausschnitte des Sanierungsprozesses. "Verwaltungsleute", "Techniker", "Planer" und "Gestalter", wie man sich gegenseitig benannte, schienen sich mehr im Wege zu stehen als ihre Tätigkeiten untereinander zu koordinieren.

Der Einfluß der politischen Gremien läßt sich sehr kurz skizzieren (Die Aussagen können sich hierbei nur auf die Planungsausschußsitzungen beziehen, da der Entscheidungsprozeß in den einzelnen Fraktionen und im Rat nicht beobachtet werden konnte.). In den beiden Planungsausschußsitzungen waren die Darstellungen der Ergebnisse jeweils nur ein Punkt unter vielen. Für Vortrag und Diskussion der Ergebnisse blieben jeweils knapp dreißig Minuten Zeit. Ob eine inhaltliche Diskussion am Zeitmangel scheiterte oder der Glaube an die sachgesetzliche Herleitung und daher Undiskutierbarkeit des Ergebnisse vorherrschte, bleibt fraglich. Eine Zwischenfrage eines Stadtverordneten bestätigt eher die zweite Vermutung: Für welche der dargestellten Alternativen der Sanierungsgebietseingrenzung die Bearbeiter als Fachleute plädierten ? Alternativen politisch zu diskutieren, schien also nicht unbedingt dem Selbstverständnis des Planungsausschusses zu entsprechen. Man erwartete eine Entscheidungsvorbereitung, die nur noch eines ganzheitlichen "ja" oder "nein" bedurfte, und verstand dieses "ja" oder "nein" als den politischen Beitrag zu einer fachgerechten, unpolitischen Verwaltungsarbeit.

Wir haben dargestellt, wie wesentlich die Interessen insbesondere einzelner Verwaltungsressorts sich auf Ablauf und Ergebnis der vorbereitenden Untersuchungen auswirkten. Welche Möglichkeiten hatten nun einzelne Betroffenengruppen, die im Gebiet selbst wohnen oder arbeiten, ihre Standpunkte einzubringen ?

Angeboten wurden zwei Wege: Zum einen die individuelle Befragung durch die
Interviewer und zum anderen die Teilnahme an den Bürgerversammlungen. Die
Nachteile der individuellen Befragung werden unten näher dargestellt: Die
Entpolitisierung durch Vereinzelung, die Manipulierbarkeit der Aussagen bei
der Auswertung. Zu diesen grundsätzlichen Nachteilen der individualisierten
Befragung kamen die Verständigungsschwierigkeiten mit den Ausländern, die
resignative Grundhaltung bei alten Menschen. Diese Bewohnergruppen, die bei
einer Erneuerung wohl am ehesten zu den direkt "Betroffenen" zählen würden
und für die es auch aktuell die meisten Probleme im Gebiet gab, fehlten
auch auf den Bürgerversammlungen. Ihre Anliegen sind also im Verfahren sehr
stark unterrepräsentiert und lediglich durch die Anwaltsrolle der Bearbeiter
spekulativ vertreten.
Betroffenengruppen, die eher artikulationsfähig waren wie Haus- und Grundbesitzer und Gewerbetreibende, versuchten auch in den Bürgerversammlungen
ihre Interessen einzubringen. Allerdings bewegten sich diese Interessen
auf einer Ebene, die von den Bearbeitern durchaus vorgezeichnet war, nämlich
im Bereich der Verkehrsberuhigung. Alle anderen Aussagen zur möglichen Entwicklung waren so unverbindlich, daß Interessenskollisionen immer ausgewichen
werden konnte. War für die Anwesenden das eigene Haus im Modell wiederzuer-
kennen, schienen alle Probleme gelöst, mögliche Konflikte wurden bei diesem
Planungsstand noch nicht deutlich.

Somit waren die Bürgerversammlungen im großen und ganzen eine Legitimation der
Arbeitsweise und der Arbeitsergebnisse, die ohne diese Versammlungen nicht wesentlich anders ausgesehen hätten. Ob mit diesen Bürgerversammlungen eine erste
Öffentlichkeit geschaffen wurde, die im weiteren Sanierungsverfahren aufkommende
Konflikte bearbeiten kann, bleibt dahingestellt. Für die Ergebnisse der vorbereitenden Untersuchung waren die Bürgerversammlungen nur von untergeordneter Bedeutung. Besser als die direkt Betroffenen konnten sich da schon Interessierte
auf den Bürgerversammlungen artikulieren, die die Bürgerversammlung teilweise
zu einem Fachsymposium über städtebauliche Gestaltungsfragen machten.
Wenn vom Einfluß verschiedener Beteiligter auf Ablauf und Ergebnis der vorbereitenden Untersuchungen die Rede ist, dann stehen die Bearbeiter dieser Untersuchungen natürlich obenan. Diese Einflüsse sind sehr weitgehend, aber auch
sehr schwer zu erfassen. So ergaben sich etwa Abhängigkeiten von Ausbildung und
spezieller Qualifikation der Bearbeiter bis hin zu persönlichen Vorlieben etwa
für bestimmte Arbeitsschritte.
Eher ist in diesem Zusammenhang schon der Einfluß der Organisation und Arbeitsweise des Stadtplanerbüros auszumachen. Ein erprobtes Verfahren wird aus
Effizienzgründen, aber auch als "Markenzeichen" wiederholt. Die Arbeitsergebnisse müssen im weitesten eher den Interessen des Auftraggebers, also der
Stadt, als den Interessen der Betroffenen genügen, ganz einfach weil das Büro
auf weitere Aufträge angewiesen ist. Das wurde besonders deutlich bei den Interessenkonflikten um die Eingrenzung des förmlich festzulegenden Sanierungsgebietes, bei denen das Büro gezwungen war, wider eigener Überzeugung auf die
Wünsche der Stadtverwaltung einzugehen.

4.3 "Bestandsaufnahme" über standardisierte Fragebögen; die Befragung der Haushalte im Untersuchungsgebiet

Die Ermittlung von Daten und Meinungen erfolgte bei den vorbereitenden Untersuchungen in A-Stadt über standardisierte Fragebögen. Dieses Verfahren der "Bestandsaufnahme" mit dem Anspruch hoher "Wissenschaftlichkeit" (so ist das Deckblatt des Fragebogens mit einer Reihe hervorragender Wissenschaftler als "wissenschaftlicher Beirat" versehen; die Befragung wird eingeleitet mit : "Wir führen eine wissenschaftliche Erhebung durch ...") deutet zunächst auf eine besondere Qualität der Ergebnisse hin. Im folgenden wollen wir daher das Konzept und die Anwendung der standardisierten Fragebögen vor Ort näher untersuchen.

Wir gliedern diesen Abschnitt in drei Fragenkomplexe:
1. Die Konzeption der Fragebögen: Warum werden bestimmte Fragen gestellt ? Welche Hypothesen stehen hinter diesen Fragen ? Welche Arten von Fragen werden gestellt ? Wie sind die Fragen formuliert ?
2. Die konkrete Erhebungssituation: Welche Einflüsse gehen vom Interviewer, vom Befragten und von der jeweiligen Situation auf die Beantwortung der Fragen ein ? Welche Rückschlüsse lassen sich daraus auf die Zuverlässigkeit und die Gültigkeit der Ergebnisse ziehen ?
3. Die Verwendung der Befragungsergebnisse. Wer wertet wie welche Daten aus ? Welchen Niederschlag finden die Ergebnisse im Planungs- und Entscheidungsprozeß ?

1. Konzeption der Fragebögen
Der allgemeine Bezugsrahmen der im Fragebogen aufgeführten Fragen wird deutlich aus einer INFAS-Studie von 1974: "Der Informationsbedarf bei der Stadterneuerung. Ein Konzept für die Datenermittlung und -auswertung im Rahmen der vorbereitenden Untersuchungen und des Sozialplanes nach dem Städtebauförderungsgesetz." Die Anforderungen an die Qualität der Daten wird hierin wie folgt dargestellt: " Die vorbereitenden Untersuchungen sind weniger auf das Ob als auf das Wie von Sanierungsmaßnahmen abgestellt ... Vor allem ... müssen die sanierungsrelevanten Daten die Durchführung von Erneuerungsmaßnahmen unterstützen und erleichtern." (INFAS 1974, 2) Zur Erleichterung der Durchführung sollen diese Daten erkennen lassen,..."
● welche räumlichen und zeitlichen Prioritäten innerhalb des Gebietes zu setzen sind,
● welche Umschichtungen das Gebiet im Verlauf des Sanierungsprozesses erfährt,
● wie Planungsalternativen unter baulichen, sozialen, ökonomischen und finanziellen Aspekten zu beurteilen sind." (INFAS 1974,2)
Offensichtlich geht es in diesem Konzept nicht um die Bestimmung von Erneuerungszielen und möglichen Maßnahmen, sondern in erster Linie um die "Erleichterung der Durchführung" von Erneuerungsmaßnahmen, die unabhängig von der so konzipierten Bestandsaufnahme existieren und deren Wirkungen auf das Gebiet überprüft werden sollen:
● wie lassen sich die Maßnahmen möglichst wirkungsvoll durchführen ? (zeitliche und räumliche Prioritäten)
● welche Auswirkungen auf das soziale Gefüge sind zu erwarten ?
Das jeweilige Gebiet wird hier nur unter Realisierungsaspekten betrachtet: Veränderungen durch extern vorgegebene Planungsalternativen sollen durch die Bestandsaufnahme ermittelt werden. Bei der Informationsbeschaffung geht es um die Abbildung "relevanter Sachverhalte", die aufgrund des hohen technischen Standards der Datenverarbeitung fortschreibbar und räumlich und sachlich fein gegliedert sind, im Hinblick auf die Vorabbeurteilung von Planungsalternativen· Wenn in dem Fragebogen nach Meinungen gefragt wird, geht es also per se noch nicht um einen Ansatz zur Demokratisierung der Planung, sondern zunächst nur um das Aufspüren möglicher Reibungen und Konflikte und die möglichst exakte Wirkungsbestimmung.
"Vielmehr sollten sie (die vorbereitenden Untersuchungen) ein Berichtssystem zumZiel haben, das räumlich und sachlich fein genug gegliedert ist, um mit möglichst wenig Ergänzungen für vielfältige Analysen bei der Vorbereitung, bei der Durchführung und schließlich bei der Erfolgskontrolle von Erneuerungsmaßnahmen herangezogen zu werden." (INFAS 1974,3)

Diese von INFAS selbst formulierten Anforderungen bilden den Bezugsrahmen für den standardisierten Fragebogen. Erwähnt werden sollte an dieser Stelle noch, daß dieses Konzept bei der Vorbereitung einer Flächensanierung in enger Zusammenarbeit mit den zuständigen kommunalen Dienststellen entstanden war. Trotzdem betont INFAS: " Soweit (es) möglich ist, wird auf generelle Anwendbarkeit Wert gelegt. " (INFAS 1974, 1)

Den bei den vorbereitenden Untersuchungen in A-Stadt verwendeten Fragebogen werden wir nach einzelnen zusammenhängenden Fragebereichen getrennt im Hinblick auf die jeweilige Fragenart und die hinter den Fragen stehenden Hypothesen untersuchen.

Fragen zur Größe und zur Zusammensetzung des Haushaltes und personenbezogene Angaben zu Nationalität, Alter, Geschlecht, Familienstand, Ausbildungsstand, Einkommen, Berufstätigkeit, Lage und Erreichbarkeit der Ausbildungs- bzw. Arbeitsstätte bilden den ersten Teil der Fragen. Es werden also grundlegende Daten zur sozio-demografischen Struktur erfragt. In den darauf folgenden Fragen werden folgende Themenbereiche in der genannten Reihenfolge abgehandelt:

● Zwei Fragen zum Autobesitz und zu den Abstellmöglichkeiten,
● vier Fragen zur technischen Ausstattung der Wohnungen,
● zwei Fragen zum wohnungsbezogenen Freiraum,
● zwei Fragen zu Spielmöglichkeiten von Kindern,
● zwei Fragen zum Rechtsstatus,
● drei Fragen zur finanziellen Belastung aus Miete bzw. Eigentum,
● vier Fragen zu Veränderungen an der Wohnung in den letzten drei Jahren,
● vier Fragen zu Größe und Zuschnitt der Wohnungen,
● zwei Fragen zu Beanstandungen an der Wohnung und am Haus,
● sieben Fragen, die sich auf die hypothetische Situation der "Neuordnung dieses Gebietes" und das zu erwartende Verhalten der Eigentümer und Mieter beziehen,
● vier Fragen zur Gebietsbindung,
● sechs Fragen zur (Un-) Zufriedenheit mit dem Wohngebiet,
● vier Fragengruppen zur Immissionsbelastung,
● zwei Fragen zur "Mitwirkungsbereitschaft"
● und schließlich zwei offene Fragen zu unbedingt erhaltenswerten Dingen und zu weiteren "Problemen und Anregungen".

Fast sämtliche Fragen sind geschlossen mit mehreren Antwortalternativen gestellt. Geschlossene Fragen schränken naturgemäß die Antwortmöglichkeiten auf ein begrenztes Antwortenrepertoire ein. Beim Entwurf der Antwortmöglichkeiten ist daher auch ein großes Vorwissen über mögliche Meinungen und den Informationsstand der Befragten Voraussetzung.

Im vorliegenden Konzept sind die Antwortmöglichkeiten zugeschnitten auf ein Flächensanierungsgebiet. Schon aufgrund der Fragenauswahl und der vorgegebenen Antwortmöglichkeiten können mit so konzipierten Fragebögen keine neuen Erkenntnisse über eine spezielle Gebietscharakteristik, über die bewohnerbezogenen Probleme und Qualitäten des betreffenden Gebietes gewonnen werden. Fragestellungen und Antwortmöglichkeiten können letztlich nicht mehr leisten als das klischeehafte Bild von "Sanierungsgebieten" nachzuzeichnen. So spiegeln die Fragen nach der technischen Ausstattung, der Größe und dem Zuschnitt der Wohnung die Vermutung vom Substandard wider., ohne daß eine Bewertung der "Standardabweichung" durch die Bewohner erfolgen kann.

(Fragenbeispiele: "Wo liegt die Toilette: in der Wohnung, im Haus oder außerhalb des Hauses ? ... Wieviel Zimmer zum Wohnen und Schlafen bewohnt ihr Haushalt ? Wieviel Zimmer davon sind kleiner als 1o Quadratmeter ? Und wieviele davon sind niedriger als 2,25 Meter ?")

Die geschlossenen Meinungsfragen zum Zustand der Wohnungen und Gebäude nehmen in den alternativen Antwortmöglichkeiten die Erwartungen der Fragesteller vorweg:" ... Wohnung zu feucht ... Wohnung zu dunkel ... schlechte sanitäre Ausstattung ... Installation überaltert ... Treppenhauszustand ... Fassadenzustand ..." Wenn auch dieses Antwortspektrum in den meisten Fällen

hinreichte, so sind die vorgegebenen Antworten zum einen zu undifferenziert,
zum anderen werden wesentliche Ursachen und Bedingungen für den angegebenen
Zustand ausgeblendet.
Wenn zwei Eigentümer im Untersuchungsgebiet in A-Stadt angaben, daß sich ihr Haus
in einem "allgemein schlechten baulichen Zustand' befinde, haben diese Angaben
einen gänzlich anderen Stellenwert, wenn man weiß, daß einen Eigentümer die rigiden Bestimmungen des Denkmalpflegers hindern, Maßnahmen durchzuführen, und dem
anderen ganz einfach das notwendige Geld für Instandsetzung fehlt.
Ein großer Teil der Fragen geht von hypothetischen Situationen aus.
"Falls bei einer Neuordnung dieses Gebietes ein Umzug notwendig würde:Wären Sie
bei Erstattung der Unkosten bereit wegzuziehen, oder würden Sie um jeden Preis
versuchen, hier zu bleiben ? ... Würden Sie unter Umständen für eine modernisierte Wohnung oder für eine Ersatzwohnung mehr Miete zahlen können als im
Augenblick ? ... Wieviel könnten Sie im Höchstfalle aufbringen ? ... Wenn
hier saniert und neu gebaut wird : Hätten Sie dann Interesse am Erwerb von
Eigentum in diesem Gebiet ? ..."
Da diese hypothetischen Situationen nur sehr ungenau definiert sind, fehlt
für die Befragten die Voraussetzung für eine genaue Beantwortung dieser Fragen.
Wie wird die "Neuordnung des Gebietes" aussehen? Welches sind die "Umstände",
unter denen der Befragte mehr Miete zahlen würde?
Diese ungenauen Definitionen wurden auch in den Einzelinterviews immer wieder
bemängelt.

2. Erhebungssituation
Ausder Erfahrung bei der Befragung vor Ort läßt sich die Erhebungssituation
als eine wesentliche Bestimmungsgröße für die Ergebnisse herausstellen. Allerdings
entziehen sich diese Einwirkungen weitgehend einer genauen Kontrolle. Deshalb
soll hier zunächst nur anhand von Beispielen aus der konkreten Befragung ein
Hinweis auf die mögliche Ungültigkeit und Unzuverlässigkeit der Ergebnisse
gegeben werden.
Vier Interviewer begannen, innerhalb von drei Wochen ca. 280 Haushalte zu
befragen.
Die Befragungsbereiche wurden aufgeteilt:
Zwei Interviewer befragten die Haushalte in den in der Orientierungsphase
identifizierten absinkenden, "instabilen" Bereich, zwei Interviewer gingen in
den als "stabil" gekennzeichneten Bereich.
Die Tatsache, daß zwei Interviewergruppen dadurch jeweils gänzlich unterschiedlich strukturierte Ausschnitte des Untersuchungsgebietes näher kennenlernten,
führte zu einer unterschiedlichen Gesamtbewertung und Grundeinstellung zum
Gebiet. Nicht die kumulierten Daten und Meinungen bestimmten die Gesamtbewertung, sondern eher die gesammelten subjektiven Eindrücke bei den Interviews.

Für die Interviewer in den "stabilen" Bereichen war das Gebiet letztlich intakt.
Einzelprobleme wurden überlagert durch den dominierenden guten Eindruck. Schließ-
lich gingen sie mit einer ganz anderen Grundeinstellung zum Interview: Ziel war
nicht mehr, Probleme zu entdecken, sondern den Gesamteindruck bestätigt zu
sehen.
Genau gegenteilig warendie Interviewer in den Problembereichen disponiert.
Nun sollten solche Verzerrungen durch den Wortlaut des Fragebogens exakt ent-
sprechende Fragen eigentlich unmöglich sein. Aber allzu oft reagierten die
Befragten auf die wörtlich gestellten Einschaätzungsfragen mit Unsicherheit:
"Wie meinen Sie das ?" oder "Tja, was soll ich dazu sagen? " Jede weitere Be-
merkung des Interviewers beeinflußte die Antwort.
Ein Beispiel:
Auf die Frage: " Haben Sie an Ihrer Wohnung etwas auszusetzen ? Was im einzelnen?"
ist eine von elf Antwortmöglichkeiten: "Schlechter baulicher Zustand".
Diese Antwortmöglichkeit war den meisten Befragten (es sei denn, es handelte sich
um Neubauten oder einen extrem schlechten Bauzustand) zu ungenau, logischerweise

erfolgte eine Gegenfrage: " Ob er den schlechten baulichen Zustand denn auch
ankreuzen solle, wenn die Dielenfußboden uneben sei ? ". Der Interviewer gab
die Antwort entsprechend seiner oben geschilderten Grundeinstellung.
Diese möglichen Verzerrungen durch die spezifische Disposition der Interviewer
wurden noch überlagert durch die Grundeinstellung der Interviewpartner zur
Befragung. Grob konnte man drei Befragtengruppen unterscheiden:
● Eine Gruppe, die Interesse an der Sache hatte ("Kommen Sie rein, ich hab scho
auf Sie gewartet")
● Eine Gruppe, die die Sache nicht interessierte, die sich aber wohlverhielt,
entweder aus Angst vor der Obrigkeit (schließlich wurde in einem Begleitschreib
der Interviewer auf die Auskunftspflicht nach § 3 STBauFG hingewiesen) oder
um den "armen" Interviewer das Lebe n nicht allzu schwer zu machen.
● Eine Gruppe, die der Sache abweisend gegenüberstand, das Interview nur wider-
willig mitmachte oder die Beantwortung der Fragen verweigerte.

Diese unterschiedlichen Einstellungen zur Befragung schlagen sich natürlich
auf die Qualität der Antworten nieder:
● Die Gruppe der an der Sache Interessierten besitzt bereits einen Fundus an
Vorinformationen und hat sich bereits eine Meinung zur anstehenden Problematik
gebildet. Die sehr allgemein gehaltenen Fragestellungen werden reflektiert:
Welche Antwort wird von mir erwartet ? Was meint die Frage genau ? Wie kann
meine Antwort später verwertet werden ? Mit welcher Antwort ist mir in meiner
konkreten Situation am ehesten gedient ? Weiterhin waren für diese Befragtengruppen die Fragen zu undifferenziert oder zu sehr losgelöst von den jeweiligen Bedingungen.
Beispiel: Eine Frage lautete: "Würden Sie unter Umständen für eine modernisierte Wohnung oder für eine Ersatzwohnung mehr Miete zahlen können als im
Augenblick? " Diese Fragestellung wurde oft kritisiert: "Wenn ich jetzt an-
gebe, daß ich DM 2oo,-- mehr aufbringen kann, muß ich dann möglicherweise
in eine Ersatzwohnung und gebe ich dadurch selbst den Freibrief für meine
Umsetzung? Auf der anderen Seite würde ich für eine vernünftige Heizung und
neue Fenster gern DM 1oo,-- mehr im Monat ausgeben. Schreiben Sie das bitte
dazu." Auf die Antwort, daß· nur eine exakte Zahlenangabe möglich sei, wurde
dann meist angekreuzt, daß die Miethöhe ungefähr wie jetzt liegen solle.
Sämtliche Bedingungen für diese Antwort fielen unter den Tisch, das erhobene
Datum ist im Grunde genommen wertlos.
Die angesprochene Befragtengruppe setzte jede Frage und die dazu vorgegebenen
Antworten in Beziehungen, konnte auch eine exakte Meinung formulieren - nur:
ein einzelnes Datum reichte ihnen dazu nicht aus. Dieses wurde dann aus tak-
tischen Überlegungen ausgesucht - die Antwort sollte auf keinen Fall gegen den
Befragten verwendet werden können.

●Eine zweite Gruppe war an der Befragung uninteressiert. Die Ursachen für diese
Desinteresse waren äußerst unterschiedlich. Vornehmlich waren es:
● Zweifel an der eigenen Fähigkeit, die Fragen "richtig" zu beantworten.
Diese Zweifel traten sehr oft bei alten Leuten und ausländischen Mitbürgern auf
● Zweifel an der Sinnhaftigkeit der Befragung, entweder, weil man sich der be-
handelten Problematik gar nicht bewußt war oder weil man in einer Einzelbefragu
keine adäquate Strategie für die Lösung der anstehenden Probleme sah.
● Schließlich sah man teilweise in der Befragung einen unberechtigten Übergriff
in die Privatsphäre und stand der Befragung eher abwehrend gegenüber.
Welche Ursache für das Desinteresse im einzelnen auch immer bestand, in jedem
Fall stellte sich der Ablauf des Interviews gänzlich anders dar als bei den
"Interessierten". Die Antworten waren eng gebunden an das vorgegebene, standard
sierte Frage-Antwort-Schema. Fragen wurden nicht überdacht, vorgegebene Antwort
möglichkeiten nicht erweitert. Das Gespräch hatte den Charakter einer Prüfungs-
situation: Jede gegebene Antwort wirkte entlastend auf den Befragten, es ging
kaum um die Erläuterung irgendwelcher Inhalte. Oder man gab eine relativ will-

kürliche Antwort, um die Frage erledigt zu haben. Die Einzelantwort erhält
hier also eine ganz andere Qualität als bei der Befragung der Interessiertengruppen.
Weitere Bestimmungsgrößen waren darüber hinaus die spezielle Befragungssitua-
tion: Sprach man etwa nach Feierabend mit dem "Hausherrn" oder tagsüber mit
der "Hausfrau" - INFAS geht zwar davon aus, "daß die Meinungsbildungs- und
Entscheidungsprozesse innerhalb des Haushalts nicht getrennt ablaufen und
in der Regel zu einem einheitlichen Ergebnis führen", (INFAS 1974, 4), dieser
Ansicht kann aus der Befragungserfahrung aber durchaus widersprochen werden.
So wurden etwa Zuständigkeiten für bestimmte Fragen zwischen den Ehepartnern
vergeben.

Ein Beispiel: "Haben Sie an der Wohnung etwas auszusetzen?" "Da müssen Sie
meine Frau fragen, ich arbeite ja den ganzen Tag" oder "Hätten Sie Interesse
am Erwerb von Eigentum in diesem Gebiet? " "Das weiß ich nicht, da kommen Sie
am besten nach Feierabend wieder, wenn mein Mann zu Hause ist".

Sämtliche oben genannten Einflüsse konnten sich im Einzelfall überlagern.
Insbesondere die Gültigkeit und Zuverlässigkeit der Ergebnisse der Einschätzungs-
fragen ist daher aus der Befragungserfahrung als relativ gering einzustufen.
Daß selbst bei scheinbar objektiven Daten starke Verzerrungen bei den Ergebnissen auftraten, mag allein folgender Vorfall verdeutlichen: In einem Altenheim
mit gleich zugeschnittenen und ausgestatteten Wohnungen wiesen die von den Bewohnern gemachten Angaben etwa zur Größe der Wohnungen eine unerwartete, nicht
unerhebliche Streuung auf.
Oben haben wir die Verzerrungsmöglichkeiten in der Interviewsituation selbst
dargestellt. Im folgenden Abschnitt fragen wir weiter, wie diese wenig gültigen
und zuverlässigen Ergebnisse ausgewertet und weiterverwendet werden.

3. Auswertung und Verwendung der Befragungsergebnisse

Bezüglich der Auswertung und Verwendung der Befragungsergebnisse lassen sich
drei Aussagenbereiche bilden. Dabei beziehen sich die beiden zuerst genannten
auf den Umgang der externen Bearbeiter mit dem von INFAS bereitgestellten Datenmaterial, der letztgenannte Punkt mit der weiteren Verwendung des Datenmaterials
durch die Kommunalverwaltung:
1. Der Einfluß der Befragungsergebnisse auf die Konzeptfindung
2. Auswertung und Verwendung der Befragungsergebnisse im Hinblick auf die Berichterstattung
3. weitere Verwendung des Datenmaterials durch die Kommunalverwaltung.

Zu Punkt 1:
Schon oben ist dargestellt, daß allein aus zeitlichen Gründen eine Ableitung
der konzeptionellen Vorstellungen aus dem von INFAS aufbereiteten Datensatz
nicht möglich war. Zum Zeitpunkt der Konzeptüberlegungen lagen lediglich die
Grunddaten vor: die auf das Gesamtgebiet bezogene absolute und relative Antwort-
häufigkeit zu den einzelnen Fragen. Das Fehlen einer umfassenden, kleinteiligen
Datenbasis wurde von den Bearbeitern aber gar nicht sonderlich vermißt: Im
Verlaufe der Projektbearbeitung einschließlich der Befragungsaktion hatte sich
aufgrund des intensiven Lernprozesses in der täglichen Auseinandersetzung
mit dem Gebiet und seinen Bewohnern eine deutliche Vorstellung von möglichen
Konzepten gebildet. Es bestanden zwar in Teilen divergierende Vorstellungen,
diese Konflikte ließen sich aber keineswegs durch ein detailliertes Datenmaterial lösen. Es ging dabei vielmehr um ganz subjektive Präferenzen aufgrund
ästhetischer oder politischer Wertmaßstäbe.

Somit war die Befragung für die Bearbeiter insofern sinnvoll, als sie in dieser
Zeit einen intensiven Lernprozeß durchmachten. Aufgrund dieses Lernprozesses

```
-------------------------------------------------------------------------
| UEBERSICHT        KONTAKT ZU NACHBARN                                  |
-------------------------------------------------------------------------
```

MERKMALE	ZAHL DER BE-FRAG-TEN (AbS.)	MIT DEN NACHBARN HABEN... ENGEN KON-TAKT (%)	LOCKE-RE BE-ZIE-HUNGEN (%)	SO GUT WIE KEINEN KON-TAKT (%)	NICHTS/KEINE ANGABE (%)
BEFRAGTE INSGESAMT	297 / 101%	74 / 2c	176 / 61	35 / 12	4 / 2
MAENNER INSGES.	181 / 101%	41 / 23	120 / 66	20 / 11	1 / 1
UNTER 35 JAHRE	35 / 100%	8 / 23	25 / 71	2 / 6	0 / 0
35 - 64 JAHRE	108 / 101%	16 / 17	74 / 68	16 / 15	1 / 1
65 UND AELTER	27 / 100%	8 / 30	17 / 63	2 / 7	0 / 0
FRAUEN INSGES.	104 / 101%	33 / 32	54 / 52	15 / 14	3 / 3
UNTER 35 JAHRE	8 / 100%	1 / 12	4 / 50	2 / 25	1 / 13
35 - 64 JAHRE	34 / 100%	11 / 32	18 / 53	4 / 12	1 / 3
65 UND AELTER	42 / 102%	12 / 29	25 / 59	6 / 14	0 / 0
UNTER 35 JAHRE	43 / 100%	9 / 21	29 / 68	4 / 9	1 / 2
35 - 49 JAHRE	69 / 101%	11 / 16	46 / 67	12 / 17	1 / 1
50 - 64 JAHRE	73 / 100%	18 / 25	46 / 63	8 / 11	1 / 1
65 UND AELTER	69 / 101%	20 / 29	42 / 61	8 / 11	0 / 0
BERUFSTAETIG	153 / 101%	29 / 19	103 / 67	19 / 13	3 / 2
SELBST./MITHELF.	31 / 100%	7 / 23	18 / 58	6 / 19	0 / 0
BEAMTE, ANGEST.	77 / 100%	11 / 14	56 / 73	8 / 10	2 / 3
FACH-/ARBEITER	43 / 102%	10 / 23	29 / 67	5 / 12	0 / 0
RENTNER	112 / 101%	40 / 36	58 / 52	14 / 12	1 / 1
SONSTIGE	7 / 100%	3 / 43	3 / 43	1 / 14	0 / 0
EINKOMMEN BIS UNTER 800 DM	27 / 100%	12 / 44	9 / 33	5 / 19	1 / 4
800-UNTER 1600 DM	66 / 100%	15 / 23	44 / 67	7 / 10	0 / 0
1600-UNTER 2400 DM	45 / 104%	9 / 20	30 / 67	7 / 15	1 / 2
2400 DM UND MEHR	48 / 100%	8 / 16	32 / 67	8 / 17	0 / 0
HAUSHALTSGROESSE 1 PERSON	119 / 101%	31 / 2c	67 / 56	18 / 15	4 / 4
2 PERSONEN	84 / 100%	26 / 31	52 / 62	6 / 7	0 / 0
3 PERSONEN	49 / 102%	10 / 21	33 / 67	7 / 14	0 / 0
4 PERSONEN	18 / 100%	5 / 28	11 / 61	2 / 11	0 / 0
5 PERS. UND MEHR	17 / 100%	2 / 12	13 / 76	2 / 12	0 / 0
EIGENTUEMER	48 / 100%	12 / 25	32 / 67	4 / 8	0 / 0
HAUPTMIETER	234 / 101%	61 / 26	142 / 61	30 / 13	3 / 1
SONSTIGE	5 / 100%	1 / 20	2 / 40	1 / 20	1 / 20
WOHNUNGSAUSSTATTUNG BAD+WC+SAMMELHEIZUNG	140 / 101%	31 / 22	90 / 65	17 / 12	3 / 2
MIT GARTEN,TERRASSE	42 / 102%	12 / 29	25 / 59	5 / 12	1 / 2
OHNE GART.,TERRASSE	98 / 100%	19 / 20	65 / 66	12 / 12	2 / 2
NUR BAD+WC I.D.WHG.	89 / 100%	25 / 28	54 / 61	10 / 11	0 / 0
NUR WC I.D.WHG.	7 / 100%	2 / 29	4 / 57	1 / 14	0 / 0
NUR WC IM GEBAEUDE	22 / 105%	6 / 27	14 / 64	2 / 9	1 / 5
SONSTIGE	29 / 100%	10 / 35	14 / 48	5 / 17	0 / 0

```
FRAGE:  HABEN SIE MIT DEN LEUTEN HIER UND DEN NACHBARN EINEN SEHR
        ENGEN KONTAKT, SIND DIE BEZIEHUNGEN EHER LOCKER, ODER HABEN
        SIE SO GUT WIE NICHTS MIT IHNEN ZU TUN?

QUELLE: HAUSHALTSBEFRAGUNG IM RAHMEN VORBEREITENDER UNTERSUCHUNGEN
        LAUT PAR.4 STBFG,
        UNTERSUCHUNGSGEBIET C4                          JUNI 1978
                                                    INFAS 1453
```

Abb. 11
Befragungsergebnisse

war für sie das statistisch aufbereitete Datenmaterial für ihre konzeptionelle
Arbeit nur von untergeordnetem Wert.
Hier sei jedoch angemerkt, daß in der Regel Befragungen nicht von den Projektbearbeitern selbst, sondern von Hilfskräften durchgeführt werden. Die Bearbeiter sind dann bei fehlender oder zumindest mangelnder Gebietskenntnis auf
die, wie oben dargestellt, äußerst unzureichenden Daten angewiesen, die obendrein noch selektiv und bewertend wahrgenommen werden.

Zu Punkt 2:
Für die Beerichterstattung vor den politischen Gremien und insbesondere die
Ergebnisdarstellung für den Regierungspräsidenten war es notwendig, die
Befragungsergebnisse auszuwerten und darzustellen. Zu diesem Zweck wurde zum
einen von INFAS ein Tabellenbahd ausgedruckt und zum anderen wichtige Ergebnisse
der Befragung nebst Auswertung von den Bearbeitern in den Textteil der vorberei-
tenden Untersuchungen übernommen. Für den ergänzenden Tabellenband von INFAS
wurden die zunächst gebietsbezogenen Grundergebnisse auf Einzelblöcke dis-
aggregiert und obendrein Korrelationen von Merkmalen derSozialstruktur zu den
Einzelfragen angestellt. Daraus entstand ein Tabellenband mit 66 (!) DIN A 4-
Seiten großen Tabellen. Ein Datenberg, der allein aufgrund seines Umfanges
unbewältigbar erscheint, ganz abgesehen von der Sinnhaftigkeit einzelner
Angaben. (vgl. hierzu angefügtes Beispiel)
Hier wird deutlich, daß es eher um die eindrucksvolle Darstellung des technich
Machbaren als um eine gezielte Darstellung der im Sanierungskontext relevanten
Daten geht.
Die Auswahl von Informationen aus diesem Datenberg zur Verarbeitung im Text-
teil des Ergebnisberichtes erfolgte von den Bearbeitern in erster Linie
nach pragmatischen Gesichtspunkten: Es wurden die Daten ausgesucht, die dem
Anforderungskatalog des Innenministers von NRW an vorbereitende Untersuchungen
entsprachen. Jede aufgeführte Information wurde, wie oben dargestellt (Pkt. 3.6),
mit einer interpretierenden Anmerkung versehen, so daß am Ende ein in sich
konsistenter Abschlußbericht entstand.
Zusammengefaßt: Am INFAS - Tabellenband wird Unbeholfenheit im Umgang mit Daten
auf der einen Seite, zum anderen aber ein Imponiergehabe mit dem technisch
Machbaren deutlich.
Die Verwendung der Daten im Ergebnisbericht ist in erster Linie pragmatisch
ausgerichtet: Ein möglichst weitgehend den Ansprüchen der übergeordneten Behörden
genügender Ergebnisbericht.

Zu Punkt 3:
Entscheidend für die Auswahl des von INFAS erarbeiteten Konzeptes für die Datenermittlung und -auswertung war die mögliche Weiterverwendung des ADV-gerechten
Datensatzes für weitere Planungen.Der Stadt lag also in erster Linie an den
mit sämtlichen Informationen gespeicherten Datenbändern als willkommenes Abfallprodukt dieser vorbereitenden Untersuchungen. Dazu scheint das INFAS-
System in hervorragender Weise geeignet: "Die dadurch entstehenden Daten enthalten sozusagen   die Mosaiksteine des Informationssystems, d.h. die jeweils kleinsten Einheiten, für die Informationen vorliegen und abgerufen werden.
Je nach Bedarf ist es möglich, dadurch weitere Arbeitsdaten durch Kombination
von Merkmalen und Umsortieren zu bilden." (INFAS 1974, 17)
Bei allen weiteren Arbeitsschritten, so wird von der Kommunalverwaltung gemut-
maßt, wird man also das Gebiet, umfassend auf Magnetbändern abgebildet, direkt
per Knopfdruck verfügbar haben und "rational" planen können. Fast zynisch kann
man in diesem Zusammenhang ein weiteres INFAS-Zitat interpretieren: "Aus der
Häufung von bestimmten Merkmalskombinationen in bestimmten Teilräumen lassen
sich für die Sanierungsmaßnahmen notwendigen Schlußfolgerungen ziehen". (INFAS
1974, 18) Um die notwendigen (wer bestimmt die "Notwendigkeit" von Sanierungsmaßnahmen ?) Schlußfolgerungen ziehen zu können, steht also eine beliebige
Anzahl kombinatorischer Möglichkeiten zur Verfügung - für jeden Zweck kann der

notwendige Datensatz hinterlegt werden.

Ein Schlaglicht auf die mögliche Willkür bei der Verwendung der Daten wirft
die oben genauer dargestellte Interpretation des Bürgerwunsches nach Erhalt der
Grünflächen durch die Bauverwaltung.

Fassen wir zusammen: Der in A-Stadt angewendete standardisierte Fragebogen ist
konzipiert worden vor dem Hintergrund einer Flächensanierung und deren Folgeprobleme. Die vorgegebenen Antwortmöglichkeiten und die in Fragen gekleideten
hypothetischen Situationen spiegeln deutlich ein klischeehaftes Bild von
Sanierungsgebieten wider. Ein so konzipierter Fragebogen kann weder auf gebietsspezifische Probleme und Qualitäten, noch auf Ursachen für den Zustand und
Problemlösungsmöglichkeiten eingehen.

Über die inhaltliche Unangemessenheit hinaus entstanden zusätzliche Verzerrungen
bei der Erhebung durch die Grundeinstellungen der Befragten und der Interviewer
Die Verwendung der erhobenen Daten reduzierte sich auf eine das Konzept stützen-
de Auswahl einzelner Informationen, wobei die Interpretation weitgehend beliebig gehandhabt wurde.

Arbeitsgemeinschaft für
Stadt- und Altbauerneuerung

FALLSTUDIE SANIERUNG HANNOVER-LINDEN SÜD.
VERÄNDERUNGEN VON ZIELEN, BESTANDSANALYSEVERFAHREN UND KONZEPTIONEN
IM VERLAUFE EINES SANIERUNGSPROZESSES UND DER EINFLUSS PROZESSBE-
TEILIGTER GRUPPEN

Die folgende Teiluntersuchung versucht, den Entwicklungsprozeß der Sanierung in
Hannover-Linden Süd und der am Prozeß beteiligten Gruppen über einen Zeitraum
von 1950 - 1978 nachzuzeichnen.
Die Schwerpunkte der Analyse liegen zum einen in der Darstellung des Einflusses von unterschiedlichen Interessen auf den Bewertungsprozeß, zum anderen in
der Beschreibung der im Verlauf des Prozesses angewandten Bewertungsverfahren
und ihrer Ergebnisse. Darüber hinaus wird versucht, in Grundzügen die besondere Charakteristik der Sanierung Linden-Süd, die Entstehung und Ausgestaltung
des praktizierten Beteiligungsmodells darzustellen. Besondere Berücksichtigung
wurde dabei auf die Darstellung der unterschiedlichen, am Prozeß beteiligten
Gruppen gelegt.
Die direkte Teilnahme am Sanierungsprozeß seit 1972 - Mitarbeit in der Bürgerinitiative Linden-Süd - ermöglichte es den Verfassern, die Entwicklung der Bewertungsinteressen der Betroffenen und ihrer Organisationen differenziert nachzuzeichnen. Verzichtet wird hier auf eine breitere, gesonderte Darstellung der
allgemeinen und besonderen Handlungsvoraussetzungen. Deren Einfluß wird vielmehr als Hintergrund der Entstehung und Veränderung von Positionen der verschiedenen Akteure betrachtet und jeweils in diesem Zusammenhang - gleichsam
indirekt - verdeutlicht.

1. Die Entwicklung der Sanierungsziele und der -konzeptionen

1.1 Die Entwicklung Lindens zum Sanierungsgebiet

Noch 1820 hatte das Dorf Linden als Gemüse- und Gartenvorort Hannovers nur etwa 1300 Einwohner und 200 Siedlungsstellen.
Günstige Rohstoffvorkommen und Transportbedingungen (Flußlauf Ihme) waren die natürlichen Voraussetzungen für die Entwicklung einer Industriestadt innerhalb eines Zeitraumes von 70 Jahren mit nahezu 80 000 Einwohnern. Begründet aus der Nähe zur "Deisterkohle" ließen sich zwischen 1830 und 1840 zwei in den nächsten Jahrzehnten enorm expandierende Industriezweige nieder, und zwar die brennstoffabhängige Eisengießerei und die Maschinenfabriken der Firma Egestorff. Im Zusammenhang mit der Expansion dieser Industriezweige entstanden auch die ersten Ansätze der späteren Arbeiterwohngebiete Linden-Süd und Linden-Nord.
Die vorwiegend anzutreffende Bauweise dieser Epoche sind Bauformen, die aus dem ländlichen Raum abgeleitet wurden, mit zwei- oder dreigeschossigen Einzelhäusern, meist mit ausgebautem Dach, abgetrennten städtischen Versorgungen und Ställen und Lagerschuppen auf den Höfen.

Grundtyp: 1840 bis 1870
Traufständig, 5 Fensterachsen, 2-stöckig, oft
ausgebautes Dach mit Zwerchhaus, meist Putzbau,
Grundriß: Mittelflur erschließt, 2 - 3 Räume
zu beiden Seiten

Variante: einstöckig, Zwerchhaus, sonst wie
Grundtyp (vor 1848)

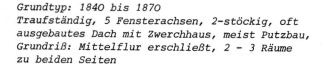

Variante: 7 Fensterachsen, sonst wie Grundtyp
(um 1850)

Variante: Doppelhaus, Grundriß um 90° gedreht,
sonst wie Grundtyp (um 1860)

Variante: 3-stöckig, sonst wie Grundtyp (um
1860 - 1870)

Gegen 1870 waren, da die Industrien weiter expandierten und das lokale Arbeitskräftereservoir ausgeschöpft war, die Industrien gezwungen, Arbeiter aus entfernter gelegenen Gebieten anzuwerben. Die Auswirkungen dieser Beschäftigungspolitik äußerten sich in der Errichtung von Werkswohnungen und Werkssiedlungen.

Aus dieser Zeit stammen die überwiegend 2 1/2-geschossigen Doppelhäuser der Pfarr-
land- und Velvetstraße, der Fanny- und Mathildenstraße. In Linden-Süd wurden von
der "Gemeinnützigen Aktienbaugesellschaft" nach dem Vorbild der "cite ouviere"
die Häuser der Ahrbergstraße und Haspelmathstraße errichtet.
Parallel dazu bildete sich - aber wesentlich langsamer - getrennt von den oben
genannten Wohngebieten im heutigen Linden-Mitte das Stadtzentrum, die Wohngebiete des Mittelstandes und die Villenstraße der Bankiers und Fabrikbesitzer
mit den hierfür typischen Bauformen.
Erneuten Aufschwung nahm die Stadt, insbesondere die Maschinenindustrie Linden-
Süds, als Linden Anfang der 70er Jahre des 19.Jahrhunderts zweifachen Bahnan-
schluß erhielt. In Linden-Nord entstand am Küchengarten ein kleiner Güterbahnhof und in Linden-Süd wurde der Personen- und Güterbahnhof, genannt Fischerbahn-
hof, gebaut, der auch heute noch existiert.
Mit der Ausweitung der Maschinenproduktion setzte auch für das Wohngebiet Linden-
Süd eine erneute Wachstumsperiode ein. Am Südrand wuchsen auf der grünen Wiese
mehrere Straßenzüge genossenschaftlicher Wohnbauten. Der Anschluß Lindens an das
hannoversche Straßen- und Straßenbahnnetz tat ein übriges dazu, den Arbeitskräf-
tetransport von Hannover nach Linden zu verbessern. Die Einwohnerzahlen in Linden, insbesondere in Linden-Nord, stiegen weiter, obwohl die industrielle Expansion an ihre räumlichen Grenzen stieß. Linden entwickelte sich mehr und mehr zum
hannoverschen Arbeiterwohngebiet. 1895 stand Linden mit 79,6% gewerblicher Bevölkerung an erster Stelle der preußischen Städte (vgl. Knibbe, Heinrich 1934).
Aus dieser und der folgenden Zeit bis zum 1. Weltkrieg resultiert die vier bis
fünfgeschossige Mietskasernenbebauung mit der Bebauung der Hinterhöfe.

*Grundtyp: Traufständig, sechs Fensterachsen,
dreieinhalb bis fünf Stockwerke, Zwerchhaus
über vierachsigem Mittelrisalith, seitl. Tor-
durchfahrt, Grundriß unregelmäßig: Ein- oder
Zweispänner*

Versuche der Lindener Stadtverwaltung, einkommensstarke Bürger in Linden anzusiedeln, hatten kaum Erfolg. "Noch 1918 waren 77% aller Wohnungen in Linden
Kleinwohnungen mit höchstens drei Zimmern und Küche, in Hannover betrug der Anteil nur 32%. Auch die Eingemeindung Lindens nach Hannover brachte keine spürbare Verbesserung der sozialen Verhältnisse. Im Gegenteil, die soziale Not wurde noch weiter verschärft...Als ausgesprochenes Arbeiterwohngebiet mit insgesamt 83 095 Bewohnern und einem hohen Anteil an unterstützungsbedürftigen Er-
werbslosen belastete es gerade den städtischen Wohlfahrtsetat...Das Steueraufkommen
kommen Lindens war sehr gering". (Knibbe, Heinrich 1934)
Die meisten Eigentümer, vor allem die vermögenden Bürger Lindens, wohnten in
Hannover und bezahlten dort ihre Steuern.
Baulich veränderte sich Linden nach 1920 nur unwesentlich: die vorhandenen Flächen waren fast vollständig bebaut, weitere Verdichtung kaum möglich. Lediglich
durch den Abriß der 2 1/2-geschossigen Weberhäuser wurde noch Platz für die vier
bis fünf-geschossige Mietskasernenbebauung geschaffen.

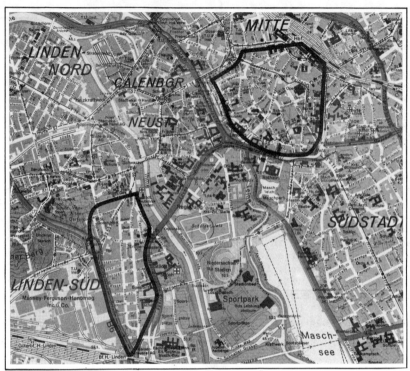

Abb. 1: Lage des Sanierungsgebiets in der Gesamtstadt

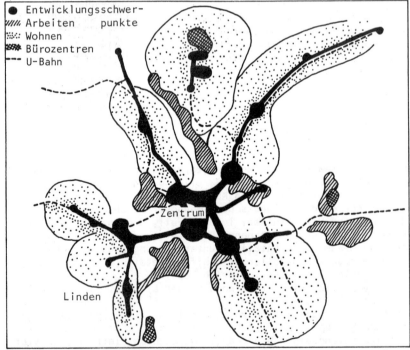

Abb. 2: Stadtentwicklungskonzeption, Entwicklungsschwerpunkte
der Stadt (Stadtverwaltung)

222

1.2 Die Entwicklung Lindens in der Nachkriegssituation -
Flächensanierungskonzeption

Der Stadtteil Linden gehörte zu den am wenigsten kriegszerstörten Baugebieten
Hannovers. Insbesondere Linden-Nord mit einem Zerstörungsgrad von 16,8% lag erheblich unter dem hannoverschen Durchschnitt von 48,9%, während Linden-Süd aufgrund der Nähe zu den Industrien, in denen im zweiten Weltkrieg Rüstungsmate-
rial produziert worden war, eine Wohnungsbestandsvernichtung von 41,8% aufwies.

In der Entwurfsphase zum ersten Flächennutzungsplan wurde Linden 1950 zum Um-
baugebiet erklärt (vgl. Bauverwaltung Hannover 1950). "Ihr Umbau ist Fernziel
der Planung. Bis auf weiteres muß dafür gesorgt werden, daß die Wohnverhältnisse in Linden nicht schlechter werden." (ebenda, Anhang 50)
Dies trug dazu bei, daß der Stadtteil in der Zeit, in der die übrije Stadt wie-
deraufgebaut wurde, baulich relativ unverändert blieb. Ausdruck dieser Entwicklung war die leichte Abnahme der Bevölkerungszahl in Linden im Zeitraum von 1951
bis 1961 von 70 500 auf 66 400, während die Zahlen in Hannover im gleichen Zeitraum von 129 000 auf 572 900 Einwohner zunahmen. Die Beschäftigtenzahlen stiegen
aufgrund des Wiederaufbaus bzw. der Erweiterungen im Industriegebiet Linden-Süd
von 23 000 (1950) auf 34 589 (1961). Trotzdem waren wegen der überalterten Baustruktur der Wohngebiete und der eingeschränkten Expansionsfähigkeit der Industriegebiete entlang der Ihme Stagnation und Absinken des Stadtteils bereits
Mitte der 50er Jahre erkennbar.
Die Stadtplaner empfahlen, Linden als "erstes Studienobjekt einer vom Bundesmi-
nisterium für Wohnungsbau, Städtebau und Raumordnung in Auftrag gegebene(n)
Grundsatzuntersuchung über die mannigfaltigen Probleme, die mit einer Sanierung
überalterter Stadtteile für die deutschen Städte verbunden sind." (Hillebrecht,
R. 1963)

● Erste Sanierungskonzeptionsentwicklung 1955 - 1957
  Flächensanierung - Göderitz-Gutachten

Die Initiative für die Forschungsarbeit geht auf den damaligen hannoverschen
Stadtbaurat Hillebrecht zurück. Hillebrecht reagierte 1954 auf Äußerungen des
damaligen Wohungsbauministers Preussker (FDP), daß er die Aufgaben seines Ministeriums als weitgehend erledigt betrachte (der Wohungsmarkt sei gerade auch
dank des sozialen Wohnungsbaus in Ordnung gebracht), mit einem Brief, in dem er
auf die Millionen sanierungsbedürftiger Wohnungen und die erneuerungsbedürftigen
Stadtteile des 19. Jahrhunderts als Aufgaben für die nächsten Jahrzehnte verwies.
Hillebrecht fand durch den Städtetag Unterstützung, insbesondere durch den damaligen Berliner Bausenator Schwedler. Auf Vorschlag von Hillebrecht und Schwedler
beauftragte der Wohungsbauminister Preussker Göderitz "Untersuchungen sanierungsbedürftiger Baugebiete in Hannover und Berlin durchzuführen".
Anlaß für das Gutachten von Göderitz war also, die zukünftigen, sich an die Wie-
deraufbau- und Erweiterungsphase anschließenden Aufgaben deutlich zu machen und
Forderungen an öffentlich-rechtlichen Maßnahmen abzuleiten. Die Forschungsarbeit hatte somit die Funktion einer Pilotstudie zur Vorbereitung einer Sanie-
rungsgesetzgebung. Dies kommt auch im Vorwort der Arbeit zum Ausdruck, in dem
auf den Zweck der Untersuchungen und die Hintergründe der Vergabe eingegangen
wird:

"...über bescheidene Anfänge von Altstadtsanierungen ist man kaum hinausgekom-
men, bis dann das Unglück der Zerstörung des 2. Weltkrieges die Notwendigkeit
ergab und die Gelegenheit bot, an vielen Stellen nach heutigen städtebaulichen
und wohnungspolitischen Gesichtspunkten in umfassender Weise zu planen und grös-
sere Stadtgebiete neu aufzubauen. Doch die Bomben sind wahllos gefallen und im
ganzen gesehen, harrt das Problem der Sanierung und Erneuerung überalterter Baugebiete immer noch der Lösung. Die Untersuchungen sollten Grundlagen erarbeiten,

die zur gegebener Zeit eine für die Grundeigentümer und für die öffentliche
Hand wirtschaftlich tragbare organische Gebäudeerneuerung ermöglichen. Es sollen ferner die Forderungen aufgezeigt werden, die zur Unterstützung der orga-
nischen Gebäudeerneuerung an öffentlich-rechtliche Maßnahmen und an die private Wirtschaftspraxis zu stellen und in einem Sanierungsgesetz zu berücksichtigen sind." (Göderitz 1960, Vorwort)

Warum in Hannover Linden für diese Untersuchung ausgewählt wurde, ist nicht
eindeutig geklärt. Zu vermuten ist, daß schon damals die "schlechte" Bausubstanz (in Relation zu den Architekturauffassungen der Wiederaufbauphase) und
die Anfänge einer Stadtentwicklungspolitik (Cityerweiterung/Aussagen des Flä-
chennutzungsplanes über Linden 1950) eine Rolle spielten.

Göderitz kaum aufgrund seiner Untersuchungen in Linden zu dem Ergebnis, daß
eine Flächensanierung des Stadtteiles Linden-Süd zweckmäßig wäre. Die von ihm
vorgelegten Planungen erforderten für das Gebiet Charlottenstraße (vgl. Bezugs-
gebiete) den Abbruch von 151 242 qm Nutzfläche, d.h. ca. 2/3 der Bausubstanz
des Untersuchungsgebietes sollte abgerissen werden. Das Drittel der zu erhaltenden Bausubstanz umfaßte dabei noch den Neubaubereich im Süden des Sanierungsgebietes, die Gewerbeflächen von Ahrberg und kirchliche Flächen.
Diese Konzeption schlägt sich auch in der Kostenverteilung nieder. Von insgesamt
geschätzten Sanierungskosten von 79 745 591,- DM entfallen lediglich 11% auf Modernisierung, 65% der Kosten entfallen auf Neubaumaßnahmen, 22% auf Verkehrssanierung und 3% auf Grundstückskäufe. (siehe hierzu Abb. 4)
Göderitz' Bebauungsvorschlag sah die Auflösung der Baustruktur und eine punkt-
bzw. zeilenförmige Neubebauung bis zu 10 Geschossen vor. Der Planungsvorschlag
beinhaltete eine wesentliche Erweiterung und Konzentration von Laden- und Gewerbeflächen im Kern des Sanierungsgebietes, ebenso wie den Ausbau der Göttinger Straße und des Allerweges zu Lasten des Wohngebietes.
Das Gutachten zeigte weniger in Linden-Süd als mehr in Linden-Nord direkte Auswirkungen. Während Linden-Süd zum Sanierungsgebiet nach dem in der Diskussion
befindlichen Städtebauförderungsgesetz erklärt werden sollte, sollten in Linden-
Nord vereinzelte sofort beginnende Maßnahmen den Stadtteil "sanieren". Die Werks
siedlung, die Weberhäuser, an der Pfarrland- und Fannystraße wurden abgerissen.
An der Fannystraße förderte die Stadt ein Modellvorhaben, das von seiner äußeren
Gestalt nicht ein einziges ästhetisches Merkmal seiner Umgebung aufnehmend, au-
genscheinliches Anzeichen für den von der Stadt geplanten Abriß der benachbarten Straßenzüge darstellte. Dieser sog. "Victoria-Block" oder auch "Linden-
Carree" genannt, blieb weitestgehend nach seiner Fertigstellung aufgrund der
zu hohen Mieten unvermietbar, sodaß die Stadt sich veranlaßt sah, den Gebäude-
komplex in das Programm des sozialen Wohnungsbaus zu übernehmen, damit die leerstehenden Wohnungen mit Sanierungsbetroffenen belegt werden konnten.

● Erste Baumaßnahmen - Ihmezentrum Hannover als Brückenkopf der Sanierung 1968

Parallel dazu lief die Baumaßnahme Ihmezentrum Hannover, der wohl durchgreifen-
deste Einschnitt in der Sanierungsgeschichte der ersten Phase.
In der Planungsphase des Ihmezentrums interessierte die Stadtplaner insbesondere
die Frage, ob man die Veränderung der Stadtteile durch den Bau eines zusätzliche
Einkaufszentrums forcieren könne, und ob dies an jener Stelle richtig placiert
sei. Denn zu diesem Zeitpunkt stand bereits fest, daß durch den Bau des Ihmezentrums im Schwerpunkt des Gebietes Linden Arbeitsplätze des tertiären Sektors geschaffen werden sollten, die Versorgung des Gebietes mit leistungsfähigen Läden
verbessert und eine Anzahl hochqualifizierter Wohnungen entstehen sollten.
Die oben gestellte Frage der Stadtplaner wurde gutachterlich untersucht mit dem
Ergebnis, daß die Errichtung eines Einkaufszentrums die bereits durchgeführte
radikale Flächensanierung des Stadtteiles, d.h. den Austausch der Bevölkerung

Abb. 3: Hannover-Linden Süd (1980)

voraussetzte, um rentabel zu sein. Das bedeutet, daß durch die vorhandene Kauf-
kraft der Arbeiterbevölkerung die geplante Verdoppelung der Verkaufsflächen
nicht gewährleistet worden wäre.
Nichts anderes war schließlich auch von der Verwaltung geplant, so heißt es im
Bericht für Erneuerungsmaßnahmen in Linden von 1970: daß "Linden als citynahes
Wohngebiet erhalten bleiben soll", jedoch nicht für die dort wohnende Bevölkerung, sondern die "gezielte Erneuerung einzelner Baublöcke soll junge aktive
Bevölkerung in das Gebiet hineinlocken", die nach den Prognosen des Stadtent-
wicklungsprogramms erst noch anzusiedeln wäre (sh. Stadt Hannover, Informationsbroschüre 1970). Linden-Süd sollte als attraktives Wohngebiet, insbesondere für
Stadtbedienstete, Beamte und Verwaltungsangestellte umgebaut werden. Diese Vorstellungen beinhalteten eine fast vollständige Vertreibung der ansässigen Lindener Bevölkerung. Das Schaubild der gesamtstädtischen Entwicklungskonzeption
veranschaulicht diese Zielvorstellungen (vgl. Abb. 2).

● Entwicklung von Bebauungsvorschlägen im Sinne der Sanierungskonzeption

Diese Entwicklungskonzeption wurde in den Bereichen Linden-Süd durch Bebauungsvorschläge der Neuen Heimat, die, auf die Sanierungsträgerschaft spekulierend,
seit 1969 im Auftrag der Bauverwaltung entwickelt wurden, präzisiert (siehe
dazu Abb. 5).
Die im Juli 1972 zum ersten Mal den Bürgern vorgelegten Pläne, sahen vor, daß
fast sämtliche Altbausubstanz abgerissen werden würde. Die erste von insgesamt drei Alternativen sah den Abriß sämtlicher Altbausubstanz und eine zusammenhängende Komplexbebauung bis zu 22 Geschossen vor. Zur Abschwächung der
Sprengkraft dieses Vorschlages wurden von der Verwaltung zwei weitere "Alternativen" erstellt, die allerdings ebenfalls eine völlige Veränderung des Stadtteiles vorsahen, mit Abriß des größten Teiles der Altbausubstanz, Neubebauung
in Alternative II bis 11 Geschosse, in Alternative III bis 6 Geschosse.
In allen Alternativen sind in der Erdgeschoßzone private und öffentliche Dienstleistungen vorgesehen, in Alternative I ausdrücklich erhebliche Büroflächenan-
teile. Alle drei Planungsvorschläge beinhalteten weiterhin den fünfspurigen
Ausbau des Allerweges, der Linden in zwei Teile zerschneidet. Mit dem Ausbau
des Allerweges und der Göttinger Straße wurden im Rahmen der Sanierung die
Durchsetzung der Generalverkehrsplanung mitverfolgt, die den Ausbau der Göttinger Straße als Teil des Tangentensystems und den Ausbau des Allerweges als Zu-
bringer zur Innenstadt vorsah.

Die so seit 1957 entstandene Sanierungsatmosphäre bewirkte eine zunehmende Verunsicherung der Eigentümer und Bewohner mit der Folge nachlassender Bereitschaft zur Instandhaltung und Instandsetzung der Gebäude, sodaß sich die Wohnverhältnisse weiter verschlechterten und die Sozialstruktur sich weiter ver-
schob. Alte, Sozialhilfeempfänger blieben wohnen, Ausländer zogen zu. Anfang
der 70er Jahre war im Zeitraum von ca. 10 Jahren die Bevölkerung in Linden um
24,6% auf 50 040 Einwohner gesunken. In Linden-Süd verringerte sich die Bevöl-
erungszahl von 16 600 (1961) auf 13 100 (1970).
Zu Beginn der offiziellen Sanierung (1972) ergibt sich für die Sozialstruktur
folgendes Bild:

Pensions-, Renten- und Sozialhilfeempfänger	40%	(34% Hannover)
Arbeiter	31%	(23% ")
Angestellte, Beamte	21%	(33% ")
Selbständige	6%	(7% ")

Die Ausländerzahl war im Stadtteil Linden-Süd auf 20% gestiegen (z.Vgl. Hannover 7%).

Die planmäßige Sanierung von Seiten der Stadt wurde mit einer SPD-Anfrage im Rat (27.5.1969) eingeleitet. Als Antwort wurde darauf verwiesen, das Inkrafttreten des StBauFG solle abgewartet werden, bis dahin sollten Einzelmaßnahmen (Baulückenprogramm) durchgeführt und durch Infrastrukturverbesserungen private Initiative in Gang gebracht werden. Diese Maßnahmen wurden jedoch (wahrscheinlich aus Kostengründen/Finanzierungsgründen) zurückgestellt. Zudem entsprachen sie nicht der Flächensanierungskonzeption, die bereits entwickelt seit 1957 vorlag.

● Vorbereitende Untersuchungen (1972) und förmliche Festlegung Linden-Süds zum Sanierungsgebiet (1973)

Nach der Verabschiedung des StBauFG wurde am 19.04.1972 vom Rat der Stadt nach § 4 Abs.3 des Gesetzes der Beschluß über den Beginn der vorbereit nden Untersuchungen gefaßt.
Die im Rahmen der vorbereitenden Untersuchungen von der neu geschaffenen Stelle für Sanierung durchgeführte Bestandsanalyse kam zu dem Ergebnis, daß bei ca. 2/7 des Untersuchungsgebietes eine Modernisierung aus Kostengründen nicht vertretbar wäre (vgl. Stadt Hannover, Stadtplanungsamt 1972).
Neben dieser Einschätzung der Bausubstanz wurden Daten über soziale, strukturelle und städtebauliche Verhältnisse und Zusammenhänge nach § 4 (1) StBauFG erhoben. Danach hielten 85% der Mieter in Linden-Süd eine Sanierung zwar für notwendig. Dieser hohe Prozentsatz machte die Unzufriedenheit der Lindener Bevölkerung mit den gegebenen Wohn- und Arbeitsverhältnissen deutlich. Allerdings war sich die Bevölkerung nicht darüber im Klaren, daß sie sich damit für ihre eigene Vertreibung ausgesprochen hatten: Gemäß der vorbereitenden Untersuchung verfügten 1972 ca. 45% der Haushalte über ein Nettoeinkommen von unter DM 800,- und ca. 75% über ein Nettoeinkommen von unter DM 1.200,-
Einkommensstruktur (Nettoeinkommen des gesamten Haushaltes im Untersuchungsgebiet) :

bis DM 400,-	11,0 %	
400,- bis 800,-	33,9 %	
800,- bis 1200,-	30,3 %	
1200,- bis 1600,-	14,0 %	
über DM 1600,-	10,8 %	(vgl. Kurzfragebogen 1972)

Wenn man nun im günstigsten Fall davon ausginge, daß bei der Sanierung in Linden-Süd nur Wohnungen im sozialen Wohnungsbau errichtet würden, so müßte mit einer Quadratmeteranfangsmiete von 4,50 DM/qm WFL gerechnet werden. Gegenüber dem damaligen Stand von 1,85 DM/qm WFl Durchschnittsmiete für Altbauten im Sanierungsgebiet bedeutete das eine Mehrbelastung von über 100% für die Haushalte. Unterstützt wird diese Aussage dadurch, daß nach der Repräsentativumfrage der Stadt Hannover im Rahmen der vorbereitenden Untersuchung nur 11% der Haushalte eine Mietbelastung in dieser Größenordnung hätte aufbringen können.
Aber es wurden daraus zunächst noch keine bevölkerungspolitischen Grundsätze (allenfalls für, aber nicht gegen den Bevölkerungsaustausch) abgeleitet. Folgerichtig wurde als Ergebnis der vorbereitenden Untersuchungen festgestellt: "Ausmaß und Umfang der städtebaulichen Mißstände erfordern eine Sanierung nach dem StBauFG" (Stadt Hannover, Stadtplanungsamt 1972, 16). Jedoch wurde der Zusammenhang zwischen einer Sanierung und der Notwendigkeit einer Sanierung nach dem StBauFG nicht problematisiert. Die Tatsache der voraussichtlichen Vertreibung von ca. 85% der Bevölkerung beeinflußte in dieser Phase keineswegs die Zielbildung. Alternative Sanierungsstrategien oder -instrumente wurden nicht diskutiert.
So erscheint es eher zwangsläufig, daß anläßlich der Vorstellung der Sanierungskonzeption der Verwaltung auf der ersten Bürgerversammlung am 7.6.1972 die anwesenden Bürger ganz und garnicht mit den vorgestellten Plänen einverstanden waren und ihrerseits mit der Gründung einer Bürgerinitiative (im folgenden BI) antworteten (siehe dazu auch 3.2)

In der Frühphase der Sanierungsentwicklung brachen die Konflikte unter den beteiligten Gruppen (BI und Verwaltung, "Aktion Wohnungsnot") offen aus. Als eine Reaktion darauf verstärkte die Verwaltung ihre "Beteiligungsbemühungen", indem sie der BI einen Anwaltsplaner und einen von ihr bezahlten Protokollanten zur Verfügung stellte (im einzelnen siehe hierzu 3.3)
Den von der Verwaltung in zunehmendem Maße durchgeführten Abrissen im Sinne der Verfolgung ihrer Flächensanierungskonzeption wurde durch die Hausbesetzung der Kaplanstraße 21 (im Juli 1973) vorerst ein Riegel vorgeschoben. Diese Besetzung wurde von der BI und von vielen anderen sich in Linden gegründeten und arbeitenden Gruppen initiiert und getragen. Zu nennen ist hier insbesondere noch die Gruppe "Aktion Wohnungsnot" (AKWO) - (siehe dazu auch 3.2 und Kühnel/Meinhof 19.

1.3 Reduzierte Flächensanierungskonzeption 1973 - 1974

Die Reduzierung der Flächensanierungskonzeption ist nicht nur als Reaktion der Verwaltung auf den zuvor angesprochenen politischen Druck "von der Basis", der auch wegen der anstehenden Kommunalwahlen 1974 Gehör fand, zu erklären. Vielmehr hatte die sich abzeichnende wirtschaftliche Rezession in Hannover ihre Schatten vorausgeworfen:

● zunehmend wachsende Absatzschwierigkeiten für teure Miet- und Eigentumswohnungen, hervorgerufen durch Baupreissteigerungen, die die Wirksamkeit der Mittel des sozialen Wohnungsbaus zusammenschrumpfen ließen. In Hannover vergrößerte sich im Laufe des Jahres 1973 die Zahl der leerstehenden Wohnungen. Sie erreichte Anfang 1974 eine Zahl von über 4000.
● Rückgang des Tertiärisierungsdrucks, der in Hannover besonders deutlich an der damals sich schon abzeichnenden Krise des Ihmezentrums als definierter Brückenkopf der Sanierung erfahrbar wurde. Angesichts der sehr viel geringeren Nachfrage nach derartigen gewerblichen Flächen mußten die Umnutzungspläne für Teile von Linden-Süd in Richtung auf überörtliche Dienstleistungs- und Handelsfunktionen fragwürdig werden.
Folgende Beschlüsse der Verwaltung bzw. des Rates der Stadt Hannover kennzeichnen diese veränderte Situation:
- die Verwaltung zog offiziell die Flächensanierungspläne zurück.
-. der Rat der Stadt beschloß, daß kein Lindener gegen seinen Willen aus dem Stadtteil vertrieben werden dürfe.
- außerdem wurde beschlossen, daß alle Neubauten in Linden-Süd im sozialen Wohnungsbau errichtet werden sollten.
Dadurch waren wesentliche Voraussetzungen in Richtung einer von der BI gewünschten Sanierungskonzeption gegeben.
Die auf Initiative des Anwaltsplaners formulierten Ziele der Bürgerinitiative, die in der Bürgerversammlung vom 2.5.73 diskutiert und anschließend am 12.6.73 als Wunsch der Bevölkerung dem Rat übergeben wurden, mündeten schließlich in die Forderung der BI, einen Rahmenplan als Neuordnungskonzeption zu erarbeiten.

● Erster Rahmenplanzwischenbericht der Stadtverwaltung und der Bürgerinitiative

Die BI selber beauftragte ihren Berater, auf der Grundlage der bis dahin bereits formulierten Zielaussagen einen BI-eigenen Rahmenplan zu erstellen, der im Frühjahr 1974 vorlag und in der Folge ausführlich in den Vollversammlungen der BI im Beisein der Verwaltung diskutiert wurde.
Parallel zum Bürgerinitiativrahmenplanentwurf entwickelte die Verwaltung ihren Rahmenplan. Beide Konzepte wurden als Planung (Verwaltung) und Gegenplanung (BI) als Zwischenbericht der Sanierung im Herbst 1974 veröffentlicht.
Eine der zentralen Forderungen des BI-Rahmenplans war die Forderung nach maximalem Bestandserhalt und Bestandsverbesserungen. Diese erwuchs aus der Erkenntnis, daß die Mieten im - zwar gewünschten - Neubau, auch im sozialen Wohnungs-

bau, für den überwiegenden Teil der Bewohner nicht tragbar war. Die Bestandsverbesserung durch Modernisierung bot damals insofern einen Ausweg, als es sichergestellt schien, daß nach §32 StBauFG eine maximale Mietsteigerung von 30% auf
die Ausgangsmiete zu erwarten war und damit die Erhaltung billigen Wohnraumes
abgesichert schien.

"Es müssen soviel Altbauten wie nur irgend möglich in Linden-Süd erhalten blei-
ben. Nur so ist es möglich, daß Wohnungen mit niedrigen Mieten in unserem Stadt-
teil erhalten werden können und daß die Lindener in ihrem Stadtteil wohnen blei-
ben können...
Um die Wohnungen erhalten zu können, muß die Stadt soviele Altbauten wie möglich
aufkaufen und sobald wie möglich renovieren und modernisieren, damit sie weiter-
hin bewohnbar sind. Häuser in Linden-Süd dürfen nicht mehr ohne Zustimmung der
Bürger abgerissen werden. Solange die Wohnungen noch belegt sind und solange
nicht ausreichend Neubauwohnungen in Linden-Süd geschaffen worden sind, muß
die Stadt auch solche Häuser wieder bewohnbar machen, die irgendwann einmal
für den Abbruch vorgesehen sind. Die Stadt muß sofort damit aufhören, stadt-
eigene Häuser verfallen zu lassen und damit unbewohnbar zu machen. Niemand
darf mehr herausgekündigt werden. Nach dem Gesetz darf die Miete von renovier-
ten und modernisierten Altbauwohnungen nur um 30% steigen, daraus können für die
Sanierung zwei Forderungen abgeleitet werden:
1. Das Sanierungsgebiet muß ausgeweitet werden, damit die Mieten im übrigen
*   Stadtteil nicht unkontrolliert steigen und damit keine Spekulation mit Alt-*
*   bauten einsetzen kann.*
2. Die obere Mietgrenze für die Berechnung des Wohngeldes für Altbauwohnungen
*   muß heraufgesetzt werden.*
Neubauwohnungen: die Wohnungsneubauten im Sanierungsgebiet müssen im sozialen
Wohnungsbau errichtet werden, damit in Linden-Süd genügend Neubauwohnungen zu
tragbaren Mieten zur Verfügung stehen.
Wohnumwelt:...es erscheint besonders wichtig, daß:
- die Straßen von Linden-Süd wieder den Bwohnern zur Verfügung stehen und nicht
* lediglich dem Autoverkehr. Die Straßen sollten vor allem wieder für das Spie-*
* len der Kinder nutzbar gemacht werden, sowie für den Aufenthalt aller Bürger.*
- Dafür sollten die Innenhöfe zu ruhigen Zonen werden, nicht in erster Linie für
* das Abstellen von PKWs. Garagen und Abstellplätze können ruhig weiter von den*
* Wohnungen entfernt liegen. Wichtig für das Wohnen ist auch, daß genügend klei-*
* nere Geschäfte und Gewerbebetriebe, die den Bedarf der Bevölkerung decken,*
* im Sanierungsgebiet erhalten bleiben." (Ziele der BI in: Stadt Hannover 1973,*
* 4 - 6 Anhang).*

Diese Zielaussagen waren Grundlage des Rahmenplanentwurfes der Bürgerinitiative.
Im Gegensatz dazu machte der städtische Rahmenplan in Bezug auf den Umfang der
zu erwartenden Modernisierungsmaßnahmen keine konkreten Angaben. In dem Plan
"Vorschlag für Erhalt oder Veränderung von Bausubstanz und Bauflächen" (Stadt
Hannover 1973, 87) wird festgestellt:

"Der überwiegende Teil der Altbauflächen und die damit recht dichte...Wohnnutzung
sollte erhalten bleiben." (Stadt Hannover 1973, 65)
"Für die überwiegende Anzahl der erhaltenswerten Altbausubstanz lohnt sich die
Modernisierung der Wohnungen." (ebenda, 66)

Der tatsächliche Umfang der Modernisierungsmaßnahmen war jedoch - wie aus dem
Finanzplan für 1974 ersichtlich - noch minimal. So wurden für 1974 0,4 Mio. DM
für Modernisierung bereitgestellt, das einem Volumen von 18 Wohnungen in zwei
Häusern (Behnsenstraße 29/31) entsprach.
Die Zahl der geplanten Abrisse läßt sich nur vermittelt einschätzen. Etwa 25
bis 30% der Bausubstanz im Sanierungsgebiet sollte abgerissen werden, das ent-
sprach einer Zahl von ca. 1250 Wohneinheiten (WE). Davon sollten ca. 350 - 400
WE Straßenbaumaßnahmen zum Opfer fallen (Ausbau der Göttinger Straße und des

Allerweges) und ca. 250 WE sollten Blockentkernungsmaßnahmen weichen. Die Flächensanierungskonzeption der ersten Phase schrumpfte auf die Blöcke 19/24/25 zusammen (siehe Abb. 7).

Bis zu diesem Zeitpunkt wurde weder neugebaut noch modernisiert. Die Sanierungspolitik der Stadtverwaltung beschränkte sich auf das Aufkaufen von Gebäuden, vorwiegend aus jenen Gebieten, in denen sie noch die größten Veränderungsvorstellungen hegte. Aus diesem Grund unterblieben weitgehend die notwendigsten Instandsetzungsmaßnahmen, sodaß die Gebäude weiter verfielen. Das Leerstehenlassen von Wohnungen und Gebäuden mit all seinen Nebenwirkungen trug ein Ubriges dazu bei, die später geplanten Abrisse konfliktfreier durchzuführen.

1.4 Konzeption "Erhaltende Erneuerung" 1976

● Zweiter Rahmenplanzwischenbericht: Planung - Gegenplanung

Anfang 1976 wurde eine zweite Rahmenplanfassung als Ergebnis der Auseinandersetzungen des ersten Entwurfes von 1974 vorgelegt. Die Stadtverwaltung formulierte ihren Standpunkt zur Modernisierungsfrage wie folgt:

"Nicht alle Altbauten können erhalten werden. Die Verwaltung hat zu unterscheiden zwischen Abrissen zur Erreichung planerischer Ziele (wie z.B. die Straßenerweiterung Göttinger Straße/Allerweg) und Abrissen aus bautechnischen wirtschaftlichen Gründen. Jede Abrißentscheidung wird vorbereitet durch ein Gutachten, in welches alle für die Entscheidung notwendigen Informationen und Stellungnahmen einfließen. Die überwiegende Anzahl der Altbauten ist erhaltenswert und kann modernisiert werden. Für die Erhaltung des Stadtbildes spielen die Altbauten eine entscheidende Rolle" (Stadtverwaltung Hannover/BI Linden-Süd 1976, 8). - (siehe dazu Abb. 8)

Damit konnte davon ausgegangen werden, daß die ursprüngliche Gefahr einer Flächensanierung mit massenhaften Altbauabrissen nicht mehr gegeben war.
Die BI-Meinung, die wiederum als Gegenplanung im Rahmenplan veröffentlicht wurde, wurde folgendermaßen formuliert:

"Das vorgelegte Konzept geht davon aus, daß im Prinzip alle vorhandenen Altbauten innerhalb der vorgeschlagenen Bebauungsweise erhalten bleiben können. Dabei ist es möglich, solche Bauten, die nicht mehr modernisierungsfähig sind, schrittweise durch Neubauten zu ersetzen, ohne daß größere Flächen freigeräumt werden müssen. Über jeden einzelnen Altbau kann gesondert ohne Änderung des Planungskonzeptes entschieden werden. Über die Zahl der zu erhaltenden Altbauten kann daher zum gegenwärtigen Zeitpunkt keine verbindliche Aussage gemacht werden. Erste vordringliche Maßnahme ist die Instandsetzung und Modernisierung der im Stadtbesitz befindlichen Altbauwohnungen." (Stadtverwaltung Hannover/BI Linden-Süd 1976, 23)

Beim Vergleich beider Aussagen fällt auf, daß die Konflikte im Bereich der Altbauerneuerung weiter reduziert worden waren. Von keiner Seite wurde mehr ernsthaft daran gedacht, große Flächen leerzuräumen, um Neubauten zu erstellen, den ohnehin keiner bezahlen (finanzieren) bzw. die hohen Mieten hätte tragen können. Als schließlich die Stadtverwaltung von der Realisierung ihres Verkehrskonzeptes, insbesondere den oberirdischen Ausbau der Göttinger Straße und des Allerweges, abrückte - weil ein von der BI gefordertes und von der Verwaltung schließlich akzeptiertes Gutachten (vgl. Stuttgarter Gutachtergruppe "Hunsdörfer" o.J.) die wirtschaftliche wie verkehrsorganisatorische Unsinnigkeit des Konzeptes der Verwaltung bewies - wurden die Häuser und Wohnungen (ca. 350) entlang der Göttinger Straße plötzlich unter dem Gesichtspunkt der Modernisierungsfähigkeit betrachtet. Einzelne Gebäude rückten nach und nach in die jährlichen Modernisierungsprogramme, die auf einen Etat von 4 Mio. DM pro Jahr angewachsen waren. (siehe dazu Abb. 9).

Diese Veränderung der Sanierungskonzeption in Richtung objektweise Erneuerung wurde unterstützt durch eine Veränderung der ökonomisch-rechtlichen Handlungsvoraussetzungen und der damit verbundenen Veränderung der Bewertungsstandpunkte, die sich in der Folge in einer verstärkten Modernisierungstätigkeit niederschlug. So wurde z.B. durch die Änderung des StBauFG (ab Januar 1977) einmal in der Frage der Förderung von Instandsetzungsmaßnahmen und zum anderen in der Frage der möglichen Mieterhöhungen (ersatzlose Streichung des § 32 StBauFG) die Modernisierung sowohl für Privateigentümer wie für die Stadt als Eigentümer und Förderer attraktiver. Zunehmendes Interesse von Privateigentümern an Modernisierung kennzeichnete diesen Wandel. Hinzu kommt, daß durch die verstärkte Mittelzuweisung von Bund und Land für Modernisierungsmaßnahmen der mögliche Umfang erweitert wurde.

1.5 Auswirkungen der Mittel aus dem Zukunftsinvestitionsprogramm auf die Bestandsbewertung

Mit der Zuweisung zweckgebundener Investitionsmittel aus dem Zukunftsinvestitionsprogramm (ZIP) ging ein weiterer Umdenkprozeß der Verwaltung bezüglich der Bestandsbewertung einher. An zwei Beispielen läßt sich der Einfluß dieser Fördermittel auf die Entscheidung Abriß oder (umfassende) Modernisierung verdeutlichen.

● In sämtlichen der verschiedenen Bewertungsverfahren, die im Laufe der Sanierungsentwicklung durchgeführt wurden, wurden die Gebäude Ahrbergstr. 2/6/7 (früher: Konradstraße) und Haspelmathstr. 1o auf Abriß gesetzt. Nach Intervention der Denkmalpflege und Teilen des BI und insbesondere dadurch, daß die Aussicht auf Zuweisung von ZIP-Mitteln zweckgebunden für die Modernisierung konkret wurde, plädierte auch die Verwaltung für eine Modernisierung dieser Gebäude (vgl. im einzelnen auch 2.9).

● Im anderen Fall, Charlottenstraße, wurde die Bewertung einiger Gebäude unter dem Gesichtspunkt der Zuweisung von zweckgebundenen Mitteln für Neubauvorhaben durchgeführt und fiel entsprechend zu ungunsten des Bestandes aus.

Diese Bereitstellung von Zukunftsinvestitionsmitteln (ZIP), die auf Beschluß des Rates der Stadt Hannover zweckgebunden für den Ersatzwohnungsbau in Sanierungsgebieten zur Verfügung stehen sollten, hatte aufgrund der kurzfristigen Antrags- und Vergabebedingungen (konjunkturelle Gesichtspunkte) zur Folge, daß im Januar 1978 von der Verwaltung 13 Gebäude auf Abriß gesetzt wurden, da nach ihrer Meinung nicht ausreichend viele Baulücken zur Verfügung standen, um ein Programm von zusätzlichen 12o Wohnungen zu realisieren. Nach harten Auseinandersetzungen stimmte die BI den vorgelegten Abrißanträgen bis auf eine Ausnahme (Ahrbergstraße 17) zu.

2. Die Entwicklung der Bestandsanalyse und Bestandsbewertungsverfahren

Im Zeitraum 1957-1978 ist eine Entwicklung und Anwendung von sieben in Aufbau und Wirkungsweise unterschiedlichen Bestandsbewertungsverfahren festzustellen:
● In der Phase der Flächensanierungskonzeption das Göderitzgutachten von 1957 und die vorbereitenden Untersuchungen von 1972,
● in der Phase der reduzierten Flächensanierungskonzeption objektweise Begehungen (1973),

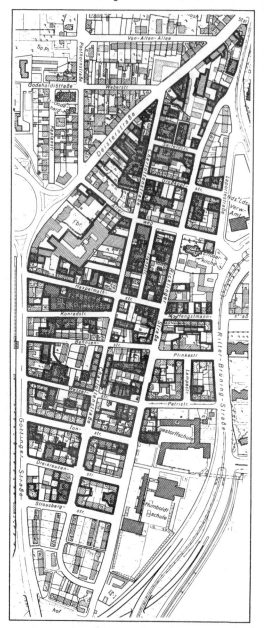

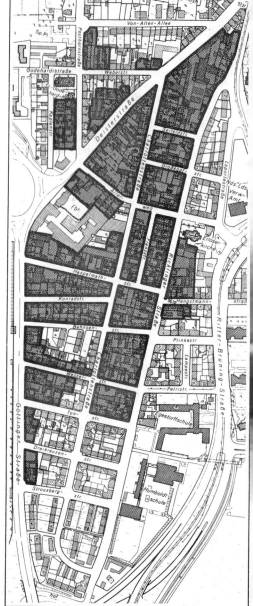

Abb. 4
Göderitz-Gutachten

1957

Abb. 5
Stadtverwaltung / Neue Heimat

1969

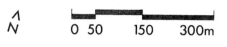

Λ
N   0 50   150   300m

Abriß durchgeführt bzw.
Abrißentscheidung getroffen

Abriß vorgesehen
(bei Göderitz 1957: schlecht)

Bestandsbewertungen in Hannover Linden Süd

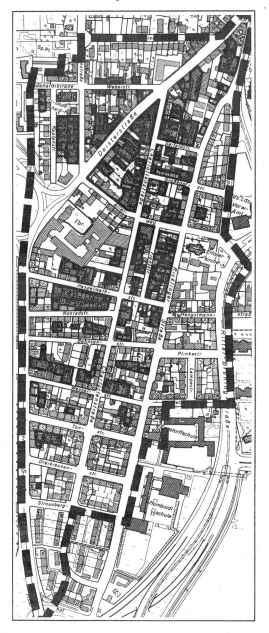

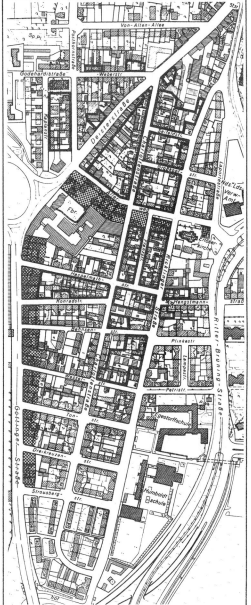

Abb. 6   **1972**
vorbereitende Untersuchung
Stadtverwaltung / Stelle für Sanierung

Abb. 7   **1973**
1. Rahmenplanfassung
Stadtverwaltung

▬ ▬ ▬   förmliche Festlegung nach
StBauFG

   objektweise Entscheidung über
Abriß oder Erhalt (Göderitz:
mittel, VU 1972: bedenklich)

     Abriß für Straßenbau
vorgesehen

     keine Aussage (Göderitz:
normal, VU 1972: erhaltenswert)

233

● in der Phase der erhaltenden Erneuerungskonzeption das objektweise, kosten-
orientierte Faktorenverfahren der Verwaltung von 1974, die Gegengutachten der
Bürgerinitiative 1976 und das Entscheidungsverfahren der Verwaltung von 1977
auf der Basis einer direkten Kostenermittlung und eines Kostenvergleichs, teilweise jedoch auch die Rückkehr zu objektweisen Begehungen (1978).

Der Analyse der Entwicklung und Veränderung der Bewertungsverfahren werden folgende Grobhypothesen zugrundegelegt:
● Bewertungsverfahren werden in Struktur und Ergebnis bestimmt von den daran
beteiligten Interessengruppen, ihren jeweiligen Bewertungsinteressen und ihren
Handlungsmöglichkeiten im Rahmen der allgemeinen Handlungsvoraussetzungen.
● Bestandsbewertungsverfahren dienen als Instrumente zur Durchsetzung und Absicherung der Bewertungsinteressen und Planungsentscheidungen in der Regel der
kommunalen Verwaltung.
● Entsprechend den bestehenden Machtverhältnissen bleiben nicht beteiligt bzw.
nur formal beteiligt und damit benachteiligt gerade einkommensschwache Gruppen,
die aus eigener Kraft Benachteiligungen nicht kompensieren können.
Ausdruck dieser Benachteiligung ist das Fehlen oder die geringe Wichtung der
Bewertungsinteressen der betroffenen Mieter im Bereich der Merkmalsauswahl und
-verarbeitung.

Diesen Hypothesen folgend wollen wir deshalb die im weiteren dargestellten Bewertungsverfahren insbesondere im Hinblick auf die zugrundegelegten Interessen
(Ziele), die Planungsbeteiligung und die Entsprechung in der Merkmalsauswahl
und -verarbeitung untersuchen.

2.1 Göderitz-Gutachten 1957

Den von Göderitz im Auftrag der Hannoverschen Stadtverwaltung und des Bundes-
ministeriums für Wohnungsbau 1955-57 entwickelten Planungen lagen folgende
Zielvorstellungen zugrunde:

*"1. Im Gebiet Charlottenstr. sollen Gewerbeflächen ausgewiesen werden, die ge-
eignet sind, auch Handwerksbetriebe und Kleingewerbe aus benachbarten Wohngebieten aufzunehmen.
2. Die Wurstfabrik Ahrberg ist zu erhalten und so zu orientieren, daß eine Be-
einträchtigung der Wohnblöcke des Untersuchungsgebietes nicht stattfindet.
3. Die Deisterstr. ist zu einer Geschäftsstraße von überörtlicher Bedeutung
auszubauen.
4. Die Erlöserkirche ist zu erhalten.
5. Die Planung von Garagen und Einstellplätzen in ausreichendem Maße.

Darüber hinaus erfordert die übergeordnete Verkehrsplanung:
- für die Erstellung der Westtangente Hannovers die Verbreiterung der Göttinger
Straße nach Osten um 25 m, verbunden mit einer Fußgängerbrücke für die Hannomag-
Arbeiter des Untersuchungsgebietes.
- Verbreiterung des Allerweges für die Verbindung der Westtangente mit der
Innenstadt." (Göderitz 1960, 9o)*

Die Untersuchung umfaßte im einzelnen folgende Schritte:
- eine Bestandsaufnahme allgemeiner Gebietsdaten wie zeitliche Entwicklung der
Bebauung, Wohnverhältnisse im Untersuchungsgebiet, Einbindung des Sanierungsgebietes in das Straßenverkehrsnetz und die Nachbarschaftsstruktur.
- Eine Bestandsaufnahme und Bewertung (im folgenden auch mit BA/BB umschrieben)
von Art und Ausmaß der baulichen Nutzung über Merkmale wie Grundstückszuschnitt,
Geschoßzahlen, Nutzungsart, Bebauungsweise, Bebauungsdichte, Gebäudealter und
-zustand.
- Die BA/BB von Wohndichte und Wohnungsqualität.

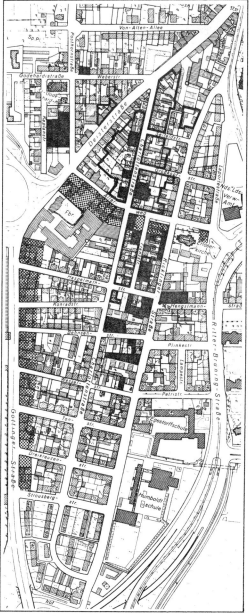

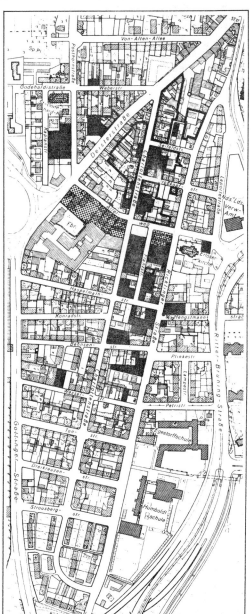

Abb. 8   **1976**
2. Rahmenplanfassung
Stadtverwaltung

Abb. 9   **1978**
Stadtverwaltung

 Abriß durchgeführt bzw.
Abrißentscheidung getroffen

  objektweise Entscheidung
über Abriß oder Erhalt

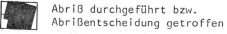 Abriß für Straßenbau
vorgesehen

  keine Aussage

235

- Die Bildung von Qualitätsgruppen durch die Überlagerung von verschiedenen Merkmalsgruppen und eine objektweise "Begutachtung" der Gebäde.
- Eine Auswertung der "Sanierungsmerkmale", die jedoch nur durch die Punkte "Wohnungsqualität" und "Gebäudezustand" charakterisiert wurden.
- Die "Auswertung der Sanierungsmerkmale" bildete mit den städtebaulichen Zielen und den Zielen der übergeordneten Verkehrsplanung die Grundlage der Sanierungsplanung.

Von der Zielzahl der erhobenen Daten wurden lediglich einige ausgewählt, denen Qualitätsgruppen zugeordnet wurden, so daß Datenberge entstanden, deren Bedeutung für die Entscheidungsfindung sehr gering, bzw. überhaupt nicht relevant erscheint. Bei der Bildung von Qualitätsgruppen wurden lediglich die Merkmale Grundstücksaufteilung, Bebauungsgrad, Geschoßflächendichte, Bebauungsweise, Gebäudealter und -zustand und Wohnungsqualität berücksichtigt. Daran zeigt sich, daß vor allem allgemeine Daten über die Bewohner und deren Wohn- und Lebenssituation nicht in Betracht gezogen wurden.
Die folgende Übersicht zeigt in der Überlagerung der Merkmale die Überlagerung der Schwellenwerte. Nach diesen Qualitätsgruppen wurden grundstücks- und blockweise Werte in Listen zusammengestellt, die einen Überblick über die Veränderungsnotwendigkeit zur Feststellung der Sanierungsbedürftigkeit ergaben.

Die Auswertung der Sanierungsmerkmale, bei der im wesentlichen Gebäudezustand und Wohnungsqualität überlagert wurden, kam zu dem Ergebnis, daß ca. 1o-15 % der Bausubstanz als "noch gut" zu bezeichnen waren. Das Gutachten kam im Hinblick auf die Analyse des baulichen Zustandes, der objektweise durch Begehungen nach den Kategorien "schlecht, mittel, gut" klassifiziert wurde, zu einem Ergebnis, "44 % Gebäuden mit schlechtem Erhaltungszustand, 42 % mit mittlerem Er-

		Qualitätsgruppen 1	2	3	4	5
1. Grundstücksaufteilung						
Breite des Grundstückes	in m	unter 10	10—15	16—20	über 20	—
Tiefe des Grundstückes	in m	unter 20	20—25	51—80	über 80	—
Schnitt des Grundstückes		sehr unregelmäßig	unregelmäßig	rechtwinklig	—	—
Größe des Grundstückes	in m²	unter 200	200—400	über 400	—	—
2. Bebauungsgrad						
überbaute Fläche	in %	über 70	51—70	41—50	31—40	unter 30
3. Geschoßflächendichte						
Geschoßfläche/Grundstücksfläche	in m²/m²	über 3	2,1—3	1,6—2	1—1,5	unter 1
4. Bebauungsweise						
Überbauungs- und Belichtungsmaß		Hof unter 120 m² bei I Geschoß unter 60 m²	Hof über 120 m² bei I Geschoß über 60 m²	dasselbe gilt für die Spalten 3, 4, 5		
Hochfläche = Gebäudeabstand/Gebäudehöhe		1/mehr als 1,5	1 / mehr als 1,5	1/1,5—1/1	1/1—1,5/1	1,5/—2/1
5. Gebäudealter						
Baujahr		vor 1900	1901—1924	1925—1945	nach 1945	
6. Gebäudezustand		schlecht	mittel	gut	gut	gut
7. Wohnungsqualität		unbewohnbar	ungeeignet ohne Verbesserungsmöglichkeit	ungeeignet Verbesserung durch Umbau, Entfernung anderer Gebäude	bedingt geeignet Verbesserung durch Entfernung anderer Gebäude	Geeignet mit Ausstattungsmängeln
8. Wohndichte						
Einwohner/ha Nettowohnbauland in E/ha		1350 und mehr	870—1350	715—869	445—714	unter 444

Die Wohndichte ist die Einwohnerzahl je ha Nettowohnbauland, d. h. vom Nettobauland werden unbebaute rein gewerblich genutze und öffentlich genutzte Grundstücke abgezogen.

Abb. 10: Merkmale zur Feststellung der Sanierungsbedürftigkeit (Göderitz 196o)

haltungszustand und 14 % mit gutem Erhaltungszustand" (Vgl. Abb. 4) (Göderitz 1960, 65). In der Überlagerung mit den Ergebnissen der Analyse der Wohnungsqualität wurde die Zahl der erhaltenswerten Gebäude weiter reduziert. Zwar wurde darauf verwiesen, daß nach Auswertung der Sanierungsmerkmale als "mittel" klassifizierten Bauten erhalten bleiben können, bei der Planung blieb dieser Hinweis jedoch unberücksichtigt.

Obwohl bereits Planungen für die Aufwertung des Stadtteils vorhanden waren (siehe Punkt 1.2) stellte Göderitz diese Untersuchung als Ausgangs- und Bezugspunkt der Planung dar:

"Bevor der Sanierungsplan aufgestellt werden konnte, mußte eine Übersicht über die erhaltenswerten Gebäude beschaffen werden... Auf dieser Grundlage ist in Zusammenarbeit mit dem Stadtplanungsamt Hannover die neue Planung aufgestellt (worden). Selbstverständlich wurde dabei, so weit wie irgend möglich, auf die erhaltenswerte Altbebauung Rücksicht genommen. Jedoch ließ sich aus städtebaulichen Gründen nicht vermeiden, daß hin und wieder auch ein gutes Gebäude zum Abriß bestimmt werden mußte." (ebenda, 9o).

Gerade weil die Bestandsanalyse von Göderitz ausdrücklich als Ausgangspunkt der Planung dargestellt wurde, erscheint seine Flächensanierungskonzeption gradlinig als sachliche Notwendigkeit aus der Auswertung der Sanierungsmerkmale. Verdeckt bleibt der durch die zeitgenössische Architektur- und Städtebaulehre geprägte gedankliche Hintergrund, der die Bewertung vorhandener Bausubstanz und Quartiersstrukturen wesentlich mitbeeinflußt. Vorstellungen von der "gegliederten und aufgelockerten Stadt", die Ideologie vom Wohnen im Hochhaus als Ausdruck von gehobenem Wohnstandard, prägten in entscheidendem Maße Fachleute wie Öffentlichkeit und führten zu den bekannten Realisierungen der damaligen Zeit, von denen hier nur das Hansa-Viertel in Berlin als signifikantes Beispiel in Erinnerung gerufen sein soll. Im Vergleich dazu mußten gewachsene Stadtteile, mit sicher erheblichen Mängeln, von vornherein von ihrer gesamten baulichen Anlage als wenig erhaltenswert erscheinen.

Ähnlich verhält es sich mit der Beachtung sozialer Folgen der Planung und der Beteiligung von Betroffenen: soziale Folgen wurden zwar gesehen, aber nicht problematisiert. Wünsche und Interessen wurden zwar erfragt, aber hatten keinen nennenswerten Einfluß auf die Planung. Die Bewohner hatten dabei nur die Rolle von Datenlieferanten, eine Beteiligung fand nicht statt, ein Anspruch wurde dazu auch gar nicht formuliert.

Der Gedanke von Bürgerinitiativen als organisatorische Mittel der Betroffenen, sich für ihre Belange Gehör und Durchsetzungschancen zu verschaffen, Versprechungen des Sozialstaates "beim Wort" zu nehmen, hatten zu dieser Zeit der hemdsärmeligen Wiederaufbauphase noch keinerlei Bedeutung in der Öffentlichkeit. Vor diesem Hintergrund erscheint die von Göderitz durchgeführte Bestandsanalyse eher als Legitimation, als deontische Prämisse vorgefaßter Stadterneuerungsprinzipien.

2.2 Vorbereitende Untersuchung 1972

Nach dem Inkrafttreten des StBauFG wurde gemäß des Gesetzestextes nach §4 Abs. 3 die vorbereitende Untersuchung (VU) durch Beschluß des Rates vom 19.4.72 eingeleitet und von der Verwaltung durchgeführt. Das Ergebnis der VU lag am 15.9.72 vor.

Ähnlich wie die Beurteilung der Bausubstanz von Göderitz wurde auch hier die Substanz pauschal nach den Kriterien "erhaltenswert, renovierbar, bedenklich, Abriß" eingestuft. Dennoch läßt sich hier eine Verschiebung gegenüber dem Göderitz-Gutachten feststellen. "Nur noch" bei 2/7 = 28 % (44 % Göderitz) der Bausubstanz erscheint eine Modernisierung aus Kostengründen nicht vertretbar (vgl. Stadt Hannover, Stadtplanungsamt, 1972, 4). (siehe dazu Abb. 6)

Dabei kann davon ausgegangen werden, daß eine detaillierte objektweise Begutachtung nicht stattgefunden hatte. Grundlage dieser Einschätzung war lediglich eine
Begehung des Gebietes mit oberflächlichen "Fassadengutachten". Als Aussage
bleibt bestehen, daß "insbesondere in den Bereichen mit vorwiegend zwei bis
dreigeschossiger Bebauung städtebauliche Mißstände vorliegen. Diese Bebauung
zeigt schwerwiegende Mängel hinsichtlich Belüftung, Belichtung, Besonnung und
Zuschnitt der Wohnungen, baulicher Standsicherheit, sanitärer Ausstattung, sowie Feuchtigkeit in den Wohnungen" (ebenda, 4/5).
Diese allgemeinen Aussagen und die Vorgehensweise der Untersuchungen, die sich
in ihren wesentlichen Ergebnissen mit denen des Göderitz-Gutachtens deckten,
verwundern wenig, wenn man berücksichtigt, daß der VU die eigentlichen Sanierungsplanungen, die Bebauungspläne der Neuen Heimat (1969) und der Stadtverwaltung (1971-72) zeitlich vorausgingen und als Zielvorgaben diese Untersuchung
leiteten.
Insofern übernahm auch die VU die Funktion, bereits vorgefaßte Planungsentscheidungen zu legitimieren, und zwar in zweierlei Hinsicht:
● zum einen gegenüber dem Land und dem Bund als Geldgeber der Sanierung begründete sie die Notwendigkeit der Sanierung an sich, insbesondere hier die Flächensanierung, um somit die "förmliche Festlegung" nach dem StBauFG zu sichern.
● Zum anderen gegenüber der betroffenen Bevölkerung hatte die VU ebenfalls die
Aufgabe, die Einsicht in die Notwendigkeit einer Sanierung zu stärken bzw. zu
wecken. Dies war in diesem Fall die Einsicht in die Notwendigkeit einer Flächensanierung mit den Konsequenzen einer Vertreibung der ansässigen Bewohner,
für die bereits die "Entlastungswohngebiete" Roderbruch und Mühlenberg am Stadtrand fast fertiggestellt waren.
Diese Funktionen schien die VU vollauf zu gewährleisten:
Die Frage:
"Halten Sie eine Sanierung für notwendig?" beantworteten auch 85 % der Mieter,
3o % der Hauseigentümer mit "Ja", so daß das formulierte Ergebnis der VU in
diesem Sinn nur logisch erscheinen kann: "Ausmaß und Umfang der städtebaulichen
Mißstände und die Erwartung der Bürger nach einer Verbesserung der Lebensbedingungen erfordern eine Sanierung nach dem StBauFG" (Stadt Hannover, Stadtplanung
amt 1972, 11 ff).
Die hier gleichzeitig vollzogene Konsequenz der Notwendigkeit einer Sanierung
nach dem StBauFG erscheint dagegen aufgesetzt und verdeutlicht zudem die In-
strumentenabhängigkeit der VU. So ist eine Problematisierung des Instrumentariums STBauFG im Zusammenhang mit der Diskussion über alternative Sanierungsstrategien gar nicht erst geführt worden, genauso wenig wie die Bevölkerung bei
der Befragung zur Sanierungseinstellung nicht über die Konsequenzen informiert
worden ist.
Dieses verbleibende Defizit an Legitimation zumindest gegenüber der betroffenen
Bevölkerung wurde versucht durch besondere Beteiligungsformen aufzufangen. Zu
nennen sind hier: die Bürgerversammlung vom 7.6.1972, die Eröffnung eines In-
formations- und Beratungsbüros im Sanierungsgebiet und Informationsmitteilungen
an alle Haushalte des Gebietes.

Mitte 1973 wurde der begonnenen Abrißpolitik - Gebäude wurden unbewohnbar gemacht bzw. kurzerhand mehr oder weniger über Nacht abgerissen - abrupt ein Ende
gesetzt. Die Betroffenen, vor allem die BI und die "Aktion Wohnungsnot" (AKWO),
erzwangen durch die Hausbesetzung Kaplanstr. 21 einen Abrißstop und das Zuge-
ständnis der Verwaltung, die BI bei allen Fragen der Sanierung zu beteiligen.
Das bedeutete, daß keine Abrißentscheidung ohne Zustimmung der BI mehr getroffen
werden konnte. Fachliche Unterstützung wurde der BI durch den Berater zuteil,
der in erster Linie Stellung zu den Plänen der Verwaltung bezog und die BI in
ihren Entscheidungen beriet.
Diese Vereinbarungen hatten für den weiteren Sanierungsprozeß weitgehende Bedeutung. Die Verwaltung gab zwar öffentlich ihre "ruckzuck"-Flächensanierungs-

politik auf und gab die Losung der "behutsamen Sanierung" aus, behutsam im Sinne
von Abrißen nicht mehr schnell schnell, alles auf einmal, sondern ein Haus nach
dem anderen.
Von der Verwaltung wurden gemeinsame Begehungen der ihrer Meinung nach abzu-
reißenden Bausubstanz zusammen mit Mitgliedern der BI durchgeführt, bei denen
Fachleute der städtischen Bauverwaltung die Mitglieder der Bürgerinitiative
auf den "schlechten Bauzustand" und die Unmöglichkeit einer Modernisierung hin-
wiesen. Die Gebäude waren in der Regel zuvor im Rahmen der Sozialplanung von
der Verwaltung geräumt worden. Hinzu kam, daß die Gebäude im Hinblick auf eine
Sanierung jahrzehntelang nicht mehr instandgehalten worden waren und der äußere
Eindruck zumeist katastrophal war. Ausdruck des damaligen Diskussionsstandes
gibt folgender Protokollausschnitt der BI-Sitzung vom 3o.4.1973 wieder:
In einer Diskussion mit Vertretern der Gemeinnützigen Baugesellschaft Hannover
erklärte die GBH zur Vernachlässigung stadteigener Wohnungen: "Die Häuser sind
zum Abbruch bestimmt, Investitionen lohnen sich nicht mehr. Darum müssen die
Häuser wegen schwerwiegender Mängel geräumt werden." Dazu stellte die BI fest:
"Die Häuser sind 1o Jahre lang vernachläßigt worden. Es existieren Häuser, die
mit geringen Mitteln hätten renoviert werden können."
Der Bauverwaltung gelang es dennoch, - vor allem unter Hinweis auf das äußere
Erscheinungsbild der Häuser - in den meisten Fällen die Zustimmung der Bürgerinitiative zu Abrissen zu erhalten, allerdings mit der Auflage, Ersatzwohnungen
im sozialen Wohnungsbau zu schaffen. Sozialer Wohnungsbau wurde in dieser Phase
von den Betroffenen noch mit tragbaren Mieten assoziiert, eine Einschätzung die
von der Verwaltung unterstützt wurde.

2.3 Gemeinsame Begehung von Verwaltung und BI

Im Verlauf der weiteren Auseinandersetzungen um eine objektweise Entscheidung
Abriß oder Modernisierung versuchte die Verwaltung häufig, den Abrißstop und
die eingeführten Beteiligungsformen der BI zu umgehen. Es wurden Begehungen
ohne die BI durchgeführt
● Am Beispiel der Gebäude Ricklinger Straße 62 HH und Ricklinger Straße 8o HH
wird dieses Vorgehen deutlich:

"Brief der Verwaltung über das Ergebnis der Wohnungsbegehung vom 15.1o.73,
Ricklinger Straße 62 HH und Ricklinger Straße 8o HH. Die Bewohner sind umge-
setzt worden, eine Instandsetzung bzw. Wiederbelebung soll nicht vorgenommen
werden. Als Gründe werden angegeben: a) zu hohe Instandsetzungskosten, b) die
Häuser liegen im Bereich der Neubauzone. Meinungen der BI: die Bürgerinitiative
ist über die Begehung nicht informiert worden. Begehung und Räumung erfolgten,
ohne die BI zu fragen. Die Bewohner wären nicht ausgezogen, wenn man die Woh-
nungen renoviert hätte." (Protokoll der BI vom 4.12.73)

● Es wurden Bewohnerumfragen gegen die BI durchgeführt, die an den Beispielen
Ricklinger Straße 64/72 und Franzstraße 3 veranschaulicht werden können.

"BI-Meinung: es wird noch einmal auf den Abrißstop verwiesen, der aufrechter-
halten werden soll, damit nicht weitere Häuser geräumt, zugmauert und abgerissen
werden. Die Modernisierung für diese Häuser wird ausgeschlossen, da man sie ent-
weder bewußt oder unbewußt hat verfallen lassen.
Die Verwaltung verwies auf die Unterschriftenlisten, worin sich die Nachbarn
für den Abriß der Häuser und das Einrichten von Grünflächen aussprachen.
BI-Meinungen: die Befragungsaktion ist ein Versuch, die BI und die Lindener
gegeneinanderauszuspielen..." (Protokoll der BI vom 21.5.74)

● Angesichts der Vorgehensweise der Stadt bei der Kündigung und Räumung der
Wohnungen im Haus Posthornstr. 7 protestiert die Bürgerinitiative aufs Schärf-
ste dagegen,

*"- daß weder die Absicht der Kündigung, noch die Absicht des Hausabrisses der
Bürgerinitiative mitgeteilt worden ist oder sonstwie in der Öffentlichkeit zur
Diskussion gestellt wurde;
- daß das Gebäude im Auftrage der Stadt demoliert und in einen lebensgefähr-
lichen Zustand versetzt wird (Herausreißen der Fußböden, Durchschlagen der
Decken), obwohl das Haus noch von zwei Mietparteien bewohnt wird." (Presseerklärung der BI vom 8.8.73)*

Die Liste ähnlicher Beispiele ließe sich verlängern. Weitere Abrisse wurden
damit begründet, daß die Gebäude zugemauert wären und "Schandflecke" eine Gefährdung der Sicherheit etc. darstellten. Die Vernachlässigung der Wohnungen
wurde damit als Ursache der Abrisse präsentiert.
Im Verlauf der Auseinandersetzungen zwischen Verwaltung und Betroffenen wurde
die mangelnde Transparenz und Beteiligung am Verfahren immer deutlicher. Anfang 1974 forderte die BI "eine grundlegende Untersuchung und Beurteilung aller
Häuser" (Protokoll der BI vom 5.2.74).

*"Die BI hätte von vornherein gegen das Zumauern der Häuser protestieren sollen.
Die Frage der Modernisierbarkeit hätte von vornherein geklärt werden müssen.
Die Verwaltung muß aufgefordert werden, ihre Beurteilung des Zustandes einzelner Häuser herauszugeben, damit Leerräumungen und anschließendes Zumauern nicht
mehr vorkommen. Die BI sollte keine Zustimmung zu Abrissen geben, weil es bisher keine hinreichende Beurteilung darüber gibt, welche Häuser modernisierbar
sind und welche nicht. Die Bevölkerung muß über diese Zusammenhänge informiert
werden." (Protokoll der BI vom 14.5.74)*

2.4 Erstes objektweises Entscheidungsverfahren der Bauverwaltung von 1974

Im Ergebnis veranlaßten die Proteste seitens der Bevölkerung die städtische
Bauverwaltung zur Entwicklung eines differenzierten Entscheidungsverfahrens
zur Frage Abriß oder Modernisierung, das im Sommer 1974 von der Stelle für Sanierung vorgelegt wurde. Das Verfahren beruht auf einer vereinfachten Kostenberechnung und Kostenvergleichsrechnung auf der Basis einer objektweisen Zustandsanalyse, als Vergleichsmaßstab wurde der Neubau im sozialen Wohnungsbau herangezogen. Als kritische Grenze für die Frage Abriß oder Modernisierung wurde von
der Verwaltung eine Kostengrenze von 7o % vergleichbarer Neubaukosten festgelegt. Überschritten die Modernisierungskosten diese Grenze, so wurde auf Abriß
plädiert. Mit diesem Verfahren wurden im Zeitraum 1974 - 1977 die nach Meinung
der Verwaltung kritischen Häuser überprüft.
Schon die ersten Erfahrungen mit den von der Verwaltung vorgelegten Verfahren
stießen seitens der BI auf Kritik, die sich in der Folge in einigen Punkten
konkretisierte:
● die Ermittlung der Modernisierungskosten über statistische Neubaukostensätze
war kaum nachprüfbar und ungenau.
● Die Neubaukostensätze waren insgesamt zu niedrig angesetzt. Es wurden die
statistischen Durchschnittsbaukosten für den sozialen Wohnungsbau in Hannover
zugrunde gelegt, nicht aber höhere Aufwendungen infolge sanierungsbedingter Un-
wegsamkeiten (Baulücken, Schichtenwasser etc.).
● Ebenso blieben alternative Erneuerungsstandard unberücksichtigt.
die vorgelegten Gutachten ließen einen breiten Spielraum für subjektive Bewertungen und begünstigten insgesamt die Alternative Neubau. Aus dieser Kritik
wurde, vor allem von seiten des Beraters und der am Prozeß beteiligten Verfasser, Vorschläge zur Verbesserung des Verfahrens gemacht, die letztlich in
umfangreiche von den Verfassern erarbeitete Gegengutachten mündeten.

2.5 Objektweise Gegengutachten der Bürgerinitiative 1976

"Diese Gegengutachten, die jeweils eine genaue Substanzeinschätzung, mögliche Modernisierungsmaßnahmen und Kostenberechnungen auf der Grundlage alternativer Standards enthielten" (Holland, K.J. 1978, 185), erlangten in der Frage der anstehenden Abrisse vor allem Ricklinger Str. 1oo - 11o an Bedeutung. Sie verzögerten die bereits von der Verwaltung beschlossenen Abrisse, konnten sie aber nicht verhindern. Letztlich jedoch verbesserten diese Gegengutachten die Entscheidungsfähigkeit der BI wenig. Nun stand Gutachten gegen Gutachten. "Das war für die BI teilweise noch weniger durchsichtig und in allen kritischen Fällen wurde weiterhin sehr emotional entschieden ("Die alten Schabracken müssen weg!" (ebenda, 195)

Die sich in dieser Zeit häufenden Zustimmungen zu Abrißentscheidungen - obwohl in einzelnen Fällen die veranschlagten Modernisierungskosten die 7ɔ %-Grenze unterschritten (z.B. Ricklinger Str. 88) kennzeichnen eine Prozeß der Veränderung der Interessen der BI-Mitglieder an der Modernisierung. Die Hintergründe für diesen Meinungswandel sind neben einer leicht veränderten Mitgliederstruktur vor allem zu suchen in der wachsenden Problematik mit den ausländischen Bewohnern des Stadtteils. So wurden Stimmen laut, die Abrisse schon deswegen forderten, um die in den betroffenen Gebäuden wohnenden Ausländer wieder loszuwerden.

Den Wunsch nach sozialer Distanzierung von den Ausländern kam im Rahmen der Diskussionen um Abriß bzw. Modernisierung der Gebäude in der Charlottenstraße besonders stark zum Ausdruck. Die Charlottenstraße war seit ihrem Entstehen um 186o der Inbegriff des Arbeiterwohngebietes. Mit dem zunehmenden Verfall der Gebäude wurde im Verlauf des Sanierungsprozesses die Straße zum Wohnstandort für unterste Einkommensschichten, Sozialhilfeempfänger, Rentner, Arbeitslose und Ausländer. Die Einschätzung der Bausubstanz war dementsprechend schlecht. In Begriffen wie "Rattenlöcher" spiegelte sich die Übertragung der Vorbehalte auf die Bausubstanz wider. Mit dem Abriß der Häuser erhofften sich Teile der BI eine soziale Aufwertung des Stadtteils, das Ausradieren des negativen Images als Arbeiterstadtteil, Nachtjackenviertel, Asozialenviertel und den Zuzug sozial höher eingestufter Bevölkerungsschichten.

Dem gegenüber standen die Interessen anderer Teile der Bevölkerung, die Modernisierung als einzige Möglichkeit sahen, die Wohnverhältnisse in Linden zu tragbaren Mieten zu verbessern. Sie versuchten im Rahmen einer abschließend durchgeführten Blockbefragung die Bewohner weitreichend über die zu erwartende Mietentwicklung beim Neubau und modernisiertem Altbau zu informieren. Daß sich dann im Ergebnis 95 % der Bewohner für die Altbauerneuerung und nur 5 % für Neubau aussprachen (vgl. Antrag der BI zur 17. Sitzung der Sanierungskommission Linden-Süd v. 2.9.76), zeigt aber, daß trotz allen sozialen Vorbehalte die Urteile der Mieter bei einer einigermaßen realistischen Einschätzung ihrer ökonomischen Möglichkeiten erfolgt waren.

Allerdings mag darauf hingewiesen werden, daß dieses Ergebnis keineswegs als repräsentativ für ganz Linden-Süd gewertet werden kann.

2.6 Zweites objektweises Entscheidungsverfahren der Bauverwaltung von 1977

Das Verfahren wurde auf Vorschlag des Beraters erneut geändert: Initiative, Verwaltung und die Verfasser sollten nunmehr bereits im Vorfeld der Gutachten gemeinsam tätig werden. Erst danach sollte entschieden werden, ob überhaupt noch Modernisierungs- und Kostengutachten erstellt werden sollten.
Im einzelnen wurden zu dieser Veränderung des Verfahrens folgende von der BI eingebrachte Punkte auf der 17. Sitzung der Sanierunskommission vom 2.9.76 beschlossen:

"Betrifft: Verfahren zur Feststellung der Abriß- oder Modernisierungswürdigkei
von Wohngebäuden in Linden-Süd.
Das bisher praktizierte Verfahren zur Beurteilung abrißverdächtiger Wohngebäud
in Linden-Süd hat sich nach Meinung der Bürgerinitiative als sachlich unzureichend und wenig beteiligungsfreundlich erwiesen."
Als Bestandteil eines verbesserten Verfahrens forderte die BI:
"-alle Wohngebäude, die von der Stadt entmietet werden sollen bzw. leerzulaufe.
drohen, sollen der BI bekanntgemacht und unverzüglich auf Abriß oder Moderni-
sierungsmöglichkeit untersucht werden.
- Bei allen abrißverdächtigen Gebäuden soll die Untersuchung und Einschätzung
der Bausubstanz von Fachleuten der Verwaltung und der BI gemeinsam auf der
Grundlage einer gemeinsamen Prüfliste vorgenommen werden.
- Die Kostenberechnungen sollen für alternative Modernisierungsstandards und
nach einem überprüfbaren Verfahren durchgeführt werden.
- Für Vergleichsrechnungen sollen die realen Neubaukosten für Wohnbauten in
Linden-Süd und auch Kostenersparnisse durch Modernisierung zugrunde gelegt wer
den.
- Für die Entscheidung über Modernisierung oder Abriß sollen nicht allein die
Baukosten, sondern zugleich auch Rentabilitätsrechnungen herangezogen werden.
- Für Abrißentscheidungen sollen auch die Ergebnisse von Untersuchungen über
Gebäude- und Gebäudegruppen, die unter Stadtbild- und Denkmalsschutzgesichts-
punkten erhaltenswert sind, herangezogen werden."

Das Verfahren wurde zwar von der Sanierungskommission mehrheitlich beschlossen
führte aber in seinen praktischen Auswirkungen vorerst einmal zu den oben beschriebenen gemeinsamen Begehungen. Das Ergebnis war noch schlechter, denn die
unmittelbare Anschauung der in aller Regel äußerlich heruntergekommenen und gegenwärtig schlecht nutzbaren, zudem hauptsächlich mit Ausländern belegten Gebä
de veranlaßte die Mehrheit der BI-Mitglieder erst recht, für den Abriß zu plä-
dieren, obwohl Berater und beauftragte Gutachter (Verfasser), sowie vor allem
die jungen Mitglieder in der BI sich leidenschaftlich für die Erhaltung einsetzten.

2.7 Jüngste Entwicklungstendenzen: Rückkehr zur "reinen Gutachtertätigkeit"
     und zunehmende Abrißentscheidungen infolge der Ausländerproblematik".

Das Verfahren wurde wiederum verändert. Besonders die immer wieder neu ent-
brennenden Konflikte innerhalb der BI bewirkten die Rückkehr zur "reinen Gutachtertätigkeit". Die Verwaltung ließ, auf der Grundlage eines überarbeiteten
Entscheidungsverfahrens, von beauftragten Architekten Gutachten anfertigen, die
zwecks Stellungnahme dem BI-Berater vorgelegt wurden.
In den folgenden Auseinandersetzungen in der BI ging es nun weniger um "Kosten
gründe", im Vordergrund stand - wenn auch nicht explizit genannt - die Auslän-
derproblematik. Teile der BI, vor allem die älteren.Lindener Bürger, stimmten
immer häufiger vorgelegten Abrissdrucksachen zu, in der Hoffnung, den inzwische
auf 25 % gestiegenen Ausländeranteil im Gebiet senken zu können. Diese Kräfte
in der BI gingen davon aus, daß durch den Abriß der Gebäude, die überwiegend
von Ausländern bewohnt wurden, ihr Anteil in sofern gesenkt werden könnte, als
den Ausländern bei der Neuverteilung der modernisierten Wohnungen und auch der
Neubauwohnungen nicht die gleichen Rechte wie den deutschen Bewohnern eingeräu
werden sollten.
Das Hineinspielen dieser Problematik in die Entscheidungen über Abriß oder Modernisierung hatte zur Folge, daß diese Teile der BI "rationalen" Argumenten
kaum mehr zugänglich waren. So begann der BI-Berater seine Stellungnahme zu de
Abrißdrucksachen wiederholt mit den Worten: "Da sie meinen Ausführungen über
die mögliche Modernisierungsfähigkeit der hier zur Entscheidung vorgelegten
Drucksachen ohnehin kein Gehör mehr schenken, überlasse ich es Ihnen von vornherein sich ein Bild zu machen". Er verzichtete auf seine genauen Stellungnahmen zu den einzelnen Häusern.

242

Ähnlich wie den Ausländern erging es einer sich gebildeten Initiativgruppe
"Charlottenstraße-Nord", die einige abrißbedrohte, unter Denkmalschutz stehende städtische Gebäude (Charlottenstr. 15-21) aufkaufen wollten, um sie ge-
nossenschaftlich organisiert zu modernisieren und selbst zu bewohnen.
Dieser Genossenschaftsgedanke wollte Alternativen in der Erhaltung und Rehabilitation von Wohngebieten praktisch erfahrbar machen. Die Gruppe stand grundsätzlich allen Lindenern offen bzw. die interessierten Lindener sollten bevorzugt Wohnungen erhalten (vgl. Wohnprojekt Charlottenstraße-Nord, Schreiben an
das Stadtplanungsamt vom 29.1.78).
Obwohl die Initiatoren dieser Idee dieses Konzept in der BI zur Diskussion
stellten und auch die kostenmäßige und grundrißtechnische Modernisierungsfähigkeit dieser Gebäude gutachterlich nachzuweisen versuchten, wurde dieser Gedanke in Bausch und Bogen abgeschmettert, mit der Begründung, "die Leute sollen
da bleiben, wo sie herkommen". Das galt vor allem den am Projekt beteiligten
Akademikern und Studenten aus anderen Stadtteilen.
Eine genaue Analyse dieser Problematik ist an dieser Stelle nicht zu leisten,
hier sollte lediglich verdeutlicht werden, daß in der jüngsten Vergangenheit
die Frage Abriß oder Modernisierung nicht mehr in erster Linie von gutachterlichen Aussagen über die Bausubstanz und deren Modernisierungskosten geprägt
war, sondern vielmehr von den eigenen Lebens- und Bewußtseinsverhältnissen der
Stadtteilbewohner.

2.8 Der Fall Ahrbergstraße - eine zusammenfassende Darstellung zur Entwicklung der Bestandsbewertung

Die drei Ausgangshypothesen der Untersuchung aufgreifend läßt sich folgendes
feststellen:

● Die erste Hypothese, daß Bewertungsverfahren in Struktur und Ergebnis von den
daran beteiligten Interessengruppen, ihren Bewertungsinteressen und ihren Handlungsmöglichkeiten im Rahmen der allgemeinen Handlungsvoraussetzungen bestimmt
werden, wird durch diese Untersuchung bestätigt.
Die Wichtung des Einflusses der einzelnen Bestimmungsgrößen auf die Bewertungsverfahren ist jeweils nur im Einzelfall konkretisierbar. Deutlich wird,daß die
Veränderung der allgemeinen Handlungsvoraussetzungen - die Entwicklung von der
Flächensanierungskonzeption zur erhaltenden Erneuerung - die Bewertungsverfahren entscheidend geprägt haben. Die Untersuchungsmethoden von Göderitz oder
auch im Rahmen der Vorbereitenden Untersuchung (flächendeckende Pauschalisie-
rungen in "gut""mittel""schlecht") unterscheiden sich in ihrem Detaillierungsgrad
erheblich von den Verfahren zur Zeit der erhaltenden Erneuerung (objektweise Begutachtung, Untersuchung einzelner Bauteile etc.

● Die zweite Hypothese, das Bewertungsverfahren i.d.R. zur Durchsetzung und Absicherung von Planungsabsichten von z.B. der kommunalen Verwaltung dienen, wird
durch diese Untersuchung erhärtet. Der vorgegebene Ziel- und Bewertungskatalog
determiniert die Bewertungsverfahren entscheidend. Diese Aussage gilt auch für
die Bewertungsverfahren der Bürgerinitiative (Gegengutachten). Obwohl diese um
größere Sachlichkeit häufig bemüht sind, unterliegen sie ebenfalls einer aus-
gesprochenen oder unausgesprochenen Zieldeterminierung (Wir wollen nicht,
daß....) Ihnen kommt die Aufgabe zu, den Interessenstandpunkt bisher wenig oder
gar nicht am Planungsprozeß partizipierender Gruppen zu formulieren.

● Die dritte Hypothese, daß ausgehend von den bestehenden Machtverhältnissen
insbesondere einkommensschwächere Gruppen nur formal beteiligt werden, stimmt
mit der Einschränkung, daß die Arbeit der Betroffenenorganisationen in Linden-
Süd zeigt, daß unter bestimmten Voraussetzungen eine Beteiligung dieser Gruppen
verbessert werden kann.

Um die Bedeutung der Entwicklung der Bestandsbewertung im Verlaufe des Semierungsprozesses für den Einzelfall plastisch zu machen, wollen wir abschließend den Fall Ahrbergstraße (früher: Konradstraße) aufgreifen: zusammengestellt werden die sich in zwei Jahrzehnten jeweils veränderten Einschätzungen von jeweils denselben Gebäuden (Ahrbergstraße 2/6/7 und Haspelmathstraße 1o).

● 1957: Göderitz klassifiziert in seinem Gutachten die Gebäude Ahrbergstr.2/6/7 und Haspelmathstr. 1o als "schlecht" und schlägt eine Flächensanierung für den gesamten Block zwischen Ahrbergstr. und Haspelmathstr. vor. Die Planung sieht eine Neubebauung zwischen 4 und 1o Geschossen vor. (Abb. 4, Ahrbergstr=Konradst

● 1972: Die städtische Bauverwaltung schätzt die Gebäude Ahrbergstraße 2/6/7 und Haspelmathstr. 1o im Rahmen der Vorbereitenden Untersuchungen auf "Abriß" ein. Die Planung sieht in allen 3 entwickelten Alternativen eine Flächensanierung und eine Neubebauung in Alternative I bis zu 7 Geschosse in Alternative II und III von 3 - 6 Geschossen in diesem Block vor. (Abb. 6)

● April 1976: Ein von der Bauverwaltung beauftragtes Architekturbüro kommt in einer BA/BB nach dem Faktorenverfahren (vgl. städtisches BA/BB-Verfahren von 1974) zu der Einschätzung, daß die Gebäude Ahrbergstr. 2/6/7 und Haspelmathstr. 1o "mit großem Aufwand zu modernisieren bzw. umzubauen" wären, "die Hofgebäude sollten abgerissen werden." Die Kostenschätzung schließt jedoch mit 113 - 12o % vergleichbarer Neubaukosten (1.5o7 - 1.556 DM/qm Wfl.) ab.

● September 1976: Die "Gemeinnützige Baugesellschaft Hannover" (GBH) kommt in einer BA/BB und überschläglichen Kostenschätzung zu voraussichtlichen Erneuerungskosten von 1.65o - 1.8oo DM/qm Wfl. und lehnt eine Erneuerung ab.
In einem Schreiben der GBH an das Stadtplanungsamt vom 4.1o.76 stellt die GBH fest:
"1. Nach einen Ortstermin am 3o.9.76 wurde besprochen, daß wegen des schlechten Bauzustandes der o.g. Häuser und dem Ergebnis der Kostenschätzung der GBH für eine Modernisierung der o.g. Häuser die Bauanträge zunächst zurückgestellt werden.
2. 61.8 (Stelle für Sanierung!) wird nun prüfen, ob die Häuser in naher Zukunft abgerissen, ob die Häuser 3,4,5 aufgekauft und ebenfalls abgerissen, ob dann die gesamte Baulücke zwischen den Häusern 1-8 mit Neubauten bebaut werden kann.
3. 61.8 Sozialplanung soll prüfen, wie die leerstehenden Häuser bis zur Abrißentscheidung genutzt werden können.
4. GBH/T1 wird zur Meinungsbildung eine Skizze für eine Neubebauung anfertigen.

● Mai 1977: Ein von der Bauverwaltung beauftragtes Architekturbüro kommt in einer BA/BB nach dem Verfahren der Verwaltung von 1977 zu dem Ergebnis, daß die Gebäude Ahrbergstr. 2/6/7 (und später auch Haspelmathstr. 1o) modernisierungsfähig sind. Die Kosten werden je nach Alternative auf 1.2oo bis 1.3oo DM/qm Wfl das entspricht 7o-8o % vergleichbarer Neubaukosten, geschätzt. Die BA/BB beinhaltet die Möglichkeit des Erhalts der Hinterhäuser und der Möglichkeit des Einsatzes von Selbsthilfemaßnahmen.

● Ergebnis: Die Gebäude werden im Dezember 1977 - nach einem von Verwaltung und Architekturbüro entwickelten Modell - in Erbpacht vergeben und nach den Vorstellungen der Nutzer unter Einsatz von ZIP-mitteln und Selbsthilfe modernisiert. (Fertigstellung ca. Oktober 78).

3. Bürgerbeteiligung am Planungs- und Entscheidungsprozeß

3.1 Darstellung der am Sanierungsprozeß beteiligten Gruppen und deren Einfluß auf den Planungs- und Implementationsprozeß

Über die Zielvorstellungen und Interessenlage der verschiedenen Bevölkerungsgruppen liegen bis 1972 nur indirekte Aussagen als Ergebnis einer Befragung vor,
die im Rahmen der vorbereitenden Untersuchungen durchgeführt wurde. Dabei wurden
entsprechend § 4(1) und (2) StBauFG, Einstellung und Mitwirkungsbereitschaft von
Eigentümern, Mietern und Pächtern ermittelt.
Die Ergebnisse der Befragung sollen dargestellt und zunächst über eine Einschätzung der ökonomischen Interessenlage interpretiert werden. Die Beschreibung
der ökonomischen Interessen kann dabei nur Anhaltspunkte liefern. Die Bewertungsinteressen werden vielfach wesentlich durch subjektive Erfahrungen und
Einschätzungen geprägt, die durchaus auch im Widerspruch zu den ökonomischen
Interessen ihrer Vertreter stehen können. (Vgl. dazu die Einschätzung der verschiedenen Gruppierungen)

● Mieterinteressen

Laut Repräsentativumfrage der Stadt (Stadt Hannover, Stadtplanungsamt 1972)
hielten 85 % der Mieter eine Sanierung in Linden-Süd für notwendig. Dieser hohe
Prozentsatz zeigt einerseits das große Interesse der Mieter an ihrem Stadtteil
und an einer Erhöhung der Qualität ihres Stadtteils. Andererseits waren die
meisten Bewohner, vor allem die Familien mit den Wohnverhältnissen (schlechter
baulicher Zustand der Häuser, niedriger Ausstattungsstandard sowie teilweiser
Unterversorgung des Gebietes mit infrastrukturellen Einrichtungen) unzufrieden,
ohne allerdings aufgrund ihrer materiellen Situation selbst eine entscheidende
Veränderung herbeiführen zu können.
Nach einer Umfrage im Rahmen der vorbereitenden Untersuchungen wollten 7o % der
Mieter in Linden-Süd bleiben, 15 % hatten keine klare Meinung, nur 5 % wollten
trotz schlechter Wohnverhältnisse nicht in Linden-Süd bleiben.
Aufgrund der Einkommensstruktur stand für weite Teile der Bevölkerung hinter
diesen Interessen ein lebensnotwendiger materieller Zwang. Wenn man im günstigsten Fall davon ausging, daß bei der Sanierung in Linden-Süd Wohnungen im "Sozialen Wohnungsbau" errichtet wurden, so mußte man mit einer Quadratmeteranfangsmiete von 4,5o DM und sprunghaftem Mietanstieg rechnen. Gegenüber dem damaligen Stand von 1,85 DM/qm Durchschnittsmiete für Altbauten im Sanierungsgebiet bedeutete das Mehrbelastungen von über 1oo % für die Haushalte. Gemäß der
Repräsentativumfrage der Stadtverwaltung waren nur ca. 11 % der Haushalte in
der Lage, eine Mietbelastung in dieser Größenordnung aufzubringen.
Das Interesse der in Linden-Süd lebenden Mieter an einer Verbesserung der Wohnqualität in ihrem Stadtteil war also untrennbar mit der ökonomischen Bedingung
verbunden, daß durch die Sanierung keine wesentlichen Mietsteigerungen auftreten durften. Dies aber bedeutete unter den damals gegebenen Förderbedingungen,
daß der Bestand weitestgehend erhalten bzw. eine Bestandserneuerung zu tragbaren Mieten erfolgen mußte.
In realistischer Einschätzung der eigenen ökonomischen Möglichkeiten verlagerte sich im Verlauf des Sanierungsprozesses - wie das Befragungsergebnis im
Block 18 zeigt - das Bewertungsinteresse auf eine Instandsetzung. So sprachen
sich ca. 4o % für die Beschränkung der Erneuerungsmaßnahmen auf Instandsetzungsmaßnahmen aus, die keine (unmittelbaren) Mieterhöhungen verursachen. Die Modernisierung stellt gegenüber einer Neubebauung im Sozialen Wohnungsbau langfristig
immer noch die bessere Alternative dar, da Mieterhöhungen nicht durch das Fi-
nanzierungssystem vorprogrammiert sind, und wurde von 55 % der Befragten im
Block 18 gewünscht.

Abb. 11-16
Sanierungsgebiet
Hannover Linden-Süd

Wohnen, Einkaufen, Wohnungsumfeld

Wohnen und Arbeiten
(Hanomag)

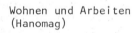

● Interessen der privaten Haus- und Grundstückseigentümer

Die Analyse der Bevölkerungsstruktur zeigt, daß die in Linden-Süd ansässigen
kleinen und überwiegend älteren privaten Grundeigentümer ihre Rente aus der
Vermietung von Wohnungen und der Verpachtung an kleinere Gewerbebetriebe und
Läden bezogen. Nach einer städtischen Umfrage (Stadt Hannover, Stadtplanungsamt 1972, 195) bestritten 55 % der Hauseigentümer ihren Lebensunterhalt zum
überwiegenden Teil bzw. ausschließlich aus ihrem Grundstücks- und Gebäudeeigen-
tum. Nur 3o % hielten eine Sanierung für notwendig und nur 2o % beabsichtigten
Veränderungen auf dem Grundstück vorzunehmen (vgl. ebenda, 12)
Bis 1976 gelang es der städtischen Bauverwaltung nur mühsam, modernisierungs-
willige Hauseigentümer zu finden. Dies lag wesentlich an der atomistischen Struktur der Hauseigentümer und vor allem an Förderungsart und -volumen der Altbau-
erneuerungsförderung. So waren bis 1977 Instandsetzungsmaßnahmen nicht in die
Förderung einbezogen, der aufgrund unterlassener Instandhaltung hohe Instandsetzungssockel mußte vom Eigentümer aufgebracht werden.
Die Notwendigkeit einer Modernisierung war auch solange nicht gegeben als in
der Zeit wirtschaftlicher Hochkonjunktur die Vermietbarkeit auch von schlech-
testem Wohnraum gewährleistet war. So wurden die durch den Fortzug jüngerer ka-
pitalkräftigerer deutscher Familien freigewordene Wohnungen mit niedrigem In-
standhaltungsgrad und Ausstattungsstandard kurzfristig wieder vor allem mit
ausländischen Arbeitnehmern belegt.
Nach dem Einbezug der Instandsetzungsförderung Anfang 77 wurde die Altbauerneuerung insbesondere auch für diejenigen Eigentümer attraktiv, die Instandhaltungs-
und Instandsetzungsmaßnahmen bisher unterlassen oder aufgeschoben hatten. Die
Mehrertragsfinanzierung begünstigte dabei noch diejenigen Eigentümer, die hohe
Mietpreise gefordert hatten, da mit der Finanzierung über den Mietmehrertrag
ihre bisherige hohe Rendite nicht angetastet wurde. In der Konsequenz setzt
eine verstärkte Nachfrage nach Modernisierungsmitteln ein, die selbst durch das
Aufstocken der Mittel auf ein Vielfaches nicht gedeckt werden konnte.

● Interessen der selbständigen Handwerker und Einzelhändler

Die Analyse der Wirtschaftsstruktur ergab, daß es 1972 noch ca. 35o meist klei-
nere handwerkliche und industrielle Betriebe und Läden des Einzelhandels gab mit
zum überwiegenden Teil nur 1 bis 4 Beschäftigten.
Gemäß der städtischen Umfrage war bei den Arbeitsstättenbesitzern "... eine
Einstellung zur Notwendigkeit der Sanierung nicht klar erkennbar, für und wider
halten sich die Waage ... die meisten Arbeitsstättenbesitzer wollen in Linden-
Süd bleiben" (Stadt Hannover, Stadtplanungsamt 1972, 15).
Dieses Befragungsergebnis kennzeichnet die Verunsicherung insbesondere der Lä-
den des Einzelhandels und der Kleinbetriebe durch die wachsende Macht der Kauf-
hauskonzerne und Großbetriebe, die im Ihmezentrum bedrohlich nahegerückt waren.
Auf der anderen Seite wird in der Bindung an den Stadtteil auch die ökonomische
Bindung deutlich, die in niedriger Pacht und Mietbelastung und angestammten
Kundenkreis die Basis wirtschaftlicher Existenz findet.
Durch die in den Alternativen der Stadtverwaltung projektierten Erweiterung
privater und öffentlicher Dienstleistungen im Rahmen der Flächensanierungskonzeption verschärfte sich die Lage der kleinen handwerklichen Betriebe und Ein-
zelhandelsunternehmen weiter. Die Folgen der Sanierung (Verringerung des Kunden-
kreises durch Änderung der Bevölkerungsstruktur, Verstärkung der Konkurrenz und
vor allem die Erhöhung der Pacht und damit auch der Produktionskosten) werden
für die meisten Inhaber der dort ansässigen Betriebe und Läden das Ende ihrer
Selbständigkeit und eine Verschlechterung der materiellen Lage bedeuten.
Zusammenfassend kann gesagt werden, daß das Interesse der Handwerker und Einzelhändler ähnlich wie das Interesse der Mieter geprägt war und ist von der ökonomischen Notwendigkeit eines Bestandserhaltes und einer Verbesserung des Bestandes zu tragbaren Belastungen.

Ab 1972 liegen zu den Zielvorstellungen der verschiedenen Bevölkerungsgruppen eine ganze Reihe direkter und indirekter Aussagen vor (Protokolle, Gegenplanungen, Pressemitteilungen, Artikel etc.)
Besonders ausführlich hat die "Unabhängige Bürgerinitiative Linden-Süd" (BI) Zielvorstellungen formuliert. Sie ist auch die einzige Gruppierung, die, in allerdings wechselnder Zusammensetzung, bis heute kontinuierlich am Sanierungsgeschehen teilnimmt.
In Opposition zur BI bildete sich 1973 die "Aktion Wohnungsnot" (AKWO), die bis Anfang 1974 nachdrücklich ihre Interessen vertrat.
Neben diesen Gruppen bildeten sich im Verlauf des Sanierungsprozesses meist aus aktuellem Anlaß eine ganze Reihe von Initiativen. In der zweiten Sanierungsphase sind dies die "Elterninitiative" und die "Aktionsgemeinschaft Linden-Süd", in der 3. Sanierungsphase sind dies die "Initiativgruppe "Stadtteilzentrum Godehardistift" und die "Initiativgruppe Charlottenstraße".
Die in ihrer Zusammensetzung, ihren Zielen und Organisationsformen unterschiedlichen Initiativen äußerten teilweise intensiv, teilweise nur sporadisch ihre Interessen. Sie setzten sich meist punktuell für den Erhalt von Bausubstanz ein. Z.T. traten sie nach außen hin überhaupt nicht in Erscheinung wie die "Aktionsgemeinschaft Linden-Süd", in der sich im wesentlichen die privaten Haus- und Grundeigentümer von Linden-Süd zusammengeschlossen hatten.
Im folgenden sollen die Zielvorstellungen der einzelnen Gruppen, ihre Organisationsformen und Maßnahmen beschrieben werden. Die Aussagen konzentrieren sich dabei auf den Bereich des Bestandsanalyse-Prozesses, da eine umfassende Darstellung und Einschätzung der Gruppen im Rahmen dieser Arbeit nicht möglich wäre.

● Die Ziele der unabhängigen Bürgerinitiative Linden-Süd (BI)

- Entstehung der BI:
Die BI wurde im Anschluß an eine vom SPD-Ortsverein einberufene Bürgerversammlung am 7.6.72 von Lindener Bürgern gegründet. Anlaß bildete die Vorstellung der Planungsabsichten der Verwaltung, die in Form von drei Bebauungsplanalternativen eine Flächensanierung vorsahen.

- Zusammensetzung:
Die BI verstand - und versteht sich bis heute - als Interessenvertreter aller Lindener. Alle Sitzungen sind öffentlich. Alle Bewohner von Linden-Süd sind abstimmungsberechtigt. Zusätzlich wurde die Stimmberechtigung Personen aus anderen Stadtteilen erteilt, die kontinuierliches Interesse an der Arbeit der BI zeigten. Die BI besteht aus etwa 2o - 3o aktiven Mitgliedern, die in der ersten Sanierungsphase drei unterschiedlichen Gruppen zuzuordnen waren:
- Die eine Gruppe bestand aus direkt Sanierungsbetroffenen. Hauptsächlich vertreten waren Angestellte, Selbständige und Rentner (Mieter und kleine Hauseigentümer) im Alter zwischen 3o und 7o Jahren. Die Zahl schwankte stark zwischen 6 und 3o.
- Die zweite Gruppe bestand aus Studenten (4-1o) meist der Fachrichtung Architektur, die sich in Studienarbeiten mit der Sanierung Linden-Süd auseinandersetzten bzw. durch die Einsicht in die Sanierungsproblematik motiviert waren, die BI zu unterstützen und die Betroffenen zu aktivieren.
- Die dritte Gruppe, deren Angehörige auch in den ersten beiden Gruppen vertreten waren, bestand aus parteilich organisierten Mitgliedern, vor allem aus SPD und seit Mitte 73 (Hausbesetzung Kaplanstr.) auch aus der CDU.
Gastarbeiter mit einem Bevölkerungsanteil von immerhin 2o % im Sanierungsgebiet und deutsche Industriearbeiter waren nur in der Anfangsphase und nur durch einzelne Personen vertreten.
Im Verlauf der Entwicklung bildete sich ein harter Kern von aktiven Mitgliedern, von denen der überwiegende Teil parteilich organisiert war. Über diesen Personenkreis liefen nahezu alle Verwaltungskontakte, wurden die öffentlichen

Stellungnahmen der BI abgegeben und sie stellten gleichzeitig im Wechsel die
Versammlungsleiter sowie die Bürgervertreter in der Ende 1973 gebildeten Sanierungskommission.

- Arbeitsorganisation:
Neben der kontinuierlichen Arbeit eines Kerns von Interessierten (6-3o) in
wöchentlichen Vollversammlungen der BI (Aufgaben: Koordination der Information,
Diskussion von Sanierungsproblemen, Erarbeiten von Zielen, Stellungnahmen und
Maßnahmen) fand eine zeitweilige Aufteilung in Kleingruppen statt, z.B. um ei-
nen Zielkatalog auszuarbeiten.
Die Vollversammlungen arbeiten nach folgenden Grundsätzen:
- Die Sitzungen sind öffentlich, jeder Lindener und Interessierte aus anderen
Stadtteilen kann teilnehmen.
- Stimmrecht haben jedoch nur Sanierungsbetroffene (im Sinne des StBauFG) und
Personen von "außerhalb", die mindestens 3 Monate kontinuierlich an der Arbeit
der BI teilgenommen haben.
- Die Diskussionsleitung wechselt ständig. Am Ende jeder Sitzung wird der Dis-
kussionsleiter für die nächste Sitzung gewählt.
Die Verwaltung beteiligte sich bisher regelmäßig mit mindestens einem Vertreter
an den Sitzungen und die Sitzungen wurden kontinuierlich vom Anwaltsplaner, der
von der Verwaltung bezahlt wurde, beratend begleitet.
Um die Verbindung zur Bevölkerung herzustellen bzw. zu halten wurden Bürgerversammlungen einberufen, an denen sich zwischen 1oo und 2oo Lindener beteiligten.
Darüber hinaus wurden Unterschriftensammlungen durchgeführt (z.B. zur Forderung
"Keine Zerschneidung des Stadtteils durch den Ausbau des Allerweges und Wohnungs
bau zu tragbaren Mieten" mit ca. 24oo Unterschriften).
- Ziele
Hauptschwerpunkt bis etwa Mitte 73 war das Erstellen eines Forderungskataloges
zur Sanierung in Linden-Süd, der in der Bürgerversammlung (am 2.5.73) zur Diskussion gestellt und anschließend dem Rat vorgelegt wurde mit der Aufforderung
an den Rat zu antworten bzw. mit der Aufforderung an die Verwaltung, planerisch
darauf zu reagieren.
Eine Zusammenstellung dieser Forderungen in Kurzfassung zeigt ein Schreiben an
Rat und Verwaltung vom 5.6.73:

*"Alle Vorstellungen und Forderungen, die die BI im Interesse der Bürger von
Linden-Süd formuliert hat, gehen von dem allgemeinen Ziel aus, daß Linden-Süd
als Wohngebiet für die jtzt hier ansässige Bevölkerung erhalten werden muß.
Das heißt:
- daß das Gebiet von Linden-Süd keiner anderen Nutzung zugeführt werden darf,
- daß Wohnungsabriß, -erhalt, -erneuerung und -neubau in Linden-Süd den Bedürfnissen der vorhandenen Bevölkerung angepaßt werden müssen,
- daß die Wohnumwelt von Linden-Süd im Interesse der Bewohner verbessert und
vor den Auswirkungen anderer Interessen (Verkehr, Industrie etc.) geschützt werden muß."*

Bis Anfang 1976 schlugen sich die Interessen der BI in der zentralen Forderung
nach Bestanderhalt nieder. Dabei bestand jedoch Unklarheit über die Zahl der
Altbauten, deren Erhalt möglich schien und bereits zu dieser Zeit kristalli-
sierten sich divergierende Meinungen zur Frage der Bestandsbewertung heraus.

In der Entwicklung der Bestandsbewertung läßt sich seit 1976/77 ein Umschlagen
in eine eher negative Einschätzung der Altbausubstanz und der Möglichkeiten der
Erneuerung feststellen. So stimmte die BI mehrheitlich mehreren Abrißanträgen
der Verwaltung zu, obwohl die Modernisierungskosten unter der 7o %-Grenze veranschlagt worden waren (Ricklingerstr. 88). In anderen Fällen z.B. Großkopfstr.9
plädierte ein Teil der BI für Abriß, obwohl die Verwaltung die Modernisierung
vorschlug.
Die Hintergründe für diesen Meinungswandel lagen vor allem in der veränderten

Einschätzung der Möglichkeit Altbauerneuerung versus Neubau und der Bewohnerstruktur der zur Diskussion gestellten Gebäude.
Der relativ stärkere Anteil der Hauseigentümer in der BI war an Modernisierungsmaßnahmen an der eigenen Bausubstanz bis Anfang 77 aus Rentabilitätsüberlegungen
wenig interessiert. Abriß und Neubau benachbarter Bausubstanz verbesserte dagegen die Konkurrenzsituation für die eigenen Altbauwohnungen und teilmodernisier-
ten Wohnungen.
Der Großteil der in der BI vertretenen Mieter war wegen der Zugehörigkeit zur
besser verdienenden Schicht entweder in der Lage, die höheren Mieten im Sozialen Wohnungsbau zu bezahlen oder war sich über die längerfristigen Konsequenzen
einer Neubebauung völlig im unklaren.
Die Alternativen Altbauerneuerung/Neubau waren nach der Streichung des § 32
StBauFG in ihren unmittelbaren Konsequenzen auf die Mietpreisbildung nivelliert
worden. Die Miethöhe nach Modernisierung lag danach nur noch ca. 1o % unter der
des Sozialen Wohnungsbaus, was bei einem Teil der BI zu Meinungen führte, es
sei doch besser, gleich in eine Neubauwohnung zu ziehen, anstatt in ungünstiger
geschnittener modernisierte Altbauwohnungen. Dabei wurde das Problem der rapiden
Mietentwicklung im Sozialen Wohnungsbau weitgehend verdrängt. Trotz einiger
Aufklärungsversuche wurde "Sozialwohnung" immer noch mit "billiger Wohnung"
gleichgesetzt. Die Verwaltung ihrerseits erschütterte diesen Glauben nicht, indem sie sich über die rapide Mietentwicklung im Sozialen Wohnungsbau ausschwieg
und nur die Anfangsmiete nannte.
Ein Faktor, der das Bewertungsinteresse der BI mitprägte, waren Widerstände gegen die Bewohnerstruktur der zur Diskussion stehenden Gebäude. So wurden Stimmen
laut, die Abrisse schon deswegen forderten, um die in den betroffenen Gebäuden
wohnenden Ausländer wieder loszuwerden. (vgl. auch 2.7)

- Strategien:
Allgemein ließen sich folgende Strategien beobachten:
1. Verhandlungen, mit dem Ziel, Verwaltungskontakte zu ermöglichen, um die
Forderungen der Bürgerinitiative darzustellen und durchzusetzen.
2. Öffentlichkeitsarbeit, um der breiten Öffentlichkeit Mißstände bewußt zu
machen, mit dem Ziel, sie für die Initiative zu aktivieren, um dadurch stärkeren Druck auf Verwaltung und Rat ausüben zu können.
3. Aktionen, um Verhandlungen Nachdruck zu verleihen, oder bei einem Scheitern
von Verhandlungen.
Die BI hat die drei Arbeitsweisen mit unterschiedlichem Erfolg erprobt. Während
in der Phase Sommer 72 bis Sommer 73 Verhandlungen, Petitionen, Resolutionen,
Briefwechsel etc. im Vordergrund standen, versuchte die BI, nachdem keine spür-
baren Erfolge erkennbar waren, den Forderungen mittels Aktionen (Hausbesetzung,
Aktionswoche) Nachdruck zu verleihen (vgl. auch S. 13). Die Erfolge, die sich
die BI zuschreibt (Abrißstop, Kündigungsstop, Fallenlassen der Kahlschlagsanierung, Abstimmung der Planungen der Stadt mit der BI sowie die Einrichtung einer
Sanierungskommission) sind nur auf dem Hintergrund der Hausbesetzung erklärbar.
Günstig wirkte sich insbesondere die Zusammenarbeit der in der Vorgehensweise
radikaleren "Aktion Wohnungsnot" und der kooperationsbereiten BI aus. Darüber
hinaus lassen sich die Erfolge nicht zuletzt darauf zurückführen, daß eine umfangreiche, gezielte Öffentlichkeitsarbeit im Zusammenhang mit der Hausbesetzung
Kaplanstraße 21 viele Lindener Bürger mobilisierte.
Seit 1973 verlagerte die BI dann jedoch die Auseinandersetzungen zunehmend in
die Sanierungskommission (vgl. auch 3.2).

● Die Ziele der Aktion Wohnungsnot (AKWO)

- Entstehung der Akwo:
Die Akwo bildete sich Anfang 73 in Opposition zur BI. Im Gegensatz zur BI lehnte sie eine Zusammenarbeit mit der Stadt ab, da sie davon ausging, daß von der

Stadt grundsätzlich eine gegen die Lindener (insbesondere gegen die Mieter) gerichtete Politik betrieben wurde. In ihrer ersten Zeitung (Lindener Spezial-nachrichten Nr. 1) schrieb sie:

"Was die Stadt sich leistet, fällt immer gegen die Lindener Bürger und zum Nutzen der Stadt aus, obwohl die Stadt immer von "bürgernaher" Sanierung redet. Aber wir haben es gemerkt. Und jeder von uns hat schon gemerkt, daß er ohnmäch-tig ist, wenn er sich allein wehrt.
Allein können sie uns rumschieben, wie es ihnen paßt, oder so unter Druck setze: daß wir lieber von selbst den kürzeren ziehen. Deshalb können wir es nur gemein-sam schaffen, gemeinsam können wir uns gegen die Stadt behaupten."

- Zusammensetzung:
In der gleichen Ausgabe der "Lindener Spezialnachrichten" stellte sich die Gruppe vor:

"Die Aktion Wohnungsnot - für alle die es noch nicht wissen - ist eine Gruppe von Lindener Arbeitern, Angestellten und Studenten, die seit Januar in Linden-Süd arbeitet, um die skandalöse Sanierungspolitik der Stadt anzugreifen. Sie versteht sich als Instrument der Interessen der Lindener"

Die AKWO bestand aus ca. 15 aktiven Mitgliedern, hauptsächlich im Alter von 16 bis 25 Jahren.

- Ziele:
Die AKWO arbeitete im wesentlichen mit dem Ziel, akute Wohnungsnot zu beseiti-gen bzw. bei unzumutbaren Wohnverhältnissen Abhilfe zu schaffen.
Nachdem die Gruppe zunächst versuchte, Abrisse zu verhindern, präzisierte und erweiterte sie Ende 73 ihre Forderungen um die Forderung nach Modernisierung von Altbauten. Ausdruck dieser Entwicklung sind eine Resolution von Mitte 73 und ein Flugblatt von Ende 73:

"Wir verurteilen die Sanierungspolitik der Stadt, die so aussieht, daß immer mehr Häuser abgerissen, aber keine bezahlbaren E satzwohnungen in Linden-Süd gebaut werden. Das ist keine Sanierung, sondern Vertreibung! Wir fordern`
- Sofortige Bebauung der Baulücken
- Kein Abriß ohne Erstellung von Ersatzwohnungen in Linden-Süd
- Kein Abriß guten Wohnraums"
(Resolution anläßlich der Hausbesetzung Kaplanstr. 21 am 3o.7.73)

In einem Flugblatt von Ende 73 forderte die AKWO "Sofortige Altbaumodernisie-rung für die Lindener". Auszug:

"So vertreibt die Stadt die Lindener:
1. Verrottenlassen, dann Räumung, dann Zerstörung, dann Abriß, dann Baulücken.
2. Neubau mit Mieten, die die meisten Lindener nicht bezahlen können. Deshalb ist Modernisierung der Wohnungen, d.h. Ausbau mit Innentoilette, Heizung, Bad die einzige Möglichkeit, die Vertreibung der Lindener zu stoppen. Modernisie-rung heißt: Gleiche Qualität wie bei Neubauten bei einer Mieterhöhung von höch-stens 3o % gegenüber den jetzigen Mieten (gesetzlich festgelegt)".

Eine umfassende Zielformulierung wie sie die BI in Arbeitsgruppen entwickelt hatte, fand bei der AKWO jedoch nicht statt.

- Strategien:
Die AKWO beschränkte sich nicht - wie in der Regel die BI auf verbale Proteste, sondern verlieh ihren Forderungen durch z.T. spektakuläre Aktionen Nachdruck. Unter ihrer Führung wurden eine Reihe von Hausbesetzungen durchgeführt: (5 Wohnungen in den Häusern Franzstr. 2 und 6, Ricklingerstr. 88, Haspelmath-str. 36, Charlottenstr. 3o, und zusammen mit der BI das Haus Kaplanstr. 21). Aus einen Flugblatt der AKWO "5 Wohnungen besetzt":

"Anlaß für die Besetzungen sind die Praktiken dieser "Gemeinnützigen" Gesell-schaft, die gut brauchbare Wohnungen bewußt leerstehen und verkommen läßt, wäh-

rend auf der anderen Seite Lindener in viel schlechteren menschenunwürdigen und gesundheitsschädlichen Wohnungen derselben Gesellschaft hausen müssen. Dadurch versuchen Baugesellschaft und Stadt zu erreichen, daß die Lindener wegen der unzumutbaren Wohnbedingungen, in denen sie leben müssen, ihren Stadtteil von alleine verlassen, obwohl dort brauchbare Wohnungen vorhanden sind."
"Bei der Aktion Wohnungsnot haben sich mehrere Familien gemeldet, die dringend eine der leerstehenden Wohnungen benötigen. Deshalb werden wir am Donnerstag- nachmittag zusammen mit diesen Familien die stadteigene "Gemeinnützige" Bauge- sellschaft aufsuchen. Wir wollen erreichen, daß diese Familien einen Mietver- trag für die leerstehenden Wohnungen bekommen und zwar so schnell wie möglich."
(Aus einem Flugblatt der AKWO "Nach den Versprechungen der Stadt müssen jetzt Taten folgen")

In einer anderen Aktion wurde an einer Stelle der Deisterstr., an der in der Vergangenheit zahlreiche Unfälle passiert waren, der letzte am 3.5.73 als ein fünfjähriges Mädchen beim Überqueren der Deisterstr. angefahren wurde, ein Zebrastreifen auf die Straße gemalt. Nachdem er zunächst von der Feuerwehr un- ter Polizeischutz wieder entfernt worden war, war bereits eine Woche nach der letzten Malaktion an dieser Stelle ein "legaler" Zebrastreifen installiert.

Die Gruppe ging mit ihren Aktionen sogar soweit, daß sie selbst eine Moderni- sierung exemplarisch durchführte und einer bedürftigen Familie zur Verfügung stellte.
Im Februar 74 löste sich die Gruppe nach Meinungsverschiedenheiten über die Weiterarbeit auf. Ihr anläßlich der Auflösung verfaßter Rechenschaftsbericht machte noch einmal Ziele, Vorgehensweise und Ergebnisse der Gruppe deutlich:

"Vorgehensweise der Gruppe:
- Aufgreifen von aktuellen Problemen der Bevölkerung
- Herstellen der Öffentlichkeit durch Flugblätter, Zeitung, Wandzeitungen, Kundgebungen
- Durchführen von Aktionen wie Hausbesetzungen, Malen eines Zebrastreifens
- In öffentlichen Aktionen wurden Rat und Vertreter der Verwaltung zur Rede gestellt
- Öffentliche Zugeständnisse wurden erzwungen, indem Versprechungen und Maß- nahmen von Rat bzw. Verwaltung einander gegenübergestellt wurden, die so in Legitimationsschwierigkeiten gebracht wurden.
Bestehende Widersprüche zwischen Parteien und Organisationen zwischen Rat und Verwaltung wurden ausgenutzt.
- bestehende politische Gruppierungen wurden zu Stellungnahmen herausgefordert."
Ergebnisse der Gruppe:
- Verhinderung von Abrissen durch Hausbesetzungen
- Durchsetzung von Reparaturarbeiten in einigen Fällen gröbster Wohnraumzer- störung
- Umsetzung von Familien aus katastrophalen Wohnverhältnissen in leerstehende, besetzte Wohnungen. Durchsetzung von Mietverträgen.
- Durchsetzung eines Zebrastreifens
- maßgebliche Beteiligung bei der Durchsetzung eines Abriß- und Kündigungs- stopps.
(Zusammenfassung der Lindener Spzialnachrichten Nr. 3 2/74)

● Die Ziele der Alterninitiative

- Entstehung der Elterninitiative:
Die Elterninitiative wurde Mitte Mai 1973 gegründet. Anlaß war die beabsich- tigte Schließung des Kindergartens am Spielfelde aus "Rentabilitätsgründen".

- Zusammensetzung:
Die Elterninitiative setzte sich vorwiegend aus den Eltern der betroffenen Kinder zusammen.

- Ziele, Strategien und Ergebnisse:
Zentrale Forderung war, den Kindergarten zu erhalten, zumindest bis ein Ersatz-
bau erstellt worden wäre. Hintergrund war die ohnehin schlechte Ausstattung mit
Einrichtungen für Kinder.
Ohne auf die Forderungen der Elterninitiative einzugehen, wurden die Eltern vom
Träger des Kindergartens (Arbeiterwohlfahrt) ultimativ aufgefordert, ihre Kinder in anderen ohnehin schon überfüllten Kindergärten unterzubringen.
Am 27.6. beschloß der Rat, den Kindergarten ersatzlos aufzulösen. Die Entscheidung wurde aufgrund der von dem Träger eingebrachten Kostendaten getroffen.
Die Maßnahmen gegen die beabsichtigte Schließung, die auch von Bürgerinitiative
und Aktion Wohnungsnot unterstützt wurden, kamen jedoch über verbalen Protest
nicht hinaus. Die Eltern, die nach dem Beschluß des Rates keine Lösungsmöglichkeiten mehr sahen, resignierten und versuchten, ihre Kinder in anderen Kindergärten unterzubringen.

● Die Ziele der Initiativgruppe Godehardistift

- Entstehung der AG Godehardistift:
Die Gruppe bildete sich Anfang 1977 aus Anlaß der Diskussion um die Verwendung
eines ehemaligen Altenpflegeheims, das nach einem Neubau im Bereich Posthorn/
Kaplanstr. Mitte 1977 geschlossen werden sollte.

- Zusammensetzung:
Die AG wurde initiiert von Teilen der BI und besteht aus Vertretern verschiede-
ner Interessengruppen wie Elterngruppe (Weiterführung der Elterninitiative),
Jugendgruppen, Ausländergruppen und BI-Vertretern.

- Ziele:
Hauptziel der Gruppe war der Erhalt der Gebäude des ehemaligen Altenpflegeheims
und die Umnutzung zu einem Stadtteilzentrum. Dazu wurde von der Gruppe ein
Nutzungskonzept entwickelt, das - in allerdings reduzierter Form - in den verschiedenen Gremien wie Sanierungskommission, Bau- und Verwaltungsausschuß
durchgesetzt wurde.

● Die Ziele der Initiativgruppe Charlottenstr.

- Entstehung der AG Charlottenstr.:
Die Gruppe bildete sich Anfang 1978, nachdem die Absicht der Verwaltung bekannt
geworden war, die Gebäude im nördlichen Bereich der Charlottenstr. dem Zukunfts-
Investitionsprogramm zu opfern.

- Zusammensetzung:
Die Gruppe bestand aus teilweise bis zu 7o Mitgliedern aus dem ganzen Stadtgebiet. Unterstützt wurde die Gruppe von Denkmalpflegern, die sich für den Erhalt
der auf der Denkmalsliste stehenden Gebäude einsetzten.

- Ziele:
Ziel der Gruppe war der Erhalt der Gebäude im nördlichen Bereich der Charlottenstr., die Instandsetzung und Modernisierung in Selbsthilfe sowie die genossen-
schaftliche Nutzung.
Die Gruppe stieß mit ihrem "Wohnprojekt" nicht nur auf den Widerstand der Verwaltung, sondern auch auf Widerstand in der BI, die im Hinblick auf 2oo Sozial-
bauwohnungen aus dem ZIProgramm - ohne Berücksichtigung des bisherigen Entscheidungsverfahrens - dem Abriß zustimmte.
Die endgültige Entscheidung über die Gebäude - der auch der Denkmalpfleger zustimmen muß - steht noch aus, die Verwaltung läßt jedoch die Neubauplanung
schon auf Hochtouren laufen.

3.2 Grundzüge des Beteiligungsmodells Linden-Süd

Im Laufe des Sanierungsprozesses hat sich zwischen der Verwaltung und der betroffenen Bevölkerung und ihrer Organisation, der BI Linden-Süd, ein Beteiligungsgeflecht herausgebildet, das durch folgende Mitbestimmungs- und Mitsprachemöglichkeiten charakterisiert ist:
● Mitsprache und Mitwirkung auf allen Ebenen der Planung und zwar bei der
- Rahmenplanung (Gegenplanung)
- Blockplanung (Gegenplanung)
- Bebauungsplanerstellung (Stellungnahmen/Gegenplanung)
- Verkehrsplanung (Gegenplanung)
● Mitwirkung bei allen baulichen Erneuerungsfragen:
- der Gestaltung und Planung von Neubauten
- der Entscheidung über Abriß oder Modernisierung
- der Entscheidung über Infrastruktureinrichtungen (Kitas, Jugenzentren, Altenheime, Altenpflegeheime...)
● Mitsprache in Fragen der Sozialplanung
- Mitwirkung bei der Vergabe von Umbau- und modernisierten Wohnungen mit Belegungsrechten der Stadt Hannover
- Mitsprache bei den Fragen der Umsetzung und Leerräumung von Gebäuden.

Dieses hier nur in Stichworten bzw. in seinen Grundzügen wiedergegebene Beteiligungsmodell Linden-Süd hat sich durch eine inzwischen sechsjährige Mitarbeit der BI Linden-Süd am Sanierungsprozeß Schritt für Schritt herausgebildet. Die entscheidenen "Gremien" der Beteiligung sind:
● die wöchentlichen öffentlichen Versammlungen der BI, das "Dienstagsforum"
● die unregelmäßig etwa alle 4 - 6 Wochen tagende Sanierungskommission (SK) und
● der Vergabeausschuß Linden-Süd (Wohnungsvergabe-Kommission).
Voraussetzung für die Entstehung dieses Beteiligungsmodells ist und war die kontinuierliche Bereitschaft von Betroffenen, sich mit der Sanierung auseinanderzusetzen, sowie die Bereitschaft der Verwaltung, die Betroffenenorganisation, die BI Linden-Süd, als Gesprächspartner zunächst einmal zu akzeptieren und materiell und personell zu unterstützen. Die Verwaltung eröffnete im Stadtteil ein Informationsbüro, das der BI als Versammlungsraum zur Verfügung gestellt wurde.
Daneben wurde der BI von Anfang an ein von der Stadt bezahlter Protokollant und ein "Anwaltsplaner" zur Verfügung gestellt, der bei auftretenden Konflikten zwischen BI und Verwaltung vermitteln sollte (Siehe dazu 3.3).
Dieses Entgegenkommen der Verwaltung erklärt sich aus der besonderen Stellung der SPD in der Stadt Hannover insbesondere im traditionell "linken" Ortsverein der SPD Linden-Limmer. So erfolgte die Gründung der BI eben auf Initiative dieses Ortsvereins, wohl mit der Zielrichtung einer damals üblichen "Doppelstrategie" der SPD-Basis. Die Verwaltung selber war daran interessiert, den sich nach der Vorstellung der Flächensanierungsabsichten abzeichnenden Konflikten möglichst frühzeitig zu begegnen. Einer dauerhaften Verärgerung der Wählerschaft in diesem Stadtteil - indem die SPD durchschnittlich über 6o % der Stimmen bei Wahlen erhält - infolge eines wachsenden Legitimationsdefizites hätte den Verlust der knappen Ratsmehrheit zugunsten der oppositionellen CDU bedeuten können. Die Durchsetzung dieses Beteiligungsmodells wird auf diesem Hintergrund erklärbarer. Dazu kommt, daß in der Anfangsphase der Auseinandersetzung 1972/73 einerseits eine zunehmende Radikalisierung der Forderungen der Betroffenen und andererseits die sich abzeichnende gesamtwirtschaftliche Krisenentwicklung zu einer Realisierung des Modells mit beitrugen.

In welcher Art und Weise wird die BI an den Entscheidungen beteiligt? Dieser Frage soll im folgenden Beispiel Abriß oder Modernisierung nachgegangen werden. Nachdem die Stadt ihre willkürliche - auf ihren Absichten begründete - Abriß-

politik infolge der Hausbesetzung der Kaplanstr. 21 aufgeben mußte und einem
Abrißstop zustimmte, war die Forderung der BI nach mehr Transparenz am Planungs-
und Entscheidungsprozeß eine konsequente Weiterentwicklung ihrer bisherigen Forderungen. Wie genau diese "Mehrbeteiligung" nun aussehen sollte, wußte so recht
zu diesem Zeitpunkt niemand. Im Zusammenhang mit der Umorientierung des Sanierungsprozesses von der Flächensanierung in Richtung auf erhaltende Erneuerung
wurde es für die Stadt zunehmend wichtiger, Entscheidungsgrundlagen für möglicherweise zu erhaltenden Bestand einzuholen. Die Einstellung eines Modernisie-
rungsexperten in der Stelle für Sanierung, der genau jene Aufgaben übernehmen
sollte, verdeutlicht diese Entwicklung.
In der Folge wurden nun für alle "gefährdeten" Gebäude Kostengutachten angefertigt und der BI zur Entscheidung vorgelegt. (siehe dazu 2.4 ff.) Diese Gutachten wurden vom Anwaltsplaner oder den Verfassern überprüft und falls notwendig
Gegengutachten angefertigt. Diese Gutachten wurden dann zusammen mit einer
Stellungnahme des Anwaltsplaners in der BI diskutiert.
In vielen Fällen folgte die BI den Empfehlungen des Anwaltsplaners. Abweichungen - besonders in der jüngsten Vergangenheit - ergaben sich immer dann, wenn
es sich um Gebäude handelte, die entweder von Ausländern bewohnt waren oder die
schon längere Zeit leer gestanden haben und deren äußerer Anschein entgegen den
gutachterlichen Aussagen nicht den Eindruck einer Modernisierungsfähigkeit er-
weckte.
In allen Fällen wurden die gewählten Vertreter der Bürgerinitiative in der Sanierungskommission, die regelmäßig an den Sitzungen der BI teilnahmen, beauftragt, die von der BI getroffenen Entscheidungen auch in der Sanierungskommissio
(siehe unten) zu vertreten (imperatives Mandat).

Um in etwa einen Eindruck von der Arbeitsweise der BI, ihrer Zusammenarbeit mit
der Verwaltung und ihren Einflußmöglichkeiten zu vermitteln, soll abermals der
Entscheidungsprozeß (seit September 1976) im Fall Ahrbergstraße/Haspelmathstr.
(vgl. auch 2.8) aufgegriffen und anhand von BI-Protokollen dokumentiert werden:

3o.o9.1976
*Gemeinsame Begehung von Verwaltung, Gemeinnütziger Baugesellschaft und Vertre-
tern der BI zur Einschätzung der Bausubstanz der seit einem Jahr leerstehenden
Gebäude. Tendenz bei allen Beteiligten bis auf einige Bürgerinitiativvertre-
ter: "Abriß".*
Im Zeitraum von Oktober 1976 bis Januar 1977 Stellungnahme der Denkmalpflege.

o8.o2.1977
*"Die Verwaltung hat mit dem Landeskonservator einen Termin für die Besichtigung
vereinbart (Block Ahrbergstr./Haspelmathstr. insbesondere Ahrbergstr. 2/6/7).
Falls der Landeskonservator die Gebäude unter Denkmalschutz stellt, können sie
modernisiert werden". (BI-Protokoll vom 8.2.77)*

15.o2.1977
Bericht von der Besichtigung (BI-Protokoll vom 15.2.77)
*"M. (Verwaltung) sprach sich unter Berücksichtigung der Gesichtspunkte des
Denkmalschutzes für den Erhalt der Gebäude aus.*
*Das Denkmalamt wird sich für den Erhalt des Bereiches zwischen Ahrbergstr. und
Haspelmathstr. einsetzen.*
*M. (Verwaltung) wies darauf hin, daß die GBH (Gemeinnützige Baugesellschaft
Hannover) für eine Erneuerung zwar erhebliche Kosten ermittelt hat, der erziel-
te Wohnwert jedoch sehr hoch ist. Die Gebäude würden sich sehr gut als Einfa-
milienhäuser eignen.*
*Die BI sprach sich bis auf wenige Ausnahmen, die die hohen Erneuerungskosten
anführten, für den Erhalt der Gebäude aus. Die Kostenschätzungen der GBH wurden
angezweifelt. Es sollen noch Modernisierungsalternativen entwickelt werden.*
*Die BI wies im Zusammenhang mit der Forderung nach Erhalt der Gebäude an der
Ahrbergstr. auf die im Rahmenplan verankerte Grundsatzforderung der BI nach*

möglichst weitgehendem Erhalt und Modernisierung der Altbausubstanz hin und auf die Phantasielosigkeit der bisher erstellten Neubauten.
Außerdem wurde auf die jetzigen Bewohner von Linden-Süd hingewiesen, die überwiegend finanziell schwach, die Neubaumieten auch im Sozialen Wohnungsbau nicht tragen können und auf billige Altbaumieten angewiesen sind.
Auf die Frage der BI nach einer möglichen Privatisierung der Gebäude in der Ahrbergstr. nach Abschluß der Modernisierung oder vor der Modernisierung und der Durchführung der Modernisierung in Eigeninitiative erklärte M. (Verwaltung), daß die Stadt zu einer Reprivatisierung der Gebäude verpflichtet ist...
Zur Privatisierung forderte die BI die Entwicklung von Finanzierungsmodellen unter sozialen Gesichtspunkten.
Ein Teilnehmer der BI, der vor kurzem in eine Neubauwohnung gezogen war, meldete sich als Nutzungsinteressent für ein Haus in der Ahrbergstr."

24.o2.1977
Das Architekturbüro, das auch für die Bürgerinitiative die Bestandsaufnahme und -bewertung durchführte, schlägt in einem Schreiben an die Verwaltung "die Privatisierung der Gebäude im jetzigen Zustand und die Durchführung der Modernisierung seitens des Eigentümers bzw. Pächters" vor.

o1.o3.1977
Das "Lindenblatt" (monatlich erscheinende Zeitung für den Bereich Linden-Ricklingen) veröffentlicht unter der Überschrift "Attraktive Pläne für Linden-Süd" die Absicht der Verwaltung, die Gebäude in der Ahrberg- und Haspelmathstraße zu erhalten, zu erneuern und zu privatisieren.

o1.o3.1977
"Es sind eine ganze Reihe von Familien bekannt, die an den Häusern interessiert sind. Das Problem der Finanzierung müßte geklärt werden. M. (Verwaltung) bestätigte, daß sich auf den Artikel im Lindenblatt jetzt schon mehr Bewerber gemeldet haben als Objekte zur Verfügung stehen.
Ein Finanzierungsmodell ist noch nicht entwickelt...
Die BI forderte eine Aufstellung über die voraussichtlichen Modernisierungskosten und einen Bericht über die Finanzierungsmöglichkeiten."
(BI-Protokoll vom 1.3.77)

o5.o5.1977
Die Verwaltung beauftragt das Architekturbüro, das für die BI die Bestandsaufnahme und -bewertung durchführte, nunmehr nach dem Verfahren der Verwaltung von 1977 die Bestandsanalyse durchzuführen und die Einsatzmöglichkeiten von Selbsthilfe zu untersuchen.
Die Bestandsanalyse kommt zu dem Ergebnis, daß die Gebäude Ahrbergstr. 2/6/7 (und später auch Haspelmathstr. 1o) modernisierungsfähig sind - auch aus Kostengründen. Dabei wird von der Möglichkeit des Erhaltes der Hinterhäuser und der Möglichkeit des Einsatzes von Selbsthilfemaßnahmen ausgegangen.

o2.o8.1977
"Die BI wies darauf hin, daß nichts für den Erhalt der Häuser getan wird und fragte nach dem Baubeginn.
Ein Bewerber für ein Haus (insgesamt liegen nach Angaben der Verwaltung 15 Bewerbungen vor) wies darauf hin, daß in den letzten Wochen die Gebäude wahllos zerstört wurden. So wurden Fenster und Türen herausgebrochen, die Treppen teilweise abgebrochen.

Die Verwaltung (G.) erklärte dazu, daß ein Modell entwickelt wurde, die Gebäude mit Eigenleistung wiederherzurichten.
Eine Stellungnahme zum Stand der Planung soll auf der nächsten Sitzung erfolgen.
Die BI forderte Maßnahmen gegen weitere Zerstörung einzuleiten. Der Punkt soll auf die TO der nächsten Sanierungskommissionssitzung gesetzt werden."
(BI-Protokoll vom 2.8.77)

16.o8.77
"M. (Verwaltung) erklärte zum Stand der Planung, daß die Planung und Finanzie-
rung vorgestellt werden soll. Es besteht eine große Nachfrage und es wird über-
legt, das Modell auf Wohnungen zu übertragen.
Die Frage der BI, bis wann die Vergabe erfolgt ist, konnte von der Verwaltung
nicht beantwortet werden. Der Interessentenkreis ist nach Angaben der Verwal-
tung auf Lindener beschränkt."
(BI-Protoko-1 vom 16.8.77)

23.o8.1977
"Die Verwaltung (M.) erklärte, daß eine Interessentenversammlung als nächster
Schritt solange nicht stattfinden kann wie die Mittel aus dem Investitionspro-
gramm noch nicht zugesagt sind. Auf diesen Mitteln baut die Finanzierung auf.
Wenn die Investitionsmittel nicht zugesagt werden, müssen Mittel aus dem Moder-
nisierungsetat herangezogen werden.
Auf die Frage der BI, wann die Entscheidung über die Investitionsmittel vor-
liegt, erklärte die Verwaltung, daß die Anträge bis zum 1.9. gestellt werden.
Die BI wies noch einmal auf die Notwendigkeit der Sicherung der Gebäude und
einer kurzfristigen Entscheidung hin."
(BI-Protokoll vom 23.8.77)

26.o8.1977
Schreiben der Verwaltung an die Bewerber für die Gebäude Ahrbergstraße 2/6/7.
Einladung zu einer Interessentenversammlung am 5.9.1977.

o1.9.1977
Sanierungskommissionssitzung, Punkt 4: "Anfragen zur Modernisierung der Wohn-
gebäude Ahrbergstr. 2/6/7:
Seitens der BI wurden folgende Fragen aufgeworfen:
a) Stand der Planung
b) Modernisierungsbeginn
c) Finanzierung
d) Sicherung der Gebäude
Von einem Architekturbüro wurde die Bausubstanz untersucht und wurden Finan-
zierungsmodelle entwickelt.
Die Gemeinnützige Baugesellschaft hatte die Bausubstanz untersucht und festge-
stellt, daß die Kosten für eine Modernisierung zu hoch wären...
Eine Einladung an 18 Interessenten zu einer Zusammenkunft am 4.9. wurde ver-
schickt. Daran müssen sich Einzelgespräche mit den Interessenten anschließen.
Das weitere Vorgehen ist Sache der Vergabekommission. Die Sicherung der Gebäu-
de ist erfolgt."
(Protokoll der Sanierungskommission vom 1.9.77).

September bis Dezember 1977
Die Vergabe zieht sich bis Dezember 77 hin. Mitte Dezember werden die 4 Wohn-
gebäude an 4 Familien aus Linden vergeben. Die Erneuerungsplanung nach den
Vorstellungen der Nutzer beginnt im Januar 1978.
(vgl. auch Arbeitsgemeinschaft für Stadt und Altbauerneuerung 1979)

● Die Sanierungskommission
Die Sanierungskommission (SK) ist ein unregelmäßig ca. alle 4 - 6 Wochen
öffentlich tagendes Gremium, das von den im Rat vertretenen Parteien initiert
worden ist.
Die SK ist paritätisch besetzt mit 6 Ratsmitgliedern und 6 Bürgervertretern.
Die Ratsmitglieder sind nach den im Rat vorhandenen Mehrheitsverhältnissen zu-
sammengesetzt (3 SPD, 2 CDU und 1 FDP Vertreter). Die 6 Bürgervertreter werden
nach den gleichen Mehrheitsverhältnissen von den Parteien benannt. Die SPD und
FDP haben auf dieses Recht verzichtet und ihre Bürgersitze zur freien Wahl der
BI Linden-Süd übergeben.

Stimmrecht in der SK haben nur diese 12 benannten Vertreter. Die anwesende Öffentlichkeit kann sich an der Diskussion beteiligen.

In der 1. Periode der Existenz der SK galt für alle Bürgervertreter das oben geschilderte imperative Mandat und die ständige Abwählbarkeit der SK-Vertreter. Nachdem die BI 1975 dann sogenannte sanierungsexterne Probleme - Solidarisierung mit der "Roten Punkt Aktion" in Hannover - diskutieren wollte, boykottierte die CDU dieses Gremium. Um die SK überhaupt weiterzuführen, stimmte die BI schließlich der Änderung der Satzung zu. Damit konnten nur noch unmittelbar mit der Sanierung zusammenhängende Fragen in der SK besprochen werden, außerdem wurde festgelegt, daß die Bürgervertreter für mindestens ein Jahr zu wählen sind.

Alle von der BI getroffenen Entscheidungen über den weiteren Sanierungsfortgang werden in der Sanierungskommission diskutiert. Beide Gruppen, BI und Ratsmitglieder bzw. Verwaltung, sind antragsberechtigt. Ein Antrag, z.B Abriß der Gebäude, gilt dann als angenommen, wenn die Antragsteller für ihren Antrag eine Mehrheit herstellen können. Stimmengleichheit gilt als Ablehnung des Antrags.

Durch das Zusammenwirken der Bürgervertreter mit den Ratsmitgliedern der SPD ist es vor allem in der 1. Periode häufiger gelungen, den Vorschlägen der Verwaltung einen Riegel vorzuschieben. Gemeinderechtlich ist die SK lediglich ein Unterausschuß des Bauausschusses, d.h. sie hat keine Entscheidungs- nur Stellungnahmekompetenz im Sinne von Empfehlungen an die Ratsgremien. Der öffentliche Charakter der SK und ihre personelle Gleichbesetzung mit den Ratsausschüssen verleiht den "Empfehlungen" einen Vorentscheidungscharakter. In der ersten Periode wurden die Ergebnisse der SK von der BI folgendermaßen eingeschätzt:

Die BI unterscheidet zwei Arten von Ergebnissen:
- die unmittelbaren einzelnen Ergebnisse
- die indirekten mehr allgemeinen Ergebnisse.

1. Die direkten Ergebnisse

Hier sind wieder zwei Gruppen von Ergebnissen zu unterscheiden. Die eine Gruppe setzt sich zusammen aus solchen Ergebnissen, die dadurch zustandegekommen oder wirksam geworden sind, daß die Verwaltung den Sanierungskommissionsbeschlüssen zustimmte oder über die ein Kompromiß zwischen BI und Verwaltung erzielt wurde. Es sind das im einzelnen:
- Herstellen eines Einigungzwanges zwischen BI und Verwaltung (hier die Gemeinnützige Baugesellschaft) über die Entwürfe zum 2. Baulückenprogramm
- Beschluß eines Verfahrenskonzeptes für die Planaufstellung bei der Blocksanierung auf Vorschlag der BI
- Beschluß des Verfahrens bei der Weiterberatung des Rahmenplanes für die Stadtteilsanierung auf Vorschlag der BI
- Beschluß zur offoziellen Einschaltung der BI bei der Aufstellung und Beratung von Bebauungsplänen im Sanierungsgebiet
- Beschluß über die Vergabe eines Verkehrsgutachtens zum Problembereich Göttingerstr./Allerweg auf Antrag der BI
- Herstellen eines Einigungzwanges bei der Formulierung von Aufgabenstellungen und Vorgaben für die Gutachten Allerwegbebauung und Verkehrsgutachten zwischen BI und Verwaltung
- Beschluß zur Vorlage von Modernisierungsalternativen beim Verfahren zur Überprüfung von Abriß- oder Modernisierungswürdigkeit von Altbauten
- Beschluß zur Weiterbehandlung der Ergebnisse des Gutachtens zur Allerwegüberbauung im Rahmen der BI-Sitzungen
- Beschluß über die Vergabekriterien für Wohnungen im Sanierungsgebiet
- Beschluß zur Verhinderung der Veröffentlichung von generellen Abrißplänen der Verwaltung.

Für diese Gruppe von Ergebnissen kann allgemein (vielleicht mit Ausnahme des ersten) gelten, daß sie auch im Rahmen der direkten Gespräche und Auseinander-

setzungen zwischen BI und Verwaltung hätten zustandekommen können. Bei diesen Ergebnissen fällt auch auf, daß es sich vornehmlich um Verfahrensfragen handelt Die zweite Gruppe von Ergebnissen ist gekennzeichnet durch einen inhaltlichen Konflikt zwischen BI und Verwaltung. Hierzu liegen zwar auch im Sinne der BI positive Beschlüsse der SK vor, aber sie werden nicht wirksam werden, da die Stadt oder andere Instanzen sie nicht akzeptieren. Es sind das:
- *Beschluß zu den Altbaumieten bei der Modernisierung*
- *Beschluß zu der Resulution der Bürgerversammlung vom 16.1o.74*
- *Beschluß zur Einrichtung der Kindertagestätte Franzstraße*
- *Beschluß zur Verhinderung des NLVA - (Niedersächsisches Landesversorgungsamt, d. Verf.) - Erweiterungsbaues (hier ist der Gegenspieler wohl weniger die Stadt als das Land).*

2. Die indirekten Ergebnisse und Nebenwirkungen

Zu den indirekten und mehr allgemeinen Ergebnissen und Nebenwirkungen der Arbei der Sanierungskommission sind zu zählen:

a) Durch die öffentlichen Sitzungen der Sanierungskommission im Stadtteil sind mehr Informationen über die Sanierung in die Öffentlichkeit gedrungen als das durch die sonstige Arbeit der BI der Fall war.
b) Durch die Sitzungen der Sanierungskommission hat die BI ihre Position und Arbeit mehr bekannt gemacht als durch ihre regelmäßigen wöchentlichen Sitzungen.
c) Durch die Sitzungen der Sanierungskommission haben sich die Mitglieder des Rates mehr informiert als über die sonstige Form der BI-Arbeit.
d) Durch die Sitzungen der Sanierungskommission haben sich die Mitglieder des Rates den Problemen mehr und öffentlicher stellen müssen als üblich.
e) In den Sitzungen der Sanierungskommission hat sich die Verwaltung verbindlicher zu Fragen der Sanierung äußern müssen (Zwang zur Beschlußvorlage) als auf den Sitzungen der BI.
f) Durch die Sitzungen der Sanierungskommission sind mehr Kontroversen zur Sanierung (inhaltlich und im Verfahren) öffentlich und deutlich geworden als bei der sonstigen BI-Auseinandersetzung mit Rat und Verwaltung.

An diesen allgemeinen Ergebnissen fällt auf, daß sie sich in erster Linie auf den Aspekt ÖFFENTLICHKEITSARBEIT beziehen. Weiter ist auffällig, daß es sich um Nebenwirkungen handelt, die alle auch auf direktem Wege erreicht werden könnten: z.B. über Bürgerversammlungen und andere Formen der Information der Bürger wie Flugblätter etc." (Bürgerinitiative Linden-Süd 1975)

Diese Einschätzung der SK-Arbeit, die den Zeitraum vom 5.12.73 bis 5.12.74 umfaßt, wurde vom Anwaltsplaner der BI vorgelegt. Sie dokumentiert die Meinung von Teilen der BI zum damaligen Zeitpunkt. Allerdings hat sich ein Meinungswandel im Verlauf der konkreten Arbeit innerhalb der Sanierungskommission eingestellt.
Derzeit wird die SK von der BI boykottiert, da die CDU entgegen den früher getroffenen Absprachen einen Platz ihrer Bürgersitze mit dem ortsfremden Vorsitzenden des Haus- und Grundbesitzervereins besetzt hat. Die Gründe dafür liegen wohl in einer ungenügenden Kontrollierbarkeit der bisherigen CDU-Bürgervertreter seitens der CDU. Außerdem möchte die CDU das Modell der SK gerne zugunsten eines Modells von Stadtteil-Räten abgelöst sehen. Diese sollten dann alle 4 Jahre parallel zu den Gemeindewahlen gewählt werden. Auch in diesem Konflikt scheint die BI dem Druck der Parteien nachzugeben und schließlich die Besetzung der SK zu akzeptieren.

● Die Vergabekommission
Seit 1974 besteht die Vergabekommission Linden-Süd. Sie regelt die Vergabe von Sanierungsersatzwohnungen in Linden-Süd, und zwar sowohl Neubauwohnungen (Sozialer Wohnungsbau) als auch modernisierte Wohnungen, bei denen die Stadt Be-

legungsrechte hat. Bei den modernisierten Wohnungen sind das neben den städtischen Wohnungen all diejenigen, die mit Hilfe von Sanierungsförderungsmitteln
erneuert wurden.
Die Entscheidungsbefugnis für die Belegung dieser Wohnungen liegt beim Amt für
Wohnungswesen. Auf Drängen der BI, daß auf diesem Wege möglicherweise doch je-
ne Bevölkerungsteile bei der Vergabe von Wohnungen bevorzugt würden, die es nach
ihrer Meinung nicht so nötig haben, wurde die Vergabekommission eingerichtet.
Sie ist besetzt mit Vertretern des Amtes für Wohnungswesen, Ratsmitgliedern der
verschiedenen Parteien und Vertretern der BI.
Für die Vergabe der Wohnungen sind vorab in einer öffentlichen Diskussion im
BI-Forum folgende Kriterien ausgehandelt worden. Bevorzugt sind jene Personen/
Familien, die in Linden-Süd wohnen und direkt betroffen sind von Sanierungsmaß-
nahmen (Bewohner von Abrißwohnungen/Umsetzungen, auch jene Bewohner, die noch
in unzumutbaren Wohnverhältnissen leben).
Weiterhin jene Personen/Familien, die aufgrund der ersten Sanierungsmaßnahmen
vertrieben wurden und die den Wunsch äußern, nach Linden zurück zu ziehen.
Bewohner aus anderen Stadtteilen sollten keine Wohnungen erhalten (Zuzugsstop).
Besonderes Augenmerk sollte bei der Vergabe auf soziale Gesichtspunkte gelegt
werden, wie Einkommensverhältnisse, Zahl der Kinder etc.
Personen/Familien mit geringen Einkommen und vielen Kindern sollten dabei den
Vorzug erhalten.
Die Kommission hat bisher die Vergabe sämtlicher Neubau- und modernisierten
Wohnungen im Stadtteil geregelt. Eine Analyse, inwieweit dabei die oben genann-
ten Kriterien berücksichtigt worden sind, liegt uns nicht vor. Nach Aussagen
der beteiligten BI-Vertreter hat das "bisher funktioniert". Hinzuzufügen wären
folgende Einschränkungen:
● Es bestand und besteht kein Konzept der Sozialplanung, welche Personengruppen,
zu welcher Zeit umgesetzt werden müssen, so daß die Auswahl und die Meldung der
Bewerber für neugebaute und modernisierte Wohnungen eher vom Zufall bestimmt
wurde.
● Die BI-Aktiven oder auch Bekannte der BI-Aktiven hatten "es leichter" sich
frühzeitig in den "Genuß" einer Neubauwohnung zu bringen.
● Aufgrund der bisherigen Diskussionen in der BI hat sich die Vermutung aufge-
drängt, daß sanierungsbetroffene ausländische Familien bisher nicht in gleicher
Weise (wenn überhaupt) bei der Vergabe von Sanierungsersatzwohnungen bedacht
wurden. In dieser Frage kommt es z.Z. zu heftigen Auseinandersetzungen in der
BI, die möglicherweise eine Spaltung nach sich ziehen könnten.

3.3 Modell der Anwaltsplanung Linden-Süd

Seit 1972, kurz nach dem Entstehen der Bürgerinitiative, steht den Sitzungen
der Initiative regelmäßig in allen Fragen der Sanierung ein Fachmann beratend
zur Seite. Der inzwischen 6-jährige Prozeß einer solchen Beratungstätigkeit,
die anderenorts auch Anwaltsplanung genannt wird, soll im folgenden in zwei
Punkten nachgezeichnet werden:
● Die Aufgabenstellung der Beratertätigkeit und die Prinzipien dieser Arbeitsweise und
● Der Einfluß dieser Tätigkeit auf den Sanierungs- bzw. Beteiligungs- und Bewertungsprozeß.

Der Wunsch nach einem Berater erwuchs nicht aus der Diskussion in der BI, sondern es war die Verwaltung, die eine Beratertätigkeit für sinnvoll ansah.
U. Gerlach, der zuständige Leiter der Sanierungsabteilung in Hannover, begründet dies so:

*"Erst Fühlungnahmen der Stadtverwaltung mit der Stadtteilöffentlichkeit waren
durch ungewöhnliche und unerwartete Härte der Auseinandersetzungen gekennzeich-*

net. Wohlmeinende Aussagen der Verantwortlichen auf seiten des Sanierungsträ-
gers stießen auf tiefsitzendes Mißtrauen vieler Bürger: Warum sollte diese
Sanierung wohl anders ablaufen als dies einige hundert Meter weiter nördlich
geschehen war. Hausbesetzungen waren Extreme eines Mißtrauens an vielen Fronten. Hier bahnte sich ein Dauerkonflikt an. Bürger und Sanierungsträger waren
für einen kontinuierlichen Auseinandersetzungsprozeß nicht vorbereitet, für das
dauernde Gespräch fehlte ein Konzept und die nötige Erfahrung" (Gerlach, U.
1978, 195)

Der schließlich von der Stadt beauftragte Bürgerberater K. Holland sieht die
Entstehung seiner Tätigkeit folgendermaßen:

"Für die Verwaltung mußte es darum gehen, die zugestandene Planungsbeteiligung
zu realisieren und zugleich zu kanalisieren. Die Mitarbeit eines von ihr unabhängigen Fachmannes, den die Verwaltung in der gesamten Frühphase meiner Tätigkeit gerne als "Vermittler" charakterisierte, schien ihr dafür ein geeignetes
Mittel. Die Verwaltung hatte offensichtlich die Vorstellung, dieser Vermittler
solle einerseits die Wünsche und Vorstellungen der Betroffenen (in Form der
Bürgerinitiative) planungsgerecht an die Verwaltung und andererseits die Pla-
nungsvorstellungen der Verwaltung als sachgerecht an die Betroffenen vermitteln
- beides mit dem Ziel weitestgehender Konfliktminimierung." (Holland, K.J.,
1978, 179)

Aus diesem Rollenverständnis erwuchs auch die erste vertragliche Gestaltung
dieser Tätigkeit. Die Tätigkeit wurde von der Stadt bezahlt. Beiden Gruppen,
Verwaltung und BI, war der Berater gleichermaßen verantwortlich. "Es wurde vertraglich vereinbart, daß die Stadt den Berater über alle Vorhaben und Planungen
zu unterrichten habe, die mit der Sanierung in Linden-Süd in Zusammenhang
stehen." (Gerlach, U., 1978, 196)
Der Berater seinerseits konnte jedoch diese Informationen aus der Verwaltung
nur mit deren Zustimmung an die BI weitergeben. Zudem hatte der Berater die
Verwaltung über alle Absichten der BI in Fragen der Sanierung zu unterrichten.
Diese Punkte sind in der Vergangenheit ständig von der BI beanstandet worden,
mit Erfolg. 1975 wurde der Vertrag geändert. Der Berater war nunmehr nur noch
beratend für die BI zuständig.
Die Einsicht in die Notwendigkeit einer fachlichen Unterstützung wuchs in der
BI mit der Dauer des gemeinsamen Prozesses: Aus der Erfahrung der Sanierung als
inkompetent hingestellt zu werden und mit scheinbar zwingenden Fachargumenten
(vor allem in Verfahrensfragen) überrollt zu werden, entwickelte sich der
Wunsch, mit Hilfe des Beraters die Reaktions- und Kontrollfähigkeit gegenüber
der Verwaltung zu stärken. Zugleich sah die BI hierbei die Möglichkeit, ihre
Einflußnahme auf das Feld der Planerstellung unmittelbar auszudehnen und damit
die Durchsetzungsmöglichkeiten für Sanierungsvorstellungen aus dem Stadtteil
zu erweitern. (vgl. Holland, K.H., 1978, 179)
Worin bestand und besteht nun das eigentliche Tätigkeitsfeld des Beraters?

"- Die erste Phase war gekennzeichnet durch die Erarbeitung eines Konzeptes zur
längerfristig angelegten Einflußnahme auf den Sanierungsplanungsprozeß und eine
umfangreiche und detaillierte Diskussion der Sanierungsziele der Initiative mit
dem Ergebnis eines ausformulierten Ziel- und Forderungskataloges.

- Kalkulierend, daß die Verwaltung auf der Ebene von Zielformulierungen nicht
reagieren wird, wurde als nächste Arbeitsphase die Aufstellung eines eigenen
Rahmenplanentwurfes für die Sanierung beschlossen. Mit diesem Rahmenplan sollten einerseits die Zielvorstellungen konkretisiert, andererseits die Verwaltung
zur Aufstellung eines umfassenden Rahmenkonzeptes provoziert werden. Das Rahmen-
konzept der Initiative ist als Gegenplan veröffentlicht worden.

- Für die blockweise Realisierungsplanung liegt die Initiative bei der Verwaltung. Meine Aufgabe ist es hier, die städtischen Vorschläge auf Übereinstimmung

Abb. 17-21

Sanierungsgebiet
Hannover Linden-Süd

Bautätigkeit im Herbst 1980

mit den Zielen der Initiative und auf die Planungsfolgen zu untersuchen, Stellungnahmen und gegebenenfalls Gegenkonzepte zu erarbeiten.

- Auch für die Vielzahl von Einzelplanungen (Wohnungsneubau/Altbaumodernisierungen/Altenpflegeheim/Kindertagesstätten/Kommunikationszentrum/Straßenumbauten etc.) ist es meine Aufgabe, die städtischen Planvorschläge zu analysieren, Änderungen vorzuschlagen und gegebenenfalls vollständige Alternativen zu erarbeiten, mit denen die Bürgerinitiative in die Auseinandersetzungen gehen kann.

- Eine besondere Rolle spielen meine Stellungnahmen und Gegengutachten zu den von der Stadtverwaltung beabsichtigten Altbauabrissen und meine Arbeiten für die Auseinandersetzung über Art, Umfang und Vorgehensweisen bei der Altbaumodernisierung und die dabei entstehenden Mieten.

- Neben Planungsleistungen zu einzelnen Bereichen stehen meine Vorschläge zu Verfahrens- und Vorgehensweisen (auch zu solchen, die die Initiative von der Verwaltung verlangt) und arbeitsorganisatorische Beratung (z.B. für größere Stadtteilversammlungen)." (Holland, K.J. 1978, 18o)

Die Arbeitsweise des Beraters kann durch folgende Übersicht verdeutlicht werden:

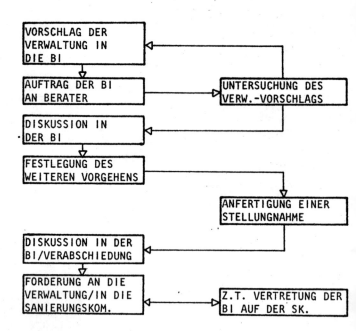

Abb. 22
Verfahrensablauf
der Beratertätigkeit
in Linden

Der Berater selber nennt folgende Grundsätze die seiner Arbeit zugrunde liegen. Sie beziehen sich hier zwar auf Linden-Nord, können aber grundsätzlich auf Linden-Süd übertragen werden.

"1. Die Tätigkeit des Beraters ist eindeutig und ausschließlich eine Tätigkeit für die von der Sanierung betroffene Bevölkerung von Linden-Nord. Die Aufgabe des Beraters besteht darin, die Betroffenen bei der Erarbeitung und Durchsetzung

ihrer Sanierungsziele und ihren Auseinandersetzungen mit dem Sanierungsträger und Bauträgern in allen Teilbereichen der Planung und Durchführung zu unterstützen.

2. Der Berater arbeitet nicht eigenständig und eigenmächtig im Sanierungsgebiet. Er kann nur im Zusammenhang mit den Organisationen der Betroffenen tätig werden, in deren Auftrag er seine Aufgaben wahrnimmt. Dabei berät er diese Organisationen in allen Fragen der Sanierung und entwickelt für sie notwendige Planungen, Stellungnahmen etc. Alle Ergebnisse seiner Arbeit werden nur nach Zustimmung der Betroffenenorganisationen im Beteiligungsprozeß verwendet.

3. Der Berater ist kein Anwalt der Betroffenenorganisationen. Er vertritt sie nicht als Sprecher oder sonstwie. Für alle notwendigen Verhandlungen mit der Verwaltung, Bauträgern etc. wird er von den Organisationen beauftragt. Das gilt ebenso für alle öffentlichen fachlichen Stellungnahmen des Beraters (z.B. vor der Sanierungskommission).

4. Der Berater kann und muß aber - auch ohne ausdrücklichen Auftrag - Erkundungsgespräche mit der Verwaltung etc. führen, um frühzeitig auf die Betroffenen zukommende Probleme erkennen und Vorgehensmöglichkeiten und Handlungsspielräume sondieren zu können. Über alle solche Gespräche, die keine Aushandlungsprozesse zwischen dem Berater und der Verwaltung sind und sein dürfen, berichtet der Berater den betroffenen Organisationen. Solche Gespräche erstrecken sich nicht auf den politischen, sondern nur auf den planerischen, technischen Raum.

5. Der Berater befaßt sich nicht ausschließlich mit den Problemen, die jeweils gerade von den Betroffenenorganisationen akut aufgeworfen werden. Es ist auch seine Aufgabe, diese Organisationen auf andere anstehende Probleme - insbesondere sind das die langfristig wirksam werdenden Planungen - aufmerksam zu machen und sie in die Diskussion zu bringen. Er ist Berater, nicht nur Erfüllungsgehilfe.

6. Der Berater kann nicht für konkurrierende Gruppen und nicht für Gruppen arbeiten, deren Arbeit nicht öffentlich zugänglich ist. Der Berater ist daher darauf angewiesen, daß es ein ständiges Forum im Stadtteil gibt, dem er Rechenschaft schuldig ist und das ihn für seine einzelnen Arbeiten beauftragt. Dieses Forum muß auch jeweils entscheiden, für welche Aufgabe der Berater die ihm laut Vertrag mit der Stadt zur Verfügung stehende Kapazität einsetzt. Betroffenenorganisationen, die den Berater in Anspruch nehmen wollen, müßten das im Stadtteilforum beantragen.

7. Der Berater kann persönlich nicht alle Aufgaben selbst erfüllen. Er wird daher in gewissem Umfang, die verfügbare Kapazität an Dritte weitergeben. Das gilt insbesondere dann, wenn entweder längere Anwesenheit am Ort (z.B. zur Beratung einzelner Arbeitsgruppen) erforderlich ist, oder wenn spezielle fachliche Kapazität benötigt wird (z.B. Erstellung von Abriß- und Modernisierungsgutachten). Der Berater berät sich darüber vorher mit dem Stadtteilforum.'(Holland,K.J. 1979)

Die Untersuchung der Frage des Einflusses der Beratertätigkeit auf den gesamten Sanierungs- bzw. Bewertungsprozeß beinhaltet die Frage nach dem, was hat es gebracht?. die Frage nach den Erfolgen bzw. Mängeln einer solchen Tätigkeit. Da die Beantwortung dieser Fragestellung hypothetischen Charakter besitzt, weil sie die Fragestellung, was wäre ohne Berater wie anders gelaufen und wie ist dies zu bewerten, einschließt.
Aus diesen Gründen sollen hier nur einige Anmerkungen zu dieser Tätigkeit, ohne ein Anspruch auf Vollständigkeit, geleistet werden.
Der Einfluß des Beraters - und das wird von keinem der Prozeßbeteiligten bestritten - liegt ohne Zweifel in der Konkretisierung und Durchsetzung der "Gegenplanungsstrategie", verstanden als langfristig angelegte planerische Ein-

flußnahme über Alternativpläne (Gegenplanungen) zu den Vorstellungen der Stadtverwaltung auf der Grundlage der Wünsche der betroffenen Bevölkerung.
Kritiker haben dagegen eingewandt, daß sich der daraus entwickelnde Dialog mit
dem "Partner Stadt", die Illusionen am Leben erhält, die Stadt könne per eigene
Entscheidung oder Willensäußerung die Wünsche und Vorstellungen der Betroffenen
schon verwirklichen. Die Sicht der dahinter stehenden gesamtökonomischen Interessen werde so verbaut. Die Argumentation läßt folgende Aspekte außer Acht:
Die Gegenplanungsstrategie beinhaltet die Möglichkeit, der Stadt durch das Aufzeigen "der Machbarkeit" der in Planaussagen formulierten Interessen der Bevölkerung, die technische an Sachzwängen orientierte Legitimation ihrer Entscheidungen zu entziehen, sie ihrerseits zur ständigen Begründung ihrer Entscheidung
zu veranlassen, im Sinne einer schrittweisen Erweiterung des Handlungs- und Be-
wußtseinsspielraum der Betroffenen.
Gegenplanung so verstanden kommen einem Abwehrkampf gleich, in dem ein emanzipa-
torischer Effekt steckt, der sich folgendermaßen umschreiben läßt:

● Bewußtwerdung der Betroffenen durch das Aufdecken der Widersprüche in den
Planungen, im Sinne eines Erkennen der in den Planungen formulierten Interessengegensätze.

● Zerstörung der Ideologie der Sachgesetzlichkeiten und allgemeiner Fachkompe-
tenzen im Sinne einer Erkenntnis der Interessenbezogenheit von Wissenschaft.

● Demokratisierung eines Vorganges, der bisher dem Delegationsprinzip unterlag.

In diesem Sinn äußert sich auch der Berater, wenn er fragt, "was war denn für
sie (die Bürgerinitiative) erfolgreich?" Er selbst sieht folgende positive Aspekte seiner Tätigkeit:

-"Meine Mitarbeit als Berater auf seiten der Bürgerinitiative hat die Vorgehens-
und Verfahrensweisen der Verwaltung beteiligungsfreundlicher (und das heißt zunächst einmal: öffentlicher und transparenter' verändert - erzwungen durch einen
erweiterten Rechtfertigungsdruck.

- Meine Beratertätigkeit hat dazu beigetragen, die Arbeit der Initiative kontinuierlicher zu machen und die Initiative ständig präsent in allen Fragen reak-
tionsfähig zu halten. Dieses Moment scheint mir eine wichtige Voraussetzung für
eine ständige Kontrolle und partiell auch erfolgreiche Einflußnahme - insbesondere angesichts eines Jahre andauernden Sanierungsprozesses, in dem wohl kaum
immer neue spontane Betroffenenmobilisierung denkbar ist.

- Meine Beratertätigkeit hat dazu beigetragen, den vorhandenen Handlungsspielraum der kommunalen Planer weiter auszunutzen als dies üblich ist, und diesen
Spielraum teilweise auch zu erweitern. Dies erscheint wichtig, wenn man davon
ausgeht, daß die materiellen Erfolge von Betroffenenbeteiligung gegenwärtig
grundsätzlich nur so weit reichen können, wie eben der kommunale Spielraum
überhaupt."(Holland, K.J., 1978, 191)

Die Vorbehalte gegen eine "Anwaltsplanungsstrategie" liegen vor allem in der
Veränderung der Auseinandersetzungsebene, von konkreten "Aktionen" (Hausbesetzungen, Flugblätter...) in Richtung auf "Bürgerdialog". Diese Tendenz hat sich
auch in der BI herausgebildet, mit einer einhergehenden Veränderung der sprach-
liche Ebene der Auseinandersetzung. Durch die ständigen detailliert planungsbe-
zogenen Diskussion hat sich unter den ständigen Mitarbeitern in der BI so etwas
wie "Miniplaner" gebildet, die mit hoher Sachkompetenz in Einzelfragen ausgestattet, den "Profiplaner" voll "parroli" bieten können.

Holland nennt dazu folgende Aspekte:

- "Die Verschiebung des Arbeitsschwerpunktes der Initiative auf planungsorien-
tierte Auseinandersetzung hat häufig ihre Fähigkeit beeinträchtigt, nicht un-

mittelbar im Planungsprozeß verarbeitbare Probleme wahrzunehmen und aktiv aufzugreifen. Es sind das vor allem Probleme einzelner Bevölkerungsteile im Stadtteil wie: Alte, Kinder, Jugendliche, Ausländer und andere, die sich im Rahmen
eines Bürgerinitiativsforums nicht oder nur andeutungsweise artikulieren.

- Die stark verhandlungsorientierte Arbeitsweise der Gegenplanung hat die Arbeitskapazität und das Arbeitspotential der Initiative in einer Weise beansprucht,
die anderen direkteren und auch bevölkerungsnäheren Aktionsformen weniger Raum
ließ. Das wird für die Gegenplanung selbst zum Problem, wenn zu dieser Durchsetzung kein öffentlicher Druck mehr erzeugt werden kann.

- Meine Fixierung als Berater auf die Initiative wird manchmal auch zu einer
Restriktion für die Verwirklichung von Alternativkonzepten. So ist z.B. der
Konflikt zwischen Bürgerinitiative und Berater in der Frage Modernisierung
oder Abriß von Häusern, durchaus ein Ergebnis der in dieser Frage heterogen
Interessen innerhalb der Initiative. Bei einer Initiative von ausschließlich
Mietern unterer Einkommensgruppen kämen andere Ergebnisse heraus (allerdings
ist eine solche Gruppe im Stadtteil gar nicht organisiert und es bleibt zweifelhaft, ob ein Berater eine solche hätte organisieren können." (Holland, K.H.
1978, 192)

Dem wäre nur die Frage hinzuzufügen, ob insgesamt die Beratertätigkeit zur Stagnation der BI-Mitgliederzahlen und zum Fernbleiben "sprachlich ungeübterer Bevölkerungsteile" beigetragen hat?
Die Beantwortung dieser Frage sieht die BI selber folgendermaßen:

"Es besteht die Gefahr, daß wir so fachlich fortgeschritten sind, daß die anderen da einfach nicht folgen können. Die hören sich das an, finden da keine Zusammenhänge. Das hat zur Folge, daß sie häufig fortbleiben. Aber was solls.
Man kann deshalb nicht aufhören. Man muß sich halt bemühen, möglichst oft mit
den Bürgern zusammen zu kommen." (ebenda, 2o9)

Insgesamt für die Planungsberatung von der BI als gute Sache angesehen, "ohne
den Planungsberater wäre es hier nicht so gegangen, aber er erreicht nur eine
kleine Gruppe, die von sich aus aktiv werden kann." (ebenda, 192)

Im übrigen ist festzustellen, daß der gemeinsame Auseinandersetzungsprozeß mit
der Planungsberatung zu einem gesteigerten Selbstbewußtsein bei den BI-lern
geführt hat. Folgendes Zitat soll diese Behauptung abschließend stützen: Unter
der Überschrift "Ohne uns läuft hier nichts" meint die BI:

"das Planungsamt wird es nie wagen, etwas zu machen, was wir nicht wissen. Weil
sie aufgrund der mit uns gemachten Erfahrungen wissen, daß sie da unheimlich
Scherereien und Schwierigkeiten bekommen. Wir haben gefordert, entweder ganz mit
uns oder gar nicht, entweder kontra oder Mitarbeit. Die Mitarbeit hat sich bestätigt und es hat sich, das kann man ruhig sagen, eine Vertrauensbasis ergeben."
(ebenda, 2o9)

Christiane Dittrich, Achim Habeney
(Architektur-Fabrik-Aachen)

"STRATEGIEN FÜR KREUZBERG" - BESCHREIBUNG EINES MODELLS

Mit der folgenden Teiluntersuchung zum Verfahrensmodell "Strategien für Kreuzberg" wird ein Stück Planungsrealität dokumentiert, das heute schon mit Ansätzen zu einem problemorientierten Vorgehen operiert.

Das hervorstechendste Charakteristikum des Modellprojektes in Berlin-Kreuzberg SO 36 ist eine frühzeitig institutionalisierte Beteiligung aktiver Bürger und deren Mitbestimmungs-/Mitentscheidungsmöglichkeit bereits bei der Formulierung der Planungsziele. Der Beteiligungsaspekt, die Frage nach den Einflüssen der Betroffenen und ihrer Organisationen, des Senats bzw. Bezirksamtes sowie der Wettbewerbsinitiatoren auf die Bestandsanalyse ist demnach der zentrale Gegenstand des für diese Studie gültigen Erkenntnisinteresses.

Zusätzliches Augenmerk wird auf das unvorhergesehen auf den Prozeß wirkende Zukunftsinvestitionsprogramm gerichtet. Es gilt die Auswirkungen dieser Fördermittel wie auch der wesentlichen besonderen Handlungsvoraussetzungen (nämlich das Wertausgleichsprogramm und die Kommunalverfassung Berlin) auf "behutsame" Erneuerungsstrategien,wie sie in Kreuzberg intendiert waren, zu kennzeichnen.

1. Zum Stellenwert dieses Empirieteils im Forschungszusammenhang

Innerhalb der empirischen Arbeit des Projektes nimmt die Dokumentation des Stadterneuerungsverfahrens in SO 36 eine Sonderstellung ein. Während in den Quer- und Längsschnittanalysen eine Reihe inhaltlich und historisch unterschiedlicher Planungsprozesse behandelt werden, die zwar nicht im Wortsinn repräsentativ für die in der BRD praktizierten Erneuerungsvorbereitungen sind, aber doch durchaus die entscheidenden Charakteristika herkömmlicher Prozesse treffen, versucht die Untersuchung des Verfahrens in Kreuzberg erste Erfahrungen mit einem planungspolitischen Novum auszuwerten.

Die "Strategien für Kreuzberg" sind ein Versuch, über ein für jedermann offenes Wettbewerbsverfahren schon in der Phase der Zielfindung die Beteiligung und Mitbestimmung der Quartiersbevölkerung zu ermöglichen. Vor dem Hintergrund des Problemstaus in den Berliner Altbaugebieten, der mit den Sanierungsverfahren nach StBauFG nicht mehr allein abzubauen ist, soll mit dem "Strategien-Verfahren" insbesondere die private Erneuerungsbereitschaft der Hauseigentümer und Mieter angesprochen werden. Über diesen eher instrumentellen Aspekt hinaus geht es den Initiatoren (insbes. Pfarrer Klaus Duntze) jedoch vor allem um eine Wiederbelebung des Quartiers von innen heraus: Es sollen Strategien entwickelt werden, die durch die Ermöglichung einer aneignenden Beteiligung die negativen (sozialen) Begleiterscheinungen herkömmlicher Stadterneuerungsprozesse vermeiden helfen und eine erneute Identifikation mit dem Quartier herstellen.

Da das Projekt von daher zahlreiche in der aktuellen Planungsdiskussion erhobene Anforderungen erfüllt, werden mit der Untersuchung insbesondere Hinweise zu ihrer Praktikabilität bzw. zu entsprechenden Restriktionen erwartet.

Am Beispiel des Kreuzberger Ansatzes lassen sich zusätzlich in besonders deutlicher Weise die vielfältigen Bezüge zwischen externen und internen Kriterien, den beteiligten Subjekten und dem eigentlichen Bestandsanalyseverfahren ausmachen. Der Grund hierfür liegt in der Tatsache, daß wir hier wegen der weitgehenden Transparenz des Verfahrens und seiner dadurch ganzheitlichen Darstellung nicht allein auf den im verwendteten Material dokumentierten Verfahrensaspekt verwiesen sind.

Eine Chronologie der Ereignisse von der Vorgeschichte des Wettbewerbs bis in die Realisierungsphase macht dieses Beziehungsgefüge deutlich und stellt zugleich den notwendigen Überblick her. Eingebettet in diese Übersicht sind als Schwerpunkte des Erkenntnisinteresses folgende Aspekte des "Strategien-Projektes":

● Zunächst die Frage nach den auslösenden Momenten der neuerlichen Auseinandersetzung um das Projektgebiet SO 36 und den Voraussetzungen unter denen überhaupt ein solches Verfahren wie das der "Strategien" durchgesetzt werden konnte.

● Dann die Klärung der grundsätzlichen Interessenkonstallation zu Beginn des Verfahrens.

● Weiter inntteressiert, wie die Arbeit der ausgewählten Projektgruppen vor Ort vonstatten geht. Hierzu wird exemplarisch die Arbeit einer Gruppe, die sich mit der Mietermodernisierung befaßt, dargestellt.

● Schließlich wird auf eine unvorhergesehene Veränderung im Bereich der externen Kriterien eingegangen, das Zukunftsinvestitionsprogramm, wobei vor allem nach den Auswirkungen dieses Förderinstrumentes auf behutsame Erneuerungsstrategien, wie sie in Kreuzberg intendiert sind, gefragt wird.

Das hervorstechendste Merkmal des Modellprojektes in SO 36 ist eine frühzeitig institutionalisierte Beteiligung aktiver Bürger und deren Mitbestimmungs-/Mitentscheidungsmöglichkeit schon bei der Formulierung der Planungsziele. Der Beteiligungsaspekt ist darum auch der zentrale Gegenstand des für diese Teilstudie gültigen Erkenntnisinteresses. Insbesondere wird hier zu fragen sein, ob mit dem Verfahren tatsächlich die gewünschte breite Beteiligungsbasis (Rekrutierungserfolg, Kompetenz der Bürger) geschaffen werden konnte, und vor allem, welche Auswirkungen damit auf Politik und Verwaltung bezüglich der Planung und Realisierung einzelner Maßnahmen verbunden sind.

2. Chronologische Beschreibung

2.1 Das Projektgebiet

Entstehung des Quartiers und Entwicklung bis zur Ausschreibung des Strategien-
Wettbewerbs

Entstehung eines Quartiers	"Das Quartier um den ehemaligen Görlitzer Bahnhof ist hinsichtlich seiner Entwicklung eng verbunden mit der Bedeutung des Bahnhofs, als Verbindung zu den südöstlichen Rohstoffgebieten sowie als Umschlagplatz für die Industrie. Entsprechend dieser Bedeutung im 19. und der ersten Hälfte des 2o. Jahrhunderts bildete sich ein übergeordneter städtischer Aktivitätspunkt, von dem auch die anschließenden Wohn- und Gewerbegebiete beeinflußt werden. Damit bewirkte der Bahnhof eine Weiterentwicklung der charakteristischen Struktur Kreuzbergs, die gekennzeichnet ist durch die Mischung von Wohnen und Gewerbe in den Hinterhöfen." (SenBauWohn 1977a, 1o)
1. Hälfte 19.Jh.	Für das noch unbebaute Gebiet des Köpenicker Feldes werden erste städtebauliche Vorstellungen durch die Planung Lennés formuliert: ein gleichwertiges Straßenraster (im Sinne des Gleichheitsprinzips des Liberalismus), das von übergeordneten Alleen, dem zentralen Kanal und verschiedenen Plätzen als städtischem Grünbereichen durchwoben wird.
1862	Das planerische Konzept des heutigen Ausschreibungsgebietes wird durch den Hobrechtplan vollendet. "Diese Planung, die im Sinne Lennés den südlichen Bereich in ein durchgrüntes Vorstadtgebiet verwandelt hätte, fiel bereits in den 60-er Jahren den Interessen der Eisenbahngesellschaft und der Bodenspekulation zum Opfer". (SenBauWohn 1977a, 11)
1865	Durch Anlegen des Görlitzer Bahnhofs in noch unbebautem Gelände wird der östliche Teil Kreuzbergs in seinem stadträumlichen Zusammenhang gestört und die Idee der Durchgrünung der Rasteranlage weitgehend aufgehoben. Der Görlitzer Bahnhof stellt den Kolonisationspunkt für das Entstehen des umliegenden Stadtquartiers in der Zeit der hektischen Expansion Berlins dar.
184o - 187o	Das neue Stadtviertel wird in überwiegend 4-5geschossiger Blockrand- und Hinterhofbebauung für kleine Gewerbetreibende, ihre Werkstätten und Kontors und die Wohnungen der dort Beschäftigten errichtet. Bis zum Ende des 19. Jh. setzt sich die Entwicklung der kennzeichnenden Mischung von Wohnen und Gewerbe in SO36 fort.
1874 - 1878	Die Anlage einer Kaserne nördlich der Skalitzer Straße trägt dazu bei, daß entlang der Skalitzer Straße vornehme Häuser für Offiziere entstehen, während in dem südlich anschließenden Areal einfache Mietskasernen errichtet werden (u.a. die Haberkern-Anlage).
Ende 19. Jh.	Im Bereich südl. des Görlitzer Bahnhofs entstehen größere repräsentativere Gewerbehöfe - eine Weiterent-

wicklung der noch relativ kleinen, gewerblich genutzten
Hinterhöfe der 70er Jahre.

Trotz der beträchtlichen Einbußen, die die städtebaulich bedeutende Planung Lennés im Verlauf der Entstehung des Kreuzberger Südostens erfuhr, ist das Projektgebiet noch heute von hohem Erlebniswert, der durch den
spezifischen Charakter einzelner Bereiche und stadt-
räumliche Schwerpunkte bestimmt wird.

**Entwicklung des
Quartiers bis zur
Ausschreibung des
Wettbewerbs**

Obwohl von den Auswirkungen des 2. Weltkriegs nahezu
verschont, werden die um den ehemaligen Görlitzer Bahnhof liegenden Arbeiterquartiere der Gründerzeit zum
Problemgebiet im Schatten der wirtschaftlichen, sozialen und politischen Entwicklung. "Wesentlicher Grund
ist die politische Teilung Berlins, die die heutige
stadtgeographische Randlage und den weitgehenden Funk-
tionsverlust des vormals für das Quartier bedeutenden
Görlitzer Bahnhofs verursacht hat. Die Teilung der
Stadt bewirkte zugleich Strukturverschlechterung durch
den Mangel an notwendigen städtischen Verflechtungsbe-
reichen, wie z.B. die Trennung vom früheren Naherho-
lungsgebiet Treptower Park oder der alten Innenstadt
(beides heute in Berlin-Ost)". (SenBauWohn 1978a, 11)

1963

Die Einleitung des ersten Stadterneuerungsprogramms
bedeutet für die Sanierung von Altbaugebieten in Berlin zum weitaus größten Teil Abriß und Neubau: der Anteil der in Berliner Sanierungsgebieten bis Dez. 1973
erneuerten im Vergleich zu den abgerissenen Altbauten
beträgt o,8 %.

**Soziale Entwick-
lung seit Anfang
der 70er Jahre**

Die "Qualität" des Kreuzberger Südostens als Billig-
wohnquartier - bedingt durch die traditionelle Vernachlässigung des Gebietes in der Stadtentwicklungspolitik und die daraus resultierende Investitionsunlust
und Verschlechterung der Bausubstanz - haben SO36 zu
einem Auffangbecken für soziale Problem- und Randgruppen werden lassen: die angestammte Arbeiterbevölkerung
zieht weg (1976 z.B. geben 13.000 Kreuzberger ihre Wohnung im Quartier auf) und macht Ausländern, Studenten
und westdeutschen Arbeitnehmern Platz, die nur vorübergehend eine möglichst billige Wohnung suchen, alte Menschen und sozial schwache Familien bleiben. Damit wird
das Gebiet zum Übergangswohnquartier, mit dem sich niemand mehr identifiziert. Das Gebiet läuft Gefahr, zum
"Ausländerghetto mit Slumcharakter" zu verkommen.

**Kommunale Akti-
vitäten**

Das zweite Stadterneuerungsprogramm verfolgt nach Darstellung des Senats "neue Zielsetzungen im Bereich von
Stadtentwicklung und Stadtverbesserung, begleitet von
einer breiten öffentlichen Diskussion. Besonderer
Schwerpunkt liegt auf Verstärkung (gegebenenfalls Um-
lenkung) der Investitionsbereitschaft beim Wohnungsbau
und bei der Infrastruktur in den innerstädtischen Bezirken (Bezirke innerhalb des S-Bahn-Ringes mit relativ hohem Anteil an Problemgebieten)". (SenBauWoh
1977a, 1) Das Gebiet um den Görlitzer Bahnhof gilt
dabei als dasjenige mit den gravierendsten Mängeln;
der nördliche Teil wird als Sanierungsverdachtsgebiet

in das 2. Stadterneuerungsprogramm aufgenommen, nicht
jedoch das südliche Stadtareal, obwohl es kaum geringe-
re Mängel aufweist. Doch angesichts der knappen Finanzen des Landes Berlin bleibt noch offen, wann vorbereitende Untersuchungen im Sanierungsverdachtsgebiet durchgeführt werden sollen.

1970 - 1974   Die senatseigene Berliner Wohnungsbaugesellschaft
(BeWoGe) kauft sich in den Haberkernblöcken und Umgebung ein; sie erwirbt auf Weisung des Senats die
schlechtesten Häuser als Abrißobjekte in Erwartung der
Sanierung; Instandhaltung oder gar Modernisierung unterbleiben.

15.11.1976   Einen ersten planenden Schritt in einer Situation, die
mit "5 Minuten vor 12" zu kennzeichnen ist, stellt der
Beschluß des Bezirksamtes Kreuzberg zum Projektgebiet
dar: Er enthält neben allgemeinen Aussagen zur Verbesserung der Wohnqualität und Angaben zur Einwohnerzielplanung (Verminderung um 1/3) eine mittelfristige Investitionsplanung (mit Kostenschätzungen und Ausführungs-
zeitraum). Die Aussagen verdichten sich jedoch nicht
zu einem Gesamtplan; die öffentliche Hand sieht lediglich Investitionen für die Infrastruktur vor - für eine
umfassende Sanierung fehlen die Mittel.

Schwerpunkt:
Was löst den Prozeß der Auseinandersetzung mit SO36 aus?
Wie kommt es zur Entwicklung und Durchsetzung des Strategien-Modells?

Die Frage nach den auslösenden Momenten für die Erneuerung von SO36 führt zunächst zu einer Untersuchung der allgemeinen und besonderen Handlungsvoraussetzungen und der internen Kriterien, über die eine Annäherung an die Bedingungen für das Entstehen des Strategien-Modells versucht werden soll.

• Allgemeine und besondere Handlungsvoraussetzungen

"Westberlin verfügt bekanntlich über eine einzigartige - um nicht zu sagen no-
torische-Tradition bei der "Sanierung" von Arbeiterquartieren. Die Planierrau-
pe der Kahlschlagsanierungen hat eine Welle von Sanierungsverdrängten vor sich
hergeschoben, welche sich zu einem großen Teil eben in jenem Gebiet wieder finden, um das es hier geht. Wer auch hier noch vertrieben wird, findet in Berlin
keine preiswerte Wohnung mehr - er landet im Obdachlosenasyl, möglicherweise
im Jugenderziehungsheim, im Gefängnis oder er wird nach Anatolien abgescho-
ben". (Duntze 1977a, 13)
Neben der zunehmenden Kritik an den verheerenden Auswirkungen der bisherigen
Sanierungspraxis - Vertreibung der angestammten Bevölkerung der Sanierungsgebiete, riesige Kosten für Erwerb und Aufbereitung der Grundstücks sowie hohe
Mieten für die umgesetzten und neuen Bewohner - sind die unzureichenden Fi-
nazierungsmöglichkeiten so großer Stadterneuerungsprogramme, wie sie bis Mitte
der 70er Jahre besonders in Berlin durchgeführt wurden und z.T. noch durchgeführt werden, wesentliche Handlungsvoraussetzungen für die Veränderung der
Praxis der Kahlschlagsanierung.
Die Berliner Erneuerungspraxis, die überwiegend aus Abriß und Neubau bestand,
geriet in ein quantitatives Mißverhältnis zwischen Erneuerungsbedarf und Er-
neuerungstempo. Trotz des vergleichsweise hohen Sanierungsvolumens in Berlin
läuft der Alterungs- und Verfallprozeß der Erneuerungsplanung davon. "Selbst
im Falle einer Realisierung des ersten Berliner Stadterneuerungsprogramms mit

ca. 6o.ooo Wohneinheiten bis zum Jahr 2ooo würde sich allein in den sechs innerstädtischen Ringen die Zahl der sanierungsbedürftigen Altbauwohnungen, die älter als 75 Jahre sind, von derzeit 2oo.ooo auf 34o.ooo erhöhen. Diese Volumen
wären auch mit einer forcierten Sanierung nach StBauFG nicht zu bewältigen."
(Böttcher u.a. 1978, 63) Vor diesem Hintergrund wird klar, daß für den Kreuzberger Südosten "ein umfassendes städtisches Programm nach Städtebauförderungs-
gesetz im Investitionsbereich nicht kurz- oder mittelfristig wirksam werden
kann". (kommunalpolitische Stellungnahme zum Projektgebiet)
Die Erneuerung der Berliner Altbausubstanz ist zudem noch von einer besonderen
Schwierigkeit gekennzeichnet: bei fortwährendem Bevölkerungsrückgang steht die
Stadt vor dem Problem, vor allem den umfangreichen neuen Wohnraum (des sozialen
Wohnungsbaus) in Zukunft zu vermieten.
Die Absatzschwierigkeiten des neuen Wohnraums haben für die gesamtstädtische
Planung den Abriß von möglichst großen Teilen der Altbauquartiere zur Folge.

● Interne Kriterien

Der Kreuzberger Südosten ist zunächst durch seine extreme Randlage in West-
Berlin und die Verschärfung der ungünstigen Situation durch den Mauerbau gekennzeichnet.
Neben den negativen Auswirkungen dieser stadtgeographischen Bedingungen ist
die soziale Entwicklung - SO36 als Übergangswohnquartier mit hohem Anteil an
alten Menschen, Familien mit sozialen Problemen und Ausländern - eine entscheidende Voraussetzung für die künftige Entwicklung. Vordergründig erscheint
gerade die soziale Struktur ausschließlich Hindernis für die notwendige Erneuerung des Quartiers zu sein. Die Situation der Bewohner ist von zahlreichen
negativen Erfahrungen gekennzeichnet: "Eine stupide Arbeit läßt sich leichter
verkraften, wenn man sie mit einem anderen Zuhause, mit Kultur, mit individueller Freizeitgestaltung kompensieren kann. Ihre Massierung macht die gesellschaftlichen Zwänge unausweichlich, die nicht geleistete Problemerkennung und
-verarbeitung macht sie zum Schicksal. Es ist die fehlende Transparenz der erfahrenen Verhältnisse, die sie so dicht macht." (SenBauWohn 1977a, 23)
Welche Chancen trotzdem für eine Entwicklung von SO36 mit den Bewohnern bestehen, wird im Zusammenhang mit den Zielen des Strategien-Konzepts und der
Betroffenen-Beteiligung zu behandeln sein.
Ein weiteres wesentliches Problem ist der städtebauliche Zustand:
- Wohnverhältnisse
Pauschal ist die Situation durch zu kleine und zu schlecht ausgestattete Wohnungen und Mängel an der Bausubstanz gekennzeichnet. Um diese Aussagen vertief-
ter darzustellen, hier die Analyse einer Projektgruppe (Gruppe 52, zitiert
nach SenBauWohn 1978a, 37):
- "In der Art der Bebauung - Arbeitermietskasernen zur maximalen Ausnutzung
  des Bodens - waren ganz bestimmte Wohnbedingungen angelegt: Kleinwohnungen,
  bestehend aus Stube und Küche, oft zu mehreren an einem gemeinsamen Korri-
  dor gelegen, geringster Ausstattungsstandard und einfacher Bauausführung.
- Aufgrund der großen Nachfrage nach billigem Wohnraum ist die Vermietbarkeit
  auch schlecht instand gehaltener Wohnungen gesichert. Daher bedeutet unterlassene Instandhaltung in der Regel für den Haus- und Grundeigentümer keine
  finanzielle Einbuße, da ihm die Mietpreisbindung, unabhängig vom Zustand
  der Gebäude und Wohnungen eine Mindestmiete garantiert. Selbst für preisge-
  bundenen Altbaubestand in Berlin gibt es Anhaltepunkte, daß die mangelnde
  Rentabilität nicht für Instandsetzungsrückstände verantwortlich gemacht
  werden kann. So sind z.B. Wohngebäude mit vergleichbarem Mietaufkommen in
  einem Fall völlig heruntergewirtschaftet, in anderen Fällen sorgfältig instand gehalten. Ein anderes, für Berlin wichtiges Argument baut auf der
  Regelung auf, daß Hauseigentümer nach der Ertragsberechnungsverordnung eine
  Mietpreisanhebung beantragen können, wenn nachgewiesen werden kann, daß die
  Bewirtschaftung zu Verlusten führt. Von dieser Regelung ist bisher nur in

wenigen Fällen Gebrauch gemacht worden.
In Berlin wie in allen Großstädten der Bundesrepublik kann beobachtet werden, daß zwischen der Sozialstruktur eines Quartiers und dem Instandhaltungszustand eine direkte Beziehung besteht. Dieser Zusammenhang kann nur so gedeutet werden, daß die Tendenz zur Unterlassung dort zunimmt, wo Eigentümer glauben, dies ihren Mietergruppen zumuten zu können.
Das Mietniveau ist niedrig, da die Wohnungen klein und schlecht ausgestattet sind. Der Mietpreis pro qm ist jedoch nur relativ billig: vergleichsweise wird für gut instand gehaltene Wohnungen gleichen Standards in anderen Altbaugebieten in der Regel derselbe qm-Preis gezahlt, da dieser allein von Baualter und Ausstattung, jedoch nicht vom Gebäudezustand abhängig ist." (Eichstädt-Bohlig, F./Eichstädt, W. 1978, 2o) Die Situation auf dem Berliner Wohnungsmarkt garantiert hier in jedem Fall die Vermietbarkeit.
"Da der vorhandene Wohnungsschlüssel nicht der Hausstruktur entspricht, sind die vielen Kleinwohnungen im Gebiet oft überlegt; es fehlen größere, billige Wohnungen für Familien mit mehreren Kindern.
Hauptgrund der Verschlechterung der Wohnverhältnisse war und ist die mangelnde Investitionstätigkeit der privaten Haus- und Grundeigentümer." (ebenda, 2o) Seit Jahren ist die private Investitionstätigkeit gleich Null; Veränderungen durch wirtschaftlichen Druck privater Interessengruppen sind z.Z. nicht zu erwarten.
Wohnumfeld
e Verbesserung des Wohnumfeldes ist im Kreuzberger Südosten ein chronisch
rnachlässigter Bereich, was sich u.a. in ungenügender Ausstattung mit Stadt-
ün und Spielplätzen, unzureichendem schulischen Angebot (nur eine Realschule
ben Haupt- und Sonderschule im Projektbereich) sowie hohem Anteil ungenutzter
bäude und Flächen zeigt. Das Bezirksamt Kreuzberg hat zwar mittelfristig In-
stitionen für Infrastruktur vorgesehen, doch diese Art der sektoralen Planung,
bei nach dem Defizitverfahren "Einzelfunktionen aus dem Gesamtzusammenhang
r Reproduktion des alltäglichen Lebens isoliert und an gesonderten Standor-
n untergebracht werden" (Duntze 1977a, 16), kann den gravierenden und kom-
exen Problemen des Quartiers sicherlich nicht Rechnung tragen.

Entwicklung und Durchsetzung des Strategien-Modells

e Schilderung von allgemeinen und besonderen Handlungsvoraussetzungen und
ternen Kriterien von S036 verdichtet sich zum Bild einer desolaten Gesamtsi-
ation:
ßnahmen für das Quartier werden einerseits unausweichlich notwendig, wenn
r Gefahr begegnet werden soll, daß "Verslumung, Kriminalisierung und Vere-
ndung gemeinwesengefährdende Dimensionen" annehmen. (Duntze 1975a, 5).
dererseits ist Anfang 1977 weder durch die öffentliche Hand noch durch pri-
tes Kapital irgendeine finanzielle Absicherung oder Initiierung einer Er-
uerungsstrategie zu erwarten.
eser "Mangel" kehrt sich im vorliegenden Fall jedoch durchaus zum Vorteil,
il sich gerade aus der "Verwertungspause im ökonomischen Prozeß" (Duntze
75a, 6) eine Chance für ein alternatives Modell der Stadtentwicklung ergibt.
ne Situation, in der für das Projektgebiet zunächst keine Fördermittel in
ssicht gestellt sind, verhilft dazu, daß der Erneuerungsprozeß nicht bereits
rch bestimmte Förderungsvoraussetzungen vorstrukturiert ist und dabei gera-
die Interessen von Bewohnern, wie sie in S036 anzutreffen sind, zur ver-
chlässigbaren Größe würden.
die Chance jedoch überhaupt nutzen zu können, muß zunächst der Gefahr be-
gnet werden, daß das Gebiet aufgegeben wird. Von seiten des Senats wird zu-
ndest erklärt, daß "das 'Aufgeben' oder 'Auslaufenlassen' eines solchen Ge-
etes aus mehreren Gründen nicht akzeptabel ist:
  Das Gesamtgebiet hat mehr städtebauliche Qualitäten als viele Wohngebiete
  Berlins

2. Für den Bestand an preiswerten Wohnungen in diesem Gebiet wird es langfristi
   Nachfragen geben (abgesehen von der schlechten Hinterhaussubstanz))!!
3. Die Aufgabe dieser Stadtregion würde unter dem Gesichtspunkt der speziellen
   Lage Berlins katastrophale Auswirkungen für das Image der ganzen Stadt haben." (Kommunalpolitische Stellungnahme zum Projektgebiet; SenBauWohn 1977a,
   38)

Vor dem Hintergrund der finanziellen Situation Berlins heißt dies, daß nach
Möglichkeiten gesucht werden muß, wie mit möglichst geringem Einsatz öffentlicher Mittel - "und d.h.: mit einem möglichst hohen Einsatz von Mitteln der Mieter und Eigentümer - die bestehenden Wohnverhältnisse zumindest erhalten oder
sogar verbessert und die sozialen Probleme abgebaut werden können." (Böttcher
u.a. 1977, 1241).

Darüber hinaus nötigte der rapide Verfall des Gebietes dazu, nicht erst die Ergebnisse langwieriger und schwieriger Planungsprozesse abzuwarten. "Um den
Verfall zu stoppen, mußten Maßnahmen ergriffen werden, bevor die Ziele und Notwendigkeiten der künftigen Sanierungs- und Stadtentwicklungsplanung nach regionalen und zeitlichen Prioritäten differenziert und aufeinander abgestimmt werden konnten" (Böttcher u.a. 1978, 63). Bedingungen, die "Sanierer" und "Entwicklungsplaner" beim SenBauWohn nicht zu akzeptieren bereit waren. Das Konzept der
"Strategien für Kreuzberg" konnte dann auch nur gegen den Widerstand eines großen Teils der kommunalen Planer beim Bausenator politisch durchgesetzt werden
(Unterstützung der Kreuzberger SPD) - nachdem die Öffentlichkeitswirkung des
Vorhabens eine offizielle Beteiligung (mit entsprechender Kontrollmöglichkeit)
sinnvoll erscheinen ließ. "So warnten alle Abteilungen der Bauverwaltung den
zuständigen Senator vor den Konsequenzen des Vorhabens und wollten ihm nur unter der Bedingung zustimmen, daß Ergebnisse aus dem Verfahren in keiner Weise
die städtebaulichen Planungen und Maßnahmen der Bauverwaltung beeinträchtigen
dürften." (Lang/Richter 1978, 991) Der wichtigste Grund dafür, daß die Ausschreibung der "Strategien für Kreuzberg" durchgesetzt wurden, ist wohl darin
zu sehen, daß das Konzept einer Stadtplanung unter Mitrealisierung und Mitver-
fügung der Betroffenen "in die verschiedenen Verlegenheiten hinein" (Duntze
1977a, 14) - womit wohl die Summe von Handlungsvoraussetzungen und internen
Kriterien gemeint ist - als "Ausweg" angenommen wurde.

Welchen Entstehungsprozeß hatten die Inhalte des Modells "Strategien für Kreuzberg"? Die Entwicklung des Konzepts, Revitalisierung, Modernisierung und Instandsetzung des Quartiers aus eigener Kraft der Wohnbevölkerung und damit
ihren Möglichkeiten angemessen durchzuführen, beginnt - soweit für uns nachvollziehbar - mit den Vorstellungen von Klaus Duntze (Pfarrer der Martha Gemeinde in Kreuzberg), der 1969 fordert, daß die Sanierung ihre Kriterien aus
dem Gebiet selbst gewinnen soll. Forderungen aus diesem Zusammenhang sollten
dann 1970 in einem Konzept für die Nutzung des ehemaligen Krankenhauses Bethanien als ein "Zentrum und Experimentierfeld" des anstehenden Erneuerungsprozesses in SO36 ihren konkreten Niederschlag finden. Mit dem damaligen Projekt
wurden im Grunde ähnliche Vorstellungen von einem von der Bevölkerung mitzu-
tragenden Sanierungsprozeß verbunden wie dies für die "Strategien" gilt. Als
"Zentrale Sanierungsplanungsstelle" sollten in Bethanien alle Verwaltungsstellen, Expertengruppen, Sanierungsträger, usw., die an der Sanierung beteiligt
sind, zusammengefaßt werden. Hierzu sollten aber auch "Kontakträume für Lern-
vorgänge in der Bevölkerung in bezug auf die Planung, für Ausstellungen, Infor-
mations- und Diskussionsveranstaltungen" gehören. (Duntze 1977a, 198) Die
Idee von der Stadterneuerung als Gesellschaftserneuerung sollte mit hier angesiedelten Experimenten alternativer Wohnformen, neuer Beziehungs- und Bildungs-
felder und anderer Produktionsweisen (auf der handwerklichen Basis) entsprochen
werden.

5 Jahre später - Bethanien wurde inzwischen zum Künstlerzentrum, das vor allem
überörtliche Funktionen wahrnimmt - schildert Klaus Duntze die Situation in
Kreuzberg in einem Referat ("Der Wohnwert alter Stadtquartiere"):

"Das Leben dieses alten Stadtquartiers gleicht dem Leben eines zum Tode Verurteilten zwischen Urteilsspruch und Hinrichtung. ...der Kontrast zwischen den
alten und den neuen Quartieren samt den apokalyptischen Perspektiven für ein
Altern der neuen Quartiere sprechen für eine Orientierung am Wohnwert des Wert-
losen, am Quartierswert, wie er sich in dieser Spanne zwischen Abschreibung
und Exekution entfaltet. Und diese Absurdität ist eine Absurdität unserer Gesellschaft: daß der ökonomische Out-topos sich als Utopie größerer Menschlich-
keit präsentiert, wo geschichtliches Leben in den Dimensionen von Vergangenheit, Gegenwart und Zukunft wenn auch gedemütigt, pervertiert und beschädigt,
aber immerhin möglich ist." (Duntze 1975a, 1 u. 5) Hieraus folgt die Kernfra-
ge, wie ein solches Stadtquartier weiterleben kann, ohne daß der Slum von SO36
der Preis für Kommunikation und finanzielle Entlastung ist. Ohne diese Frage
hier zu beantworten, eröffnet die Analyse K. Duntzes im Ausschreibungstext des
Wettbewerbs die Möglichkeit, auf Vorzügen und Mängeln eines Quartiers aufbauend, einen Weg der Erneuerung zu suchen.

Noch soll es aber zwei Jahre dauern, bis es zur Ausschreibung des Wettbewerbs
"Strategien für Kreuzberg" kommt.
Die Problematisierung der Ausgangsposition und die Programmformulierung werden
überwiegend vom Bezirksamt Kreuzberg, dem Abgeordneten Gerd Wartenberg und vor
allem vom Kirchenkreis Kreuzberg mit Klaus Duntze als einem der wesentlichen
Initiatoren geleistet. Eine Voraussetzung für die Erarbeitung des Konzepts war
dabei, daß 1975 von der evangelischen Kirche ein "Ausschuß für Fragen der
Stadtveränderung und Gemeindeplanung" und die Beauftragung und Freistellung
eines Pfarrers (K. Duntze) für diesen Aufgabenbereich beschlossen wurde. Damit
wurde eine Verankerung von stadtbezogener Arbeit geschaffen.
Das Strategien-Konzept ist zum Zeitpunkt der Ausschreibung also nicht direkter
Ausdruck der Bedürfnisse der (noch) nicht artikulationsfähigen Bevölkerung des
Quartiers. Die Formierung einer Vertretung von Betroffenen vor der Ausschreibung, von der ja gerade Initialwirkung erhofft wird, hat auch - bedingt durch
die massiven gesellschaftlichen Zwänge - wenig Aussicht auf Erfolg. Dieser Nachteil wird dadurch relativiert, daß Klaus Duntze aufgrund seiner intensiven
Kenntnis des Gebietes und seiner Bewohner ein glaubhafter und engagierter Vertreter der Betroffenen-Interessen ist. Für den Verlauf des Verfahrens besteht
die begründete Hoffnung, daß das Strategien-Konzept von einer breiten Basis im
Quartier getragen und weiterentwickelt wird - vorausgesetzt, daß die lange enttäuschten und mißtrauisch gewordenen Bürger Vertrauen in die öffentliche Hand
gewinnen und behalten können.

2.2 Wettbewerb

Ausgabe der Ausschreibung bis zur Auswahlentscheidung der Projektkommission
Konflikte um Feuerwache und Pumpenhaus

3.3.77   Offizieller Beginn des Wettbewerbs "Strategien für
                                Kreuzberg", der vom Senator für Bau- und Wohnungswesen
                                (Auslober) in Zusammenarbeit mit verantwortlichen Po-
                                litikern und der Berliner evangelischen Kirche getra-
                                gen wird. Das Konzept des Wettbewerbs ist das Ergebnis
                                mehrerer Versuche von Klaus Duntze, einen neuartigen
                                Prozeß der Stadtsanierung zu initiieren. "1976 gelang
                                es ihm, den damaligen Bundesbauminister Ravens und den
                                Berliner Bausenator Harry Ristock für das Vorhaben ei-
                                nes offenen Ideen-Wettbewerbs zu gewinnen, mit dem die
                                Öffentlichkeit dazu aufgefordert wird, Vorschläge für
                                die Erneuerung von SO36 zu machen, und der gleichzei-
                                tig die Möglichkeit bietet, auch breite Teile der Be-

völkerung an diesem Erneuerungsprozeß zu beteiligen...
Vom Sommer 1976 an tagte in unregelmäßigen Abständen
eine Arbeitsgruppe unter Beteiligung von Mitgliedern
der Senatsbauverwaltung, der Bezirksverwaltung, Kreuzberger Politikern sowie des DIfU, die die Ausschreibung
vorbereiteten." (Kleimeier/Kopetzki/v. Tiedemann 1979,
5 u. 6)

Wettbewerbs-
konzept

Ergebnis ist ein zweistufiges Verfahren, bei dem von
den eingereichten Vorschlägen zur ersten Phase ein Teil
für die Erprobung vor Ort während der zweiten Phase ausgewählt werden soll. Ein zentrales Element dieses Modells ist die Einrichtung einer Projektkommission (PK)
als Jury, die aus 34 Mitgliedern besteht: ein Drittel
davon stellt das Bezirksamt Kreuzberg und der Berliner
Senat; zwei Drittel wurden aus den Bewohnern des Quartiers - entspr. Vorschlägen von aktiven Gruppen und
Personen - ausgewählt.(Genauere Darstellung des Auswahl-
verfahrens im Kapitel 3.) Aufgabe der PK ist es, in
den beiden Wettbewerbsphasen die von den Wettbewerbsteilnehmern eingereichten Arbeiten zu überprüfen und
zu beurteilen. Wie sich bald zeigen wird, begnügt sich
die Kommission nicht mit dieser Funktion, sondern nimmt
von Anfang an eine Art politisches Mandat in Anspruch.
"Die fachliche und organisatorische Zuarbeit für die
PK leisteten zum einen die Vorprüfer (Vorbereitungsgruppe) und zum anderen der vom Auslober benannte Koor-
dinator des Wettbewerbs mit seinem Quartiersbüro."
(Böttcher u.a. 1978, 64)
Zu Beginn der Ausschreibung sind (neben den Bearbei-
tungshonoraren von 160.000,- DM für die auszuwählenden
Arbeiten) 30.000,- DM für das Projekt bewilligt.
Darüber hinaus gibt es keinen gesicherten Etat für die
Strategien. Die Ausschreibungsbroschüre ist finanziert;
bei allen neu auftretenden Sachkosten herrscht jedoch
große Unsicherheit. (vgl. Kleimeier/Kopetzki/v.Tiede-
mann 1979, 15)

4.3.77

Ausschreibung des Wettbewerbs in der regionalen und
überregionalen Presse

31.3.77
Auswahl der
Mitglieder
der PK

Erste Veranstaltung der "Strategien für Kreuzberg", zu
der 160 Kreuzberger eingeladen sind; von den 69 Bewohnern, die der Einladung folgen, werden die bürgerschaftlichen Mitglieder und Stellvertreter der PK durch
Losverfahren gewählt. "Die große Anteilnahme und die
lebhafte Diskussion auf der ersten vorbereitenden
Sitzung der PK zeigen, daß das Auswahlverfahren der
Redaktionskonferenz sich als pragmatisch und praktikabel erwiesen hat." (Kleimeier/Kopetzki/v.Tiedemann
1979, 2).

Organisation/
Öffentlich-
keitsarbeit

Bis Ende März sind bereits 1.000 Ausschreibungsbroschü-
ren abgeholt worden; allein die Registrierung der Interessenten absorbiert annähernd die gesamte Arbeitskraft der vier offiziell eingestellten Mitarbeiter; es
existiert noch keine Organisationsstruktur, um den Informationsbedarf, der durch die Ansprache einer breiten
Öffentlichkeit entstanden ist, zu befriedigen. Besonde-

res Informationsdefizit besteht für die große Gruppe der Ausländer (3o %) im Projektgebiet: die Ausschreibungsbroschüre lag nicht in türkischer Sprache vor - ein Versäumnis, das durch eine Flugblattaktion im April etwas ausgeglichen werden soll; das Interesse der türkischen Einwohner am Wettbewerb bleibt aber nach wie vor gleich Null.

19.4. Artikel im "Abend" 23.4. SFB-Sendung 28.4.1977	Noch bevor sich die PK zu ihrer ersten konstituierenden Sitzung trifft, wird in den Medien auf zwei Ereignisse hingewiesen, die sich nachhaltig auf das gesamte Verfahren auswirken sollen: - drohender Abriß eines stillgelegten Pumpenwerks und einer Feuerwache im Block 145, d.h. im Projektgebiet - Bereitstellung von Sondermitteln für SO36.

Konstituierende Sitzung der PK: die Arbeitsfähigkeit des Gremiums wird hergestellt (Mitgliederzusammensetzung, Wahl von 3 Sprechern; Finanzierung bleibt offene Frage)

4.5. 5.5. Konflikte Feuerwache/ Pumpe	Beginn der Abrißarbeiten im Block 145 "Eine BI (die in der Feuerwache eine Art Stadtteilzentrum für Aktivgruppen aufzubauen begonnen hat, d.V.) besetzt die Feuerwache. Es finden intensive Verhandlungen mit dem Bezirksamt statt, das zusichert, daß ein Abriß nicht vor der nächsten Sitzung der PK stattfinden wird. Der Versuch der FDP im Bauausschuß, mit einer endgültigen Entscheidung bis zum Ende des Wettbewerbsverfahrens zu warten, findet keine Mehrheit." (Kleimeier/Kopetzki/v.Tiedemann 1979, 24)

9.5.	Abrißgenehmigung für die Feuerwache liegt vor.
12.5.	Trotz Protestmaßnahmen wird das Pumpenwerk unter Polizeieinsatz abgerissen. Die PK spricht sich am gleichen Tag mehrheitlich für den Erhalt der Feuerwache als Stadtteilzentrum aus. Planung und zukünftige Nutzung sollen mit der Verwaltung diskutiert werden, wenn nicht die Arbeit der PK zur Farce degradiert werden soll.

Bezirksamt Kreuzberg beschließt, den Abriß der Feuerwache zurückzustellen.

13.5. Abgabetermin der Wettbewerbsarbeiten	129 Wettbewerbsarbeiten werden eingerichtet, insgesamt sind 4ooo Ausschreibungsbroschüren angefordert worden. "Die Form der Arbeiten reichte vom handgeschriebenen Brief älterer Bürger aus dem Quartier bis zu ausführlichen Exzerpten wissenschaftlicher Arbeiten von Studenten, vom Profil-Planentwurf bis zu Wandzeitungen von Bürgerinitiativen.

Die Inhalte der Arbeiten konzentrieren sich auf folgende Bereiche:

Bürgerbeteiligung	26 %	
Städtebauliche Konzepte	17 %	- 7o %
Bürgerbeteiligung und städtebauliche Konzepte	27 %	
Detailvorschläge zu Einzelprojekten	25 %	
Sonstige	8 %	

Eine "Soziologie" der Teilnehmer wird durch die nur unvollständig vorliegenden persönlichen und beruflichen

Daten erschwert. Die Zuordnung zu bestimmten Berufs-
gruppen ergibt dennoch eine gute Übersicht über die
qualifikationsbezogene Teilnehmerstruktur:

Architekten/Planer	36 %
Sozialwiss./Sozialpäd.	14 %
sonstige Wissensch.	5 %
Andere	3 %

Regionale Zuordnung: die meisten Teilnehmer kamen aus
Berlin (71 %). Die Teilnehmerquote des Quartiers S036
lag bei 12 %.

Berlin SO 36	17 %	
Bln.-61 Kreuzberg	1o %	71 %
andere Bezirke	49 %	
Westdeutschland	19 %	
Ausland	1o % "	

(Boettchner u.a. 1978, 65
Für die Weiterarbeit in der PK (Vorstrukturierung des
umfangreichen Materials und Vorbereitung der Diskussion
wird eine interdisziplinäre Vorbereitungsgruppe aus 6
Fachleuten gebildet.

19.5.1977

Sechsstündiger Informationsrundgang durch das Projektgebiet unter großer öffentlicher Beteiligung.

25.5.
Auseinander-
setzung
Feuerwache

Beim Verwaltungsgericht geht ein Antrag von zwei An-
wohnern auf eine einstweilige Anordnung gegen den Abriß der Feuerwache ein.
Die PK befürwortet mit einer knappen Mehrheit (überwiegend Stimmen aus der Verwaltung) den Abriß der
Feuerwache, was große Betroffenheit bei den bürgerschaftlichen Mitgliedern auslöst: "Von nun an ist das
Verfahren durch mehrere Widersprüche gekennzeichnet:
- das Mißtrauen der Bürger gegenüber Verwaltungsange-
  hörige sowie Kommissionsmitgliedern, die aufgrund
  von parteipolitischen Bindungen oder ihrer Nähe zur
  Verwaltung die Entscheidung für den Abriß der Feuerwache gedeckt haben;
- dem Unbehagen gegenüber der Vorgehensweise des Bezirksamtes
- der Unsicherheit, inwiefern die Kommission überhaupt
  zu einem ernstzunehmenden Entscheidungsorgan werden
  kann;
- Lektüre und Bewertung von 129 Arbeiten innerhalb
  weniger Wochen nach einem Bewertungsverfahren, dessen Kriterien noch nicht geklärt sind". (Kleimeier/
  Kopetzki/v.Tiedemann 1979; 28)

Anfang Juni
Investitionspro-
gramm WAP

Nachdem im Mai 592 Mio DM als Investitionsschub für
die Berliner Bauwirtschaft bis 198o in Aussicht gestellt worden sind (ein großer Teil soll noch im laufenden Jahr ausgegeben werden), legt die neue Stadt-
regierung unter D. Stobbe das sog. "Wertausgleichsprogramm" (WAP) für die Verwendung der Investitions-
millionen vor. "Danach ist es von strategischer Bedeutung von Berlin, die Lebensverhältnisse der Stadt
auszugleichen"(Kleimeier/Kopetzki/v.Tiedemann 1979,
3o), d.h. insbesondere die lange vernachlässigten
Bezirke Neukölln, Wedding, Tiergarten und Kreuzberg
sollen vorrangig mit Mitteln bedacht werden. Für S036

wird die Zusage von 7o Mio DM aus dem ZIP gemacht; nach den Vorstellungen von Bausenator Harry Ristock sollen 3o Mio DM Privatkapital zusätzlich mobilisiert werden. Für die Finanzierung des Strategien-Verfahrens sind inzwischen 1oo.ooo DM für den "anerkannten Modellversuch" von seiten des Bundes und weitere 9o.ooo DM von seiten des Landes Berlins zugesagt.

9.-11.6.77

Präsentation der Zwischenergebnisse der Strategien während des Deutschen Evangelischen Kirchentages.

14.6.77
Abriß der Feuer-
wache

Abriß der Feuerwache unter massivem Polizeieinsatz, wenige Stunden bevor das Oberverwaltungsgericht (OVG) endgültig über die einstweilige Anordnung entschieden hat. Dieses willkürliche Vorgehen macht deutlich, daß der Bezirk offenbar nicht bereit war, seine Planungen zur Disposition zu stellen, "obwohl die der PK präsentierten Verwaltungspläne unter den kritischen Fragen der Bürger deutlich an Überzeugungskraft verloren hatten". (Boettcher u.a. 1978, 67)

Folgen der Abriß-
maßnahmen

Neben den Protesten des vorsitzenden Richters am OVG und einem Abwahlantrag der Kreuzberger FDP gegen Bezirksbürgermeister (SPD) und Baustadtrat (CDU) hat der Abriß eine schwere innere Krise in der PK (ihr gehörten sowohl der Bürgermeister wie auch der Baustadtrat an) zur Folge:
- gestörtes Vertrauensverhältnis zwischen den "Fraktionen" der PK (zwei der drei Vorsitzenden ziehen sich zeitweilig zurück)
- massive Zweifel an der Durchsetzungskraft der PK gegenüber den eingefahrenen Entscheidungsprozeduren der Bürokratie
- drohender Prestigeverlust der Bürger in der PK durch die zweite Abrißmaßnahme.
Die PK kann sich jedoch mit Erfolg aus diesem Treff herausarbeiten, indem sie folgende Maßnahmen durchsetzt:
- Mitbestimmung bei dem Einsatz der ZIP-Mittel im Quartier (2o % müssen 1977 bereits festgelegt sein)
- Herausgabe der Wettbewerbsarbeiten an die Mitglieder der PK, damit diese auch zu Hause gelesen werden können (eine wichtige Forderung, um den Anforderungen des Wettbewerbs nachkommen zu können)
- Mißtrauensantrag an den Baustadtrat, der das Vertraulichkeitsgebot der PK verletzt hat
- Alle Strafanträge, die im Zusammenhang mit der Besetzung und Räumung der Feuerwache vom Bezirksamt gestellt wurden, werden zurückgezogen.

28.6.77
BI "Stammtisch"

Gründung der BI "Stammtisch" - Forum der oppositionellen bürgerschaftlichen Mitglieder der PK und eines Teils der Quartiersöffentlichkeit; hier werden eigenständige Maßnahmen - z.T. im Widerspruch zum Strategien-Verfahren - ergriffen. Der "Stammtisch" entwickelt sich bald zu einer ernstgenommenen politischen Institution im Quartier, dokumentiert auch durch einen Besuch des Senatsdirektors, bei dem er einen Plan mit Schwerpunktbereichen des ZIP-Einsatzes vorlegt und das dringende Erfordernis von Substanzuntersuchungen be-

tont. Um Bedenken der Bürger zu zerstreuen, sollen
"Architekten des Vertrauens" genannt werden.

Ende Juli

Obwohl die erste Wettbewerbsphase bis zum 16.8. verlängert wurde (ursprünglicher Abgabetermin: 27.5.), gerät das Verfahren der Auswahlentscheidung unter ungeheuren Zeitdruck, der eine gründliche Auseinandersetzung mit den Sachfragen und die Diskussion eines geeigneten Kriterienkatalogs in der PK erheblich erschwert. Eine zusätzliche Belastung - insbesondere für das Zeitbudget der bürgerschaftlichen PK-Mitglieder, die den enormen Arbeitsaufwand für das Strategien-Verfahren in ihrer Freizeit bewältigen müssen - stellen die Aktivitäten um den ZIP-Mitteleinsatz dar (Einsatz eines Planungskoordinators, große Hauseigentümer-Versammlung, Dringlichkeit von Substanzuntersuchungen).

16.8.77
Auswahlentschei-
dung der PK

Nach einem äußerst konzentrierten Arbeitsprogramm schließt die PK mit der Prämierung von 11 Arbeiten (7 Arbeiten mit Gesamt-, 4 Beiträge mit Teilauftrag) den ersten Teil ihres offiziellen Auftrags ab. "Dabei ist es ihr gelungen
- als Jury, die überwiegend aus Bewohnern des Quartiers besteht, arbeitsfähig zu bleiben und aus einem sehr umfangreichen Angebot unterschiedlichster Wettbewerbsbeiträge eine Auswahl zu treffen,
- ihren Anspruch auf Mitsprache bei wichtigen Fragen der Stadtteilentwicklung zu sichern,
- für ihre Arbeit die Unterstützung von Fachleuten, Mitarbeitern der Verwaltung und einem Teil der Berliner Presse zu gewinnen." (Kleimeier/Kopetzki/v.Tiedemann 1979, 45)

17.8.77

Pressekonferenz, bei der die prämierten Arbeiten vorgestellt werden. Bausenator Ristock sieht als wertvollsten Ansatz, den das Verfahren bisher einbrachte, "daß die Verwaltung flexibel reagiert". Er drängt darauf, daß möglichst schnell Investitionsentscheidungen gefällt werden, um nicht "den Schwung durch endlose Debatten zu verlieren". (SenBauWohn: Presseerklärung zu den "Strategien für Kreuzberg") Die Mitglieder der PK legen "Empfehlungen" vor, die eine kritische Würdigung der jeweiligen Arbeit, Ausgrenzung von Teilaspekten, Schwerpunktsetzungen, gute Vorschläge aus nicht prämierten Arbeiten (Vorschlagsliste), sowie Ratschläge zur Zusammenarbeit mit anderen Projektgruppen, der PK und der Bevölkerung im Quartier enthalten, und sie betonen nochmals ihren Mitwirkungsanspruch.

Schwerpunkt:
Ziele/Interessen zu Beginn des Wettbewerbs

"Allgemeines Ziel der Ausschreibung ist es, Perspektiven vor allem für eine soziale, wirtschaftliche und städtebauliche Neuordnung des Gebietes zu entwickeln, an deren Ausarbeitung und Durchführung alle Gruppen der Bevölkerung entsprechend ihren Interessen und Bedürfnissen zu beteiligen waren.
Zentrales Anliegen der Neubelegung ist die Entwicklung von Modellen der Bürgerbeteiligung, die folgenden Anforderungen gerecht werden sollen:

- Die Beteiligung der <u>gesamten</u> Bevölkerung;
- Die Beteiligung in frühen Planungsstadien;
- Der Bevölkerung zu ermöglichen, das Gebiet und dessen Probleme als ihre eigenen anzunehmen (Identifikation)." (SenBauWohn 1977a, 3)

Diese umfassende und noch recht allgemein gehaltene Zielsetzung des Wettbewerbs ist in der Ausschreibungsbroschüre als Strategievorstellung ausgewiesen, der sich die beteiligten Verfasser einheitlich anschließen. Im folgenden werden "Einzelne Vorstellungen von zum Teil konträren Zielen und Strategien" - ausgewiesen nach den verschiedenen Verfassern - dargestellt. Hier werden erste Widersprüche und mögliche Konflikte deutlich, die über die konsensfähige Forderung nach einer "behutsamen baulichen Erneuerung des Quartiers ohne Vertreibung der angestammten Bevölkerung" (Duntze 1978b, 8) hinausgehen:

● Ziele/Interessen des Senats

Wie im Zusammenhang mit allgemeinen und besonderen Handlungsvoraussetzungen und internen Kriterien dargestellt wurde, kommt für den Senat ein "Aufgeben" des Quartiers nicht in Frage. Da bei den gegebenen Handlungsvoraussetzungen ein umfassendes städtisches Programm zur Erneuerung nicht finanzierbar ist, sollen Vorschläge und Maßnahmen auf Aktivierung von Bewohnern, privaten Kapitaleignern und öffentlicher Hand ausgerichtet sein.
Der Erfolg des Projektes wird hiernach also wesentlich davon abhängen, wieweit die im Gebiet schlummernden Innovationsmöglichkeiten - hier vor allem die Mobilisierung von Privatkapital - (re-)aktiviert werden können.

Nach langer planerischer Vernachlässigung von seiten des Senats wird im Sommer 77 wieder an städtebaulichen Konzepten für das Projektgebiet gearbeitet (Wobei der Wettbewerb "Strategien für Kreuzberg" initiierend gewirkt hat). "Es wird deutlich, daß das Projekt abläuft, ohne daß die einzelnen Abteilungen der Senatsverwaltung bisher klare Zielvorstellungen entwickelt, noch diese untereinander zu einem gemeinsamen Planungskonzept vereinheitlicht hätten.
Folgende Grundpositionen werden diskutiert: (v.Tiedemann 1977, 28)
●" Die Abteilung räumliche Planung/Stadtentwicklung beim SenBauWohn arbeitet an einem räumlichen Entwicklungsmodell für Berlin. Außer einer Vorentscheidung zu einem "Konzentrationsmodell" lassen sich konkrete Konsequenzen für einzelne Teilbereiche der Stadt nach zweijähriger Arbeit noch nicht ableiten. "Das Projektgebiet SO36 wird als Teil des Großbereiches "Innenstadt" definiert, für den wiederum allgemeine "Maßnahmen zur Mängelbeseitigung" beschrieben werden." (v. Tiedemann 1977, 29).

● Konkretere Vorstellungen werden vom Referat für Stadtentwicklung geäußert: "Die Stellungnahme der Entwicklungsplaner zeichnet sich dadurch aus, daß sie deutlich die Überlegungen darstellt, die angesichts des Berliner Bevölkerungsrückgangs für die Gesamtstadt naheliegen: Die Bevorzugung eines von der Substanz her schlechtesten Gebiete kann dazu führen, daß substanziell bessere Gebiete, die kostengünstig zu erneuern wären, in einen ähnlichen Prozeß geraten wie bislang SO36. Das Papier unterstreicht darüber hinaus, daß die Entscheidung über einen Stadtbereich nur möglich ist auf der Grundlage eines politisch abgestimmten Entwicklungskonzeptes für die Gesamtstadt." (v. Tiedemann 1977, 31)

● Die Sanierungsplanung geht davon aus, daß die Anwendung des StBauFG im Projektgebiet langfristig unumgänglich ist.

Obwohl das Strategien-Konzept zu Beginn in ein planerisches Vakuum stößt, entwickelt sich bei den Senatsstellen schon sehr frühzeitig die Gewißheit, daß ZIP-Mittel in sehr großem Umfang eingesetzt werden sollen (eine Maßnahmenplanung für den Einsatz der Mittel läuft bereits im Sommer 77 - noch vor Ablauf der ersten Wettbewerbsphase). Wie sich später noch zeigen wird, kann der Senat durch die ZIP-Modernisierung die Mieten hochtreiben und so eine Angleichung der Altbaumieten an die des sozialen Wohnungsbaus zur langfristigen Vermietbarkeit der Neubauviertel erreichen. "Was Ergebnis seiner Stadtpolitik ist, gibt er als einen Quasi-Natur-Prozeß aus: Die Verminderung und Verschiebung der Stammbevölkerung..." (Duntze 1978b, 8) entsprechend einer Einwohnerzielplanung von 140.000 bis 130.000 für den Bezirk Kreuzberg.

Die senatseigene Berliner Wohnungsbau-Gesellschaft (BeWoGe) hat auf Weisung des Senats die schlechtesten Häuser in den Haberkern-Blöcken als Abrißobjekte erworben (1/3 der Liegenschaften). Obwohl sie keine absehbare Chance hat, ihren Altbaubesitz abzureißen und mit Sanierungsmitteln durch Neubauten ersetzen zu dürfen, wird die Instandsetzung/-haltung weiterhin unterlassen, neue Mietverträge werden nicht abgeschlossen, und die Hinterhäuser bleiben seit Jahren unvermietet. Für die Wohnungsbaugesellschaften bleibt die "Gefahr" verlorener Investitionen im Gebiet und ungesicherter "Rentabilität" der bisherigen Sanierungen, wenn direkt daneben der "Slum" beginnt. (vgl. Duntze 1977a, 19)

● Ziele/Interessen des Bezirks Kreuzberg, der Bezirksverordnetenversammlung und der Verwaltung Kreuzberg

Das Konzept des Bezirks zielt auf "Schaffung der Wertgleichheit der Lebensräume durch Aufarbeiten der bestehenden Versorgungsdefizite im Hinblick auf eine erwartete reduzierte Bevölkerungszahl" (um 1/3; vergl. Ausschreibungsbroschüre) ab. Der Bezirk hat eine mittelfristige Investitionsplanung vorgelegt, deren Einhaltung zwar - nach Aussagen von K. Duntze - für den Wettbewerb zur Disposition steht, doch die Auseinandersetzungen um Pumpe und Feuerwache zeigen, wie schwierig es ist, bestehende Verwaltungsentscheidungen wieder rückgängig zu machen. Es wird eine wichtige Voraussetzung für das Gelingen des Strategien-Verfahrens sein, wieweit die Verwaltung tatsächlich bereit sein wird, ihre herkömmlichen Rechte (Befugnisse, Hoheiten) in Frage zu stellen. Bezirk und Senat haben dezidiert für eine Selbstorganisation der Bürger gesprochen und die Bereitschaft und den Wunsch erklärt, mit ihr zusammen zu arbeiten. Für diese Zusage - wie auch für alle Ergebnisse des Strategien-Experiments - besteht keine Verbindlichkeit für die öffentliche Hand, außer dem gesetzten "Vertrauen auf die Freiwilligkeit der Einsicht des Apparats". (Duntze 1977a, 18)

● Ziele/Interessen Kirchenkreis Kreuzberg

Der Kirchenkreis Kreuzberg spricht sich für "Beheimatung als Ziel der Neubelebung" aus. "Hält man die Identifikation von Menschen mit ihrer Gegend für lebenswichtig, dann ergeben sich die Voraussetzungen für die Kriterien einer Neubelebung aus der Gegend selbst." Der Kirchenkreis ist entschieden gegen:
- Senkung der Bebauungsdichte und die damit verbundene Reduzierung der Einwohnerzahl
- spürbare Auslagerung von Gewerbebetrieben (Zerstörung der "Kreuzberger Mischung")
- Entkernung der Straßenblocks (Auflösung der Nachbarschaften),
weil damit eine Zerstörung der bestehenden städtebaulichen und sozialen Struktur verbunden wäre. Zentrales Anliegen für den Kirchenkreis ist die Entwicklung von Modellen, die über die rein bauliche Planung hinausgehen, und deren Realisierung unter Beteiligung aller Bevölkerungsgruppen.

● Ziele/Interessen der Bewohner von SO36

Für die Darstellung der Ziele und Interessen der Bewohner von SO36 besteht zu Beginn des Verfahrens die paradoxe Situation, daß sie sich nicht selbst zur Ausschreibung des Verfahrens äußern, obwohl gerade die Interessen der Betroffenen im Zentrum des Strategien-Konzepts stehen sollen.
Ihre jeweilige Betroffenheit dokumentiert sich in ihren konkreten Lebensverhältnissen und der Massierung von gesellschaftlichen Zwängen, die es verhindern, daß die Probleme transparent und damit artikulierbar werden. (Die Notwendigkeit von Modellen zur Entwicklung der Artikulationsfähigkeit wird hier deutlich). Zur Darstellung wesentlicher Interessen von noch nicht artikaltionsfähigen Bevölkerungsteilen muß deshalb die Analyse eines engagierten Vertreters (K. Duntze)

zugrunde gelegt werden (zur Situation der Betroffenen s. Kap. 3.):
● Mieter
Die Interessen der Mieter sind auf eine bezahlbare Wohnung in einer ihnen vertrauten und attraktiven Wohngegend gerichtet. Voraussetzung dafür soll ein diffe-
renziertes Wohnraumangebot nach einer "Modernisierung nach Maß" (mit Möglichkeiten der Selbsthilfe) sein.
● Ausländer
Bei einer von Senat und Bezirk vorgesehenen Bevölkerungsreduzierung auf ca.
2/3 der jetzigen Einwohnerzahl besteht für die Ausländer hohe Wahrscheinlichkeit, daß sie diejenigen sein werden, die gehen dürfen (seit 1976 besteht Zuzugsstop für Ausländer nach SO36). Die Ausländer gelten als diejenige Gruppe,
die am wenigsten für die Zukunft des Gebietes zu motivieren seien: sie stellen
geringe Ansprüche an Wohnqualität;
wegen ihres relativ kurzen, ungesicherten Aufenthalts haben sie kaum Interesse
an einer dauerhaften Veränderung ihrer Wohnsituation.
Sicherlich geht ihr Interesse aber dahin, im Verbund mit ihren Landsleuten zu
leben - eine mögliche Voraussetzung für Engagement an der Verbesserung der
Wohn- und Kommunikationsverhältnisse, insbesondere dann, wenn Aussicht darauf
besteht, daß sie nicht als Abrißmieter von einer Wohnung in die andere "verschoben" werden.
● Haus- und Grundbesitzer
Die Haus- und Grundbesitzer sehen sich zunehmenden Problemen gegenüber, weil
die langfristige Vermietbarkeit ihres Eigentums in einem Quartier, das nur noch
als Abschreibungsgebiet gilt, mehr und mehr abnimmt. Da es ihnen nicht gelingen
kann, den wirtschaftlichen Marktwert ihrer Liegenschaften zu sichern, wenn sie
ihr Haus in einer "verrotteten" Umgebung modernisieren, wäre es denkbar, sie
als Gruppe für die Erneuerung des Quartiers zu gewinnen. Ein großer Teil der
Liegenschaften in SO36 ist noch in privater Hand - dem Haus- und Grundbesitz
kommt demnach eine Schlüsselrolle für Veränderungen im Quartier zu, wobei die
Auswirkungen seiner Aktivitäten auf eine "Modernisierung nach Maß" noch offen
sind.
● Gewerbe
Das Gewerbe profitiert vom vergleichsweise billigen Gewerberaum und von der
Verflechtung der Gewerbeketten. Sein Interesse deckt sich mit dem der Wohnbevölkerung an vielen spezialisierten Kleinbetrieben. "Gleichzeitig besteht ein
elementares Interesse vor allem des Kleingewerbes, durch Reorganisation...
(seiner verschiedenen Produktionszweige, d.V.)... konkurrenzfähig zu bleiben
... Modernisierung von Gewerberaum unter tragbaren finanziellen Belastungen
läßt die Frage nach einem 'sozialen Gewerbebau' stellen... Voraussetzung ist
allerdings, daß die Stadtplanung ihre restriktive Politik gegenüber dem Gewerbe im Ausschreibungsgebiet - wie sie sich im FN-Plan niederschlägt - korrigiert." (SenBauWohn 1977a, 27)

Wie die Darstellung wesentlicher Interessen um die Erneuerung von SO36 zeigt,
besteht einerseits bei allen Gruppen der Wunsch nach Veränderung - andererseits werden jedoch zahlreiche Widersprüchlichkeiten für die Durchführung der
Erneuerung deutlich (und damit der Zwang zu einer Abstimmung der Interessen
und zu Kompromissen):
● Der Senator für Bau- und Wohnungswesen sieht in dem Projekt vor allem einen
für ihn unverbindlichen Ideenwettbewerb mit Schwerpunkt im sozialen Bereich
- wobei die Konzepte der Verwaltung nur am Rande berührt werden.
● Das Bezirksamt hält Entkernung und "Ausdünnen" der Bevölkerung für notwendig - ohne die Gefahr einer Zerschlagung der "Kreuzberger Mischung", die das
Leben im Quartier noch erträglich macht, einzukalkulieren.
● Die Initiatoren sehen hier die Möglichkeit, zu einem alle Planungsbereiche
umfassenden Verbesserungskonzept zu gelangen, in dessen Rahmen dann als Ergebnis von Beteiligungsverfahren etwa auch Planungen der sozialen Infrastruktur
entwickelt werden können.

Der grundsätzliche Konflikt, den die verschiedenen Auffassungen in sich tragen, bleibt neben anderen Interessendivergenzen ungelöst. "Zum Beispiel: gibt es einen Mietpreis, der die Investitionsbereitschaft der Hausbesitzer weckt (sofern sie überhaupt etwas investieren können) und zugleich für die derzeitigen Bewohner noch finanziell verkraftbar ist? Wie sind diejenigen Hausbesitzer, die von der sozialen Diskriminierung vor allem der Ausländer leben (Dualisierung des Wohnungsmarktes), ansprechbar, wenn sie nach Instandsetzungs- und Modernisierungsinvestitionen kaum eine höhere Miete realisieren könnten, als jetzt durch die Vermietung an Ausländer?" (Duntze 1977a, 2o)

Es ist ein Verdienst der Ausschreibung, verschiedene Zielvorstellungen und ansatzweise die damit verbundenen Interessen benannt zu haben. Indem - abgesehen von den konsensfähigen allgemeinen Vorstellungen - keine einheitliche, geschlossene Zielsetzung genannt wird, was ein Widerspruch "in sich wäre, weil das Strategien-Verfahren ein Zielfindungsprozeß mit der damit verbundenen Austragung von Interessenkonflikten sein soll.

Die Qualität des Strategien-Modells wird sich daran zeigen, inwieweit damit tatsächlich ein Prozeß eingeleitet wird, der vor allem die Interessen zu Wort kommen läßt, die traditionell bei Stadterneuerungsprozessen unberücksichtigt bleiben.

Zu Beginn des Verfahrens erleichtert die Leerformelhaftigkeit der allgemeinen Zielsetzungen, sich auf eine generelle Marschrichtung zu einigen. Während der ersten Wettbewerbsphase brechen die nicht ausgetragenen Konflikte jedoch schon auf. An den Auseinandersetzungen um Feuerwache und Pumpe wird deutlich, wie wichtig ein gut funktionierender Beteiligungsmechanismus (BI, PK) ist, um wenigstens eine Offenlegung von Konflikten zu garantieren.

2.3 Erprobung der prämiierten Wettbewerbsergebnisse

__Aufgabenstellung der ausgewählten Projektgruppen und deren Arbeitseinsatz im__
__Quartier bis zur abschließenden Stellungnahme der PK.__

19.8.-4.9.77	Abschluß der ersten Wettbewerbsphase und Einleitung der Erprobungsphase stellen die Kreuzberger Festlichen Tage" dar, bei denen die Ergebnisse des Wettbewerbs ausgestellt und diskutiert werden.
Ausgangsbedingungen für die Weiterarbeit	Für die Strukturierung der Erprobungsphase besteht über die "Empfehlungen" der PK hinaus keine Vorstellung. Im Verlauf des Verfahrens sollte sich zeigen, "daß die sehr anspruchsvolle Auftragsformulierung in keinem realistischen Verhältnis zur vorhandenen Organisationsstruktur, zeitlichen Verfügbarkeit der Gruppen und PK-Mitglieder, den bestehenden Handlungsstrukturen innerhalb der Verwaltung und den ... Geldmitteln stand." (Kleimeier/Kopetzki/v.Tiedemann 1979, 64) Den Projektgruppen wird 6 Wochen Zeit gegeben, um zu den Empfehlungen der PK Stellung zu nehmen. Alle Gruppen machen davon Gebrauch - überwiegend stimmen sie der Eingrenzung ihres Auftrages zu; ein Teil weist jedoch bereits darauf hin, daß der jeweilige Bearbeitungsabschnitt zu umfangreich ist.
1.9.-11.9.77	Das Projekt "Strategien für Kreuzberg" wird mit seinem Anliegen und den vorläufigen Ergebnissen in einem Zelt auf dem Spreewaldplatz ausgestellt. 2ooo Besucher machen von dem Informationsangebot Gebrauch.
1.9.	Der Abwahlantrag der Kreuzberger FDP-Abgeordneten gegen Bezirksbürgermeister Pietschker und Baustadtrat Kliem wird von der Bezirksverordnetenversammlung abge-

lehnt. Zu dem Antrag war es wegen der Vorfälle um den
Feuerwachen-Abriß gekommen.

15.9.77
Beginn der Arbeit
der Projektgruppen
7.1o.

Mit Verabschiedung der "Empfehlungen" durch die PK beginnen die Projektgruppen ihre Arbeit vor Ort. Sie mieten überwiegend leerstehende Läden an und versuchen,
ihre Strategien-Vorschläge in Zusammenarbeit mit den
Bewohnern in realisierbare Modelle umzusetzen.
Die Projektgruppen werden durch Kräfte verstärkt, die
das Arbeitsamt im Rahmen der Arbeitsbeschaffungsmaßnahmen (ABM) zur Verfügung stellt. 22 Pädagogen, Sozialarbeiter, Sozialpädagogen und Architekten-Planer
unterstützen die konzeptionelle Arbeit und helfen,
Kontakte zur Bevölkerung herzustellen. Zu Anfang war
nicht klar, ob die Fachkräfte zur Kontrolle oder zur
Unterstützung eingesetzt wurden - es erweist sich jedoch, daß die meisten Projekte nicht ohne den Einsatz
der ABM-Kräfte durchführbar gewesen wären. Für die Arbeit der Projektgruppen zeigt sich bald, daß die einzelnen Projekte höchst unterschiedliche Realisierungschancen und -fristen haben:
- die Arbeit ist kompliziert und z.T. politisch kontrovers (z.B. Projekt Quartiersrat)
- Projekte können erst anlaufen, nachdem geeignete
Objekte gefunden sind (insbes. bei Projekten zur Modernisierung und Instandsetzung) oder die Bewohner zur
Mitarbeit gewonnen wurden.
- besondere Schwierigkeiten entstehen, weil die "Strategien für Kreuzberg" im Quartier nicht bekannt waren;
so wird die allgemeine Öffentlichkeitsarbeit eine wesentliche zusätzliche und mühsame Aufgabe für die Projektgruppen.
Um diesen Schwierigkeiten Rechnung zu tragen, wird die
zweite Wettbewerbsphase bis Mitte Februar 78 verlängert (ursprünglich war der 1.1o.77 vorgesehen).

9.1o.
Investitionspro-
gramme

Zu den angekündigten Investitionsmaßnahmen der öffentlichen Hand (Wertausgleichsprogramm WAP), Schulentwick-
lungsplan SEP) und (ZIP) wird vom Senat ein Rahmenpro-
gramm mit 4 Schwerpunkten vorgelegt:
- "4ooo Altbauwohnungen sollen modernisiert und instand
gesetzt werden.
- Die Infrastruktur im innerstädtischen Bereich soll
verbessert werden.
- Kulturelles Angebot und Freizeitgestaltung in der
Stadt sollen ausgebaut werden
- Baudenkmäler von "nationaler Bedeutung" sollen erhalten werden. In erster Linie profitiert der Ausbau der Spanndauer Zitadelle davon. Die ZIP-Vorlage
wird momentan im Rat der Bürgermeister beraten.
1978 sollen 255 Mio verbaut werden, der Rest 1979
und 198o."
Weiterer Kommentar von "Die Wahrheit" (Berliner Zeitung): "Das WAP ist kaum mehr als ein längst über-
fälliger Tropfen auf den heißen Stein."

6.1o.77
Auseinander-
setzung mit ZIP

Eine Pressekonferenz, bei der die Vergabe von ZIP-
Mitteln erläutert wurde, führt zu erheblicher Beun-
ruhigung in der PK. Dies bezieht sich vor allem auf

folgende Feststellung: "Mit Vorrang werden die Vorgaben gefördert, bei denen die Modernisierung mit einer
gleichzeitigen 'Entkernung' der Wohnblöcke verbunden
ist. Wegen der dabei entstehenden hohen Kosten... hätten solche Modernisierungsvorhaben bisher nicht durchgeführt werden können, ohne die Mieter und Eigentümer
zu stark zu belasten... . Dieses Konzept steht in direktem Widerspruch zum Konzept einer 'behutsamen Erneuerung' und 'sanften Modernisierung', über das in
der Kommission, zumindest unter den Quartiersbewohnern, Einmütigkeit herrschte." (Kleimeier/Kopetzki/
v.Tiedemann 1979, 119)

Okt./Nov.
verstärkte
Aktivität des
Bausubstanzaus-
schusses

Der Bausubstanzausschuß der PK befaßt sich mit einer
angemessenen Form der Substanzuntersuchungen, die wegen der zunehmenden Zahl von Modernisierungsförderungs
anträgen (inzwischen 65) erforderlich werden. Für die
PK entsteht damit der Widerspruch, "entweder die Intentionen der Strategien zurückzustellen und ein kurz-
fristiges Investitionsprogramm zu unterstützen oder
aber in einer langwierigen Verfahrensweise eine eigene
Position darüber zu entwickeln, wie eine dem Gebiet
angemessene Form der Erneuerung auszusehen habe, damit aber gleichzeitig das Investitionsprogramm zu verzögern." (Kleimeier/Kopetzki/v.Tiedemann 1979, 119)
Aus diesem Konflikt entsteht die Aufforderung an die
Senatsbauverwaltung, einen Auftrag für eine "Untersuchungsmethode S036" zu erteilen, "die sowohl Aspekte
unterschiedlicher Restnutzungsdauer von Objekten, wie
auch Aspekte der Nutzung und sozialen Beziehungen als
Entscheidungshilfe dafür heranzieht, ob und mit welchem Standard ein Haus modernisiert werden soll."
(Kleimeier/Kopetzki/v.Tiedemann 1979, 119)
Es soll allerdings ein Jahr dauern, bis ein entsprechender Auftrag an ein Büro vergeben wird, das von der
Kommission vorgeschlagen wird.
Der Bausubstanzausschuß entwickelt sich zu einem Gremium, in dem strategisch wichtige Fragen diskutiert
werden, die unmittelbar politische Auswirkungen haben.
Zu einem Grundsatzproblem wird dabei die Entscheidung,
ob eine Modernisierungsförderung nach dem ZIP nur möglich sein soll, wenn eine durchgreifende Entkernung
damit verbunden ist.

Nov. 77
Abriß des Hauses
Spreewaldplatz 1o

In diese Zeit fällt die wegen der anstehenden Grund-
satzentscheidungen weniger nachdrücklich geführte Auseinandersetzung um ein leerstehendes, denkmalswertes
Haus, das von der PK als Stadtteilzentrum vorgeschlagen war. Die erteilten Abbruchgenehmigungen können
jedoch nicht rückgängig gemacht werden (hohe Regreß-
ansprüche des Bauherrn); immerhin wird die PK ausgie-
big über Vorgeschichte und Verlauf der gescheiterten
Rettungsversuche informiert. Die Einsicht in "Sachzwänge" schlägt sich jedoch nicht in "Resignation,
sondern in einem Votum für geschärfte Wachsamkeit gegenüber den Abrißbestrebungen im Quartier nieder."
(Boettcher u.a.1978, 67)

24.11.

Die PK fordert für den längerfristigen Einsatz von

ZIP die Erhebung von blockbezogenen Daten und die Entwicklung von Blockkonzepten nach einer geeigneten Methode.

**Dez. 77/
Januar 78
Gründung des ZIP-
Ausschusses**

Gedrängt vom ZIP-Programm versucht die Bauverwaltung,
einige von den Projektgruppen zur Erarbeitung von kurzfristigen Blockkonzepten einzuspannen, was die PK erfolgreich verhindern kann. Aus den Verhandlungen um
Sicherheit der Mitsprache bei der Vergabe und Formulierung von Planungsaufträgen für das Gebiet entsteht dann
der ZIP-Ausschuß - ein Gremium, das ohne parlamentari-
sche Absicherung und Geschäftsordnung die Mitwirkung an
Investitionsentscheidungen sichert.

**Stadtteil-
zeitung
"Südost
express"**

Erscheinen der ersten Ausgabe des "Südostexpress" - von
einer Projektgruppe und dem "Stammtisch" herausgegeben.
Von der PK wird bemängelt, daß er weitgehend ohne die
Kommission und andere Projektgruppen zustande kam und daß
er sich in Frontstellung zu den Behörden begeben hat.

**Anfang Februar
Abschluß der
Arbeiten der
Projektgruppen**

Abgabe der 11 überarbeiteten Strategien-Projekte.
Trotz zahlreicher Schwierigkeiten während der Erprobungsphase konnten die Wettbewerbsbeiträge konkretisiert werden, wenn auch nicht alle Projekte durchfüh-
rungsreif vorbereitet waren. Die Bewertung durch die
PK vollzieht sich ähnlich wie in der ersten Phase. Die
Arbeit in thematisch gegliederten Ausschüssen mündet
in die abschließenden Empfehlungen der PK - als Grundlage für eine Senatsvorlage, die das Quartiersbüro in
den folgenden Monaten ausarbeitet und mit denen die
Projekte haushaltsmäßig abgesichert werden sollen. Die
"Empfehlungen" enthalten wieder ausgewählte Teile aus
den Arbeiten der Projektgruppen, in denen die PK wichtige strategische Ansätze für Verbesserungen im Gebiet
sieht. "Die Empfehlungen der PK bilden insgesamt einen
umfassenden und übergreifenden Maßnahmenkatalog der
"Strategie" für das Quartier, dessen Inhalte bereits
auf Durchführbarkeit und Praktikabilität hin geprüft
ist." (Lang/Richter 1978, 996) Offen ist zu diesem
Zeitpunkt, wie die genannten Forderungen politisch
durchgesetzt werden können und welches Nachfolgegremi-
um für die PK geschaffen werden soll. Auf der Basis der
Arbeit der Gruppe 29 wird die Gründung eines Bürgerver-
eins präferiert; solange eine derartige Nachfolgeorga-
nisation nicht gesichert erscheint, wird die PK nicht
aufgelöst.

April 78

Ausstellung der Ergebnisse des Projektes in einem In-
formationsbus und "Woche der Strategien für Kreuzberg".

Von der Projektkommission wurden 11 Arbeiten prämiert, die hier kurz skizziert werden:

1. STRATEGIEN ZUR BÜRGERBETEILIGUNG

- Arbeit Nr. 10:
Vorschläge zur Unterstützung der Bewohner und Mobilisierung der Aktivgruppen, Vereine, Parteien und sonstiger privater Initiativen im Gebiet für eine gemeinsame Konzeption, die die Intentionen und Zielsetzungen der STRATEGIEN unterstützt.

- Arbeit Nr. 29:
Ein Verein "Stiftung Kreuzberg SO 36" soll Aktivitäten und Initiativen zur Verbesserung der Wohn- und Lebensverhältnisse in SO 36 einleiten und auch Träger von konkreten Maßnahmen (Kauf und Modernisierung von Häusern) sein.

- Arbeit Nr. 67:
"Soziale und materielle Stadterneuerung durch Mitbeteiligung und Selbstverwaltung" Entwicklung eines Modells zur Bürgerbeteiligung (Quartiersrat) zur Gewerbeentwicklung und Freiflächennutzung.

2. SOZIALER UND AUSBILDUNGSBEREICH

- Arbeit Nr. 42:
"Ausbildung und Arbeit für kooperative Stadterneuerung" Projekt zur Berufsausbildung v.a. arbeitsloser Jugendlicher bei Modernisierungsmaßnahmen.

- Arbeit Nr. 45:
"SO 36 oder Harlem?" Integrationskonzept zur Beteiligung der Ausländer in allen Initiativen der weiteren Phasen des Verfahrens unter dem Aspekt der Revitalisierung des Quartiers.

- Arbeit Nr. 47:
"Stadtteilzentrum Kreuzberg" Projekt eines integrierten Angebots von Gesundheitsversorgung, Rechtsberatung und -vertretung, Sozialberatung sowie kulturellen und kommunikativen Einrichtungen.

3. BAULICH-RÄUMLICHE UND FINANZIERUNGSMODELLE

- Arbeiten Nr. 51 und Nr. 52
Alternative Finanzierungs- und Modernisierungsmodelle für die städtebauliche Erneuerung; insbesondere Miterförderung und Vorschläge zur Minimalmodernisierung (Mietermodell und Eigentümermodell).

- Arbeit Nr. 58:
"Nöli, Nöldi, Cem und andere" Mietkaufmodell, dargestellt in Erzählform und eingebunden in eine Familienhandlung.

- Arbeit Nr. 35:
Rund um die Köpenicker Straße" Baulich-räumliche Bestandsaufnahme im Zusammenhang mit den vorgefundenen sozialen und juristischen Tatbeständen. Die Vorschläge für Verbesserungen beziehen bestehende Aktivitäten ebenso ein wie die bisher bekannten Planungen.

- Arbeit Nr. 125:
Der Vorschlag zum Umbau einer Kreuzung wurde ausgewählt, weil er als Demonstrativmaßnahme schnell verwirklichbar scheint und für geeignet angesehen wurde, Maßnahmen im privaten Bereich zu initiieren.

Abb. 1: Übersicht über die prämierten Arbeiten (nach Lang/Richter 1978)

Schwerpunkt:

Die Arbeit der Projektgruppen am Beispiel der Gruppe 52 (Alternative Finanzierungs- und Modernisierungsmodelle)

Die Arbeit der Gruppe 52 wird hier stellvertretend für die anderen prämierten Beiträge des Strategien-Verfahrens dargestellt, weil die auftretenden Probleme typisch für die Arbeit der Projektgruppen in der Erprobungsphase sind (vergl. Kleimeier/Kopetzki/v.Tiedemann 1979) und weil der Vorschlag der Gruppe 52 durch seine Bestandsanalyseproblematik direkter als die anderen Arbeiten unseren Forschungszusammenhang betrifft.

Der Strategien-Beitrag der Gruppe 52 aus der ersten Wettbewerbsphase stellt Ansätze für eine Modernisierung durch Mieter und durch Eigentümer dar. Bei dem Versuch, die Zielsetzungen der Strategien in der Erprobungsphase in die Praxis umzusetzen, werden zentrale Probleme der Substanzverbesserung berührt:

● Erarbeitung von Modernisierungsmodellen, die eine Beteiligung der Betroffenen (Mieter und Eigentümer) sicherstellen

● Alternativen zu den bestehenden Finanzierungsinstrumenten (Modernisierungsrichtlinien, Städtebauförderung, Konjunkturförderung) mit dem Ziel einer "Modernisierung nach Maß"

● Entwicklung und Anwendung von Bestandsanalyseverfahren, die "ihre Kriterien aus dem Gebiet selbst gewinnen"

● Zusammenarbeit mit Verwaltungsdienststellen (hier insbesondere Finanzierungsfachleuten) und mit kommunalen Wohnungsbaugesellschaften, die im Gebiet über Liegenschaften verfügen.

Entsprechend der komplexen Problematik ist der offizielle Arbeitsauftrag an die Gruppe so umfangreich, daß er in der vorgesehenen Zeit nicht zu bewältigen war: neben der Verfeinerung eines Finanzierungsmodells, der Überprüfung der Mitwirkungsbereitschaft von Eigentümern und Mietern und zusätzlich deren Motivierung für die Teilnahme am Projekt war die Überprüfung vor Ort mit einer geeigneten Selbstdarstellung (vor allem gegenüber den Bewohnern) und einer konsequenten Ausrichtung an den Zielen des "Projektes Strategien für Kreuzberg" gefordert.

● Bedingungen für die Arbeit:

Die Gruppe sieht sich während ihrer Arbeit folgenden Problemen gegenübergestellt:
- Sie betritt mit ihrem Vorschlag Neuland; ihr Konzept versucht, eine Alternative zu bislang praktizierten Modernisierungsmodellen zu entwickeln.
- Die Gruppenmitglieder sind Berufsanfänger, die auf die Unterstützung von Fachleuten angewiesen sind; gleichzeitig sind keine Erfahrungen im Umgang mit der Verwaltung vorhanden. Erschwerend kommt hinzu, daß kein geeignetes Informations- und Kooperationswesen innerhalb der Verwaltung in Bezug auf den Wettbewerb existiert.
- Die Gruppe muß Erörterungen im Stadtteil durchführen, ohne daß sie für die Realisierung verbindliche Zusagen machen kann. Dies wirkt sich besonders nachteilig in einem Stadtteil aus, in dem "schon zahlreiche Experimente im Bereich der Stadterneuerung zuungunsten der Bevölkerung stattgefunden haben".
- Besondere Schwierigkeiten entstehen im Zusammenhang mit den erforderlichen Kostenschätzungen und Substanzuntersuchungen:
"Schließlich baute das Vorhaben auf Untersuchungsergebnissen auf, die erst im Zuge der Erprobung erarbeitet werden mußten, nämlich die Bausubstanzuntersuchungen. Die Voraussetzungen zur Bewältigung des Arbeitsauftrags waren somit eigentlich erst gegen Ende der Erprobung geschaffen und konnten nicht mehr hinreichend berücksichtigt und mit den Betroffenen erörtert werden." (Kleimeier/Kopetzki/v.Tiedemann 1979, 1o6)
- Eine wesentliche Voraussetzung für die Erprobung vor Ort fehlte: die ausreichende Öffentlichkeitsarbeit für die Strategien von seiten des Quartiersbüros (95 % aller Mieter wußten nichts oder fast nichts über die "Strategien"). Die Gruppe muß daher zwei Bereiche von Öffentlichkeitsarbeit abdecken: Erläuterung der umfassenden "Strategien" und des eigenen Projekts.

● Die Arbeit der Gruppe

Die Gruppe versteht ihre Arbeit während der Erprobungsphase schwerpunktmäßig als einen Umsetzungsprozeß ihres Wettbewerbsbeitrags in die Praxis. Der Arbeitsansatz zielt dabei darauf ab, die Modernisierung mit Mieterbeteiligung v.a. für solche Fälle zu lösen, in denen Eigentümer zur Modernisierung und Instandsetzung aus eigener Kraft nicht in der Lage sind. (Eine ausführliche Darstellung der Modernisierungsmodelle findet sich in Schulte u.a. 1978) Entsprechend ihren Arbeitszielen mietet die Projektgruppe einen Laden an und versucht beispielhaft an zwei Gebäuden, mit Mietern und Vermietern eine Verbesserung der Wohnverhältnisse durchzusetzen. Ihre Arbeit konzentriert sich dabei auf folgende Bereiche:

1. Objektsuche
Die Gruppe sucht in der Sorauer Straße nach Modellhäusern, die "möglichst zentral und nebeneinander gelegen sind, um ein "Hofkonzept" zu ermöglichen; eine Mieterstruktur aufweisen, die für das Gebiet typisch ist; sich sowohl im öffentlichen wie auch im privaten Besitz befinden". (Kleimeier/Kopetzki/ v.Tiedemann 1979, 97)
Nach schwierigen Verhandlungen werden schließlich sehr pragmatisch drei Häuser gewählt, deren Besitzer zu Kooperation bereit sind (2 private Eigentümer und die BeWoGe).

2. Aktivierung von Mietern und Eigentümern

Zur Aktivierung der Betroffenen mietet sich die Gruppe in einem Laden in der
Sorauer Straße ein, um so bekannt zu werden und erreichbar zu sein. Da der
"Mieterladen" täglich besetzt ist, kommen bald Kontakte zustande: Besucher aus
dem Quartier erkundigen sich z.B. nach der Entwicklung des Gebietes oder bitten
um mietrechtliche Beratung. Für die Kinder der Umgebung übernimmt das Büro die
Funktion eines "Kinderladens" - wo die Kinder, die durch die Berufstätigkeit
der Eltern sich selbst überlassen sind, nach geeigneten Tätigkeitsfeldern suchen. Der Laden leistet darüber hinaus Öffentlichkeitsarbeit für das Gesamt-
projekt, indem er interessierte Gruppen (Studenten, Schüler, Journalisten,
Berlin-Besucher) informiert. Von den Mietern der Modellhäuser wird der Laden
bedauerlicherweise kaum genutzt.

Einen großen Erfolg stellt dagegen die Einrichtung einer "Wohnungsbörse" dar:
zu Anfang stehen den zahlreichen Nachfragen der Wohnungssuchenden kaum Angebote
gegenüber. Durch das allmähliche Bekanntwerden der Gruppe und eine Anzeige im
"Südost-Express" melden später Mieter, Hauswarte, Eigentümer und Hausverwalter
ständig frei werdende Wohnungen im Mieterladen.

3. Befragung von Mietern und Eigentümern

Mieter und Eigentümer der Modellhäuser werden durch Aushänge über die Gruppe
und deren Arbeit informiert und um Mithilfe und Unterstützung gebeten. Zur Befragung der Mieter wird ein Fragebogen mit folgenden Komplexen erarbeitet:
"die momentane Wohnsituation (Bestand, Miete, Mängel), Modernisierungswünsche
der Mieter innerhalb der Wohnung und des Hauses, über die mögliche Mietbelastung, über die gewünschte Art der Modernisierungsdurchführung (Eigentümer-
oder Mietermodell, handwerkliche Fähigkeiten), Bindungen der Mieter an die
Wohnung und das Wohngebiet und über das Verhältnis zwischen deutschen und ausländischen Mietern." (Kleimeier/Kopetzki/v.Tiedemann 1979, 99)

Zur Vorbereitung der Befragung wird an die deutschen Mieter ein Informations-
schreiben verschickt, um so die Probleme aufgrund der unzureichenden Informationen über die "Strategien" etwas aufzufangen. Für die türkischen Bewohner
wird auf Wunsch der Gruppe 45 (Ausländerladen) auf diese offizielle Ankündigung verzichtet, weil man fürchtet, dadurch Mißtrauen zu wecken. Eine türkische
Mitarbeiterin bereitet hier die Fragebogenaktion in einem persönlichen Gespräch
vor. Überraschend ergibt die Befragung der ausländischen Mieter eine besonders
große Bereitschaft, sich an der Modernisierung zu beteiligen.

Da von der Gruppe 52 keine Zusicherung über die Realisierung der Maßnahmen gemacht werden konnte, werden von den Mietern und Eigentümern oft nur vage Aussage
gemacht. Symptomatisch hier die Bemerkung eines Mieters: "Modernisieren wäre
ja schön, aber kommen Sie mal wieder, wenn es soweit ist!" (Kleimeier/Kopetzki/
v.Tiedemann 1979, 1oo)

Bei der Vorstellung ihrer beiden Modelle - Mietermodernisierung und Eigentümer-
modernisierung - kann die Gruppe feststellen, daß "nicht die Modelle an sich
für die Mieter von Interesse waren, sondern nur die Frage nach dem zukünftigen
Standard, der selbst festgelegt werden kann, vor allem aber nach der Miethöhe
nach der Modernisierung.

Zusammenfassend kann gesagt werden, daß zwar ein echtes Bedürfnis nach Modernisierungsmaßnahmen vorhanden ist, der Umfang der gewünschten Maßnahmen jedoch
zum Teil relativ gering ist. Dieses Ergebnis unterstreicht die Behauptung, daß
jede Modernisierung, die mit hohen Standards arbeitet, an den Bedürfnissen
der Mieter, die durch ihre finanziellen Möglichkeiten bestimmt sind, vorbei-
geht." (Schule u.a. 1978, 4o1)

Die Eigentümer werden nach ihrer grundsätzlichen Bereitschaft zur Durchführung
von Instandsetzungs- und Modernisierungsmaßnahmen sowie nach ihren Möglichkeiten zur Finanzierung befragt. Hier ergibt sich, daß die Eigentümer vorwiegend
Interesse am Mietermodell haben. Dieses Modell ist auf Eigentümer zugeschnitten, die kaum über Eigenkapital verfügen, jedoch ein langfristiges Interesse
an ihrem Haus haben und noch keine öffentlichen Mittel in Anspruch genommen

haben. Eigentümer, die über ausreichend Kapital verfügen (überwiegend private Gesellschaften, Geschäfts- oder Firmeninhaber) ziehen dem Eigentümermodell eine Finanzierung nach der Altbaumietenverordnung vor, weil diese für sie profitabler ist.

4. Bestandsanalyse im Rahmen der Finanzierungsmodelle

Die Gruppe hatte als Ziel formuliert: "Gemeinsam mit den Mietern müssen Bausubstanzuntersuchungen begonnen werden, um Kosten von notwendigen Instandsetzungs- und Modernisierungsmaßnahmen und die daraus resultierenden Belastungen realistisch einschätzen zu können". (Kleimeier/Kopetzki/v.Tiedemann 1979, 94)
Bedingt durch die starke Arbeitsüberlastung muß sich die Projektgruppe entschließen, bei der PK einen Antrag zu stellen, daß Aufträge für Substanzuntersuchungen in den Modellhäusern an einen Architekten vergeben werden. Nach den Vorstellungen der PK und der Gruppe 52 soll der Architekt mit der Entwicklung einer "Methode S036" - als Alternative zur praktizierten Substanzuntersuchungsmethode des Senats - beauftragt werden. Da die Bausubstanzuntersuchungen eine essentielle Voraussetzung für die Weiterarbeit an den Finanzierungsmodellen sind, gerät die Gruppe hier unter Vollzugszwang: sie ist auf eine zügige Beauftragung von Gutachtern und eine schnelle Bereitstellung von Arbeitsergebnissen angewiesen. Der Anspruch auf Entwicklung eines geeigneten Analyseverfahrens unter Beteiligung der Mieter wird deshalb notgedrungen aufgegeben. So muß auf die Senatsmethode zurückgegriffen werden, die jedoch von anderen Zielsetzungen als die der Gruppe ausgeht: "Die verfügbaren Unterlagen konnten beispielsweise keine Auskunft darüber geben, in welcher Höhe Eigenleistungen der Mieter bei der Modernisierung als kostendämpfender Faktor einkalkuliert werden können." (Kleimeier/Kopetzki/v,Tiedemann 1979, 96)
Um eine Beteiligung der Mieter wenigstens ansatzweise zu realisieren, werden nach den Wünschen der Bewohner von der Projektgruppe Umbauzeichnungen für das beauftragte externe Büro angefertigt - als Grundlage für die Kostenschätzung. "Diese Planung wurde aber ohne Angabe von Gründen von dem Büro geändert, so daß die Gruppe das Gefühl hatte, daß hier verschiedene Varianten für den Senat ausgerechnet wurden." (Kleimeier/Kopetzki/v.Tiedemann 1979, 1o4)
Die Gruppe erhält die Ergebnisse der Untersuchung erst so spät, daß die notwendige Überprüfung der Wohnwünsche und eine Diskussion der daraus resultierenden Kosten aus Zeitmangel nicht mehr möglich ist.

● Ergebnisse der Arbeit

Die Erfahrungen der Projektgruppe 52 sind nach den Beobachtungen der "Freien Planungsgruppe Berlin" (die eine begleitende Verfahrensdokumentation des "Strategien-Prozesses erarbeitete) typisch für die Struktur des Verfahrens insgesamt.
Obwohl die 2. Wettbewerbsphase von 3 auf 6 Monate verlängert worden ist und die Mitglieder der Projektgruppe die Arbeit in der Erprobungsphase als Vollzeitbeschäftigung angesehen haben, ist der umfangreiche Arbeitsauftrag nicht bewältigt worden. Im Sinne der Strategien-Ziele ist es besonders nachteilig, daß das Ergebnis der Untersuchungen aus den o.g. Gründen nicht mehr mit den Betroffenen abgestimmt werden konnte. Für die Weiterentwicklung der beiden Modernisierungsmodelle bestehen folgende Probleme:
- das Eigentümermodell hat keine Realisierungschance, da es von offizieller Seite im Vergleich zu den ZIP-Konditionen als zu günstig angesehen wird.
- das Mitermodell, das zusammen mit der Projektgruppe 51 erarbeitet worden ist, soll an geeigneten Projekten erprobt werden. Hier werden positive Ansätze in Bezug auf die Finanzierung wie auch auf Stadterneuerung unter Beteiligung der Betroffenen gemacht; ungelöst bleiben jedoch grundsätzliche Probleme mit Modernisierung wie
● die Umlegung der Instandsetzungskosten
● die Berücksichtigung verschiedener Standards entspr. den Mieterwünschen

(bislang durch die Methode SenBau-Wohn verhindert)
- die Einbeziehung von Selbsthilfe
- Einrichtung eines Modernisierungsfonds (bei der Mietermodernisierung soll
  ein Fonds gegründet werden, aus dem die Mittel zur Eigenmodernisierung vor-
  finanziert werden)
- Planung und Durchführung bedürfen allgemeiner Informationen und individueller
  Beratung - es ist bislang ungeklärt, von wem und mit welchen Mitteln diese
  notwendige Betreuung durchgeführt werden soll.

Die Gründe dafür, daß die Arbeit der Projektgruppe nicht den anfangs gesteckten
hohen Ansprüchen gerecht werden konnte, sind zu einem Teil in der mangelnden
Berufserfahrung der Gruppe zu sehen, die häufig zu zeitintensiver Arbeitsweise
führte - was aber durch erhöhte Motivation (Engagement in alternativer Berufs-
praxis) wieder relativiert werden konnte. Gravierender hat sich sicherlich die
mangelnde Unterstützung durch die PK und durch die Verwaltung ausgewirkt: Obwohl die Gruppe in der PK frühzeitig auf ihre Probleme aufmerksam machte, konnte keine Entscheidung zur Lösung der Schwierigkeiten herbeigeführt werden - die
schriftlich vorgelegte Kritik der Projektgruppe wurde nicht einmal diskutiert.
Die Zusammenarbeit mit der Verwaltung war durch eine abwartende Haltung der
offziellen Stellen gekennzeichnet, obwohl man sich von dem Wettbewerb gerade
in Fragen der Modernisierung neuartige Vorschläge erwartet hatte. "Die Gruppe
beklagte, daß man sich zögernd mit dem Vorschlag auseinandersetzte und ihr
eher nachweisen wollte, daß ihre "Strategie" nicht funktioniere, als daß man
sie mit konstruktiver Kritik und Hilfestellung bei der Untersuchung unter-
stützte." (Kleimeier/Kopetzki/v.Tiedemann 1979, 1o7)
Darüber hinaus zeigt sich bei Gesprächen mit Vertretern des Senats, daß die
Modelle als mögliche Konkurrenz zu bereits praktizierten Förderungsarten (vor
allem ZIP und Modernisierung durch Mieter nach den neuen Modernisierungs- und
Instandsetzungsrichtlinien) empfunden werden. (vergl. Schulte u.a.1978, 4o1)
"Daß es der Gruppe dennoch gelang, im Abschlußbericht ein Modell vorzulegen,
das der Kommission wie auch den Fachleuten praktikabel erschien, ist auf die
"Pfadfindertechnik" der Gruppe zurückzuführen, die beharrlich versuchte, alle
offenen Fragen zu klären." (Kleimeier/Kopetzki/v.Tiedemann 1979, 1o7)
Die Erfahrungen der Gruppe 52 haben gezeigt, daß die Schwierigkeiten bei der
Bewältigung eines umfangreichen Arbeitsauftrags, der Alternativen zur gängigen
Modernisierungspraxis zu realisieren versucht, auf Probleme stößt, die vorwiegend in den starren Strukturen innerhalb der Verwaltungen und in der mangelnden Zeit bei völliger Überfrachtung des Arbeitsauftrags liegen. Ausreichend
Zeit ist eine Voraussetzung für die allmähliche Entwicklung von Strukturen,
die die Beteiligung von Betroffenen ermöglichen: eine Informationsbasis über
die komplexe Erneuerungsstrategie kann bei Mietern und Eigentümern nur schrittweise geschaffen werden, sie ist Bedingung für eine sachkundige Mitsprache bei
der Verwirklichung der Modelle; Vertrauen in die Arbeit der Projektgruppe
wächst nur allmählich, und schließlich braucht die Durchsetzung alternativer
Modernisierungsprojekte bei offiziellen Stellen auch Zeit. Allerdings ist eine
zeitliche Begrenzung von Arbeitsabschnitten ebenso erforderlich, um "Erfolgs-
erlebnisse" zu schaffen und der ständig drohenden Resignation bei den Betroffenen zu begegnen. Das bedeutet theoretisch die Gliederung der Projekte in kleinere, überschaubarere Einheiten. Hier setzt jedoch das Zukunftsinvestitionsprogramm strikte Grenzen: Wie sich in der Realisierungsphase zeigen wird, "ist
ZIP eben ... schneller als die Modellhäuser der STRATEGIEN, in denen Mietermodernisierung und Mietkauf ... ausprobiert werden sollen." (Duntze 1978b, 5)
Schon am Ende der zweiten Wettbewerbsphase zeichnet sich ab, daß die Zukunft
der Modernisierungsmodelle ungewiß ist: die Senatsverwaltung hat zwar ihre
grundsätzliche Bereitschaft erklärt, das Projekt zu unterstützen, sichert aber
nach der zweiten Wettbewerbsentscheidung keine Abschlußfinanzierung zu. "Dies
führte dazu, daß die Gruppe zunächst ihre Arbeit im Quartier einstellte. Ihre
Mitglieder wurden inzwischen von einem Planungsbüro und einer Modernisierungs-
gesellschaft eingestellt, die als Sanierungsbeauftragter nach § 35 StBauFG den

Einsatz von ZIP-Mitteln in Kreuzberg organisiert. Es ist zur Zeit (April 1979; d.V.) nicht absehbar, ob die Mitglieder der Gruppe kurzfristig für eine Durchführung ihres Vorschlags zur Verfügung stehen." (Kleimeier/Kopetzki/v.Tiedemann 1979, 1o7)

2.4 Realisierung

Gründung von Gruppen und Einrichtungen, die den Prozeß der Mitbestimmung/Aneignung tragen sollen / Realisierung von Baumaßnahmen

23.5.78 Senatsvorlage/ Finanzielle Absicherung der "Strategien"	Die Empfehlungen der PK nach Abschluß der zweiten Wettbewerbsphase werden in eine Senatsvorlage eingearbeitet; mit freundlicher Kenntnisnahme der Projektergebnisse wird ein Senatsbeschluß an die zuständigen Verwaltungsstellen zur Prüfung weitergeleitet. Bis zum September - dem Zeitpunkt, zu dem die Projekte mit öffentlicher Finanzierung in den Haushalt 79 eingerückt werden sollen - werden die Vorhaben durch Zwischenfinanzierung gestützt.
Drohender Abriß von Hinterhaussubstanz	Die PK ist vorwiegend durch den ZIP-Ausschuß aktiv: es kommt erneut zu einer Kontroverse zwischen PK und Verwaltung, weil das Stadtparlament Kreuzberg einer Entmietung zum Zwecke des Abrisses von Haberkern-Hinterhäusern zugestimmt hat. Da diese Maßnahme allen inzwischen getroffenen Vereinbarungen über Mitbestimmung durch die PK widerspricht, kann eine Rücknahme des Entmietungsbeschlusses erreicht werden.
Politisierung der "Strategien"	Die SPD-Fraktion im Kreuzberger Bezirk nutzt diesen Zwischenfall, einen - zu diesem Zeitpunkt recht aussichtslosen - Mißtrauensantrag gegen Baustadtrat Kliem (CDU) zu stellen; erst ein Jahr später wird der Baustadtrat, dessen Verhalten schon während der Feuerwache-/Pumpe-Auseinandersetzung zu Protesten geführt hat, tatsächlich abgewählt. Gunter Nausedat - einer der Sprecher der PK - nimmt diesen Eklat zum Anlaß, seine Mitarbeit in dem gerade gegründeten Verein SO36 aufzukündigen und betreibt die Gründung einer "Wählergemeinschaft unabhängiger Bürger Kreuzberg".
Sommer 78 Gründung/Konsolidierung aktiver Gruppen/Einrichtungen	der Verein SO36 - als Nachfolgegremium für die PK - entsteht nach schwierigen Verhandlungen zwischen der PK, drei Projektgruppen, die zu diesem Thema gearbeitet haben, und den im Projektgebiet arbeitenden Aktivgruppen. Er erhält einen Laden als Domizil und die Zusage von 5o.ooo DM als Starthilfe vom SenBauWohn. Bei nur geringer personeller Besetzung ist eine Fülle von Aufgaben zu bewältigen: "Verhandlungen um die Einrichtung eines "Arbeiter-Museums" im Haberkern, Mitträgerschaft eingehender Untersuchungen für den nördlichen Bereich des STRATEGIEN-Gebiets, Stellungnahmen zu Beauftragungen von Sondergutachtern im Quartier (Bausubstanz-Methode, Gewerbe- und Wirtschaftsuntersuchungen, Einsatz von Sozialarbeitern zu planungsbezogener Gemeinwesenarbeit), Feuerwehr-Aktionen gegen Fassadenabputz in der Sorauer Straße, gegen Schließung

des Polizeireviers in der Oppelner Straße usw." (Duntze 1978b, 3)

Die Bürgerinitiative SO36, die sich aus dem "Stammtisch entwickelt hat, "macht regelmäßig Mieterberatung, gibt in 25oo Exemplaren monatlich den "Südost-Express" heraus (bis heute ist die Stadtteilzeitung bei ausschließlich freiwilliger Arbeit während der Freizeit regelmäßig erschienen; d.Verf.), besucht und vertritt die Interessen der Mieter bei Mieterversammlungen der ZIP-Häuser, erstellt Mängellisten im Gebiet und treibt intensive Öffentlichkeitsarbeit zur Bewußtseinsbildung der Bewohner von Haberkern und der umliegenden Dörfer.
Obwohl - vielleicht gerade weil - sie aus den STRATEGIEN entstanden ist, steht sie der Ausschreibung und den Ergebnissen kritisch gegenüber und verspricht sich im Blick auf die Durchsetzung der Ergebnisse mehr von öffentlichem Druck als von Kooperation mit der Verwaltung." (Duntze 1978b, 2)

Die Wählergemeinschaft unabhängiger Bürger Kreuzberg, "die sich im Strategiengebiet um Gunter Nausedat sammelt, will mit anderen aktiven Gruppen vor allem im Sanierungsgebiet Chamissoplatz, bei der Wahl 79 für die Bezirksverordnetenversammlung kandidieren. Die Beteiligungschancen an den anliegenden Entscheidungen werden von ihnen so eingeschätzt, daß die Verwaltung in ihrer Arbeit nur durch die Mitarbeit auf der parlamentarischen Ebene zu kontrollieren ist." (Duntze 1978b, 3)
Als Erfolg des Verfahrens zeichnet sich ab, daß die Bürger durch die genannten Gruppierungen "ihren Fuß ziemlich fest im Geschäft der Verwaltung haben". Eine Veränderung in Richtung auf die Voraussetzungen für eine effektivere Beteiligung hat auf alle Fälle stattgefunden; Planungsprozesse in SO36 sind transparenter geworden. Allerdings sind die Bürger in den verschiedenen Gruppierungen bisher nur repräsentativ vertreten: der Verein hat nach einjährigem Bestehen ca. 2oo bis 3oo Mitglieder, und die BI - eine sehr aktive Gruppe - besteht überwiegend nicht aus Bewohnern von SO36, sondern Studenten und anderen Engagierten.

Standortplanung
Block 129

Ein Beispiel für die wirksame Korrigierung von Planungen im Sinne der STRATEGIEN-Ziele ist die Auseinandersetzung um die Standortplanung Block 129:
Für diesen Block (Wohngebäude überwiegend im Besitz der BeWoGe) steht ein Konzept zur Blockmodernisierung im Rahmen der ZIP-Förderung an. Mit einer projektierten Erweiterung der Schule im Blockinneren zu einem Mittelstufenzentrum sollen auf elegante Art die notwendigen "Sachzwänge" zum Abriß der Hofbebauung und sogar eines Teils der Blockrandbebauung geschaffen werden. PK und BI können erreichen, daß
- ein Architekturbüro mit einem alternativen Blockgutachten beauftragt wird.
- die BeWoGe und der Bezirk ihre Planungsabsichten öffentlich diskutieren.
Durch diese Aktivitäten stellt sich heraus, daß das Zentrum mit wesentlich geringeren Eingriffen in die Substanz in einem anderen Block untergebracht werden

kann und daß die Ermittlung des echten Bedarfs vor dem
Hintergrund der Senatspolitik einer angestrebten "Bevöl-
kerungsverdünnung" Voraussetzung für jede weitere Planung ist.
Die "Feuerwehr-Funktion von Bürgervertretungen" (Duntze)
hat hier - wie auch in anderen Fällen, die überwiegend
durch den vermeintlichen Zwang zu massiertem Einsatz
von ZIP-Mitteln hervorgerufen waren - zur Korrigierung
von offiziellen Planungen geführt.

**Erneuerung
Haberkern**

An den Haberkern-Blöcken wird die Auseinandersetzung
zwischen den verschiedenen Interessen in der Realisierungsphase, in der es um die tatsächliche Durchsetzung
der allgemeinen Zielvorstellungen in konkrete Maßnahmen
mit ihren konkreten Folgen geht, ausgetragen. Hier
bricht vor allem der grundsätzliche und bislang ver-
deckte Konflikt zwischen Senat/Bezirksamt und den Initiatoren des Strategien-Konzepts auf: einerseits projektierte Bevölkerungsschrumpfung über Entkernung der
Hinterhöfe und Mietsteigerungen durch ZIP-Modernisierung (mit dem Ziel der Vermietbarkeit der Berliner Neubauviertel), andererseits die Erhaltung der Wohnung
und ihrer Umgebung zu tragbaren Bedingungen in einem
Prozeß von aneignender Beteiligung der Bürger (bei Vermittlung von sozialen, ökonomischen und baulichen Aspekten).
Die Verwaltung sieht sich hier von zwei Seiten unter
Druck gesetzt: die BeWoGe und Firmen, die Grundstücke
im Haberkern erworben und ZIP-Mittel beantragt haben,
drängen auf schnelle Entscheidungen, während die Betroffenen Maßnahmen durchsetzen wollen, die den Strategien-Zielen entsprechen und die nicht vorrangig auf
eine ökonomische Optimierung ausgerichtet sind - eben
weil sie langwierig sein müssen.

**Bis Ende 78
Blockentwick-
lungskonzept
Haberkern**

Die Auseinandersetzungen im erweiterten ZIP-Ausschuß,
flankiert von Erörterungen in der BI und im Verein,
ergeben schließlich ein Verfahren, bei dem ein Planer-
Büro, das das Vertrauen der Bürger besitzt, mit umfangreichen Untersuchungen beauftragt wird. Um geeignete
Informationen zur "sozialen Lage" zu erhalten, wird
eine Gruppe von erfahrenen Sozialarbeitern mit einer
Gemeinwesenarbeit beauftragt, die u.a. in planungsrelevanten Informationen münden soll. Der Verein SO36
ist dabei Abstimmungspartner und Organ für die Strukturierung von Bürgerbeteiligung. Die Verwaltung läßt
sich mit diesem Konzept auf eine qualifizierte und
wegen ihrer Gründlichkeit langfristige Planung ein.
Erster Schritt ist die Erarbeitung eines Blockentwicklungskonzepts als Zwischenergebnis für die leidige
Entscheidung über ZIP-Anträge, die noch im laufenden
Jahr fallen muß. Um das gesamte Verfahren einer Einflußnahme der verschiedenen Interessen zu öffnen, wird
eine Steuerungsgruppe geschaffen, in der der Verein
SO36, die Sondergutachter, das Planungsbüro, der Bezirk
und die zuständigen Senatsdienststellen vertreten sind.
Im Mai 79 wird die Rolle des Vereins und anderer aktiver Gruppen im Zusammenhang mit der Blockentwicklungs-

planung Haberkern von der beteiligten Planergruppe so
eingeschätzt, daß ohne Zustimmung dieser Gruppierungen
"keinerlei Maßnahmen durchgesetzt werden können".

Die Chronologie der Ereignisse in SO36 wird hier mit
einigen zentralen Ergebnissen des Verfahrens - soweit
es von uns nachgezeichnet werden kann - abgeschlossen
(für eine weitergehende Einschätzung s. Punkt 3.):

● Der Verein SO36 - wie auch die anderen aktiven
Gruppen - haben sich zu ernstgenommenen Mitbestimmungs-
gremien entwickelt. Neben der Mitentscheidung an Zielfindung und Planung im STRATEGIEN-Verfahren übernehmen
die verschiedenen Gruppierungen die Funktion der rechtzeitigen Offenlegung von Konflikten. Ein ungelöstes
Problem für SO36 bleibt es, wie z.B. Verein oder BI
ihre "Basis" im Quartier vergrößern können.

● Die Zusammenarbeit zwischen Verwaltung und Bürger-
vertretungsgremien hat zu Lernprozessen auf beiden
Seiten geführt: einerseits haben Verein/BI usw. ge-
lernt, daß die Verwaltung kein homogener Block ist,
daß man mit einzelnen Personen durchaus im Sinne der
Strategien zusammenarbeiten kann (und es sind hier
verläßliche Kontakte geknüpft worden); andererseits
sind starre Verhaltensmuster auf Seiten der Verwaltung
zumindest in Teilen aufgegeben worden zugunsten größerer Kooperationsbereitschaft, die unverzichtbare
Voraussetzung für die Einlösung der versprochenen Betroffenen-Beteiligung ist. Sicherlich besteht der
Kampf um die Bereitschaft der Verwaltung, langgehegte
Hoheiten und Rechte aufzugeben, für die Bürgerbetei-
ligungsgremien fort, doch die Erfahrungen haben gezeigt
daß diese Auseinandersetzung nicht aussichtslos ist.
Hierzu die Einschätzung der Freien Planungsgruppe
Berlin (beauftragte Planungsgruppe für das Blockentwicklungskonzept Haberkern) im Mai 79: Vor allem für
das Verhalten des Senats mache sich immer mehr der
Eindruck fest, daß er überwiegend mit dem Modell-Pro-
jekt "Strategien" nach außen glänzen wolle, während
die Verwirklichung von positiven Ansätzen (wie etwa
der Einsatz der Methode Dubach-Kohlbrenner) nur in
einem zähen Kampf durchzusetzen sei.

● Eine Basis für die Weiterarbeit an der Realisierung
des Strategien-Verfahrens stellen die im zweijährigen
Prozeß gewachsenen menschlichen Kontakte dar. Sie
sichern die Zusammenarbeit von "engagierten Mitarbeitern der Ausbildungsstätten, der Institute, der Büros
und der engagierten Bürger: man kennt sich und das
Arbeitsfeld inzwischen, ergänzt sich in den Fähigkeiten und hat Vertrauen zueinander." (Duntze 1978b, 12)

● Das angewandte Verfahren zur Entwicklung von Blockkonzepten stellt eine Möglichkeit zur Verstetigung
von Bestandsanalyseverfahren bei Öffnung für verschiedene Interessenlagen dar - soweit sie durch die verschiedenen an der Steuerungsgruppe beteiligten Gruppierungen vertreten werden.

● Durch die breite Palette der weiterbearbeiteten Wett-
bewerbsvorschläge (im baulichen, ökonomischen und sozialen Bereich) konnten Projekte entwickelt werden, die
als "flankierende Maßnahmen" im Vorfeld der Verbesserung der Artikulationsfähigkeit von Betroffenen und an
der konkreten Verbesserung ihrer Situation arbeiten.
Dazu gehören v.a. das sozio-kulturelle Stadtteilzentrum, das Ausbildungswerk, der Ausländerladen und der
Verein SO36 mit Aufgaben im Bereich von Information,
Beratung, Kommunikation und Weiterbildung.

... und Probleme

Neben den ermutigenden Erfahrungen und Ergebnissen bestehen für die Zukunft der Erneuerung von SO36
(selbstverständlich) ungelöste Probleme:

● Die Dauer des Strategien-Verfahrens führt zu Resignation und bewirkt, daß die fortwährende starke Abwanderung aus dem Quartier noch nicht gebremst werden
konnte. Nach Aussagen eines engagierten Mitarbeiters
beim Verein SO36 sind es v.a. "gute Leute" (d.h. besser
gestellte Bewohner, deren Situation sie eher zum Engagement befähigen würde), die wegziehen. Gleichzeitig
wird von ihm jedoch betont, daß es neben den "Resignierten" einen "Kreis von wirklich Engagierten gibt,
die gemerkt haben, daß man hier etwas beeinflussen
kann."

● Noch ist keines der Versprechen zur Verbesserung der
Infrastruktur und Freiflächengestaltung eingelöst.
Hier ist v.a. das Pilotprojekt "Marktplatzkreuzung"
Ecke Oppelner/Wrangelstr. zu nennen, das wegen seiner
Signalwirkung frühzeitig verwirklicht werden sollte.
Um Ausführung und Verwirklichung dieser Demonstrativ-
maßnahme läuft ein zäher Kampf mit den verschiedenen
Ämtern.
Der Verein fordert verstärkt die Verbesserung des Wohn-
umfeldes, um über dieses Maßnahmenpaket die "galoppie-
rende" Abwanderung etwas einzudämmen. Im Mai 79 werden
gerade Innenhof-Konzepte erarbeitet (Diskussion geeig-
neter Größen/Ausstattung/Einrichtung von dezentralen
Kinderläden).

● Für die Verbesserung der Wohnsituation steht ZIP be-
stimmend im Vordergrund: zunehmend Hausverkäufe von
Privatbesitzern an Spekulationsgesellschaften/Ein-
standsmieten von 5,- DM warm mit festgesetzten Pro-
gressionen/Versuche von Hausbesitzern, die vertraglichen Auflagen der Förderungsverträge zuungunsten der
Mieter zu unterlaufen. Dies alles führt dazu, daß 5o %
der Mieter fortziehen, wenn gezipt wird "- von denen,
die in zum Abriß verurteilten Hinterhäusern oder Kleinwohnungen leben, die zur Zusammenlegung bestimmt sind,
ganz zu schweigen". (Duntze 1978b, 4)
Bislang besteht keine Alternative zum Investitionsprogramm - alle Finanzierungsmodelle, die während der beiden ersten Wettbewerbsphasen entwickelt wurden, sind
aufgegeben worden (vergl. die Darstellung der Arbeit
der Gruppe 52). Eine Zielrichtung der künftigen Arbeit
ist deshalb "die politische Durchsetzung anderer För-
derungsinstrumente für die Instandsetzung und Moderni-

sierung, wie sie bisher mit Altbau-Mietenverordnung,
sozialem Wohnungsbau und ZIP-Programm gegeben sind
- bei allen dreien werden die Mieten für den Großteil
der Bevölkerung zu hoch ... Der Kernpunkt der Auseinandersetzung wird ... sein, den Senat zur Änderung
der ... 'Modernisierungs- und Instandsetzungsrichtlinien 1977' zu bringen, in denen zwar festgelegt wird,
daß auch Mieter Förderungsmittel bekommen könnten,
wenn sie sich zu einer Modernisierungsgemeinschaft
zusammenschließen. Aber nicht gefördert werden...
Arbeiten einschließlich Materialkosten, die in Selbsthilfe ausgeführt werden sollen." (Duntze 1978b, 11)
Ungelöst ist darüber hinaus - wie bei allen Erneuerungsmaßnahmen - die Instandsetzungsfrage. Da die meisten
Häuser im Haberkern im Besitz der BeWoGe sind, (die dem
Verfall der Hinterhofsubstanz planmäßig gefördert hat)
wird vom Verein eine umfassende Beteiligung der öffentlichen Hand an der noch ausstehenden Modernisierung
gefordert, etwa ein Instandsetzungsprogramm, das vom
Senat finanziert wird.

● Alle Bemühungen um S036 bleiben weiterhin von Berlins Gesamt-Situation gekennzeichnet: bei fortwährendem Bevölkerungsrückgang steht die Stadt vor dem Problem, vor allem den umfangreichen neuen Wohnraum in
Zukunft zu vermieten, was hier die Reduzierung bestehender Altbausubstanz zur Folge hat.

● Die allgemeinen Voraussetzungen für die Lebensbedingungen haben sich nicht verbessert: "Die wirtschaftlichen und sozialen Belastungen sind ja nicht geringer,
sondern durch die Rezession, vor allem durch die Ar-
beitslosigkeit, die die Jugendlichen besonders stark
und die Ausländischen am stärksten trifft, noch schwieriger geworden. Unsere Hoffnung geht darauf, daß durch
die Arbeit des Vereins und den Einsatz der Sozialgruppe
bei gleichzeitiger Forcierung der Modellprojekte die
Bereitschaft wächst, die kommenden Jahre nicht nur über
sich ergehen zu lassen, sondern einzusteigen in diesen
Lern- und Aneignungsprozeß." (Duntze 1978b, 13)

Schwerpunkt:
Auswirkungen des Zukunftsinvestitionsprogramms

Aus dem Bereich der Handlungsvoraussetzungen wird das Bund-Länder-Programm für
Zukunftsinvestitionen (ZIP) zu einem entscheidenden Faktor für den Verlauf des
Strategien-Verfahrens. Die Sondermittel sind zwar nicht Auslöser für die Ausschreibung des Wettbewerbs, die Ankündigung der Bereitstellung von Fördermitteln kurz nach der offiziellen Ausschreibung wirkt sich jedoch bald nachhaltig
aus.

Der Ende Mai 77 mit knapp 6oo Mio. für Berlin bezifferte Investitionsschub
schlägt sich zunächst in dem sog. Wertausgleichsprogramm nieder, das insbesondere Bezirken mit "schlechteren Bedingungen" zum Wertausgleich verhelfen soll;
hier sind vor allem die "Stiefkinder" der Stadtentwicklung Neukölln, Wedding,
Tiergarten und Kreuzberg gemeint. Obwohl die "Wertungleichheit" zwischen den
Bezirken nicht definiert wird, werden für Kreuzberg 7o Mio DM ZIP-Mittel bis
198o vorgesehen, wobei ein großer Teil (mind. 2o %) noch im laufenden Jahr

302

ausgegeben werden soll. Der Zeitdruck, unter dem das Konjunkturprogramm steht, droht so die zentralen Anliegen des Strategien-Verfahrens in Frage zu stellen: Obwohl nicht einmal die erste Wettbewerbsphase abgeschlossen ist und damit auch keinerlei Zielrichtung für die Entwicklung in SO36 ablesbar sein kann, befassen sich die Senatsdienststellen bereits im Sommer 77 mit einer Maßnahmenplanung für den Einsatz der Sondermittel. Dadurch entsteht für die PK der Eindruck, daß die "relevanten investitionspolitischen Entscheidungen wieder einmal über die Köpfe der Bürger hinweg getroffen und der Wettbewerb damit zu einem Sandkastenspiel ohne Konsequenzen degradiert" würde. (Boettcher u.a. 1978, 7o)
Die PK erhält auf ihr Drängen nach verbindlichen Erklärungen des Bausenators für die Verwendung der Mittel zwar Zusatzinformationen und Zusagen, daß im Interesse des Gebietes gehandelt werden solle, doch eine Lenkung der ZIP-Investitionen im Sinne der "Strategien" ist damit keineswegs gesichert.

Die PK - durch die schwierige Auswahlentscheidung der ersten Wettbewerbsphase stark belastet - droht immer wieder von den ZIP-Erfordernissen überrollt zu werden: der Senat drängt auf Bausubstanzuntersuchungen nach der "Methode Sen-BauWohn 73" - die in Sanierungsgebieten Berlins übliche Methode der Substanzuntersuchungen - und versucht unter Umgebung der PK die Bürgerinitiative "Stammtisch" zur Benennung von "Architekten des Vertrauens" zu bewegen, um so Bedenken der Bürger zu zerstreuen. Durch Senatsdienststellen wird zudem ein Planungskoordinator verordnet, und es wird eine große Hauseigentümerversammlung veranlaßt, um so den Grundstein für die Mobilisierung der projektierten zusätzlichen 3o Mio Privatkapitals zu legen. Diese Maßnahmen schaffen zusätzliche Unruhe und Unsicherheit. "Freilich waren auch die Hausbesitzer selbst unzufrieden, da ihnen zunächst nur unverbindliche Förderungsankündigungen gegeben wurden, präzise Kalkulationen oder gar Zusagen unter Hinweis auf fehlende Ausführungsbestimmungen aber noch zurückgestellt wurden. Punktuelle Ankäufe von Häusern durch private Bauträger trugen auch nicht zur Klimaverbesserung in SO36 bei, sondern verunsicherten eher noch diejenigen privaten Hausbesitzer, die ohne spekulative Interessen zu einer Zusammenarbeit mit ihren Mietern bei der Wohnwertverbesserung bereit waren." (Boettcher u.a. 1978, 7o)
Für SO36 ist "die Verwertungspause im ökonomischen Prozeß" (K. Duntze) spätestens mit Beginn der 2. Wettbewerbsphase abgelaufen:
"Zur Zeit (23.8.77) hat ein Run auf Kreuzberg und Neukölln begonnen: Dort, wo Sanierungsmaßnahmen vorbereitet werden, bedrängen finanzstarke Makler Altbaubesitzer, ihre Häuser zu verkaufen, um diese dann mit beträchtlichem Gewinn an die späteren Sanierungsträger veräußern zu können." (Kleimeier/Kopetzki/v.Tiedemann 1978, 123) Darüber hinaus versuchen private Firmen bei Behörden zu sondieren, welche Häuser Aussicht haben, mit ZIP-Mitteln gefördert zu werden und die Besitzer zum Verkauf zu bewegen, um so die Vorzüge der ZIP-Mittel und zusätzliche steuerliche Vergünstigungen auszuschöpfen. Im November 77 liegen bereits 65 Förderanträge für ZIP-Mittel vor (53 Private, 1o Private Gesellschaften, 2 öffentliche Gesellschaften), die die Forderungen nach zügigen Substanzuntersuchungen und Planungen zunehmend dringlicher werden lassen. Entscheidungen in diesem Zusammenhang werden zum Grundsatzproblem des Strategien-Verfahrens:
Die ZIP-Mittelvergabe ist von offizieller Seite vorrangig an solche Vorhaben geknüpft, "bei denen die Modernisierung mit einer gleichzeitigen Entkernung der Wohnblöcke verbunden ist. Wegen der dabei entstehenden Kosten ... hätten solche Modernisierungsvorhaben bisher nicht durchgeführt werden können, ohne die Mieter und Eigentümer dieser Wohnungen zu stark zu belasten." (Beschlußvorlage SenBauWohn) Diese Entscheidung steht in eklatantem Widerspruch zum Konzept der "behutsamen Erneuerung", der "sanften Modernisierung" und der Absicht, die ZIP-Mittel auch zur Dämpfung von Mietsteigerungen durch Subventionierung zu verwenden.

Die PK gerät damit in den Konflikt, entweder die Ziele der "Strategien"

ZIP - WAP - IBA - SfK - BeP - F&H
BeWoGe - SenBauWohn - SPD in SO36

Wie - ihr habt Wohnungsprobleme in Kreuzberg? Na - da gibt es doch jetzt ZIP ... Ist das der Kohlenanzünder mit dem brennaktiven Sauerstoff oder ein Reißverschluß ? ... Quatsch - ZIP ist das "Zukunftsinvestitionsprogramm" der Bundesregierung für alte Stadtteile ... Wieso investieren die eigentlich immer mit soviel Qualm in die Zukunft und nicht mal mit ein bißchen Phantasie in die Vergangenheit ?

Das mußt Du mal statistisch sehen - es soll da nämlich Gebiete in Berlin geben, wo die Wohnungsqualität nicht so hoch ist wie z.B. in Zehlendorf ... Das darf doch nicht wahr sein?! ... Doch, und deshalb gibt es jetzt WAP, was überall gleiche Bedingungen schafft ... Wat ? ... WAP - das "Wertausgleichsprogramm" für die Bezirke ... Ist schon der Wahlkampf ausgebrochen, oder gibts jetzt wirklich mal Geld für SO 36 ? ... Klar, Mensch, Millionen sag ich dir ... Und du meinst, daß ich als normaler Mensch davon irgendwas mitkriege?... Wieso du, hast du ein Haus für ZIP-Subventionen? ... Nee, nur nen Ofen für ZIP-Anzünder ... Na siehste, da mußt du aber aufpassen, daß du den behältst, denn bei dem Modernisierungsaufwand, der da betrieben werden soll, kannst du dein ZIP-Geld für die Mieterhöhung sparen ... Und was mach ich dann mit meinem Ofen? ... Du mit deinem Ofen - den kannst du dann ins Arbeitermuseum in der Sorauer Straße

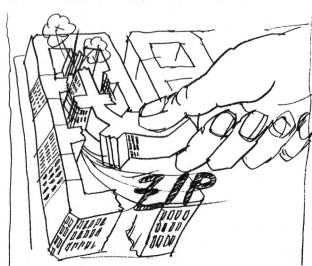

schaffen, ich hab gehört, der Landeskonservator läßt im Haberkern sowas für viel Geld planen - als Beitrag für die IBA, die"Internationale Bauausstellung", verstehst du?...???...Na klar, das ist doch das, was wir hier am dringendsten brauchen. Hoffentlich wird das Museum groß genug, denn wenn die alle alten Öfen aus den Seitenflügeln und Hinterhäusern, für die's ja jetzt 'ne "Schlachteprämie" geben soll ... Dann heißt also "Wertausgleich", daß dann die Hälfte der Leute nach Zehlendorf zieht und die andere Hälfte die gleiche Miete zahlt wie in Zehlendorf? Was sagt denn die BeWoGe (Berliner Wohn- und Geschäftshaus GmbH) dazu? ... Na ja, so richtig klappt das ja noch nicht und deshalb ist die BeWoGe sauer, daß sie nicht wie bisher richtig "sanieren" kann und würde es jetzt am liebsten so machen wie die "Finanz- und Handels AG", die hier plötzlich alles aufkauft ... Und SenBauWohn (Senator für das Bau- und Wohnungswesen) und SPD (Sozialdemokratische Partei Deutschlands) ? ... Die tun doch alles, was möglich ist und veranstalten SfK ... ZIP, WAP, IBA, SfK ??? ... Ich meine natürlich die "Strategien für Kreuzberg" - und damit die auch richtig abgesichert werden, packen sie noch BeP (Bereichsentwicklungsplanung) drauf ...?????... Na siehste, so einfach ist das alles, wenn die da oben mal wirklich was machen wollen - und wenn du dich jetzt nicht angemacht fühlst, bei dem ganzen Programm mal so richtig demokratisch mitzubestimmen, dann hast du diese Regierung wirklich nicht verdient ...

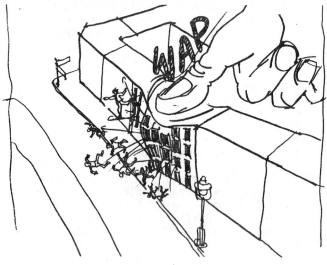

Abb. 2: aus Süd-Ost-Express Nr. 12, 1979

zurückzustellen und die Konjunkturförderung zu stützen oder "in einer langwierigen Verfahrensweise eine eigene Position darüber zu entwickeln, wie eine dem Gebiet angemessene Form der Erneuerung auszusehen habe, damit aber gleichzeitig das Investitionsprogramm zu verzögern. "Die Zuspitzung der durch das Konjunkturprogramm oktoyierten Situation, die die inhaltliche Diskussion der "Strategien" zeitweise total verdrängte, führt auf Seiten der PK zur Bildung von zwei Ausschüssen. Die Arbeit des Bausubstanz- und ZIP-Ausschusses (bei Unterstützung durch die Vorbereitungsgruppe und durch eine Projektgruppe) mündet schließlich in Forderungen nach:

● der Entwicklung einer geeigneten Methode der Substanzuntersuchung (differenziert nach unterschiedlicher Restnutzungsdauer von Objekten, nach Nutzung und sozialen Beziehungen als Entscheidungshilfe für den jeweils geeigneten Modernisierungsstandard)
● Aufgeben der Bindung von ZIP-Mitteln an Abrißmaßnahmen (Hinterhäuser)
● Kontinuität der Maßnahmen zu den "Strategien" und
● Erhaltung des niedrigen Mietniveaus.

Die Einlösung dieser Forderungen bleibt vorerst offen; ein wichtiges positives Ergebnis der Verhandlungen ist jedoch die Einrichtung des ZIP-Ausschusses, der zumindest die Mitsprache von Bürgern an den künftigen Investitionsentscheidungen sichert. Wenn es der PK jedoch nicht gelingt, die Vergabemodalitäten räumlich und sachlich entscheidend mitzubestimmen, bleibt für die 3. Phase die Gefahr, "daß die Strategien von den Konjunkturmillionen erdrückt werden" (Böttcher u.a. 1978, 71): durch die öffentlichen Mittel können ca. 1ooo Wohneinheiten modernisiert werden- finanzielle Kapazitäten, die den Schwerpunkt der Strategien ausschließlich im baulichen Bereich festschreiben könnten. Damit wäre das Modell auf einen schmalen Ausschnitt des ursprünglich umfassenden Ansatzes (soziale, bauliche Aspekte; Bürgerbeteiligung) geschrumpft.
In der Realisierungsphase drohen verschiedene Infrastrukturmaßnahmen, für die ZIP-Gelder vorhanden sind, wieder über die Köpfe der Betroffenen hinweg beschlossen zu werden. So die Schulstandortplanung von Block 129 (vergl. Chronologie) und der Ausbau einer "Freizeitinsel Lohmühle" zwischen Landwehrkanal und Flutgraben, von der Stadtplanung und die Abteilung Jugend und Sport träumten. Diese Planung, die die Zerstörung einer intakten Gewerbekette bedeutet hätte, kann jedoch erfolgreich verhindert werden. "Nun sitzt der Stadtrat für Jugend und Sport auf seinen Millionen aus dem Investitionsprogramm und weiß doch schon, daß er heute, d.h.: im Rahmen der Strategien und seit Bestehen der Gruppierungen der Bürgervertretung, die Umsetzung der Betriebe politisch nicht mehr durchsetzen kann." (Duntze 1978b, 7)
An diesen versuchten Ad-Hoc-Planungen wird deutlich, daß die Betroffenen-Vertretung sich inzwischen soweit konsolidiert hat, daß sie wenigstens hemmend und korrigierend eingreifen kann, um die Strategien-Ziele zu sichern.

Für die Verbesserung der Wohnsituation wird ZIP zum entscheidenden Faktor neben den weniger bedeutenden Förderungsinstrumenten wie Altbau-Mietenverordnung, sozialem Wohnungsbau und Modernisierungs- und Instandsetzungsrichtlinien, die alle zu kaum tragbaren Mieten führen. U.a. hat das Investitionsprogramm durch seine schnelle Verfügbarkeit und durch die Forcierung seines Einsatzes durch die offiziellen Stellen zur Verdrängung der alternativen Modernisierungsmodelle (wie etwa Mietkauf, Mietermodernisierung, Genossenschaftsmodell) geführt. Im Sommer 78 stehen ca. 5o ZIP-Häuser im Strategien-Gebiet zur Modernisierung an. "Da wirds für die Bewohner konkret, aber nicht ermutigend. Sicher steht da die Aussicht auf eine komfortable Wohnung, aber zu einer Einstandsmiete von 3,8o DM kalt zuzüglich ca. 1,2o DM Heizungs- und Warmwasserkosten..., dies noch zweimal steigend um o,5o DM nach jeweils drei Jahren, wobei die bewilligte Mieterhöhung für die kontrollierten Altbaumieten (1o - 2o % etwa alle zwei Jahre) ebenso dazukommt wie die Umlage von erhöhten Gebühren für Müllabfuhr, Wasser ... usw.(und die Aufhebung der Mietpreisbindung nach 9 Jahren; d.Verf.). Wo diese Aussicht deutlich wird, wirkt sie beängstigend für viele Familien." (Duntze 1978b, 4)

Die Auswirkungen des Investitionsprogramms haben widersprüchliche Aspekte:
einerseits wird sicherlich ein erheblicher Teil der Mieter vertrieben - andererseits haben die Befragungen im Haberkern ergeben, daß ca. 8o % der Bewohner bereit sind, bis zu 1oo % mehr Miete zu zahlen (was entsprechend den Grund-
mieten nach Altbaumietenverordnung eine Miete nach der Modernisierung von ca.
3,oo bis 5,oo DM bedeuten würde). Das Dilemma besteht in einer fehlenden Alternative zum ZIP und der Tatsache, daß ohne den Einsatz der Investitionsmittel der
bestehende Wohnraum rapide verfällt. Dadurch werden mit Sicherheit auch Bewohner zum Abwandern veranlaßt - sei es, weil die bestehenden billigen Wohnungen
nicht mehr bewohnbar sind oder weil man aus der heruntergekommenen Wohnumgebung
flieht, sofern man es sich eben leisten kann.
Unbestritten bleibt, daß der Zeitdruck, mit dem die Konjunkturmillionen eingesetzt werden sollen, nachteilig für die Entwicklung von betroffenen- und be-
teiligungsfreundlichen Konzepten ist. Da im Sommer 79 keine Finanzierungsalter-
nativen in Sicht sind, muß die Auseinandersetzung mit dem Investitionsprogramm
um dessen Modalitäten geführt werden:

● Der Modernisierungsstandard ist bisher auf eine umfassende Ausstattung (bis
auf die Wahl der Heizung) festgeschrieben. Damit wird eine den jeweiligen Bedürfnissen und finanziellen Möglichkeiten angepaßte Modernisierung verhindert
- ein eklatanter Widerspruch zu den Befragungsergebnissen der Gruppe 52 (s.
Schwerpunkt zu 2.3 u. Schulte 1978, 4o1 ff) und zur Zielsetzung der Strategien
insgesamt.

● Die Beteiligung der Mieter ist begrenzt. Eine formale Zustimmung der Mieter
zum Einsatz der Mittel ist zwar vorgesehen, bei der erforderlichen Beratung
wurden sie jedoch deutlich vernachlässigt: während die Hausbesitzer offiziell
durch die planenden Architekten bei Planung und Realisierung von Modernisierungsmaßnahmen betreut wurden, blieb für die Mieter die zweifelhafte Vorschrift,
daß sie wiederum durch die Hausbesitzer beraten wurden. Um diese unglückliche
Regelung zu verbessern, wurden im Sommer '78 drei Berater für die Mieter eingesetzt. Ihnen fällt u.a. die Aufgabe zu, Mieter zu informieren, daß ihnen bei
ZIP-Betroffenheit "Wohnberechtigungsscheine 1. Klasse" zustehen - d.h. mit besonderer Vordringlichkeit für Personen, die aus SO36 abwandern. Hier also eine
"soziale" Maßnahme, die sich ausgezeichnet mit dem Interesse offizieller Stellen an der Vermietung neuen Wohnraums trifft.

●.Hausbesitzer versuchen immer wieder, die vertraglichen Auflagen der Förde-
rungsbestimmungen zuungunsten der Mieter zu unterlaufen: "Mieterhöhungen und
Einzug schon während der Umbauarbeiten, Einbau von Küchen mit Umlage auf die
Miete, Vermietung von aufgelassenem Wohnraum an Türken und andere bittere
Scherze mehr; BI und Verein fühlen sich in die Rolle einer ZIP-Polizei gedrängt,
die sie sich doch nicht leisten können... Der Bezirk bemüht sich..., über einen
ZIP-Beauftragten den Eigentümern die Umsetzungspflicht zu erleichtern, erklärt
aber freimütig, das Klassenziel, nämlich die Umsetzung in unmittelbare Nähe
der alten Wohnung, nicht leisten zu können." (Duntze 1978b, 4)

Die Auseinandersetzung um den Einsatz der ZIP-Mittel bei der Verbesserung der
Wohnsituation konzentriert sich in der Realisierungsphase auf die Haberkern-
Blöcke, an denen sich die verschiedenen Interessen mit ihren divergierenden
Erwartungen und Perspektiven festmachen. Verkürzt dargestellt, lassen sich zwei
Fronten ausmachen, die den schon zu Beginn des Prozesses angelegten Konflikt
(vergl. "Ziele/Interessen zu Beginn des Wettbewerbs") austragen: auf der einen
Seite Verminderung und Verschiebung der Stammbevölkerung und Durchsetzung
schneller, effizienter Programmme; auf der anderen Seite Kampf um (fast) jedes
Hinterhaus im Haberkern, um Änderung von Förderungsbestimmungen und um günsti-
gere Finanzierungsbedingungen als ZIP. Bei der Entwicklung von Blockkonzepten
für Haberkern wird der Kampf von den Gruppierungen der Bürger gegen eine "Vorwegnahme einer rein baulich-räumlichen Planung" zugunsten der Vermittlung von
"sozialen, ökonomischen und baulichen Aspekten zu einer angeeigneten Beteiligung der Bürger an ihrer Wohnumwelt geführt.

"Nach intensiven Sitzungen im erweiterten ZIP-Ausschuß, flankiert von Erörterungen in der Bürgerinitiative und im Verein, zeichnet sich folgendes Verfahren ab:
Der Senat beauftragt umgehend ein Planer-Büro, das durch seine Mitarbeit im STRATEGIEN-Prozeß das Vertrauen der Bürger besitzt, mit einer Entwicklungs- und Verfahrensplanung für den Teilbereich "östliche Wrangelstraße" (Planungsgebiet II) in Berlin Kreuzberg SO36 bei sofortigem Beginn der Untersuchung in den Haberkern-Blöcken. Das Untersuchungs- und Planungsprogramm umfaßt die folgenden Bereiche: Sozialstruktur, Soziale Fragen/Wohnen und Wohnumfeld/ soziale und technische Infrastruktur/Freiflächen und Erholung/Städtebau, Stadtstruktur, Stadtbild/Organisation und Instrumente der Förderung bzw. Finanzierung. Für die Bereiche 'Handel und Gewerbe' sowie 'bautechnische Einschätzung der Bausubstanz' werden Sondergutachten vergeben, deren Ergebnisse von der beauftragten Planungsgruppe in das Gesamtprogramm einzuarbeiten sind. Die Information zur 'sozialen Lage' sollen - da die Ergebnisse von Sozialstudien nach dem Städtebauförderungsgesetz selbst vom Senat als unzureichend eingeschätzt werden - auf neue Weise ermittelt werden: eine Gruppe von erfahrenen Sozialarbeitern soll in dem Gebiet mit einer Gemeinwesenarbeit beginnen, deren Ziel es ist, mit den sozialen Gruppen deren Probleme und Bedürfnisse zu erarbeiten, in planungsrelevante Informationen umzusetzen und deren Verwirklichung in die Entwicklung des Gebietes zu kontrollieren. Mindestens sachlich - vielleicht auch vertraglich - wird diese Arbeitsgruppe an den Verein SO36 angebunden, der in diesem Verfahren auch die Öffentlichkeitsarbeit übernehmen soll; so wird gewährleistet, daß die Gruppe nicht isoliert arbeiten und von vorne anfangen muß. Der Verein SO36 ist bei dieser Entwicklungs- und Verfahrensplanung nicht nur Gesprächs-, sondern auch Abstimmungspartner für das ganze Untersuchungsprogramm und die Ergebnisse; ihm obliegt es auch, die Mitwirkungsbereitschaft der Bewohner und die Organisation ihrer Beteiligung so zu strukturieren, daß die Bürger in diesem Prozeß das Sagen bekommen und nicht die Experten der Technokratie.
Auch vom Senat aus stellt dieses Vorgehen den Anspruch einer qualifizierten und ob ihrer Gründlichkeit langfristigen Planung, mit der neue Wege auch der Durchführung von Maßnahmen zur 'Reaktivierung des Gebiets unter breiter Mitwirkung der Betroffenen' beschritten werden sollen. Unter dieser Zielsetzung steht die Einbeziehung des Haberkern-Bereichs in die Internationale Bauausstellung 1984 (IBA) an, über deren Bereiche in diesem Jahr entschieden wird. Und weil die leidige Entscheidung über die ZIP-Anträge noch in diesem Jahr ansteht, ist der erste und vorgezogene Schritt dieser Entwicklungsplanung (die mit ca. 2 Jahren angesetzt ist) die Erstellung eines Blockentwicklungskonzeptes mit städtebaulichen Aussagen für die beiden Haberkern-Blöcke (13o und 131) samt den angrenzenden Blockrändern. Dieses Zwischenergebnis soll als Entscheidungshilfe für das Verfahren mit den Hinterhäusern dienen, kann aber das Ergebnis der ganzen Arbeit nicht vorwegnehmen. Zur Abstimmung des ganzen Untersuchungsprozesses, dessen Programm teilweise im Vollzug entwickelt und immer wieder korrigiert werden muß, wird eine Steuerungsgruppe geschaffen, in der der Verein SO36, die Sondergutachter, das Planungsbüro, der Bezirk und die zuständigen Senatsdienststellen vertreten sind. Die Erwartungen an das Funktionieren einer solchen Steuerungsgruppe bauen sich auf aus den Erfahrungen mit der Projektkommission und dem ZIP-Ausschuß; sie lassen zumindest hoffen."
(Duntze 1978b 9 f).

Dieses umfassende Entwicklungskonzept entspricht den Strategien-Zielen, weil es über die Steuerungsgruppe eine Öffnung des Planungsprozesses für verschiedene Interessen sichert, weil die Verwaltung ihre Kooperationsbereitschaft zumindest erklärt, weil das Untersuchungsprogramm nicht auf den baulichen Bereich konzentriert ist, sondern soziale Aspekte über die reine Befragung hinaus einbezieht.

Die Umsetzung dieses positiven Ansatzes zeigt, daß die Ausfüllung des Programms im Sinne der "Strategien" wieder in einem zähen Kampf durchgesetzt werden muß: So macht sich für das Verhalten des Senats immer mehr der Eindruck fest, daß die offiziellen Stellen überwiegend mit dem Projekt nach außen glänzen wollen, während z.B. die Anwendung alternativer Bestandsanalyse-Methoden (wie z.B. nach Dubach-Kohlbrenner) nur unter großen Schwierigkeiten akzeptiert wird. Die umfangreichen Bausubstanzuntersuchungen werden dann auch fast ausschließlich nach einer Senatsmethode durchgeführt, bei der nach einer Grobklassifizierung des Zustandes überprüft wird, wieweit Instandsetzungsmaßnahmen erforderlich bzw. ob sie vertretbar sind. In Zweifelsfällen wird eine maßnahmenbezogene Bestandsanalyse (Feststellung der erforderlichen Einzelinstandsetzungsmaßnahmen) durchgeführt. Die Untersuchungen sollen mit einem Modernisierungsvorschlag (mit Mod.-Kosten, Mod.-Folgekosten und Instandsetzungskostenfortschreibung) abgeschlossen werden. Bei frühzeitiger Durchführung dieser Phase kann die maßnahmenbezogene Bestandsanalyse entfallen. Im Mai '79 ist die Maßnahmenplanung noch nicht durchgeführt, konkrete Aussagen über die Ausfüllung dieses Aufgabenpakets stehen noch aus (etwa die Berücksichtigung von Bewohnerwünschen oder von unterschiedlichen Standards).

Ein Jahr nach der Verabschiedung des Blockentwicklungskonzepts ist die Entscheidung über die Haberkern-Hinterhäuser noch immer nicht getroffen; entsprechend den Vorstellungen des Senats sollen ZIP-Mittel nicht für die Instandsetzung der Hofbebauung verwendet werden - es bleibt daher weiterhin ungeklärt, wie diese Bausubstanz erhalten werden kann. Um den Erhalt von möglichst vielen Hinterhäusern (und damit der bestehenden Nachbarschaften) besser sichern zu können, arbeitet die Planungsgruppe - parallel zum Blockentwicklungskonzept und ohne vertragliche Absicherung - an Teilbereichsplanungen. Nach den Vorstellungen des Vereins und der Planungsgruppe sollen von den Teilbereichsplanungen Blockkonzepte unter Einbeziehung der dort Wohnenden erstellt werden. Die Frage, wie eine umfassende Bürgerbeteiligung dabei tatsächlich aussieht (soll, kann), wird diskutiert. Es besteht begründete Hoffnung, daß die aktiven Gruppierungen der Bürger ihre Vorstellungen in diesem Prozeß weitgehend durchsetzen können: sie haben sich inzwischen soweit konsolidiert, daß ohne ihre Zustimmung keine Maßnahmen beschlossen werden können.

3. Betroffenen - Beteiligung

3.1 Betroffenenbeteiligung im Rahmen eines alternativen Wettbewerbsmodells

"Der Anspruch umfassender Beteiligung der betroffenen Bewohner am Stadterneue-
rungsprozess in SO 36 wird auf verschiedenen Ebenen deutlich:
MITWIRKEN sollen die Bewohner im Rahmen des Wettbewerbs durch eigene Verbesse-
rungsvorschläge und Programme
MITENTSCHEIDEN sollen sie in der Projektkommission bei der Auswahl und Bewer-
tung der Wettbewerbsbeiträge
MITDENKEN sollen die Bewohner in den ausgewählten Projektgruppen an den Lö-
sungsmöglichkeiten für die offensichtlichen sozialen und baulichen Probleme im
Quartier
MITARBEITEN sollen die Bewohner bei der Durchführung der von der Projektkommission als realisierbar ausgewählten Modernisierungsprogramme" (SenBauWohn
1977c)
Als Verfahren zur Reaktivierung des Stadtteils SO 36 unter möglichst breiter
Mitwirkung seiner Bevölkerung wurde als Einstieg das Modell eines städtebaulichen Ideenwettbewerbs gewählt. Was im einzelnen zu dieser (und keiner anderen)
Entscheidung geführt hat, läßt sich nicht nachzeichnen. Tatsache ist jedoch,
daß sich innerhalb eines solchen Verfahrens - bei entsprechenden Modifikationen
der ansonsten üblichen Organisationsstruktur - wesentliche Anforderungen eines
von den Bewohnern mitbestimmten, problemorientierten Erneuerungsprozesses erfüllen lassen.
Zunächst ist durch eine Ausweitung des zugelassenen Teilnehmerkreises am Wettbewerb die Möglichkeit geschaffen, Vorschläge und Stellungnahmen aus dem Quartier selbst zu erhalten. Dies bereits im Vorfeld planerischer Entscheidungen
und nicht erst als Reaktion darauf. Entscheidender für die Aktivierung und
Motivation der Betroffenen dürfte jedoch die mehrheitliche Besetzung der Wettbewerbsjury mit Bürgervertretern gewesen sein. Dieses mit abgesicherten Kompetenzen ausgestattete Gremium wird im weiteren Verlauf den Dreh- und Angelpunkt
des Erneuerungsprozesses in SO 36 darstellen.
Der aus Wettbewerben bekannten Instanz der "Vorprüfung" kommt - als deutlich
wird, daß die Bürgervertreter innerhalb der Projektkommission angesichts der
Fülle und Komplexität des eingereichten Materials überfordert sind - eine
Funktion zu, die sich zwischen fachlicher Beratung und Interessenvertretung
bewegt.
Parallelen lassen sich also eher zur Grobstruktur üblicher Wettbewerbsverfahren ziehen als zu deren feinteiliger Ausfüllung. Der Wettbewerb sollte zwar
gemäß den "Grundsätzen und Richtlinien für Wettbewerbe" (GRW) durchgeführt werden, doch die eben aufgezeigten Abweichungen, wozu noch eine weit größere Ju-
rierungsdauer als üblich (14 Tage!) und die im Verlauf des Verfahrens (erkämpfte) Möglichkeit der Laien innerhalb des Preisgerichts, die Beiträge zuhause
lesen zu können, kommt, machten es erforderlich, die Handhabung der GRW ständig diesen Sonderbedingungen anzupassen. Hierbei bewegte sich die Projektleitung (das vom Auslober eingesetzte "Quartiersbüro") ständig auf dem schmalen
Grat zwischen einer allzu strengen Einhaltung der GRW, die das Verfahren zu
sehr eingeengt hätte, und einer lockeren Handhabung, die im schlimmsten Fall
zur Annullierung des Wettbewerbs hätte führen können. (vgl. Böttcher, u.a.
1977, 64)
Als Zielsetzungen des Wettbewerbs selbst werden neben instrumentellen und baulichen Lösungsansätzen besonders Ansätze zur Motivierung und Aktivierung der
Bevölkerung genannt, die eine institutionalisierte Bürgerbeteiligung ermöglichen sollen. Dieser Anspruch wurde mit der beschriebenen Besetzung der PK von
vornherein glaubhaft unterstrichen.
Ergebnis des Wettbewerbs sollten nicht alternative "beste" Problemlösungen

sein, sondern auf Teilprobleme beschränkte Strategieangebote, die erst im weiteren Verlauf zu einer Gesamtstrategie verknüpft werden sollten. Angesichts der kurzen Bearbeitungsfrist sollen in der ersten Phase nur Ideenskizzen verlangt werden. Einzelne Ideen aus nicht prämiierten Arbeiten werden in einer sog. "Vorschlagsliste" bewahrt.

Voraussetzungen für eine Beteiligung von Betroffenen am Wettbewerb

Durch die Organisation des Verfahrens eröffnen sich zwei unterschiedliche Beteiligungsfelder für den interessierten Bürger:
● Die Möglichkeit aktiver Teilnahme am Wettbewerb
● Die Mitarbeit innerhalb des Preisgerichts
Zum ersten Bereich läßt sich folgendes sagen:
Die in zweierlei Hinsicht offene Ausschreibung (Laien, Wettbewerbsbereich über die Grenzen der BRD hinaus) stellt einen ersten Schritt hin zu einer breiteren Beteiligung der Öffentlichkeit an Planungsproblemen dar. Im Hinblick auf die Beteiligungsmöglichkeit von Laien muß jedoch festgestellt werden, daß der Ausschreibungstext selbst kaum geeignet war, diesen Anspruch erfolgversprechend umzusetzen. Trotz sichtlicher Bemühungen bleibt der Ausschreibungstext fast nur dem Fachmann verständlich und konnte von daher die Erwartungen, von Laien erarbeitete und damit verwertbare Wettbewerbsbeiträge zu erhalten, nicht erfüllen. "Der Zielkonflikt, einerseits inhaltliche, praktikable, d.h. umsetzbare Lösungsansätze zu bekommen und andererseits der Wunsch nach einer regen Beteiligung breiter Bevölkerungskreise mit der entsprechenden Repräsentation auch im Spektrum der honorarwürdigen Arbeiten, blieb unauflösbar". (ebd., 65)
So verwundert es auch kaum, daß ein Großteil der von Nicht-Fachleuten erarbeiteten Wettbewerbsbeiträge reine Wunschkataloge darstellten, deren Inhalte nur selten auf ihre Praktikabilität hin überprüft waren. Ein zweites Manko in dieser Richtung bedeutete die fehlende Abfassung des Ausschreibungstextes in türkischer Sprache.
Im Nachhinein läßt sich also eindeutig feststellen, daß die Annahme, von weitgehend uninformierten Bürgern Lösungsansätze zu erhalten, die der Komplexität des Problems SO 36 gewachsen sind, unrealistisch war. Ohne an dieser grundsätzlichen Feststellung zu rütteln, lassen sich dennoch Maßnahmen denken, die den Rücklauf aus dem Quartier erhöht (12 % der Arbeiten stammen aus SO 36) und bessere Ergebnisse erzielt hätten: Eine wesentlich längere und intensivere Informationsphase als die, welche letztendlich unter dem gegebenen Zeitdruck zustande kam, und eine verständlichere Fassung der Ausschreibungsbroschüre,die in ihrer vorliegenden Form eher Barriere als Anreiz für die Beteiligung der Bürger war.
Im Hinblick auf die Ausdehnung des Wettbewerbsbereichs über die Grenzen der BRD hinaus stellt sich die Frage, ob hierdurch tatsächlich die erwartete Ideenvielfalt um soviel größer wird, daß es den organisatorischen Mehraufwand rechtfertigt. Immerhin waren im Ergebnis von 11 zur Weiterarbeit aufgeforderten Projektgruppen 1o Berliner Gruppierungen.

Die Beteiligungsmöglichkeit innerhalb der Wettbewerbsjury ("PK") stand rein formal nicht jedermann offen: Am 25.3.77 lädt der Bezirksbürgermeister 14o Kreuzberger Bürger zu einem Treffen ein, auf dem die bürgerschaftlichen Mitglieder der PK ausgewählt werden sollen. "Wer wüßte besser als die Bewohner, wo es fehlt, was verbessert werden muß. Es gibt Hindernisse, die böse Erbschaft des 19. Jahrhunderts in allen Punkten positiv zu wenden.´ (...)Von den Wettbewerbsteilnehmern werden realisierbare Vorschläge, Konzeptangebote erwartet.
Ob die Vorschläge später halten, was sie versprechen, sollen Sie mit einer der ersten sein, der das aus seiner Lebenserfahrung mit abschätzt. Der Bezirk hofft sehr, daß Sie diese verantwortungsvolle und sicher interessante Aufgabe annehmen und von Ihrer wertvollen Freizeit einen Teil opfern. Sie sind dann ein

stimmberechtigtes Mitglied der Projektkommission, ein Fachmann für das Leben im Südosten.'' (Pietschker, R. 1977)

Die Hälfte der Angesprochenen war aufgrund genauer Kenntnis des Quartiers einerseits von der Kirche (Pfarrer K. Duntze), andererseits vom Bezirk (G. Kokott) vorgeschlagen worden, die restlichen wurden nach dem Zufallsprinzip aus der Kartei der VHS Kreuzberg gezogen. Insgesamt folgten der Einladung 69 Bürger, die sich fast alle für die Mitarbeit innerhalb der PK bereiterklärten, auch nachdem Ihnen eindringlich die auf sie zukommenden Belastungen dargelegt wurden. Per Losentscheid wurden 17 stimmberechtigte Mitglieder der PK, Stellvertreter und Nachrücker ermittelt. Die im Gebiet tätigen Aktivgruppen (Forum Kreuzberg, ev./kath. Kirche, islamische Moschee, Deutsche Schreberjugend, Wohlfahrtsverbände) benennen zusätzlich jeweils einen Vertreter.

Dieses Auswahlverfahren wurde gewählt, weil hierdurch erwartet werden konnte, daß Bürger in die PK gelangen, die in der Lage sind, konstant und intensiv bei der Beurteilung meist komplizierter Texte mitwirken zu können. Der Preis hierfür war in diesem Fall der Verzicht auf eine Legitimation durch Wahl. Dieser Mangel wird jedoch angesichts der Erfahrungen in Kauf genommen, die bei Wahlen zu vielen Sanierungsbeiräten oder ähnlichen Organen gemacht wurden: Die Wahlbeteiligung ist so gering, daß eine faktische Legitimation der Gewählten ohnehin nicht gegeben ist.

Das überraschend gute Ergebnis bezüglich der Mitwirkungsbereitschaft in der PK scheint jedoch neben der durch das Verfahren vorbestimmten personellen Auswahl vor allem durch die zugesicherten Entscheidungskompetenzen der mit majorisierendem Sitz und Stimme vertretenen Bürgervertreter begründet. Dies, aber auch die auf eine zu institutionalisierende Bürgerbeteiligung zielenden Inhalte der Ausschreibung stellen eine notwendige Vorleistung des Auslobers gegenüber den lange enttäuschten und mißtrauisch gewordenen Bürgern von Kreuzberg dar. Zwar entstehen Bezirk und Senat durch die Ergebnisse, die das Projekt bringt, keinerlei Verpflichtungen, und die finanzielle Ausstattung des Projekts ist zu Beginn mehr als mager, doch die Vielzahl öffentlicher Erklärungen seitens des Senats und des Bezirks sowie das große Echo in den Medien läßt soviel Vertrauen entstehen wie es für den Start des Verfahrens unerläßlich ist.

Ziele der Ausschreibung

Das Modellprojekt der ''Strategien für Kreuzberg'' stellt schon in den Formulierungen der Ausschreibung die enge Verwobenheit von instrumentellen und inhaltlichen Zielsetzungen heraus. Unter dem Titel ''Was soll das Projekt bringen - Aufgabe und Zweck -'' steht zu Beginn der Ausschreibungsbroschüre folgender Text:

''Die Teilnehmer sollen versuchen, Ansätze zu neuen Zielvorstellungen für die Wiederbelebung der Stadtquartiere nördlich und südlich des ehemaligen Görlitzer Bahnhofs in Berlin Kreuzberg zu entwickeln bzw. vorhandene Perspektiven aufzugreifen, um für die betroffene Bevölkerung modellhafte Strategien zu erarbeiten.

Auf der Grundlage bestehender kommunaler Rahmenbedingungen (kommunale Verfassung, Finanzausstattung, Bodenordnung usw.) sollen diese Strategien realisierbare Programmvorschläge - auch für Teilaspekte - beibehalten, die in Ihren Schwerpunkten dazu beitragen, die vorhandenen Möglichkeiten
- eines besseren Miteinanderlebens innerhalb der gesamten Bürgerschaft und
- einer wachsenden Identifikation mit deren Lebensraum (historisch gewachsener Umwelt, Kultur usw.)
zu aktivieren.
Den Investitionswillen verschiedener Bevölkerungsgruppen in den Quartieren zu wecken und zu stützen.

Unter Beteiligung aller Bürger sollen dadurch Voraussetzungen für einen städti-

schen Entwicklungs- bzw. Verbesserungsprozess eingeleitet werden, dessen neue
Leitbilder in Kontinuität zu den gegenwärtigen Verhältnissen in den Quartieren
stehen

Im Rahmen einer Öffentlichkeitsarbeit sollen dann erste konkrete Schritte zur
Verbesserung des Images und der Verhältnisse getestet werden können."

Hierzu fällt auf, daß man sich hinsichtlich inhaltlicher Zielsetzungen mit
(bewußt) äußerst vage gehaltenen Formulierungen begnügt (Wiederbelebung der
Stadtquartiere", "vorhandene Perspektiven aufgreifen", usw.), ja sogar die
Entwicklung von "Ansätzen zu neuen Zielvorstellungen" den Wettbewerbsteilnehmern überläßt, während demgegenüber vergleichsweise konkrete Ansätze zur Durchsetzung der Ziele vorgeschlagen werden. Im Kapitel "Allgemeine Ziel- und Stra-
tegievorstellungen zur Neubelebung des Projektgebietes" heißt es dazu:
"Es sollte als zentrales Anliegen für die Neubelebung die Entwicklung von Modellen der Bürgerbeteiligung sein, die folgenden Anforderungen gerecht werden
müssen:
1. Sie ermöglichen die Beteiligung der gesamten Bevölkerung
2. Sie ermöglichen die Beteiligung von Anfang an.
3. Sie schaffen die Voraussetzungen, die es der Bevölkerung ermöglicht, das
   Gebiet als ihr eigenes anzunehmen, dessen Probleme ihre eigenen sind (Identifikation)

Da auch im Projektgebiet Beteiligungsbereitschaft und -fähigkeit der Mehrheit
der Bevölkerung gering sind, geht es zunächst darum, diese Hindernisse abzubauen, und zwar durch eine umfassende Informationspolitik und durch die Bereitstellung konkreter Mitwirkungsmöglichkeiten.
Beides kann nur gelingen, wenn dem Quartier zunächst nicht perfekte Beteiligungsmodelle verordnet werden, sondern wenn an Vertrautes und Bekanntes ange-
knüpft wird. Das heißt, die Informationspolitik muß sich die vorhandenen Kommunikationsstrukturen zunutze machen, und bei der Beteiligung soll zunächst von
den bereits aktiven Gruppen ausgegangen werden.
Erst in weiteren Phasen können dann von den so geschaffenen Grundlagen aus verfeinerte Beteiligungsverfahren entwickelt werden, die dann auch in der Lage
sind, sonst weitgehend passive Bevölkerungsgruppen zur Beteiligung zu veranlassen.
Alle Beteiligungsmaßnahmen sollen so beschaffen sein, daß sie auch von Ausländern (insbesondere Türken) genutzt werden können." (SenBauWohn 1977a, 35)
Im Grunde läßt sich bei den "Strategien" (die Bezeichnung drückt es schon aus)
eine Trennung von inhaltlichen und instrumentellen Zielen nur künstlich vollziehen: Die Frage des "Wie" steht eindeutig im Vordergrund des Wettbewerbsprojekts, instrumentelle Lösungsansätze werden zum Subjekt der Ausschreibung
und damit zu inhaltlichen.
Freilich verzichtet der Auslober nicht ganz auf die Klärung der Frage "Was"
an Verbesserungen mit dem Projekt erreicht werden soll: Sowohl im Teil B der
Ausschreibungsbroschüre "Informationen zum Projektgebiet", als auch im Teil C
werden Zielvorstellungen formuliert, im letzteren explizit als "z.T. konträr"
bezeichnet. Diese von vorneherein konflikthafte Darstellung von Zielen nach
außen ist an sich schon ein Novum innerhalb von Wettbewerbsausschreibungen.
Sie kommt hier zustande, weil der Auslober verschiedenen der beteiligten Interessengruppen Gelegenheit bot, ihre Vorstellungen darzulegen, die dann selbst
auf der Ebene anfänglicher, globaler Zielsetzungen nicht zu vereinbaren waren.
Z.B. wird von seiten der Bezirksverwaltung von einer "natürlichen" Reduzierung
der Kreuzberger Bevölkerung um ca. 3o % ausgegangen, derzufolge etwa Abrisse
der Hinterhofbebauung als natürliche Konsequenz des sinkenden Wohnraumbedarfs
dargestellt werden können, während die evangelischen Gemeinden Kreuzbergs die
Notwendigkeit betonen, diese schon wegen der großen Nachfrage nach billigem
Wohnraum zu erhalten. Das Nebeneinander verschiedener Zielvorstellungen führt
zwar, wie später gezeigt wird, zu erheblichen Konflikten am konkreten Fall;

zumindest ist jedoch für die Ausschreibung selbst auf diese Weise sichergestellt, daß die Teilnehmer nicht von vornherein auf bestimmte Konzepte festgelegt werden.

Fassen wir noch einmal die zentralen Zielsetzungen des Projekts zusammen:
- Der Wettbewerb zielt weniger auf städtebaulich-gestalterische, sondern in
erster Linie auf gesellschaftspolitische, bzw. instrumentelle Lösungsansätze
ab.
- Gefordert sind nicht Beiträge, die auf ein fest umrissenes Planungsziel hinauslaufen, sondern vielmehr solche, die Schritte für eine prozesshafte Veränderung der bestehenden Verhältnisse im Gebiet aufzeigen.
- In diesem Rahmen wird besonders nach Modellen zur Motivierung und Aktivierung der Bevölkerung gesucht, die in eine institutionalisierte Bürgerbeteiligung münden sollen.
- Nicht alternative "beste Modelle der Stadterneuerung" (Böttcher u.a. 1978,
64) sind gefragt, sondern Lösungsansätze zu allen Teilbereichen des Lebens im
Quartier, die später zu einem übergreifenden Gesamtkonzept einer Vorgehensweise zusammengefaßt werden.

KRITERIENKATALOG			
Kriterienbereiche		Wichtige Teilkriterien	Teilkriterien
Wichtung	W		W
1. Zielangebote zur Verbesserung bzw. Entwicklung der Quartiere	O	1.1 Quantitative Angaben zu den Zielen	O
		1.2 Kommunale Rahmenbedingungen	O
2. Strategienangebote zur Beteiligung der Bürger an den o.g.Zielen	60	2.1 Aktivierung des Miteinanders innerhalb der Bürgerschaft	20	Organisation der Nachbarschaft(Haus,Block..)
				Verminderung v.gruppenspez. Konflikten
		2.2 Aktivierung der Identifikation mit der gewachsenen Umwelt, dem städtischen Lebensraum, der Kultur usw.	20	Erhalt der "Kreuzberger Mischung"
				Kulturelle, soziale Ereignisse, Symbole
				Kontinuität der Stadtentwicklung
		2.3 Aktivierung und Koordination des Investitionswillens	20	Mieter und Pächter
				Grundstückseigentümer
				Gewerbe und Geschäfte
				Öffentliche Hand
3. Realisierbare Programmvorschläge für das Projekt, mögliche Modelle über 1977 hinaus	40	3.1 Miteinander innerhalb der Bürgerschaft	10	Aktivierung vorhandener Kapazitäten
				Kommunikationsaufwand
		3.2 Identifikation	10	Aktivierung vorhandener Kapazitäten
				Aufwand für Maßnahmen z.Steigerung d. Attraktivität
		3.3 Investitionswille	10	Erschließung neuer Finanzquellen
				Aktivierung vorhandener Kapazitäten

Abb. 3
Kriterienkatalog aus der
Ausschreibungsbroschüre

(Nach diesem Katalog wurde
letztendlich nicht entschieden;
er macht jedoch die grundsätzliche Prioritätensetzung
deutlich)

Organisations- und Zeitplanung

Nicht allein in den Zielsetzungen des Wettbewerbsprojekts "Strategien für
Kreuzberg", sondern auch in Organisation und Ablauf des Verfahrens ergeben
sich grundsätzliche Verschiebungen gegenüber herkömmlichen Wettbewerben. Zum
Teil sind diese bereits im Punkt 2.2 angeschnitten. An dieser Stelle soll ein
kurzer Gesamtüberblick folgen. Die folgende Abbildung zeigt zunächst die beteiligten Gremien/Institutionen und ihr (organisatorisches) Verhältnis untereinander:

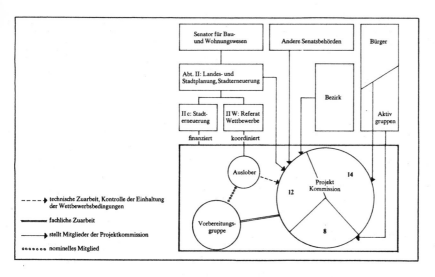

Abb. 4: Organisationsschema des Wettbewerbs (aus: Böttcher u.a. 1977)

Die durch die Ausschreibung vorstrukturierte Organisationsform für den Wettbewerb beinhaltet wesentlich folgende Elemente:

1. Ablauf des Verfahrens in zwei zeitlich eng begrenzten Stufen. Die erste Wettbewerbsphase soll nur 2 Monate dauern. (Entsprechend sind nur Ideenskizzen
und keine ausgefeilten Programme gefordert) Ziel ist dabei, das Verfahren
zeitlich so eng zu begrenzen, um es vor dem "Zerfließen" zu bewahren. (Vgl.
Duntze, K. 1977a, 21) Für die zweite, die Erprobungsphase, werden ebenfalls
nur 3 Monate angesetzt.
Faktisch werden dann jedoch beide Phasen sehr viel weiter ausgedehnt, da ansonsten sowohl die Projektgruppen, als auch die PK weit überfordert würden.
Der Anspruch besonderer Flexibilität dieses Modellprojekts ist dadurch in
dieser Hinsicht erfüllt.

2. Einrichtung einer Wettbewerbsjury, die zu 2/3 aus Vertretern der betroffenen
Bevölkerung besteht.

Gruppe: Bürger				
Mieter	3		Deutsche Schreberjugend	1
Arbeitnehmer	2		Kinderlobby	1
Senioren	2		Haus- und Grundbesitzer	2
Gewerbe	3		Arbeiter Samariter Bund / Arbeiterwohlfahrt	1
Ausländer	2		*Gruppe: Verwaltung*	
Jugendliche	1	Bezirk	Bezirksbürgermeister	1
Ausbilder	1		Stadträte	6
Gruppe: Aktivgruppen		Senat	Sen. f. Bau- u. Wohnungswesen	2
Forum Kreuzberg	1		Sen. f. Gesundheit u. Umweltschutz	1
islamische Moschee	1		Sen. f. Arbeit u. Soziales	1
Kirche	1		Sen. f. Familie, Jugend u. Sport	1

Abb. 5: Zusammensetzung der Projektkommission (aus: Böttcher u.a. 1977)

Dieses Gremium hat nur in der ersten Wettbewerbsphase die Aufgabe der Jurierung der eingereichten Arbeiten. In der zweiten Phase soll es die jeweiligen Programme der ausgewählten und nun vor Ort arbeitenden Projektgruppen aufeinander abstimmen. Als Abschluß dieser Phase soll es auf der Grundlage genauer Kenntnis nicht nur der einzelnen Programme, sondern insbesondere deren praktizierbarer und praktizierter Ansätze im Quartier Empfehlungen aussprechen, die die Grundlagen einer weitergehenden Öffentlichkeitsarbeit darstellen. Diese organisatorische Aufgabe leistete im Wesentlichen der Vertreter des Auslobers im Quartier, das "Quartiersbüro". Dieser Einrichtung wuchsen im Verlauf der "Strategien" verwaltungsuntypische Aufgaben zu: es geht nicht in erster Linie darum, auf Initiativen aus der Bevölkerung zu reagieren oder Vorgänge abzuwickeln, sondern darum, gemeinsam mit der Quartiersbevölkerung Initiativen aufzugreifen und zu fördern, und diese für das Verfahren nutzbar zu machen. Die Notwendigkeit einer Prozesstimulation erfordert eine aktive Form von Öffentlichkeitsarbeit, vor allem in der Phase, in der die Strategie-Vorschläge im Gebiet erprobt werden.

Aufgabe der Organisationsform soll es sein, ein geeignetes Hilfsmittel zur Verwirklichung der zentralen Zielsetzungen des Wettbewerbs - umfassende Bürgerbeteiligung - Revitalisierung im sozialen und baulichen Bereich - darzustellen. Zunächst erscheint es fragwürdig, ob nicht gerade in der Vorformulierung der Organisation die Gefahr liegt, daß hier über die Köpfe der Betroffenen hinweg Konzepte zu deren Beteiligung verordnet werden. In diesem Zusammenhang weist K. Duntze jedoch auf Erfahrungen hin, die zeigen, "daß die Formierung einer Vertretung der Betroffenen vor einem solchen Unternehmen viel weniger Aussicht auf Erfolg hat - das zeigen unsere jahrelangen Erfahrungen im Gebiet -, daß aber für ein solches Unternehmen wie die Ausschreibung sich die Bürger finden, die hier Verantwortung übernehmen können und wollen. Die Voraussetzung ist und bleibt, daß sie das von der öffentlichen Hand geforderte Vertrauen gewinnen und behalten können. Die Ausschreibung durch die Verwaltung ist eine erste und notwendige Vorleistung der öffentlichen Hand gegenüber den solange enttäuschten und mißtrauisch gewordenen Bürgern" (Duntze 1977a, 71). Wie die Erfahrungen aus der 1. Runde zeigen, hat die Organisation des Verfahrens als Wettbewerb ihre Aufgabe als Initialzündung und Aktivierung eines Kreises beständig mitarbeitender und Verantwortung tragender Bürger voll erfüllt und konnte selbst die anfangs aufgetretenen Rückschläge (Konflikte um Pumpe und Feuerwache) verkraften.

An diesen Konflikten, die den Bestand der PK vorübergehend gefährdeten (2 der 3 Vorsitzenden der Kommission zogen sich zeitweilig aus ihrer Funktion zurück) lassen sich exemplarisch die Probleme, die die Einbindung des Projekts zwischen zentraler Senatsplanung und dezentraler Bezirksplanung mit sich brachten, aufzeigen: Der Bezirk ist in erster Linie Exekutivorgan. Er verfügt über keine Finanzhoheit. Umso deutlicher ist sein Bestreben nach Sicherung und voller Ausschöpfung der ihm verbliebenen Kompetenzen gegenüber der Senatsverwaltung. Dies führte hier zu einer deutlich distanzierten Haltung von Bezirkspolitikern gegenüber dem vom Bausenator getragenen Wettbewerb. Nicht zuletzt von daher ist das vorschnelle und eigenmächtige Handeln des Kreuzberger Bezirksbürgermeisters und seines Baustadtrates zu verstehen: entsprechend der im Feuerwachenkonflikt vorliegenden Kompetenzlage mußte sich der Bausenator darauf beschränken, das Vorgehen des Bezirksamtes zu mißbilligen, ohne selbst intervenieren zu können. Bei Fragen der Planung hat die zentrale Senatsverwaltung eine dominierende Stellung. Nicht allein wegen der ihr obliegenden Finanzhoheit, sondern auch wegen ihrer inneren Homogenität. Diese ist wegen des in der Berliner Bezirksverfassung verankerten Prinzips der Beteiligung aller Parteien an den politischen Wahlämtern entsprechend ihrer Stärke in den Bezirksverordnetenversammlungen für die Bezirksverwaltungen nicht gegeben.
Im Fall des Feuerwachenkonflikts überlagern sich also administrative und parteipolitische Rivalitäten und engen so den Handlungsspielraum der PK und der

Projektgruppen aufs Äußerste ein.

Bestandsbewertung in der Ausschreibung

Eine Wettbewerbsausschreibung ohne eine Bestands-Bewertung (wie immer diese auch aussehen mag) ist im Grunde nicht denkbar. Denn immer wird ja ein Soll-Zustand anvisiert, der gegenüber den bestehenden Verhältnissen eine Verbesserung darstellen soll, ...worin schon die Be-Wertung impliziert ist. Daß die Verhältnisse in SO 36 nicht zum Besten stehen, ist wohl unumstritten. Kontroverser ist jedoch schon die Frage, was an Veränderungen in diesem Quartier anzustreben sei, m.a.W., worin die grundsätzlichen Mißstände liegen. Die verschiedenen am Projekt Beteiligten/durch das Projekt Berührten vertreten hierbei naturgemäß unterschiedliche Standpunkte. Ein besonderes Verdienst der Ausschreibung der "Strategien für Kreuzberg" bedeutet es nun, daß sowohl bei der Beschreibung des Projektgebiets, als auch bei der Zielformulierung wenigstens drei Grundpositionen im weiten Spektrum der denkbaren Bewertungsstandpunkte Raum gegeben wurde. Auch dies stellt unseres Wissens ein Novum auf dem Gebiet der Erneuerungsvorbereitung dar. Die verschiedenen Bestandsanalysen des Senats, des Bezirks, des Landeskonservators und - quasi in Vertretung der Betroffenen - K. Duntzes erfolgen (dies gilt insbesondere für Duntzes Stellungnahme) in überwiegend textlicher Form, Situationsschilderungen und dergleichen. Im Hinblick auf die erweiterte Zielgruppe potentieller Bearbeiter des Projekts eine unbedingte Notwendigkeit. Nur vereinzelt werden statistische Unterlagen, dann aber graphisch gut aufgearbeitet, zur Stützung der Argumentation herangezogen. Die Lektüre der Ausschreibung hinterläßt beim Leser jedenfalls nicht den Eindruck der Priorisierung bestimmter Lösungsansätze oder gar der Konstituierung spezieller unabdingbarer Voraussetzungen für einen Erneuerungsprozeß.
Daß in der Vorbereitung des Projekts erstmals die "Betroffenen" - neben dem Auslober, neben dem Bezirk - ausführlich zu Wort kommen, ist natürlich eine beachtenswerte Tatsache; sie darf jedoch nicht darüber hinwegtäuschen, daß es wiederum die Betroffenen nicht selbst sind, die sich hier äußern. Dieses sicherlich für ähnliche Fälle immer gültige Dilemma konnte in Kreuzberg durch die Person des Pfarrers K. Duntze wenigstens annähernd ausgeglichen werden. Letztlich ist seine Bestandsanalyse dem Ergebnis einer langjährigen Gemeinwesenarbeit vergleichbar. Eine Legitimationsbasis scheint dadurch gegeben.

3.2 Die Wettbewerbsbeiträge und Betroffenenbeteiligung
    Bedeutung der Wettbewerbsbeiträge und des Auswahlprozesses für das
    Strategien-Modell

Die Wettbewerbsbeiträge

● Überblick über das vorhandene Spektrum von Beteiligungsmodellen

Bei keinem Aspekt der Wettbewerbsaufgabe war das Spektrum der eingereichten Vorschläge so breit gefächert wie bei diesem und bei keinem kommt der gesellschaftspolitische Standpunkt der Verfasser so zum Tragen. Mit der Entscheidung für ein Konzept zur "Beteiligung von Betroffenen" wird die Richtung, die der Strategien-Prozeß nehmen soll, weitestgehend bestimmt - eben weil die Entwicklung des Kreuzberger Südostens entscheidend von dem zentralen Anliegen des Wettbewerbs, der Mitbestimmung der Bewohner, abhängen wird.
Um so überraschender ist es, daß 4o Teilnehmer überhaupt keine direkten Ausführungen zu diesem Hauptbestandteil der Ausschreibung machen. Ein großer Teil davon sind allerdings die "Laienarbeiten"; die Bewohner können keinen problemdeckenden Lösungsansatz zu der komplexen Beteiligungsproblematik erarbeiten - ihre Wunschkataloge dokumentieren deutlich, daß sie sich überwie-

gend als Objekte des Geschehens und nicht als handelnde Subjekte begreifen.
vergl. Kleimeier/Kopetzki/v. Tiedemann 1979, 184)
Der größte Teil der Teilnehmer macht nur vage, bruchstückhafte Ausführungen
zu dem Hauptanliegen des Wettbewerbs und selbst in der Gruppe der Preisträger
bzw. der engsten Wahl fehlen teilweise Aussagen zu diesem Komplex.
Hier zeigt sich, daß die Entwicklung von Modellen der Bürgerbeteiligung - obwohl in der Ausschreibung als "zentrales Anliegen der Neubelebung" ausgewiesen - von der Mehrzahl der Teilnehmer nicht als essentielle Voraussetzungen
für die Erneuerung von SO 36 begriffen wird. Offensichtlich besteht in diesem
Bereich ein "Leerfeld" - nicht nur bei den Laien, sondern auch bei den professionellen Planern.
Es verbleiben 35 Wettbewerbsbeiträge, die umfangreichere Überlegungen zum
Komplex "Beteiligung" enthalten; die Bandbreite reicht hier von der Optimierung von Planungsverfahren im Rahmen geltender Verwaltungspraxis bis zur Entwicklung radikal basis-demokratischer Selbstorganisationsprozesse (vergl.
Kleimeier/Kopetzki/v. Tiedemann 1979, 184).

● Nutzung des gebietsspezifischen Potentials für Beteiligungsmodelle

Die Auseinandersetzung mit den Vorschlägen für Beteiligungsmodelle soll anhand
der Fragestellung, ob diese Beiträge ihre Kriterien aus dem Quartier selbst
gewinnen, durchgeführt werden. Dieses Vorgehen baut auf Klaus Duntzes These
auf, daß "Die Sanierung ihre Kriterien aus der Gegend selbst gewinnen muß"
- weil nur dann ein sozialorientierter Erneuerungsprozeß in Gang gesetzt
werden kann, der eine Annäherung an die grundlegenden Ziele des Strategien-
Modells verspricht. Unter dieser Prämisse ist an die Beteiligungskonzepte die
Forderung zu stellen, daß sie auf den Vorzügen und Mängeln des Quartiers aufbauend einen Weg der Erneuerung suchen und nicht fremde Stadtmodelle überstül-
pen wollen.
Um Klaus Duntzes These als leitende Fragestellung handhabbar zu machen, soll
seine Forderung in einige zentrale Aussagen gegliedert werden - ohne ihren
Begründungszusammenhang hier nochmals darzustellen (s. dazu Duntze 1969,
139o ff und SenBauWohn 1977a).

- Identifikation ist eine unerläßliche Voraussetzung für das (Weiter-, Über-)
Leben eines Quartiers. Erst wenn die Bewohner das Gebiet und dessen Probleme
als ihre eigenen annehmen, wird eine Entwicklung möglich sein.

- Voraussetzung für die Identifikation ist Mitverantwortung "für das Gesicht
und die Struktur einer Stadtgegend". (Duntze 1969, 139o) Mitverantwortung
ist die Voraussetzung für eine Entwicklung der Sanierungskriterien aus dem
Gebiet selbst, weil die Bewohner "die Fachleute für die Vorzüge und Mängel
ihres Gebietes" (SenBauWohn 1977a, 24) sind.

- Nur eine behutsame, kontinuierliche Verbesserung der Lebensverhältnisse,
die an vertraute Strukturen anknüpft, ermöglicht Mitbestimmung, weil nur so
ein Prozeß der Erneuerung entwickelt werden kann, der den Bedürfnissen und
Möglichkeiten der Bewohner entspricht.

Bezieht man die hier genannten Kriterien auf das Spektrum der Wettbewerbsbeiträge, so lassen sich grundsätzlich 3 Gruppierungen (die tatsächlich größere
Vielfalt der Wettbewerbsbeiträge innerhalb der Gruppierungen läßt sich hier
nicht darstellen) ausmachen:

● Begrenzte Mitwirkung an Planungsprozessen
Die Verfasser dieser Gruppe von Vorschlägen gehen - in sicherlich recht
realistischer Einschätzung des politisch ohne große Widerstände Machbaren -
davon aus, daß optimierte Verfahren im Rahmen der geltenden Verwaltungspraxis
zu entwickeln sind. "Partizipation ist hier als eine bürgeraktive Betätigung
im Vorfeld erforderlicher kommunalpolitischer Entscheidungen entworfen und

darf auch nur als solche verstanden werden." (Wettbewerbsarbeit 98 aus: Klei-
meier/Kopetzki/v. Tiedemann 1979, 186) Tatsächliche Mitverantwortung der Bewohner für die Entwicklung des Quartiers - und d.h. Entscheidungsrecht - wird abgelehnt, weil die Bewohner wegen ihrer mangelnden Artikulationsfähigkeit auf
"die hilfreiche Hand der Planer angewiesen seien. Beteiligung wird hier als
Stellvertreterprinzip ohne Gewährung von Entscheidungsrechten verstanden; folgerichtig haben auch nur die gewählten politischen Organe Entscheidungen zu
treffen. Das hier dargestellte Partizipationsverständnis - eingeschränkte Mitwirkung im Vorfeld relevanter Entscheidungen - ist sicherlich geeignet, verhältnismäßig reibungslose Sanierungsprozesse zu sichern; einen Beitrag zur Motivierung der Bewohner, sich ihr Quartier über ihre Mitverantwortung anzueig-
nen und eine Erneuerung zu initiieren, die an ihren Bedürfnissen anknüpft,
stellen diese Modelle kaum dar.

● Überformalisierte Planungs- und Beteiligungsmodelle
Die Gruppe dieser Beiträge zeichnet sich durch sehr ausführliche Analysen der
Situation aus, die in der Forderung nach Beteiligungsaktivitäten, die sich am
"Bewußtsein der Bevölkerung" orientieren, münden. Die vorgeschlagenen Modelle
geraten dann allerdings so perfekt und technokratisch, daß sie "angesichts der
sozialen Situation des Gebietes abstrakt wirken" (Kleimeier/Kopetzki/v. Tiedemann 1979, 187). "Aus diesen drei Grundbedingungen, nämlich der Vielfalt der
Beteiligungsformen, die gleichmäßige Einbeziehung aller Partnergruppen und die
Beachtung der Grundordnung des selbstregulierenden Regelkreises entsteht der
Beteiligungsspiegel. Durch Antragen der Partner an der waagerechten Koordinate
und durch Unterbringung der vielfältigen Beteiligungsformen in den verschiedenen Spalten entsteht ein Katalog, aus dem man sich im konkreten Fall wie aus
einem Warenhauskatalog die geeignet erscheinenden Punkte herauswählen kann."
(Wettbewerbsarbeit 122 aus: Kleimeier/Kopetzki/v. Tiedemann 1979, 188)
Solche technokratischen, intellektuellen Spiele verdeutlichen, daß diese Modelle
extern dominiert sind, keine Verbindung zu der realen sozialen Situation im
Quartier besitzen. Sie können so ihre eigentliche Bestimmung - nämlich die Beteiligung der Bevölkerung zu ermöglichen - nicht erfüllen.

● Emanzipatorische Beteiligungs- und Aktivierungsformen
Die Mehrheit der Beiträge ist durch ein Konzept der "Hilfe zur Selbsthilfe"
gekennzeichnet, das ausdrücklich auf den Erfahrungen der Bewohner aufbauen will.
Hier finden sich Ansätze, die die Forderung nach Ableitung der Kriterien für
die Erneuerung aus dem Gebiet selbst in handhabbare Praxis umsetzen wollen. In
diesem Zusammenhang sind vor allem Beiträge zu nennen, die keine fertigen Beteiligungsmodelle anbieten, um so der Gebietsbevölkerung eine möglichst große
Selbstbestimmung über Ziele und Wege der Erneuerung einzuräumen. Gerade Beiträge, die das Prinzip der "offenen Enden" betonen, haben es nach Einschätzung der
Freien Planergruppe Berlin "in dem auf verwertbare Modelle ausgerichteten Verfahren schwer... und (wurden) tendenziell früher eliminiert als manche techno-
kratisch-perfekten Vorschläge" (Kleimeier/Kopetzki/v. Tiedemann 1979, 19o). Gerade Modelle, die aus vorhandenen Ansätzen und Möglichkeiten entwickelt werden,
können nach Ansicht eines Teiles der Verfasser erst aus der Arbeit im Gebiet
entstehen. "Diese plausible Argumentation ... gerät zwangsläufig in Konflikt
zu dem Wunsch der Ausschreibung, möglichst konkrete, weit vorgedachte Strate-
gienangebote zu erhalten." (Kleimeier/Kopetzki/v. Tiedemann 1979, 19o).
Im Gegensatz zu der Gruppe von Beiträgen, die einen möglichst effizienten Ablauf des Erneuerungsverfahrens anstreben, wird hier von einigen Arbeiten betont, "daß eine Vorgehensweise, die an Erfahrung und Wissen der Beteiligten
Nr.1o4) ansetzt, auch das Risiko von Umwegen, Zeitverzögerungen, partiellem
Scheitern in Kauf nehmen muß. Das wird aber als notwendiger Preis dafür angesehen, daß die Gebietsbevölkerung die Erneuerung langfristig 'zu ihrer eigenen
Sache macht', und damit die Identifikation mit dem Gebiet möglich wird, die
durch keine noch so wohlmeinenden fremdbestimmten Beteiligungsstrategien erreicht werden kann." (Kleimeier/Kopetzki/v. Tiedemann 1979, 19o).

Die Analyse der sozialpsychologischen Probleme in SO36 mündet bei einem großen
Teil der Teilnehmer in Forderungen nach Überschaubarkeit, Transparenz und De-
zentralität: nur die Mitarbeit in einem Prozeß, der von den Bewohnern vollständig getragen werden kann, macht Mitbestimmung möglich. Dazu gehört auch, daß es
Entscheidungen auf verschiedenen Ebenen - vom Einzelhaus bis hin zum Quartier -
gibt. Anknüpfend am jeweils eigenen Interessenbereich - also vor allem die
eigene Wohnung, dann sozialer und kultureller Bereich - sollen die jeweils
geeigneten Organisationsformen für Mitbestimmung gefunden werden.
Von den Beiträgen in dieser Gruppe werden von außen gesteuerte Hilfe und büro-
kratisch verwaltete Formen ausdrücklich abgelehnt -Ziele sind Entscheidungsbefugnis und Selbstorganisation für die Bevölkerung.

● Vermittelbarkeit der Vorschläge an die Gebietsbevölkerung

Eine der wenigen Restriktionen, die den Teilnehmern auferlegt worden war, betraf - neben Seitenzahl und Formaten - die Vermittelbarkeit an die Gebietsbevölkerung. Etwa ein Viertel der eingereichten Arbeiten kann diese Forderung
nicht erfüllen, weil sie den Charakter theoretisch-akademischer Studienarbeiten
haben oder im "Fachjargon" abgefaßt sind. "Die im Stil wissenschaftlicher
Seminararbeiten geschriebenen Wettbewerbsbeiträge hatten es besonders schwer,
sich im Wettbewerb durchzusetzen, weil sie den Bürgervertretern unverständlich
blieben." (Kodolitsch/Schulz zur Wiesch 1978, 32).
Schwierigkeiten entstehen für die PK auch mit komplizierten Finanzierungsmodellen, Implikationen gesetzlicher Vorschriften und gesellschaftspolitischen
Ableitungen und Begründungen, während Fragen der Bürgerbeteiligung, konkrete
bauliche Maßnahmen und Programme für bestimmte Bevölkerungsgruppen offensichtlich leichter zu vermitteln waren - wie sich an den wesentlich engagierten und
fachkundigeren Diskussionen um diese Inhalte in der PK zeigt.
Die überwiegende Mehrzahl der Teilnehmer hat sich um eine verständliche, direkt
zugängliche Sprache und Gliederung bemüht. Ein Teil der Arbeiten fällt sogar
durch didaktisch besonders gelungene Formen auf, so z.B. originelle literari-
sche oder visuelle Formen der Anlage oder Präsentation (Fotos, Collagen, Comics)
wie in der prämierten Arbeit Nr. 58 "Nöli, Nöldi, Cem und andere", die das Mietkaufmodell in Erzählform - eingebunden in eine Familienhandlung - darstellt.

Der Auswahlprozess

Über das Wettbewerbskonzept der Strategien-Ausschreibung - die Projektkommission
als Jury - sind die Voraussetzungen für die Beteiligung der Betroffenen am Aus-
wahlprozeß gegeben. (s.Punkt 3.1) Hier sollen am Prozeß der Entscheidung für
die 11 Beiträge, die für eine Weiterbearbeitung vorgesehen waren, verschiedene
Fragestellungen weiterverfolgt werden:
- Beteiligung und Durchsetzung der verschiedenen Interessen,
- Realisierung des alternativen Wettbewerbsmodells
- (Weiter-) Entwicklung der Strategien-Ziele.

Die Projektkommission sieht sich für den Auswahlprozeß - neben den Belastungen
durch ZIP, Abrißmaßnahmen usw., wie sie bereits dargestellt wurden - dem Problem
gegenüber, innerhalb von 3 Monaten 129 sehr heterogene Arbeiten zu überprüfen
und zu bewerten und dafür ein Auswahlverfahren und Kriterien zu finden, die dem
Strategien-Anspruch genügen. Das Auswahlverfahren wird zu einem Prozeß, bei dem
in mehreren Schritten die Zahl der für die Weiterbearbeitung in Frage kommenden
Beiträge - bei ständiger Präzisierung der Kriterien - eingegrenzt wird.
In einem ersten Auswahlschritt werden - nach Vorstrukturierung durch die Vorbereitungsgruppe - "nicht wettbewerbsfähige" Arbeiten ausgeschieden, d.h. Arbeiten, die den spezifischen Kreuzberger Verhältnissen nicht gerecht werden können,
die die Rahmenbedingungen des Wettbewerbs sprengen usw... Für die verbleibende
Gruppe der "grundsätzlich wettbewerbsfähigen" Beiträge wird für die weiteren
Ausscheidungsrunden eine "Vorschlagsliste" eingerichtet, damit gute Vorschläge

auch aus solchen Arbeiten, die nicht prämiert werden, für die nächste Wettbewerbsphase nicht verloren gehen. Die Honorarnehmer sollen ausdrücklich mit der
Berücksichtigung/Weiterentwicklung der "guten Vorschläge" für die Erprobungsphase beauftragt werden. Damit ist ein Instrument geschaffen, das hilft, den
Konflikt um die "Laienarbeiten" zu bewältigen: die PK scheut sich zunächst, die
Beiträge von Bürgern aus dem Quartier auszuscheiden, weil sie ja ausdrücklich
erwünscht waren und ein Feld direkter Mitarbeit von Betroffenen an der Erneuerung von SO 36 darstellen. Der Wettbewerb zeigte jedoch, daß ein problemdecken-
der, umfassender Lösungsansatz von Laien nicht zu leisten war - über die Vorschlagsliste werden so auch weniger durchgearbeitete Ansätze oder Anregungen
berücksichtigt.

Der weitere Auswahlprozeß ist gekennzeichnet durch das Problem der Kriterienfin-
dung und die Schwierigkeiten der PK-Mitglieder, sich inhaltlich zu qualifizie-
ren und sich von der notwendigen fachlichen Bestimmung durch die Vorbereitungsgruppe zu lösen. Für die erste Auswahlrunde verlassen sich die Mitglieder der
PK auf das Urteil der Vorbereitungsgruppe, obwohl sie den Fachleuten - in Un-
kenntnis der Bestimmungen der GRW über die Unabhängigkeit der Vorprüfer vom
Auslober - mißtrauen. Zu diesem Zeitpunkt verbleiben nur die Arbeiten im Verfahren, die einen einflußreichen Advokaten in der PK fanden ("allerdings genügt
zu Anfang eine Stimme, um die Arbeit im Wettbewerb zu lassen, bzw. später 1/3
der Stimmen." (Böttcher u.a. 1978, 66). Diese offensichtlichen Unzulänglichkeiten des Verfahrens münden in umfassenden Ansprüchen an die PK:
- Wichtung und Zielkatalog, die die Kommission ihren Entscheidungen zugrunde-
legt, "sollen die inhaltliche Breite der auszuwählenden Arbeiten beachten"
(Kleimeier/Kopetzki/v.Tiedemann 1979, 28).
- "Die Vorbereitungsgruppe unterstreicht, daß es die Hauptaufgabe der Projektkommission sei, eine Gesamtstrategie im Rahmen eines Aktionsplanes für das
Quartier zu entwickeln." (Kleimeier/Kopetzki/v.Tiedemann 1979, 28)
Die hier geforderte Entwicklung eines systematischen Verfahrens erweist sich
als völlig unangemessen, weil
- die Erstellung eines umfassenden Kriterienrasters zu aufwendig gewesen wäre,
- ein solches Raster eine fertige Konzeption für die Entwicklung von SO 36
voraussetzt (die aus dem Selbstverständnis des Strategienverfahrens nicht existieren konnte),
- "man den eingereichten Arbeiten nicht gerecht werden kann, wenn man sie an
Maßstäben mißt, die nicht aus den Arbeiten selbst und erst nach Ausschreibung
des Wettbewerbs formuliert wurden." (Böttcher u.A. 1977, 1243)
- die Einarbeitungsprobleme in diese Art von Wettbewerb für alle Beteiligten
- nicht nur für die bürgerschaftlichen Mitglieder der PK - ein weitgehend vor-
strukturiertes Vorgehen ausschließen.

Um eine Lösung der Kommission von ihrer Abhängigkeit von der Vorbereitungsgruppe zu stützen, wird durchgesetzt, daß der Auslober die Arbeiten - entgegen
den Bestimmungen der GRW - herausgibt, damit die PK-Mitglieder sie zu Hause
lesen können. Zur Intensivierung der Einarbeitung werden von der Vorbereitungsgruppe Lesezirkel durchgeführt, die gut besucht sind, weil man inzwischen erfahren hat, daß man die Jurierung nur dann sachgerecht durchführen kann, wenn
man sich den Inhalt der Arbeiten intensiv erarbeitet hat. Die Kommissions-Mit-
glieder eignen sich durch die Lesezirkel "Vergleichsmaßstäbe an, über die bislang nur die Vorprüfer verfügt hatten." (Kodolitsch/Schulz zur Wiesch 1978, 32).

Für die Endausscheidung zeigt sich, daß diejenigen Vertreter der Bürger und
Aktivgruppen, die fast sämtliche Arbeiten gelesen hatten, aktiv am Stammtisch
teilnahmen und Diskussionen in der PK vorstrukturierten, eine bestimmende Rolle
spielen. Die Beteiligungsintensität hängt vorwiegend von der Ausbildung und der
beruflichen Situation ab. "Dies drückt sich zwar nicht bei der Teilnahme an den
Sitzungen und der Dauer des Engagements, wohl aber an der Häufigkeit der Wortmeldungen aus." (Kodolitsch/Schulz zur Wiesch 1978, 30)
Es sind hier Akademiker und Gewerbetreibende, aus denen sich die Gruppe der

Meinungsführer innerhalb der PK rekrutiert.

Die Zusammenarbeit zwischen den bürgerschaftlichen PK-Mitgliedern und den Vertretern der Verwaltung ist grundsätzlich durch offene Diskussion gekennzeichnet weil auf beiden Seiten kein fest umrissenes Gesamtkonzept besteht, das man jeweils verteidigen will. Deutlich unterschiedliche Auffassungen zwischen Bürgern und Verwaltung bestehen jedoch bei den Konzepten zur Bürgerbeteiligung. Hier kommt unterschiedliches Demokratieverständnis zum Tragen. Ein Teil der Kommissio Mitglieder wendet sich gegen eine zu starke "Politisierung" und "Ideologiesierung" durch die Beteiligungs-Modelle. Entweder wird hier die Notwendigkeit von politischen Auseinandersetzungen bei Beteiligungsverfahren nicht gesehen, oder es handelt sich um eine vordergründige Konfliktvermeidungsstrategie im Sinne eines Konzepts des politisch ohne große Widerstände Machbaren. Von den bürgerschaftlichen Kommissionsmitgliedern wird vor allem darauf hingearbeitet, eine Arbeit zu prämieren, die dem Anspruch einer "Gesamtstrategie" nahekommt, um so auch einen Verfahrensrahmen zu haben, in den man Einzelprojekte integrieren kann. Im Sinne dieser Zielsetzung können sich die "Bürgerlichen" für eine Prämierung der Arbeit 67 ("Soziale und materielle Stadterneuerung durch Mitbeteiligung und Selbstverwaltung") durchsetzen.

Bei den weiteren Kontroversen um die Vorschläge zur Bürgerbeteiligung finden zwei Wettbewerbsbeiträge eine Mehrheit, die von maßgeblichen Vertretern der Senatsbauverwaltung favorisiert werden. Trotz massivem Widerspruch von bürgerlichen Mitgliedern der Kommission gegen einen Verein "Stiftung Kreuzberg SO26" und Aktivierung der Bevölkerung durch die Aktivgruppen erhalten die Arbeiten 29 und 1o einen Teilauftrag.

Bedingt durch den Starken Zeitdruck wird ein Schlüsselproblem der Erneuerung in SO36 vernachlässigt: die Frage von Modernisierungsmaßnahmen unter Einbeziehung von Mietern und/oder Eigentümern (vergl. SCHWERPUNKT zu Punkt 2.3: Die Arbeit der Gruppe 52/Mietermodernisierung). "Die Aufgabenstellung der Ausschreibung, positive Faktoren des Quartiers für eine Revitalisierung nutzbar zu machen, gerät aufgrund des Zeitdrucks für diesen Bereich ins Hintertreffen. Tatsächlich erweist sich später, daß Experimente auf den Sektoren Bürgerbeteiligung (...) und soziale Dienste (...) wesentlich einfacher durchzusetzen sind als Vorhaben, die eine Umverteilung von Förderungsmitteln, eine Beteiligung der Bewohner an Modernisierungsvorhaben oder neuen Organisationsformen der Stadterneuerung (Genossenschaften) zum Gegenstand haben." (Kleimeier/Kopetzki/v. Tiedemann 1979, 43).

Bis zur Endabstimmung über die eingereichten Wettbewerbsbeiträge gibt es keinen Kriterienkatalog, auf den sich die PK geeinigt hat. Die Vorbereitungsgruppe hat zwar - bezogen auf die verbliebenen Arbeiten - einen Katalog entworfen, aber es bleibt den Ausschüssen überlassen, ob sie ihn anwenden wollen. "Auch in folgenden Plenardebatten entwickelten sich die Kriterien eher aus der Diskussion und dem Vergleich der Arbeiten untereinander als aus einem vorformulierten Kriterienkatalog. Folgende Maßstäbe bestimmten dabei das Urteil der Projektkommission:

Allgemeine Kriterien:
Die Projektkommission war sich darin einig, daß für die letzten 11 Arbeiten nur diejenigen in Betracht kommen, die sich nicht in langatmigen theoretischen Erwägungen ergehen, die nicht nur allgemeine Gesellschaftsanalyse betreiben, sondern die realisierbare Strategien für Kreuzberg liefern. Als realisierbar hatten dabei vor allem jene Arbeiter zu gelten, die sich der Konfliktmöglichkeiten bewußt waren und hierfür Lösungsmöglichkeiten anzubieten hatten, die die Träger von Maßnahmen benennen konnten, die im Rahmen der Gesamtstrategie wichtige Einzelregelungen vorschlugen usw.

Kriterien für Maßnahmen zur Bürgerbeteiligung:
Besonderen Wert legte die Projektkommission darauf, daß kein Beteiligungsmodell

prämiert werden sollte, das nicht auch realisierbare Aktivierungsvorschläge zu
machen hatte, das nicht auch die bereits vorhandenen Aktivkräfte im Quartier
mit einbezog. Aktivierungsstrategien, die auf irgendeine Weise auf 'Anwälte'
zurückgriffen, mußten angeben können, welche Funktionen diese haben, wie die
Bürger lernen können, einmal auch ohne Anwälte fertig zu werden.

Kriterien für baulich-räumliche Maßnahmen:
Hier achtete die Projektkommission vor allem darauf, daß SO36 als Billigwohn-
quartier erhalten bleiben sollte, daß die derzeitigen Mieter nicht verdrängt
werden sollten, daß SO36 nicht Sanierungsgebiet werden sollte und daß bei allen
Einzelmaßnahmen die Bürger umfassend zu beteiligen sind.

Kriterien für den Sozial- und Ausbildungsbereich:
Schwerpunkt der Arbeit der Projektkommission war hier die Suche nach Lösungen
zur Integration der Ausländer (was auch die 'Einheimischen' als Zielgruppe
einschließt), zur Verbesserung der Situation der alten und der arbeitslosen
Jugendlichen. (Böttcher u.a. 1978, 66)

Für die Prämierung der Arbeiten möchte die PK die Möglichkeit haben, in abge-
stufter Form auf die sehr unterschiedlichen Strategievorschläge einzugehen.
Die GRW läßt es jedoch nicht zu, "einen Teil der Preissumme pauschal für Ankäufe oder die Realisierung von Arbeitsangeboten zurückzustellen, vielmehr muß
vor Aufhebung der Anonymität geklärt sein, wie die Mittel vergeben werden."
(Kleimeier/Kopetzki/v. Tiedemann 1979, 44) Schließlich kommt es durch ein ab-
gestuftes Abstimmungsverfahren nach verschiedenen Fragestellungen (grundsätzliche Preiswürdigkeit, Gesamtauftrag, Teilauftrag, Prämierung ohne Arbeitsauftrag) zur Vergabe von 7 Gesamt- und 4 Teilaufträgen.

Ergebnisse

● Bedeutung der prämierten Beiträge für das weitere Strategienverfahren

Um die Ergebnisse des Auswahlprozesses für die "Strategien" einschätzen zu
können, sollen hier die drei Beiträge, die mit einer Weiterbearbeitung für die
Erprobungsphase beauftragt sind, im Hinblick auf die unter Punkt 1 genannten
Kategorien für den Beteiligungskomplex dargestellt werden.
Im Bereich "Strategien der Bürgerbeteiligung" sind drei Arbeiten ausgewählt
worden, deren Auffassung über Art und Umfang von Mitbestimmung differieren:
zwei Beiträge sind - bei grundsätzlicher Darstellung der Notwendigkeit von
Identifikation und der Erkenntnis, daß keine perfekten Ziele und Methoden verordnet werden dürfen - auf pragmatische und handhabbare Aspekte begrenzt: so
die Arbeit Nr. 1o, deren Schwerpunkt bei "Kooperation bereits aktiver Gruppen
und Aktivierung der Bewohner durch bereits aktive Gruppen" liegt und die Arbeit
Nr. 29 mit der Gründung einer "Stiftung Kreuzberg SO36", deren Hauptaufgabe die
"sanfte Modernisierung" ist.
Die zuletzt genannte Arbeit scheint in ihrem Ansatz - der Gründung eines Vereins - vordergründig der Arbeit 67 sehr nahe zu stehen. Eine genauere Gegenüberstellung zeigt jedoch erhebliche Differenzen:
● Der Beitrag Nr. 29 beinhaltet ein rigides Vereinsmodell, in dem über eine
Mitgliederversammlung ein Vorstand gewählt wird, der dann wiederum die Ge-
schäftsführung bestimmt. Das Aufgabenfeld ist hier vorrangig begrenzt auf die
Durchführung konkreter Aufgaben und einzelner, räumlich abgegrenzter Projekte,
an denen Beratung und Mitbestimmung erfolgen. Für diese begrenzte Mitbestimmung
werden vom Verein Berater eingestellt - Fachleute, die den Mitbestimmungsprozeß
in Gang bringen sollen. "Die Berater und die Betroffenen stellen gemeinsam erste
Grundsätze und Regeln zur Zusammenarbeit und für Mitbestimmungsprozesse auf."
(SenBauWohn 1978a, 23). Dieser Vorschlag stellt in seiner grundsätzlichen Auffassung von Beteiligung eher ein begrenztes Anwaltsmodell dar als einen umfassenden Ansatz zur Mitbestimmung. Darin ist vermutlich der massive Widerstand
der bürgerschaftlichen Mitglieder der PK gegen die "Prämierung" dieser Arbeit

zu suchen.

● Die Arbeit Nr. 67 - "Soziale und materielle Stadterneuerung durch Mitbestimmung und Selbstverwaltung" - schlägt einen "Versuch für ein wohnliches Kreuzberg" vor. Aus seiner Aufgabe - Vertretungsorgan der Interessen von Bürgern und
Aktivgruppen - ergibt sich, daß er seine Tätigkeit umfassend im Sinne einer Wiederbelebung von SO36 versteht: Projekte müssen in allen Bereichen, nicht nur im
baulichen angesiedelt sein. Die Mitgliederversammlung soll hier nicht eine Versammlung der satzungsmäßig zugelassenen Vereinsmitglieder sein, sondern eine
Versammlung aller Quartiersbewohner. Aufgabe des Vereins ist es, "als politisches Subjekt unterschiedliche Quartiersinteressen zusammenzufassen und gegen
übergeordnete Interessen durchzusetzen." (Cronjäger u.a. 1977, 7) Da politischer Druck für die Betroffenen-Interessen von den bestehenden Institutionen
nicht zu erwarten ist, "stellt sich die Frage nach dem politischen Träger im
Vordergrund der Arbeit, oder anders gesagt, die Frage nach den Möglichkeiten
der Übernahme dieser Forderung (d.h. das Aufheben des Modells auf den Bedürfnissen der Bewohner, d. Verf.) durch die Betroffenen zu Subjekten der Entwicklung ihrer eigenen Wohnumwelt." (SenBauWohn 1978a, 23) In diesem Ansatz ist
wohl der "Stein des Anstoßes" - die zu starke "Politisierung" - für die Vertreter der Verwaltung zu sehen. Der Grund dafür, daß sich die bürgerschaftlichen
Mitglieder dennoch für einen Gesamtauftrag an diese Gruppe durchsetzen konnten,
liegt sicherlich auch darin, daß dieses Modell nicht allein politischen Wunsch-
vorstellungen nachjagt, sondern durchaus an den zur Verfügung stehenden finanziellen und rechtlichen Instrumentarien anknüpfen will. Ganz im Sinne von Klaus
Duntzes Forderung sollen jedoch "die gesetzlichen Kriterien zu den aus der betroffenen Gegend erwachsenen Gesichtspunkten in Beziehung gesetzt und ihnen
untergeordnet werden." (Duntze 1969, 139o)
Aus der Sicht der Verwaltungspraktiker beinhaltet der umfassende Vorschlag der
Gruppe 67 offensichtlich wesentlich größere Konflikte als die begrenzteren und
handhabbareren Beiträge der anderen Gruppen, während für die bürgerschaftlichen
Mitglieder der PK die Bedeutung eines Ansatzes für eine Gesamtstrategie be-
stimmend im Vordergrund steht.
In der Auswahlentscheidung werden hier die Vorzüge des "Strategienmodells"
deutlich:
- die Zusammensetzung der Wettbewerbsjury aus verschiedenen Gruppen mit verschiedenen Interessen bewirkt, daß auch durch die Prämierung verschiedene Positionen für die Weiterarbeit zum Tragen kommen,
- der Grundsatz, daß nicht eine Arbeit als die Richtige gekürt wird, verhilft
dazu, daß mehrere sinnvolle Ansätze weiterverfolgt werden können.

In der Realisierungsphase entsteht dann die Notwendigkeit, die drei während der
Erprobungsphase weiterverfolgten Ansätze zu einem gemeinsamen Konzept zu vermitteln - was sich als außerordentlich schwierig erweist, weil die drei Gruppen
an ihren jeweiligen Modellen weiterarbeiten wollen, wobei der Verein als Dach-
verband zu verstehen sein soll. Dem neu gegründeten "Verein SO36" liegt schließ
lich eine umfassende Konzeption zugrunde - sh. dazu die ausführliche Darstellung im Kapitel 3.3. Die Weiterentwicklung der drei Ansätze während der Erprobungsphase war sicherlich sinnvoll, weil die Konzepte erst über die Arbeit "vor
Ort" an den Bedingungen des Kreuzberger Südostens gemessen und für diese Bedingungen weitergedacht werden konnten. Hier wird das Prinzip der "offenen Enden"
fortgesetzt, das der angestrebten Selbstbestimmung über Ziele und Wege der Erneuerung entspricht.

● Bedeutung des Auswahlprozesses für die Beteiligungsproblematik

Kennzeichnend für den Auswahlprozeß im Strategien-Modell ist es, daß er wesentlich komplizierter als die Vorprüfung in einem herkömmlichen Wettbewerbsverfahren, in dem Programmforderungen und Auswahlkriterien von vornherein eindeutig
festgelegt sind, sein muß. Damit entsteht vor allem für die bürgerschaftlichen

Mitglieder der PK eine zusätzliche Schwierigkeit im Umgang mit der fremden
Materie. Der Erfolg dieses Beteiligungsverfahrens hing entscheidend davon ab,
daß eine Organisationsform gefunden wurde, die den Bürgern die Möglichkeit ein-
räumte, sich ausreichend zu informieren und sich dadurch kompetent beteiligen
zu können.

● Auf der Ebene der direkten Beteiligung von Bewohnern durch einen Wettbewerbs-
beitrag haben sich die Erwartungen nicht erfüllt. Der Mißerfolg hat seine Ursache zum einen in der unzureichenden Öffentlichkeitsarbeit durch den Auslober und zum anderen darin, daß Laien mit der Komplexität der Aufgabe überfordert sind. Mit der Vorschlagsliste ist jedoch ein geeignetes Instrument zur
Berücksichtigung der Laien-Beiträge geschaffen worden.

● Bei der Beteiligung der Bürger am Auswahlprozeß in der PK sind durch die
Lesezirkel und die erkämpfte großzügige Handhabung der GRW-Vorschriften Möglichkeiten zur Aneignung von Kompetenzen für die Beurteilung der Wettbewerbsbeiträge geschaffen worden. So gelingt es den bürgerschaftlichen Mitgliedern
der PK, trotz fehlendem, abgestimmten Kriterienkatalog die umfassende Aufgabenstellung der Strategien nicht aus den Augen zu verlieren: Nicht die Suche
nach städtebaulichen Konzeptionen, sondern nach einer umfassenden Problembewältigung.
Die erfolgreiche Arbeit der PK ist sicherlich nicht ohne den Beitrag der Vorbereitungsgruppe denkbar: "Dort, wo die Bürger fachliche Schwierigkeiten
hatten, verließen sie sich praktisch während des gesamten Wettbewerbs (freilich in abnehmendem Umfang und bei ständiger Verbesserung ihrer Urteilsvermö-
gen) auf die Ratschläge von Fachleuten, insbesondere auf die Vorprüfer. Diese
wuchsen in eine Rolle hinein, die über die einer Vorprüfung weit hinausging
und die im Verfahren ursprünglich weder vorgesehen noch von den Vorprüfern
bewußt angesteuert worden war. Die Tatsache, daß die Bürger, entgegen dem er-
klärten Willen des Wettbewerbskoordinators, auch in der zweiten Wettbewerbsphase nicht auf die Hilfe der Vorprüfer verzichten wollten, beweist, daß ein
wirkliches Bedürfnis nach fachlicher Beratung bestand, dem man bei künftigen
Verfahren ähnlicher Art Rechnung tragen sollte.
Eine solche Beratung muß sich allerdings bestimmten Regeln unterwerfen, insbesondere folgenden:
- Die Fachleute sollten nach einer Phase der Einweisung und intensiven Information nur noch auf Aufforderung hin tätig werden und sich später ganz zurückziehen.
- Sie sollten nicht versuchen, die Bürger unbedingt zu überzeugen, sondern
sie informieren. Sie dürfen keine Information zurückhalten und müssen sich
jeglicher Manipulation enthalten." (Kodolitsch/Schulz zur Wiesch 1978, 32)
Bei diesen Forderungen sind sich die Verfasser - Mitglieder der Vorbereitungsgruppe - durchaus bewußt, daß "Objektivität im Sinne strikter Neutralität"
nicht möglich sein wird, weil auch die Vorprüfer engagierte Beteiligte sind
(sein sollten), deren Engagement es ihnen schwer machen wird, sich zurückzu-
ziehen.

Für den Auswahlprozeß im Strategien-Modell hat die Beratung durch die Vorbereitungsgruppe mit dazu beigetragen, daß keine fremde Verfahrensprozedur über-
gestülpt wurde. In einem Suchprozeß wurde ein Vorgehen entwickelt, das seine
Kriterien aus den eingereichten Arbeiten einerseits und der Struktur der beteiligten Gremien andererseits gewinnt. Der Auswahlprozeß ist damit nicht
"wissenschaftlich-systematisch", wird jedoch zentralen Anforderungen des
Strategien-Modells gerecht, wie Formulierungen der Entwicklungsziele für SO36
in einem Prozeß unter Beteiligung von Betroffenen und deren Ableitung aus den
spezifischen Bedingungen des Quartiers.

Redaktionskonferenz

Als nach gemeinsamen Gesprächen, unter anderem mit dem damaligen Bundesbauminist
Ravens der Senator für Bau- und Wohnungswesen sein Interesse an einem "Strategie
Verfahren bekundete, bildete sich eine Arbeitsgruppe,um das Projekt zu konkretisieren und eine Ausschreibung zu verfassen. Ihr gehörten folgende Mitarbeiter
an: K.Duntze,damals Pfarrer an der Martha-Gemeinde in Kreuzberg,gleichzeitig "Be-
auftragter für Fragen der Stadtveränderung und Gemeindeplanung des Kirchenkreise.
Kreuzberg", G.Wartenberg,Mitglied des Abgeordnetenhauses und engagierter Fürspre-
cher für eine neue Sanierungspolitik, H.Klein,Mitarbeiter der Wettbewerbsabteilung des Bausenats und später Projektleiter,Günther Kokott, Planungsbeauftrag
ter des Bezirks und persönlicher Mitarbeiter des Bezirksbürgermeisters,O.Ratei,
Leiter des bezirklichen Planungsamts sowie Mitarbeiter verschiedener Unterabtei-
lungen bei der Senatsverwaltung. In reduzierter Zusammensetzung blieb die Redaktionskonferenz bis in den Sommer 1977 hinein Vorbereitungs- und Steuerungsgremiu
des Wettbewerbs, in dem vor allem Verfahrensfragen geklärt wurden.Sie wurde
schließlich auf Einspruch von Bürgern in der Projektkommission im Juli 1977 aufg
löst.

Vorbereitungsgruppe

Sie entstand aus den Diskussionen der Redaktionskonferenz, als sich abzeichnete,
daß in einem Entscheidungsprozeß an dem überwiegend Laien mitwirken, eine fachliche Vorstrukturierung und Anleitung erforderlich war. Die Gruppe erfüllte die
Aufgaben von Vorprüfern und nahm vor allem in den Entscheidungsphasen steuernd
und organisierend auf das Verfahren Einfluß. Sie bestand aus sechs Mitgliedern
unterschiedlicher fachlicher Ausbildung: P.v.Kodolitsch und J.Schulz z.Wiesch,
Politologe und Soziologe am Deutschen Institut für Urbanistik (difu),L.Böttcher,
Planer, H.Richter,Architekt, E.Fricke,Erwachsenenpädagoge, B.Leber,Sozialpädago-
ge. Die Vorbereitungsgruppe verstand sich zunehmend als Zuarbeiter und Helfer
der Projektkommission und machte sich zum Teil im Widerspruch zur Projektleitung
zum "Fachanwalt" der Intentionen des Verfahrens.

Projektkommission

Die "Jury" des Wettbewerbs bestand aus 34 Mitgliedern.Sie setzte sich aus 12 Mit
arbeitern des Senats und der Bezirksverwaltung sowie 22 Bürgern des Stadtteils
zusammen.Durch externe Konflikte,die auf das Verfahren einwirkten,entwickelte si
die Kommission innerhalb weniger Wochen zu einem Forum, in dem allgemein Fragen
diskutiert wurden, die Planungen und Vorhaben im Wettbewerbsgebiet SO 36 betrafe
Sie trat erstmalig im März 1977 zusammen und löste sich im Sommer 1978 auf,nach-
dem andere Formen bürgerschaftlicher Mitsprache gesichert waren.

Ausschüsse der Projektkommission

Zur Klärung von Sachfragen und zur Beschleunigung des Entscheidungsprozesses bei
der Auswahl von Wettbewerbsbeiträgen bildete die Kommission Ausschüsse. Dies erwies sich erstmalig bei der Endauswahl der Arbeiten im August 1977 als erforderlich. Die Frage, wie Bausubstanzuntersuchungen im Gebiet durchgeführt werden,wur
in einem Bausubstanzausschuss diskutiert,der in der Erprobungsphase zusammentrat
Die Mitsprache bei Modernisierungsmaßnahmen nach dem Zukunftsinvestitionsprogramm (ZIP) nahm ein ZIP-Ausschuss wahr, der im Januar 1978 gebildet wurde und
sich aufgrund des Umfangs des Programms als am langlebigsten erwiesen hat. Er
existiert noch heute zum Zeitpunkt der Berichterstattung.Ähnlich wie die Projekt
kommission selber bestanden auch ihre Ausschüsse aus bürgerschaftlichen Mitgliedern und Mitarbeitern der Senats- und Bezirksverwaltung.

Projektgruppen

Die Besonderheit des "Strategien"-Wettbewerbs besteht darin, daß Einzelpersonen oder Gruppen nicht nur Vorschläge für die Erneuerung des Stadtteils machen sollten, sondern den Preisträgern auch die Aufgabe übertragen wurde, diese Vorschläge in der Praxis zu erproben. Die Projektgruppen bestanden aus den Preisträgern, die in der Erprobungsphase vom September 1977 bis zum Februar 1978 die Realisierbarkeit ihrer Vorschläge im Quartier überprüften. Dabei handelte es sich um zunächst elf Gruppen, von denen nach Abschluß der zweiten Phase acht ihre Vorhaben weiterverfolgten. Die Projektgruppen wurden unterstützt durch Arbeitskräfte, die aus dem Programm für Arbeitsbeschaffungsmaßnahmen (ABM) gewonnen worden waren.

Projektleitung, Quartiersbüro

Die Koordination nahm ein Büro des Senators für Bau- und Wohnungswesen in Kreuzberg wahr, das "Quartiersbüro". Es wurde geleitet durch H.Klein, Mitarbeiter bei der Wettbewerbsabteilung des Bausenats. Ihn unterstützten in wechselnder Besetzung fünf freie Mitarbeiter, überwiegend Architekten ohne Berufs- und Verwaltungserfahrung. Das Quartiersbüro wurde ab September 1977 ebenfalls durch ABM-Kräfte verstärkt. Der Projektleiter hatte die Doppelfunktion, einerseits die Senatsverwaltung im Quartier zu vertreten, damit auch Entscheidungen, die in der Bauverwaltung in Bezug auf den Stadtteil bzw. das Wettbewerbsverfahren gefällt wurden; andererseits nahm er innerhalb der Verwaltung eine gewisse Advokatentätigkeit für den Stadtteil und das "Strategien"-Verfahren wahr, das sich in der Bauverwaltung des Senats nicht ungeteilter Beliebtheit erfreute. Neben einer ordnungsgemäßen Abwicklung des Wettbewerbs stellte sich damit die Aufgabe, das Vorhaben im laufenden Verfahren politisch und verwaltungstechnisch abzusichern. Die Projektleitung bestand bis zum Abschluß der zweiten Phase im März 1978. Nach dieser Zeit fiel ihr die Aufgabe zu, eine Senatsvorlage zu erstellen, in der die endgültig verabschiedeten Projekte den Fachverwaltungen des Senats übertragen wurden. Der Projektleiter wurde, nachdem er zeitweilig der Sanierungsverwaltung unterstellt war, im Sommer 1978 aus dem Gebiet abberufen und in die Wettbewerbsabteilung zurückversetzt. Das Quartiersbüro existierte weiter; in reduzierter Form werden heute Koordinationsfunktionen von zwei Mitarbeitern des Projektleiters wahrgenommen, die unmittelbar der Unterabteilung für Sanierung unterstellt sind.

Bürgerschaftliche Gremien

Stammtisch, Bürgerinitiative SO 36

Aus einer Gruppe oppositioneller Bürger in der Projektkommission bildete sich im Juni 1977 ein Gesprächskreis, der über das Wettbewerbsverfahren hinaus Fragen der Stadterneuerung in Kreuzberg diskutierte. Er wurde zum Forum von Quartiersbewohnern, die an Sanierungsfragen wie auch dem "Strategien"-Verfahren Interesse hatten, innerhalb des Wettbewerbs jedoch keine Möglichkeit fanden, ihren Standpunkt zu vertreten. Der "Stammtisch" entwickelte sich nach wenigen Monaten zu einer "Bürgerinitiative SO 36"; dies geschah mit Unterstützung einer Projektgruppe, deren Arbeitsauftrag unter anderem darin bestand, die Möglichkeiten für einen "Quartiersrat" zu überprüfen und in diesem Zusammenhang auch Öffentlichkeitsarbeit zu betreiben. Stammtisch und Projektgruppe mieteten gemeinsam einen Laden im Quartier und bereiteten die Herausgabe einer Stadtteilzeitung vor. Im November 1977 erschien die erste Ausgabe des "Südost Express", der mit 2ooo verkauften Exemplaren zum Sprachrohr der Bürgerinitiative wurde. Arbeitsschwerpunkt dieser Gruppe sind in erster Linie Probleme der Verwahrlosung des Stadtteils. Sie führt eine Rechts- und Mieterberatung durch und nimmt regelmäßig an Hausversammlungen teil, auf denen Modernisierungsmaßnahmen besprochen werden. Ihre erste Aktion bestand im Verteilen von "Mängellisten", in denen Mieter Schäden an ihrem Haus oder ihrer Wohnung angaben. Diese Listen wurden an die Bauaufsicht weitergegeben, um die Hausbesitzer zu veranlassen, unterlassene Instandsetzungsarbeiten nachzuholen.Durch eine "Instand(be)setzung",d.h.die Nutzung von leerstehenden Wohnungen, versuchte sie,auf die Entmietungs- und Instandsetzungspolitik einer öffentlichen Baugesellschaft aufmerksam zu machen, die im Wettbewerbsgebiet vorbereitenden Grunderwerb getätigt hatte.

Verein SO 36

Die Projektgruppe 29 hatte den Vorschlag gemacht, einen Bürgerverein zu gründen, der mit öffentlichter Förderung die Interessen der Quartiersbevölkerung wahrnimmt und auch Träger von Erneuerungsmaßnahmen werden kann. Dieses Projekt wurde mit der Gründung des "Vereins SO 36 - Strategien für Kreuzberg" im Sommer 1978 verwirklicht. Der Verein steht in Kontinuität zur mittlerweile aufgelösten Projektkommission und ist heute Verhandlungspartner der Verwaltungen in Fragen der Modernisierung,Planung und allgemeinen Linie der Stadtteilentwicklung.Da er durch Senatsbeschluß finanziell gut ausgestattet ist - er erhält jährlich DM 2oo.ooo,-- beschäftigt er in seinem Stadtteilladen zwei Vorsitzende, die diese Aufgabe hauptberuflich wahrnehmen, eine Gemeinwesenarbeiterin sowie eine Sekretärin. Während die Bürgerinitiative eher eine Politik der Konfrontation mit der Verwaltung verfolgt, sieht der Verein seine Aufgabe darin, einen Dialog aufrechtzuerhalten. Trotz unterschiedlicher Aufgaben und politischer Auffassungen gibt es zwischen beiden Institutionen vor allem auf personellem Gebiet Überschneidungen.

1) Nach Quellen Kleimeier,U., u.a. 1979, S.7ff

3.3 Betroffenenbeteiligung in der Realisierungsphase

"Es gibt nichts Gutes, außer man tut es". Dieses Kästner-Zitat mag die Bedeutung illustrieren, die der "dritten", der Realisierungsphase der "Strategien
für Kreuzberg" zukommt.
Was getan worden ist (und begrenzt: werden soll) ist Gegenstand dieses vorläufig letzten Aktes des beschriebenen Modells der sozial-orientierten Stadterneuerung. Natürlich kann hier nur der Beginn dieser Phase zur Diskussion stehen, und der naturgemäß langsameren Gangart eines Realisierungsprozesses gemäß
löst hier nicht eine Erfolgsmeldung die nächste ab. Um es schon vorweg in
aller Deutlichkeit zu sagen: Für die Bewohner von SO36 hat sich bisher - jedenfalls Hand-greiflich - nichts in ihrem Interesse geändert. Im Gegenteil:
Durch das "Trommelfeuer von Appellen, Informationen und Kommentaren" (Duntze,
78, 4) zu den "Strategien" und besonders durch die Ankündigung des ZIP-Einsatzes ist auch ohne die Ankündigung großräumlicher und massiver Eingriffe in
das Quartier wie zur Zeit der Flächensanierungen Angst und Unruhe bei den Bewohnern erzeugt worden. Daß solche Ängste nicht grundlos gewesen sind, hat
sich denn auch umgehend gezeigt: Hausverkäufe an Spekulationsgesellschaften
mit der Aussicht radikaler Mieterhöhung nach der Modernisierung, bzw. der Umsetzung aus den abrißbedrohten Hinterhäusern, oder aus Kleinwohnungen, die
zusammengefaßt werden. "Die ersten Erfahrungen zeigen", schreibt K. Duntze im
Sommer 78, also ein halbes Jahr nach dem formalen Abschluß des Strategien-
Projekts, "daß ca. 5o % der Mieter eben doch fortziehen, wenn gezipt wird"!
(ebd., 4)
Selbst das gerade um seiner Initialwirkung willen vorgezogene Pilotprojekt des
Umbaus der Kreuzung Oppelner-/Wrangelstraße soll erst Ende 79 realisiert wer-
den.
Dennoch gibt es für den Bereich jenseits baulich-physischer Realisierung et-
liches zu vermelden, was auf einen Erfolg der "Strategien" schließen läßt.
Und schließlich gehört auch die Verhinderung als problematisch erkannter
Konzepte und Bauprojekte unter das Stichwort Realisierung, schafft sie doch
ebenso Tatsachen. In Umwandlung des Kästner-Zitats könnte es dann heißen:
"Es gibt keine gute Kritik, außer man setzt sich mit ihr durch".

Die verbreiterte Beteiligungsbasis nach Abschluß des Wettbewerbs

Am 2.3.78, also ein Jahr nach der öffentlichen Ausschreibung, findet die zweite Phase mit der Verabschiedung der Empfehlungen der Projektkommission zu den
11 ausgearbeiteten Projekten ihren Abschluß. Die Projekte - soweit sie auf
öffentliche Förderung angewiesen sind - sollen im Herbst in den Haushalt 79
eingebracht werden. Die Projektkommission - mit Ausnahme des Ausschusses zur
Mitsprache bei der Vergabe von Mitteln aus dem Zukunft-Investitionsprogramm -
löst sich auf. Ihr Nachfolgeorgan, der Verein SO36 konstituiert sich. Gemäß
der Senatsvorlage zu den "Strategien" vom Mai 78 liegt die Zusage von 5o.ooo DM
als Starthilfe vor. Neben dem Verein, der zunächst ein eher künstliches Produkt, geboren aus drei ausgewählten Projektarbeiten, darstellt, existiert
schon länger die Bürgerinitiative SO36, die sich - zunächst als der schon erwähnte "Stammtisch" - im Verlauf der Auseinandersetzungen um die Feuerwache
in der Reichenberger Straße gegründet hat. Als drittes Bein der sich entwickelnden Quartiersvertretung ist noch die Gründung einer "Wählergemeinschaft unabhängiger Bürger Kreuzberg" zu nennen, die nach dem Vorbild einer gleichnamigen
Wählergemeinschaft in Zehlendorf nach der Bezirksvertreterversammlungs-Wahl in
die Mitverantwortung im Bezirk einrücken will.
Betrachten wir die drei instituierten Vertretungsorgane und die Schwerpunkte
ihrer Aktivitäten genauer:

Verein SO 36: Der Verein ist aus drei ausgewählten Arbeiten der "Strategien"
entstanden, die die Selbstorganisation der Bürger einmal für eine Trägerschaft

329

von Beratung und Erneuerungsprojekten für notwendig halten (Arbeit 29: "Verein für sanfte Modernisierung), zum anderen das größte Potential für Aktivierung der Betroffenen bei den über 7o aktiven Gruppen im Quartier sehen (Arbeit 1o: "Aktivierung der Aktivgruppen"), und schließlich die Notwendigkeit einer "Quartiersrat"-ähnlichen politischen Vertretung der Bürger gegenüber Verwaltung und Politikern als Voraussetzung für eine echte Beteiligung der Betroffenen betonen. Die Zusammenführung dieser unterschiedlichen Teil-Strategien zu einem von allen gemeinsam getragenen Gesamtkonzept des Vereins gestaltet sich äußerst mühsam, gelingt jedoch schließlich, nicht zuletzt unter dem Druck der sich anbahnenden Veränderungen im Gebiet. Eine Fülle von Aufgaben kommt damit schon jetzt auf den personell noch schlecht ausgestatteten Verein zu: Mitträgerschaft eingehender Untersuchungen für den nördlichen Bereich des Projektgebiets, Stellungnahmen zu Beauftragungen von Sondergutachtern im Quartier (Bausubstanz-Methode, Gewerbe- und Wirtschaftsuntersuchungen, Einsatz von Sozialarbeitern zu planungsbezogener Gemeinwesenarbeit), Verhandlungen um die Einrichtung eines "Arbeitermuseums" in den Haberkern-Blöcken, Feuerwehraktionen gegen Fassadenabputz, gegen die Schließung eines Polizeireviers in der Oppelner Straße und viele mehr.

Bürgerinitiative SO 36: Während des Feuerwachen-Konflikts hat sich ein Teil der bürgerschaftlichen Vertreter innerhalb der Projektkommission, der angesichts der Ereignisse die Konfrontation gegenüber der Kooperation für erfolgversprechender hält, im sog. "Stammtisch" organisiert. Aus dieser Gruppe, die der Ausschreibung und den Ergebnissen des Strategien-Projekts zunehmend kritischer gegenübersteht, hat sich dann die BI SO 36 gebildet. Sie führt eine regelmäßige Mieterberatung durch, gibt in einer monatlichen Auflage von 2.5oo Exemplaren den "Südost-Express" heraus, vertritt die Interessen der Mieter bei Mieterversammlungen in den ZIP-Häusern und erstellt Mängellisten für "instandsetzungsgeschädigte" Bewohner. Die BI SO 36, die vorwiegend aus jüngeren, zugezogenen Bürgern Kreuzbergs besteht, sieht ihre Aufgabe vorwiegend in einer intensiven Öffentlichkeitsarbeit zur Bewußtseinsbildung der ansässigen Bewohner und verspricht sich mehr von öffentlichem Druck auf Politiker und Verwaltung als von der Kooperation, die der Verein SO 36 betreibt.

Wählergemeinschaft unabhängiger Bürger Kreuzberg: Diese Gruppierung, die sich um den ehemaligen PK-Sprecher G. Nausedat sammelt, kandidiert mit anderen aktiven Gruppen zusammen (vor allem im Sanierungsgebiet Chamissoplatz) bei der Wahl 79 für die Bezirksverordnetenversammlung. Reale Mitentscheidungschancen eröffnen sich nach Meinung ihrer Mitglieder nur auf dem Wege der Mitarbeit auf parlamentarischer Ebene. Die Gruppe folgt dem Beispiel einer ähnlichen Wählergemeinschaft in Zehlendorf, die 1975 mit 12,4 % der Stimmen, einer Fraktion von 6 Bezirksverordneten und einem Stadtratsposten in die Mitverantwortung im Bezirk eingerückt ist.

Betrachtet man die unterschiedlichen Vorgehensweisen der drei Gruppierungen genauer, so finden sich hierin eigentlich alle Grundmuster denkbarer und auch notwendiger Strategien, durch die sich erwachtes Quartiersbewußtsein den Zugang zu den relevanten Entscheidungen im Quartier verschaffen kann:
Der Verein SO 36 repräsentiert die Auffassung, daß bei aller Notwendigkeit von öffentlichem Druck konkrete Fortschritte nicht gegen, sondern nur mit der Verwaltung und den Politikern erzielt werden können. Der Lebensmittelhändler Keller, einer der rührigsten und informiertesten Vertreter des Vereins hält die entstandenen persönlichen Kontakte zu einzelnen Politikern und Mitgliedern der Verwaltung für eines der wichtigsten Ergebnisse des "Strategien"-Projekts (Keller, 79).
Die Bürgerinitiative SO 36 verläßt sich - das wird gerade in ihrem Entstehungszusammenhang mit dem Feuerwachen-Konflikt deutlich - nicht auf die informellen Kontakte zu Politik und Verwaltung, sind doch die Hoffnungen im Zusammenhang mit den Zielen des Wettbewerbs immer wieder enttäuscht worden. Die BI steht und arbeitet also für eine Strategie der Konfrontation, des

"Um das große Schleifen unserer Altbauquartiere
der Bevölkerung als Gesundmachung zu verkaufen,
wurden sie als Nährboden von Armut, Dreck und
Kriminalität denunziert. Jetzt wird die Atmosphä-
re der Altbauquartiere entdeckt. Man meint, das
Milieu sitzt in den baulichen Gegebenheiten und
diese müssen nur modernisiert werden, um es zu
erhalten. Dann führen die steigenden Wohnungs-
und Gewerbemieten zur "Verbesserung" der Sozialstruktur. Die Bewohner werden gegen ihr Interesse
im Ringtauschverfahren in die billigen Quartiere
ausgetauscht, die als nächste dran sind. Jedoch
Kreuzberg, die größte Sanierungsmüllkippe Europas,
erweist sich als zu groß: am Ganzen hat man sich
übernommen. Nach der gegenwärtigen Zeitplanung
werden die letzten Kreuzberger Wohngebiete bis
über die Jahrtausendwende hinaus warten müssen.
Es ist Zeit gewonnen, aber es ist keine Zeit zu
verlieren. Es muß umgehend in den Kreuzberger
Häusern der geplante Verfall gestoppt werden dadurch, daß der Sanierungsverdacht von ihnen genommen wird und das Recht der Bewohner anerkannt
wird, über ihr Quartier zu verfügen."
(Postkartentext)

öffentlichen Drucks, mit den Mitteln der politischen Auseinandersetzung.
Die Wählerinitiative schließlich versucht auf dem vorgezeichneten Weg des parlamentarischen Systems ein "Zipfelchen der Macht" in die Hand zu bekommen, um sie dann besser, d.h. bürgernäher, transparenter und effektiver auszuüben. Offensichtlich haben sich "diese drei Dimensionen von Aneignung der Planungs- und Entscheidungsebene" (Duntze, 1978, 3) in einem Organ nicht vereinigen lassen. Daß jedoch jede dieser Strategien für sich allein nicht den erhofften Erfolg versprechen kann, das zeigt - trotz der erregten Debatten aller mit allen um die "richtige Strategie - u.a. die Tatsache, daß viele Aktive zwei oder gar allen drei Gruppierungen angehören.

Aktivitäten der Quartiersvertretung in der Realisierungsphase

Welche Arbeit die aktiven Gruppen im Quartier bisher geleistet haben, soll in der folgenden Übersicht kurz skizziert werden: Da ist zunächst die Mitwirkung an einer an ein externes Planerbüro vergebenen "Entwicklungs- und Verfahrensplanung" für die Haberkern-Blöcke. Im ZIP-Ausschuss war bekannt geworden, daß das Stadtparlament Kreuzberg einer Entmietung zweier Hinterhäuser in diesen Blöcken zum Zwecke des Abrisses zugestimmt hatte. Dies, obwohl man sich vorher darauf geeinigt hatte, bei ZIP-Anträgen im Haberkern die Vorderhäuser zu fördern, aber eine Entscheidung über die Hinterhäuser bis zur Erarbeitung eines Blockkonzepts aufzuschieben. Auf die Intervention der Quartiersvertretung hin hat dann der Bezirk seine Genehmigung zurückgezogen. Das anstehende Blockkonzept ist nun Gegenstand der o.g. Planung, die auf mehreren Ebenen, wie nachher im einzelnen noch aufgezeigt wird, vom Verein SO 36 mitgetragen und mitverantwortet wird.
Ein weiteres Beispiel - das im Anschluß noch eingehender dargestellt wird - für die Einflußnahme von seiten der Bewohner stellt die Standortplanung von Block 129 für ein neues Mittelstufenzentrum dar.
Die Vielzahl der übrigen Aktivitäten sei an dieser Stelle nur summarisch aufgeführt:
● Einflußnahme auf die Umsetzung von Gewerbebetrieben im Rahmen der Ausweisung des Erholungsbereichs "Freizeitinsel Lohmühle" zwischen Landwehrkanal und Flutgraben.
● Verhandlungen um die Einrichtung eines "Arbeitermuseums" im Haberkern
● Instand(be)setzung verschiedener Häuser (Cuvrystraße, Görlitzer Straße, Lübbener Straße.
● Aktion Hofbegrünung
● Arbeitsgemeinschaft ZIP-Mieterberatung
● Straßen- und Hoffeste
● Aktion gegen die vorübergehende Schließung eines Hallenbades
● Ausländerbetreuung durch die Gruppe "Wohnen und Leben", die auch eine türkische Stadtteilzeitung herausgibt.
● Betreuung jugendlicher Arbeitsloser durch das "Ausbildungswerk Kreuzberg"
● Einrichtung eines Stadtteilzentrums...

● Am Beispiel Haberkern, dem zu diesem Zeitpunkt zentralen und zugleich konfliktbeladensten Gegenstand der Kreuzberger Stadterneuerung, läßt sich gut aufzeigen, wie die entstandenen bürgerschaftlichen Instanzen am Interessenaustragungsprozeß von nun an teilhaben.
Zunächst ist ja, wie schon dargestellt, der Zeitpunkt und die Zielrichtung der Planung durch das Strategien-Projekt ausgelöst worden. Der Zeitpunkt insofern, als massive Einwände gegen Abrißvorbereitungen für die beiden Hinterhäuser die Verwaltung zwingen, die vereinbarten Blockkonzepte nun zügig voranzutreiben.
Bezüglich der Zielrichtung der hier anstehenden Planung erweist sich jedoch das scheinbare Einvernehmen, wie es sich mit der Ausschreibung und dem Wettbewerbsergebnis verband, als außerordentlich brüchig, da immer nur abstrakt formuliert: Unter der Prämisse "behutsamer baulicher Erneuerung des Quartiers ohne

Vertreibung der angestammten Bevölkerung" (SenBauWohn 1977a) kann der Senat durch ZIP-Modernisierung die Miete hochtreiben und die Hinterhöfe entkernen, weil er nach seiner Bevölkerungsentwicklungsprognose ohnehin ein Viertel bis ein Drittel weniger Bewohner in Kreuzberg sieht und die Angleichung der Alt- baumieten an die des sozialen Wohnungsbaus zur langfristigen Vermietbarkeit der Neubauten für unabdingbar hält, während die betroffenen Bewohner darun- ter die Berücksichtigung ihrer individuellen aber nichtsdestoweniger berechtig- ten Interessen verstehen, die sich auf nichts mehr als auf eine Minimierung der Eingriffe in ihre Lebensverhältnisse richten. Gedrängt vom ZIP-Programm hat die Bauverwaltung schon vor Abschluß der 2. Phase der "Strategien" ver- sucht, einige der Projektgruppen zur Erarbeitung von Blockkonzepten anzuregen. Die PK hat dies damals verhindert, "Weil sie in der Vorwegnahme einer rein baulich-räumlichen Planung ein Unterlaufen der von den "Strategien" angestreb- ten Vermittlung von sozialen, ökonomischen und baulichen Aspekten zu einer aneignenden Beteiligung der Bürger an ihrer Wohnumwelt" (ebd., 8) gesehen hat. Sie hat demgegenüber eine Entwicklungsplanung mit den Betroffenen zusammen ge- fordert, wie sie in den Modellhäusern zur Mietermodernisierung und zum Miet- kauf schon ansatzweise angelaufen war. Da die Verwaltung jetzt in dem Dilemma ist, sich entweder durch die Forcierung des ZIP-Mitteleinsatzes den Bürger- zorn zuzuziehen, oder Klagen der Hauseigner auf Bescheid und Förderung zu riskieren, muß nun alles ganz schnell gehen.
Der Senat beauftragt umgehend ein Planerbüro, das durch seine (kommentierende) Mitarbeit im Strategien-Prozeß das Vertrauen der Bürger besitzt, mit einer Entwicklungs- und Verfahrensplanung für den Teilbereich "östliche Wrangel- straße" bei sofortigem Beginn der Untersuchungen in den Haberkern-Blöcken. "Das Untersuchungs- und Planungsprogramm umfaßt die folgenden Bereiche: So- zialstruktur, soziale Fragen/Wohnen und Wohnumfeld/ soziale und technische Infrastruktur/ Freiflächen und Erholung / Städtebau, Stadtstruktur, Stadtbild / Organisation und Instrumente der Förderung bzw. Finanzierung. Für die Bereiche 'Handel und Gewerbe' sowie 'bautechnische Einschätzung der Bausubstanz' werden Sondergutachten vergeben, deren Ergebnisse von der beauftragten Planungsgruppe in das Gesamtprogramm einzuarbeiten sind. Die Information zur 'sozialen Lage' sollen - da die Ergebnisse von Sozialstudien nach dem StBauFG selbst vom Se- nat als unzureichend eingeschätzt werden - auf neue Weise ermittelt werden; eine Gruppe von erfahrenen Sozialarbeitern soll in dem Gebiet mit einer Ge- meinwesenarbeit beginnen, deren Ziel es ist, mit den sozialen Gruppen deren Probleme und Bedürfnisse zu erarbeiten, in planungsrelevante Informationen um- zusetzen und deren Verwirklichung in der Entwicklung des Gebietes zu kontrol- lieren. (ebd. 9 f) Die Sozialarbeitergruppe wird sachlich an den Verein SO 36, der in diesem Verfahren auch die Öffentlichkeitsarbeit übernimmt, an- gebunden, um so zu gewährleisten, daß die Gruppe nicht isoliert arbeiten muß und an vorhandene Perspektiven anknüpfen kann. Auch bei den übrigen Verfah- rensschritten nimmt der Verein nicht nur an den Erörterungen teil,sondern ist auch an den anstehenden Entscheidungen beteiligt. Dies über eine Steuerungs- gruppe, der die Koordinierung des gesamten Untersuchungsprozesses, dessen Pro- gramm teilweise im Vollzug entwickelt und immer wieder korrigiert werden muß, obliegt. Neben dem Verein sind in der Steuerungsgruppe das Planungsbüro, die Sondergutachter, der Bezirk und die zuständigen Senatsdienststellen vertreten. Auch von Senatsseite aus wird mit diesem Vorgehen der Anspruch verbunden, neue Wege auch der Durchführung von Maßnahmen "zur Reaktivierung des Gebiets unter breiter Mitwirkung der Betroffenen" zu gehen. Unter dieser Zielsetzung steht die Einbeziehung des Haberkern-Bereichs in die Internationale Bauausstellung 1984 (IBA). Die Entscheidung dazu ist im Juli 79 gefallen. Von daher ist zu erwarten, daß weiterhin Gelder in diesen Bereich fließen, und zwar auch unter der Prämisse, unter der dieser Bereich während der IBA stehen wird: "Stadter- neuerung unter Beteiligung der Bürger." Vielleicht wird man unter dieser Vor- aussetzung auch dem näherkommen, was K. Duntze unter der "Beteiligung der Be-

wohner mit der Perspektive der Aneignung ihres Quartiers" versteht.
Am Beispiel des "Gemeinwesens Haberkern", das zu projektieren man sich vorgenommen hat, beschreibt er die Grundzüge dieses Modells: "Während die Technokra-
ten der Bauverwaltung wieder ein städtebauliches Endbild wollten, das mit Geld
und Baukapazität vom Plan in die Realität umzusetzen und bei der IBA vorzuweisen ist, wollen die Bürger zusammen mit den Planern die Strukturierung und Einleitung eines Entwicklungsprozesses, in dem die Bewohner sich als Subjekte verhalten können. Die Zielvorstellung der Bürger - auf die sich die Verwaltung
jetzt einlassen will - ist die Entwicklung eines 'Gemeinwesens Haberkern' (als
exemplarischer Teilbereich von SO 36), das in seiner Gestalt und seiner Nutzung
von den Bewohnern bestimmt wird".(ebd. 1o f) Und so könnten die Schritte der
Aneignung aussehen:
1. Mitplanen: Zunächst soll der Verein bei der Aushandlung der Untersuchungs-
und Verfahrensbedingungen treuhänderischer Vertreter der Bewohner gegenüber
der Verwaltung und den untersuchenden Gruppen sein. Die "Arbeitsgruppe Haberkern" des Vereins, die sich schon konstituiert hat, besteht ohnehin zu einem
großen Teil aus Bewohnern dieser Blöcke. Ihre Aufgabe wird es sein, ein dichtes
Informationsnetz im Haberkern aufzubauen. Sie wird als Keimzellefür den Aufbau
einer direkten und repräsentativen Betroffenenvertretung betrachtet.
2. Mitrealisieren: In dieser Phase sind nach Meinung K. Duntzes zwei zentrale
Forderungen durchzusetzen: einmal die politische Durchsetzung anderer Förde-
rungsinstrumente für die Instandsetzung und Modernisierung, wobei der Schwerpunkt der Auseinandersetzung in der Zielsetzung liegen dürfte, auch in Selbsthilfe ausgeführte Arbeiten der Mieter zu fördern.
Zum anderen die Gewinnung der Bereitschaft der Hauseigner dafür, daß sie ihre
Mieter auf diese Weise am Instandsetzungs- und Modernisierungsprozess beteiligen. Die hierzu notwendige Überzeugungsarbeit kann nach Auffassung Duntzes
wesentlich erleichtert werden, wenn die kommunalen Wohnungsbaugesellschaften
(in deren Besitz ein Großteil der instandsetzungsbedürftigen Altbausubstanz
ist) die geförderte Beteiligung der Mieter in großem Stil ermöglichen. Einen
ersten Schritt, um einer solchen Erneuerungsstrategie zum Durchbruch zu verhelfen, stellt eine Ausstellung zu in- und ausländischen Projekten der Selbsthilfe dar, die zusammen mit dem Deutschen Institut für Urbanistik (difu) und
der Evangelischen Akademie im Rahmen der Industrieausstellung und der Berliner
Bauwochen veranstaltet wurde. "In der Vorbereitung bewährte sich einmal mehr
die im Strategien-Prozess gewachsene Zusammenarbeit von engagierten Mitarbeitern der Ausbildungsstätten, der Institute, der Büros und der engagierten Bürger: man kennt sich und das Arbeitsfeld inzwischen, ergänzt sich in den Fähigkeiten und hat Vertrauen zueinander". (SenBauWohn 1977a, 12)
3. Mitverfügen: Eine wirkliche Aneignung des Quartiers entscheidet sich nicht
zuletzt an den Verfügungsmöglichkeiten der Bewohner über das grundstücks- oder
baublockbezogene Wohnungsumfeld und der Wohnung selbst. Beides ist derzeit
nicht oder kaum gegeben. Aber auch in den Fällen, wo im Rahmen von ZIP-Moder-
nisierungen Eigentumswohnungen geschaffen werden (die ohnehin vom überwiegenden Teil der ehemaligen Mieter nicht bezahlbar sind) entsteht nicht der Zuwachs
an Verfügungsgewalt, der angestrebt ist. "Er läuft Gefahr, eher isolierend und
privatisierend als gemeinwesenfördernd zu wirken, wenn er nicht eingebettet
ist in die Herausbildung eines gemeinschaftlichen Subjektes dieses Gemeinwesens.
Einer der Vorschläge, der nun in dem anhebenden Planungsprozess geprüft werden
muß, geht dahin, daß bei Anwendung des StBauFG für Haberkern nach § 14 eine
'Sanierungsgemeinschaft aus Mietern, Pächtern, Eigentümern und Gewerbetreibenden' gebildet wird, die, als Sanierungsträger anerkannt, die Erneuerungsmaßnahmen durchführt und gemäß § 25 Hauseigentum bildet, bzw. treuhänderisch übernimmt. Damit wäre nicht nur in der Durchführung, sondern auch in der Nutzung
gewährleistet, daß die Bewohner den Einsatz der Mittel und die Veränderungs-
prozesse kontrollieren. Gleichzeitig könnte diese Gemeinschaft auch der Träger
für die Einrichtungen der sozialen und kulturellen Gemeinschaftseinrichtungen

wie auch der Erholungs-, Spiel- und Sportflächen sein". (ebd.,13) Da bisher
zum § 14 StBauFG das besondere Gesetz zur Ausführung fehlt, wird das Gemeinwe-
sen Haberkern als Pilotprojekt erwogen, um hiermit Erfahrungen im Hinblick auf
das noch zu schaffende Gesetz zu machen.

● Am Beispiel der Standortplanung für Block 129 soll noch gezeigt werden, wie
die durch die "Strategien" inganggesetzte Bürgerbeteiligung den planerischen
Alltag in Kreuzberg verändert hat:
Die Wohngebäude in diesem Block gehören weitgehend einer kommunalen Wohnungsbaugesellschaft (BeWoGe), die die Häuser einstmals im Hinblick auf Kahlschlagsanierung erworben hat; eine gute Voraussetzung für den konzentrierten Einsatz
von Mitteln aus dem ZIP zur Blockmodernisierung. Da deren Vergabe an den Abriss
der rückwärtigen Bebauung geknüpft war, schien es elegant, mit dem umfangreichen Bestand an Hinterhäusern dadurch fertigzuwerden, daß man die Schule im
Blockinneren zu einem der projektierten Mittelstufenzentren erweitert und mit
ihrem Flächenbedarf den Abriss der ganzen Hofbebauung und eines erheblichen
Teils des Blockrandes legitimiert. Als diese Planungsabsichten bekannt geworden
sind, hat sich die Bürgerinitiative SO 36 eingeschaltet. Das Kreuzberger Stadtplanungsamt hat daraufhin, um allzu große Kontroversen zu vermeiden, ein Blockgutachten an ein Architekturbüro vergeben, das sich bei der Planung für den
Feuerwachenblock (Kinderzentrum) als kompetent und bürgerfreundlich erwiesen
hatte. Noch während der Untersuchung hat die BI jedoch eine Mieterversammlung
erzwungen, auf der der Bezirk und die BeWoGe ihre Planungsabsichten darlegen
mußten. Von seiten der BI ist daraufhin ein alternativer Standort vorgeschlagen
worden, der weit weniger Eingriffe in die vorhandene Bausubstanz erfordert. Die
Verwaltung ist darauf eingegangen und hat eine Prüfung des neuen Standortes zugesagt. Die Architekten haben einen zusätzlichen Entwurf für den Alternativ-
Standort vorgestellt. Schließlich hat sich die Verwaltung für die Variante mit
den geringsten Eingriffen, jedoch am alten Standort, und bezüglich der Projek-
tion eines weiteren Mittelstufenzentrums für den alternativen Standort vorentschieden. Ausgelöst durch eine Kontroverse zwischen SPD und CDU vor einer Bürgerversammlung sind später generelle Zweifel an der Höhe des Schulraumbedarfs
aufgekommen, insbesondere vor dem Hintergrund der systematischen Bevölkerungs-
verdünnungspolitik, die der Senat betreibt. Eine Arbeitsgruppe der Bürgerinitiative soll jetzt die Klärung der Voraussetzungen für die Schulplanung fordern.
Noch vor wenigen Jahren wäre ein solches Projekt glatt und ohne Aufsehen abgewickelt worden: mit der Folge unverhältnismäßiger Eingriffe in den Stadtorga-
nismus und dem Risiko des Vorbeiplanens am tatsächlichen Bedarf.

"Feuerwehraktionen" von Bürgerinitiativen wie diese, sind keine Seltenheit
mehr im Bereich der Stadtplanung. Das Besondere ist in Kreuzberg aber, daß sich
Bezirk und Senat aufgrund der "Strategien" dezidiert für eine Selbstorganisation der Bürger ausgesprochen haben, sie fördern und die Bereitschaft erklärt
haben, mit ihr zusammenzuarbeiten. Immerhin stehen damit plötzlich einge-
schliffene Handlungsmuster und Grundsätze auf der Seite von Politik und Verwaltung in Frage:
- die Entscheidungsbefugnis der parlamentarischen Gremien, die vom parlamentarischen Abstimmungsverfahren strukturiert wird,
- die Informationspolitik, die dem Interesse der Durchführung untergeordnet
  ist,
- die verwaltungsinterne Abstimmung der Planungs- und Entscheidungsprozesse,
- die Planungshoheit der Verwaltung, die sich in der freien Beauftragung von
  Gutachtern und Planern äußert.
Alle diese Prinzipien von Lokalpolitik und Verwaltung sind hier zur Disposition
gestellt. "Natürlich erfahren wir immer wieder", schreibt K. Duntze, "wie
rigide sie sich immer noch halten und durchsetzen. Aber sie sind durch diese

grundsätzliche Bereitschaftserklärung der öffentlichen Hand zur Zusammenarbeit anfechtbar geworden und können öffentlichem Druck ausgesetzt werden." (SenBauWohn 1977a, 7)

4. Konsequenzen der "Strategien" für die Positionen von Politik und Verwaltung

Zur Einschätzung des Erfolgs der "Strategien" reicht es nicht aus, nur die zweifellos gewandelte Rolle der prozeß-beteiligten Akteure auf seiten der Bürger zu beobachten. Deren - etwa im Vergleich zu anderen Berliner Bezirken - weitreichende Einflußmöglichkeiten setzen auch veränderte Rollen von Politik und Verwaltung in Kreuzberg voraus.
Da nun freilich nicht davon auszugehen ist, daß man hier einfach um eines städteplanerischen Experiments willen die tradierten Positionen aufgibt, muß man sich die politischen Entstehungsbedingungen des Kreuzberger Modells noch einmal vor Augen halten: wachsende Finanzierungsprobleme und Verzögerungen beim Grunderwerb, rapider Abbau des Gewerbebestandes in förmlich festgelegten Sanierungsgebieten, unerwünschte Nebenfolgen für benachbarte Stadtquartiere und wachsende Anforderungen an die begleitende Sozialplanung lassen die vom Gesetz geforderte "zügige" Sanierung nicht zu. "Der Alterungsprozeß der Berliner Altbausubstanz läuft der Sanierung davon". (v. Kodolitsch/Schulz zur Wiesch 1978, 36) In dieser Situation gerät die Suche nach komplementären Strategien der Stadterneuerung, die für die öffentliche Hand billiger, flexibler und mit weniger unerwünschten Nebeneffekten behaftet sind als die traditionelle Sanierung nach StBauFG, zur conditio sine qua non der Berliner Sanierungspolitik.

Daß diesem ersten, ohne Bindungen an das StBauFG und auf Bewohnerbeteiligung basierenden Erneuerungsversuch soviel Publizität zuteil geworden ist, die dem Experiment einen entscheidenden (wenn auch vermutlich nicht wiederholbaren) politischen Stellenwert verschafft hat, mag einerseits auf die Aktualität erneuerungspolitischer Defizite zurückzuführen sein, die ja in Westdeutschland grundsätzlich die gleichen sind, andererseits in der speziellen Berliner Situation auf die zu diesem Zeitpunkt wachsende Kritik an den großen Sanierungsträgern, die in Berlin als "Träger auf eigene Rechnung" tätig sind, und die bevorstehenden Bezirkswahlen.
In dieser Lage ist von Seiten des Senats und des Bezirks dem Kreuzberger Stadterneuerungsmodell einige Bedeutung beigemessen worden, traf es doch auf die Experimentierbereitschaft der Kreuzberger SPD und eines Bausenators, der eine Trendwende in der Berliner Baupolitik forderte, die durch "Stadtreparatur" und "Wertausgleich" für die innerstädtischen Bezirke geprägt sein sollte. (vgl. Senator für Bau- und Wohnungswesen Berlin 1978, Abgeordnetenhaus 1978)
Das schlechte Abschneiden der SPD bei den Abgeordnetenhauswahlen 1975 gerade in den Berliner Arbeitervierteln wird schließlich ebenfalls nicht ohne Auswirkungen auf die politische Aufwertung der bislang vernachlässigten Quartiere geblieben sein.

Das Projekt konnte somit also in einer strategisch günstigen Ausgangsposition gestartet werden. Es erhielt seine Abstützung unmittelbar durch den Bausenator, war jedoch trotzdem von Beginn an "innerhalb des Apparats", d.h. der Senatsbauverwaltung, kontrovers. Das Beharrungsvermögen jahrelang eingeschliffener Problemlösungsverfahren (neubauorientierte Sanierungspolitik) hat sich jedoch nicht nur hier, sondern auch auf Ebene der Bezirksverwaltungen gezeigt. Deutlich wird dies v.a. in den Sitzungen der PK, wo neben den Bürgervertretern auch die Repräsentanten der Senats- und Bezirksverwaltungen vertreten sind: immer wenn bürgerschaftliches Engagement und bürokratisches Routinehandeln des Apparates auseinanderlaufen, kommt es zu einer Polarisierung zwischen den beiden Lagern.

336

Nur wenige Kommissionsmitglieder aus dem Verwaltungsbereich stützen die Arbeit
der PK, etwa indem sie durch frühzeitige fachliche Beiträge aus ihrer Ressort-
perspektive und durch Überzeugungsarbeit in der Verwaltung selbst, den Reali-
tätsgehalt wie auch die Realisierungschancen der "Strategien" verbessern helfen.
In dem Maß, wie die PK über ihre Jury-Funktion hinaus ein politisches Mandat
für das Quartier übernimmt und dabei Stellung gegenüber bestimmten Verwaltungsentscheidungen bezieht, kommt für die Verwaltungsangehörigen innerhalb der PK
noch das Problem einer doppelten Loyalität hinzu.

Mit der "Strategie" kommt auf die Verwaltung allerdings auch ein Aufgabenfeld
zu, auf das sich einzustellen es nicht nur der Bereitschaft, sondern auch einiger Zeit bedarf: Die Vollzugsprobleme, die das neue Verfahren mit sich
bringt, liegen vor allem in den Bereichen "Koordination der Fachverwaltungen"
und "Sicherung der Finanzausstattung". Die mangelnde Durchführungsorientierung
des Verfahrens zeigt sich besonders gegen Ende der zweiten Phase, als die einzelnen empfohlenen Projektbeiträge mit ihrer Realisierung in Kompetenz- und
Investitionsbereiche anderer Ressorts eintreten und es fast ein ganzes Jahr
dauert, bis die Beschlußvorlage für den Senat bezüglich Trägerschaft und Finanzierung erarbeitet ist. Im Quartierbüro, der Außenstelle des Senats, wird
während des Wettbewerbs ein Verwaltungshandeln praktiziert, das bereits Elemente auch für den Alltag wünschenswerten Agierens der Verwaltung enthält, wie
etwa die Umorientierung der Verwaltung vom hoheitlichen Exekutivorgan zu Forum
wechselseitiger planungspolitischer Aktivitäten. Daß es bis dahin - auch in
Kreuzberg - noch ein weiter Weg ist, steht außer Frage. Tendenzen zur Locke-
rung ansonsten unverrückbarer Standpunkte auf seiten der Verwaltung zeichnen
sich jedoch - besonders im Vergleich mit anderen Berliner Bezirken - deutlich
ab: z.B. ist durchgesetzt worden, die Mittel aus dem ZIP nicht ausschließlich
unter konjunkturpolitischen Gesichtspunkten einzusetzen, sondern sich hierbei
an den im Wettbewerbsverfahren entwickelten Grundsätzen zu orientieren.
Auch was das Verhältnis der einzelnen Fachverwaltungen untereinander sowie
zwischen Bezirk und Senat betrifft, scheinen die traditionellen Strukturen in
Bewegung gekommen zu sein. Zumindest ist angesichts der überschaubaren, nichtsdestoweniger aber vieldimensionalen Problemstellung in SO 36, das Bewußtsein
gewachsen, daß hier kein "isolierter Kraftakt einer Fachverwaltung" (v.Kodo-
litsch/Schulz zur Wiesch 1978, 42), sondern nur eine gemeinsame politische
Strategie möglich ist.

Die Einflußnahme parlamentarischer Gremien auf das Verfahren, sieht man einmal
vom Engagement des Abgeordneten G. Wartenberg und eines Bezirksverordneten ab,
ist minimal, da der Wettbewerb auf Senatsverwaltungsebene konzipiert und
durchgeführt wird. Das Abgeordnetenhaus von Berlin und die Bezirksverordnetenversammlung in Kreuzberg sind also an der Entscheidung darüber, ob und wie der
Wettbewerb durchgeführt wird (der immerhin die Entwicklung eines Gebietes mit
über 40.000 Einwohnern entscheidend mitbestimmen soll), nicht beteiligt!
Allerdings debattiert die Kreuzberger Bezirksverordnetenversammlung auf Anfragen und Anträge der Fraktion hin mehrfach über den Wettbewerb. Das Bezirksamt
wird dadurch genötigt, die Bezirksverordneten über sein Vorgehen und seine
Absichten zu unterrichten.
Die stete Versuchung, auf Senatsseite angesichts der großen überregionalen
Resonanz - vielleicht auch im Hinblick auf die Internationale Bauausstellung
1984 - das Strategien-Verfahren nach außen als neue bürgernahe und risikobe-
reite Politik im Sinne der städtebaulichen Umorientierung zu verkaufen, bedeutet jedesmal ein Stück politischer Festlegung und Selbstbindung des Senats und
damit für die mittlerweile etablierte Quartiersbewegung einen Hebel zur Durchsetzung der Wettbewerbsereignisse.
Die Position insbesondere der Bezirksverwaltung wird durch die zusätzliche
Auseinandersetzung mit nun auch einer außerparlamentarischen Instanz nicht
einfacher, aber insgesamt weniger legitimationsbedürftig, glaubwürdiger und
auf lange Sicht effektiver.

ERGEBNISSCHWERPUNKTE

zusammengestellt von Horst Schönweitz/Klaus Selle

Die folgenden Ergebnisschwerpunkte fassen die Resultate der empirischen Einzelstudien in Aussagenkomplexen zusammen:

● Offizielle Bestandsanalysen haben i.d.R. weder einen Ziel- noch Maßnahmenbezug (Textziffer 1)

● Sie dienen vielmehr der materiellen,rechtlichen und politischen Absicherung der Planung gegenüber Verwaltung, Politik und Betroffenen (Textziffern (2) und (3))

● Beteiligung Planungsbetroffener bleibt im Rahmen offizieller Bestandsanalyseverfahren eher formal oder erfolgt unter Realisierungsgesichtspunkten (Textziffer 5)

● Bei aller inhaltlichen Unbestimmtheit von Bestandsanalysen läßt sich eine Veränderung der Bewertung interner Kriterien in Abhängigkeit von sich ändernden politischen und ökonomischen Rahmenbedingungen feststellen.(Textziffer 6)

Vorbemerkung

Aus den empirischen Studien resultierte eine Fülle von Einzelergebnissen,die
- geordnet und gewichtet - in den folgenden Ergebnisschwerpunkten zusammengefaßt
werden.
Auf zwei Besonderheiten der Ergebnisschwerpunkte sei vorweg hingewiesen:

● Die Aussagen der einzelnen Empirieteile waren in einem hohen Maße fallbezogen.
Darüberhinaus bezogen sich die einzelnen Studien auf unterschiedliche Ausschnitte
des Untersuchungsgegenstandes - jede Teiluntersuchung hatte einen bestimmten
Interessenschwerpunkt. Die Verarbeitung dieser sehr breit gestreuten Einzeler-
gebnisse zu Ergebnisschwerpunkten hat zur Konsequenz, daß über die jeweils konkrete Ausformung im Einzelfall hinaus wieder mehr abstrakte Aussagen entstehen.
Verwiesen sei daher an dieser Stelle noch einmal auf den belegenden und illu-
strierenden Hintergrund der einzelnen empirischen Teile.

● Die Ergebnisse der empirischen Studien stehen in Abhängigkeit des zum Erhebungs-
zeitpunkt bestehenden politischen und ökonomischen Umfeldes von Stadterneuerung.
Da sich dieses in einem ständigen Wandel befindet, sind solche Ergebnisse von
der realen Entwicklung schnell überholt. So beziehen sich z.B. die folgenden Ergebnisschwerpunkte noch vorwiegend auf "vorbereitende Untersuchungen" nach dem
Städtebauförderungsgesetz. Diese sind jedoch seit der Beschleunigungsnovelle
nicht mehr unbedingte Voraussetzung für die förmliche Festlegung eines Sanierungsgebietes, was nicht ohne Konsequenzen für die Erneuerungsvorbereitung ist.

Gleichwohl sind so "veraltete" Ergebnisse nicht wertlos: Gerade in einer Phase
planungspolitischer Neuorientierungen sind solche Erkenntnisse nutzbringend
einzusetzen.

Die Ergebnisse werden in sechs aufeinander aufbauenden Aussagekomplexen vorgestellt:

● Um die Einbindung von Bestandsanalysen im Planungsprozeß geht es in Textziffer
(1). Hier hat sich herausgestellt, daß formelle Bestandsanalysen im jeweils laufenden Planungs- und Entscheidungsprozeß weitgehend äußerlich sind, also i.d.R.
weder Ziel- noch Maßnahmenbezug haben.

● Welche Funktionen erfüllen sie dann?
Abgesehen davon, daß Bestandsanalysen auch immer in einem bestimmten Maße dem
Planenden - in der Regel der planenden Verwaltung - zur Informationsbeschaffung
dienen,haben sich zwei zentrale Funktionen formeller Bestandsanalysen in unserer
Arbeit herauskristallisiert; eine davon wird in der Textziffer (2) vorgestellt:
Die Begründung der Planung nach Außen gegenüber der höheren Verwaltungsbehörde
zur Herstellung von Rechtssicherheit und zum Zwecke der Mittelbeschaffung.

● Textziffer (3) behandelt die zweite wesentliche Funktion formeller Bestandsanalysen: Die Legitimation vorgefaßter Planungsziele nach Innen - gegenüber Rat,
potentiellen Investoren und abhängig Betroffenen. Dies mit dem Ziel, um Zustimmung zu werben - einmal um Konflikte zu vermeiden, darüber hinaus um die Investitionsneigung potentieller Investoren zu fördern.

● Unter den Textziffern (1),(2) und (3) wird erläutert, daß formelle Bestandsanalysen in der Hauptsache der materiellen,rechtlichen und politischen Absicherung eines verdeckt bleibenden internen Planungs- und Entscheidungsprozeß
dienen und somit diesem weitgehend äußerlich bleiben. Diese Äußerlichkeit ist
allerdings nicht gleichzusetzen mit Beliebigkeit. Formelle Bestandsanalysen
müssen der internen Ziel- und Maßnahmenplanung insofern angepaßt sein, als ihre
formulierten Ergebnisse auch impliziten Zielen oder sich im Zeitablauf ändernden Handlungsvoraussetzungen genügen sollten. Diese Aspekte werden unter der
Textziffer (4) ausgeführt: Die notwendige Planungs- und Entscheidungsflexibilität als Ursache für die Unverbindlichkeit formeller Bestandsanalyseverfahren.

● Textziffer (5) macht Aussagen zu Form und Funktion von Beteiligung ihm Rahmen
formeller Bestandsanalyseverfahren: In der Mehrzahl in Form von Befragungen
praktizierte Beteiligung dient hier weniger der Öffnung des Planungsprozesses
für unterschiedliche Interessen, sondern eher Realisierungsaspekten, wie etwa
dem Erkennen und Vermeiden möglicher Durchsetzungsrestriktionen oder dem Aufgreifen im Gebiet vorhandener Ressourcen.

● Schließlich geht es in Textziffer (6) um die Bewertung interner Kriterien in
Abhängigkeit von allgemeinen und besonderen Handlungsvoraussetzungen. Bei aller
konzeptionellen Breite und inhaltlichen Unbestimmtheit der Merkmalsauswahl und
-verarbeitung ist eine Veränderung in der Bewertung interner Kriterien auszumachen - dies in Abhängigkeit sich ändernder Rahmenbedingungen im politischen
und ökonomischen Umfeld der Stadterneuerung.

(1) Zur Stellung der Bestandsanalyse im Planungsprozeß

Unterstellen wir, eine Auseinandersetzung mit dem Bestand erweist sich in dem
Maße als sinnvoll, wie die Ergebnisse der Analyse für weitere Planungsschritte
fruchtbar gemacht werden können, inwieweit also die Bestandsanalysen für die
weitere Ziel- und Maßnahmenbestimmung dienlich ist.
In den publizierten Fassungen von Bestandsanalyseverfahren, die als Ergebnisse
einen konzeptionellen Teil enthalten, läßt sich aus den oft vorangestellten
Prozeßschemata und der Gliederung des Berichtes vordergründig eine eindeutige
Beziehung zwischen der Bestandsaufnahme und der Ziel- und Maßnahmenableitung
ablesen: Aus der Bestandsaufnahme ergeben sich die Ziele, aus den Zielen werden
das Konzept und die einzelnen Maßnahmen abgeleitet. Dargestellt wird also ein
Prozeßverständnis einer schrittweisen, logischen Abfolge einzelner Planungsschritte.
Dieses sequentielle Prozeßschema wird freilich zunehmend variiert: Ziele werden
in der Bestandsaufnahme vorangestellt, Rückkoppelungsschleifen im Prozeßschema
brechen die lineare Abfolge der einzelnen Planungsschritte auf. Die Auffassungen
von zielgerichteten, problemadäquaten Bestandsanalysen und einem iterativen Vorgehen bei der Ziel- und Maßnahmenableitung scheinen sich also - folgt man zunächst einmal den dargestellten Prozeßschemata und der Gliederung der Berichte -
in der Praxis durchzusetzen.
Die Betrachtung der zur Außendarstellung gelangenden Proezßschemata allein kann
die Frage nach Stellung und Funktion der Bestandsaufnahme im Planungsprozeß noch
nicht hinreichend beantworten.
Dazu vergegenwärtige man sich nur einen lange Jahre dauernden Planungs- und Entscheidungsprozeß bei einer Stadterneuerung nach dem Städtebauförderungsgesetz,
in dessen Verlauf die vorbereitenden Untersuchungen als einmal stattfindender,
relativ isolierter Bestandteil des Planungsprozesses in einer relativ kurzen
Zeitspanne erstellt werden.
Trotzdem wird oft eine von der Zielableitung bis zum Konzept in sich geschlossene
Planung dargestellt. Daher ist zu fragen, wie sich diese "Einmalplanungen" - in
nahezu 9o% der Fälle in gutachterlicher Form durch Externe erstellt (vgl. Prognos 1978) - zu dem kontinuierlichen Planungs- und Entscheidungsprozeß verhalten.

Widmen wir uns zunächst dem Verhältnis Gutachten (Bestandsanalyse) - Entscheidungsprozeß zu Beginn der Bestandsanalyse. Hier lautete die zentrale Frage: Welche Steuerung erfährt die Bestandsanalyse aus dem kontinuierlichen Planungs- und
Entscheidungsprozeß? Im einzelnen war zu fragen, inwieweit Auslösung, Aufgabenstellung und Zielvorgaben Bestandsanalysen steuern und in den Erneuerungsprozeß
einbinden.
Für eine durchschnittliche vorbereitende Untersuchung nach dem StBauFG läßt sich
hierzu festhalten: Mehr durch ein Finanzierungsangebot als durch Problemdruck
ausgelöst, in der Aufgabenstellung stark durch die gesetzlichen Vorgaben determiniert und in der Regel von externen Bearbeitern durchgeführt, bleiben die Zielvorgaben leerformelhaft und abstrakt. Das ist leicht zu erklären: Die externen

Bearbeiter stehen außerhalb der schon andauernden Interessensaustragungen und neigen zu eher künstlichen Problemdefinitionen aus der Sicht des Sachverständig. Das muß nicht unbedingt etwas mit einer Politikblindheit oder dem Berufsverständnis des externen Bearbeiters zu tun haben: Die Auftragsstruktur (begrenztes finanzielles und zeitliches Budget)bedingt ein konsensfähiges Vorgehen oder eine parteiliche Ausrichtung auf die Interessenslage der auftragsgebundenen Verwaltu. Letzteres bedeutet gerade bei vorbereitenden Untersuchungen nach dem StBauFG of daß landesplanerische Zielsetzungen in Form globaler Entwicklungsziele als Ziel-vorgaben herangezogen werden.

Letztlich bleibt also gerade bei Stadterneuerungsvorbereitungen des genannten Typs die Steuerung formal in Form leerformelhafter, abstrakter, oft künstlicher Zielvorgaben.Sind vorbereitende Untersuchungen z.B. weniger durch ein Förderangebot, sondern mehr durch politischen Druck (etwa einer Bürgerinitiative)veranlaßt, werden notwendigerweise die Zielvorgaben konkreter, das Verhältnis zum Entscheidungsprozeß enger und der Gebiets- und Problembezug deutlicher.

Voruntersuchungen im Vorfeld der vorbereitenden Untersuchungen nach dem StBauFG, die die Funktion haben, Teilbereiche aus Grobuntersuchungsbereichen im Hinblick auf eine intensive Bestandsanalyse auszugrenzen, sind hinsichtlich der Zielvorgaben anders zu bewerten: Ein eindeutiger Zielinput mit einer nach-vollziehbaren Bewertungssystematik führen zu einer exakten Steuerung der Bestandsanalyse. Dieser Gegensatz zu vorbereitenden Untersuchungen läßt sich daraus erklären, daß Voruntersuchungen noch im Vorfeld relevanter Maßnahmenentscheidungen anzusiedeln sind und sich daher diese Gradlinigkeit leisten können.

Darüber hinaus ist die Aufgabenstellung in Form einer Gebietseingrenzung scheinbar weniger komplex und in wenigen Operationalisierungsschritten leistbar.

Bei den untersuchten Strukturuntersuchungen/Rahmenplanungen sind wieder eher die formalen, leerformelhaften Zielvorgaben anzutreffen. Dies hängt zusammenn mit der spezifischen Aufgabenstellung von Strukturuntersuchungen im Vorfeld verbindlicher, unmittelbar maßnahmenbezogener Planungen als "Problem- oder Vorstudie". Folge ist lediglich eine vage Steuerung des Bestandsaufnahme- und -bewertungsprozesses durch allgemein gehaltene Zielvorgaben.

Halten wir fest:
Veranlassung, Aufgabenstellung und leerformelhafte Zielvorgaben führen zu einer eher formalen Steuerung der Bestandsanalyse ohne inhaltliche Einbindung in den laufenden Planungs- und Entscheidungsprozeß. Die Bestandsanalyse ist somit dem Planungs- und Entscheidungsprozeß weitgehend äußerlich. Eine inhalt-liche Verknüpfung findet nur in Ausnahmefällen statt - i.d.R. aufgrund ambi-tionierter Verwaltungsstellen und/oder eines starken politischen Drucks. Die Austragung von Zielkonflikten bleibt also weitgehend dem internen Entschei-dungsprozeß überlassen oder wird in die spätere Durchführungsphase verlagert, sie findet keinen Niederschlag in der formellen Bestandsanalyse.
Die vorn unterstellte Rationalität von Bestandsanalysen als für die Ziel- und Maßnahmenbestimmung fruchtbarer Planungsschritt trifft also in der Mehrzahl der Fälle nicht zu. Dann stellt sich die Frage: Warum die aufwendigen Bestands-analyseverfahren? Welche Funktionen haben sie, wenn nicht die der Maßnahmen-vorbereitung?

(2) Eine wesentliche Funktion von Bestandsanalysen: Die Begründung der Planung
nach Außen zum Zwecke der Mittelbeschaffung

Auf eine wesentliche Funktion der Bestandsanalysen verwiesen wir bereits:aus
der Entstehungsgeschichte der Bewertungsverfahren im Kontext städtebaulicher
Erneuerung wird deutlich, daß diese vorrangig die "objektive Feststellung der
Sanierungsbedürftigkeit im Interesse der allgemeinen Rechtssicherheit" (Hollatz
1958) zur Aufgabe hatten. Die empirische Überprüfung dieser Funktion blieb uns
verschlossen: hier wäre die Durchführung der Sanierungsmaßnahme und die Funktion der Bestandsanalysen im (rechtlichen) Konfliktfall zu untersuchen.
Eine unmittelbar an die Rechtssicherheit geknüpfte Funktion war jedoch in den
untersuchten Fällen deutlich zu identifizieren "...wenn öffentliche Mittel
für die Sanierung aufgewendet werden sollen, so muß in jedem Fall gewährleistet
sein, daß dies im öffentlichen Interesse geschieht." (Ebd.)
Der Nachweis öffentlichen Interesses als Begründung für die Bereitstellung
öffentlicher Mittel bedeutet aus der Perspektive kommunaler Planung - vor allem
unter Berücksichtigung ihrer finanziellen Abhängigkeit von suprakommunalen
Mittelzuweisungen: Anfertigung von Bestandsanalysen zur Herstellung von Förderungsvoraussetzungen inhaltlicher und formaler Art und damit Bestandsanalysen als Mittelbeschaffung.
Daß Planung auf kommunaler Ebene betrieben wird, um suprakommunale Vorgaben
zu erfüllen und so in den Genuß von Mitteln zu gelangen, ist keine neue Feststellung (vgl. etwa zur Standortprogrammplanung in NW: Faßbinder u.a. 1977;
Zlonicky, M. & Zlonicky, P. 1973). Auch für den Sanierungskontext wurden ver-
gleichbare Abhängigkeiten bereits an anderer Stelle beobachtet (vgl. Fritz-
Vietta u.a., 1975 oder Herlyn u.a., 1975)
In unserer Arbeit haben wir die deutliche Mittelbeschaffungsfunktion von Bestandsanalysen bei der Beantragung kurzfristig bereitgestellter Programme zur
Konjunkturbelebung illustrieren können:
So sind in A-Stadt kurzfristig vorbereitende Untersuchungen nur deshalb veranlaßt worden, weil Mittel aus dem Zukunftsinvestitionsprogramm des Bundes
angeboten wurden. Da die Mittelzuweisung geknüpft war an ein Sanierungsverfahren nach dem StBauFG, wurden kurzfristig vorbereitende Untersuchungen eingeleitet, um den Vergabekriterien gerecht zu werden. Handfestere Folgen hatte
das ZIP-Mittelangebot bei der Erneuerungsplanung in Hannover-Linden. Nach einem Förderangebot für Neubaumaßnahmen 1978 aus dem Zukunftsinvestitionsprogramm wurde vorher noch als erhaltenswert eingestufte Bausubstanz abgerissen.

Im einzelnen haben wir bei Bestandsanalysen, die im wesentlichen auf den Zweck
der Mittelbeschaffung ausgerichtet waren, folgende Konsequenzen für die Ausgestaltung der Bestandsanalyse selbst feststellen können:

● Im Rahmen der Bestandsanalysen werden die allgemeinen Handlungsvoraussetzungen nicht weiter problematisiert. Das liegt auf der Hand:
Eine Bestandsanalyse, die auf eine Mittelzuweisung ausgerichtet ist, kann die
Vergabekriterien, an die die Mittel geknüpft sind, nicht selbst in Frage stellen.
Deutlich wird dies im Falle A-Stadt: Die vorbereitende Untersuchung mußte als
Ergebnis die Sanierungsbedürftigkeit nach dem StBauFG ergeben, ansonsten wäre
der Zweck der Untersuchung, nämlich die Beantragung von ZIP-Mitteln, hinfällig
geworden.

● Auf Mittelbeschaffung ausgerichtete Bestandsanalysen handhaben landesplanerische Voraussetzungen als Zielvorgaben. Ziele aus übergeordneten Planungen
werden gleichsam abgeschrieben, um zumindest formal möglichst exakt diesen
Vergabekriterien zu genügen. Wenn auch diese zumeist sehr allgemein und leerformelhaft gehaltenen Zielvorgaben zumeist beziehungslos neben den weiteren
Verfahrensschritten der Bestandsanalyse stehen, so haben landesplanerische
Vorgaben zumeist einen entscheidenden Einfluß auf die Vorabselektion erneue-

rungsbedürftiger Gebiete. So war in NW die Lage von Erneuerungsgebieten innerhalb eines Standortes quasi Voraussetzung für die Sanierungsfähigkeit. Sehr
deutlich wird das in Du-Hochfeld, wo aus einer Fülle erneuerungsbedürftiger
Gebiete das im Standort Hochfeld liegende Gebiet als erneuerungsbedürftig ausgewählt wurde (vgl. auch Prognos 1978)

● Die kommunalen Verwaltungen bemühen sich, ihre vorbereitenden Untersuchungen
in erster Linie auf die inhaltlichen und formalen Anforderungen der höheren
Verwaltungsebene auszurichten.
Daß sehr viele vorbereitende Untersuchungen eine ähnliche Informationsstruktur
und einen ähnlichen Gliederungsaufbau vorweisen, liegt sicherlich nicht an der
Vergleichbarkeit der untersuchten Gebiete oder vergleichbarer Problemlagen.

Die Anpassung von vorbereitenden Untersuchungen an starre formale Schemata resultiert u.a. aus der Mittelbeschaffungsfunktion der vorbereitenden Untersuchungen: So ist neben den allgemeinen gesetzlichen Anforderungen im StBauFG
etwa in NW der Katalog des Innenministers zur Informationsstruktur vorbereitender Untersuchungen wesentliches Vorbild bei der Erarbeitung von Bestandsanalysen, die unter diesen Voraussetzungen zu einem puren Abhaken von problemunspezifischen Einzelinformationen werden.

● In diesem Zusammenhang ist unter anderem auch die Vorliebe kommunaler Verwaltungen für die Beauftragung großer Planungsbüros zu sehen: So besitzt in
NW die LEG nicht zuletzt deshalb einen überragenden Marktanteil bei der Durchführung vorbereitender Untersuchungen, weil die Kommunen über die LEG als
"Organ staatlicher Wohnungspolitik" am ehesten Mittelzuweisungen garantiert
sehen.
Standardisierte Verfahren großer Planungsbüros, die von vornherein auf die
Vergabekriterien der höheren Verwaltungsbehörde ausgerichtet sind, sind darüber hinaus Garant für eine problemlose Mittelzuweisung.

● Auf Mittelbeschaffung ausgerichtete Bestandsanalysen müssen interne Probleme
und Konflikte verdecken oder harmonisieren, um ihrer Funktion gerecht zu werden. Dies insbesondere bei kurzfristigen Mittelangeboten zum Zwecke der Konjunkturbelebung: langandauernde und Konflikte aufgreifende Bestandsanalysen
würden schnelle, konjunkturwirksame Investitionen gefährden.
Dementsprechend bleibt Beteiligung bei mittelbeschaffenden Bestandsanalysen
in der Regel bedeutungslos. Sie erschöpft sich im Erfüllen der formal-rechtli-
chen Anforderungen oder wird bei möglichen Interessensgegensätzen und drohenden Reibungsverlusten im Verfahren meist mit Hilfe gutachterlicher Autorität
zur Kanalisation möglicher Konflikte eingesetzt.

(3) Eine zweite Funktion offizieller Bestandsanalyseverfahren: Legitimation
der Planung nach Innen zur Produktion allgemeiner Zustimmung und unter Realisierungsaspekten.

Stadterneuerung greift in soziale Gefüge und individuelle Lebensverhältnisse
ein. Konflikte mit unterschiedlichen Betroffenengruppen sind vorprogrammiert.
Offizielle Bestandsanalysen haben daher u.a. zum Ziel, die beabsichtigten
Erneuerungsmaßnahmen zu rechtfertigen und möglichst Einvernehmen mit den investitionsfähigen Betroffenengruppen zu erreichen.
Ein Legitimationsbedarf besteht gegenüber unterschiedlichen an der Planung
beteiligten und von der Planung betroffenen Gruppen:

● gegenüber den politischen Mandatsträgern (Rat, Ausschüsse, Bezirksvertretun-
gen...)
● gegenüber investitionsfähigen Betroffenengruppen,
● gegenüber abhängig Betroffenen, politisch aktiven Gruppen;

Ziel der Legitimation ist zum einen die Produktion allgemeiner Zustimmung ins-

344

besondere gegenüber den politischen Entscheidungsträgern und den abhängig betroffenen Bewohnern im Gebiet.

Der Legitimationsbedarf zur Produktion allgemeiner Zustimmung äußert sich in unterschiedlicher Form bei offiziellen Bestandsanalysen:

● wesentliches Moment zur Unterstützung der Legitimationsfunktion ist die Objektivitätsfigur offizieller Bestandsanalysen. Scheinbar objektivierende Abbildungen von Sachverhalten und eine logisch sich aus dem Bestand ergebende Ziel- und Maßnahmenableitung dienen zur offiziellen Rechtfertigung vorhandener Planungsziele.

Die vermeintliche Objektivität wird dabei hergeleitet aus:
- Gesetzen/Normen/Richtlinien, die den Maßstab abgeben für die Bewertung von Tatbeständen (etwa die Bewertung von Altbausubstanz auf der Grundlage bauordnungsrechtlicher Bestimmungen)
- durch komplizierte Verfahren und Methoden von Bestandsaufnahmen, in denen subjektive Wertungen hinter einer quantitativen Scheinrationalität verborgen bleiben (etwa das in Du-Hochfeld von der GEWOS praktizierte Verfahren zur Bewertung der Bausubstanz)
- durch die Einbeziehung von externen Planern oder Gutachtern, die durch ihre Sachverständigenrolle fern aller kommunalpolitischen Konflikthaftigkeit eine wissenschaftlich-neutrale Stellungnahme abgeben sollen.(So wurde in Linden ein Statikergutachten für die Abrißlegitimation von Altbauten verwendet). Externe Planer haben über diese Sachverständigenrolle hinaus in vielen Fällen noch die Aufgabe, Konflikte zu absorbieren und von der Verwaltung fernzuhalten, um dadurch eine bessere Durchsetzung der Planung zu erreichen (vgl. Köpple /Schwantes1977).

● Eine weitere Form, Legitimation zu beschaffen, stellen die als "Verkaufsstrategie" zu kennzeichnenden Beteiligungsformen dar. Diese Funktion von Beteiligung insbesondere im Rahmen offizieller Bestandsanalysen wird schon deutlich aus der Stellung der Bestandsanalyse im Planungsprozeß, wie sie unter Textziffer (1) beschrieben worden ist: Da die reale Interessenaustragung unterhalb der Betrachtungsebene der offiziellen Erneuerungsvorbereitung verläuft, ist eine reale Mitwirkung der unterschiedlichen Betroffenengruppen ohnehin nicht möglich. Einzelne Bürgerversammlungen oder individuelle Befragungen können somit schon aufgrund ihrer Einmaligkeit und ihrer Stellung im Planungsprozeß nicht mehr sein als eine Werbung um allgemeine Zustimmung zu vage gehaltenen Sanierungszielen. (vgl. A-Stadt, Bürgerversammlung). Diese als Verkaufsstrategie intendierten Beteiligungsformen haben allerdings ambivalenten Charakter und können In andere Beteiligungsformen münden (in Linden wird durch Beteiligung die Verwaltung zu neuen Legitimationsformen gezwungen). Über die allgemeine Zustimmung hinaus entsteht ein Legitimationsbedarf, der über die offizielle Bestandsanalyse eingelöst wird, aus einer zweiten Notwendigkeit: Erneuerungsplanung, die sich zunehmend auf private Investitionen stützen muß, bedarf der Mitwirkung investitionsfähiger "Betroffener". Hier sind insbesondere die Eigentümer im Gebiet anzusprechen, die - egal ob als Restriktionen wie bei Flächensanierungen oder als potentielle Investoren nach der Tendenzwende zur Objektsanierung - einen wesentlichen Faktor für die Durchsetzung der Planungsziele darstellen und die insofern als erste für die Ziele gewonnen werden müssen. (Erhebung der "Mitwirkungsbereitschaft" bei Befragungen...)

(4) Die notwendige Planungs- und Entscheidungsflexibilität als Ursache für die Unverbindlichkeit formeller Bestandsanalyseverfahren.

Unter Textziffer (1) haben wir dargestellt, daß die Einbindung von offiziellen Bestandsanalysen in den laufenden Planungs- und Entscheidungsprozeß eher formal ist und kaum inhaltliche Bezüge zur Ziel- und Maßnahmenplanung aufweist.

In den Textziffern (2) und (3) haben wir dann die dominierenden Funktionen offizieller Bestandsanalysen herausgearbeitet: Mittelbeschaffung, Herstellen von Rechtssicherheit, Legitimation gegenüber Beteiligten und Betroffenen und schließlich die Informationsbeschaffung unter Realisierungsaspekten.
Offizielle Bestandsanalyseverfahren sind also weniger der weiteren Ziel- und Maßnahmenplanung dienlich, sie dienen mehr der materiellen, rechtlichen und politischen Absicherung eines verdeckt bleibenden internen Planungs- und Entscheidungsprozesses.
Bildhaft kann man die offizielle Bestandsanalyse als "Mantel" für die interne Ziel- und Maßnahmenplanung bezeichnen.
Dieser Mantel mit den genannten Funktionen muß sich nun insofern an den internen Prozeß anpassen, als die Ergebnisse der einmal erstellten Bestandsaufnahme einen weitgehenden Planungs- und Entscheidungsspielraum gewährleisten müssen.

● Die Ergebnisse der Bestandsanalyse müssen in der Regel neben den genannten expliziten Zielen auch den nicht offengelegten impliziten Zielen genügen. Das führt dazu, daß Zieloperationalisierungen weitgehend ausbleiben. Explizite Ziele bleiben leerformelhaft und sind so in der Lage, ein Spektrum konfligierender Bewertungsstandpunkte abzudecken, ohne dabei die möglichen Konflikte und Konsequenzen offenzulegen. Die Anpassungsbedürftigkeit der einmal erstellten, statischen Bestandsanalyse an die Prozeßhaftigkeit der Erneuerungsplanung hat somit notwendigerweise zur Konsequenz, daß innerhalb der offiziellen Bestandsanalyse Ziele unverbindlich bleiben, Maßnahmenkonzepte fehlen oder global bleiben und die Informationsbeschaffung ungezielt, breit und unspezifisch erfolgt.

● Zum anderen steht die offizielle Bestandsanalyse im Rahmen einer zeitlich begrenzten "Einmalplanung" einem kontinuierlichen Planungsprozeß gegenüber, der im Zeitablauf aufgrund veränderter Interessenskonstellationen und Handlungsvoraussetzungen ganz erheblich von den Prämissen und Ergebnissen der "Einmal-Bestandsaufnahme" abweichen kann. Daraus resultiert die Notwendigkeit, Zielmodifikationen im Prozeßverlauf vornehmen zu können, ohne eine neue Bestandsaufnahme erarbeiten zu müssen. Inhaltlich unbestimmte Ziele und ein "Datenberg" bzw. "Datensteinbruch", die die jeweils notwendigen Informationen für spezifische Ziele abrufbar bereithalten, suggerieren die Anpassungsfähigkeit an sich im Prozeßverlauf ändernde Planungsziele. Die weitere Tauglichkeit einmal erhobener Daten im weiteren Planungsprozeß ist dabei freilich abhängig von der Stärke des jeweiligen Zielumbruchs und der im Zeitablauf sich ändernden Gegebenheiten im Gebiet selbst.

Neben der notwendigen Planungs- und Entscheidungsflexibilität können am Rande noch zwei weitere Gründe für die Erhebung unspezifischer Datenberge angeführt werden.
● Zum einen existiert der Anspruch, ein einmal erhobener, fortschreibungsfähiger Datensatz sei auch für weitere Planungen verwendbar.
● Zum anderen spielt hier sicherlich auch ein professionelles Eigeninteresse der Beauftragten mit: Man könnte vermuten, daß sich der finanzielle Umfang des Auftrags proportional zur Menge der erhobenen Daten verhält.

(5) Form und Funktion von Beteiligung im Rahmen formeller Bestandsanalyseverfahren.

Die Frage nach der Rolle der Beteiligung Planungsbetroffener im Rahmen von Bestandsanalyseverfahren ist indirekt schon in der Textziffer (1) mitbehandelt worden.
Mit der Erkenntnis, daß Bestandsanalysen im großen und ganzen dem realen Entscheidungsprozeß äußerlich sind, ist die Frage nach der Beteiligung Planungsbetroffener schon weitgehend beantwortet: Solange die reale Interessenaustra-

gung unterhalb der Betrachtungsebene Bestandsanalyse verläuft, bleibt die Beteiligung - in welcher Form sie auch immer stattfindet - für die Zielbestimmung hier weitgehend unbedeutend und hat lediglich Integrationsfunktionen. (Konfliktvermeidung, Konzeptsicherung)
Allerdings kann einmal initiierte Beteiligung dazu führen, daß Bestandsanalysen stärker in den Planungs- und Entscheidungsprozeß eingebunden werden und nicht mehr lediglich legitimatorische Funktionen haben.
Im einzelnen haben wir folgende Formen und Funktionen von Beteiligung im Rahmen von Bestandsanalysen herausgearbeitet:
Grundsätzlich läßt sich feststellen, daß Beteiligung, die zumindest formal dieser Bezeichnung gerecht wird, nur in Bestandsanalyseverfahren stattfindet, in denen sie laut gesetzlicher Grundlage verankert ist - innerhalb unseres Untersuchungsspektrums also im Rahmen von vorbereitenden Untersuchungen nach § 4 StBauFG. In allen anderen Untersuchungsformen (Strukturuntersuchungen/ Grobuntersuchungen zur Gebietsabgrenzung etc.) existieren keine vom Gesetz geregelte Beteiligungsrechte bzw. -pflichten.
In den von uns analysierten Strukturuntersuchungen/Rahmenplanungen, die ohne Maßnahmenbezug sind und i.d.R. lediglich behördeninterne Verbindlichkeit haben, fehlt die Beteiligung Planungsbetroffener. Allenfalls wird eine einseitige Informationspolitik für eine "interessierte Öffentlichkeit" betrieben.
(So wird bei der Rahmenplanung Bonn - Innere Nordstadt mit der Veröffentlichung einer Informationsbroschüre die Absicht verfolgt, die Meinung der Bürger kennenzulernen und den Plan als Grundlage für die Diskussion bei der Beteiligung im nachfolgenden Bebauungsplanverfahren zu verwenden. Bei der Rahmenplanung Stuttgart-West wird eine Broschüre für die Zielgruppe "... betroffene und interessierte Bürger ..." herausgegeben.)
Ziel dieser Vorabinformationen ist die Werbung um eine frühzeitige, allgemeine Zustimmung zu den globalen Erneuerungszielen schon im Vorfeld einer verbindlichen Planung und damit gesetzlich geregelter Beteiligung.
Bei vorbereitenden Untersuchungen nach § 4 StBauFG war die Beteiligung bis zum Inkrafttreten der "Beschleunigungsnovelle" am 1.8.'79 gesetzlich verankert. (§ 4.1 - Ermittlung der Einstellung und Mitwirkungsbereitschaft der Eigentümer, Mieter und Pächter/ §4.2 - Ermittlung der nachteiligen Auswirkungen für die von der Sanierung unmittelbar Betroffenen.)
Die gesetzlichen Anforderungen wurden in der Praxis der vorbereitenden Untersuchungen im allgemeinen durch Einzelbefragungen der einzelnen Betroffenengruppen eingelöst: flächendeckende oder repräsentative Befragungen erfolgten auf postalischem Wege oder in Form von Einzelinterviews. Ergänzend zur Befragung wurden in der Mehrzahl der Fälle zentrale Informationsstellen (Sanierungsbüros, "Infomobil", Kontaktbüro) eingerichtet mit der vornehmlichen Aufgabe, bei der Beantwortung der Fragen Hilfestellungen zu geben.
Rückschlüsse auf die Funktionen solcher Befragungen lassen schon die von den Befragungen selbst genannten Ansprüche zu:
Es geht um die Ermittlung von "Stellungnahmen", "Meinungen", "Wünschen", "Einstellungen". Darüber hinaus wird um "Verständnis" geworben, erfragt werden "Bereitschaften" ("Mitwirkungsbereitschaft", "Umzugsbereitschaft", "Verlagerungsbereitschaft", "Investitionsbereitschaft")
Aus diesen Befragungszielen lassen sich im wesentlichen zwei Funktionstypen von Beteiligung im Rahmen von vorbereitenden Untersuchungen herausfiltern:

● Zum einen geht es um das frühzeitige Erkennen und Vermeiden von Durchsetzungsrestriktionen vorgefaßter Planungsziele. Dazu gehören insbesondere das rechtzeitige Entdecken möglicher Konflikte und Folgeprobleme.
Dieser Funktionstyp von Beteiligung tritt naturgemäß eher bei von externen Zielen bestimmten Stadterneuerungsmaßnahmen auf, die gravierende Eingriffe in die Lebensumstände der unmittelbar Betroffenen erwarten lassen.
(So dienen bei den vorbereitenden Untersuchungen in Hagen-Haspe die Befragungsergebnisse vornehmlich dazu, die soziale Folgeproblematik einschätzen

zu können).
Gleichermaßen wie die sozialen Folgeprobleme auf Seiten der sanierungsbetroffenen Mieter gilt es in diesem Zusammenhang frühzeitig ein Einvernehmen
mit den Eigentümern im Gebiet zu erreichen, die wie keine andere Gruppe eine
Durchführung der Sanierungsziele hemmen oder gar verhindern können.

● Das Bemühen um die Zustimmung der Eigentümer per formaler Beteiligung
reicht schon in den zweiten Funktionstyp von Beteiligung hinein. Über das Erkennen möglicher Konflikte und Reibungen hinaus geht es hier vornehmlich um
die Möglichkeiten einer Integration von im Gebiet liegenden Ressourcen in
ein Erneuerungskonzept.
Über eine formale Beteiligung soll Mitwirkung jedweder Form geweckt werden,
um mittels privater Investitionen die Sanierungsziele zu sichern. (vgl. hierzu M-Haidhausen, wo wesentliche Merkmale Informationen zum Investitionsverhalten der Eigentümer waren.)
Dieser Funktionstyp von Beteiligung überwiegt seit der Tendenzwende mit der
Hinwendung zur Erhaltenden Erneuerung.

Unter dem Strich bedeuten beide Funktionstypen von Beteiligung keine Erweiterung der Beteiligungsmöglichkeiten der Betroffenen im Sinne einer möglichen
direkten Einwirkung auf die Planungsziele. Die Befragungen und begleitenden
Bürgerversammlungen oder Kontaktstellen dienen vornehmlich Realisierungsaspekten im Hinblick auf vorgegebene Ziele und Maßnahmen.
Daß Beteiligung im Rahmen vorbereitender Untersuchungen nicht mehr sein soll
und kann als eine das Planungskonzept unterstützende Strategie wird zusätzlich deutlich durch die fast ausschließlich angewandte Methode der Einzelbe-
fragung, durch die Betroffenheiten individualisiert und somit jegliches politisches Konfliktpotential frühzeitig gebrochen und atomisiert werden kann.
Der Interpretationsspielraum der schon durch einige Arbeitsschritte (Konzeptionierung - Operationalisierung - Befragung - Aggregation - Auswertung etc.)
verzerrten Informationen eröffnet den Planenden zusätzliche Möglichkeiten,
formale Beteiligung legitimationsbringend einzusetzen (vgl. Textziffer 3)

Weiter ist bemerkenswert, daß diese Beteiligungsform vornehmlich von auswär-
tigen Büros und Instituten getragen wird. Somit ist noch ein weiterer Filter
zur Vermeidung bzw. Kanalisierung von Konflikten ins Verfahren eingebaut.
Daß sich Beteiligung in der Phase vorbereitender Untersuchungen seitens der
planenden Instanzen derart steuern und funktionalisieren läßt, liegt sicherlich an der oben schon näher dargestellten Allgemeinheit der expliziten Ziele, an denen sich individuelle oder kollektive Betroffenheit noch nicht festmachen lassen. Daher finden sich über eine individuelle Befragung hinausgehende
Beteiligungsformen auch meist erst in fortgeschritteneren Planungsphasen, in
denen Probleme für Betroffenengruppen virulent werden und etwa die Bildung
einer Bürgerinitiative initiieren.
Freilich gibt es auch Fälle, in denen aufgrund einer speziellen kommunalpolitischen Situation und historisch erwachsener Machtkonstellationen fortge-
schrittenere Beteiligungsformen schon in relativ frühen Planungsphasen verankert werden konnten.
So ist die relativ intensive Beteiligung der Betroffenen am Planungsprozeß
in Gelsenkirchen Ückendorf vornehmlich Ergebnis andauernder und offensiver
Aktivitäten der Bürgerinitiative.
In Hannover-Linden war nicht zuletzt die von einem starken SPD-Ortsverein getragene politische Tradition Voraussetzung für die Gründung einer den Planungsprozeß beeinflussenden Bürgerinitiative.

(6) Die Bewertung interner Kriterien in Abhängigkeit von allgemeinen und besonderen Handlungsvoraussetzungen.

Die weitgehend fehlende Verknüpfung zwischen offiziellen Bestandsanalysen und der Maßnahmenbestimmung (vgl. Textziffer 1) ermöglicht eine Informationsverarbeitung, die durch große methodische Unzulänglichkeiten und Verzerrungen bei der Wahrnehmung interner Kriterien gekennzeichnet ist. Die Beliebigkeit der Wahrnehmung interner Kriterien in Bezug auf die Maßnahmenbestimmung führt in der Regel dazu, daß Merkmalsauswahl und -verarbeitung durch konzeptionelle Breite und inhaltliche Unbestimmtheit gekennzeichnet sind. "Datenberg", "Datenfriedhof" oder "Datensteinbruch" sind gängige Bezeichnungen für diese Art der Merkmalsanhäufungen.
Im einzelnen fehlt durchweg eine Begründung für die Auswahl der erhobenen Merkmale; Schwellenwerte und Bewertungsgrundlagen werden nicht genannt.

Die Beliebigkeit der Wahrnehmung interner Kriterien in Bezug auf die Maßnahmenbestimmung beantwortet noch nicht die Frage nach den Ursachen für eine durchaus feststellbare Veränderung der Bewertung interner Kriterien in den letzten Jahren:

● gleiche Merkmale werden anders bewertet: vgl. dazu die sich ändernde Bewertung von Gebäuden in Hannover-Linden: vom Abriß bis zur Modernisierungsfähigkeit.

● das erhobene Merkmalsspektrum verändert sich: Als Beispiel sei hier die zunehmende Berücksichtigung des Investitionsverhaltens und von Wohnungsumfeldmerkmalen genannt.

Die feststellbaren Veränderungen bei der Wahrnehmung der internen Kriterien resultieren nun keineswegs aus immanenten methodischen Verbesserungen (die nur bei unterstellter enger Verknüpfung Bestandsanalyse - Maßnahmenbestimmung sinnhaft wäre), sondern sind zu erklären aus den sich verändernden Funktionen von Bestandsanalysen für den Erneuerungsprozeß. Die sich verändernde Wahrnehmung der internen Kriterien ist zu sehen vor dem sich verändernden politischen und ökonomischen Umfeld der Stadterneuerung; mithin in Abhängigkeit von allgemeinen und besonderen Handlungsvoraussetzungen.

Stadterneuerung mit den Instrumenten des StBauFG hatte eine wesentliche konjunkturwirksame Dimension: die öffentliche Hand bereitete durch rigide und zügige Eingriffe in bestehende Strukturen den Boden für umfangreiche private Investitionen.
Diese umfassenden Eingriffe der kommunalen Planung in bestehende Stadtstrukturen bedurften hoher öffentlicher Investitionen und nicht zuletzt einer politischen Legitimation.
Und unter eben diesen Aspekten - den Kosten und deren Finanzierung, der Rechtssicherheit und der Rechtfertigung gegenüber den Betroffenen - wurden die gebietsinternen Kriterien wahrgenommen:

● In Bezug auf die Rechtssicherheit bedeutete das eine Abstimmung auf die gesetzlich verankerten Bewertungskriterien ("städtebauliche Mißstände", "gesunde Wohn- und Arbeitsverhältnisse"), die ihren Niederschlag fanden in einschlägigen Katalogen bezüglich der Merkmalsauswahl (und implizit ihrer Tauglichkeit als Indikatoren für die Sanierungsbedürftigkeit) bei vorbereitenden Untersuchungen: so sind Erhebungen nach dem StBauFG dadurch gekennzeichnet, daß sie sich bezüglich der Merkmalsauswahl entweder an den landesrechtlichen Vorschriften über die Breite des zu erhebenden Merkmalspektrums oder Merkmalslisten aus standardisierten Verfahren großer Sanierungsbüros orientieren, die beide ein problemloses Einlösen der geforderten Kriterien garantieren.

● Neben dem Nachweis der Sanierungsbedürftigkeit hatte die Durchführbarkeit der geplanten Maßnahmen, also die Realisierbarkeit unter wirtschaftlichen und

sozialen Aspekten einen wesentlichen Einfluß auf die Bewertung der internen
Kriterien: Gewünscht waren Informationen über die zu erwartenden unrentierlichen Kosten einerseits und die möglichen sozialen Folgen andererseits.
So werden zum Beispiel die Landesentwicklungsgesellschaften insbesondere von
Klein- und Mittelstädten für vorbereitende Untersuchungen herangezogen, weil
sie aufgrund ihrer Erfahrungen über die notwendigen Berechnungsgrundlagen für
die Ermittlung der den Gemeinden entstehenden unrentierlichen Kosten verfügen.

Mit der Tendenzwende zur "erhaltenden Erneuerung" schien sich eine veränderte
Wahrnehmung der internen Kriterien anzubahnen: eine differenzierte Wahrnehmung interner Kriterien (etwa "Chancen" und "Mängel") sollte der Bestandsanalyse eine neue Qualität geben, die über reine Legitimations- und Realisierungs-
aspekte externer Ziele hinausgeht.
Unter dem Abflauen des privaten Investitionsdrucks bekamen interne Kriterien
einen neuen Stellenwert und zu den üblichen Merkmalslisten gesellten sich
Merkmale, die als Indikatoren für materielle Ressourcen im Gebiet fungieren
sollten. (Mitwirkungsbereitschaft verstanden als Investitionsbereitschaft von
Hauseigentümern und Gewerbetreibenden, aber auch Mietern etwa in Form von
Mietmehrzahlungsbereitschaft).
Die Stadterneuerung der kleinen Schritte bedeutet aber gleichzeitig, daß Maßnahmen zunehmend wieder in die Hände Privater zurückgegeben werden; die Maßnahmen der öffentlichen Hand beschränken sich auf Subsidiärförderung. Dadurch
verlieren die planenden Instanzen auf kommunaler Ebene zwar Steuerungsmöglichkeiten, gleichzeitig sinkt aber auch der Legitimationsbedarf.
Sinkender Legitimationsbedarf und der notwendige Abbau investitionshemmender
Verfahrensvorschriften führen daher nicht wie ursprünglich vermutet zu einer
stärkeren Hinwendung zu den internen Kriterien nach der Tendenzwende, sondern
eher zu einem tendenziellen Wegfall von vorbereitenden Untersuchungen:
Interne Kriterien sind nur noch da von Interesse, wo es um das mögliche Aufgreifen von investiven Ressourcen geht. Alle anderen Untersuchungsbestandtei-
le können (sollen) entfallen.

Fassen wir die Ergebnisse aus den sechs Textziffern in der zugespitzen Form
zusammen,

● daß im Zuge von Erneuerungsplanungen Vorab-Entscheidungen im internen Ver-
waltungsprozeß sowie im Wechselspiel von Interessierten und Verwaltung getroffen werden

● und formelle Bestandsanalyse-Berichte in erster Linie der Außendarstellung
mit den Funktionen der Mittel- bzw. Legitimationsbeschaffung dienen und für
die Ziel- und Maßnahmenbestimmung eher irrelevant sind, so stellt sich die
Frage, welche Konsequenzen aus diesen Erkenntnissen zu ziehen sind. Im nachstehenden Punkt "Folgerungen" werden wir darauf eingehen.

FOLGERUNGEN, KONSEQUENZEN

Versucht wird in diesem Kapitel die Umformung der empirischen Ergebnisse in Folgerungen und Konsequenzen vor dem Hintergrund aktueller rechts- und planungspolitischer Entwicklungen. Drei Kriterien weisen die Generallinie für sämtliche Folgerungen:

● Die Erweiterung der Bestandsanalysen um eine möglichst breite und umfassende Betrachtung aller Handlungsbereiche,

● die Öffnung von Bestandsanalysen für verschiedenste Interessen

● und die Verstetigung in Form einer kontinuierlichen Einbindung in den Prozeß der Stadterneuerung.

Die Folgerungen befassen sich eher punktuell und ausgerichtet auf verschiedenste Praxisbereiche mit Veränderungsmöglichkeiten der Handlungsvoraussetzungen sowie der inhaltlichen und methodischen Verbesserung von Bestandsanalysen. Im einzelnen werden vorgeschlagen: Erhöhung des kommunalen Steuerungspotentials, flexible Handhabung der angebotenen Instrumentenpalette, Sicherung und Erweiterung der kommunalen Begründungspflichten, "Sehen lernen", Kontinuierliche Bestandsanalyse, Bestandsanalyse als Aktionsforschung, Handlungsraumanalyse, Mehr Transparenz und schließlich fachliche Artikulationshilfen.

Die anschließenden Konsequenzen konzentrieren sich auf den Handlungsbereich der kommunalen Planung. Diskutiert werden Verbesserungsmöglichkeiten im Bereich der Datenerhebung (Alternativen zur Datenhuberei?), ein zu veränderndes Planungsverständnis (Altes und neues "Inseldenken") und mögliche Konsequenzen für die Planungsorganisation (Organisation: Bündelung, Kontinuität, Kontrolle).

<u>Vorbemerkung</u>

Die einzelnen empirischen Studien sollten ein Spiegel sein, der alltäglichen
Umgang mit Bestandsanalysen gebrochen, d.h. mit veränderter Perspektive wahrnehmen läßt. Und so zur Veränderung, zum veränderten Handeln anregt.
Auch die Ergebnisschwerpunkte verzichteten darauf, Handlungsempfehlungen aus
'wissenschaftlicher' Sicht zu formulieren - sie kondensieren nur einige Gemeinsamkeiten der empirischen Arbeit.

Es ist zweifellos unrealistisch anzunehmen, daß die so dargestellten Ergebnisse
aus sich heraus zu veränderter Praxis führen könnten:

● anzunehmen etwa, daß der Hinweis, Bestandsanalysen dienten mit ihrer Aura der
Objektivität verschiedenen Legitimationsfunktionen und verdeckten so den realen
Entscheidungsprozess, ihr Datenmaterial werden von denen, die darüber verfügen,
zur Begründung und Durchsetzung ihrer Interessen verwendet... zu offeneren Aus-
einandersetzungsformen in der Vorbereitung der Stadterneuerung führen könnten;

● anzunehmen, daß die Kritik der Vorab-Selektion wesentlicher Handlungsmöglichkeiten und Bewertungsaspekte durch die Bindung an Bewertungsstandpunkt und Perspektive weniger (Interessierter) münden könne in einen verbreiterten und kontroversen Prozess der Aushandlung von Bestandsanalyse und Maßnahmenableitung
.. usf.

Notwendig ist vielmehr

● die Umformung auf den Verwertungsmaßstab verschiedener Praxisbereiche und damit auch der Bezug zu den je unterschiedlichen Restriktionen

● die Suche nach Trägern, die mit solchen (wissenschaftlichen) Erfahrungen in
verschiedenen Handlungs- und Konfliktfeldern tätig sind oder tätig werden wollen.

Damit wird deutlich, daß das eine Transformation sein muß, die 'vor Ort' und
nicht 'auf dem Papier' zu vollziehen ist.

Diese Position praxisbezogener wissenschaftlicher Arbeit stößt jedoch hart an
die Grenze der Beliebigkeit der Ergebnisinterpretation: offensichtlich muß die
Frage 'was tun?' doch zumindest soweit in die Produktion bedruckten Papiers einbezogen werden, daß die Stoßrichtung der - gedachten, intendierten, implizierten - Praxisveränderungen präziser faßbar (also auch dissensfähiger) wird.

Um Folgerungen und Konsequenzen dieser Art geht es auf den nächsten Seiten.
Keinesfalls Rezepte, geschlossene Empfehlungen, die nur noch der Anwendung har-
ren...sondern punktförmig begrenzte, auf verschiedene Handlungsebenen zielende
Konkretisierungen für die Verwendung unserer Arbeit.

Ein weiterer Anstoß zu den 'Folgerungen' liegt in der aktuellen (1979/8o) rechts
und planungspolitischen Entwicklung, mit der die formal vordefinierte Vorbereitung der Stadterneuerung (und das meint eben nicht nur die Anfertigung eines Be-
richts über vorbereitende Untersuchungen,sondern zugleich Minima der Betroffenenbeteiligung etc.) aufgeweicht und in Frage gestellt wird. Zu nennen sind hier

● die beschleunigte Novellierung von BBauG und StBauFG, mit der vorbereitende
Untersuchungen nur noch dann anzufertigen sind, wenn nicht bereits "hinreichende Beurteilungsunterlagen vorliegen" und zugleich die Beteiligung der Betroffene
als Verfahrenshemmnis diskreditiert wird (§ 155a und b BBauG) etc.

● die Gesetzesinitiative zur Schaffung eines Instruments "mittlerer Intensität"
(vgl. Selle 1979b);

● Die Stadterneuerung ohne StBauFG, mit der insbes. in Nordrhein-Westfalen (vgl.
Förderung städtebaulicher Einzelmaßnahmen) und Baden-Württemberg (vgl. Innen-

minister B-W 198o), mit der - betreffs Qualität der Vorbereitung - dem Regelungs-
inhalt der 'einfachen' städtebaulichen Erneuerung scheinbar vorgegriffen wird.

Gemeinsam ist diesen Entwicklungen die Verkürzung von Begründungs-, Kontroll- und
Genehmigungsschritten durch vereinfachte Verfahren, reduzierte Einspruchsmög-
lichkeiten, Vernachlässigung von Verfahrensfehlern und Beschränkung des Beteilig-
tenkreises. Partizipationsabbau ist ein notwendiger (und nicht wie Hendler (1979)
mutmaßt, zufälliger) Effekt dieser Bemühungen.

Eine Tendenz, die weit über Sanierungen nach StBauFG hinausreicht und Teile des
allgemeinen Planungsrechts wie aber auch insbesondere die Modernisierungsförderung
etc. berührt:die "Steuerung" der Stadterneuerung über Förderungsangebot unterschiedlichster Art - von der Wohnungsumfeldverbesserung als Investitionsanreiz
bis zur Verbesserung steuerlicher Abschreibungsmöglichkeiten - überantwortet
die Erneuerungsvorbereitung wieder weitestgehend dem Kalkül der potentiellen Investoren (vgl. Schönweitz 198o, Selle 198ob).

Das veränderte Verständnis von der Rolle öffentlicher Planung und Steuerung im
Prozeß des Stadtumbaus folgt jedoch lediglich der Realentwicklung: wenn - wie aus
dem Vergleich der Wohnungsstichproben 72 und 78 deutlich wird - nahezu 8 Millionen Wohneinheiten in einem Zeitraum von 5 Jahren (auf sicherlich sehr verschiedene Weise) modernisiert wurden, dann zeigt dies, daß

● die auf den Wohnungsbestand bezogene Erneuerungstätigkeit erheblich umfan-
reicher ist, als eine Addition der in Sanierungsgebieten und Modernisierungsschwerpunkten instandgesetzten und modernisierten Wohnungen dies erwarten ließen;

● damit zugleich jedoch stadtstrukturelle und soziale Wirkungen produziert werden, die außerhalb öffentlicher Kontrolle liegen und bestenfalls noch Re-Aktionen
zulassen (es gilt dies inbesondere für die zugespitzte Situation der Wohnungsversorgung in den Ballungsgebieten)

● Stadterneuerung mithin alltäglich und feinverteilt stattfindet und die Reak-
tionssensibilität staatlicher oder kommunaler Planung unterläuft.

Wenn also Stadterneuerung nur bedingt unter den "Planvorbehalt" fällt, relativiert
sich mithin auch die Kritik aktueller Instrumentenmodifikation:

● die wenigen 'Inseln', die vom StBauFG erreicht werden, prägen eben nur sehr bedingt das reale Stadterneuerungsgeschehen,

● eine Konzentration auf dieses eine Instrument hieße also den Fehler im bisherigen Stadterneuerungs-Verständnis reproduzieren.

Steuerungsbedarf für die Planung und Regelungsbedarf für das Planungsrecht müssen
sich vielmehr auf die "real existierende" Stadterneuerung beziehen.
In gewisser Weise korrespondiert die jüngste Entwicklung in der Diskussion um
eine eventuelle Novellierung des StBauFG mit diesen Folgerungen: erwogen wird eine
zusammenfassende Betrachtung des "Rechts der Stadterneuerung" (vgl. Krautzberger
198ob und zuvor umfassender noch: Gahlen 1979) und damit die Auflösung der Son-
derrolle des StBauFG.

Zunächst ist diese Korrespondenz jedoch nur äußerlich: die in der 1979er Novel-
lierung zum Ausdruck gekommene Einpassung der Steuerungsinstrumente in ein verändertes investitionspolitisches 'Klima' war kein einmaliger Akt. Das Verfolgen der
Herausbildung der Modernisierungsförderung etc. seit 1974 (vgl. Pesch 198o, Pesch &
Selle 1979) macht deutlich, daß diese besondere Form der investoren-orientierten
Politik schrittweise den gesamten Stadterneuerungsbereich umfaßt und auch wesent-
liche Teile der Wohnungspolitik mitgestaltet. Insofern ist in der Rede von der
"Harmonisierung" des Städtebaurechts durchaus auch die Absicht verborgen, die ver-
bliebenen Interventionsinstrumente (z.B. Ausgleichsbetragsregelung einschließlich
Preiskontrollrecht nach § 15 StBauFG) abschließend zu liquidieren, und so den Auf-

merksamkeitszyklus (v.Einem) einer Politik zu beenden, die sich auch der Boden-
reform und verbessertem Schutz der nicht-investierenden Betroffenen widmen wollte und erste (kleine Schritte) in diese Richtung unternommen hatte.
Es ist dies - wie gesagt - eine Gefahr, die aus der Tendenz der tatsächlich prak
tizierten (und nicht der deklamierten) Erneuerungspolitik abzulesen wäre, damit
noch keine zwangsläufige und ungebrochene Entwicklung: graduell und grundsätzlich andere Positionen haben sich bereits in der bisherigen Diskussion abgezeich
net (vgl. Autzen/Schäfer 1980).

Zurück zu der Vorbereitung der Stadterneuerung.
"Bestandsanalysen, vorbereitende Untersuchungen hängen heute," so ein kommunaler
Planer, "ziemlich in der Luft".
Stellt man diese Äußerung vor den skizzierten Hintergrund so folgt für weitere
Überlegungen:

● die tatsächliche Ausformung der Stadterneuerung macht ein neues Verständnis
von der Rolle der kommunalen Planung beim - scheinbar vollständig vom einzelnen
Investorenkalkül (das überwiegend durch suprakommunale Vorgaben geprägt ist,Zins
entwicklung, Steuern etc.) bestimmten - Stadtumbau notwendig.

● Aus einem veränderten Planungskonzept (Statt Ein-Mal-ein-Punkt-Erneuerung
nun "Wartung der Stadtstruktur" (Jessen/Siebel/Walther))resultiert zwangsläufig
die Neufassung der Maßnahmenvorbereitung.

● Das Unterlaufen der Reaktionsschwelle des gültigen Planungsrechts nicht nur
durch die feinverteilte sondern auch durch die kommunal betriebene Stadterneueru
('Stadterneuerung ohne StBauFG' und z.T. eben auch:.. ohne Bebauungspläne, Sozia
pläne, Mitwirkungsmöglichkeiten etc.) macht eine "Garantie tragender Grundsätze
des modernen Städtebaurechts" (Krautzberger) erforderlich; zu denen sind Mindest
anforderungen an die Vorbereitung (und damit Begründungspflicht) einer Maßnahme
ebenso zu zählen wie Sicherung und Ausbau der Betroffenenbeteiligung.

Der Zwang zur Neuformulierung einer aktuell in ihrer Steuerungsrelevanz erheblich beschnittenen, planungsmethodisch anachronistischen und rechtspolitisch in
fragwürdiger Weise begrenzten Vorbereitung der Stadterneuerung eröffnet zugleich
die Chance, gegen den Strich zu argumentieren.

Es heiß dies: statt Einschränkung von Steuerungs- und Schutzvorschriften als gegeben hinzunehmen, nach - praktikablen - Möglichkeiten der Gegensteuerung zu suc
Damit wäre die Aufgabe unserer Folgerungen & Konsequenzen umrissen.
Um dieser Umformung der Ergebnisse eine Struktur zu geben, gilt es, das, was
"gegensteuern" für Bestandsanalysen etc. heißen könnte, zu präzisieren.

Eine Generallinie ergibt sich hierbei aus der Umkehrung derzeitiger Entwicklunge
nicht die "Privatisierung" und Individualisierung der Erneuerungsvorbereitung,
sondern eine intensivierte öffentliche Auseinandersetzung um Bestandsbewertung u
Maßnahmenableitung im konkreten Fall tut not.
Hieraus resultiert u.E. die Notwendigkeit zur

● Erweiterung

● Öffnung und

● Verstetigung

der Bestandsanalyse in der Praxis.

Was heißt das?
Mit Erweiterung ist die möglichst breite und umfassende Betrachtung aller Handlu
möglichkeiten (der durch externe Kriterien, durch Förderungsangebote und Planung
instrumentarium eröffneten oder verschlossenen Möglichkeiten) ebenso wie die kom
plexe, d.h. verschiedenste Bewertungsstandpunkte berücksichtigende Auseinanderse
zung mit den internen Kriterien gemeint.

Da dies - verstanden als Auflistung und Zuordnung aller denkbaren Strategien
und Bestandsaspekte ein sinnloses und unmögliches Unterfangen wäre, kann diese
Erweiterung nur durch Öffnung des Verfahrens geleistet werden: Öffnung der Bestandsanalyse für verschiedenste Interessen (und damit Bewertungsstandpunkte),
von denen aus dann in expliziter Parteilichkeit Handlungsmöglichkeiten und Be-
standsqualitäten untersucht würden, um zu konfliktfähigen Positionen zu kommen.
Daß dies kein einmaliger, in sich abgeschlossener Vorgang sein kann, sondern
kontinuierlich eingebunden ist in den Prozeß der Stadterneuerung, daß also
Verstetigung der Aushandlung zwingende Konsequenz ist, liegt nahe.
Diesen Kriterien kann mit den folgenden Überlegungen jeweils nur zum Teil entsprochen werden. Die Überprüfungsfrage wäre demnach: stimmt die Richtung?

Folgerungen: Veränderungsmöglichkeiten der Handlungsvoraussetzungen sowie der inhaltlichen und methodischen Ausgestaltung von Bestandsanalysen

Die Folgerungen lassen sich grob in zwei Kategorien unterteilen (vgl. die folgende Abbildung mit einigen zusätzlichen Querbezügen).

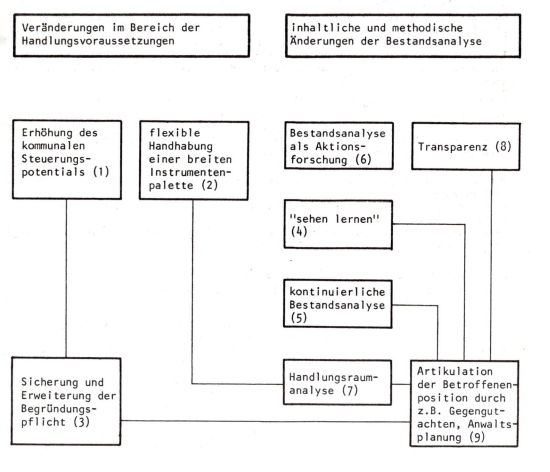

● Veränderungen im Bereich der Handlungsvoraussetzungen:
zunächst ist hier zu nennen die Erhöhung des kommunalen Steuerungspotentials an
gesichts der zunehmenden Abgabe von Kompetenzen an suprakommunale Instanzen vor
allem aber an die privaten Investoren (1); dem zuzuordnen ist die Forderung,
das bereits vorhandene bzw. zur Zeit in der Ergänzung befindliche planungsrecht-
liche und förderungstechnische Instrumentarium im Sinne einer hochdifferenzier-
ten Palette von Eingriffs- und Steuerungsmöglichkeiten flexibel handhabbar zu
machen, bzw. zu handhaben (2).
Sinnvoll kann jedoch eine solche Erweiterung und Ausschöpfung der Handlungsmöglichkeiten kommunaler Planung nur dann sein, wenn die Begründungspflicht und
damit auch die öffentliche Kontrolle für Planungsmaßnahmen gesichert und erweitert wird (3).

● Inhaltliche und methodische Verbesserungen der Bestandsanalysen:
Methodische Verbesserungen bei Bestandsanalysen sind schon deshalb erforderlich
um überhaupt relevante Sachverhalte zutreffend abbilden zu können; dieses "Se-
hen-Lernen" (4) steht auf vergleichbarer Stufe mit der Forderung nach kontinuierlicher Bestandsanalyse (5). Auch hier sollen zunächst methodische Minima,
die allerdings wesentliche inhaltliche Bedeutung haben, definiert werden. Über
die Minima-Bestimmung hinaus ist zu fragen, ob die sozialwissenschaftliche Methe
dendiskussion nicht auch für eine Weiterentwicklung der Vorbereitung von Erneue-
erungsmaßnahmen im Sinne einer dialogischen Forschungsstrategie, wie sie etwa
in der Aktionsforschung zum Ausdruck kommt, fruchtbar gemacht werden könnte (6)
Aus den theoretischen Überlegungen unseres Projektes läßt sich eine erweiterte,
geöffnete und verstetigte Vorbereitung der Stadterneuerung auch als "Handlungs-
raum-Analyse" fassen. Was das heißt ist kurz zu beschreiben (7).
Um die Situation der abhängigen Betroffenen gegenüber den Entscheidungsprozesse
in der Stadterneuerung zu stärken, ist zunächst Transparenz zu fordern (8).Dami
wäre eine Voraussetzung für aktive Auseinandersetzungen in verschiedenen Formen
gegeben.

Die bisherige Erfahrung mit Konflikten bei der Vorbereitung von Maßnahmen der
Stadterneuerung zeigt, wie notwendig es ist, daß die Betroffenen ihre Position-
(en) explizit formulieren und einbringen: sei es etwa durch Gegengutachten oder
in Formen der Anwaltsplanung (9) - beides als fachliche Argumentationsebene notwendigerweise vor einem politischen Hintergrund.

Die Auflistung zeigt es bereits: dieser Folgerungen-Katalog ist erweiterbar und
soll es auch sein.
Auch sind die Handlungsebenen und Adressaten für die Umsetzung der Folgerungen
breit gestreut.
Eine weitere Eingrenzung (Beschränkung auf das Handlungsfeld kommunale Planung)
folgt im Abschnitt 'Konsequenzen?'.

(1) Erhöhung des kommunalen Steuerungspotentials

Die Stadterneuerung wird in zunehmendem Maße weniger von der kommunalen Planung
ebene aus steuerbar:

● es waren bereits mit dem Städtebauförderungsgesetz wesentliche Abhängigkeiten
gegenüber suprakommunalen Bewilligungsinstanzen einerseits und den Folgeinvestitionen privater Bauherren andererseits gegeben, die den Handlungsspielraum der
kommunalen Planung weitestgehend einengten.
● die aktuelle Erneuerungspolitik gründet sich demgegenüber vorwiegend auf das
Initiieren privater Investitionen durch öffentliche Mittel: Modernisierungsförderung und steuerliche Abschreibungen (§7b EStG beim Erwerb, § 82a EStDVO bei
der Modernisierung) erlauben der Kommune jedoch kaum,Art, Ort und Umfang der
Erneuerungsmaßnahmen zu beeinflussen.

● Mit der Veränderung bauordnungsrechtlicher Vorschriften sollen per Erlaß der
Länder zahlreiche Engpässe im Verwaltungsverfahren, die zur Verlangsamung von
Baugenehmigungen oder zur Verteuerung der Bauvorhaben führen könnten, beseitigt

werden. So wurden z.B. mit der Freistellungsverordnung vom 5.9.1978 des Innenministers NW vor allem Modernisierungsmaßnahmen von der Genehmigungs- und z.T. von der Anzeigepflicht befreit. Damit entfällt eine weitere Kontrollmöglichkeit.

● Mit der Erweiterung der Wohnungsmodernisierungsförderung im Hinblick auf "einfache Erneuerungsmaßnahmen" (vgl. den entsprechenden Ansatz der ARGEBAU (1979) für die StBauFG-Novellierung) oder "Instrumente mittlerer Intensität" (Bundesregierung 1978b) wird die Stadterneuerung zunehmend auf subsidiäre, primär auf finanzielle Anreize gegründete Steuerung umgestellt. Dies geht einher mit der Reduzierung bodenrechtlicher Eingriffs- und Steuerungsversuche: der Verzicht auf Bebauungspläne in der Praxis der "Stadterneuerung in kleinen Schriten" oder die Möglichkeit, auch ohne rechtskräftige (Sanierungs-) Bebauungspläne bereits Baumaßnahmen einzuleiten, unterstreichen dies.

Soll die Vorbereitung der Erneuerungsmaßnahmen im Sinne eines transparenten und verbreiterten Entscheidungsprozesses verändert werden, dann müssen zunächst auf der kommunalen Ebene - denn nur auf dieser kann sich die auf den konkreten Fall bezogene Auseinandersetzung vollziehen - wieder maßnahmenrelevante Entscheidungskompetenzen angesiedelt werden.
Zugleich muß die kommunale Planung in erheblich stärkerem Maße als bislang in der Vorbereitung der Erneuerung selbst tätig werden. Die Tatsache, daß nahezu 90% aller vorbereitenden Untersuchungen entweder ausschließlich oder weitgehend von externen Bearbeitern bestimmt werden (vgl. Arras u.a. 1978) bringt die Auslagerung dieses Planungsschrittes aus dem politischen Aushandlungsprozess zum Ausdruck (vgl. Ergebnisschwerpunkt Textziffer (1) sowie Köpple & Schwantes 1977, 35). Begünstigt wurde die Beauftragung Externer bislang durch entsprechende Vorschriften der StBauFVwV (Ziff.4.1), nach der kommunale Leistungen nicht förderungsfähig sind.
Hier wären Änderungen dringend notwendig. Es gilt dies auch für analoge Vorschriften im Rahmen der sog. Instrumente mittlerer Intensität,wie sie prototypisch im Wohnungsumfeld-Programm Baden-Württembergs zum Ausdruck kommen. Tatsächlich gegenläufige Entwicklungen stehen dem entgegen:

● Gesamtwirtschaftliche und sektorale Stabilisierungsbemühungen - wie sie sich im Ankurbeln der Bauwirtschaft bis hin zu deren aktueller Überhitzung mit entsprechenden Preissprüngen manifestieren - vernachlässigen weitestgehend räumliche Ausgleichs- und Steuerungsbemühungen. Die damit verschärften räumlichen und sozialen Disparitäten (etwa zwischen verschiedenen innenstadtnahen Altbauquartieren) werden offensichtlich z.Z. noch in Kauf genommen.

● Gegen eine verstärkte Übernahme der Sanierungsvorbereitung durch die Kommunen spricht unter anderem die personelle und finanzielle Kapazität der Verwaltungen (bei gegebenen Förderungsmodalitäten) ebenso wie die bewußte Funktionalisierung der externen Gutachten als ausgelagerte Sachrationalität (s.o.)

Diese Folgerung scheint offene Türen einzurennen, berücksichtigt man die hohe Bedeutung, die Schlagworten wie "Eigenverantwortung der Gemeinden", "Stärkung des kommunalen Handlungsspielraums" in der aktuellen Diskussion zukommen (vgl. z.B. Sperling 1980). Mehr noch: der Bund will sogar vom "goldenen Zügel" der präzis definierten Zweckzuweisungen abrücken; die Rede ist von der "Pauschalierung" der Mittelvergabe. Es heißt dies jedoch nicht, daß mehr Geld zur Verfügung stünde.Es heißt dies auch nicht, daß die zur gesamtwirtschaftlichen Stabilisierung notwendigen Veränderungen im Bereich von Investitionsreiz und -dämpfung kommunal bestimmbar, räumlich differenzierbar und sozial gerichtet vorgenommen würden. Pauschalierung kann zweifellos eine Entbürokratisierung bedeuten und die kommunale Planung in wenig von der "Subventions-Topf-Abhängigkeit"befreien. (Krüger 1980) Ansonsten ist die Zurückverweisung von Zuständigkeiten an die Gemeinden nichts anderes als eine Entlastung des Bundeshaushaltes: "Stadterneuerung als Daueraufgabe" soll von den Städten und Gemeinden durchgeführt u n d finanziert werden. Da wäre in der Tat die zentralstaatliche Intervention nach Art des StBauFG kaum legitimierbar. Ein Planer spitzte das sarkastisch aus zu: "Jetzt, wo kein Geld mehr da

ist,dürfen die Gemeinden auf einmal." Denn die vom Bund verbreitete These,die
Gemeinden seien - vor allem durch die Finanzreform etc - inzwischen finanziell
wiedererstarkt scheint (prima vista und aus Ruhrgebietssperspektive) auf eher
wackeligen Füßen zu stehen. Kurzum: die aktuelle Debatte meint nur mehr Verantwortung auf kommunaler Ebene, nicht mehr Handlungspotential.

(2) Instrumentenpalette,flexible Handhabung

Die eindimensionale Ausrichtung der geplanten Stadterneuerung auf das Städtebau
förderungsgesetz und damit die Bevorzugung von flächenhaften Umstrukturierungen
(vgl. Wollmann 1974) erwies sich mit veränderten ökonomischen Rahmenbedingungen
als dysfunktional (vgl. Michaeli u.a.1977). Aufbauend auf Erfahrungen in einzel
nen Kommunen und Bundesländern hat die Bundesregierung im Herbst 1978 daher die
Initiative zur Institutionalisierung der sog. Maßnahmen mittlerer Intensität
ergriffen (Vgl. Bundesregierung 1978 b): "Als Ergebnis der Bestandsaufnahme wir
demnach erkennbar, daß zwischen der Beseitigung städtebaulicher Mißstände durch
die Sanierung (nach dem StBauFG) und der Modernisierung von Wohnungen und einzelnen Gebäuden (nach dem ModEnG) noch ein weites Feld von Gestaltungsmöglich-
keiten besteht. Nach den vorliegenden Erfahrungen muß dieser Maßnahmenbereich
"mittlerer Intensität" vor allem zwei Elemente enthalten:

a) Förderung von umfassenden und zusammenhängenden Aus- und Umbaumaßnahmen (In-
tensivmodernisierung) im älteren Althausbestand.

b) Eng verknüpft damit städtebauliche Maßnahmen zur Verbesserung des Wohnumfeldes".

Dieses zusätzlichen Instruments bedarf es schon nicht mehr: Länder und - vereinze
Kommunen haben in eigener Regie "Stadterneuerung im Vorfeld des StBauFG", "Städ
bauliche Einzelmaßnahmen" etc. begonnen (vgl. Vorbemerkung). Dabei können sie s
grundsätzlich eines breit gestreuten Instrumentenspektrums bedienen, das ihnen
vor allem das 1976 erweiterte Bundesbaugesetz bietet (vgl. zur Instrumentenüber-
sicht: Krause und Selle 1980). Es zeigt sich jedoch, daß diese Instrumentenviel
real nicht genutzt wird: es hat dies sicher zunächst etwas mit der Struktur der
aktuellen Stadterneuerung zu tun. Es gilt, Investitionen zu ködern, nicht - dur
Einlagerung von Bindungen, Auflagen und sozialpolitischen Zielen etc. - zu irri-
tieren.
Wenn also von "Vollzugsdefizit" in diesem Zusammenhang die Rede ist, dann ist da
zum einen Ideologie, die die investitionsorientierte Struktur der Stadterneueru
politik verdecken hilft, meint aber in zweiter Linie auch verwaltungsinterne Restriktionen,die einer konsequenten Anwendung des vorhandenen Instrumentariums er
gegenwirken:

• offensichtlich wirkt ein nicht unerheblicher 'time-lag' zwischen Gesetzesver-
schiebung und Verwaltungsvollzug; es gilt dies insbesondere für Regelungsinhalte
die quer zu Handlungsfeldern oder Handlungsgewohnheiten liegen;

• damit ist auch die Struktur der Verwaltung angesprochen: stark segmentierte
Aufgabenverteilung führt insbesondere im Bereich der Stadterneuerung zu unsachge
mäßer Zersplitterung der Handlungsfähigkeit und in der Regel stark verengender M
nahmenbestimmung. (Vgl. Pesch & Selle 1979, S. 299 ff). Durch die Vorgaben und
die bereits vor intensiverer Auseinandersetzung mit potentiellen Erneuerungsgebieten i.d.R. getroffenen Orientierungen auf einzelne Instrumente (etwa verursac
durch ein konkretes Förderungsprogramm von suprakommunaler Ebene) ergibt sich ei
intensive Vorab-Selektion, d.h. hier Einengung der Handlungsmöglichkeiten.

Damit wird jedoch zugleich die Bestandsanalyse in Richtung und Ergebnis vorgeprägt.
Eine kleinteilige und differenzierte Zuordnung von Gebietstypen und Strategien
dient jedoch nicht allein der Effizienzsteigerung kommunalen Handelns. Aus der
Auseinandersetzung der Betroffenen mit Inhalt und Durchführung geplanter Maßnahmen wird erst so ein relevantes Alternativspektrum.

Allerdings zeigte sich die Auseinandersetzung mit Betroffenen auch im Umkehrschluß als befruchtend: erst durch deren Hinweis auf die Anwendbarkeit und
Durchsetzungsmöglichkeit bestimmter Instrumente wurde ein tatsächlich gegebener
Handlungsspielraum auch genutzt.So gesehen erweitert konflikthafte Beteiligung
die wahrgenommenen Handlungsmöglichkeiten.

(3) Sicherung und Erweiterung der kommunalen Begründungspflichten

Für eine verbesserte Vorbereitung von Stadterneuerungsmaßnahmen ist Öffentlichkeit unerläßlich,mehr Öffentlichkeit, als sie zur Zeit vorherrscht, zu fordern.
Öffentlichkeit meint hier zunächst Publizität im Habermas'schen Sinne - also Ent-
blößung politischer Herrschaft vor dem öffentlichen Räsonement.
Erste Voraussetzung hierfür ist, daß Planung von der Bestandsanalyse zur Maßnahmenableitung und -durchführung begründet und offengelegt werden muß (vgl. zur Offenlegung i.S. von Transparenz Folgerung 8).
Begründungspflichten sind - über das allgemeine Prinzip, daß außenwirksames Verwaltungshandeln der Begründung bedarf - für den Prozeß der Stadterneuerung in gewissem Umfang zusätzlich rechtlich normiert: so die Begründung der Bereichsfestsetzung (also der förmlichen Festlegung eines Sanierungsgebietes gem. StBauFG),die
in der Regel gegenüber der höheren Verwaltungsbehörde durch die vorbereitende
Untersuchung geleistet wird oder die Begründung des Bebauungsplanes, mit der die
dem Plan zugrundeliegenden Abwägungsprozesse dokumentiert werden etc.
Hier sind zunächst jene "Entblößungen politischer Herrschaft" angesprochen, die
z.B. unter die Rechtsweggarantie des Art. 19(4)GG (Gebot richterlicher Überprüf-
barkeit hoheitlicher Eingriffe) fallen - mithin nicht eigentlich politische Begründungen.
Selbst solche Kernforderungen sind scheinbar gefährdet:

● Vorbereitende Untersuchungen werden in § 4 Abs.1 Satz 1 des novellierten Städtebauförderungsgesetzes durch "hinreichende Beurteilungsgrundlagen" ersetzbar. Zugleich ist ein weiterer wichtiger Bestandteil der Vorbereitung von Erneuerungsmaßnahmen - die Erfassung möglicher Nachteile, die durch die geplanten Maßnahmen
bei den Betroffenen ausgelöst werden im Rahmen der Grundsätze für den Sozialplan
- verzichtbar oder aber in die Phase nach der Bereichsfestsetzung zu verschieben.
Begründungspflichten werden hier in gravierendem Umfange eingeschränkt.

● Baumaßnahmen können vor Rechtskraft eines (Sanierungs)Bebauungsplanes eingeleitet werden. Begründung entfällt.

● Unzureichende Begründungen bei Bebauungsplänen können nicht zur Aufhebung ihrer
Rechtskraft führen (§ 155a BBauG): die Begründungen werden irrelevant.

Insbesondere die Regelungen der §§ 155 a,b bedeuten beginnend mit der BBauG-Novel-
lierung 1976 und forciert in der aktuellen 79er Novelle - einen so erheblichen Eingriff in formelle (d.h. rechtlich überprüfbare) und politische (wie sie durch die
vorgezogene Bürgerbeteiligung nach §2a BBauG etc. zumindest ermöglicht wurden) Begründungspflichten, daß die Verfassungskonformität solcher Festsetzungen zu befragen ist (vgl. G.Selle 1979).
Wenn zudem davon auszugehen ist, daß ein zunehmend größer werdender Anteil der
staatlicherseits für die Stadterneuerung zur Verfügung gestellten Mittel aus
Steuererleichterungen oder lediglich zwischen Förderungsgeber und Investor aus-
zuhandelnden Darlehen und Zuschüssen besteht (vgl. Bundesregierung 1978b) ,über
5 Mrd. DM also ohne jegliche auf den einzelnen Fall bezogene inhaltliche Kontrolle
bau-, miet- und verdrängungswirksam werden, so wird deutlich, daß von auch nur be-
grenzter Öffentlichkeit der Vorbereitung von Erneuerungsmaßnahmen kaum die Rede
sein kann.

In dem Maße, wie sich die öffentliche Planung, von der auf einen Punkt konzentrierten,massiven Intervention zurückzieht, lebt die Fiktion vom "Nicht-Eingriff" auf:
"Anders als bei der sanierungsbedingten Umgestaltung eines Gebietes (stehen) die Eingriffe in bestehende Rechte, Miet- und sonstige Nutzungsverhältnisse nicht im Vor-

dergrund der Maßnahmen'' (Sperling 1980). Zweifellos greift die öffentliche Hand
mit § 82a EStDVO,§ 7 EStG, mit Wohnungsumfeldverbesserung, mit der Bereitstellur
von Aufwendungsbeihilfen etc. nicht in bestehende Miet- oder sonstige Nutzungsverhältnisse ein: sie läßt eingreifen (vgl. Selle 1980 b).

Bei Interessenskongruenz von Investor und staatlicher (inkl. kommunaler) Steueru
- die in den neuen Formen der Stadterneuerung unterstellt wird bzw. herzustellen
ist - wird das Auslösen unmittelbarer materieller Härten in das Binnenverhältnis
von Mieter und Eigentümer verlagert.
Eine öffentliche Verantwortung sowohl für die Begründung der Maßnahme wie für di
Beseitigung eventueller Härten entfällt scheinbar.
Im Umkehrschluß ist damit für die Betroffenen sowohl bei satzungsförmig gesteuer
ter Erneuerung als auch (besonders) bei subsidiärer,mittelbarer Anreizsteuerung
die Chance vertan, die Funktion etwa von Bestandsanalysen als Begründung kommuna
Handelns so zu nutzen, daß die (rechtliche) Überprüfung dieser Begründung zu Rea
sierungsaufschub oder Planänderung führt.
Zweifellos gehört die Rekonstruktion von Begründungspflichten im gesamten Recht
der Stadterneuerung zu den rechtspolitisch zwingenden Geboten. Daneben bliebe le
lich der Appell an die kommunale Planung,für ausreichende Transparenz der Entsche
dungsfindung (vgl.8) als einer Grundlage zur Wahrnehmung von Kontrolle zu sorgen
bzw. die Hoffnung auf entsprechende Artikulation der Betroffenen, mit der adäqua
Begründung politisch 'eingeklagt' wird.
Im übrigen ist etwa in der Gemeindeordnung NW die Unterrichtung der Einwohner ''b
wichtigen Planungen und Vorhaben der Gemeinde,die unmittelbar raum- oder entwick
lungsbedeutend sind...'' vorgesehen und zwar derart, daß für die Bürger ''Gelegenh
zur Äußerung und zur Erörterung besteht'' (Gemeindeordnung NW § 6b)

(4) Sehen Lernen

Diverse methodische Kritik an der Praxis von Bestandsanalysen macht deutlich,daß
diese keinesfalls zu einer relevanten, d.h. wesentliche Züge der Realität von er
neuerungsbedürftigen Stadtteilen korrekt abbildenden Bestandsdarstellung beitrag
Es überwiegt vielmehr der Eindruck einer im wesentlichen über die Kriterien Vorhandensein und Verfügbarkeit gesteuerten Datensammelei, die Korrektive lediglich
durch die in der Konzeptbildung nachgefragten Informationen erhält.
Gemessen an sozialwissenschaftlichen Methodenstandards ebenso wie etwa baulich-
technische Kriterien ist zudem eine breite Palette von Fehlern und Ungenauigkei
ten in den Untersuchungen enthalten. Angesichts der praktischen Verwendungszusamm
hänge ebenso wie aktueller Auflösungstendenzen etwa bei vorbereitenden Untersuchungen wäre es jedoch mehr als unangemessen, einen kompletten Methodenkanon d
Praxis überzustülpen.
Wesentlicher erscheint vielmehr ein Ansatz, der unter anderem auch von der Arbeitsgruppe Stadtforschung (vgl. etwa AGSt 1978) verfolgt wird:

● einerseits die Aussagenbreite und den Interpretationsbereich einzelner Indikatoren festzulegen, um so eine völlige Beliebigkeit der Interpretation von Befun-
den zu unterbinden;

● andererseits aber - und das erscheint wesentlicher - Indikatoren für jene Bereiche vorzuschlagen, die bislang eher ''unterbelichtet'' waren. Es gilt dies insbesondere für das gesamte Spektrum der materiellen, sozialen und psychischen
Belastungen aus möglichen Sanierungsmaßnahmen.

Wenn man davon ausgeht, daß selbst eine gutwillig breiter ausgelegte Befragungsaktion im Rahmen der Ermittlung der Grundsätze für den Sozialplan einen großen
Teil der realen Härten, die aus möglichen Entwicklungen resultieren, zur Zeit
nicht umfasst, daß sich bestimmte Gruppen (insbesondere Ausländer) auch bei An-
hörungen nicht nur kaum artikulieren, sondern nicht selten (sh. Hannover Linden)
sogar von deutschen Mitbürgern etc. aus jeglicher Form der Beteiligung herausgedrängt werden, dann gewinnt der Versuch an Bedeutung, mit gezielten Informations-

anforderungen wenigstens einen Zipfel der realen Probleme in den Griff zu bekommen.
Ein solches "Durchbrechen der Mauer des Schweigens" (Siebel) setzt jedoch eine entsprechende Operationalisierung voraus.
Jüngere Ansätze, etwa im Zusammenhang der "Belastungsforschung" (vgl. Berndt/Rinderspacher/Rodenstein 1978 oder Jablonski/Krau/Walz 1979) sind hierzu noch zu unhandlich (für den Planungszusammenhang).

Zugleich stellt sich die Frage, wie dieses neue Sehen denen "beigebracht" werden soll, die zur Zeit Bestandsanalysen durchführen. Denn die Frage der Operationalisierung ist nicht als wissenschaftlich-neutrale Ausarbeitung von Analysekonzeptionen zu verstehen, sondern eminent abhängig vom Erkenntnisinteresse der jeweils analysierenden Subjekte.
Wer also hätte Interesse an solchen Informationen?
Der Sozialforscher, der solcherlei fordert, rückt sich notwendigerweise in die Nähe eines Anwalts der Betroffenen. Die Frage wäre demnach: sind Mindest-Indikatoren-Kataloge über eine an ihrem Anspruch gemessene, an der Außendarstellung genommene Politik gleichsam von Oben durchzusetzen oder wäre es nicht zugleich konsequenter, Anwaltsplanung als Regelfall bei der Vorbereitung von Erneuerungsmaßnahmen zu fordern?
Anders aber, wenn die Forschung selbst Adressat ist.
Erinnernd an die Wirkungen, die etwa von den eher punktuellen Untersuchungen Fried's (1971) ausgingen, läge die Funktion sozial-wissenschaftlicher Analyse im - über den Einzelfall hinausreichenden - Aufzeigen der Wirkungen der verschiedenen Teilpolitiken der Stadterneuerung (vgl. etwa Tessin 1977, Bunse & Osenberg 1979). Dies wäre umso bedeutsamer je umfassender die Lebenssituation bestimmter, unter besonderen Belastungen leidender Bevölkerungsgruppen dargestellt würden.

Diese Konkretisierung der Forderung nach verändertem "Sehen" im Zuge der Erneuerungsvorbereitung zielt auf die u.E.primäre Frage nach der Beseitigung typischer "blinder Flecke" in der bisherigen Problemwahrnehmung (und nachfolgender Maßnahmenableitung).
Dahinter liegt noch ein breites Feld - vor allem methodischer (jedoch mit engem Rückschluss auf die Inhalte) -denkbarer Veränderungen bei der Auseinandersetzung mit dem Bestand (vgl. Jessen/Siebel/Walther 1980, deren Empfehlungen eng mit einem Teil unserer Folgerungen korrespondieren). Einige dieser Aspekte werden im folgenden Abschnitt (Konsequenzen?) angesprochen.

(5) Kontinuierliche Bestandsanalyse

Am Anfang war die Bestandsaufnahme und die Bestandsaufnahme war beim Planer und der Planer war die Bestandsaufnahme - so etwa ließe sich in Paraphrase zur Erschaffung der Welt die gängige Stellung der Bestandsaufnahme in den diversen Ablaufschemata und methodischen Konzeptionen kennzeichnen.
In dieser Stellung ist die Fiktion von der "neutralen", unvoreingenommenen ungerichteten Fotografie des Bestandes ausgedrückt, aus der heraus sich dann linear Bewertung und Maßnahmenableitung ergeben.
Wie Praxis und Theorie zeigen (vgl. Ergebnisse) ist dem nicht so. Nicht nur die Ziel- und Interessenabhängigkeit macht Bestandsanalyse (in aller Regel nur die informelle) zum eng mit der Maßnahmenplanung verwobenen Bestandteil des gesamten Planungs- und Implementationsprozesses, auch die konkreten Planungserfordernisse der Erneuerungsmaßnahmen zeigen deutlich, daß eine schrittweise konkreter werdende Auseinandersetzung mit dem Bestand - von der gesamtstädtischen Verflechtungsanalyse zur Endoskopie der Holzbalkendecke - unverzichtbar ist.
Alles auf einmal und Alles in Einem durchgeführt wie in den traditionellen Vorstellungen ist nicht nur - wegen der mangelnden Problembezogenheit und den daher fehlenden Selektionskriterien zur Ordnung des unendlichen Informationsangebotes - unmöglich, sondern zugleich unsinnig: bei der feinteiligen Maßnahmenplanung sind die eingangs erhobenen Informationen längst veraltet und unbrauch-

bar. De facto sind jedoch die Planungsprozesse - nicht zuletzt begünstigt durch Förderungsmodalitäten und gefordert durch § 4 StBauFG - durch eine Abfolge vertikal weitestgehend voneinander abgeschotteter Bestandsaufnahmen und -bewertungen geprägt. Hier Kontinuität herzustellen, wäre bereits ein Gebot immanenter Rationalität. Eine Öffnung des Vorbereitungsprozesses für mehr Beteiligte als die professionellen 'Bestandsanalytiker' (vgl. auch die folgenden Überlegungen), bereits mehr Transparenz, setzt jedoch einen engen Bezug von Maßnahmenableitung und Auseinandersetzung um den Bestand voraus. Insofern ist kontinuierliche Bestandsbewertung i.S. eines Aushandlungsprozesses - wie er in vielen konflikthaften Planungsfällen, in denen die Betroffenen sich zum Gesprächspartner machten - Voraussetzung und Ausdruck eines stärker demokratisierten Planungsprozesses.

Eine solche Strategie entspricht zudem eher den Erfordernissen einer Planung, die von umfassenden, deduktiv angelegten Konzepten zurückkehrt zu "kleinen Schritten", zur informellen Steuerung etc... Entsprechend sind jedoch auch die Gefahren: bei nicht ausreichender Kontrolle besteht die Gefahr der stillschweigenden Zielanpassung, der Vereinbarung unter der Hand und damit auch der Auflösung jedes Strategiezusammenhanges.

Wenn Stadterneuerung neuerdings - in Anpassung an die Realität des naturwüchsigen Stadtumbaus - als "Daueraufgabe" gekennzeichnet wird, scheint sich dies aufs beste mit der Forderung nach kontinuierlicher Erneuerungsvorbereitung vereinbaren zu lassen. Das aber unterstellt eine organische, kontinuierliche Veränderung von Handlungsgebot und Handlungsmöglichkeit: dem ist nicht so. Tatsächlich verändert sich der Handlungsraum für Stadterneuerung sprunghaft (z.B. analog zur stop-and-go-Kurzatmigkeit staatlicher Konjunktursteuerung). Gerade das aber macht Kontinuität etwa im organisatorisch-personellen Bereich der Stadterneuerung notwendig.

Kontinuierliche Bestandsanalyse in diesem Sinne gewinnt gegenüber den "unverbundenen kleinen Schritten" ihre eigene Qualität dadurch, daß hier Planung und Realisierung ihren eigenen Folgen 'begegnet': die Stadterneuerungsschritte dritter und vierter Phasen in einem Stadtgebiet müssen umgehen mit den Wirkungen der ersten und zweiten Schritte im gleichen Quartier (etwa mit den Modernisierun- verdrängten der zuerst aufgewerteten Gebäude). Sinnliche Erfahrung mit Wirkungen und reflektierte Wirkungsanalysen erster Maßnahmen würden so - im besten Falle - Planung 'sich selbst bewußt machen'.

(6) Bestandsanalyse als Aktionsforschung

Faßt man Bestandsanalyse auch als sozialwissenschaftliche Untersuchung auf, dann reicht es möglicherweise nicht aus, auf eine Verbesserung des Bestehenden im Sinne sorgfältiger ausgesuchter Indikatoren etc. zu drängen (vgl.4).
Weitergehend wäre vielmehr zu fragen, ob die sozialwissenschaftliche Methodendiskussion nicht auch für eine Weiterentwicklung der Vorbereitung von Erneuerungsmaßnahmen fruchtbar gemacht werden könnte - insbesondere das Verhältnis Untersuchender zu Untersuchtem betreffend.
So schreibt etwa Moser (1977,16) "Herkömmliche Forschung ist wesentlich monologisch. Das heißt, ein Wissenschaftler bzw. eine Wissenschaftlergruppe mißt mit tels Instrumenten (Fragebogen, Tests usw.) bestimmte Aspekte der sozialen Realität und zieht daraus auf geregelte Art und Weise ihre Schlüsse. Aktionsforschung ist demgegenüber dialogisch. Der Forscher setzt sich in der Diskussion mit den Menschen auseinander "über die er forscht". Seine Informationen, die er über diese Menschen gewinnt, werden immer wieder in den gemeinsamen Handlungsprozessen eingegeben und diskutiert."
Der Untersuchende muß die Perspektive des Untersuchten nicht nur verstehen lernen, sondern sich mit ihr auch weitestgehend identifizieren können. Dies nicht im Hinblick auf "bessere Forschung", sondern - auch dies eine Alternative - als Beitrag zur gesellschaftlichen Demokratisierung und damit auch (reflexiv) zur Demokratisierung der Wissenschaft selbst.

362

Die aus sozialer Herkunft, Sozialisation im Wissenschafts- bzw. Berufs-betrieb
und gesellschaftlicher Stellung resultierenden Begrenzungen der Wahrnehmungs-
fähigkeit (vgl. Selle 1980, S.320 ff) von Wissenschaftlern und Planern muß also
durch die Kooperation mit den Betroffenen aufgebrochen werden.

"Es ist zu fragen, ob .. die herrschende Wissenschaft notwendigerweise die Wissenschaft der Herrschenden (oder zumindest der Privilegierten, zu denen auch
die Wissenschaftler gehören) sein muß, weil Probleme der Arbeiterklasse und der
Randgruppen im Rahmen der Wissenschaft nur vom Standpunkt der Forschenden aus
wahrgenommen werden, die Interpretation der Realität also sich nicht am Standpunkt von Unterprivilegierten orientieren und somit auch die Planung... nur entsprechend einem Privilegiertenverständnis von der zu verändernden Realität durchgeführt werden kann...
Wenn die Kommunikationsgemeinschaft der Forschenden Voraussetzung für die
Möglichkeit von Erklärung ist, dann wird durch die Erklärung nicht ein Vorgang a n s i c h erklärt, sondern immer nur f ü r d i e G r u p p e, die
der Kommunikationsgemeinschaft zugehört." (Ortmann 1976,122; vgl. hierzu aus anderen Bereichen der Sozialwissenschaften: Devereux 1967, Bourdieu 1974, Berger
1974).
Aus der "Froschperspektive" (Gronemeyers Plädoyer (1974,46ff) für diese Position der Soziologie) gemeinsam mit den dort hockenden Betroffenen ließen sich
bislang wenig artikulierte bzw. unterdrückte Interessen aufdecken und zur Sprache bringen.
Insofern - es liegt auf der Hand - ist Aktionsforschung und eben auch ein ana-
loges Konzept der Bestandsanalyse nicht nur methodisch, sondern vor allem politisch gegen den Strom gerichtet.
Aktionsforschung entwickelt noch ihre Strategien (vgl. Horn 1979). Erfahrungen
vor allem aus Entwicklungsländern liegen vor (vgl. frühe Bsp. bei Bahr/Grone-
meyer 1974, neuere bei Moser & Ornauer 1978).Walter Siebel hat jedoch bereits
1976 in einer Kritik an der Qualität vorbereitender Untersuchungen - gestützt
auf Arbeiten Paulo Freire's - der Aktionsforschung verwandte Methoden für die
Anwendung bei der Vorbereitung von Erneuerungsmaßnahmen vorgeschlagen: "Will man
über das eigentlich Selbstverständliche und Bekannte hinauskommen, so ist eine
Kombination verschiedener Methoden der empirischen Sozialforschung und insgesamt ein aufwendigeres Vorgehen notwendig. Ein entsprechendes Konzept hat Paulo
Freire mit seiner problemformulierenden Methode entworfen...
Es handelt sich um die mehrstufige Kombination verschiedener Erhebungsmethoden.
Die Ergebnisse werden in einem ständigen Rückkoppelungsprozeß mit den Betrof-
fenen diskutiert. Die Betroffenen werden möglichst weitgehend in den Forschungs-
prozeß einbezogen. Entscheidend aber ist, daß Freire erstens an der konkreten
Situation der Betroffenen, und zwar zunächst an der ihnen vertrauten Sichtweise
bzw. Wahrnehmung dieser alltäglichen Situation ansetzt und zweitens diese Situationen in 'Zeichen' (Bilder,Filme...) übersetzt, um so eine Diskussion unter den
Betroffenen über ihre Interessen in Gang zu setzen" (Siebel, 1976, 20/21).
Nun sage keiner, das seien elfenbeinturmerne Überlegungen. Auch in diesem Fall
ist die Praxis der Theorie zumindest in einigen Punkten voraus: Die Kooperation
von Arbeiterinitiativen und wissenschaftlichen Beratern hat u.E. wesentliche
Züge, die in der Praxis der Aktionsforschung wiederzufinden sind. "Wenn Betroffene und Berater zusammen sind, die Wissenschaftler, Professoren und weiß der Uhu
was alles, diese sogenannten Experten, wenn die mit den Betroffenen zusammen
sind, findet ein beiderseitiger Lernprozeß statt... Und dann müssen die einen
unheimlichen Wulst an Arbeit und auch die Bereitschaft aufbringen, in unseren
Dimensionen zu denken, was wahrhaftig nicht leicht ist, denn wir leben ja nicht
immer mit denen zusammen, sondern die sind aus unserer Welt oder unserem Milieu
ja auch wieder herausgerissen und stehen woanders ihren Mann."(Traudel Tomshöfer,
Arbeiterinitiative Flöz Dickebank zit. nach Faecke/Haag/Stefaniak 1977,86).

(7) Komplexe Erneuerungsvorbereitung (Handlungsraumanalyse)

Gängige Sanierungsprozesse sind dadurch gekennzeichnet, daß bereits zu einem
sehr frühen Zeitpunkt wesentliche Vorab-Entscheidungen getroffen werden,die
dem weiteren Analyse- und Planungsprozess kaum noch relevante Spielräume lassen:

- häufig wird das Verfahren überhaupt durch ein bestimmtes Förderungs- oder
  sonstiges Instrumentenangebot initiiert; damit ist jedoch zugleich eine Bindung an die Anwendungs- (resp. Förderungs-) Voraussetzungen dieses Instruments
  gegeben.

- initiierend wirken zudem private oder in Verwaltungshandeln gehobene Interessen Privater - auch damit werden wesentliche Vorentscheidungen getroffen, die
  nicht selten (vgl. Wollmann 1975) bereits vor ersten Aktionen des Rates in Maßnahmen (Grundstückskäufe) umgesetzt werden.

Über diese jeweilige Veranlassung hinaus, die u.a. auch im politischen Raum
durch die mehr oder minder willkürliche Bildung (etwa im Hinblick auf Wahlen)
eines issues ausgelöst werden kann, wirken verschiedene andere Filter u.a. etwa

- als Grenzen des Handlungsfeldes des jeweils mit der Erneuerungsmaßnahme Beauftragten (ob etwa eine Verwaltungseinheit,die routinemäßig mit Bauleitplanung
  etc. betraut ist, oder ein Stadtentwicklungsreferat mit der Aufgabe betraut
  wird, ist für die Vorgehensweise prägend)

- als "herrschende Modi" der Auseinandersetzung mit einem Problem sowohl in
  professioneller wie individueller Hinsicht (man bedenke etwa den Bedeutungs-
  wandel, den bestimmte gründerzeitliche Bauformen und -weisen im Bewußtsein
  und Problemlösungsverhalten der Planer erfahren haben).

Damit wird der Handlungsspielraum eingeengt und die Bestandsanalyse a priori
wesentlich geprägt.
Vor die internen und externen Kriterien schiebt sich demnach ein ganzer Satz vo▮
Filtern, die Wahrnehmung und Maßnahmenableitung prägen. Zugleich werden verschiedene Subjekte - Betroffene, potentielle Beteiligte - ausgeblendet, bzw. er▮
dann beteiligt, wenn Wesentliches nicht mehr zur Entscheidung ansteht. Benannt
sind damit alle drei für den Prozess der Bestandsanalyse wesentlichen Dimensionen (vgl. den Beitrag von Klaus Selle in diesem Band, insbes. Abschnitt 4)

Fügt man sie - als räumliche Vorstellung - zusammen, so ergibt sich ein Gebil-
de, das man als "Handlungsraum" bezeichnen könnte: zwischen den Polen Ausgangsbedingungen im Bestand und Planungsinstrumentarium sowie den insgesamt beteilig▮
ten, zu beteiligenden Subjekten wären die Möglichkeiten des Verhaltens in der
jeweiligen Stadterneuerungssituation umrissen.
Die Ausdehnung eines "potentiellen Handlungsraumes" wäre, da Selektivitäten nic▮
vollständig benennbar, identifizierbar sind, Offe (1972)folgend, nicht abschlies▮
send zu bestimmen.
Öffnung und Erweiterung der Bestandsanalyse hieße auf das hier Gesagte gewendet,
Abbau von Filtern, Verhindern von Vorab-Selektionen, Vermeidung von frühzeitigen Fixierungen auf eine Handlungsperspektive.
Dies sei am Beispiel erläutert: über nahezu 1o Jahre schien es in der Bundesrepublik nur die Alternative Wildwuchs oder Sanierung nach Städtebauförderungsgesetz zu geben. Insbesondere zu Zeiten der Flächensanierungen bedeutete dies
für die Bewertung des physischen Bestandes entweder Abriß oder naturwüchsige
Desinvestition. Mittlerweile hat sich, von der Praxis als notwendig "entdeckt"
und vom Förderungs- und Gesetzgeber erweitert eine breite Palette an Maßnahmen ▮
Instrumenten ergeben,die grundsätzlich eine differenzierte und eben nicht frühzeitig verengende Auseinandersetzung mit den externen Kriterien ermöglichen
(vgl.Vorbemerkung zu diesem Abschnitt und Folgerung 2).

Da somit auch eine feinteiligere Auseinandersetzung mit dem physischen Bestand,
den internen Kriterien möglich würde, wären die Voraussetzungen für eine komplexere Maßnahmenvorbereitung gegeben. Eine solche Zuordnung von Gebiet und Str▮

tegie bedürfte allerdings noch der dritten Dimension, der politischen Auseinandersetzung mit anderen Subjekten und deren jeweiligen Perspektiven auf den Handlungsspielraum.
Denn nur so ließe sich bewirken, daß über die pure Effizienzsteigerung - und das bedeutet eine differenzierte Gebiet/Strategie-Abstimmung - bei der Erreichung vorab selektierter Ziele eine wirklich komplexe Wahrnehmung des Bestandes und entsprechende Maßnahmenableitung erfolgt.

(8) Mehr Transparenz

Aus der Kritik an methodischen Mängeln, Unzulänglichkeiten und vor allen Dingen geringer Nachvollziehbarkeit des Auswählens, Bewertens und Entscheidens wird der Aufruf zu mehr Transparenz abgeleitet. Eine - so scheint es - naheliegende und, da die Sache selbst wenig verändernd, leicht einlösbare Forderung. "Auf die Tatsache, daß es unmöglich ist, Schwellenwerte objektiv oder wertfrei festzulegen, wurde in den meisten untersuchten Städten zwar hingewiesen, auf eine weitgehende Transparenz und Begründung der Festsetzung wurde jedoch verzichtet. Gerade diese Nachvollziehbarkeit der Entscheidung erscheint wichtig, weil wert- und interessen-neutrale Bestimmung von Schwellenwerten und Krierien unmöglich erscheint... Vergleichbar mit der Schwellenwertproblematik läßt sich auch sagen, daß eine allgemeingültige Methode zur Gewinnung der Gewichte weder von erfahrenen Experten, noch durch umfassende empirische Untersuchungen gefunden werden kann. Sie ist von den Wert- und Zielvorstellungen der am Erneuerungsprozess Beteiligten und Betroffenen abhängig und läßt sich umso leichter entwickeln, je mehr Kenntnisse über die entsprechenden Werthaltungen und Ziele vorliegen." (DIFU 1977, II. 1.7; vgl. auch ähnlich: Herlyn u.a. 1976, 168). So sehr der Kennzeichnung der Ausgangssituation zuzustimmen ist, so wenig befriedigt der schiere Appell. Appell wohl an jene, die Bestandsanalyse durchführen. Wenn unsere Thesen zur Funktion der Bestandsanalyse jedoch zutreffen, dann besteht ihrerseits wohl kaum Interesse an der Herstellung einer tatsächlich durchsichtigen Erneuerungsvorbereitung.
Es ist also zu fragen, ob mangelnde Transparenz nicht funktionabel ist, nicht eingesetzt wird für den ungestörten Verlauf des von Lucius Burchhardt so trefflich gekennzeichneten HokusPokus (Planungsverlauf demnach: Analyse - HokusPokus (statt Synthese) - Planung - Ausführung - Kontrolle)? Wenn herrschendes Interesse wäre, reale Zielsetzungen, die zurückzuführen wären bis auf Funktionsimperative des Systems, bis auf den Kern der "schöpferischen Zerstörung" mit scheinrationalen, objektivierenden Verfahren zu verdecken, dann hieße Nachfragen wirklicher Begründung eigentlich Hinterfragen von Herrschaft.
Dies die eine Seite.
Zum anderen muß jedoch darauf verwiesen werden, daß die institutionellen Formen für die Realisierung argumentativer und interaktiver Ziel- und Wertsetzungsprozesse nicht vorliegen. Damit fehlt der interpersonelle Kontext, in den hinein Nachvollziehbarkeit gestellt werden könnte. Weniger abstrakt: Wer soll denn nachvollziehen? Welche Öffentlichkeit ist am planungspraktischen Prozess - aus der Sicht des kommunalen Planers (und an den ist ja die Transparenzformel zunächst gerichtet) - Nachfrager von Begründungen?
Hindurchsehen allein ist keine Qualität. Erst wenn die, denen bislang solcher Durchblick verwehrt wurde sich in die Lage versetzen, mit den neuen Informationen neue Inhalte und Formen der politischen Auseinandersetzung zu initiieren, wäre Transparenz eingelöst.

Zwischen diesen beiden Seiten würde sich dann auch die Hoffnung auf "diskursive Verständigungsprozesse" getragen durch den "eigentümlich zwanglosen Zwang des besseren Arguments" (Habermas 1971, 137) aufreiben müssen.

Es heißt dies keinesfalls: Aufgeben der Forderung nach Transparenz. Nur sollten die Adressaten klarer gemacht werden - und damit auch die Möglichkeiten und Hemmnisse, diese Forderung durchzusetzen.

(9) Fachliche Artikulationshilfe (Gegengutachten, Anwaltsplanung)

Wenn sich auf der Seite, die traditionell Bestandsanalysen durchführt, Verän-
derungen nicht durchsetzen lassen, ist eine Veränderung von Planung (und deren
Vorbereitung) nur durch Mobilisierung einer Gegenrationalität oder aber Wider-
legen im vorgegebenen Rationalitätsschema zu erreichen. Nur so wären auch die
Legitimationsfunktionen der Bestandscnalyse zu durchbrechen.
Auf jedes Gutachten im Konfliktfall ein Gegengutachten ist eine praktikable
und kurzfristige Konsequenz aus einigen Ergebnissen unserer Arbeit.
Keine neue Konsequenz: Insbesondere die Arbeiterinitiativen des Ruhrgebietes
bedienen sich einer solchen Strategie seit langem mit dem Erfolg, der auf dieser Argumentationsebene überhaupt erzielbar ist. (Vgl. Günter, in: Andritzky
u.a. 1975) Gegen Abrißtrupps mit Polizeischutz hilft das selbstverständlich
auch nicht mehr.
Es wäre unzulässig, von den Betroffenen zu verlangen, aus ihren Kenntnissen
heraus zu einer immanenten, etwa methodischen Kritik von Sanierungsgutachten
zu kommen. Eine enge Kooperation von bündnisbereiten Fachleuten und den Betroffenen - in Form der Berater oder institutionalisiert als Anwaltsplaner
ist notwendig. Nun sind aber Bürger- und Arbeiterinitiativen selten in der
Lage, ihren eigenen Gutachter einzustellen,während z.B. im Falle des Städtebauförderungsgesetzes Staat, Land und Kommune die Gutachten der Gegenseite finanzieren.

Um also die Interessensgebundenheit, die Standortabhängigkeit gängiger Bestandsanalysen aufzuheben, "Objektivität" also durch die Herstellung verschiedener
Perspektiven zu ermöglichen, wäre es daher ebenso naheliegend wie unwahrschein-
lich, in konflikthaften Planungsfällen - z.B. ein bestimmtes Quorum der Betroffenen vorausgesetzt - eine Planungskostensumme, die den Aufwendungen etwa
der Kommune entspräche, den Betroffenen zur Verfügung zu stellen. Damit die so
ihr eigenes Gutachten in Auftrag geben, oder einen Planungsanwalt finanzieren
können (vgl. die gleichlautende Folgerung bei Jessen u.a. 1979).
Einen solchen Vorschlag als unrealistisch vom Tisch zu wischen wäre vorschnell.
Hannover (Linden-Süd,vgl. Brech u.a. 1978) zeigt, daß Ansätze in diese Richtung unter politischem Druck der Betroffenen realisierbar sind. Wenn auch etwa
in diesem Fall Verwaltungsaufwand und Finanzierung des Anwaltsplaners sicherlich in krassem Mißverhältnis stehen. (vgl.auch 'Konsequenzen').

Abgesehen von diversen Haken (etwa dem Hinweis, daß bezahlte Bestandsanalysen
im Sinne der vorbereitenden Untersuchungen nach § 4 StBauFG gerade abgeschafft
werden - Gegenargument: was man bei den unkomplizierten Fällen spart,kann man
ja für die umstrittenen Fälle verwenden) ist ein wesentlicher Einwand der, daß
solch ein kurzfristig-kleinteiliger Ansatz mit allen Nachteilen der gängigen
Partizipationsvorschläge geschlagen ist: nur dann, wenn eine breite und politisch aktive Betroffenenorganisation vorliegt - die wirklich in der Lage ist,
interne Fraktionierungen politisch aufzuheben - ließe sich eine erneut selektive
Interessensartikulation vermeiden. Selbst dann steht aber zu befürchten, daß
bestimmte gesellschaftliche Gruppen (etwa ausländische Arbeiter) unberücksichtigt bleiben.

Konsequenzen ?
Anregungen zu Änderungen der kommunalen Erneuerungsvorbereitung.

Mit den abschließenden Bemerkungen engen wir das Spektrum der notwendigen, möglichen Veränderungen weiter ein. Wir konzentrieren uns auf den Bereich der kommunalen Planung (Perspektive Verwaltung) - hier also der von den Gemeinden be-
triebenen Erneuerungsvorbereitung - und dabei besonders auf jenen Teilaspekt der
Stadterneuerung, der der Verbesserung von Wohnverhältnissen gewidmet ist.
Auch diese Konsequenzen sind - wie die breiter streuenden Folgerungen - keine
unmittelbar umsetzbaren Empfehlungen, kein geschlossenes Handlungskonzept. Im
besten Fall können sie die Funktion von Anregungen erfüllen.

Drei Komplexe wollen wir ansprechen: Zentraler Inhalt der Vorbereitung der Stadterneuerung ist die Bestandsanalyse und mit ihr die Frage nach der Gewinnung und
Verarbeitung planungsrelevanter Informationen. Hier ist zu fragen, was an der
'Datenhuberei' zu ändern wäre (1). Um etwas im Bereich der Informationsgewinnung
zu verändern, bedarf es als Voraussetzung eines geänderten Verständnisses von
der Aufgabe Stadterneuerung - wir meinen hier insbesondere die Konsequenzen,die
sich aus der Abkehr von räumlichen und sachlichen Inseldenken ergeben (2). Damit
sind aber auch Fragen der Organisation des Planungsprozesses anzusprechen (3).

(1) Alternativen zur Datenhuberei ?
Nachwievor sind Bestandsanalysen - zumindest die von uns als 'formell' gekennzeichneten - nach dem Prinzip der "Ein-Mal-ein Punkt"-Erhebung strukturiert (vgl.
die Folgerung 'kontinuierliche Bestandsanalyse'). Die so produzierten "Datenfriedhöfe auf Hochglanzpapier" hält heute selbst das Bundesbauministerium nicht
nur für unnütz, sondern im Hinblick auf die Betroffenenbeteiligung sogar für
schädlich (vgl. Sperling 1980).
Auf der anderen Seite ist jedoch ebenso evident, daß in der Realität der Stadterneuerungsprozesse schon immer so etwas wie kontinuierliche Bestandsanalyse betrieben wurde: anders wäre die tatsächliche Maßnahmenvorbereitung einzelner
Schritte in Verfahren, die nicht selten mehr als ein Jahrzehnt in Anspruch nehmen, auch gar nicht denkbar.
Aus der scheinbaren Praktikabilität der 'informellen' Bestandsanalysen zu folgern, dann seien die formellen völlig verzichtbar und ansonsten könne man verfahren wie bisher, greift zu kurz:

● Bestandsanalysen sind untrennbar verbunden mit einem Entscheidungsfindungspro-
zess: sie helfen Ziele präzisieren, indem sie auf Voraussetzungen und Wirkungen
ihrer Realisierung verweisen. Bleibt die Bestandsanalyse also informell und ver-
waltungs- oder Experten-intern rutscht auch die Entscheidungsfindung abschließend
aus der öffentlichen (politischen) Kontrolle. Öffentlichkeit der Bestandsanalysen
ist insofern einer der "tragenden Grundsätze des modernen Städtebaurechts" indem
sie auf die Öffentlichkeit der Entscheidungsfindung zielt: eine Zwecksetzung,die
mit der bisherigen Praxis etwa der vorbereitenden Untersuchungen - wie unsere
Fallstudien zeigen - keinesfalls eingelöst wurde.

● auch die bislang gehandhabte Verfahrensweise der verwaltungsinternen, auf einzelne Maßnahmen bezogenen Bestandsanalysen ist kein Modell für eine neue Praxis
der Erneuerungsvorbereitung. Selbst wenn sie geöffnet würden für die öffentliche Auseinandersetzung bliebe ein wesentliches negatives Charakteristikum:ihre
Unverbundenheit untereinander. Gleiche oder ähnliche Sachverhalte werden mehrfach erhoben, umfassende Erhebungen von aktuell gar nicht relevanten - und später auch nicht mehr verwendeten - Informationen sind ebenso zu beobachten wie
Entscheidungen ohne jede notwendige (verstandsbezogene) Entscheidungsgrundlage.
Auch wurden in den seltensten Fällen die sich so anknüpfenden Informationen z.B.
für eine maßnahmenbegleitende Wirkungskontrolle eingesetzt.

Ein entscheidender Ansatzpunkt für qualitative Veränderungen in diesem Zusammenhang resultiert aus der engen Bindung von Zielfindung/-präzisierung und Bestands-

analyse (hier: interne Kriterien): die Frage danach, was eigentlich Aufgabe der Informationsbeschaffung ist, welchen Beitrag sie zur Präzisierung der Handlungsabsichten leisten kann, warum man also im Einzelnen welche Informationen braucht und in welchen Erklärungszusammenhang sie einzuordnen ist (vgl. zur Bedeutung der Begriffsbildung bei der BA den Beitrag von Klaus Selle in diesem Band) hilft den Informationsbedarf zu strukturieren.
Solange die Zielsetzung einer Auseinandersetzung mit dem Bestand nicht klar ist müssen zwangsläufig falsche, überflüssige etc. Informationen erhoben werden.

Ein Beispiel: wenn es tatsächlich Ziel der kommunalen Erneuerungspolitik sein sollte, die Wohnverhältnisse von Nutzergruppen mit geringer Zahlungsfähigkeit zu sichern und wo möglich zu verbessern, wären zunächst Informationen über die Wohnungsversorgungssituation auf dem lokalen/regionalen Wohnungsmarkt notwendig (Annahmen über den derzeitigen Zustand der Wohnungsversorgung stecken ja schon in der Zielsetzung), mit dem Ziel, besonders gefährdete Gruppen zu identifizieren und zugleich einzelne Gefährdungsfaktoren benennbar zu machen. Mit einer relativ einfachen Typologie für Gefährdungsfaktoren (Desinvestition bis zur Unbewohnbarkeit, Aufwertung etwa im Zuge von Modernisierungstätigkeit bei Überschreiten der Zahlungsfähigkeit) und der Zuordnung entsprechender Indikatoren ließen sich zunächst Sozialgruppen und Stadtbereiche besonderer Gefährdung benennen.
Das, was sich hier als scheinbar umfassendes Analyseraster darstellt kann in vielen Fällen durch das Vor-Verständnis der Planer, Interviews mit 'Schlüsselpersonen', die in diesem Fall etwa das 'Markt'-Geschehen aus verschiedenen Perspektiven erleben (Sozial- und Gemeinwesenarbeit aber auch Makler sind hier zu nennen) aufgefüllt werden, um in einer zweiten Stufe durch gezielte Stichproben überprüft zu werden. Erheblich problematischer dürfte die Klärung der normativen Implikationen sein:

● was ist eine 'zumutbare'Wohnkostenbelastung (nicht Miete allein)?

● ist die Aufwertung einzelner Stadtgebiete (etwa forciert durch steuerliche Erleichterung und begleitet durch kommunale Wohnungsumfeldverbesserung) nicht vielmehr gewünschte Strategie und als solche - obwohl tatsächlich der Ausgangszielsetzung wiedersprechend - nur mehr einzuarbeiten, kaum aber zu modifizieren.

● Muß oder soll Unterversorgung (unterdurchschnittliche Ausstattung, Überbelegung) hingenommen werden, da eine Wohnungsverbesserung in solchen Fällen für die Betroffenen de facto Verschlechterung der Wohnverhältnisse (Auszug; erhebliche zwangsweise Umschichtung der Ausgabenstruktur) bedeuten würde?

● Ist eine solche Strategie aber wohnungswirtschaftlich durchsetzbar, d.h. kann eine relevante Teilmenge der im preisgünstigen (aber unterausgestatteten) Wohnungsbestand agierenden Eigentümer zu einem primär auf Instandsetzung/Instandhaltung gerichteten Investitionsverhalten bewogen (gezwungen) werden?

Angesprochen sind damit auch Implikationen, die sich aus der Erfassung und Bewertung der externen Kriterien (Handlungsvoraussetzungen) ergeben und die unmittelbare Rückwirkungen auf die Bewertung der internen Kriterien und die Maßnahmenableitung haben:

● Welche Handlungsfelder der kommunalen Planung sind angesprochen?(steht nur das Instrumentarium und die Betrachtungsweise der räumlichen Planung zur Verfügung - Planungsamt - oder kann auch über Wohnungsbauförderungsmittel - Amt für Wohnungswesen - verfügt werden)

● Sind "harte"Steuerungsinstrumente (Gebote nach BBauG) - zumindest als "Drohgebärde" gegenüber bestimmten, unerwünschten Investitions- (Desinvestitions-) Absichten - politisch durchsetzbar?

● Stehen Eigenmittel der Kommune zur Ausübung von Vorkaufsrechten in Schlüsselfällen zur Verfügung?

● Hat die kommunale Wohnungsbaugesellschaft nennenswerten Bestand in gefährdeten Bereichen bzw. wäre sie bereit, dort im Auftrag der Stadt, Gebäude zu erwerben und ihr Reinvestitionsverhalten der Stabilisierungsstrategie zu- oder unterzuordnen?

Etc.

Was das Beispiel an dieser Stelle nur deutlich machen soll: daß der eigentlich zentrale Informationskomplex nicht durch Begehungen aufzufüllen ist, sondern in der - zweifelsohne mühsamen - Konkretisierung und Operationalisierung der Zielvorgaben und Handlungsmöglichkeiten besteht. Die Bestandsinformationen im engerem Sinne können auf dieser Entscheidungsstufe durchweg dem vorhanden Informationsgrundstock entnommen werden (wozu allerdings auch die wissenschaftliche Literatur mit ihren Angaben etwa über Investitionsverhalten, Sukzessionsprozesse, beschleunigte Desinvestition oder Auswirkungen von Erneuerungseingriffen auf die Altbewohner etc. zu zählen wären), um punktuell und gezielt durch "weiche" Erhebungsverfahren ergänzt zu werden.. Vollerhebungen, harte - weil komplette - Faktenermittlung dürfte erst zu einem erheblich späteren Verfahrenszeitpunkt und dann für räumlich sehr präzise umfahrene Gebiete notwendig werden.
Auf die Notwendigkeit einer solchen Vorgehensweise verweisen auch J. Jessen, W. Siebel und U.J. Walther (1980). Zu der - von ihnen so genannten - "tastend verfestigenden Informationsgewinnung" gehören u.a.:

● Laufende Auswertung der Sekundärstatistik insbesondere zur Erfassung von Entwicklungstrends,

● Schlüsselinterviews mit "Kennern der örtlichen Gegebenheiten", wobei mit Recht darauf verwiesen wird, daß gerade das Expertentum "ein besonderer Filter für Informationen und Erfahrungen sein kann"

● Qualitative Interviews mit einer "begrenzten Zahl ausgewählter, typischer Haushalte und Geschäfts- und Betriebsinhaber"

Besser noch als vereinzelte Interviews wäre der Aufbau von Kommunikationsstrukturen zwischen Planung und Bevölkerung in solchen Gebieten, die des besonderen Schutzes, des Gegensteuerns gegen pure marktvermittelte Erneuerung bedürfen, um so einen kontinuierlichen Dialog statt vereinzelnden Abfragens zu ermöglichen. Der Ausbau eines solchen Dialogs braucht allerdings Zeit - was bei einem Verständnis von der Stadterneuerung als Daueraufgabe keine Restriktion wäre. Das Angebot zu einer solchen Kommunikation wäre aber nicht "von oben" zu gewähren, sondern müßte anknüpfen an die vorhandenen informellen Netze (so der Ansatz in Kreuzberg) des jeweiligen Quartiers. Methodische Ansätze hierzu liefert die Aktionsforschung, praktische Versuche finden sich z.B. im Bereich der Stadtteilkultur-, Gemeinwesen- und Sozialarbeit.

Die andere Seite der "tastend verfestigenden Informationsgewinnung", die durchaus zumindest teilweise schon Praxis ist (in Hamburg wurde außerhalb der förmlich -gem. StBauFG- festgelegten Sanierungsgebiete z.B. mit Stichproben verfahren), ist die tastende, suchende Konkretisierung der Maßnahmenplanung. Die oben angesprochene Notwendigkeit zur Operationalisierung der Planungsziele kann nicht verstanden werden als deduktive Zielbestimmung (z.B. Zielbaum/Zielsysteme o.ä.). Dieses planungsmethodische Konzept wirkt entpolitisierend und ist praktisch nicht durchzuhalten, da die explizierten wie die latenten Zwecke und Ziele keine konsistente oder logische Struktur aufweisen, nur unvollständig zu erfassen sind etc. (vgl. Fehl 1971): "Das Problem ist vieldimensional, komplex und bedarf als unausgekochter Zielbrei einer graduellen, mit der Lösung verbundenen Strukturierung."
Diese "graduelle Strukturierung" könnte punktuell auch so gestaltet werden, daß die Auseinandersetzung um den Bestand mit der Maßnahme beginnt: ein "Entwurf", ein Test bestimmter Ziele an einem Realitätsausschnitt (z.B. Experiment mit be-

stimmten Förderungsmodalitäten - wie in Hannover am Bsp. Ahrbergstrasse und
der Übertragung dieses Modells auf die Viktoriastrasse; vgl. den Beitrag der
AGSTA in diesem Band) würde Realisierungsvoraussetzungen und Wirkungen im Bestand (baulich-technisch), bei den Beteiligten deutlich machen und damit zur
Klärung der Verbreiterbarkeit einer solchen Vorgehensweise beitragen (vgl. ähnlich Jessen u.a. 1980)
Verschiedene Beispiele aus der Praxis verweisen jedoch auf eine Gefahr solchen
Vorgehens: die "Modell"maßnahme wird zur Augenwischerei, allein zur Demonstra-
tion von Aktivität, indem in diese Maßnahme finanzielle Mittel und planerische
Kapazitäten investiert werden,die für eine Verbreiterung des Ansatzes gar
nicht zur Verfügung stünden. Übrig bleibt dann häufig nur das dürre Gerippe
des "Tests": aus dem Modell- wurde ein Einzelfall. Dieser Sprung ins kalte
Wasser der Realisierung ist demnach nur dann sinnvoll, wenn auf das Genaueste
die Bedingungen für die Multiplikation des Tests überprüft werden.
Eine Organisationsform der "Stadterneuerung in kleinen Schritten" liefert sich
im Grunde genommen mit den vorangegangenen Schritten diese Art induktive "Bestandsanalyse" gleich mit (Vgl. Folgerungen sowie den nächsten Aspekt).

(2) Altes und neues "Inseldenken"
Der Stadterneuerung nach StBauFG ist vorgeworfen worden, daß sie nur wenige
städtische Inseln erreiche: in einem "Meer der Tränen" würden, so hat es ein
Planer einmal malerisch umschrieben "einige wenige Inseln der Glücklichen"
(Adrian) geschaffen.
Wie es sich mit der Glückseligkeit bei der Stadterneuerung verhält sei einmal
dahingestellt, wichtig an diesen Feststellungen bleibt jedoch, daß sich öffentliche Mittel (Finanzen, Planungskapazität) aber auch die öffentliche Problemwahrnehmung auf kleine Ausschnitte einer Stadt konzentriere und alle anderen
Altbaubestände einer überwiegend 'markt'-vermittelten Erneuerung oder Alterung
überlassen blieben. Mit der Hinwendung zur "Daueraufgabe Stadterneuerung" zur
kontinuierlichen "Wartung der Stadtstruktur", mit der flexiblen Instrumenten-
handhabe bei Erneuerungen außerhalb der nach StBauFG festgelegten Sanierungsgebiete, soll zumindest konzeptionell dieser Beschränkung entgegengewirkt werden.
Trotz dieser graduellen Verbreiterung bleibt das Umfeld der einzelnen Maßnahme
dennoch zu bedenken: Schon früher wurde darauf verwiesen (vgl. Bundt/Roosch
1972), daß der einzelne Sanierungs"Fall" seine Bearbeitung häufig nicht (allein)
in der jeweils ins Auge gefaßten räumlichen Einheit zu finden vermag. Bei Funk-
tionssanierungen ist das evident: die Funktionsstörung im Cityrand ließe sich
zweifellos a u c h durch die Stärkung eines Nebenzentrums, die Verbesserung
der Erreichbarkeitsverhältnisse eines zur Entlastung des Hauptzentrums einzusetzenden Sekundärzentrums etc. beheben.
Ähnliches gilt jedoch auch unter veränderten Rahmenbedingungen: die Verbesserung
der Wohnungsversorgungssituation für die Bewohner eines Altbauquartiers ist
ohne Kenntnis der Entwicklung und Steuerbarkeit der lokalen resp. regionalen
Versorgungssituation nicht sinnvoll anzugehen.
Das Umfeld des jeweils betrachteten Stadtausschnitts wird damit zum Rahmen für
einzelne Maßnahmen - aber auch zum Aktionsfeld: gelingt es etwa nicht, den
Druck auf die Altbausubstanz insgesamt zu mindern, werden auch gutgemeinte,so-
zialorientierte Ansätze an einzelnen Stellen (mit dem Versuch, möglichst niedrige
Mieten aus Modernisierungsmaßnahmen resultieren zu lassen) spätestens nach Wegfall der Mietbindungen annulliert. Die tatsächliche Verwertbarkeit von Investitionen im Altbaubestand wird dann solche "billige Mieten Inseln" wegschwemmen.
Insbesondere angesichts der tatsächlichen, feinverteilten Stadterneuerung in
privater Hand, die im Wohnungsbestand mengenmäßig bedeutsame Verschiebungen produziert, wird eine sozialorientierte Stadterneuerung zur umfassenden Beobachtung
und räumlich gestreuten Intervention übergehen müssen: den sich abzeichnenden
Versorgungsengpässen, drohender Aufwertung wird durch punktuelles, aber gezieltes Eingreifen gegengesteuert werden müssen. Städtebauliche Einheiten stehen dabei weniger im Vordergrund als bestimmte Wohnungsbestände und Nutzergruppen (die

zwar zur räumlichen Konzentration neigen, aber auch relativ dispers auftreten können).
Folgerichtig wird "städtebauliche Erneuerung" zur Wohnungsmarktintervention auf lokaler Ebene.
Auf der nächsten Betrachtungsebene - dann also, wenn Bereiche abgegrenzt werden, in denen stabilisierend, erneuernd eingegriffen werden soll - ist es von entscheidender Bedeutung, die Entwicklung dieses Gebietes zu analysieren. Damit ist eine genaue Koordination von Planungszielen und Entwicklungsverlauf eines Quartiers gemeint. Häufig wird isoliert das Planungsziel betrachtet - etwa Wohnwertverbesserung ohne Verdrängung o.ä. - und auf dieser Grundlage das Steuerungsinstrumentarium ausgewählt ohne daß berücksichtigt würde, daß der jeweilige Stadtbereich sich bereits in einer Entwicklung befindet, für die das gewählte Instrumentarium (im Hinblick auf die Planungsziele) dysfunktional wäre. So macht es zweifellos einen Unterschied, ob in einem Quartier erste "marktvermittelte" Pionierinvestitionen eine potentielle Aufwertung indizieren oder das Investitionsverhalten der Hauseigentümer auf "Restnutzung" verweist oder aber eine - sei es auf Selbsthilfe, hohen Anteil von selbstnutzenden Eigentümern oder eine Reinvestitionsstrategie etwa kleiner Genossenschaften gegründete - Insel kontinuierlicher Werterhaltung vorliegt: Das gleiche planerische Verhalten, der Einsatz gleicher Instrumente kann - in so unterschiedliche Entwicklungsverläufe eingeordnet - sehr verschiedene Effekte zeitigen:

● im ersten Fall könnte z.B. kommunal betriebene Wohnungsumfeldverbesserung zur Beschleunigung des Aufwertungseffektes mit unkontrollierbarer Verdrängung führen
● im zweiten Fall würde die gleiche Maßnahme keinerlei Gebrauchswertverbesserung bedeuten und hinsichtlich der Anstoßeffekte (auf die Reinvestition im Bestand) wirkungslos bleiben,
● im dritten Fall könnte - je nach Marktlage - das labile Gleichgewicht von Zahlungsfähigkeit der Nutzer und Investitionstätigkeit der Eigentümer u.U. durch erste Pionierinvestitionen zu Aufwertungszwecken gestört werden etc.

Inhaltlich ist der Hinweis auf die Notwendigkeit in 'Entwicklungs-Reaktions-Typen' zu denken durchaus auch dem 1. Konsequenzen-Aspekt zuzuordnen; hier wurde er eingeordnet, da insbesondere das Umfeld (Arbeitsplatzentwicklung; Wohnungsversorgungssituation etc.) als entwicklungsprägender Faktor gelten muß.
Der Hinweis darauf, daß solche Entwicklungsanalysen als Voraussetzung für eine bewußte Intervention einen erheblichen Arbeitsaufwand bedeuten ist nur bedingt richtig: in dem Maße, wie es gelingt die Vorbereitung und Durchführung der Stadterneuerung zu verstetigen und zugleich quartiersbezogene Organisationsformen zu schaffen (vgl.3) ist "durch die Köpfe" der Beteiligten bereits ein ständiges "monitoring" gegeben. Außerdem liegen inzwischen erste Erfahrungen damit vor, andere Marktbeteiligte (z.B. Makler, Wohnungsbaugesellschaften) als Informanten einzusetzen (vgl. Goetzmann 1980).

Eine andere Art des Inseldenkens ist ebenfalls abzuwehren: immer nur auf den einen Schritt in der Stadterneuerung in kleinen Schritten achten. Der inkrementale Planungsansatz droht vielerorts vom Trippeln ins Stolpern zu geraten, oder Schritt für Schritt im Kreis zu gehen, da Richtungsangaben für das, was da in viele einzelne Maßnahmenteile zerlegt wird, fehlen. Ohne Zweifel wäre an dieser Stelle die Forderung nach einer Rückkehr zu umfassenden, zumindest koordinierenden Planungsansätzen auf Gesamtstadtebene (Stadtentwicklungsplanung) blauäugig. Dennoch brauchen die "kleinen Schritte" eine Richtschnur, wie etwa die - recht konkret gefüllte - "Wertorientierung" der Stadterneuerung in Wiesbaden oder (aktuell) Rotterdam (vgl. Fassbinder/Rosemann 1980). Entscheidender noch als die Frage der verwaltungsinternen Formulierung eines Koordinationsrahmens ist jedoch - wie die beiden genannten Beispiele zeigen - die politische Kontrolle der einzelnen Schritte. Gerade die 'weiche' Stadterneuerung tendiert jedoch mit dem geringen Anteil satzungsförmiger Planungsschritte, mit überwiegend auf Absprachen zwischen Verwaltung und Eigentümern gegründeten Maßnahmenvorbereitungen, mit "freihändiger" Mittelverteilung etc. zur Ablösung von wirkungsvoller Kontrolle (vgl. den folgenden Aspekt).

(3) Organisation: Bündelung, Kontinuität, Kontrolle

Die zur komplexen Maßnahmenvorbereitung der Stadterneuerung notwendige integrative Behandlung von Einzelzielen, ansonsten segmentiert angewandten Instrumenten die Zusammenfassung von Handlungsfeldern, etc. ist in der klassischen Verwaltung gliederung kaum zu lösen. Zur hinreichenden Erfassung und Steuerung der Aufgabe Stadterneuerung erweist sich eine problemorientierte Kompetenzzusammenfassung als notwendig.

Wie das Beispiel Rotterdam (u.a.) zeigt, ist das Strukturierungsprinzip 'Projekt organisation' erst dann ein qualitativer Sprung gegenüber sonstigen Bemühungen um verwaltungsinterne Effizienzsteigerung,wenn es gelingt, in die Projektorganisation Betroffenen-Beteiligung als reale Mitentscheidung einzulagern: "Entscheidende Grundlage für die Realisierung des 'bouwen voor de buurt' in Rotterdam ist die dezentrale und demokratisierte Organisation der Stadterneuerung: Vorbereitun und Durchführung der Erneuerungsmaßnahmen unterliegen quartiersgebundenen Projektgruppen, die quasi als ressortübergreifende Außenstellen der Verwaltung fungieren, als solche aber direkt der Senatsspitze zugeordnet sind, die ihre Arbeitsräume im jeweiligen Gebiet haben und in denen Bewohner ein m e h r h e i t - l i c h e s Mitentscheidungsrecht ausüben... Um zu verhindern, daß die Bewohner vertreter durch die Fachkompetenz der Verwaltungsmitglieder überrollt werden, er hielten sie zudem neben der bereits erwähnten Sachausstattung und der Unterstützung durch (von der Gemeinde bezahlten) Sozialarbeiter und Bürokräfte zusätzliche Mittel zur Verfügung gestellt, um sog. "externe Fachleute" hinzuziehen zu können. Diese externen Fachleute sind mittlerweile zu einem entscheidenden Faktor für die Kontinuität und Intensität der Bewohnerbeteiligung geworden.Durch sie werden die Vorstellungen der Bewohner nicht nur fachlich qualifiziert,sie übernehmen auch einen erheblichen Teil der zeitaufwendigen Routinearbeit, der Vertretung in Ausschüssen, Arbeitsgruppen usw., für die ein normaler Bewohner nicht die erforderliche Zeit aufbringen kann. Anders als die üblichen Advokaten- Modelle arbeitet das Modell der externen Fachleute jedoch nicht mit festen Anstellungen; vielmehr können die Mittel von Fall zu Fall und der Situation entsprechend auf wechselnde Personen verteilt werden (..) Auf diese Weise wird die den Advokaten-Modellen eigene Tendenz zur formalisierten Stellvertreterfunktion vermieden." (Faßbinder/Rosemann 198o,788)

Ein solches Organisationsprinzip ist bis auf Objektebene (einzelnes Gebäude) fortsetzbar. Insbesondere die von Rod Hackney (198o) praktizierte und dokumentie te Kooperation von Architekten mit Bewohnerselbsthilfegruppen belegen dies. Ein vergleichbares Konzept ('Projektarchitekt') wird zur Zeit von der Arbeitsgemeinschaft Stadt- und Altbauerneuerung in Hannover verfolgt.

Seitens der Verwaltung müssen diese Projektgruppen - neben der tatsächlichen ressortübergreifenden Bündelung von Kompetenzen und einer direkten Planungsbeteiligung Betroffener (was mehr sein muß als die von Verwaltung gern eingesetzte 'Beiräte') zudem eine weitere Bedingung erfüllen: sie sollen ein hohes Maß an (personeller) Kontinuität gewährleisten (vgl. auch die Empfehlung bei Jessen u.a 198o) und zudem nicht soweit arbeitsteilig organisiert sein, daß Planung ohne Gebietskenntnis und Bevölkerungskontakt möglich wird.
Nur so ist den Reibungsverlusten und Verzerrungen bei der Informationsweitergabe von Begehern,Befragern,Erhebern zu Auswertern, Verwertern, Planern entgegenzuwirken.Nur so auch eine der Voraussetzungen für einen kontinuierlichen Dialog mit den Betroffenen herzustellen.

Zu Anfang war bereits die Rede von der Notwendigkeit der Öffnung des Vorbereitungsverfahren - nach dem bisher gesagten (insbesondere der bei der Stadterneuerung in kleinen Schritten gegebenen engen Vernetzung von Vorbereitung, Durchführung und Kontrolle) könnte das auf den gesamten Erneuerungsprozeß übertragen werden. Für eine solche Betrachtung spricht zudem, daß die Vorbereitungsphase in

den traditionellen Sanierungsfällen immer noch den höchsten Grad an 'öffentlichkeit' aufwies, während die Beteiligungsangebote in der Durchführungsphase
signifikant zurückgehen (vgl. Thönes 1980). Diese Öffnung ist jedoch nicht mit
"Angeboten" seitens der Verwaltung einzulösen. Ähnlich wie bei der Diskussion um den Einsatz von Sanierungsträgern darauf verwiesen wurde, daß diese
nicht selbst die Sozialplanung durchführen sollten, da ansonsten eine Interes-
sensverquickung gegeben sei, die zu lasten der Sozialplanung ausfalle, muß auch
für Beteiligung im Sinne öffentlicher Kontrolle und Einflußnahme auf Planung
gelten, daß sie nicht von der planenden Verwaltung selbst initiiert, gewährt
oder getragen werden kann,ohne daß mißliche Interessenskonflikte zu Ungunsten
der Beteiligungschancen (vor allem weniger artikulationsstarker Gruppen) resultieren. Auch das Rotterdamer Beispiel enthält (s.o.) diese ausgelagerte Kon-
trollfunktion ("externe Fachleute" als Berater u.a) als wesentliches Element.
Beteiligung setzt also voraus:

● Selbständige Rechte für die Betroffenen (etwa auf Informationszugang -vgl.
Selle & Selle 1980 - die auf gemeindlicher Ebene auch ohne die Einführung eines
Freedom of Information Act, etwa unter Bezugnahme auf § 6 GO NW vorläufig
politisch durchsetzbar wären)

● Aus der Verwaltung ausgelagerte Fach- und Sachkompetenz: Gemeinwesenarbeit
freier Träger, über Erneuerungsfonds finanzierte Anwaltsplaner/Berater könnten
zu einer gerechteren Verteilung von Planungsmacht und zu einer gleichgewichti-
geren Auseinandersetzung um den Bestand beitragen...ohne daß damit jedoch die
Ungleichheiten unter den Betroffenen behoben wären.

LITERATUR

ABGEORDNETENHAUS BERLIN (1978):Bericht über das Wertausgleichsprogramm,Drucksach 7/11o9 vom 13.1.1978

AHLEMANN,J/FRIEDRICH,K (1975):Vorbereitende Untersuchungen nach dem Städtebauför derungsgesetz in Wuppertal,in:Kooperierende Lehrstühle an der RWTH Aachen (Hg): Stadtsanierung - Stand und Problematik der Praxis,Schriftenreihe Politik und Pla nung Bd.2,Köln,Stuttgart u.a.

AICH,P (Hg) (1977): Wie demokratisch ist Kommunalpolitik? Gemeindeverwaltung zwischen Bürgerinteressen und Mauschelei. Sozialgeschichten aus vertraulichen Kommunalakten, Reinbek

ALBERS,G (1975):Die Rolle der Bestandsaufnahme und der Situationsanalyse in der städtebaulichen Planung,in:Deutsche Akademie...

ALBERS,G (1975b):Entwicklungslinien im Städtebau.Ideen,Thesen,Aussagen 1875-1945 Texte und Interpretationen,Düsseldorf

D'ALLEUX,H.J/KRAUSE,K/SELLE,K(1977):Entscheidungshilfen für die Beurteilung von Altbauquartieren mit überwiegender Wohnnutzung - Methodisches Konzept für die Au wahl von Altbauquartieren im Hinblick auf Bestandssicherung und Bestandsverbesse rung (Ms)Dortmund

ALTENBURG,F (1975):Probleme und Erfahrungen bei der Stadtsanierung Duisburg .in: Politik und Planung 2. Stadtsanierung - Stand und Problematik der Praxis.Hrsg.: Kooperierende Lehrstühle für Planung an der RWTH Aachen. Köln

AMINDE,H.J (1976):Entwicklungsdefizite in Wohnstadtteilen Kassels,in:Stadtbauwel H.5o

AMT FÜR STATISTIK UND STADTFORSCHUNG DER STADT DUISBURG (1976):Daten und Informa tionen 6 - Statistisches Jahrbuch 1976,Duisburg

ANDRITZKY,M/BECKER,P/SELLE,G (1975):Labyrinth Stadt.Planung und Chaos im Städteb Ein Handbuch für Bewohner.Köln

ARBEITSGEMEINSCHAFT FÜR STADT- UND ALTBAUERNEUERUNG (AGSTA) (1979):Modell Ahrber straße.Verbesserung der Wohnverhältnisse zu tragbaren Belastungen Hannover Linde Süd.

ARBEITSGRUPPE STADTFORSCHUNG (1978):Ergebnisse und Methoden vorbereitender Unter suchungen nach §4 StBauFG (1.Zwischenbericht) Oldenburg (Ms)

ARBEITSGRUPPE STADTFORSCHUNG (1979):Ergebnisse und Methoden vorbereitender Unter suchungen nach §4 StBauFG (2.Zwischenbericht):Das Datenpotential der vorbereiten Untersuchungen, Oldenburg (Ms)

ARBEITSGRUPPE STADTSTRUKTUR: Aust und Mitarbeiter/Planungsgemeinschaft Berlin Gehrmann u.Partner (1973):Sanierungsverdachtsgebiete in Berlin (West) Gutachten (3 Bde).im Auftrag des Senators für Bau-und Wohnungswesen Berlin.Berlin

ARGEBAU (Fachkommission Städtebauförderung) (1979): Entwurf eines Gesetzes zur V einfachung von städtebaulichen Erneuerungsmaßnahmen (Vorschlag des Landes Nieder sachsen) unverö.Ms.Hannover

ARRAS,A u.H.E/DIETSCHY,D/GROBBEN,R.u.W (1977)(Projektgruppe 29):"Verein für ein wohnliches Kreuzberg" (Abschlußbericht)Basel

ARRAS,H.E (198o):Wohnungspolitik und Stadtentwicklung.Teil1:Klischees,Probleme,I strumente,Wirkungen,Rahmenbedingungen. Bd.o3.o84 der Schriftenreihe des BMBau.Bo Bad Godesberg

AUTZEN,R (1978): Altbauerneuerung als integrativer Bestandteil der Wohnungspolit Diss.Berlin TU FB o8.Berlin

AUTZEN,R/SCHÄFER,R(198o):Planspiel zum Entwurf eines Gesetzes über die Erleichte rung der städtebaulichen Sanierung und die einfache städtebauliche Erneuerung (V besserung des Wohnumfeldes) - Vorläufige Formulierungen - Ergebnisse und Materia zur Präsentation am 18.6.198o herausgegeben vom Deutschen Institut für Urbanisti Berlin

BACHRACH,P/BARATZ,M (197o):Power und Poverty. New York

BAHR,H.E/GRONEMEYER,R (1974):Konfliktorientierte Gemeinwesenarbeit. Niederlagen und Modelle.Reihe Theologie und Politik herausgegeben von Hans-Eckehard Bahr Bd. Darmstadt&Neuwied

BAHRDT, H.P. (1974): Umwelterfahrung, München

BALDAUF, G./GRAMMEL, U./SOHN, H./TRUCHSESS, G./WEHLAN, W. (1976): Vorbereitende
Untersuchungen in der Stadterneuerungsplanung, Forschungsprojekt im Auftrag des
Bundesministers für Raumordnung, Bauwesen und Städtebau, Hrsg. v. Städtebau-
Institut der Uni Stuttgart
BASTISCH/WIEHAGEN (1979): Sanierung Elberfelder-Nordstadt, Auswirkungen von Sa-
nierungsmaßnahmen auf die Quartiersbevölkerung während der Anfangsphase einer
Sanierung nach StBauFG, Diplomarbeit an der Abteilung Raumplanung der Univer-
sität Dortmund, Dortmund
BATTIS, U. (1972): Das Städtebauförderungsgesetz in: Jus 1972, H.2
BATTIS, U. (1975): Rechtsfragen der Partizipation, in: arch+ H. 27
BATTIS, U. (1976): Partizipation im Städtebaurecht, Berlin
BAUBEHÖRDE Hamburg/Amt für Stadterneuerung (1979): Erfahrungsbericht "Stadter-
neuerung in kleinen Schritten" (SikS) in Hamburg, Ms. Hamburg
BAUVERWALTUNG HANNOVER (1950): Der Aufbau der Stadt, Hannover
BELLUSH, J./HAUSKNECHT, M. (Hg) (1967): Urban Renewal. People, Politics and
Planning, Garden City
BERGER, H. (1974): Untersuchungsmethode und soziale Wirklichkeit, Frankfurt
BERNDT, H. (1968): Das Gesellschaftsbild bei Stadtplanern, Stuttgart
BERNDT, H./RINDERSPACHER, J./RODENSTEIN, M. (1978): Belastungssituation und
Bewältigungsstrukturen im Reproduktionsbereich (Ms), Berlin
BIEBER, H. (1977): "Pfeifen auf dem letzten Loch" - Duisburg ist ein Musterfall
für die kommunale Finanzmisere. In: Die Zeit, Nr. 42 vom 7.10.77
BIELENBERG, W. (1979): Städtebauförderungsgesetz, München
BILLERBECK, R. (1975): Stadtentwicklungspolitik und soziale Interessen: Zur Se-
lektivität öffentlicher Investitionen - Beispiele aus Bremen, in: Grauhan 1975
BIRKE, M./MÜLLER, H./RIEGE, M. (1978): Partizipation an Entscheidungsprozessen
zur Sicherung und Verbesserung der Lebenslage in Betrieb und Quartier, Bericht
Nr. 18 des Instituts zur Erforschung sozialer Chancen, Köln
BIRLEM, T./EINEM, E.v./WOLLMANN, H. (1975): Wie halten es die Gemeinden mit dem
Sanierungsträger? in: Stadtbauwelt (1975) H. 48
BOCHUM, Planungsamt (1974): Sanierungsbedürftigkeit im Stadtgebiet, Diskussions-
beitrag, Bochum
BÖHME, G. u.a. (1978): Starnberger Studien I. Die gesellschaftliche Orientierung
des wissenschaftlichen Fortschritts, Frankfurt
BÖHME, G./VAN DEN DAELE, G. (1977): Erfahrung als Programm - Über Strukturen vor-
paradigmatischer Wissenschaft in: Böhme/van den Daele/Krohn (Hg.) Experimentelle
Philosophie, Frankfurt
BÖTTCHER, L./FRICKE, E./KODOLITSCH, P.v./LEBER, B./RICHTER, H.P./SCHULZ ZUR
WIESCH, J. (1977): Städtebauwettbewerbe am Wendepunkt? in: Stadtbauwelt (1977)
H. 36 S. 235-239
BÖTTCHER, L./FRICKE, E./KODOLITSCH, P.V./LEBER,B./RICHTER, H.P./SCHULZ ZUR
WIESCH, J. (1978): Strategien für Kreuzberg - Bericht der Vorprüfergruppe über
den Wettbewerb in: arch + (1978) H. 37, S. 63-73
BOHR, D./EICKER, H./GRUNDMANN, R./MENNE, H.H. (1976): Rationalisierungsmöglich-
keiten bei Sanierungsuntersuchungen unter besonderer Berücksichtigung kleinerer
Gemeinden Bd. 03.043 der Schriftenreihe Städtebauliche Forschung des BMBau,
Bonn-Bad Godesberg
BOLL,J./FIEDLER,W./HEINRICH,W./HENKEL,C. (1980): Möglichkeiten für soziokultu-
relle Stadtteilarbeit im Rahmen einer integrierten Jugend- und Familienarbeit
untersucht am Beispiel Herne Wanne -Zwischenbericht- (verv.Ms) herausgegeben
von der 'Neuen Gesellschaft für Soziale Praxis'. Herne
BOLL, J./SCHÖNWEITZ, H./WACHTEN, K. (1978): Bestandsverbesserung innenstadtnaher
Wohn- und Mischgebiete am Beispiel Duisburg-Hochfeld. Bestandsbewertung unter
besonderer Berücksichtigung gebietsspezifischer Entwicklungschancen, (Ms),Aachen
BORNGESER/KLAUSER/KLOSTER/KRUSE (1978): (Projektgruppe 1o) Abschlußbericht, (Ms)
Berlin
BOSTRÖM, J./GÜNTER, R. (1976): Arbeiterinitiativen im Ruhrgebiet, Berlin

377

BRAMHAS, E. (1972): Kriterien für die Sanierung von Wohnungen, Wohngebäuden und Wohngebieten - Problemstellung, in: Der Aufbau 27 (1972) 3/4, S. 1o8-111

BRECH, J./GREIFF, R./SCHÄFER, H./WILL, K./ZINN, H. (1979): Anwalts-planung - eine empirische Untersuchung über ein Verfahren zur gerechteren Verteilung von Sachverstand in Planungsprozessen Bd. o3.o74 der Schriftenreihen des BMBau, Bonn-Bad Godesberg

BREMEN, Der Senator für das Bauwesen (1975) Referat 32. Konzept zur Auswahl von Modernisierungszonen 2. Entwurf, Bremen

BREMEN, Der Senator für das Bauwesen (1975) Referat 32. Auswahl von Modernisierungszonen, Bremen

BREMEN, Der Senator für das Bauwesen, Stadtplanungsamt, Amt für Straßen und Brückenbau, Senator für Inneres (1977): Verkehrsberuhigung in Wohngebieten, Bremen

BREMEN, Der Senator für das Bauwesen (1977): Beiträge zur Stadtentwicklung, Heft 1, Wohnen in Bremen, Bremen

BREMEN (1974): Konzept zur Auswahl von Modernisierungszonen vom 11.3.1974, uv. Manuskript, Bremen

BREUER, H. (197o): Wohnungswesen, in: Handwörterbuch der Raumforschung und Raumordnung, herausgegeben von der Akademie für Raumforschung und Landesplanung Hannover Sp. 3832-3849

BÜRGERINITIATIVE FEUERWACHE (1977): Stadtteilzentrum Feuerwache, Teil I, verv. Ms.

BÜRGERINITIATIVE LINDEN-SÜD (1975): Gesichtspunkte und Angaben zur Einschätzung der Sanierungskommission, unveröffentlichtes Papier vom 28.1.75, vorgelegt vom BI-Berater, Hannover-Linden-Süd

BÜRO FÜR STADTSANIERUNG UND SOZIALE ARBEIT (Hg.) (1971): Sanierung für wen? (2. Auflage), Berlin

BUNDESMINISTER FÜR RAUMORDNUNG, BAUWESEN UND STÄDTEBAU (Hg.) (1975): Städtebau-förderung des Bundes. Schriftenreihe Stadtentwicklung Bd. o2.oo4, Bonn

BUNDESREGIERUNG (1978): Gesetzentwurf der Bundesregierung zur Beschleunigung von Verfahren und zur Erleichterung von Investitionsvorhaben im Städtebaurecht Bundestagsdrucksache 8/2451

BUNDESREGIERUNG (1978b): Antwort der Bundesregierung auf die Große Anfrage zur Städtebaupolitik BT-Drucksache 8/2o85

BUNDESMINISTER FÜR WOHNUNGSBAU (1958): Die Städtebauliche Bestandsaufnahme. Schriftenreihe des Bundesministers für Wohnungsbau Bd. 1o,o.0. (Bonn/Essen)

BUNDT, W. (197o): Probleme der Sanierungsvorbereitung, GEWOS-Schriftenreihe N.F.H. 2, Hamburg

BUNDT, W./ROOSCH, H. (1972): Sanieren - Aber wie? Eine Systematik der Vorbereitung städtebaulicher Sanierungsmaßnahmen, Hamburg

BUNSE, H./OSENBERG, H. (1979): Zwischenbilanz einer Sanierung. Wohnungs- und Bevölkerungsstruktur in Hannover Linden-Süd. Diplomarbeit an der Abteilung Raumplanung der Universität Dortmund, Dortmund

BUNSE, H./OSENBERG, H. (198o): Projektbezogene Vollzugsinformationen als Ent-scheidungshilfe in der Stadterneuerung, Ms. Dortmund

BURCKHARDT, L. (1972): Was erwartet der Bürger von der Stadtgestalt, in: Stadtbauwelt (1972) H. 35, S. 188-29o

CRONJÄGER/JACOBY/MARTIN/PÄCHTER (1977): (Projektgruppe 67) Soziale und materielle Stadterneuerung durch Mitbeteiligung und Selbstverwaltung. Teilbeitrag A: Modell zur Bürgerbeteiligung in SO 36 (Abschlußbericht), Berlin

DEUTSCHE AKADEMIE FÜR STÄDTEBAU UND LANDESPLANUNG (Arbeitsgruppe) (1975): Grundlagen der städtebaulichen Planung, Bestandsaufnahme und Situationsanalyse Bd. o3.o38 der Schriftenreihe Städtebauliche Forschung des BMBau, Bonn-Bad Godesberg

DEUTSCHES INSTITUT FÜR URBANISTIK (1975): Kommunale Entwicklungsplanung: Räumliche Entwicklungsplanung, Bestandsaufnahme von Planungsansätzen (Werk-stattheft REP 1), Berlin

DEUTSCHES INSTITUT FÜR URBANISTIK (Hg.) (1977): Innenstadtnahes Wohnen. Bestandssicherung und Wohnqualitätsverbesserung in innerstädtischen Gebieten (Arbeitshilfe 4 Räumliche Entwicklungsplanung), Berlin

DIETERICH, H./FARENHOLTZ, Ch. (Hg.) (1972): Städtebauförderungsgesetz für die Praxis, Stuttgart

DUBACH, H./KOHLBRENNER, U. (1978): Grundlagen und Entscheidungshilfen für die Erneuerung von Berliner Wohnblöcken, in: Bauwelt (1978), H. 11, S. 382-388

DÜSSELDORF, ARBEITSKREIS SANIERUNG (1973): Zwischenbericht Sanierung, Düsseldorf

DÜSSELDORF, STADTPLANUNGSAMT (1974): Modernisierungszonen der Stadt Düsseldorf Vorschlag für das Modernisierungsprogramm 1974. Gemeinsame Bund/Länder Maßnahme, Düsseldorf

DUNTZE, K. (1969): Die Sanierung muß ihre Kriterien aus der Gegend selbst gewinnen, in: Bauwelt (1969) H. 41, S. 139o-1399

DUNTZE, K. (1972): Der Geist, der Städte baut.Planquadrat,Wohnbereich,Heimat.o.O.

DUNTZE, K. (1975a): Der Wohnwert alter Stadtquartiere (Referat beim Werkbundtag 1975 am 23.1.75 in Bethanien) (Ms)

DUNTZE, K. (1975b): Wohnen im alten Quartier - Bsp. Kreuzberg, in: Labyrinth Stadt, Andritzky, M. u.a., S. 83, Köln

DUNTZE, K. (1977a): Experiment der Selbsterneuerung oder Feigenblatt.Interview mit K. Duntze, in: arch + (1977) H. 34, S. 13-23

DUNTZE, K. (1977b): Kreuzberg ist noch nicht verloren, in: Kunst und Kirche (1977) H. 2

DUNTZE, K. (1978a) Gemeinwesenprojekt "Haberkern" Berlin SO 36 (verv. Ms.)

DUNTZE, K. (1978b) Die "dritte" Runde - Neues von den Strategien für Kreuzberg, in: arch + (1978) H. 4o/41, S. 2-13

EBBINGHAUSEN, R. (Hg.) (1976): Bürgerlicher Staat und politische Legitimation Frankfurt

EBERSTADT, R. (19o3): Rheinische Wohnverhältnisse und ihre Bedeutung für das Wohnungswesen in Deutschland, Jena

EHRLINGER, W./GSCHWIND, F. (1975): Modernisierung und Stadtentwicklung - Analyse am Beispiel Stuttgarts und seiner Innenstadt, in: Arch + 25 (1976), S. 1-27

EICHSTÄDT-BOHLIG, F./EICHSTÄDT, W. (1978): Thesen zur Instandsetzungspolitik, in: arch + (1978) H. 42, S. 19-21

EICHSTÄDT, W./DIFU (1978): Selbsthilfeinitiativen und Altbauerneuerung - Ein Beitrag zur Verbesserung der Wohnversorgung (Diskussionspapier) (verv. Ms.)

EICHSTÄDT/GANSSAUGE/KLUG/V.KODOLITSCH/KORFMACHER/PLUSCHKE/WERNER (1978): Selbsthilfe und Altbauerneuerung - Eine Beispielsammlung aus Berlin, Mit-Hrsg.: Sen-BauWohn

V.EINEM, E. (198o): Rückzug aus der Bodenwertabschöpfung, Ms. Berlin

ENGELS, F. (197o): Über die Umwelt der arbeitenden Klasse. Aus den Schriften von Friedrich Engels ausgewählt von G. Hillmann, Bauwelt, Fundamente Bd. 27, Gütersloh

ENZENSBERGER, H.M. u.a. (Hg.) (1972): Klassenbuch 2 - Ein Lesebuch zu den Klassenkämpfen in Deutschland 185o - 1919, Darmstadt und Neuwied

ERFAHRUNGSBERICHT AUS ZEHN GROSSTÄDTEN (1979): Stadterneuerung ohne Städtebauförderungsgesetz, in: Der Städtetag 12 (1979), S. 733 ff.

ERGEBNISBERICHTE (1979) zum Forschungsprojekt Bestandsaufnahme und Bestandsbewertung.
Heft 1: Fragestellung,Untersuchungsaufbau,wesentliche Ergebnisse und Folgerungen - eine Übersicht. Heft 2: Selle, K.: Vorstudien zu Funktion und Struktur von Bestandsanalysen im Zusammenhang städtebaulicher Erneuerungsmaßnahmen (vgl. Selle 198o). Heft 4: Arbeitsgemeinschaft für Stadt- und Altbauerneuerung:Fallstudie Sanierung Hannover-Linden Süd - Veränderungen von Zielen, Bestandsanalyseverfahren und Konzeptionen im Verlaufe eines Sanierungsprozesses (vgl. Beitrag in diesem Band). Heft 6: Schönweitz, H.: Vorbereitende Untersuchungen in einer Ruhrgebietsstadt;Erneuerungsvorbereitung aus der Perspektive prozeßbeteiligter Planer (vgl. Beitrag in diesem Band). Heft 8: Krüger,M.: Rahmenstudie - Vorbereitung von Stadterneuerungsmaßnahmen im Rahmen der Stadt(teil)entwick-

lungsplanung (vgl. Beitrag in diesem Band). Heft 9: Selle,G.:Informationszugang der Betroffenen in der Stadtplanung: Praxis,Bedürfnisse,rechtliche Möglichkeiten und Restriktionen .herausgegeben von der Arbeitsgruppe Bestandsverbesserung/Institut für Raumplanung, Universität Dortmund, Dortmund.
ERGEBNISBERICHTE (1980) zum Forschungsprojekt Bestandsaufnahme und Bestandsbewertung
Heft 3: Habeney, A/Krüger, M/Kuthe, C:Vergleichende Analyse zur Vorbereitung von Stadterneuerungsmaßnahmen - eine Querschnittsuntersuchung (vgl. die Kurzfassung in diesem Band)
Heft 7: Dittrich, C/Habeney, A: Fallstudie Strategien für Kreuzberg (vgl.Beitrag in diesem Band). herausgegeben von der Arbeitsgruppe Bestandsverbesserung/Institut für Raumplanung,Universität Dortmund.Dortmund
ERNST, K./HELLWEG, U./HÖHMANN, H./WOLF, J. (1977): Arbeitersiedlungen - Instrumente und Möglichkeiten zu ihrer Erhaltung Hg.: Deutsches Institut für Urbanistik, Berlin
FACH, W./DEGEN, U. (Hg.) (1978): Politische Legitimität, Frankfurt - New York
FASSBINDER, H./MICHAELI, W./PESCH, F./SELLE, K. (1977): Städtebauliche Verdichtung in Nordrhein-Westfalen. Untersuchungen zu den Realisierungsmöglichkeiten der Verdichtungskonzeption,Bd. 2004 der Schriftenreihen des Instituts für Landes- und Stadtentwicklungsforschung des Landes Nordrhein-Westfalen (ILS), Dortmund
FASSBINDER, H. (1975): Berliner Arbeiterviertel des 19. Jahrhunderts, Berlin
FASSBINDER, H./ROSEMANN, J. (1980): Stadterneuerung als kommunale Strategie - Die Prinzipien des Rotterdamer "Aanpak", in: Bauwelt (1980) H.19
FEHL, G. (1970): Informationssysteme in der Stadt und Regionalplanung Diss. München
FEHL, G. (1970b): Garbage City oder: Planung ohne Partizipation, in: Stadtbauwelt (1970) H. 27
FEHL, G. (1975): Sozialplanologie. In: Stadtbauwelt (1975) H. 45
FEHL, G. (1976): Bestandsaufnahme für Bau- und Stadtplaner, Vorlesungsmanuskript,Lehrstuhl Planungstheorie - RWTH Aachen, Aachen
FELDHUSEN, G. (1975): Soziologische Aspekte der vorbereitenden Untersuchungen im StBauFG in: Kießler, O./Korte, H. (Hg.): Soziale Stadtplanung, Gütersloh
FEY, W. (1972): Die Hebung des Wohnungsstandards im Wohnungsbestand als Aufgabe, Aufriß eines Zehnjahresprogramms der Modernisierung in: Schriftenreihe des Instituts für Städtebau, Wohnungswirtschaft und Bauwesen, Bd. 26, Bonn
FEYERABEND, P. (1979): Erkenntnis für freie Menschen, Frankfurt
FRANK, H. (1968): Bewusstsein und Gedächtnis, in: Teambriefe Sonderdruck 1-11 Quickborn
FRIED, M./GLEICHER, P. (1967): Some Sources of residential satisfaction in an urban slum, in: Bellush & Hausknecht (Hg.): Urban Renewal, Garden City
FRIED, M. (1971): Trauer um ein verlorenes Zuhause, in: Büro für Stadtsanierung und soziale Arbeit Berlin Kreuzberg (Hg.): Sanierung für wen?, Berlin
FRIEDRICHS, J. (1977): Stadtanalyse, Soziale und räumliche Organisation der Gesellschaft, Hamburg
FRIEDRICHS, J. (Hg.) (1978): Stadtentwicklungen in kapitalistischen und sozialistischen Ländern, Reinbek
FRITZ-VIETTA, R./KRÖNING, W./MÜLLER, P. (1975): Probleme der Stadtsanierung nach dem Städtebauförderungsgesetz, Projektbericht, hsg. v. Institut Wohnen und Umwelt, Darmstadt
GÄFGEN, G. (1968): Theorie der wirtschaftlichen Entscheidung 2. Auflage, Tübingen
GAHLEN, H.G. (1979): Stadterneuerung - Überlegungen zur Fortentwicklung der Städtebauförderung, in: Städte- und Gemeinderat (1979) H. 9 S. 233 f.
GANS, H.J. (1962): The Urban Villagers: Group and Class in the Life of Italian-Americans, New York
GANS,H.J. (1971): Der Fehlschlag der Stadterneuerung, in: Büro für Stadtsanierung und soziale Arbeit Berlin-Kreuzberg (Hg.): Sanierung - für wen?, Berlin

GEDDES, P. (1968): Cities in Evolution, Erstausgabe 1915, Überarbeitete Neuauflage 1949, London

GERLACH, U.: Nicht nur Konflikte - Die Planungsberatung für Hannover-Linden Süd aus der Sicht der Verwaltung, in: Brech, J./Greiff, R.: Bürgerbeteiligung mit Experten, Berichte und Analysen zur Anwaltsplanung, Hannover

GESTEFELD, R. (1978): Rechtsschutz im Städtebauförderungsgesetz, Klagemöglichkeiten-Ermessen-Partizipation, Hamburg

GEWOS (Hrsg.)(1966): Bewertungssystem zur Beurteilung von Sanierungserfordernissen, Hamburg

GEWOS (1968): Allgemeine Anforderungen an gesunde Wohnverhältnisse,ein rechtswissenschaftliches Gutachten, insbesondere im Hinblick auf die Voraussetzungen für städtebauliche Sanierung, Hamburg

GEWOS (1974): Wechselbeziehungen zwischen Sozialplanung und Rentabilitätsgesichtspunkten bei Sanierungsmaßnahmen nach dem Städtebauförderungsgesetz H. 2oo1 der Schriftenreihe "Stadtentwicklung" des Bundesministers für Raumordnung, Bauwesen und Städtebau, Bonn

GEWOS (1974b): Stadterneuerung Duisburg-Hochfeld, Sozialstudie Untersuchungsgebiet I, Hamburg

GEWOS (1974c): Stadterneuerung Duisburg-Hochfeld, Sozialstudie Untersuchungsgebiet II, Hamburg

GEWOS (1975): Stadterneuerung Duisburg-Hochfeld, Sozialstudie Untersuchungsgebiet III, Hamburg

GEWOS (1975b): Stadterneuerung Duisburg-Hochfeld, Vorbereitende Untersuchungen, Hamburg

GEWOS (1976): Stadterneuerung Duisburg-Hochfeld - Vorbereitende Untersuchung Teilgebiet U IV Menzelstraße/Tiergartenstraße, Hamburg

GEWOS (1978b): Modellvorhaben Alsfeld , BMBau-Schriftenreihe Bd. o2.o14, Bonn-Bad Godesberg

GEWOS (1978): Modellvorhaben Osnabrück, Projektbegleitende Untersuchungen zum Modellvorhaben des Bundes und des Landes Niedersachsen, Bd. o2.o13 der Schriftenreihe Stadtentwicklung des Bundesministers für Raumordnung, Bauwesen und Städtebau, Bonn-Bad Godesberg

GEWOS (1979): Bürgerbeteiligung bei städtebaulichen Sanierungs- und Entwicklungsmaßnahmen, Fallstudien zur Anwendung des StBauFG, Bd. o2.o19 der Schriftenreihe des BMBau, Bonn-Bad Godesberg

GIBBINS, O./KOMMUNALE PLANUNG (1979): Modernisierung nach dem Zukunftsinvestitionsprogramm (ZIP) in Kreuzberg, in: Bauwelt (1979) H. 7, S. 239-243

GÖDERITZ, J. (196o): Sanierung erneuerungsbedürftiger Baugebiete, Stuttgart

GÖDERITZ, J. (1962): Stadterneuerung - organisatorische, wirtschaftliche und rechtliche Voraussetzungen für die Sanierung ungesunder Wohngebiete, Wiesbaden - Berlin

GOETZMANN,A (198o): Zwischen Verfall und Veredelung - Lösungsansätze und Möglichkeiten zur Stabilisierung innerstädtischer Wohnquartiere aus dem Blickwinkel der Wohnungsversorgung einkommensschwacher Bevölkerungsschichten. Diplomarbeit an der Abteilung Raumplanung der Universität Dortmund. Dortmund

GOTTHOLD, J. (1978): Stadtentwicklung zwischen Krise und Planung, Köln

GSTETTNER, P. (1979): Distanz und Verweigerung. Über einige Schwierigkeiten, zu einer erkenntnisrelevanten Aktionsforschung zu kommen, in: Horn, H. (Hg.): Aktionsforschung: Balanceakt ohne Netz? Methodische Kommentare, Frankfurt

GUBELT, M. (1979): Verfahrensbeschleunigung und Investitionserleichterungen im Städtebaurecht, in: Neue Juristische Wochenschrift (1979) S. 2o71

HABERMAS, J. (1973): Legitimationsprobleme im Spätkapitalismus, Frankfurt

HABERMAS, J. (1973b): Was heißt heute Krise? Legitimationsprozesse im Spätkapitalismus. Hörfunkmanuskript (Hess. Rundfunk Sendung v. 2o.3.73, II. Programm), Frankfurt

HACKNEY, R. (198o): New Role for Architects - as team leaders in self-help housing rehabilitation, in: Building Conservation (198o) H. 2

HÄBERLE, P. (1972): Grundrechte im Leistungsstaat, in: VVDStRL (1972) Bd. 3o S. 43 ff.

HÄUSSERMANN, H. (1977): Die Politik der Bürokratie. Einführung in die Soziologie der staatlichen Verwaltung, Frankfurt/New York

HALBERSTADT, R./WULLKOPF, U. (1979): Sozialpolitische Probleme der Wohnungsversorgung in: Gewerkschaftliche Monatshefte 2 (1979), S. 78 ff.

HEIDEMANN, C. (1971): Über informative und normative Sätze in der Planung, in: Stadtbauwelt (1971) H. 32, S. 292-294

HEIMSTÄTTEN (1979): Einfache Stadterneuerung. Mitteilungen der Heimstätten und Landesentwicklungsgesellschaften Heft 3

HELLSTERN, G.M./WOLLMANN, H. (1978): Sanierungsmaßnahmen - Städtebauliche und stadtstrukturelle Wirkungen, Methodische Vorstudie Bd. o2.o12 der Schriftenreihe Stadtentwicklung des BMBau, Bonn-Bad Godesberg

HELLSTERN, G.M./WOLLMANN, H. (1978b): Perspektiven einer praxisnahen politikwissenschaftlichen Forschung und Lehre auf der und für die lokale Ebene, Ansätze und Vorschläge, in: Politische Vierteljahresschrift, Sonderheft "Wissenschaft und Praxis" 1978

HELLSTERN, G.M./WOLLMANN, H. (1978c): Zur Leistungsfähigkeit von Fallstudien - Am Beispiel einer Sanierungsuntersuchung, in: Keuenhörster, P./Wollmann, H.

HELLSTERN, G.M./WOLLMANN, H. (1979a): Analyse kommunaler Entscheidungsprozesse in: Robert Bosch Stiftung (Hg.): Beiträge zur Stadtforschung Bd. 1 Vorstudien zu einem Forschungsprogramm, Stuttgart

HELLSTERN, G.M./WOLLMANN, H. (1979b): Endbericht zur Pilotphase des Stadtforschungsprogramms der Robert Bosch Stiftung. Teilprojekt Instrumenten- und Entscheidungsprozessanalyse/Wohnmobilität, Ms., Berlin

HELLWEG, U. (1978): Stadtentwicklung in der Krise - das Beispiel des Ruhrgebietes. Teil I: Politisch-ökonomische Determinanten der Agglomerationsentwicklung und die Antwort der Landesplanung, in: Arch + (1978) H. 38

HELLWEG, U. (Hg.) (198o): Selbsthilfe bei der Altbauerneuerung - Lesebuch zur Planungswerkstatt, Internationale Bauausstellung Berlin, Berlin

HELTEN, W (198o): Die Wohnungsversorgung unterprivilegierter Bevölkerungsschichten in Ballungsräumen - Situationsanalyse und Möglichkeiten ihrer Erfassung - Diplomarbeit an der Abteilung Raumplanung der Universität Dortmund. Dortmund

HENDLER, R. (1979): Partizipationsdemontage im Städtebaurecht? in: Zeitschrift für Rechtspolitik (1979) H. 6

HERLYN, U./KRÄMER, J./TESSIN, W./WENDT, G. (1975): Sozialplanung und Stadterneuerung, Göttingen

HILLEBRECHT, R. (1963): Die städtebauliche Neuordnung des Ihmeraumes, in: Adressbuch der Stadt Hannover 1963, Hannover

HOFFMANN-AXTHELM, D. (1977): Aneignung von Stadtquartieren, in: Arch + (1977), H. 34

HOFFMANN-AXTHELM, D. (198o): Kreuzberger Ausschabungen, in: Bauwelt (198o) H. 1/2, S. 29-33

HOLLAND, K.J. (1978): Anwaltsplanung als Mittel der Realisierung und Kanalisierung von Planungsbeteiligung, in: Brech, J./Greiff, R.: Bürgerbeteiligung mit Experten, Berichte und Analysen zur Anwaltsplanung, Hannover

HOLLAND, K.J. (1979): Grundsatzpapier des BI-Beraters für seine Tätigkeit in Linden-Nord, Hannover

HOLLATZ, H.T. (1958): Beurteilung der baulichen Sanierungsbedürftigkeit von Wohngebieten, Diss. Braunschweig

HOLZKAMP, K. (1973): Sinnliche Erkenntnis - historischer Ursprung und gesellschaftliche Funktion der Wahrnehmung, Frankfurt

HOPF, C./WEINGARTEN, E. (Hg.) (1979): Qualitative Sozialforschung, Stuttgart

HOPPE, E. (1977): Die "Zusammenstellung des Abwägungsmaterials" und die "Einstellung der Belange" in die Abwägung "nach Lage der Dinge" bei der Planung, in: Deutsches Verwaltungsblatt (1977), S. 136

HORN, K. (Hg.) (1979): Aktionsforschung, Balanceakt ohne Netz? Methodische Kommentare, Frankfurt

HÜBNER, H./KRAU, I./WALZ, M. (1978): Lohnabhängigkeit und Wohnabhängigkeit, in Bauwelt (1978) H.3o

HÜBNER, H./ SIEBEL, W.: Emanzipation oder Kompensation.Die politische Funktion der Grundsätze für den Sozialplan nach Städtebauförderungsgesetz in der Sozialarbeit, in: Neue Praxis 2/1976

IHLENFELD, B./LIMAN, H. (1973): Verfahren zur Beurteilung der Altbaumodernisierung, in: Bauwelt 64 (1973), H. 2o, S. 887-891

ILLICH, I. (Hg) (1979): Entmündigung durch Experten, Reinbek

INITIATIVGRUPPE "Wohnprojekt Charlottenstraße" (1978): Brief an die Stadtverwaltung vom 29.1.1978

INNENMINISTER BADEN-WÜRTTEMBERG (1978): Richtlinien für das 14-Städte-Programm (Programm zur Verbesserung der Wohnverhältnisse in älteren Wohngebieten der großen Städte) vom 15. Juli 1977 i.d.F. der Änderung vom 3o. November 1978 V 8715.1)11

INNENMINISTER BADEN-WÜRTTEMBERG (198o): Richtlinien für die Förderung wohnumfeldverbessernder Maßnahmen - Teilprogramm der Stadterneuerung in Baden-Württemberg (Wohnumfeldprogramm), Stuttgart

INNENMINISTER NW (1979): Richtlinien zur Förderung städtebaulicher Einzelmaßnahmen. RdErl. des Innenministers v. 2o.3.1979

INSTITUT FÜR ANGEWANDTE SOZIALWISSENSCHAFT (1969): Duisburg 198o: Projektionen zur Stadtentwicklung - Folgerungen für die Stadtentwicklungspolitik, Bad Godesberg

INSTITUT FÜR ANGEWANDTE SOZIALWISSENSCHAFT (INFAS) (1974): "Der Informationsbedarf bei der Stadterneuerung", Bonn-Bad Godesberg 1974

INSTITUT WOHNEN UND UMWELT (1974): Thesen und Vorschläge zur Wohnungsversorgung, Darmstadt

JABLONOWSKI, H./KRAU, I./WALZ, M. (1979): Inner- und Außerbetriebliche Lebensverhältnisse von Arbeitnehmern. Eine regionale Fallstudie des Zusammenhanges von Belastungen am Arbeitsplatz und Wohnverhältnissen, Ms., Dortmund

JANSSEN, J. (197o): Sozialismus, Sozialpolitik und Wohnungsnot, in: Helms/ Janssen (Hg.): Kapitalistischer Städtebau, Neuwied/Berlin

JESSEN, J./SIEBEL, W./TRINTER, L./WALTHER, U.-J. (1979): 8 Jahre vorbereitende Untersuchungen nach § 4 StBauFG - nur ein Nachruf?, in: Stadtbauwelt (1979), H. 63

JESSEN, J./SIEBEL, W./WALTHER, U.-J. (198o): Bestandsanalysen in der Stadterneuerung - Tendenzen und Empfehlungen Ms. Oldenburg

KASTORFF-VIEHMANN, R. (1974): Wohnplanung in Duisburg nach 1945. Ansatz zur Beschreibung einer schwerindustriell geprägten Agglomeration. Diplomarbeit am Lehrstuhl für Städtebau und Landesplanung der RWTH Aachen, Aachen

KEVENHÖRSTER, P./WOLLMANN, H. (1978): Kommunalpolitische Praxis und lokale Politikforschung, Berlin

KIEL, AMT FÜR WOHNUNGSBAU UND WOHNUNGSWESEN (1975): Drucksache 493: Festlegung von Wohnungs-Modernisierungszonen im Stadtgebiet Kiel, Vorlage für die Ratsversammlung, Berichterstatter: Stadtrat Quade, Bearbeiter des Konzeptes: Stadtplanungsamt, Amt für Entwicklungsplanung und Amt für Wohnungsbau und Wohnungswesen

KLAUS, G. (1969): Wörterbuch der Kybernetik, Frankfurt

KLEIMEIER, U./KOPETZKI, C./MACHLEIDT, H./V.TIEDEMANN, V. (1978): Strategien für Kreuzberg - Pressedokumentation Forschungsauftrag BmBau (MEPRS 1977.2o)

KLEIMEIER, U./KOPETZKI, C./V. TIEDEMANN, V. (1979): Strategien für Kreuzberg - Verfahrensdokumentation Forschungsauftrag BmBau (MFPRS 1977.2o)

KNIBBE, H. (1934): Die Großsiedlung Hannover 1934, Hannover

KODOLITSCH, P.C./SCHULZ ZUR WIESCH, J. (1978): Zur Erfolgskontrolle kommunaler Beteiligungsverfahren, in: Archiv für Kommunalwissenschaften

KÖLN, STADTVERWALTUNG (ARBEITSGRUPPE STADTERNEUERUNG) 1972): Köln: Stadterneuerung 2, Köln

KÖLN, STADTVERWALTUNG (o.J. 1977): Gesamtkonzept zur Stadtentwicklungsplanung, Kapitel C3 "Stadterneuerung", Köln

KÖLN, STATISTISCHES AMT (1971): Das Friesenstraßen-Viertel - Eine Strukturuntersuchung, in: Statistische Mitteilungen der Stadt Köln, H. 2/3

KÖPPLE, M./SCHWANTES, W. (1977): Stadterneuerung in Klein- und Mittelstädten, Vorbereitung und Durchführung, Stuttgart

KÖRBER, K./SIEBEL, W. (1973): Versuche mit parteilicher Planung, in: Müller/ Nimmermann 1973

KOOPERIERENDE LEHRSTÜHLE FÜR PLANUNG AN DER RWTH AACHEN (Hg.) (1976): Stadtsanierung - Praxisprobleme der Denkmalpflege und Sozialplanung, Köln

KORTE, H. (1975): Die Vorschriften über vorbereitende Untersuchungen und Sozialplan im Einführungserlaß zum StBauFG des Landes Nordrhein-Westfalen, in: Kießler, O./Korte, H. (Hg.): Soziale Stadtplanung, Gütersloh

KRAMER, D./KRAMER, H./LEHMANN, S. (1979): Aktionsforschung: Sozialforschung und gesellschaftliche Wirklichkeit, in: Horn, K. (Hg.): Aktionsforschung - Balanceakt ohne Netz?, Frankfurt

KRAU, I. (1976): Durchführungsprobleme der teilräumlichen Entwicklungs- und Standortprogrammplanung in Duisburg, in: Politik und Planung 5, Stadtteilentwicklungsplanung - Stadtteilentwicklungs- und Standortprogramm-Planung als Instrumente der kommunalen Entwicklungssteuerung, Köln

KRAUTZBERGER, M. (1980): Überlegungen zur Fortentwicklung des Rechts der Stadterneuerung, in: Städte- und Gemeindebund (1980) H. 1

KRAUTZBERGER, M. (1980): Vom Sanierungsrecht zum Recht der Stadterneuerung? Bericht über ein Planspiel zum Städtebauförderungsgesetz, in: Bundesbaublatt (1980), H. 7, S. 420-423

KRINGS, J. (1978): Isolierte Betrachtung hilft nicht weiter, Duisburgs miserable Haushaltslage ist mehr als lediglich lokale Besonderheit, Alarmierender Hinweis auf eine nicht tragbare Benachteiligung von Städten, in: Demokratische Gemeinde Nr. 9 (10. Jg.) 1978, Bonn

KRÜGER, M. (1978): Stabilisierung und Rehabilitierung von Wohngebieten - Definition von Problemgebieten und Maßnahmenbestimmung im Rahmen der Stadt(teil)-entwicklungsplanung, Diplomarbeit an der Universität Dortmund, Abteilung Raumplanung, Dortmund

KRÜGER, M. (1980): Planungsorganisation und Probleme der Prozeßsteuerung (Ms) Dortmund

KRÜGER, M./KUTHE, C./SCHÖNWEITZ, H./SELLE, K. (1979): Verlängerte Grabrede auf die vorbereitenden Untersuchungen, in: Stadtbauwelt (1979), H. 63

KÜHNEL, H./MEINHOF, G. (1976): Altbauerneuerung in Linden-Süd, Möglichkeiten zur Verbesserung der Wohnverhältnisse zu tragbaren Mieten, Diplomarbeit an der Technischen Universität Hannover

KÜHNEL, H. (1980): Altbauerneuerung und Wohnungsversorgung - Strategien zur Verbesserung der Wohnverhältnisse zu tragbaren Belastungen, Beiträge zur bewohnerorientierten Stadt- und Altbauerneuerung, Bd. 3, Hannover

KURZFRAGEBOGEN (1972): Referendararbeit über den Bericht zur vorbereitenden Untersuchung, Hannover

LAND, G.W./RICHTER, H.P. (1978): Stadterneuerung zwischen Architekturästhetik und politisch verantwortlicher Planung, in: Bauwelt (1978) H. 25, S. 991-996

LEONTJEW, A.N. (1973): Probleme und Entwicklung des Psychischen, Frankfurt

LÜCKEFETT, H.-J. (1979): Erfahrungen mit dem 14-Städte-Programm in Baden-Württemberg uv. Manuskript eines Vortrages, gehalten am 1.10.79 anläßlich einer Veranstaltung des "Hauses der Technik" in Essen:, Erhaltung innenstadtnaher Wohngebiete

MAY, M. (1903): Die Heidelberger Wohnungsuntersuchung in den Wintermonaten 1985/96 und 1896/97, deren Ergebnisse und deren Fortsetzung durch eine ständige Wohnungsinspektion, Jena

MAYER, M./PIEPER, S. (1978): Gesprächsprotokoll vom 4.12.78, Verein SO 36 (Ms)

MAYER-TASCH, P.C. (1976): Die Bürgerinitiativbewegung. Der aktive Bürger als rechts- und politikwissenschaftliches Problem, Reinbek

MEINHOF, G. (1980): Altbauerneuerung oder Abriß und Neubau - Bestandsbewertungsverfahren für Wohngebäude, Beiträge zur bewohnerorientierten Stadt- und Altbauerneuerung Bd. 4, Hannover

MERLEAU-PONTY, M. (1966): Phänomenologie der Wahrnehmung, Berlin

MICHAELI, W./NORDALM, V./PESCH, F./SELLE, K./ZSCHIRNT, H.G. (1977): Erhaltung
und Erneuerung überalteter Stadtgebiete aus der Zeit zwischen Gründerjahren und
1919 in Nordrhein-Westfalen, Schriftenreihe des Instituts für Landes- und Stadtentwicklungsforschung des Landes Nordrhein-Westfalen Bd. 3.016, Dortmund
MOSER, H. (1975): Aktionsforschung als kritische Theorie der Sozialwissenschaften, München
MROSEK, H. (1972): Die sozialökonomische Bedeutung der Instandsetzung und Modernisierung des Altbauwohnungsbestandes unter besonderer Berücksichtigung der
Verhältnisse in Nordrhein-Westfalen, 2 Bände, Münster
NELLES, W./OPPERMANN, R. (1978): Alternativen der Politikberatung. Beratung der
Bürger oder der Bürokratie? Anmerkungen zum Praxisbezug von Sozialwissenschaft
am Beispiel ihrer Funktion bei der Auseinandersetzung um die Erhaltung von Ar-
beitersiedlungen im Ruhrgebiet, in: Arch + (1978) H. 38, S. 34-38
NELLES, W./OPPERMANN, R. (1979): Stadtsanierung und Bürgerbeteiligung, Göttingen
OBERMAIER, D. (1979): Soziale Bedingungen der Nutzung des Wohnungsumfeldes, in:
Pesch, F./Selle, K. (Hg.): Wohnungsumfeldverbesserung - ein Lesebuch.Dortmunder
Beiträge zur Raumplanung Bd. 12, Dortmund
NÜRNBERG, AUSSCHUSS FÜR STADTFORSCHUNG, STADTENTWICKLUNG UND STADTERNEUERUNG
(1977): Verfahrenskonzept zur Verbesserung der Wohnverhältnisse, Bericht über
den Stand der grundsätzlichen Überlegungen und den Modellfall Gostenhof,
Nürnberg
ÖSTERREICHISCHES INSTITUT FÜR BAUFORSCHUNG (Hrsg.) (1975): Kriterien für die Be-
urteilung der Erhaltungs- und Sanierungswürdigkeit alter Wohnungen, Wohnhäuser
und Wohngebiete, Forschungsbericht 91, Wien
OFFE, C. (1972): Strukturprobleme des kapitalistischen Staates, Frankfurt
OFFE, C. (1974): Rationalitätskriterien und Funktionsprobleme politisch-admini-
strativen Handelns, in: Leviathan (1974), H. 3
PESCH, F. (1980): Wohnungsumfeldverbesserung und Freiraumversorgung inner-
städtischer Altbauquartiere, Ms., Dortmund
PESCH, F./SELLE, K. (1977): Modernisierungsstandards und Gebrauchswert der Woh-
nung, in: arch+ (1977), H. 36
PESCH, F./SELLE, K. (Hg.) (1979): Wohnungsumfeldverbesserung - ein Lesebuch,
Dortmunder Beiträge zur Raumplanung, Bd. 12, Dortmund
PFEIL, E. (1971): Stadtsanierung und die Zukunft der Stadt, in: Büro für Stadt-
sanierung und soziale Arbeit Berlin Kreuzberg (Hg.): Sanierung - für wen?, Berlin
PLANERBÜRO ZLONICKY (o.J.): Sanierung Kirchenhügel in Mülheim. Städtebaulicher
Rahmenplan zur Bestandsverbesserung und Bestandsergänzung der Mülheimer Altstadt.
Essen
PLANERBÜRO ZLONICKY (o.J.): Vorbereitende Untersuchungen Kirchenhügel in Mülheim
Mai-August 1978, Essen
PLASSMANN, H.-U./LANG, R.K.: Nutzen und Grenzen der Defizitanalyse in der
kommunalen Praxis, in: Stadtbauwelt 50 (1976), S. 107 f.
PROGNOS A.G. (1971): Sanierung Elberfeld Nord-Wuppertal. Arbeitsbericht über
eine Untersuchung im Auftrage der Stadt Wuppertal, Basel
PROGNOS (1978): Erfahrungen der Gemeindeverwaltungen mit dem Vollzug des
Städtebauförderungsgesetzes bei der Vorbereitung und Durchführung städtebauli-
cher Sanierungsmaßnahmen, Bd. 02.016 Der Schriftenreihe Stadtentwicklung des
BMBau, Bonn-Bad Godesberg
PROJEKTKOMMISSION DER "STRATEGIEN FÜR KREUZBERG" (1978): "Vorschlagsliste"/
"Empfehlungen der PK", (Ms.)
REIN, M. (1973): Sozialplanung: Auf der Suche nach Legitimität, in: Naschold/
Väth (Hrsg.): Politische Planungssysteme, Opladen
RENK, H. (1976): Planungstheorie und Architektur - Entwicklungen und Tendenzen,
in: Laage, G./Michaelis, H./Renk, H. Planungstheorie für Architekten, Stuttgart
RIEGE, M. (1977): Räumliche Strukturen sozialer Ungleichheit, Bericht Nr. 14
des Instituts zur Erforschung sozialer Chancen, Köln
RIEGE, M. (1979): Räumliche Strukturen sozialer Ungleichheit, in: Hamm (Hg.):
Lebensraum Stadt - Beiträge zur Sozialökologie deutscher Städte, Frankfurt -
New York

RITTEL, H. (197o): Zukunftsorientierte Raumordnung, in: Arch +(197o), H. 1o
RITTEL, H. (1973): Informationswissenschaften: ihr Beitrag für die Planung, in:
Institut für Städtebau & Wohnungswesen, 1973, S. 12o-135,
RODENSTEIN, M. (1978): Bürgerinitiativen und politisches System. Eine Auseinandersetzung mit soziologischen Legitimationstheorien, Lahn-Giessen
RÜGER, W. (1977): Stadterneuerung in Berlin - Strategien für Kreuzberg, in:
Berliner Bauwirtschaft (1977), H. 19, S. 479-8o
SCHMEISSER, M./SCHÖNHERR, M. (1978): Modernisierung und Städtebauliche Strukturverbesserung außerhalb von Sanierungsgebieten, in: Berliner Bauwirtschaft,
Sonderheft März 1978
SCHMIDT, H. (1974): Haberkerns Hof - Berliner Mietskasernenbau 1872-1875, in:
"Festschrift für Ernst Heinrich", Berlin
SCHMIDT-RELENBERG, N./FELDHUSEN, G./LUETKENS, CHR. (1973): Sanierung und Sozialplan. Mitbestimmung gegen Sozialtechnik, München
SCHNEIDER, U. (198o): Sozialwissenschaftliche Methodenkrise und Handlungsforschung, Frankfurt
SCHÖNWEITZ, H. (198o): Von der Funktionsschwächesanierung nach dem StBauFG zur
"einfachen" Stadterneuerung - bewohnerorientierte Tendenzen in der Stadterneuerungspolitik? Ms., Dortmund
SCHULTE, M./SEEMANN, P./SPEULDA, U./STROWIG, R./KAYSER, S./LÜDCKE, S./ZINDARS,
A./ZOBEL, J. (1978): Neue Formen der Modernisierung - Zwei Beispiele aus den
Strategien für Kreuzberg, in: Bauwelt (1978) H. 11, S. 397-4o1
SCHULZE-FIELITZ, H. (1979): Sozialplanung im Städtebaurecht am Beispiel der
Stadterneuerung, Königstein
SELLE, G. (1979): Informationszugang der Betroffenen in der Stadtplanung:
Praxis, Bedürfnisse, rechtliche Möglichkeiten und Restriktionen. Ergebnisberichte zum Forschungsprojekt Bestandsaufnahme und Bestandsbewertung, H. 9
herausgegeben vom Institut für Raumplanung, Universität Dortmund, Dortmund
SELLE, G./SELLE, K. (198o): Informationszugang bei der Vorbereitung der Stadterneuerung - zu Entwicklung und Stand der Betroffenenrechte auf Information und
Beteiligung, Ms. (im Erscheinen) Bremen/Dortmund
SELLE, K. (1979): Die Beschleunigungsnovelle der Bundesregierung, in: Stadtbauwelt (1979), H. 61
SELLE, K. (1979b): Mittlere Intensität, in: arch+ (1979), H. 46
SELLE, K. (198o): Bevor der Bagger kommt... Vorstudien zu Funktion und Struktur
von Bestandsanalysen bei der Stadterneuerung. Beiträge zur bewohnerorientierten
Stadt- und Altbauerneuerung, Bd. 2, Hannover
SELLE, K. (198ob): Die Worte hör ich wohl ... Anmerkungen zu Realität und Programm der 'einfachen' Stadterneuerung, in: arch+ (198o), H. 5o
SELLE, K. (198oc): Wohnumfeldverbesserung und Stadterneuerung Teil I: Zu den
Problemen der Lagewertverbesserung, in: Demokratische Gemeinde (198o), H. 8,
S. 694 ff.
SELLNOW, R. (1973): Kosten-Nutzen-Analyse und Stadtentwicklungsplanung,
Stuttgart
SENBAUWOHN, Berlin (1977a): "Strategien für Kreuzberg" - Ausschreibungsbroschüre
Berlin
SENBAUWOHN, Berlin (1977b): "Info" - Strategien für Kreuzberg, Berlin
SENBAUWOHN, Berlin (1977c): Sanierungszeitung Nr. 2, Berlin
SENBAUWOHN, Berlin (1978a): Erstes Verfahren und Projektergebnisse der "Strategien für Kreuzberg", Berlin
SENBAUWOHN, Berlin (H. Ristock) (1978b): Senatsvorlage   für die Sitzung
am 23.5.78
SENAT FÜR BAU- UND WOHNUNGSWESEN BERLIN (1978): 13.Bericht über Stadterneuerung
des Senators für Bau- und Wohnungswesen, in: Mitteilungen des Präsidenten des
Abgeordnetenhauses von Berlin, 1978, Nr. 166, Drucksache 7/1372
SIEBEL, W. (1974): Entwicklungstendenzen kommunaler Planung, Schriftenreihe
"Städtebauliche Forschung" des BMBau Bd. 3.o28, Bonn-Bad Godesberg

SIEBEL, W. (1976): Ergebnisse und Methoden der Soziologie für die Stadtsanierung. (verv.Vortragsmanuskript) Oldenburg.
SITTE, C. (1889): Der Städte-Bau nach seinen künstlerischen Grundsätzen, Wien
SÖFKER, W. (1979): Das Gesetz zur Beschleunigung von Verfahren und zur Erleichterung von Investitionsvorhaben im Städtebau, in: Bundesbaublatt (1979) H. 7 (Teil I) H. 8 (Teil II)
SPERLING, D. (1980): Erwiderung auf Selle, mittlere Intensität, in: Arch+ (1980) H. 49
SPIEGEL, E. (1970): Slum, in: Akademie für Raumforschung und Landesplanung, Handwörterbuch der Raumforschung und Raumordnung (Sp. 2952-2959), Hannover
STADT HANNOVER (1970): Bericht über Erneuerungsmaßnahmen in Linden (Informationsbroschüre), Hannover
STADT HANNOVER, Stadtplanungsamt (1972): Bericht über das Ergebnis der vorbereitenden Untersuchungen im Untersuchungsgebiet Hannover-Linden-Süd, Hannover
STADT HANNOVER (1973): Sanierung in Hannover-Linden Süd, Zwischenbericht 1973, Informationsbroschüre der Stadtverwaltung, Stelle für Sanierung, Hannover
STADTVERWALTUNG HANNOVER/BI Linden-Süd (1976): Rahmenplan Linden-Süd, Planung - Gegenplanung, Informationsbroschüre, Hannover
STADT KÖLN - Amt für Stadterneuerung (1979): Maßnahmen und Arbeitsschritte zur Durchführung von Stadterneuerung in Köln, Köln
STADTVERWALTUNG DUISBURG (1972): Stadtentwicklungsplan. Teilgebiet: Das zentralörtliche Gliederungssystem als Grundlage der Entwicklungsplanung, Duisburg
STADTVERWALTUNG DUISBURG (1973): Kurze Erläuterung zum zentralörtlichen Gliederungssystem der Stadt Duisburg, Duisburg
STADTVERWALTUNG DUISBURG (1974): Standortprogramm 1. Entwurf (für die Standorte 5, 6, 7), Duisburg
STADT DUISBURG (1978): Entwicklungsplan für den Siedlungsschwerpunkt Stadtmitte - Standortprogramm I, Duisburg
STÄDTEBAULICHES SEMINAR der Stiftung Regensburg des Kulturkreises im Bundesverband der Deutschen Industrie (1962): Regensburg, Zur Erneuerung einer Altstadt, Düsseldorf-Wien
STUTTGARTER GUTACHTERGRUPPE "HUNSDÖRFER": Verkehrsgutachten Linden-Süd, unveröffentlichtes Manuskript.
STUTTGART, Arbeitsgruppe Stadtentwicklung und Regionalplanung (1977): Entwicklungsprogramm Stuttgart-Ost, Stuttgart
STUTTGART, Arbeitsgruppe Stadtentwicklung und Regionalplanung (1978): Entwicklungsprogramm Stuttgart-Nord, Stuttgart
SÜDOST-EXPRESS (1979): Die Kreuzberger Lokalzeitung von Bürgern aus SO 36, H. 12,
TESSIN, W. (1977): Stadterneuerung und Umsetzung. Der Stadtumbau als räumlicher und gesellschaftlicher Transformationsprozeß in seinen Auswirkungen auf umsetzungsbetroffene Mieter. Diss., Göttingen
TESSIN, W. (1978): Stadtumbau und Umsetzung, in: Leviathan (1978), H. 4
THÖNES, W (1980): Die Berücksichtigung von Betroffeneninteressen bei Sanierungsplanungen in der Anwendung von Beteiligungsinstrumenten durch Kommunen. Diplomarbeit an der Abteilung Raumplanung der Universität Dortmund. Dortmund.
V. TIEDEMANN, V. (1977): Zum aktuellen Planungsstand ... (unveröff. Ms.), Berlin
UNWIN, R. (1910): Grundlagen des Städtebaues, Berlin
VAHL, U. (1980): Die Anwendungspraxis des § 2a BBauG in Baden-Württemberg, in: Stadtbauwelt (1980), H. 65
VERBAND DEUTSCHER STÄDTESTATISTIKER (Hrsg.) (1974): Städtestatistik und Stadtsanierung, Dortmund
WALTER, K. (1971): Städtebau nach neuem Recht, Grundriß des Städtebauförderungsgesetzes, Bonn-Bad Godesberg
WESTPHAL, H. (1979): Wachstum und Verfall der Städte, Ansätze einer Theorie der Stadtsanierung, Frankfurt/New York
WILSON, J.Q. (Hg.) (1966): Urban Renewal, The Record and the Controversy, Cambridge (Mass.)

WOLLMANN, H. (1974): Das Städtebauförderungsgesetz als Instrument staatlicher Intervention - wo und für wen?, in: Leviathan (1974), S. 199 ff.
WOLLMANN, H. (1975): Der Altstadtsanierung erster Teil als Cityerweiterungsplanung - der Fall Heidelberg, in: Grauhan 1975, S. 221-272
WOLLMANN, H./BAESTLEIN, A./HUNNIUS, G./KONUKIEWITZ, M. (1978): Implementationsstruktur und Steuerung im Bereich staatlicher Raum- und Siedlungsstrukturpolitik Zwischenbericht (Ms.), Berlin
ZAPF, K. (1969): Rückständige Viertel. Eine soziologische Analyse der städtebaulichen Sanierung in der Bundesrepublik, Frankfurt

BILDNACHWEIS

Die Zeichnungen auf den einleitenden Vorspannseiten sind von Rolf Escher (S.27, S.79 und S.269), Sixten Haage (S.375), Hermann-Josef Keyenburg (S.I, S.1, S.177 und S.351), Barbara Reuter (S.7), Georg Tokarz (S.141) und Gebhard Schwermer (S.121, S.219 und S.339). Die Zeichnungen entstammen der Wanderausstellung "Nord stadt ist überall" der W1 Galerie & Edition Hungerland. Thema der Ausstellung: "Bilder zur Sanierung - Acht Künstler zeichnen einen Stadtteil in Wuppertal". Der Stadtteil ist Elberfeld Nord.

Die Fotos im Kapitel "Strategien für Kreuzberg - Beschreibung eines Modells" (mit Ausnahme von dem auf Seite 328) sind der Postkartenserie "Noch ist Kreuzberg nicht verloren" entnommen. Die Serie besteht aus 36 Originalfotos mit Texten und wird von Dieter Kramer und Gerhard Spangenberg herausgegeben.

Das Foto "Vorstandssitzung Verein SO 36" (S. 328) ist von Dieter Kramer.

Den Abriß der Kupferhüttensiedlung und die anderen Bilder der "Fallstudie Duisburg-Hochfeld" fotografierte Urban Thelen.

Die übrigen Aufnahmen fotografierte Christian Kuthe in Bremen, Dortmund, Hannover und A-Stadt.

Zu den an diesem Band beteiligten Autoren und Arbeitsgruppen

Arbeitsgruppe Bestandsverbesserung

Seit 1975 (zunächst an der RWTH Aachen, später am Fachgebiet Städtebau und Bauleitplanung, Institut für Raumplanung der Universität Dortmund) liegt das Hauptarbeitsfeld der AG Bestandsverbesserung in der praxisbezogenen Forschung zu den Themen Stadterneuerung,Modernisierung,Wohnungsumfeldverbesserung.
Diese Forschungstätigkeit ist in zahlreichen Veröffentlichungen der einzelnen Arbeitsgruppen-Mitglieder dokumentiert (u.a.Michaeli u.a.: Erhaltung und Erneuerung überalterter Stadtgebiete,Dortmund 1977; Pesch&Selle: Wohnungsumfeldverbesserung. Ein Lesebuch; Dortmund 1979)
Aus der Arbeitsgruppe Bestandsverbesserung beteiligten sich an diesem Band:

Margrit Krüger (geb. 1953) Studium der Raumplanung an der Abteilung Raumplanung Universität Dortmund, Diplom 1978, seit 1980 bei der Kieler Stadtentwicklungs- und Sanierungsgesellschaft

Christian Kuthe (geb. 1954) Studium der Raumplanung, seit 1977 Mitarbeit in der AG Bestandsverbesserung

Horst Schönweitz (geb. 1951) Studium der Architektur an der RWTH Aachen, Diplom 1978, seither Forschungstätigkeit in verschiedenen Projekten der Arbeitsgruppe Bestandsverbesserung

Klaus Selle (geb. 1949) Stadtplanungs-Studium an der RWTH Aachen, Diplom 1974, bis 1976 wissenschaftlicher Mitarbeiter am Institut für Wohnbau der RWTH Aachen, danach wiss. Mitarbeiter am Fachgebiet Städtebau und Bauleitplanung, Abteilung Raumplanung der Universität Dortmund, Promotion 1979

Kunibert Wachten (geb. 1952) Studium der Architektur an der RWTH Aachen, Diplom 1978, bis 1979 Mitarbeit in der AG Bestandsverbesserung. Danach freies Planungsbüro mit Gerd Nowaczek und Peter Zlonicky.

Architektur-Fabrik-Aachen

Architektenarbeitsgemeinschaft, die sich 1976 in der Folge eines praxisorienterten Studienprojektes (Erhalt zweier Duisburger Arbeitersiedlungen) bildete. Arbeitsschwerpunkte sind seither Altbauerneuerung sowie bewohnerorientierte Objekt- und Stadtbereichsplanung.

Aus der Architektur-Fabrik-Aachen beteiligten sich an diesem Band:

Christiane Dittrich (geb. 1950) Architekturstudium an der TU Hannover und RWTH Aachen, Diplom 1976. Seither freiberufliche Tätigkeit in o.g.Architekturbüro gemeinsam mit B.Borghoff, A.Habeney, A.Klasen, K.Powileit.

Achim Habeney (geb. 1948) Architekturstudium an der RWTH Aachen, Diplom 1976. Danach freiberufliche Tätigkeit im gleichen Büro.

Arbeitsgemeinschaft für Stadt- und Altbauerneuerung (AGSTA)

Der Schwerpunkt der Arbeit der AGSTA, die seit 1976 besteht, liegt im Bereich der Stadterneuerung, insbesondere in der Modernisierung von Wohnraum. In Theorie (Forschung) und Praxis (Anwendung und Durchführung erarbeiteter Vorstellungen) wurden Modelle einer verbesserten Wohnungsversorgung zu tragbaren Belastungen entwickelt. Diese Tätigkeiten sind in zahlreichen Dokumentationen veröffentlicht (u.a. AGSTA: Modell Ahrbergstr., Hannover 1979; H. Kühnel: Strategien... Hannover 1980; G. Meinhoff: Verfahren... Hannover 1980).

Von der AGSTA arbeiteten an diesem Band mit:

Holger Kühnel (geb. 1949) Studium der Architektur an der Universität Hannover, Diplom 1976, seither Partner der Architektengemeinschaft AGSTA, Promotion 1980.

Gerd Meinhof (geb. 1949) Studium der Architektur an der Universität Hannover, Diplom 1976, seither Partner der Architektengemeinschaft AGSTA, Promotion 1980.

```
┌─────────────────────────┐
│      DORTMUNDER         │
│      BEITRÄGE           │
│        ZUR              │
│      RAUMPLANUNG        │
└─────────────────────────┘
```

Herausgegeben vom Institut für Raumplanung (IRPUD), Abteilung Raumplanung,
Universität Dortmund

Band 1:   **Methoden der empirischen Raumforschung**
herausgegeben von W i l h e l m F. S c h r a e d e r und M i c h a e l S a u b e r e r
Mit Beiträgen von M. Batty, A.D. Cliff, R.W. Ernst, C.W.J. Granger, J. Goddard,
M.C. Hayes, H.W. ter Hart, O. Hebin, S. Illeris, P. Korcelli, V. Kreibich, J. Masser,
K. Ord, P.O. Pedersen, W. Pannitschka, W.F. Schraeder und A.G. Wilson.
Dortmund 1976, XXI, 398 Seiten, DM 29,50

Band 2:   C h r i s t o p h W u r m s
Raumordnung und Territorialplanung in der DDR
Untersuchungen zur Entwicklung von Territorialstruktur, Planungsorganisation und
Raumwissenschaft in der DDR. Mit Beiträgen von M. Görg. W. Selke und D. Töpfer.
Dortmund 1976, XXI, 327 Seiten, DM 26,50

Band 3:   L u t z S c h r ö t e r
Infrastrukturausstattung und regionale Krisenanfälligkeit Analyse des Zusam-
menhangs von Agglomeration, Technischem Fortschritt und Differenzierung der
Standortanforderungen
Dortmund 1978, VIII, 110 Seiten, DM 10,00

Band 4:   **Raumplanung und Verkehr**
herausgegeben von E r i c h R u p p e r t
Mit Beiträgen von L. Bach, P. Baron, J. Bartnick, W. Delarber, W. Eckstein, L. Fi-
scher, K.-J. Krause, V. Kreibich, E. Kutter, H. Lutter, P.A. Mäcke, W. Pannitschka, A.
Pohl, E. Ruppert, R. Schneider, H. Schoof, W. Teichgräber, P. Velsinger, G. Werner/
P. Schuch.
Dortmund 1978, X, 320 Seiten, DM 15,00

Band 5:   H e r m a n n B ö m e r
Internationale Kapitalkonzentration und regionale Krisenentwicklung am
Beispiel der Montanindustrie und der Montanregionen der Europäischen Gemeinschaft
Dortmund 1977, XVI, 320 Seiten, DM 15,00

Band 6:   E r i c h R u p p e r t
Modelle räumlichen Verhaltens dargestellt am Beispiel eines Verkehrsmittelwahl-
modells im Fernverkehr der Bundesrepublik und der räumlichen Verteilung regionaler
Verkehrsbeziehungen als Parameter regionaler Entwicklung
Dortmund 1977, X, 105 Seiten, DM 8,50

Band 7:   **Aktuelle Probleme der Regionalentwicklung im Ruhrgebiet**
herausgegeben von L u t z S c h r ö t e r , P a u l V e l s i n g e r und H o r s t
Z i e r o l d
Mit Beiträgen von L. Schröter/H. Zierold, B. Greuter, P.A. Mäcke, C. Reetz, R. Ho-
berg und G. Wegener.
Dortmund 1977, VIII, 74 Seiten, DM 8,00

Band 8:   B e a t G r e u t e r
Ein dynamisches Erreichbarkeitsmodell zur Simulation der Stadtstruk-
turentwicklung angewandt am Beispiel der Stadtregion Zürich
Dortmund 1977, XII, 310 Seiten, DM 15,00

Band 9:   **Raumplanung und Planerausbildung.**   Zum Beispiel: AG.KOP–Konzept und
Dortmunder Modell (1969 - 1976)
herausgegeben von E k k e h a r d B r u n n und W o l f P a n n i t s c h k a
Mit Beiträgen von E. Brunn, R. Ernst, M. Görg. E. Heidtmann, S. Müller, W. Pan-
nitschka, W. Schraeder, L. Schröter, R. Stierand, V. Waltz, C. Wurms und H. Zierold.
Dortmund 1978, XII, 370 Seiten, DM 15,00

Band 10:   G e r d H e n n i n g s , B e r n d J e n s s e n und K l a u s R. K u n z m a n n
Dezentralisierung von Metropolen in Entwicklungsländern
Elemente einer Strategie zur Förderung von Entlastungsorten
Dortmund 1978, VI, 170 Seiten, DM 15,00

Band 11:   W o l f P a n n i t s c h k a
Wohnallokation: Alterung des Wohnungsbestandes und Veränderung der
Bevölkerungsstruktur
Dortmund 1979, IX, 175 Seiten, DM 17,00

Band 12:   **Wohnungsumfeldverbesserung. Ein Lesebuch**
herausgegeben von F r a n z P e s c h und K l a u s S e l l e
Mit Beiträgen von D. Blase/F. Schrooten, F. Borkenau (Salam), A. Distler, K.-H. Fie-
big, U. Hellweg, U. Kohlbrenner, A. Kretzschmar, D. Obermaier, P. Schneider, R.
Sellnow, J. Tober, P. Zlonicky, H. Zierold
Dortmund 1979, VIII, 315 Seiten, DM 22,00

Band 13 :   in Vorbereitung

Band 14 :   D o r o t h e e O b e r m a i e r
Möglichkeiten und Restriktionen der Aneignung städtischer Räume
Dortmund 1980, VIII, 137 Seiten, DM 15.00

Band 15:   **Raumplanung in China.** Prinzipien , Beispiele , Materialien
herausgegeben von D o r i s   R e i c h , E i n h a r d   S c h m i d t , R e i n h a r d
W e i t z
Dortmund 1980, VIII, 330 Seiten, DM 24.00

Band 16:   P e t e r   D e b o l d
Staatliche Planung im Agglomerationsprozeß. Mailand 1950 - 1978
Dortmund 1980, X, 325 Seiten, DM 24.00

Band 17:   K l a u s - D i e t e r   S t a r k
Wirtschaftsförderungs - Institutionen und Gewerbeflächen als Lenkungsinstrumente zur räumlichen Verteilung von industrie und Gewerbe.
Dortmund 1980, XIV, 285 Seiten, DM 21.00

Band 18:   **Fragen der Bodenordnung und Bodennutzung.** Instrumente. Wertermittlung. Entschädigung.
herausgegeben von H a r t m u t   D i e t e r i c h
Mit Beiträgen von H. Dieterich, G. Pirstadt, H. Güttler/ E. Ruppert/ R. Dierl, H. Dieterich/ H. Güttler
Dortmund 1980, VI, 170 Seiten, DM 16.00

Band 19:   V o l k e r   K r e i b i c h , B e r n d   M e i n e c k e , K l a u s   N i e d z w e t z k i
Wohnungsversorgung und regionale Mobilität   am Beispiel München
Dortmund 1980, 144 Seiten, DM 15,00

Band 20:   **Kommunale Entwicklungsplanung.** Ausgewählte Beiträge aus Wissenschaft und Praxis.
Mit Beiträgen von G. Albers, J. Becker, G. Curdes, J.J. Hesse, R. Hoberg, U. J. Küpper, Ch. Reetz, E. Rothgang, H. Schoof, U. Schumann, F. Wagener, G. Wegener.
herausgegeben von G e r h a r d   W e g e n e r
Dortmund 1981, 270 Seiten, DM 22.00

Band 21:   B u r k h a r d   B a s t i s c h , H e i n z   B u n s e , H a n n o   O s e n b e r g , W a l t e r   W i e h a g e n
Wirkungsanalyse von Sanierungen. Auswirkungen von städtebaulichen Sanierungsmaßnahmen auf die Wohnungs- und Bevölkerungsstruktur in Wuppertal Elberfeld - Nord und Hannover Linden - Süd.
Dortmund 1981, 375 Seiten, DM 25,00

Band 22:   **Vorbereitung der Stadterneuerung.** Fallstudien. Folgerungen.
herausgegeben von M a r g i t   K r ü g e r , C h r i s t i a n   K u t h e , H o r s t   S c h ö n w e i t z , K l a u s   S e l l e
Dortmund 1981, 398 Seiten, DM 26,00

Band 23:   **Stadt - Umland - Wanderung und Betriebsverlagerung in Verdichtungsräumen**
herausgegeben von P e t e r   P a u l   A h r e n s , V o l k e r   K r e i b i c h , R o l a n d   S c h n e i d e r
Dortmund 1981, 150 Seiten, DM 16,00

Band B/1:   **Bibliographie Raumplanung im Ruhrgebiet**
R a i n e r   S t i e r a n d unter Mitarbeit von H.-J. Maszner, W. Killing und U.v. Petz.
Dortmund 1976, XV, 288 Seiten, DM 15,00

Band P/1:   **Sanierung Wetter 'Alte Freiheit'**
P r o j e k t g r u p p e A 05/75, Redaktion: R a i m u n d   M e s s n e r
Dortmund 1977, XII, 128 Seiten, DM 10,00

Band P/2:   **Sanierung Mülheim City Nord.**   Wohnen am Rande der City
bearbeitet von B e r t h o l d   H a e r m e y e r , P e t r a   M ü l l e r und M i c h a e l   Z i r b e l
Dortmund 1978, XII, 138 Seiten, DM 10,00

Band P/3:   **Flächennutzungsmodell PLUM.** (Projective Land Use Model)
P r o j e k t g r u p p e F 08/77, Redaktion: M i c h a e l   W e g e n e r
Dortmund 1978, X, 66 Seiten, DM 10,00

Band P/4:   **Strukturkrise Pirmasens.**   Materialien für eine arbeitnehmerorientierte Regionalpolitik
Redaktion und Zusammenstellung: W a l t e r   S c h m i t t , R a i m u n d   S t i e l e r und C h r i s t o p h   W u r m s
Dortmund 1979, VIII, 220 Seiten, DM 15,00

Band P/5:   **Regionalentwicklung Hagen**
P r o j e k t g r u p p e F 13/78
Dortmund 1980, VI, 180 Seiten, DM 15,00

Band P/6:   **Öffentlicher Personennahverkehr im ländlichen Raum - Märkischer Kreis**
(P r o j e k t F 05/78)
Bearbeitung: H e i n r i c h   A m m e l t , A x e l   L o s a n s k y , G e r h a r d   S e r g e s
H e l m u t   v o n   V e e n
Dortmund 1980, VI, 98 Seiten, ca. DM 13,00

Band P/7:   **Stadterneuerung in historischen Grenzen - Wohnen in Werl -**
Projektgruppe F 19/79
Dortmund 1981, 87 Seiten, DM 8,00

Vertrieb: **Informationskreis für Raumplanung , Universität Dortmund**
Postfach 500 500, 4600 Dortmund 50